中国农垦农场志丛

黑龙江
赵光农场志

中国农垦农场志丛编纂委员会　组编

黑龙江赵光农场志编纂委员会　主编

中国农业出版社

北　京

图书在版编目（CIP）数据

黑龙江赵光农场志 / 中国农垦农场志丛编纂委员会
组编 ；黑龙江赵光农场志编纂委员会主编 . -- 北京：
中国农业出版社，2024. 8. --（中国农垦农场志丛）.
ISBN 978-7-109-32351-3

Ⅰ. F324.1

中国国家版本馆 CIP 数据核字第 20245GR386 号

出 版 人：刘天金
出版策划：苑　荣
丛书统筹：王庆宁　赵世元
审 稿 组：干锦春　薛　波
编 辑 组：杨金妹　王庆宁　周　珊　刘昊阳　黄　曦　李　梅　吕　睿　赵世元　刘佳玫
　　　　　李海锋　王玉水　李兴旺　蔡雪青　刘金华　张潇逸　耿韶磊　徐志平
工 艺 组：毛志强　王　宏　吴丽婷
设 计 组：姜　欣　关晓迪　王　晨　杨　婧
发行宣传：王贺春　蔡　鸣　李　晶　雷云钊　曹建丽
技术支持：王芳芳　赵晓红　张　瑶

黑龙江赵光农场志

Heilongjiang Zhaoguang NongChang Zhi

中国农业出版社出版

地址：北京市朝阳区麦子店街 18 号楼
邮编：100125
责任编辑：王庆宁　　文字编辑：徐志平
版式设计：王　晨　　责任校对：周丽芳
印刷：北京通州皇家印刷厂
版次：2024 年 8 月第 1 版
印次：2024 年 8 月北京第 1 次印刷
发行：新华书店北京发行所
开本：889mm×1194mm　1/16
印张：40.75　　插页：14
字数：822 千字
定价：458.00 元

赵光烈士

赵光烈士纪念碑

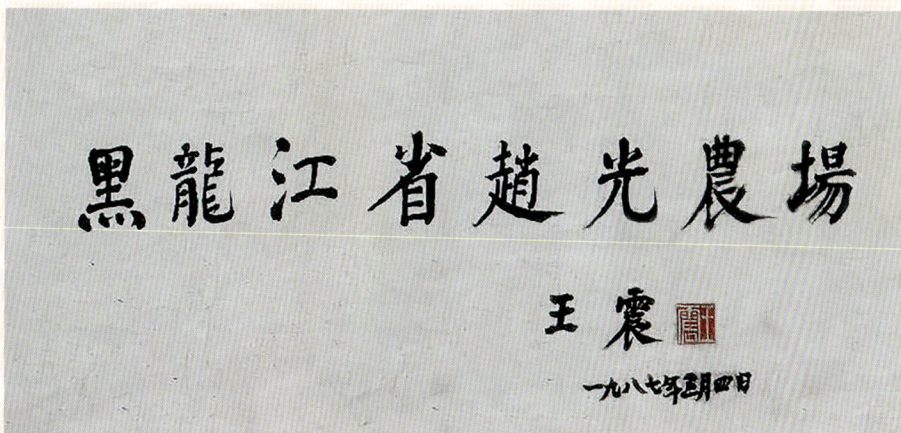

黑龍江省趙光農場

王震

一九八七年三月四日

1987年3月4日，国家副主席王震为赵光农场题写场名

农场现代化办公大楼

赵光农场小城镇一角

公营通北机械农场（现赵光农场）第一任场长周光亚

1947年，公营通北机械农场创建时第一个落脚点

1948年秋，公营通北机械农场垦荒队员，开着从苏联进口的拖拉机向荒原进军

1950 年 6 月，农场进口第一台 C-6 康拜因（联合收获机）组装试车成功，农场农机技术员刘文、李兴环在组装完的机车前合影

1950 年，耿德模范机车中队在社会主义劳动竞赛中获胜利红旗

1951 年，公营通北机械农场垦荒时期的北京姑娘刘瑛 ■

1952 年，公营通北农场女子机耕队队员，前排右一为刘瑛 ■

1958年春，国营赵光农场车队的一辆苏联进口嘎斯汽车驶出农场大门

1960年，国产第一批东方红拖拉机开进赵光农场。拖拉机后面是赵光农场的大门楼

1968年，下乡到黑龙江生产建设兵团一师七团知识青年们在赵光农垦局（赵光农场前身）西大门前合影

1983年，赵光农场第二届职代会代表合影

1948 年 8 月，机械不足，人工收割小麦。前口叼镰刀者为全国劳动模范耿德 ■

1950 年春季，公营通北机械农场春播现场 ■

1950 年春，通北机械农场职工在播种机上进行播种作业

1950 年 9 月，通北机械农场向国家交送
粮食的运输车队

1960 年，技术革新能手王文（左一）将康拜因链条改为皮带传动

1973 年，农场麦收现场，一辆接粮汽车正在接运粮食 ◪

1974 年，农场麦收期间机车打淤进行拉拽现场 ◪

1975 年，场院堆满丰收的粮食，职工们正在进行粮食装车外运

1976 年，赵光农场秋收生产现场

1980 年，农场春播现场 ◾

1980 年，赵光农场引进东德产 E512 联合收割机。图为 E512 联合收割机正在进行小麦 ◾
联合收获作业

2010 年，农场开始引进凯斯拖拉机 ■

农场引进的约翰迪尔大马力机车进行玉米播种作业 ■

农场大型联合整地机械进行整地作业 ■

赵光农场作业点农机停放场 ■

飞机航化作业

2017年10月，央视新闻频道《金秋十月山河锦绣》节目组走进赵光农场，为全国观众现场直播现代化大机械玉米收获现场

金戈铁马收粮忙，农场大型农业机群作业，集中收获玉米现场

2006 年以来，赵光农场基层党组织服务群众的能力和水平不断提升

2017 年 9 月 11 日，农场在文化广场隆重举行"和谐赵光，辉煌 70 载"赵光农场建场 70 周年庆祝大会。图为时任赵光农场场长王宏忠（后排右）、党委书记刘增元（后排左）与先优模代表（从左至右）：王守权、王静贤、雷兴忠、李东印、张永浮、高忠昌、丁树彬、张永信、刘志民、陈锋合影

2019 年 7 月 1 日，赵光农场有限公司党委组织各行各业 100 名党员面对党旗重温入党誓词 ◾

2012 年 12 月，黑龙江"十大好人"、道德模范、第二届感动北大荒人物——王静贤 ◾

2013 年 6 月，赵光农场共圆中国梦文艺演出

2017 年 6 月，赵光农场居民业余文化生活

20 世纪 80 年代，赵光农场职工家属宿舍 ■

20 世纪 90 年代，赵光农场场区老旧小区一瞥 ■

2005 年建成的赵光农场职工医院外景

2009 年，赵光农场场区鸟瞰

2013 年 9 月 "黑龙江省小学语文拼音和识字写字教学研讨会" 在赵光农场召开

2018 年，赵光农场工业园区一瞥

2019 年 6 月 30 日，赵光农场有限公司挂牌成立

七、农场小城镇风貌

赵光农场小城镇夜景 ■

2013 年，农场建成水上公园 ■

赵光农场水上公园一角 ■

1958 年 12 月 31 日，国务院总理周恩来签发的农业
社会主义建设先进单位奖状

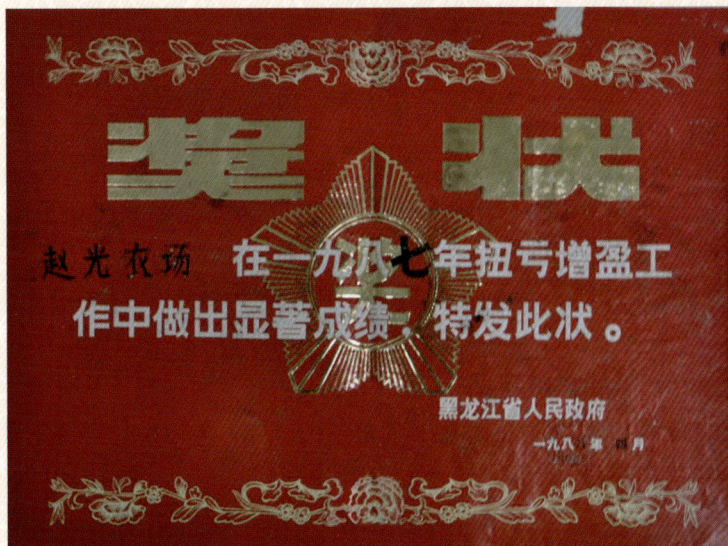

1987 年，农场被评为黑龙江省扭亏增盈工作成效显著单位

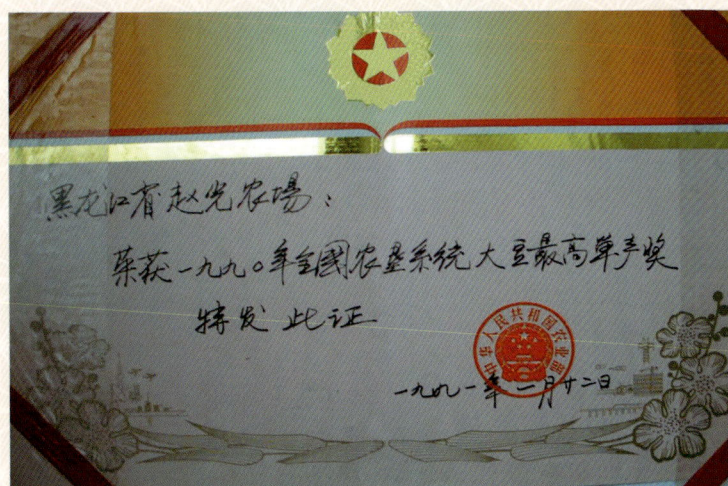

1991 年，农业部颁发全国农垦系统大豆最高单产奖奖状

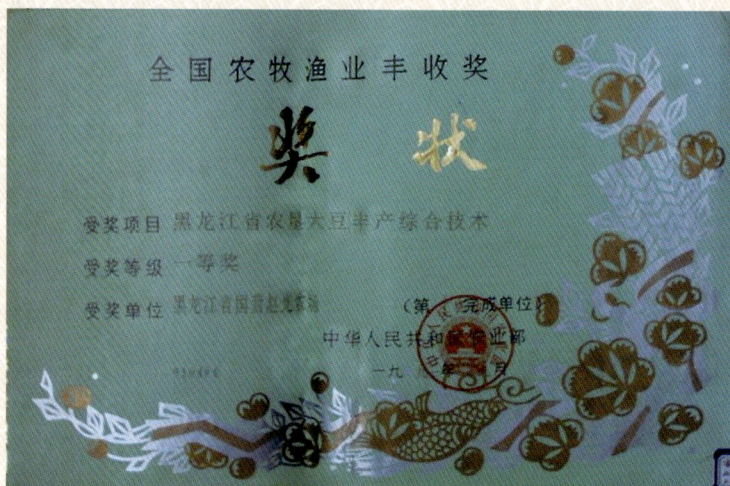

1991 年 9 月，农业部颁发大豆丰产综合技术一等奖奖状　◆

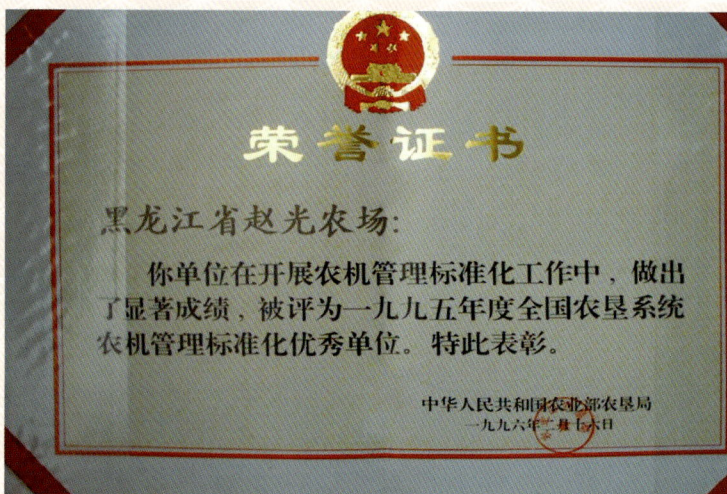

1996 年，农业部颁发全国农垦系统农机管理标准化优秀单位奖状　◆

中国农垦农场志丛编纂委员会

主 任

张兴旺

副主任

左常升　李尚兰　刘天金　彭剑良　程景民　王润雷

成 员（按垦区排序）

肖辉利　毕国生　苗冰松　茹栋梅　赵永华　杜　鑫

陈　亮　王守聪　许如庆　姜建友　唐冬寿　王良贵

郭宋玉　兰永清　马常春　张金龙　李胜强　马艳青

黄文沐　张安明　王明魁　徐　斌　田李文　张元鑫

余　繁　林　木　王　韬　张懿笃　杨毅青　段志强

武洪斌　熊　斌　冯天华　朱云生　常　芳

中国农垦农场志丛编纂委员会办公室

主 任

王润雷

副主任

王　生　刘爱芳　武新宇　明　星

成 员

胡从九　刘琢琬　干锦春　王庆宁

— 1 —

中国农垦农场志

黑龙江赵光农场志编纂委员会

主　任　岳远林

副主任　关淑玲　殷文科　王存奎　关卫滨　刘卫国
　　　　王云英

委　员　（按姓氏笔画排序）

　　　　马人杰　马克胜　申吉成　田洪旭　朱珊珊

　　　　全秀岭　刘　佳　刘永波　刘兆春　刘微微

　　　　汤　健　孙　雨　孙相成　李　刚　李庆久

　　　　李艳华　李海成　杨　明　辛红　张　峰

　　　　张　群　张立嫒　陆艳伟　邵飞飞　赵俊岭

　　　　赵洪宇　席瑞云　唐守稳　唐建友　姬良波

　　　　黄继明　韩龙云　曾　明

黑龙江赵光农场志编纂人员

主　　编　曾　明

副主编　申吉成　姬良波

专家审读　郭思宝　付维秋

总 序

中国农垦农场志丛自 2017 年开始酝酿，历经几度春秋寒暑，终于在建党 100 周年之际，陆续面世。在此，谨向所有为修此志做出贡献、付出心血的同志表示诚挚的敬意和由衷的感谢！

中国共产党领导开创的农垦事业，为中华人民共和国的诞生和发展立下汗马功劳。八十余年来，农垦事业的发展与共和国的命运紧密相连，在使命履行中，农场成长为国有农业经济的骨干和代表，成为国家在关键时刻抓得住、用得上的重要力量。

如果将农垦比作大厦，那么农场就是砖瓦，是基本单位。在全国 31 个省（自治区、直辖市，港澳台除外），分布着 1800 多个农垦农场。这些星罗棋布的农场如一颗颗玉珠，明暗随农垦的历史进程而起伏；当其融汇在一起，则又映射出农垦事业波澜壮阔的历史画卷，绽放着"艰苦奋斗、勇于开拓"的精神光芒。

（一）

"农垦"概念源于历史悠久的"屯田"。早在秦汉时期就有了移民垦荒，至汉武帝时创立军屯，用于保障军粮供应。之后，历代沿袭屯田这一做法，充实国库，供养军队。

中国共产党借鉴历代屯田经验，发动群众垦荒造田。1933年2月，中华苏维埃共和国临时中央政府颁布《开垦荒地荒田办法》，规定"县区土地部、乡政府要马上调查统计本地所有荒田荒地，切实计划、发动群众去开荒"。到抗日战争时期，中国共产党大规模地发动军人进行农垦实践，肩负起支援抗战的特殊使命，农垦事业正式登上了历史舞台。

20世纪30年代末至40年代初，抗日战争进入相持阶段，在日军扫荡和国民党军事包围、经济封锁等多重压力下，陕甘宁边区生活日益困难。"我们曾经弄到几乎没有衣穿，没有油吃，没有纸、没有菜，战士没有鞋袜，工作人员在冬天没有被盖。"毛泽东同志曾这样讲道。

面对艰难处境，中共中央决定开展"自己动手，丰衣足食"的生产自救。1939年2月2日，毛泽东同志在延安生产动员大会上发出"自己动手"的号召。1940年2月10日，中共中央、中央军委发出《关于开展生产运动的指示》，要求各部队"一面战斗、一面生产、一面学习"。于是，陕甘宁边区掀起了一场轰轰烈烈的大生产运动。

这个时期，抗日根据地的第一个农场——光华农场诞生了。1939年冬，根据中共中央的决定，光华农场在延安筹办，生产牛奶、蔬菜等食物。同时，进行农业科学实验、技术推广，示范带动周边群众。这不同于古代屯田，开创了农垦示范带动的历史先河。

在大生产运动中，还有一面"旗帜"高高飘扬，让人肃然起敬，它就是举世闻名的南泥湾大生产运动。

1940年6—7月，为了解陕甘宁边区自然状况、促进边区建设事业发展，在中共中央财政经济部的支持下，边区政府建设厅的农林科学家乐天宇等一行6人，历时47天，全面考察了边区的森林自然状况，并完成了《陕甘宁边区森林考察团报告书》，报告建议垦殖南泥洼（即南泥湾）。之后，朱德总司令亲自前往南泥洼考察，谋划南泥洼的开发建设。

1941年春天，受中共中央的委托，王震将军率领三五九旅进驻南泥湾。那时，南泥湾俗称"烂泥湾","方圆百里山连山",战士们"只见梢林不见天",身边做伴的是满山窜的狼豹黄羊。在这种艰苦处境中,战士们攻坚克难,一手拿枪,一手拿镐,练兵开荒两不误,把"烂泥湾"变成了陕北的"好江南"。从1941年到1944年,仅仅几年时间,三五九旅的粮食产量由0.12万石猛增到3.7万石,上缴公粮1万石,达到了耕一余一。与此同时,工业、商业、运输业、畜牧业和建筑业也得到了迅速发展。

南泥湾大生产运动,作为中国共产党第一次大规模的军垦,被视为农垦事业的开端,南泥湾也成为农垦事业和农垦精神的发祥地。

进入解放战争时期,建立巩固的东北根据地成为中共中央全方位战略的重要组成部分。毛泽东同志在1945年12月28日为中共中央起草的《建立巩固的东北根据地》中,明确指出"我党现时在东北的任务,是建立根据地,是在东满、北满、西满建立巩固的军事政治的根据地",要求"除集中行动负有重大作战任务的野战兵团外,一切部队和机关,必须在战斗和工作之暇从事生产"。

紧接着,1947年,公营农场兴起的大幕拉开了。

这一年春天,中共中央东北局财经委员会召开会议,主持财经工作的陈云、李富春同志在分析时势后指出:东北行政委员会和各省都要"试办公营农场,进行机械化农业实验,以迎接解放后的农村建设"。

这一年夏天,在松江省政府的指导下,松江省省营第一农场(今宁安农场)创建。省政府主任秘书李在人为场长,他带领着一支18人的队伍,在今尚志市一面坡太平沟开犁生产,一身泥、一身汗地拉开了"北大荒第一犁"。

这一年冬天,原辽北军区司令部作训科科长周亚光带领人马,冒着严寒风雪,到通北县赵光区实地踏查,以日伪开拓团训练学校旧址为基础,建成了我国第一个公营机械化农场——通北机械农场。

之后,花园、永安、平阳等一批公营农场纷纷在战火的硝烟中诞生。与此同时,一部分身残志坚的荣誉军人和被解放的国民党军人,向东北荒原宣战,艰苦拓荒、艰辛创业,创建了一批荣军农场和解放团农场。

再将视线转向华北。这一时期，在河北省衡水湖的前身"千顷洼"所在地，华北人民政府农业部利用一批来自联合国善后救济总署的农业机械，建成了华北解放区第一个机械化公营农场——冀衡农场。

除了机械化农场，在那个主要靠人力耕种的年代，一些拖拉机站和机务人员培训班诞生在东北、华北大地上，推广农业机械化技术，成为新中国农机事业人才培养的"摇篮"。新中国的第一位女拖拉机手梁军正是优秀代表之一。

（二）

中华人民共和国成立后农垦事业步入了发展的"快车道"。

1949年10月1日，新中国成立了，百废待兴。新的历史阶段提出了新课题、新任务：恢复和发展生产，医治战争创伤，安置转业官兵，巩固国防，稳定新生的人民政权。

这没有硝烟的"新战场"，更需要垦荒生产的支持。

1949年12月5日，中央人民政府人民革命军事委员会发布《关于1950年军队参加生产建设工作的指示》，号召全军"除继续作战和服勤务者而外，应当负担一部分生产任务，使我人民解放军不仅是一支国防军，而且是一支生产军"。

1952年2月1日，毛泽东主席发布《人民革命军事委员会命令》："你们现在可以把战斗的武器保存起来，拿起生产建设的武器。"批准中国人民解放军31个师转为建设师，其中有15个师参加农业生产建设。

垦荒战鼓已擂响，刚跨进和平年代的解放军官兵们，又背起行囊，扑向荒原，将"作战地图变成生产地图"，把"炮兵的瞄准仪变成建设者的水平仪"，让"战马变成耕马"，在戈壁荒漠、三江平原、南国边疆安营扎寨，攻坚克难，辛苦耕耘，创造了农垦事业的一个又一个奇迹。

1. 将戈壁荒漠变成绿洲

1950年1月，王震将军向驻疆部队发布开展大生产运动的命令，动员11万余名官兵就地屯垦，创建军垦农场。

垦荒之战有多难，这些有着南泥湾精神的农垦战士就有多拼。

没有房子住，就搭草棚子、住地窝子；粮食不够吃，就用盐水煮麦粒；没有拖拉机和畜力，就多人拉犁开荒种地……

然而，戈壁滩缺水，缺"农业的命根子"，这是痛中之痛！

没有水，战士们就自己修渠，自伐木料，自制筐担，自搓绳索，自开块石。修渠中涌现了很多动人故事，据原新疆兵团农二师师长王德昌回忆，1951年冬天，一名来自湖南的女战士，面对磨断的绳子，情急之下，割下心爱的辫子，接上绳子背起了石头。

在战士们全力以赴的努力下，十八团渠、红星渠、和平渠、八一胜利渠等一条条大地的"新动脉"，奔涌在戈壁滩上。

1954年10月，经中共中央批准，新疆生产建设兵团成立，陶峙岳被任命为司令员，新疆维吾尔自治区党委书记王恩茂兼任第一政委，张仲瀚任第二政委。努力开荒生产的驻疆屯垦官兵终于有了正式的新身份，工作中心由武装斗争转为经济建设，新疆地区的屯垦进入了新的阶段。

之后，新疆生产建设兵团重点开发了北疆的准噶尔盆地、南疆的塔里木河流域及伊犁、博乐、塔城等边远地区。战士们鼓足干劲，兴修水利、垦荒造田、种粮种棉、修路架桥，一座座城市拔地而起，荒漠变绿洲。

2. 将荒原沼泽变成粮仓

在新疆屯垦热火朝天之时，北大荒也进入了波澜壮阔的开发阶段，三江平原成为"主战场"。

1954年8月，中共中央农村工作部同意并批转了农业部党组《关于开发东北荒地的农建二师移垦东北问题的报告》，同时上报中央军委批准。9月，第一批集体转业的"移民大军"——农建二师由山东开赴北大荒。这支8000多人的齐鲁官兵队伍以荒原为家，创建了二九〇、二九一和十一农场。

同年，王震将军视察黑龙江汤原后，萌发了开发北大荒的设想。领命的是第五师副师长余友清,他打头阵,率一支先遣队到密山、虎林一带踏查荒原,于 1955 年元旦,在虎林县(今虎林市)西岗创建了铁道兵第一个农场,以部队番号命名为"八五〇部农场"。

1955 年,经中共中央同意,铁道兵 9 个师近两万人挺进北大荒,在密山、虎林、饶河一带开荒建场,拉开了向三江平原发起总攻的序幕,在八五〇部农场周围建起了一批八字头的农场。

1958 年 1 月,中央军委发出《关于动员十万干部转业复员参加生产建设的指示》,要求全军复员转业官兵去开发北大荒。命令一下,十万转业官兵及家属,浩浩荡荡进军三江平原,支边青年、知识青年也前赴后继地进攻这片古老的荒原。

垦荒大军不惧苦、不畏难,鏖战多年,荒原变良田。1964 年盛夏,国家副主席董必武来到北大荒视察,面对麦香千里即兴赋诗:"斩棘披荆忆老兵,大荒已变大粮屯。"

3. 将荒郊野岭变成胶园

如果说农垦大军在戈壁滩、北大荒打赢了漂亮的要粮要棉战役,那么,在南国边疆,则打赢了一场在世界看来不可能胜利的翻身仗。

1950 年,朝鲜战争爆发后,帝国主义对我国实行经济封锁,重要战略物资天然橡胶被禁运,我国国防和经济建设面临严重威胁。

当时世界公认天然橡胶的种植地域不能超过北纬 17°,我国被国际上许多专家划为"植胶禁区"。

但命运应该掌握在自己手中,中共中央做出"一定要建立自己的橡胶基地"的战略决策。1951 年 8 月,政务院通过《关于扩大培植橡胶树的决定》,由副总理兼财政经济委员会主任陈云亲自主持这项工作。同年 11 月,华南垦殖局成立,中共中央华南分局第一书记叶剑英兼任局长,开始探索橡胶种植。

1952 年 3 月,两万名中国人民解放军临危受命,组建成林业工程第一师、第二师和一个独立团,开赴海南、湛江、合浦等地,住茅棚、战台风、斗猛兽,白手起家垦殖橡胶。

大规模垦殖橡胶，急需胶籽。"一粒胶籽，一两黄金"成为战斗口号，战士们不惜一切代价收集胶籽。有一位叫陈金照的小战士，运送胶籽时遇到山洪，被战友们找到时已没有了呼吸，而背上箩筐里的胶籽却一粒没丢……

正是有了千千万万个把橡胶看得重于生命的陈金照们，1957 年春天，华南垦殖局种植的第一批橡胶树，流出了第一滴胶乳。

1960 年以后，大批转业官兵加入海南岛植胶队伍，建成第一个橡胶生产基地，还大面积种植了剑麻、香茅、咖啡等多种热带作物。同时，又有数万名转业官兵和湖南移民汇聚云南边疆，用血汗浇灌出了我国第二个橡胶生产基地。

在新疆、东北和华南三大军垦战役打响之时，其他省份也开始试办农场。1952年，在政务院关于"各县在可能范围内尽量地办起和办好一两个国营农场"的要求下，全国各地农场如雨后春笋般发展起来。1956 年，农垦部成立，王震将军被任命为部长，统一管理全国的军垦农场和地方农场。

随着农垦管理走向规范化，农垦事业也蓬勃发展起来。江西建成多个综合垦殖场，发展茶、果、桑、林等多种生产；北京市郊、天津市郊、上海崇明岛等地建起了主要为城市提供副食品的国营农场；陕西、安徽、河南、西藏等省区建立发展了农牧场群……

到 1966 年，全国建成国营农场 1958 个，拥有职工 292.77 万人，拥有耕地面积 345457 公顷，农垦成为我国农业战线一支引人瞩目的生力军。

（三）

前进的道路并不总是平坦的。"文化大革命"持续十年，使党、国家和各族人民遭到新中国成立以来时间最长、范围最广、损失最大的挫折，农垦系统也不能幸免。农场平均主义盛行，从 1967 年至 1978 年，农垦系统连续亏损 12 年。

"没有一个冬天不可逾越，没有一个春天不会来临。"1978 年，党的十一届三中全会召开，如同一声春雷，唤醒了沉睡的中华大地。手握改革开放这一法宝，全党全社会朝着社会主义现代化建设方向大步前进。

在这种大形势下，农垦人深知，国营农场作为社会主义全民所有制企业，应当而且有条件走在农业现代化的前列，继续发挥带头和示范作用。

于是，农垦人自觉承担起推进实现农业现代化的重大使命，乘着改革开放的春风，开始进行一系列的上下求索。

1978 年 9 月，国务院召开了人民公社、国营农场试办农工商联合企业座谈会，决定在我国试办农工商联合企业，农垦系统积极响应。作为现代化大农业的尝试，机械化水平较高且具有一定工商业经验的农垦企业，在农工商综合经营改革中如鱼得水，打破了单一种粮的局面，开启了农垦一二三产业全面发展的大门。

农工商综合经营只是农垦改革的一部分，农垦改革的关键在于打破平均主义，调动生产积极性。

为调动企业积极性，1979 年 2 月，国务院批转了财政部、国家农垦总局《关于农垦企业实行财务包干的暂行规定》。自此，农垦开始实行财务大包干，突破了"千家花钱，一家（中央）平衡"的统收统支方式，解决了农垦企业吃国家"大锅饭"的问题。

为调动企业职工的积极性，从 1979 年根据财务包干的要求恢复"包、定、奖"生产责任制，到 1980 年后一些农场实行以"大包干"到户为主要形式的家庭联产承包责任制，再到 1983 年借鉴农村改革经验，全面兴办家庭农场，逐渐建立大农场套小农场的双层经营体制，形成"家家有场长，户户搞核算"的蓬勃发展气象。

为调动企业经营者的积极性，1984 年下半年，农垦系统在全国选择 100 多个企业试点推行场（厂）长、经理负责制，1988 年全国农垦有 60% 以上的企业实行了这项改革，继而又借鉴城市国有企业改革经验，全面推行多种形式承包经营责任制，进一步明确主管部门与企业的权责利关系。

以上这些改革主要是在企业层面，以单项改革为主，虽然触及了国家、企业和职工的最直接、最根本的利益关系，但还没有完全解决传统体制下影响农垦经济发展的深层次矛盾和困难。

"历史总是在不断解决问题中前进的。"1992 年，继邓小平南方谈话之后，党的十四大明确提出，要建立社会主义市场经济体制。市场经济为农垦改革进一步指明了方向，但农垦如何改革才能步入这个轨道，真正成为现代化农业的引领者呢？

关于国营大中型企业如何走向市场，早在 1991 年 9 月中共中央就召开工作会议，强调要转换企业经营机制。1992 年 7 月，国务院发布《全民所有制工业企业转换经营机制条例》，明确提出企业转换经营机制的目标是："使企业适应市场的要求，成为依法自主经营、自负盈亏、自我发展、自我约束的商品生产和经营单位，成为独立享有民事权利和承担民事义务的企业法人。"

为转换农垦企业的经营机制，针对在干部制度上的"铁交椅"、用工制度上的"铁饭碗"和分配制度上的"大锅饭"问题，农垦实施了干部聘任制、全员劳动合同制以及劳动报酬与工效挂钩的三项制度改革，为农垦企业建立在用人、用工和收入分配上的竞争机制起到了重要促进作用。

1993 年，十四届三中全会再次擂响战鼓，指出要进一步转换国有企业经营机制，建立适应市场经济要求，产权清晰、权责明确、政企分开、管理科学的现代企业制度。

农业部积极响应，1994 年决定实施"三百工程"，即在全国农垦选择百家国有农场进行现代企业制度试点、组建发展百家企业集团、建设和做强百家良种企业，标志着农垦企业的改革开始深入到企业制度本身。

同年，针对有些农场仍为职工家庭农场，承包户垫付生产、生活费用这一问题，根据当年 1 月召开的全国农业工作会议要求，全国农垦系统开始实行"四到户"和"两自理"，即土地、核算、盈亏、风险到户，生产费、生活费由职工自理。这一举措彻底打破了"大锅饭"，开启了国有农场农业双层经营体制改革的新发展阶段。

然而，在推进市场经济进程中，以行政管理手段为主的垦区传统管理体制，逐渐成为束缚企业改革的桎梏。

垦区管理体制改革迫在眉睫。1995 年，农业部在湖北省武汉市召开全国农垦经济体制改革工作会议，在总结各垦区实践的基础上，确立了农垦管理体制的改革思路：逐步弱化行政职能，加快实体化进程，积极向集团化、公司化过渡。以此会议为标志，垦区管理体制改革全面启动。北京、天津、黑龙江等17个垦区按照集团化方向推进。此时，出于实际需要，大部分垦区在推进集团化改革中仍保留了农垦管理部门牌子和部分行政管理职能。

"前途是光明的，道路是曲折的。"由于农垦自身存在的政企不分、产权不清、社会负担过重等深层次矛盾逐渐暴露，加之农产品价格低迷、激烈的市场竞争等外部因素叠加，从1997年开始，农垦企业开始步入长达5年的亏损徘徊期。

然而，农垦人不放弃、不妥协，终于在2002年"守得云开见月明"。这一年，中共十六大召开，农垦也在不断调整和改革中，告别"五连亏"，盈利13亿。

2002年后，集团化垦区按照"产业化、集团化、股份化"的要求，加快了对集团母公司、产业化专业公司的公司制改造和资源整合，逐步将国有优质资产集中到主导产业，进一步建立健全现代企业制度，形成了一批大公司、大集团，提升了农垦企业的核心竞争力。

与此同时，国有农场也在企业化、公司化改造方面进行了积极探索，综合考虑是否具备企业经营条件、能否剥离办社会职能等因素，因地制宜、分类指导。一是办社会职能可以移交的农场，按公司制等企业组织形式进行改革；办社会职能剥离需要过渡期的农场，逐步向公司制企业过渡。如广东、云南、上海、宁夏等集团化垦区，结合农场体制改革，打破传统农场界限，组建产业化专业公司，并以此为纽带，进一步将垦区内产业关联农场由子公司改为产业公司的生产基地（或基地分公司），建立了集团与加工企业、农场生产基地间新的运行体制。二是不具备企业经营条件的农场，改为乡、镇或行政区，向政权组织过渡。如2003年前后，一些垦区的部分农场连年严重亏损，有的甚至濒临破产。湖南、湖北、河北等垦区经省委、省政府批准，对农场管理体制进行革新，把农场管理权下放到市县，实行属地管理，一些农场建立农场管理区，赋予必要的政府职能，给予财税优惠政策。

这些改革离不开农垦职工的默默支持，农垦的改革也不会忽视职工的生活保障。1986年，根据《中共中央、国务院批转农牧渔业部〈关于农垦经济体制改革问题的报告〉的通知》要求，农垦系统突破职工住房由国家分配的制度，实行住房商品化，调动职工自己动手、改善住房的积极性。1992 年，农垦系统根据国务院关于企业职工养老保险制度改革的精神，开始改变职工养老保险金由企业独自承担的局面，此后逐步建立并完善国家、企业、职工三方共同承担的社会保障制度，减轻农场养老负担的同时，也减少了农场职工的后顾之忧，保障了农场改革的顺利推进。

从 1986 年至十八大前夕，从努力打破传统高度集中封闭管理的计划经济体制，到坚定社会主义市场经济体制方向；从在企业层面改革，以单项改革和放权让利为主，到深入管理体制，以制度建设为核心、多项改革综合配套协调推进为主：农垦企业一步一个脚印，走上符合自身实际的改革道路，管理体制更加适应市场经济，企业经营机制更加灵活高效。

这一阶段，农垦系统一手抓改革，一手抓开放，积极跳出"封闭"死胡同，走向开放的康庄大道。从利用外资在经营等领域涉足并深入合作，大力发展"三资"企业和"三来一补"项目，到注重"引进来"，引进资金、技术设备和管理理念等；再到积极实施"走出去"战略，与中东、东盟、日本等地区和国家进行经贸合作出口商品，甚至扎根境外建基地、办企业、搞加工、拓市场：农垦改革开放风生水起逐浪高，逐步形成"两个市场、两种资源"的对外开放格局。

（四）

党的十八大以来，以习近平同志为核心的党中央迎难而上，做出全面深化改革的决定，农垦改革也进入全面深化和进一步完善阶段。

2015 年 11 月，中共中央、国务院印发《关于进一步推进农垦改革发展的意见》（简称《意见》），吹响了新一轮农垦改革发展的号角。《意见》明确要求，新时期农垦改革发展要以推进垦区集团化、农场企业化改革为主线，努力把农垦建设成为保障国家粮食安全和重要农产品有效供给的国家队、中国特色新型农业现代化的示范区、农业对外合作的排头兵、安边固疆的稳定器。

2016 年 5 月 25 日，习近平总书记在黑龙江省考察时指出，要深化国有农垦体制改革，以垦区集团化、农场企业化为主线，推动资源资产整合、产业优化升级，建设现代农业大基地、大企业、大产业，努力形成农业领域的航母。

2018 年 9 月 25 日，习近平总书记再次来到黑龙江省进行考察，他强调，要深化农垦体制改革，全面增强农垦内生动力、发展活力、整体实力，更好发挥农垦在现代农业建设中的骨干作用。

农垦从来没有像今天这样更接近中华民族伟大复兴的梦想！农垦人更加振奋了，以壮士断腕的勇气、背水一战的决心继续农垦改革发展攻坚战。

1. 取得了累累硕果

——坚持集团化改革主导方向，形成和壮大了一批具有较强竞争力的现代农业企业集团。黑龙江北大荒去行政化改革、江苏农垦农业板块上市、北京首农食品资源整合……农垦深化体制机制改革多点开花、逐步深入。以资本为纽带的母子公司管理体制不断完善，现代公司治理体系进一步健全。市县管理农场的省份区域集团化改革稳步推进，已组建区域集团和产业公司超过 300 家，一大批农场注册成为公司制企业，成为真正的市场主体。

——创新和完善农垦农业双层经营体制，强化大农场的统一经营服务能力，提高适度规模经营水平。截至 2020 年，据不完全统计，全国农垦规模化经营土地面积 5500 多万亩，约占农垦耕地面积的 70.5%，现代农业之路越走越宽。

——改革国有农场办社会职能，让农垦企业政企分开、社企分开，彻底甩掉历史包袱。截至 2020 年，全国农垦有改革任务的 1500 多个农场完成办社会职能改革，松绑后的步伐更加矫健有力。

——推动农垦国有土地使用权确权登记发证，唤醒沉睡已久的农垦土地资源。截至 2020 年，土地确权登记发证率达到 96.3%，使土地也能变成金子注入农垦企业，为推进农垦土地资源资产化、资本化打下坚实基础。

——积极推进对外开放，农垦农业对外合作先行者和排头兵的地位更加突出。合作领域从粮食、天然橡胶行业扩展到油料、糖业、果菜等多种产业，从单个环节向全产业链延伸，对外合作范围不断拓展。截至2020年，全国共有15个垦区在45个国家和地区投资设立了84家农业企业，累计投资超过370亿元。

2. 在发展中改革，在改革中发展

农垦企业不仅有改革的硕果，更以改革创新为动力，在扶贫开发、产业发展、打造农业领域航母方面交出了漂亮的成绩单。

——聚力农垦扶贫开发，打赢农垦脱贫攻坚战。从20世纪90年代起，农垦系统开始扶贫开发。"十三五"时期，农垦系统针对304个重点贫困农场，绘制扶贫作战图，逐个建立扶贫档案，坚持"一场一卡一评价"。坚持产业扶贫，组织开展技术培训、现场观摩、产销对接，增强贫困农场自我"造血"能力。甘肃农垦永昌农场建成高原夏菜示范园区，江西宜丰黄冈山垦殖场大力发展旅游产业，广东农垦新华农场打造绿色生态茶园······贫困农场产业发展蒸蒸日上，全部如期脱贫摘帽，相对落后农场、边境农场和生态脆弱区农场等农垦"三场"踏上全面振兴之路。

——推动产业高质量发展，现代农业产业体系、生产体系、经营体系不断完善。初步建成一批稳定可靠的大型生产基地，保障粮食、天然橡胶、牛奶、肉类等重要农产品的供给；推广一批环境友好型种养新技术、种养循环新模式，提升产品质量的同时促进节本增效；制定发布一系列生鲜乳、稻米等农产品的团体标准，守护"舌尖上的安全"；相继成立种业、乳业、节水农业等产业技术联盟，形成共商共建共享的合力；逐渐形成"以中国农垦公共品牌为核心、农垦系统品牌联合舰队为依托"的品牌矩阵，品牌美誉度、影响力进一步扩大。

——打造形成农业领域航母，向培育具有国际竞争力的现代农业企业集团迈出坚实步伐。黑龙江北大荒、北京首农、上海光明三个集团资产和营收双超千亿元，在发展中乘风破浪：黑龙江北大荒农垦集团实现机械化全覆盖，连续多年粮食产量稳定在200亿千克以上，推动产业高端化、智能化、绿色化，全力打造"北大荒绿色智慧厨房"；北京首农集团坚持科技和品牌双轮驱动，不断提升完善"从田间到餐桌"的全产业链条；上海光明食品集团坚持品牌化经营、国际化发展道路，加快农业"走出去"步伐，进行国际化供应链、产业链建设，海外营收占集团总营收20％左右，极大地增强了对全世界优质资源的获取能力和配置能力。

千淘万漉虽辛苦，吹尽狂沙始到金。迈入"十四五"，农垦改革目标基本完成，正式开启了高质量发展的新篇章，正在加快建设现代农业的大基地、大企业、大产业，全力打造农业领域航母。

（五）

八十多年来，从人畜拉犁到无人机械作业，从一产独大到三产融合，从单项经营到全产业链，从垦区"小社会"到农业"集团军"，农垦发生了翻天覆地的变化。然而，无论农垦怎样变，变中都有不变。

——不变的是一路始终听党话、跟党走的绝对忠诚。从抗战和解放战争时期垦荒供应军粮，到新中国成立初期发展生产、巩固国防，再到改革开放后逐步成为现代农业建设的"排头兵"，农垦始终坚持全面贯彻党的领导。而农垦从孕育诞生到发展壮大，更离不开党的坚强领导。毫不动摇地坚持贯彻党对农垦的领导，是农垦人奋力前行的坚强保障。

——不变的是服务国家核心利益的初心和使命。肩负历史赋予的保障供给、屯垦戍边、示范引领的使命，农垦系统始终站在讲政治的高度，把完成国家战略任务放在首位。在三年困难时期、"非典"肆虐、汶川大地震、新冠肺炎疫情突发等关键时刻，农垦系统都能"调得动、顶得上、应得急"，为国家大局稳定做出突出贡献。

——不变的是"艰苦奋斗、勇于开拓"的农垦精神。从抗日战争时一手拿枪、一手拿镐的南泥湾大生产，到新中国成立后新疆、东北和华南的三大军垦战役，再到改革开放后艰难但从未退缩的改革创新、坚定且铿锵有力的发展步伐，"艰苦奋斗、勇于开拓"始终是农垦人不变的本色，始终是农垦人攻坚克难的"传家宝"。

农垦精神和文化生于农垦沃土，在红色文化、军旅文化、知青文化等文化中孕育，也在一代代人的传承下，不断被注入新的时代内涵，成为农垦事业发展的不竭动力。

"大力弘扬'艰苦奋斗、勇于开拓'的农垦精神，推进农垦文化建设，汇聚起推动农垦改革发展的强大精神力量。"中央农垦改革发展文件这样要求。在新时代、新征程中，记录、传承农垦精神，弘扬农垦文化是农垦人的职责所在。

（六）

随着垦区集团化、农场企业化改革的深入，农垦的企业属性越来越突出，加之有些农场的历史资料、文献文物不同程度遗失和损坏，不少老一辈农垦人也已年至期颐，农垦历史、人文、社会、文化等方面的保护传承需求也越来越迫切。

传承农垦历史文化，志书是十分重要的载体。然而，目前只有少数农场编写出版过农场史志类书籍。因此，为弘扬农垦精神和文化，完整记录展示农场发展改革历程，保存农垦系统重要历史资料，在农业农村部党组的坚强领导下，农垦局主动作为，牵头组织开展中国农垦农场志丛编纂工作。

工欲善其事，必先利其器。2019 年，借全国第二轮修志工作结束、第三轮修志工作启动的契机，农业农村部启动中国农垦农场志丛编纂工作，广泛收集地方志相关文献资料，实地走访调研、拜访专家、咨询座谈、征求意见等。在充足的前期准备工作基础上，制定了中国农垦农场志丛编纂工作方案，拟按照前期探索、总结经验、逐步推进的整体安排，统筹推进中国农垦农场志丛编纂工作，这一方案得到了农业农村部领导的高度认可和充分肯定。

编纂工作启动后，层层落实责任。农业农村部专门成立了中国农垦农场志丛编纂委员会，研究解决农场志编纂、出版工作中的重大事项；编纂委员会下设办公室，负责志书编纂的具体组织协调工作；各省级农垦管理部门成立农场志编纂工作机构，负责协调本区域农场志的组织编纂、质量审查等工作；参与编纂的农场成立了农场志编纂工作小组，明确专职人员，落实工作经费，建立配套机制，保证了编纂工作的顺利进行。

质量是志书的生命和价值所在。为保证志书质量，我们组织专家编写了《农场志编纂技术手册》，举办农场志编纂工作培训班，召开农场志编纂工作推进会和研讨会，到农场实地调研督导，尽全力把好志书编纂的史实关、政治关、体例关、文字关和出版关。我们本着"时间服从质量"的原则，将精品意识贯穿编纂工作始终。坚持分步实施、稳步推进，成熟一本出版一本，成熟一批出版一批。

中国农垦农场志丛是我国第一次较为系统地记录展示农场形成发展脉络、改革发展历程的志书。它是一扇窗口，让读者了解农场，理解农垦；它是一条纽带，让农垦人牢记历史，让农垦精神代代传承；它是一本教科书，为今后农垦继续深化改革开放、引领现代农业建设、服务乡村振兴战略指引道路。

修志为用。希望此志能够"尽其用"，对读者有所裨益。希望广大农垦人能够从此志汲取营养，不忘初心、牢记使命，一茬接着一茬干、一棒接着一棒跑，在新时代继续发挥农垦精神，续写农垦改革发展新辉煌，为实现中华民族伟大复兴的中国梦不懈努力！

中国农垦农场志丛编纂委员会

2021 年 7 月

黑龙江赵光农场志

HEILONGJIANG ZHAOGUANG NONGCHANG ZHI

序言

这是一片神奇的土地！

这是一个以英烈名字命名的地方！

这里是电影《老兵新传》的故乡——黑龙江省赵光农场！

1945年抗日战争胜利后，赵光同志从延安来到东北开展革命工作，担任通北县政府秘书。同年12月19日，赵光同志在通北火车站（现赵光车站）突遇武装叛匪，随之与其进行了英勇搏斗，因寡不敌众，壮烈牺牲，时年仅23岁。

1947年，当解放战争的炮火还在燃烧的时候，为了"建立巩固的东北根据地"，同时为创办公营农场积累经验，东北行政委员会派原辽北军区司令部作训科科长周光亚等同志到通北，在"日本开拓团"旧址的一片废墟上，创办了公营通北机械农场（现赵光农场），至今已70多年。农场为"培养干部，积累经验，创造典型，示范农民"，保卫边疆，支援社会主义革命和社会主义建设，做出了贡献，新中国的农业机械化事业从这里兴起！

忆往昔岁月峥嵘，看今朝薪火相传。赵光农场1947年建场以来，经历了70多年的发展历程，几代赵光农场人风雨同舟，团结奉献，顽强拼搏，改革创新，走过了从无到有、从小到大、从弱到强的发展之路，凝就了"自力更生、艰苦奋斗、开拓进取、务实奉献"的赵光农场企业之魂。

赵光农场建场 70 多年，历经数次改革。2018 年 6 月，根据国务院、黑龙江省委深化农垦企业化改革发展要求，成立黑龙江农垦北大荒集团赵光农场有限公司。2019 年 6 月 30 日举行黑龙江北大荒农垦集团赵光农场有限公司揭牌仪式，并进入正式运行，后改称为北大荒集团黑龙江赵光农场有限公司，这标志着赵光农场的发展又掀开了崭新一页。

锐意改革谋发展，春华秋实创辉煌。70 多年来，赵光农场（公司）党委按照上级党委的工作部署，不断深化改革，不断加快经济建设，各项工作取得了突破性进展，开创了农场经济快速增长、各业兴旺、社会全面进步的可喜局面。2020 年，赵光农场有限公司全面完成各项经济指标，实现企业增加值 5.8 亿元，其中，第一产业增加值 4.05 亿元，第二产业增加值 0.12 亿元，第三产业增加值 1.31 亿元。实现企业利润 6354 万元，同比增长 354.8%。五费支出 483 万元，同比下降 14%；资产负债率 72.23%，较 2019 年降低 13 个百分点；应付款净下降 4715 万元。居民可支配收入达 3.36 万元。人均住宅面积增长到 2020 年的 32.84 平方米，住宅楼房化率达 81.99%，居民生活水平极大提高，赵光农场人民步入小城镇化的生活轨道。

《黑龙江赵光农场志》，这部志书以朴实的语言，比较全面、翔实、系统地叙述了 1974—2020 年，在农场（公司）党委的正确领导下，全场广大党员干部和职工用自己的热血和智慧建设赵光农场的史实。这是一部赵光农场与时俱进的发展史，是一部催人奋进、令人感动的光荣史。

历史在前进，赵光农场有限公司的经济也在不断进步和发展。热爱这片黑土地的农场人，一定会继承《老兵新传》传统，发扬光大北大荒精神，继续努力和奋斗下去，用自己的热血和智慧为公司的建设和发展再创辉煌贡献力量，谱写明天更加美好的新篇章。

赵光农场有限公司党委书记、董事长　岳远林

2023 年 6 月 24 日

黑龙江赵光农场志

HEILONGJIANG ZHAOGUANG NONGCHANG ZHI

凡例

（1）《黑龙江赵光农场志》以马列主义、毛泽东思想、邓小平理论、"三个代表"重要思想、科学发展观和习近平新时代中国特色社会主义思想为指导，坚持实事求是的原则，力求达到思想性、科学性和资料性的统一。

（2）本志上限起自 1947 年，下限断至 2020 年。建置前历史沿革，追溯到清朝及公元前 2000 多年古民族肃慎时期。

（3）本志以事分类，按类分编，横排门类，记述纵横结合，以横为主，叙而不论。分编、章、节、目 4 个层次。志首设序言、凡例、概述、大事记，志尾设附录、后记。全书设建置、自然地理、经济体制改革、经济、经营管理、组织建设、科教文卫、社会、人物 9 编。文前编有图片。

（4）坚持"生不立传"的原则，对已故的领导干部、老红军、老模范、科技工作者中的代表人物立传略；对在农场开发建设中有影响的部分典型人物作简介；建场以来农场主要领导及农场现职正副职领导，一律按到农场任职时间先后为序，列简历（无资料者未列入）；其他知名人物列表或名录。

（5）鉴于农场体制变动频繁、历史关系复杂的情况，本志中记述的内容以 2020 年前农场建置范围为主，兼顾历史上区划演变的实际。因篇幅有限，人物名录中收录的先进个人限制在黑龙江农垦总局以上、科技人员限制在副高级以上。附录中，对原福安农场和省营赵光机械农场做补充简介。

（6）本志中记述农场名以及其他地名、人名等均以各历史时期通用名称为依据。机构、单位变更均按时间变更称谓。

（7）称谓：黑龙江垦区即指黑龙江省农垦及其所辖区域，北安垦区即指黑龙江省国营农场总局北安国营农场管理局、黑龙江省农垦总局北安分局、黑龙江省农垦北安管理局及其所辖区域。对黑龙江省国营农场总局和北安国营农场管理局的称谓以 1997 年 1 月划线，之前，分别称黑龙江省国营农场总局和北安国营农场管理局（简称总局和管理局），之后到 2011 年 1 月，分别称黑龙江省农垦总局和黑龙江省农垦总局北安分局（简称总局和分局），2011 年 1 月到 2018 年 6 月，分别称黑龙江省农垦总局和黑龙江省农垦北安管理局（简称总局和管理局）。2018 年 6 月以后，中共北大荒农垦集团有限公司委员会和北大荒农垦集团有限公司分别简称集团党委和集团，中共北大荒农垦集团有限公司北安分公司委员会和北大荒农垦集团北安分公司分别简称分公司党委和分公司，中共黑龙江省赵光农场委员会、中共黑龙江省赵光农场委员会下属支部组织和黑龙江省赵光农场分别简称农场党委、党支部和农场；中共黑龙江省赵光农场有限公司委员会和黑龙江省赵光农场有限公司分别简称公司党委和农场公司。

（8）志书所用资料，来源于《赵光农场志》三部志书及省内外、农垦系统各级档案和地方有关报刊、采访的口碑资料等。

中国农垦农场志

目 录

第四编　经济

第五编　经营管理

第六编 组织建设

第七编　科教文卫

第八编　社会

第九编　人物

概　　述

一、概况

赵光农场位于黑龙江省，横跨黑河、齐齐哈尔两地区，绵延北安、克东两市县。北起嫩江水系的乌裕尔河，南到小兴安岭余脉的天然次生林区，西起克东县界，东到轱辘滚河之滨，同北安市、克东县村镇及林场土地森林交错，同建设农场、红星农场阡陌相通。版图东西长 50 千米，南北宽 34 千米，控制面积 510 多平方千米，边界线长约 171 千米。滨（哈尔滨）—北（北安）铁路线由南至北穿过场区 34 千米，北（北安）—通（通北镇）202 省公路、绥（绥化）—北（北安）高速公路同铁路并行。三条交通命脉，联络农场内外，延伸全国。赵光农场是一个有山有水，土肥草美，物阜境优，具有深厚的垦荒文化历史和现代农业生产技术的大型农业企业。农场场部设在黑龙江省黑河市北安市赵光镇。

农场地处小兴安岭西南麓走向松嫩平原的丘陵地带。地势南高北低，逐渐倾斜，属中高纬度。生态宜人，气候温和，资源丰富。耕地集中连片，黑土层厚，有机质含量高，是黑龙江垦区西部有名的黑土之乡，适于大面积的机械化生产。雨量适中，日照较长，作物生长期水热同季，宜于小麦、大豆、玉米、甜菜、油菜等一年一熟作物的生长发育。农场由于地处森林边缘，除杨、桦、柞、椴等阔叶次生林外，野生动植物种类繁多，早有民谣"北大荒三宗宝：人参、貂皮、乌拉草（现多用鹿茸角）"和"棒打獐狍瓢舀鱼，野鸡飞到饭锅里"做形象描述。20 世纪 70 年代前，深山密林中常有熊、鹿、狍、野猪出没，野鸡、野鸭更为常见。有可食的榛子、橡子、蘑菇、蕨菜、黄花菜等野果、真菌和野菜；有可入药的五味子、刺五加、龙胆等 200 余种中药植物；有藏量丰富可用于编织的小叶樟、苔条、乌拉草等草本植物；有广阔的草场，水草丰盛，是发展畜牧业的天然基地。

1947 年，根据中共中央、毛泽东主席关于"建立巩固的东北根据地""在北满创办一个粮食工厂"的指示，东北行政委员会直接抽调干部，组织技术力量，筹建直属农场。军人出身的延安老干部周光亚，满怀壮志豪情，带领干部、战士，在通北县境内的荒原上，创办了通北机械农场（现赵光农场），为中华人民共和国的机械化农场开发建设奠定了千秋基业。通北机械农场当时是东北行政委员会建立的第一个公营机械农场，在建置沿革中，曾多次易名，但都以赵光烈士的名字而冠之，1977 年恢复农场体制后，一直称赵光农场。

赵光农场建场 70 多年，长期受到国家领导人的关怀和重视，为全国各族青年所向往，为世界所瞩目。20 世纪 40 年代末，东北行政委员会主席林枫根据中共中央的指示和东北局的决定，亲自部署筹建通北机械农场，并先后两次到农场视察指导工作。1952 年 9 月，中华人民共和国中央人民政府委员会副主席朱德同志亲临农场视察。之后，国家有关部门多次组织自然科学工作者代表团、地质调查团、土壤调查团、少数民族参观团、政协代表团等学术团体和政治团体及成批的专家学者到农场参观、考察；众多的文化名人、记者、作家到农场体验生活和采访。苏联、罗马尼亚、南斯拉夫、捷克斯洛伐克、德意志民主共和国等东欧社会主义国家，都曾派专家和考察团到农场进行考察。中央人民政府农业部顾问、美国友人韩丁和日本《赤旗报》主编也到农场访问；苏联驻中国农业部专家常到农场指导工作。大型彩色故事片《老兵新传》电影脚本，是著名作家李凖以赵光农场初创时期艰苦奋斗的历史及第一任场长周光亚为原型创作的，并在 1959 年国庆节前夕莫斯科举办的国际电影周上获奖。

20 世纪 50—70 年代，大批转业官兵、支边青年、移民及城市知识青年先后涌向农场，为机械化垦荒大军增添活力，也为发展生产、弘扬北大荒的科学文化发挥了推动作用。国家、省有关部门和农垦领导机关曾多次举办如"国产康拜因试割鉴定""大豆大面积机械化除草"等一些重要的农机改革经验现场会和农机具展览，对全国农垦事业的发展产生了重大影响，为传播机械化生产经验、示范农民，产生了积极作用。在国庆 10 周年的时候，《人民日报》《黑龙江日报》《嫩江日报》等报纸都在显著版面上发表文章，宣传赵光农场建设发展中不平凡的经历，北京农业展览馆展出了赵光农场的发展史。1984 年，黑龙江广播电视台记者到农场为中央电视台采访录音，在《今日北大荒》专辑里向全国人民又一次介绍了赵光农场几十年的历史变迁和光辉成就。2002—2020 年，中央电视台、《人民日报》社、新华社、《农民日报》社、中央电视台国际频道《走遍中国》栏目、《民主与法制》杂志社、《黑龙江经济报》、人民日报《中国经济周刊》等在全国具有一定影响力的记者先后来赵光农场实地采访。

建场 70 多年，几代农场人辛勤劳动，团结协作，拼搏进取，锐意改革，赵光农场不断发展壮大，人口发展到 3.1 万人，职工近 1.5 万人，良田 3.4 万公顷，种植指数达 100%，土地利用率 97%，已经形成了一个劳动生产率和商品率高、技术设备先进、建设规模比较大的机械化农场。

二、发展历史

赵光农场的创建，国内没有现成模式可借鉴，是在中国共产党的自力更生、艰苦奋斗、勤俭办场的方针指引下，自己走出了一条曲折、光辉的道路。建场70多年，农场开发建设大致经历了六个时期。

（一）初创时期，经济曲折发展（1947—1965年）

这个时期是打基础、摸索机械化耕作经验阶段。其基本特点是：在缺乏物资、技术力量和财力不足的情况下，连年大面积开荒，边开荒、边生产。除粮食上缴给国家外，其他各业都是自给性生产。在种种挫折中，逐渐摸索出开荒、整地、播种、中耕、收获、储藏保管等多项农业、农机生产技术经验，形成了一整套规章制度，机械化生产新技术对全国农业产生了重要影响。

1956—1965年，农场大规模发展。在中共中央边开荒、边生产、边建设、边积累、边扩大方针指导下，大面积开荒建场。到1965年，农业商品粮生产基地达到相当规模，赵光地区拥有9个农场，经营着2万多公顷耕地，职工增加到2万多人。大豆垄作、大面积机械化除草、化学药剂灭草以及农机改装等都得到全面推广和应用；联合收割机加第三清洁室这一科研成果被开封收获机厂采用，推广到全国；国产拖拉机和联合收割机广泛用于生产，原有农机具陆续更新。在中共黑龙江省委员会提出加强国营农场领导的精神指导下，农场成立中国共产党支部委员会（以下简称党支部），后扩为中共赵光农场委员会（以下简称农场党委），实行党委领导下的场长负责制。经历了1957年的反右斗争和1958年"大跃进"和人民公社化，广大职工群众和经得起考验的各级领导干部以战天斗地的实际行动赢得了1959年的特大丰收，被评为全国农业红旗单位，受到国务院的嘉奖。在形势极端困难的情况下，全场以"瓜菜代"和"油掺水"的精神度过了严重的三年困难时期，通过"调整、巩固、充实、提高"和贯彻执行中共中央关于改革国营农场经营管理制度的批示，农场经济进入了发展时期。

（二）严重挫折时期（1966—1976年）

这个时期，农场经济遭到严重挫折，据不完全统计，10年共亏损约1941.3万元。

（三）恢复建制，经济稳步发展时期（1977—1984年）

1977年，恢复农场体制后，专业科技干部重返领导岗位，技术人员复职工作，农场工作重点转移到经济建设上来。改革经济体制，发展各种形式的经济责任制，连续盈利，生产稳步发展。到1984年，全场有4个分场、32个农业生产队、16个工副业队，共有76个基层核算单位。农场直属的原种场、乳品厂和林场都具有一定的生产经营规模。1984

年，在经济体制改革中，试办 136 个职工家庭农场，出现 2561 个多种形式的专业户。全场拥有各种类型拖拉机 319 台，收割机 199 台，各种汽车 118 台，机床 39 台，农业机械总动力 3 万多千瓦。在 37 个生产周期中，共生产粮豆 8 亿多千克，上交商品粮 4.25 亿千克，平均商品率 53％，创工农业总产值 3.4 亿元。经过拨乱反正，落实政策，改革经济体制，经济结构和产业结构开始发生变化，生产关系逐步改善，生产积极性不断提高，农业生产持续发展，产值稳定，年年盈利。1979—1984 年，共生产粮豆 2.8 亿千克，占建场 37 年上缴粮豆总产量的 34.6％，粮豆平均年产量稳定在 4500 万千克以上；平均公顷产 1965 千克，最高年份 2205 千克，粮豆平均公顷产量提高 74％；6 年上交粮豆 1.6 亿千克，占建场 37 年上缴粮豆总数的 37.7％，创工农业总产值 1.38 亿元，占建场 37 年产值总数的 40％，年平均工农业总产值稳定在 2300 万元以上；6 年上缴利润 397 万元，占建场 37 年上缴利润总数的 70.6％，年平均上缴 66.1 万元。同 1973—1978 年相比，粮豆总产量增长 113％，工农业总产值增长 90％。赵光农场的生产经营在北安国营农场管理局所属农场中具有举足轻重的地位，1984 年是农业生产的平年，播种面积 2.61 万公顷，粮豆总产量 4673 万千克，上缴粮豆 2677 万千克，商品率 57.3％，比全管理局平均数高 11.2％；创工农业总产值 2800 万元，占全管理局产值的 15.6％，其中种植业产值 2411 万元，全员人均创产值 3471 元。

随着农业生产规模的扩大，林、牧、工、副等各业也在稳步发展。在多年农田综合治理中，配套种植防护林带 1137 条，人工林保有面积 0.24 万公顷，基本实现林网化，森林覆盖率达 7.7％，经济效益和生态效益明显；畜牧业方面，1984 年大牲畜存栏仍保持 2000 多头，养殖数量有较大增长，全场达 787 头。改革刺激了养殖个体户迅速增加，个体经济开始发展，户养畜禽生产基地不断扩大。牧业年产值保持在 57 万元以上；工业生产向商品化方向发展。乳品厂扩建，设计能力日处理鲜奶 40 吨，年产奶粉可达 2000 吨；机械修配、电力、制材、砖瓦、制酒、糕点、饲料加工等工厂，不断改善经营管理，引进技术，提高产品质量，白酒、红砖打入市场。大豆、鹿茸、蕨菜是农场的主要出口产品，在国外有广阔市场，年出口产值 250 万元，到 1984 年共积累外汇 12 万美元。

教育、科技、卫生事业有长足发展。学前教育、中小学基础教育及职业技术教育形成系统，普及了小学教育，初中升学率不断提高。农场高中教育进入北安垦区重点学校行列；20 世纪 50 年代农场成立了农业科学研究单位，并不断发展，实验站培育和推广的主要优良品种仅小麦和大豆就有 30 多个，农场、分场、生产队都有实验基地，试验田面积达 133.33 公顷。农机改装有 10 多项已经推广到全国；医疗卫生事业形成三级网络，医疗设备比较齐全，医疗水平迅速提高，职工医院可以做些高难度的手术。职工享受免费医疗待遇。

小城镇建设发展加快。被誉为"北大荒上的农业城"的农场场部人口集中，街道整洁，是农场的政治、经济、文化中心，也是交通、通信和电力枢纽。通信设备比较先进，利用率高；全场3处变电所联网供电，总变容量近3000千伏安，基本满足生产和生活用电的需要；场部自来水工程给水普及率达50％，居民住宅基本实现砖瓦化。人民的物质文化生活不断改善。据不完全统计，全场电视普及率已经达到50％，洗衣机户有率16.6％。农场上下普遍建起了俱乐部、图书馆、游艺活动室和体育活动场所，职工群众的文化体育活动丰富多彩。

农场文教卫生、商业物资、科技、武装等项工作逐渐自成系统；进入20世纪80年代后，公安、司法、土地管理、工商行政、环境保护、文化事业均自成系统，农场几乎变成无所不包的"小社会"。

（四）以改革促进经济发展时期（1985—2005年）

1985—2005年，农场坚持科技兴场发展战略，深化体制改革，强化管理，经济建设、精神文明建设、社区建设、科教文卫建设发生了巨大变化。

（1）坚持走改革发展的道路。1985年初，兴办家庭农场标志着农场农业经营体制改革的序幕已经拉开。当年，兴办家庭农场2575个。家庭农场对耕地、农机具具有使用权和管理权，极大地调动了职工承包耕地和参与管理的积极性，增强了农场的活力。1996年，农场将2200台（件）农机设备一次性保值并经评估后转售给农场职工，产权归职工，按农场"六统一"的措施进行管理。2001年，农场实行土地长期固定的政策，耕地承租期限为10年，提出"一固定、两自理、三不准、四到户"的要求，签订10年长期合同。土地长期固定极大地调动了职工对土地投入的积极性，促进了农场经济的发展。

1988年，农场进行畜牧业改革。奶牛开始转为个体养殖，其他畜禽也由公养全部转为个体承包经营。1995年，农场取消分场，分场兽医所解体，农场对畜牧科实行差额补贴，兽医院采取集体承包。

实行林权改革，兴办家庭林场。农场规划内的新增造林面积可以由个人承包经营，林权100％归承包人，承包经营的承包期可以固定30年。在此基础上，凡是兴办家庭林场的个体户，农场给予一定的优惠政策。

1985年，农场对工商运建服7家企业实施了全方位的改革。主要分为三步：第一步是实行厂长经理负责制，第二步是股份制租赁承包经营，第三步是股份制改造转制。其特点是放手管理、自主经营、周到服务、依法监督、政策指导，有效地拉动了地区经济大发展。

（2）坚持科技兴场的发展战略，树立现代化农业科技理念。农场于1990年、1999年分别召开第二、第三届科技大会，为农场实施科技兴场战略奠定了理论基础。加强科研基地建设，搞好科研课题的研究，促进农业科技的推广。其中农业课题每年都有40余项，主要包括新品种、植保、肥料、栽培试验、低产田改造、种植业结构调整和气象7个方面。工业课题项目主要包括新工艺的设计应用和新产品的开发；农机科研课题主要是新技术的应用和技术革新；教育课题主要是教法及学法研究；卫生课题主要是地方病、传染病的预防。有的课题当年结题，有的课题实验多年，通过引进、内化、升华、锤炼，成为自己的成果。据统计，课题完成率达90%以上，获得分局以上科研成果近百项。

（3）不断深化调整产业结构。1985年的改革之初，农场畜牧业、工业产值分别只占工农业总产值的1.5%和11.2%左右，种植业占相当大的比例。1996年以后，农场加快产业调整步伐，优化农业结构，调整种植业比例。以市场为导向和加工业带动，稳定发展粮食生产和经济作物生产。粮食生产提高集约化、专业化和商品化水平，改良品种，提高品质，发展绿色、有机、无公害农产品；加快发展畜牧业，以奶牛、肉牛、羊、猪、家禽及特色畜牧业为主。在养殖方式上，以家庭适度规模养殖和专业小区方式为主；积极发展特色经济，采用新技术，提高单位面积产量，形成合理的生产规模。农业结构横向调整的重点是做强主打产品和发展特色农业，纵向调整的方向就是大力发展以农副产品为原料的加工工业。1996—2005年，种植业、畜牧业、工业、自营经济4个产业的产值占总产值的比例发生了很大的变化，产业结构达到了基本合理的状态。

（4）不断强化企业管理。刚性预算管理逐步加强，逐步强化成本逆控效果管理，妥善处理统、分结合的关系，不断改革用人机制，引进人才，优化队伍，依法治场，强化民主管理和监督。

（5）1985年，农场党委开始将精神文明建设列入农场建设总体规划之中，并成立了精神文明建设指导委员会，52个党支部都成立了领导小组，按照《中共中央关于社会主义精神文明建设指导方针的决议》的要求，在抓好经济工作的同时，全面开展精神文明建设工作。2000年，农场开始在精神文明建设工作上实施"六项工程"建设，其中包括实施理论武装、精神塑造、文明窗口、创建活动、环境建设，加强文明家庭建设、十星级文明户建设。

（6）农场经济迈向新的台阶。1986年，农场实现上缴农业税每公顷40.95元，劳保基金每人100元，管理费农业单位每公顷上缴762元，工副业单位按人数每人上缴90元。到1990年，农场实现纯利润180万元，上缴利润92万元。1995年，农场当年国内生产总值7150万元，其中农业4500万元，工业及建筑业850万元，服务业及其他业体1800万元。实现利润 990 万元，其中农业 617 万元，工业 285 万元，其他业体 88 万元。粮食总产 6.82 万吨，畜牧业产值 1300 万元，工业总产值 2129 万元。

1996—2000 年，农场的经济发展遇到了连续的困难。1996 年，因小麦品质差，销售不畅，致使小麦积压 1 万多吨，亏损 260 万元；工业生产因销售市场不景气，产品滞销，原料积压，严重影响了场办工业的经济效益。1997 年，国内生产总值 1.68 亿元，其中第一产业增加值 1.22 亿元，第二产业增加值 1900 万元，第三产业增加值 2150 万元，人均净收入 3700 元。1999 年，连续三年的自然灾害，使家庭农场上年挂账 1980 万，待处理财产损失 845 万元。到 2000 年，连续多年的自然灾害，加之销售市场价格严重下跌，家庭农场挂账 3050 万元，待处理财产损失 2243 万元。两家场办工业年末亏损 50 万元。

2002 年，农场通过农业改革和加强预算管理，实现扭亏为盈 331 万元。实现生产财务全口径利润 2550 万元；国内生产总值 1.43 亿元，其中第一产业 8645 万元，第二产业 1470 万元，第三产业 4235 万元；人均纯收入 3250 元。2003 年，农场全面推进富民强场战略，当年实现全口径利润 5950 万元，其中家庭农场利润 5500 万元，企业利润 450 万元；国内生产总值 1.69 亿元，其中第一产业 1.03 亿元，第二产业 1670 万元，第三产业 4900 万元；人均纯收入 4200 元。2005 年，农场围绕一个目标，做大做强两个优势产业，发挥三个功能，实现四个经济新的发展。当年实现国内生产总值 1.98 亿元，其中第一产业 1.27 亿元，第二产业 1150 万元，第三产业 6000 万元；实现全口径利润 6600 万元，其中企业利润 600 万元，家庭农场利润 6000 万元；人均纯收入 5650 元；资产负债率下降至 60% 以下。

（五）不断深化改革，经济快速发展时期（2006—2020 年）

2006—2020 年，农场（公司）继续坚持科技兴场发展战略，不断深化体制改革，不断调整产业结构，进行适度规模经营，不断强化管理，农场的经济建设、精神文明建设、小城镇建设、社区建设、科教文卫建设发生了巨大的变化，农场经济走上了快速发展的轨道。

1. 深化改革，促进经济快速发展

（1）农业、农机改革。推行基本田、规模田、机动地政策，对于未到期合同维持原有合同不变，对于享受基本田范畴的人员，给予货币补贴；完善市场准入制度，采取生产资料比价采购的方式，以达到节本增效的目的。2008—2011 年，农业农机经营体制改革，建立农业协会，实施农机"六统一"管理，加快农机基础设施的集中建设步伐，发挥大马力机械的作业优势，提高农机田间作业标准和工作效率。2012—2014 年，农场坚持"大上玉米、大上奶牛、大幅增效"的原则，加快推进现代化大农业建设，建立以家庭承包经营为基础，统分结合的双层经营体制，加强科技示范带和设施农业建设。2015—2018 年，农业继续完善大农场套小农场、统分结合的经营模式，实施服务农民、进退自由、权利平等、管理民主，建立新型农业经营体系，推进合作社建设。2019 年，农场结合北大荒集团"三库一中心""双控一服务""一体两翼"规划，完善土地承包经营制度，注重科技引领，实现农机作业管理常年标准化。2020 年，农场有限公司加快企业化改革进程，实现了现代农业建设稳步提升。合理调整种植业结构，控牢生产前端节本增效，推动"数字农场"建设，推进农机转型升级，取得了可喜的经济效益和社会效益。

（2）畜牧业改革。2006 年，农场提出畜牧业改革重点为稳定奶牛业发展，建立规模经营家庭牧场，实现畜牧业适度规模经营。2009 年，农场推进万头奶牛大场的建立。加快标准化养殖小区和规范化家庭牧场建设。2015 年，农场推行标准化养殖畜牧合作社建设，鼓励股份制牧场适度股权转让，以租赁或入股的形式，提高牧场经营水平，完善股东利润分配办法。2019 年，农场实现奶牛存栏 4000 头，年产鲜奶 1.5 万吨，肉牛饲养量 500 头，羊饲养量 1000 只，生猪饲养量 2500 头，禽饲养量 10 万羽，种植青贮玉米 466.67 公顷，青贮贮量 2.8 万吨。全场奶牛平均单产 10 吨，实现畜牧渔业增加值 7000 万元。2020 年，农场公司进一步推广精细化饲养、疫病综合防控等技术，提升标准化生产水平。奶牛存栏 2800 头，肉牛存栏 600 头，羊存栏 1230 只，生猪存栏 5030 头，禽 8.8 万只，鲜奶产量 1.5 万吨，实现产值 7000 万元。2019 年，畜牧行政执法移交给北安市政府。

（3）农场进一步深化林业改革，多种形式兴办家庭林场，强化人工林的管理，严格管理制度。实施林权证的申办工作，推进林权制度改革，兴办林业公司；鼓励引导干部职工用好用活森林资源，发展林下经济。鼓励职工利用荒山、小开荒、小块地兴办家庭林场。依法保护林业资源，落实森林管护责任制，加强护林员队伍建设，严格落实森林管护责任制，对现有林木进行登记造册，严禁私采滥伐，重点做好荒山造林补植及验收工作。2020 年，农场公司根据林业产业工作的特点，把林下产业发展作为重点，持续发展山产品采集、林下生态养殖、中草药种植等特色种养殖产业。全年完成绿化补植补造面积 15 公顷，植树 7.29 万株。

（4）其他各业的改革。企业管理制度的改革，主要包括农场机关改革人事编制制度、目标管理制度、责任追究制度、会计报账制度、场务公开制度、企业内部工资分配制度、建立资金有偿使用制度、殡葬管理制度等 8 项改革；进一步深化教育人事制度改革，实施评聘分开，动态管理。不断加强教师队伍建设，提高教师业务能力和整体素质；进一步深化卫生系统改革，坚持公共卫生事业公益性原则。加强社区、管理区卫生所的建设，实行标准化管理、人性化服务；2019 年，赵光农场有限公司进入正式运营后，企业改革深入推进，重点做好办社会职能及事业单位移交工作，推进公司化运行，完善内控体系建设，扎实推进"三项制度"改革。2018—2019 年，教育系统、卫生防疫监督、农机监督、土地行政执法、公安、司法、法庭、民政、水政、林政、草原、环保、社区等社会职能部门先后移交给北安市政府，从此结束了赵光农场办社会的职能。

2. 坚持科技兴场的发展战略

（1）树立现代化农业科技和可持续发展理念。汲取发达国家的先进经验、技术，实现经济、资源、环境、人口的协调发展。

（2）加强科研基地和科技园建设，促进农业科技的推广。2006—2016 年，农场重点推广的新农艺技术有 12 项。2017—2019 年，在管理区加大示范面积，实施"大豆钼酸铵应用技术"的试验研究，农业新技术得到推广 15 项。大豆"大垄密"技术的推广，玉米德美亚 1 号、2 号，大豆黑河 43 号、北豆 40 号、北豆 47 号等，已经作为农场玉米、大豆的主栽品种。玉米化控技术，大豆钼酸铵拌种技术、分层定量定位施肥技术、无残留复方土壤处理技术、化控技术、水稻及玉米叶龄诊断技术、控释肥使用技术、测土配方施肥技术等在农业生产和丰产丰收中，发挥了不可替代的主流、主导作用。2020 年，农场实施"数字农场"建设，实现农业生产过程可视化、实时监测农机作业轨迹和质量，并将农业卫星遥感定位技术集成应用，为标准化、精细化管理提供支撑。

3. 不断深化产业结构调整 2006—2020 年，农场工业产值比例逐步缩小，以种植业、畜牧业为主，第三产业比例逐步增大。

（1）优化农业结构，调整种植业比例，加大科技含量，农机作业实现标准化。以市场为导向，稳定发展粮食生产，积极发展经济作物生产。2007 年，小麦、大豆、经济作物、饲料播种四元比例为 26∶38∶27∶9。2010 年后，农场继续压缩大豆面积，提高玉米等高效作物的种植比例，消灭重茬大豆。在计划播种面积中，按照大豆、玉米、经济作物比例为 5∶4∶1 落实，全面提高粮食生产效率和生产效益。

（2）加快发展畜牧业。按照现代畜牧产业发展要求加快发展畜牧业，以奶牛、肉牛、羊、猪、家禽及特色畜牧业为主。在养殖方式上，以家庭适度规模养殖和专业小区方式为主。保持并扩大奶牛良种优势，提高职工的收入。

（3）扶持第三产业，发展特色经济。抓住关键环节和关键技术，重点解决影响特色农产品规模化生产的主要问题，提高规模化生产水平。发展杂粮、薯类、药材、蔬菜等的种植，采用新技术，加快品系改良，提高单位面积产量，形成合理的生产规模；合理开发特色资源，推广普及健康养殖模式，提高名特优新产品的比重，确保职工减地不减收。

4. 不断强化管理 2006—2020 年，农场不断强化企业管理。概括起来说是建立健全各项规章制度，坚持依法治场。改革用人机制，引进人才，优化队伍，提高管理水平。2018 年初，农场制定了"内部五分开实施方案"，进一步明确了农场企业化管理主要任务、原则和要求，促进了农场企业化改革有序进行。2020 年，农场公司正式运行后，建立健全了现代化企业管理制度，完善公司治理结构和现代企业管理体系，建立健全企业内部控制制度。

5. 中国共产党组织的建设 2006—2020 年，农场党委始终站在时代发展的高度，围绕促进农场经济不断加快发展的中心，积极适应新形势发展的需要，不断创新工作方法，拓宽党的建设新途径，广泛开展党的建设活动。

（1）经过多年的探索和实践，"党员中心联带户"活动从最初的邻里相助，帮贫济困，发展到经营致富、发展经济，实现了由"输血"向"造血"方向的转变，推动了经济社会的发展。发挥党支部的战斗堡垒作用和党员的先锋模范作用，以争当优秀共产党员为争创目标，把党员学、帮、带责任区活动进行拓展和延伸，为农场企业化改革、发展、稳定提供坚强有力的组织保证。

（2）农场党委启动党的群众路线教育实践活动和"三严三实"专题教育活动。对照"严以修身、严以用权、严以律己，谋事要实、创业要实、做人要实"要求，进行"三学一讨论"。教育引导全场各级领导干部把"三严三实"作为修身做人的基本遵循、为官用权的警世箴言、干事创业的行为准则。坚定理想信念，加强党性修养，坚持实事求是，在守纪律讲规矩上见实效，真抓实干。

（3）2017 年，全面实施"北大荒堡垒工程"。严格执行"北大荒党员课堂"制度，深入开展"不忘初心、牢记使命"主题教育活动。守初心、担使命、找差距、抓落实，推进全面从严治党向纵深发展。

（4）深入开展反腐倡廉教育，推进廉政建设，对新提职、提级的领导干部，进行任前集体谈话和廉政教育，做到警钟长鸣。

6. 为实现全面建成小康社会，实施小城镇建设带动战略，乡村城市化，城乡一体化，改善职工群众生活条件，带动相关产业的发展 到 2020 年，全场小城镇建设已具有一定的规模，职工群众楼房入住率达到了 85％以上。已经形成了绿地鲜花点缀、白色路面纵横、路灯辉映、文化广场健身器材人头攒动的祥和温馨小城镇气象。

7. 经济快速发展 2006 年，农场实现国内生产总值 2.34 亿元，同比增长 15.6％；实现全口径利润 6037 万元，其中企业利润 780 万元，家庭农场利润 5257 万元，人均收入 6580 万元，同比增长 15.8％。2011 年，全年实现生产总值 6.12 亿元，同比增长

27.46%，比2007年翻了一番，提前一年完成垦区"三步走"发展战略"实现跨越"的要求。第一、二、三产业增加值分别为3.48亿元、0.74亿元、1.9亿元，分别同比增长26.56%、13.3%、35.84%。粮豆总产实现2.54亿千克，同比增长48.5%。固定资产投资实现5.03亿元，全口径利润2.2亿元，同比增长5.3%，其中企业利润912万元，家庭农场利润2.11亿元。职工人均纯收入实现1.59万元，同比增长20.27%。2015年，实现地区生产总值11.4亿元，同比增长3.2%，其中第一、第二、第三产业增加值分别为4.88亿元、1.06亿元、5.46亿元。企业利润1865万元，同比增长47.5%。职工人均可支配收入2.72万元，同比增长4.6%。全场经济社会发展取得显著成就，人民群众生活明显改善。2019年，农场全面完成各项经济指标，实现国内生产总值4.7亿元，其中第一产业增加值2.8亿元，第二产业增加值0.1亿元，第三产业增加值1.8亿元。实现企业利润1397万元，同比增长123.16%。资产负债率85.34%，应付款净下降2207万元。2020年，农场公司实现企业增加值5.8亿元，其中第一产业增加值4.05亿元，第二产业增加值0.12亿元，第三产业增加值1.31亿元。实现企业利润6354万元，同比增长354.8%。资产负债率72.23%，较2019年降低了13个百分点；应付款净下降4715万元。居民可支配收入3.36万元。

2006—2020年，农场不断深化改革，经济实力快速发展，农场职工的生活条件得到改善，职工群众的福祉得到了提升，建成小康社会的伟大构想也得到逐步的实现。

纵观历史，赵光农场经历了从无到有、从小到大、从弱到强70多年的发展过程。几代赵光农场人用青春、汗水和生命艰苦奋斗，勇于开拓，顾全大局，无私奉献的宝贵的北大荒精神，在北大荒特定的自然环境和历史条件下，建起了中华人民共和国第一个机械化农场——赵光农场这一国家的重要商品粮生产基地。1947—2020年，赵光农场先后被评为黑龙江农垦总局、黑龙江省和国家级先进；1959年，被国务院评为全国农业红旗单位；1981年，被中华人民共和国农垦部授予节能工作先进单位；1990年，在粮食生产中取得显著成绩，被国务院评为先进单位；1991年，获得农业部全国农垦系统大豆单产高产奖；1995年，被评为全国农垦系统农机管理标准化优秀单位；2007年，被国家环保总局评为国家级生态示范区；2015年2月，被评为全国文明村镇。这些成绩的取得，集中体现了赵光农场人高度的政治觉悟、崇高思想境界、严谨的工作作风和奋发向上、锐意改革、不断进取的精神风貌。相信新一代的赵光农场人一定会把这种精神财富作为继续前进的无限动力，在新的发展历史进程中以新的姿态，向着更高的目标全力跨越，追求卓越，扬帆远航，勇往直前。

大 事 记

● **1947 年**　3 月　黑龙江省军区供给部长张觉派警卫部队到通北县李家车站附近开荒种菜,又派干部、战士到距通北车站(现赵光车站)45 千米处的柳毛青(又名柳毛沟,现红星农场第三管理区)开荒种药材,供给军需,支援解放战争。

4 月　原福安农场前身——福安劳改大队(现赵光农场第二管理区中心组)建立,当时有耕地 240 公顷。新建劳改大队(现赵光农场第三管理区中心组)有耕地 280 公顷。

8 月　李富春在东北行政委员会财经工作会议上,传达了中共中央的指示:为迎接全国解放,组织亿万农民走集体化、机械化生产道路,在北满创办一个粮食工厂,培养干部,积累经验,创造典型,示范农民。东北行政委员会派牡丹江省建设科科长周光亚筹建第一个机械农场。

11 月 2 日　周光亚率领警卫人员到通北县踏察,选定通北车站附近的场地作场部,筹建农场工作全面展开。

12 月 6 日　在通北车站原日伪铁路警备队破旧砖房里,周光亚主持召开建场会议,传达了东北行政委员会的决定:农场场名定为通北机械农场(后改名为赵光农场),委任周光亚为场长。从此,农场把这一天作为建场纪念日。

12 月　周光亚带领建场先驱修建场部,先后修复使用 10 栋残破草房。

● **1948 年**　1 月 20 日　周光亚到松江省呼兰、双城两地招收 40 名青年学生,送到松江省珠河县(现黑龙江省尚志市)亚布洛尼(现黑龙江省亚布力镇)开办的拖拉机手训练班学习,历时 50 天。训练班结束后,青年学生回到通北机械农场。

2 月 5 日　王荫坡从齐齐哈尔市招收的 10 多名技术工人到农场工作。

2 月 15 日　王荫坡带领技术工人和学员,经过 10 多天奋战,从五福堂(现赵光农场第一管理区中心组附近)桥下泥水中挖出一台废弃的拖拉机，将其运回场部。

2月　中共通北机械农场支部委员会（以下简称党支部）建立，书记周光亚，组织委员廉亨泰，宣传委员王福生。

本月　农场建立第一个组织机构。场长下设总务股（股长廉亨泰）、作业股（股长王荫坡）。初步制定了人事、经费、物资以及奖惩等管理制度。

3月初　农场在修理所建立第一个小发电室，农场职工第一次用上电灯照明。

4月1日　农场成立狩猎队，狩猎队同时承担农场警卫工作。

4月12日　农场从苏联进口的第一批斯特兹-纳齐拖拉机进场5台，本月20日又运进7台。

本月　农场组成3个拖拉机队，共49人，12台拖拉机。每队配正、副队长。

本月　春耕开始后，周光亚带领拖拉机手驾驶着12台拖拉机到8号地（现赵光农场第八管理区中心组）开荒。边开荒，边播种。

本月　女职工南玉文从哈尔滨市到农场工作。不久，其爱人陈世富从东北行政委员会调到农场，他们组成农场第一个职工家庭。

5月中旬　东北行政委员会农林处副处长张克威、东北行政委员会主席林枫先后到通北机械农场视察工作，并指示：要多开荒，多播种，多生产粮食。

7月18日　农场第一次职工代表大会召开。民主选举产生农场职工委员会，第二拖拉机队队长钟喜文当选工会主任。会议通过了职工委员会暂行规程，共4章15条。

7月末　农场成立农业研究室，主任丁振乡。

8月　农场总务股派人到哈尔滨、长春、萨尔图等地购买马、骡51匹，黄牛22头，种羊204只。

12月　农场成立文工队，演员都是农场职工兼职的年轻人。

本年　全场开始实行供给加薪津的工资制度。

本年　农场生产粮食近150万千克，除自给外，大部分支援解放战争前线，一部分支援内蒙古。

1949年　1月　农场扩大行政机构，实施股改为科的编制。

3月15日　农场召开第二次场务会议，通过各项暂行制度，并决定4月

1 日起实行。

3 月　王荫坡和工人一起改装 24 行播种机播大豆成功，行距为 60 厘米。

4 月　农场建立通北气象观测站。

本月　根据上级指示，全场进行工资改革，实行工薪、工分制度。

5 月　农场成立管理委员会，（中共）党、政、工、青代表参加，场长、工会主席任常委。

6 月 10 日　从沈阳招收 70 名拖拉机学员来农场工作。

6 月　农场成立中国新民主主义青年团组织，建立第一个团支部，耿德当选支部书记。

7 月　中国自然科学工作者、全国部分大专院校教授 20 余人，在著名学者金善宝、沈其益、胡祥壁的带领下来通北机械农场参观。

9 月 14 日　东北人民政府副主席张学思来通北机械农场视察工作，并指示：要办好农场这个新兴事业。

11 月　中华人民共和国中央人民政府农业部专家、美国友人韩丁到通北机械农场参观指导，并帮助解决脱谷机转速低的问题。称赞通北农场的机具保管得特别好，擦得像镜子似的。

12 月 26 日　根据东北机械农场第三届场长会议的有关精神，农场调整行政机构，设立经理科、工务科、业务科、场长办公室和会计室。

12 月　农场组织采伐队，当年采伐 500 多立方米木材运回农场。

本年　农场全年实行计划生产和定员、定额、定量管理，进行成本核算，实行按件给奖、多劳多酬、超额加奖的分配办法。

1950 年

1 月　农场根据东北机械农场第三届场长会议精神，开始全面推行企业化经营、民主化管理的制度，重新调整了农场管理委员会。

3 月　北京女子第三中学学生刘瑛、林革慕名来通北机械农场，加入创业行列。

4 月 1 日　农场成立基本建设委员会，下设建筑工程队。

4 月 7 日　农场举行签订集体合同和联系合同仪式，实行专责制和定额管理，推行多种形式合同制的生产管理办法，贯彻包地、包车、包料和定员、定额、定量、定质管理制度。

5 月　农场成立家属工作委员会，主任陈耀玲。

7 月　按照黑龙江省总工会指示，依据《基层工会组织法》，农场工会召开会员代表会议，改选工会组织，职工委员会改称工会委员会。

本月　《人民日报》记者张炳蔚到通北机械农场采访，8月11日，《人民日报》第二版发表了特派记者田流采访撰写的通讯《草原上的拖拉机》。1953年这篇通讯被选入中学语文教材，改名为《通北农场访问记》。

8月　东北人民政府农业部副部长魏震五和张克威、东北国营农场管理局局长顾绍雄等领导到通北机械农场检查工作。

本月　西北军区参观团一行60多人到通北机械农场参观学习。

9月15日　农场第三拖拉机中队副队长耿德被评为全国劳动模范，赴北京参加全国第一届战斗英雄代表会议和工农兵劳动模范代表会议，受到党和国家领导人的接见。

9月　北京大学教授宋达泉带领全国地质调查团到通北机械农场，进行土地调查，并提出了轮作及土壤保持的意见。

10月1日　农场工会和家属工作委员会举办第一次职工集体结婚典礼，丁阳新、李德洪、苗贵等3对夫妇成立了小家庭。

10月14日　农场为抗美援朝出战勤拖拉机15台，分赴辽宁、吉林等地执勤。不久又有第二批拖拉机手赴朝鲜出战勤。

11月25日　农场抽调刘福等25名青年拖拉机手参加中国人民志愿军，到朱瑞炮校受训后赴朝鲜作战。

11月26日　苏联专家秋可尾克夫到通北机械农场指导工作。

12月1日　农场第一个800平方米职工俱乐部落成并开始使用。

本年　农场场部设油库，作业站设中型油罐，并配备专车和专人管理。

本年　农场成功地进行了联结器、镇压器、集草车等8项革新，耕地作业改围耕法为往复耕法和对角线耙法。当年开荒0.4万公顷。试验区面积发展到33.34公顷，进行10多项技术革新试验。

本年　农场正式建立会计制度，进行成本核算，会计室改现金单式收支会计为复式簿记。

1951年　3月初　农场第一所小学建成开学，第一位教师为王美筠，学生12人。

3月23日　东北公营农场管理局召开首届劳模大会，通北机械农场劳动模范耿德等参加了大会。

5月1日　农场成立劳动保险委员会，工会主席王金邦任主任委员，开始贯彻执行《中央人民政府劳动保险条例》。

7月 《东北日报》记者白薇到通北机械农场采访。

11月 周光亚赴东北局党校学习，1952年5月奉调离开农场。

本月 由曾绍顺、何万云、李昌华等组成的东北土壤调查团到通北机械农场进行土壤勘查，在一些生产队进行重点详测。

12月 反对贪污、反对浪费、反对官僚主义的"三反"运动在全场铺开。

本年 农场场长周光亚被选为黑龙江省第一届第二次人民代表大会代表，并出席会议。

本年 农场全年降水588.1毫米，多集中在夏末秋初。淫雨成灾，严重影响麦收，损失产量50%。小麦质量差，售价低于市价50%，亏损21个亿（东北币）。

● **1952年**

1月 农场反对行贿、反对偷税漏税、反对盗窃国家财产、反对偷工减料、反对盗窃国家经济情报的"五反"运动全面展开。

2月3日 公营通北机械农场改名国营通北机械农场，隶属东北国营农场管理局。

2月 东北人民政府副主席林枫到通北机械农场视察，并在干部会上做形势报告。

3月14日 张泽民调任通北机械农场场长。

3月 根据上级指示，接收东北农学院实验农场（现李家车站附近），改为通北机械农场养牛队。

4月1日 农场召开春耕誓师大会，同时检阅农机具。邀请通北县政府领导和附近农民代表参观，以示范农民。《东北日报》记者到会进行采访，5月16日在报上刊登大幅照片报道了这个消息。

4月 农场大豆茬种小麦第一次试验成功，开创农场茬种小麦的先例，后来大面积推广应用，逐步形成了"两翻一耙"（深翻、浅翻、耙茬）耕作制。

5月1日 农场《机农报》创刊，任务是宣传上级的方针、政策与技术交流。工作人员有秦述、李慕安等。

5月28日 农场召开职工代表大会，号召开展"献小家底运动"，同时进行"拒绝损失浪费"展览。

6月24日　农场作业区开始设政治副主任，机耕队设政治副队长。

6月　四川、贵州农学院师生一行40多人到通北机械农场实习，并协助编写建场《五年工作总结》资料汇编，于11月末完稿。

本月　农场成立人事科。

本月　农场场部至二作业区（现赵光农场第四管理区中心组）公路开始施工。

本月　东北人民政府农业部长杜者蘅、副部长张克威到农场检查工作。

7月　农场遭受一次雹灾，绝产216公顷，最大雹粒拳头大。

9月3日　中华人民共和国中央人民政府副主席朱德到通北机械农场视察，参观了修理厂和四作业站的田间作业，并指示要搞多种经营，做到不亏损。

9月　中共中央东北局召开国营农场会议，张泽民、朱龙飞出席了会议。

10月　长春电影制片厂到通北机械农场拍摄故事片《丰收》外景。

1953年

1月3日　东北行政委员会农业部发布命令：中共通北县委员会书记苑凭兼任通北机械农场场长。

1月5日　农场成立女拖拉机队，北京青年林革任队长，被国家农业部农场总局誉为全国第二个女拖拉机队。

3月1日　农场进行企业整顿，改革管理体制。实行场、作业区和生产队三级管理。农场场部科室实行技师、主任责任制，三级都配备专职机务干部。各作业区由地方调入的区委书记担任政治主任，编余人员337名都陆续安置了工作。

4月　根据上级指示，农场进行考工评级试点。全场750名职工，个别调薪66名，占8.8%。调前平均工资199.081工分，调后平均工资200.951工分。

5月　农场改革耕法，实施随播随起垄、平播后起垄和秋起垄的机械栽培大豆的新技术。

6月　农场成立监察室，东北国营农场管理局下文件，任命党支部副书记韩武臣兼任监察室主任。

7月　农场进行第一次军队转业干部登记。全场有准团级1人、正连级7人、正排级21人、副排级13人，合计42人。

8月　黑河地区少数民族参观团到通北机械农场参观。

本月　中国人民志愿军某部到通北机械农场支援麦收。

本月　农场第一作业区三队机务工人孙桂林，为征服秋雨抢麦夺丰收，将 C-6 联合收割机行走大轮两个并在一起，防陷效果好，在全场推广。

1954 年　5 月　农场成立小麦吸浆虫防治研究小组，建立种子管理制度。

6 月　根据国家工资改革精神，全场工人实行八级工资制。

本年　农场完成房屋建筑面积 1911 平方米，新修公路 22 千米、涵洞 36 座，架设电话线路 11 千米，布设电话线路 40 千米。

本年　农场试验区选育抗锈病小麦种子合作 5 号，在全场推广 0.67 万公顷。这是小麦品种更新的第一代。

本年　农场创制使用"各业成本指数和定额核算对数表""计划管理手册"。

1955 年　2 月 8 日　全场生产工人在等级工资的基础上，开始实行作业计件工资。

5 月 6 日　农场开始实施劳动工资和职工休假、请假、销假制度。

5 月　根据黑龙江省国营农场管理厅"以场扩场、成群建场"的精神，开始包建和平农场。

7 月　农场技工学校成立，由省厅进行业务领导，场长苑凭兼任校长。

8 月 29 日　国产第一台牵引联合收割机——云 4.9（C-6 仿型）由北京农机制造厂在农场组织小麦收割鉴定试验，试验中对样机的技术设计提出了改进意见。

8 月　全场实行粮油定量供应。

12 月 20 日　苑凭当选通北县人民代表大会代表，并出席会议，当选为主席团成员。

1956 年　1 月 15 日　国务院机关 162 名青年通过人事局分配到农场工作。

本月　通北机械农场包建的和平农场正式建立和命名。

3 月 2 日　苑凭调出，原副场长赵希彬任场长。

4 月　中共黑龙江省委员会书记欧阳钦、省长韩光来农场视察。

5 月 26 日　农场韩武臣参加中共北安县党员代表大会，并被选为县委委员。

5 月 30 日　黑龙江省土地利用局发布《通北机械农场土壤说明书》，并在农场选点勘测，历时 60 天。

6 月　农场成立推行计件工资委员会。

8月22日　农场妇女干事杜立当选北安县妇女代表会代表，参加了会议，并被选为代表大会委员会委员。

8月　友谊农场总顾问苏联专家尼科连克，在回国前夕来农场参观。

12月　经中共绥化地区委员会批准，中共北安县委员会下发《关于成立基层党委的决定》，中共通北机械农场委员会成立。

1957年　6月　农场第一次使用2,4-D化学药剂灭草试验成功。

9月　农场畜牧队模范饲养员王淑兰赴北京参加中国妇女第三次全国代表大会，受到毛主席等党和国家领导人接见。

12月　上海海燕电影制片厂摄制组到农场拍摄彩色电影《老兵新传》的外景。

本年　农场修理厂职工家属郑桂兰被评为"五好职工家属"，出席了全国职工家属代表大会。

本年　农场全面调整机构，整顿劳动组织，撤销分场，加强生产队，干部下放充实基层。

本年　全场电话网络已经形成，直通各生产队，线路有100千米以上。

1958年　2月　金立焕到农场筹建黑龙江省国营农场管理厅赵光地区办事处（以下简称赵光办事处），并任中共赵光办事处委员会副书记。

3月18日　撤销通北机械农场，成立赵光地区办事处，第一副主任李晓南、副主任张庆海。赵光地区农场的场型规模调整：通北机械农场分为通北、黎明、东方红3个农场，和平农场分为和平、建设2个农场，红星农场分为赵光、红星、红光3个农场。农场实行两级管理。

4月21日　中国人民解放军广州军区转业官兵800余人，家属400余人，分配到赵光办事处所属各个农场。

7月　黎明农场（现赵光农场第四管理区）工人于长有在C-6联合收割机上增加第三清洁室成功，后被开封收获机厂采用并在全国推广。

本月　国家农垦部生产局在赵光办事处召开全国机械化除草现场会。会上，赵光办事处介绍了大豆起垄播种、蒙头土、出苗前后耙草疏苗、夹板锄、四次中耕（一松、二碰、三过、四封）等一整套机械作业管理的经验。

10月初　赵光办事处成立职工医院，副院长关永祥、徐维祯。

10月12日　赵光办事处所属农场和前进、赵光两乡及其所属6个农业生产合作社合并，建立人民公社，实行公社、管理区、生产队三级管理。公社隶属中共北安县委员会领导。

11月22日　公社召开第一次社员代表大会，定名赵光人民公社。选出公社管理委员会、镇人民委员会委员31名，监委12人，陪审员4人。

12月　东方红农场被评为全国养猪红旗单位，福安农场被评为农业社会主义先进集体。韩明玉、邓玉新为代表去参加北京万人大会，受到党和国家领导人毛泽东、刘少奇、周恩来、朱德的接见。国务院颁发了奖状和奖章。

● 1959 年　1月　场社分开，成立国营赵光农场，原独立场改为分场。实行农场、分场、生产队三级管理，三级核算，各计盈亏。

2月3日　中共赵光农场委员会书记万敬浩当选中共北安县党员代表大会代表，出席会议并被选为中共北安县委委员。

3月4日　农场公布职工休假与工资支付若干问题的规定和劳动工资几个具体问题暂行规定。

4月7日　农场实行包产量、包成本、包利润，固定土地、固定人员、固定机具、固定投资的生产管理办法。

4月7日　农场召开农业技术人员大会，历时4天，大会通过了《大田作业播种实施方案》。

5月5日　中共赵光农场委员会（以下简称农场党委）召开首届中共党员代表大会，历时5天。会议选出以万敬浩为书记的新的农场党委。

5月8日　农场回春寒严重，大田农作物有34％受重灾。春夏之交有40多天大旱不雨。麦收期间降雨较多，影响麦收。

8月　罗马尼亚农业考察团来农场考察，先后到红星、通北、黎明、东方红等分场参观。

10月20日　农场被评为全国农业红旗单位，副场长韩有赴北京参加全国群英会，荣获国务院颁发的奖旗、奖状。奖旗上绣着"为把我国建设成为一个具有现代工业、现代农业、现代科学文化的社会主义国家而奋斗"的金黄色大字。

10月　农场接收山东支边青年和移民800余人及家属700余人，共200多户。

本年　农场实行"四区""七区"轮作制，并建立了三级良种繁育体系：

场有试验站、分场有试验区、生产队有良种田。

本年　农场农业获得特大丰收，粮豆产量、上交量、商品率及总产值、工副业产值、净利润，全面超过历史最高水平。

● **1960 年**　2 月 4 日　根据中共北安市委员会批准的社员入场方案，前进公社的北新、北乐、前进、北胜、北河、赵光 6 个生产大队并入赵光农场；4 月 7 日通北公社的岚光、幸福两个大队并入赵光农场；7 月前进公社的北利大队并入福安农场。前进公社所属的邮局、粮库、银行、供销社等单位移交给赵光农场党委领导。

2 月　农场成立农业科学研究所，副所长周绍钧。

本月　万敬浩出席中共黑龙江省委员会第二届党员代表大会。

4 月 1 日　农场附设的技工学校改名黑龙江省赵光农业机械化学校，行政业务直接由省厅领导。

4 月 28 日　内蒙古自治区农牧局、合江专署林业局技术革新参观团来农场参观技术革新、技术革命情况，历时 2 天。

5 月　黑龙江省根据国务院命令组成支援北京市、湖北省、河北省、河南省中央流动麦收队，队长万民学。农场出动 10 台 C-4 联合收割机，分赴武汉、东西湖农场和保定唐县等地支援麦收，历时 2 个月，7 月 1 日结束。

6 月 7 日　黑龙江省农业厅组织全省国营农场党委书记、场长到赵光农场参观，历时 4 天。

6 月 13 日　农场党委召开第二次党员代表大会，历时 4 天。会议选出以万敬浩为第一书记的新一届赵光农场党委。

6 月 27 日　黑龙江省农业厅批准赵光农场机构设 11 个科室，下属 6 个分场。

6 月　中共北安委员会批准，将赵光分场改名为前进分场。

本月　通北分场 C-6 联合收割机改装，用 V 形胶质传动带代替原来的滚柱链条成功。1963 年中国农垦部、农业部、农业机械部和黑龙江、吉林、辽宁选型订货会上做了改装介绍，后来在全国推广。

本月　中国国家测绘总局在赵光地区设三角测量标志 20 处，历时 5 个月。周恩来总理签名的《测量标志委托保管书》20 份，存入农场档案室第 60 号目录 38 号案卷。

9月　农场修复各类零件5万多件，制造各种零件1016种4万多件。除自用外，还支援了兄弟农场和其他地方单位。

本年　春雨大，风灾重，全场受灾面积约0.11万公顷，其中受风灾面积约0.08万公顷。当年撂荒耕地约0.2万公顷。

本年　前进公社并入农场，先后建立起缸窑、幸福等8个林场。

本年　洛阳拖拉机制造厂第一批东方红-54拖拉机进场。

● **1961年**　1月30日　农场下发机务规章制度，实行包、定、奖的管理办法。

4月24日　农场公布各项技术管理制度和加强企业管理财务计划。

7月　全场普遍降雨300多毫米，7—8月降水量占全年降水量的70%。雨多光照不足，病害大发生，小麦大部分过早死亡，造成严重减产。

9月11日　农场党委召开会议，贯彻北安市委龙镇会议精神：场社分家，社员退场恢复集体所有制。

9月20日　中国人民解放军9639部队在和平分场境内开荒办农场，同农场签订了协议书。

10月1日　北安—通北输电线路的北安至赵光段35千伏输电线路、赵光变电所和配电线路开始施工。11日在农场召开"北通"输电线路开工典礼大会，北安市程副市长到会讲话。1963年4月1日正式运行通电。

10月　黑龙江省医科大学于维汉教授到农场进行克山病调查研究，宣传防治办法。1962年又到农场指导预防工作。

本年　农场口粮不足，每人每天只供应0.3千克粮，其余为代食品。

本年　王堂包车组纳齐-233号机车完成0.08万公顷无大修，超过国家定额间距的延长使用期2倍，节约柴油12246千克，节省费用5591元，为全场机务人员树立了一面红旗。

● **1962年**　2月27日　农场工人开始实行计件工资、总额包干、产量工资和作业工资相结合工资制度。

2月28日　农场撤销汽车队，汽车移交给各分场基层单位管理使用。

3月23日　黑龙江省政府决定，撤销赵光农场，成立黑龙江省农业厅赵光地区国营农场管理局（以下简称管理局），分场改为独立场。

4月15日　管理局召开精简机构会议，有863人充实到基层单位。

4月25日　管理局成立装甲民兵师，师长韩有，政委万敬浩。

5月30日　黑龙江省总工会下发《关于国营农场工会领导关系问题的通

知》，管理局工会直属省总工会。6月1日又通知，管理局工会财经工作由省总工会直接管理。

7月16日 管理局局务会议决定在物资供应仍无好转的情况下，过节每人2.5千克白面、150克猪肉、300克粉条、一块月饼，每户0.5～1千克粉面。

8月21日 中共黑龙江省委员会批准袁安泰任管理局党委书记，万敬浩任副书记，韩有任副局长。

8月25日 管理局成立兽医院，院长杨文彬。

9月18日 中共黑龙江省委员会办公厅通知，管理局改称黑龙江省赵光农垦局（以下简称农垦局），农场体制不变。10月10日正式启用新公章。

本年 农垦局开荒建场调查规划书和设计任务书上报省厅。计划新建柳毛河、晨光、兴安、建设、旭日等农场，扩建红星农场、红光农场。

本年 全局各场连遭冰雹袭击，7月达415.2毫米。雹涝成灾面积约0.15万公顷，绝产0.13万公顷。

1963年 **2月15日** 根据黑龙江省政府指示，接收中央二机部柳毛河农场耕地，派人筹建柳毛河农场，1964年2月27日正式命名为共青团农场。

2月 农垦局在柳毛河附近筹建兴安农场。1964年春撤点，部分耕地划归长水河农场。

3月7日 农垦局农业技师王守廷当选北安市人民代表大会代表，出席会议，并被选为委员会委员。

4月1日 中国人民解放军某部队与和平农场签订借用土地协议书。利用和平农场305地区的指定土地范围办部队农场，总面积531公顷。

4月12日 全局各农场普遍开展增产节约和"五反"运动。

4月14日 哈尔滨、牡丹江、佳木斯市知识青年1164人下乡到农垦局。局机关人员精简，充实基层2183人。

4月29日 黑龙江省农垦厅通知：赵光农垦局和平农场改名为建设农场。

7月16日 黑龙江省农垦厅批准通北农场和前进农场合并，名为国营通北农场，1964年春合并工作结束。

8月16日 农垦局公布1964年重点机械化生产队规划：共青团农场的

1、2、3队，通北农场的1队，黎明农场的4、5队，东方红农场的1、3、4队，原前进农场的2队，共10个生产队。

8月　调整工资区类别，由4类变6类。全局有625人调整了工资。

9月　中央农垦部副部长肖克到赵光农垦局视察，并在文化宫召开队以上干部大会，做形势任务报告。

10月25日　黑龙江省人事监察厅文件、黑龙江省人民委员会第44次会议通过，任命赵振卯为赵光农垦局局长。

12月12日　中国人民解放军总字743部队自给八二农场二分场移交给赵光农垦局，耕地面积973公顷。

12月27日　农垦局面粉加工厂建成投产，各农场面粉加工厂陆续撤销，统一由局加工厂供应粮油。

● **1964年**　1月10日　中共农垦局委员会召开党委扩大会议，历时5天。局、场两级领导23人参加会议，学习中央文件，落实下一步社会主义教育运动开展意见。会后，立即组成局、场联合工作组，到通北农场搞试点，2月2日结束。

本月　中国人民解放军总字742部队自给农场将300公顷耕地移交给建设农场。兴安农场全员撤至青石岭，并筹建双丰农场。

2月26日　黑龙江省农垦厅批准建设农场1、3队为重点机械化生产队。

7月1日　农垦局成立劳资科，科长张德良。

7月29日　中共黑龙江省委员会农村工作部通知农垦局党委成立政治部，设秘书、组织、宣传和干部监察4科；农场设政治处、生产队设政治指导员。

8月1日　农垦局成立养路工段，各场设养路班。

8月28日　中共农垦局党委书记袁安泰参加中共北安委员会委员代表大会，被选为县委委员。

10月17日　农垦局成立克山病防治指挥部。

11月12日　农垦局成立科学技术委员会，委员15人，韩有任主任。

11月25日　农垦局晨光农场正式建成。

● **1965年**　2月15日　农垦局职工医院主任医师郭清琪出席北安县政协代表会议，被选为政协委员。

3月6日　中共黑龙江省委员会批准杨德祥任赵光农垦局副局长。

4月1日　农垦局新建涌泉农场，接收省商业厅克山畜牧场部分干部、职工。

4月　农垦局向国家科委呈报科研成果，项目有：红星 2.4 钉齿耙，1954 年研制；联合收割机防陷改装，1953 年研制；联合收割机增加第三清洁室，1958 年研制；C-6 联合收割机传送带链条改为 V 形三角皮带，1960 年研制。

5月17日　根据中央的有关规定，农垦局局务会议决定：家属园田地按局、场、生产队，每人为 0.01、0.02、0.04 公顷分 3 个等级分配。

7月13日　农垦局农业科学研究所成立良种场。

7月25日　农垦局召开第一届知识青年代表大会，历时 3 天。

7月　王志远任中共赵光农垦局委员会代理书记。

8月　根据黑龙江省农垦厅文件精神，农垦局中学改为耕读中学。

1966 年　6月20日　中共农垦局委员会派工作组进驻赵光机校、局直中小学和文化宫，负责领导这些单位。

1967 年　3月11日　根据农垦局和黑龙江省的有关会议精神，成立局"抓革命促生产前线指挥部"，各农场也相继成立领导生产班子。

7月4日　黑龙江省革命委员会宣布赵光农垦局隶属北安县革命委员会领导。

1968 年　3月9日　赵光农垦局成立军管组，对全局实行军管。

11月20日　赵光农场改称黑龙江生产建设兵团第一师第七团。罗义任团长。

1969 年　1月　张福岚任七团政委。

本月　根据黑龙江生产建设兵团（以下简称"兵团"）办公会议决定，取消月薪日计工资，实行月工资制。

3月21日　七团接收"六六·三"（1966 年 3 月）转业官兵 120 人。

4月12日　成立中共七团临时委员会，书记张福岚，常委张福岚、罗义、李德彦，委员蔺学敬、康恒寿、钮维堂、张庆林、许振家、季胜文、齐国太。

8月　七团接收上海、北京等城市的知识青年 3329 名。

10月　七团五营哈尔滨下乡知识青年曲雅娟，作为兵团战士代表，去北京参加国庆 20 周年观礼。

本年　全团亏损 971.6 万元,是历史上亏损最多的一年。

1970 年　3 月 24 日　罗义调出,李绍堂任七团团长。

8 月 30 日　根据兵团的指示,七团改编分成 3 个团,即七团、二团和六十八团。同时将团属修理连、三级批发站、油库划归黑龙江生产建设兵团一师后勤部。

10 月 10 日　七团水利连移交一师管理。

1971 年　1 月 7 日　七团成立四营,撤销直属营,直属营领导到四营任职。

3 月 21 日　七团召开首届中国共产党党员代表大会,历时 4 天。会议选举出以张福岚为书记的 19 人委员会。

9 月 8 日　中国共产主义青年团七团委员会召开第一届工作会议,选出以李旭华为书记的 14 人新一届共青团委员会。

1972 年　7 月 20 日　全团遭受雹灾,受害面积约 0.15 万公顷,绝产约 0.06 万公顷。

11 月 19 日　七团汽车连技术员李微革新机动车辆机油继生器,成绩显著,荣立三等功。

本年　29 连副指导员冯继芳被评为黑龙江省劳动模范标兵,并赴哈尔滨参加省劳动模范代表大会。

1973 年　3 月 14 日　张洪志任中共七团委员会书记,7 月 7 日又兼任团政治委员。

5 月　冯继芳参加共青团黑龙江省第五次代表大会,被选为委员。

7 月　冯继芳参加黑龙江省第四次妇女代表大会,被选为委员。

8 月 24 日　冯继芳去北京参加中国共产党第十次全国代表大会。

1974 年　2 月 20 日　团部召开农业学大寨会议,学习中共中央 1、2、3、4、5 号文件,传达黑龙江省农业学大寨会议精神。

1975 年　6 月　全团遭受两次雹灾,受害面积 250 公顷。

9 月　继续进行耕作制度改革,垄沟深松、麦茬耙茬免耕法在全团试验。

12 月 30 日　召开团首届妇女代表大会,选出以张凤芝为主任的 15 人委员会。

1976 年　9 月 18 日　在团直小学广场召开千人大会,臂戴黑纱,沉痛地收听在北京召开的中国各族人民伟大领袖毛泽东主席的追悼大会实况。

12 月　撤销生产建设兵团,恢复农场体制,七团改称赵光农场,营改称分场,连队改称生产队。

本年　据统计，1972—1976年共推荐保送600余名知识青年上大学。

本年　全场增加甜菜种植面积，轮作制向小麦-小麦-大豆（远三区）和小麦-甜菜-杂粮（或饲料）-大豆（近四区）的七区过渡。这是1976年以后农场农业种植的主要轮作形式，并相应形成耕作、施肥、良种和植保的农艺流程。

1977年　3月3日　张洪志任中共赵光农场委员会（以下简称"农场党委"）书记。

5月22日　农场召开中国共产主义青年团第二次代表大会，张凤芝被选为团委书记。

6月11日　黑龙江省农场总局文件批复：撤销北安农管局红桥农场，部分连队划归赵光农场一分场。

11月3日　农场召开第二届妇女代表大会，张凤芝被选为主任。

12月　三分场26队被评为黑龙江省先进集体。

1978年　1月18日　张洪志调出，赵福任农场党委书记。

2月　北京、上海、天津、哈尔滨等城市的下乡知识青年开始大批返城。

7月　全场遭受雹灾，受害面积约0.08万公顷。

9月　全场又遭受雹灾，受灾面积约0.13万公顷。

11月25日　北安农管局在赵光农场俱乐部召开赵振卯追悼大会。

12月23日　原赵光农垦局胡友等200多名干部得到平反。

12月　福安农场开始并入赵光农场，1979年2月正式编为赵光农场四分场。

本年　农场被评为全国农垦系统"先进集体"，三分场场长孙兰平被选为中共黑龙江省第四届党员代表大会代表。

1979年　2月11日　郑德林任赵光农场场长。

4月10日　全场568名长期临时工转为固定职工。

5月5日　2%职工调资，全场晋级175人。

5月8日　农场重建工会组织，恢复组织活动和职工劳保待遇。

本月　农场粮油加工厂划归北安农管局。

7月3日　农场遭受雹灾，受灾面积约0.09万公顷，其中20%绝产。

7月5日　农场召开三级干部会议，历时4天。会议主要传达了中共中央工作会议和中央理论务虚会精神。

7月20日　农场召开教育战线先进集体、优秀教师奖模大会。

7月　根据省人民代表大会会议精神，撤销赵光农场革命委员会。

11月　农场被评为全国农垦系统"红旗单位"；三分场被评为省农场总局"先进分场"、全国农垦系统"先进集体"；孙兰平、郑发被评为全国农垦系统"先进生产者"。

12月1日　农场成立劳动鉴定委员会和计划生育委员会。

本年　农场生产经营盈利300多万元。

● **1980年**　3月19日　农场召开第四次工会代表大会，选出以副场长韩瑞华为主席的工会委员会。

3月22日　农场召开中国共产主义青年团农场（以下简称"共青团"）第三次代表大会。

6月10日　全场遭受雹灾，受灾面积约0.59万公顷，绝产约0.09万公顷。冰雹鸡蛋大小，来势凶猛，天空乌黑，地面白花花一片，冰雹3天没化完。

7月14日　郭清琪、李任安出席北安县政协会议，郭清琪被选为政协委员。

7月15日　郭清琪、孙兰平、郑德林出席北安县人民代表会议。

8月26日　全场54名科技人员进行套改评定职称。

8月　农场成立职业高中，设4个专业。

12月8日　农场为36名科技人员评定职称，并有12名科技人员晋级。

本年　农场经营净盈利602万元，创历史最高水平。

● **1981年**　3月23日　农场召开三级干部会议，通过包定奖方案、劳动竞赛方案、计划生育方案。

3月　农场召开首届（恢复农场体制后）职工代表大会。

3月　一分场奶粉厂建成投产，计划年生产75吨奶粉。

4月　农场场区自来水工程开始施工，工程包括水塔、泵站、管道3个部分，计划投资14万元。水塔、泵站于7月1日竣工。

5月22日　赵福调出，王维新任农场党委书记。

6月6日　二分场部分生产队遭受雹灾，受灾面积0.7万公顷，7日又被冰雹袭击438.07公顷。

7月27日　农场日降水量149.6毫米，造成特大涝灾。

12月　农场电视差转台建成，开始转播节目。

本年　农场被评为黑龙江省农场总局经营管理成果显著农场、全国农垦系统节能先进单位，三分场被评为黑龙江省农场总局模范集体。

本年　副场长姜远才被选为全国科技推广先进工作者，场直小学教师杨玉敏被评为全国农垦系统少先队工作优秀辅导员。

● **1982 年**　2月19日　农场召开首届二次职工代表大会，历时3天。会议通过了关于1981年工作总结和1982年工作任务的报告，以及1982年包定奖生产责任制方案。

3月8日　农场召开三八国际劳动妇女节（以下简称三八妇女节）纪念大会，表彰70名三八红旗手和优秀女工干部。

6月19日　农场工程队开始新建2049平方米的职业高中教学楼，计划投资40余万元。

6月　草地螟虫害蔓延全场，历时20余天，危害农作物面积1.07万公顷，虫口密度多达1000～2000只/平方米。采取人、机、药物综合防治措施灭虫，但绝产面积仍达0.17万公顷。

7月1日　农场根据第三次全国人口普查的要求，成立人口普查办公室，并抽调人力对全场人口进行全面调查，历时10天。

● **1983 年**　2月3日　农场召开二届一次职工代表大会暨1982年度奖模大会，历时3天。会议通过了建设文明场队方案、场规民约实施条例、1983年经济责任制方案的决议。会上奖励了先进集体和先进个人。

4月8日　农场开始实行"三总"负责制，陆续配齐总农艺师、总工程师、总会计师。

5月3日　马学利任农场党委书记，姜远才任场长，王维新退居二线任顾问，郑德林调离农场。

6月3日　农场成立少年儿童工作委员会，主任毕文杰。

7月21日　农场召开第二届二次职工代表大会，通过了场长工作报告、中级科技人员生活待遇、职工病假工资规定的决议。会议历时2天。

7月26日　农场党委做出中级以上科技人员工作、生活待遇的决定，开始实行科研成果奖励制度。

7月　农场场部修建灯光球场，工程完工投入使用，投资7000余元。

9月25日　农场高中教导主任李任安出席北安市政协会议，被选为委员。

10月26日　农场成立工业公司，实行独立核算。

12月7日　农场党委召开党委扩大会议，历时4天。马学利做报告、姜远才做总结讲话。

本年　农场粮豆总产超亿斤[*]，上交粮食2500多万千克，公顷产、总产、上交粮、总产值、上缴利润创历史最高水平。

● **1984年**　1月21日　农场召开第二届三次职工代表大会暨1983年度奖模大会，历时4天。会议通过在第三生产队试办职工家庭农场的决定。

3月　全场掀起文明单位建设活动。各单位相继建立图书室、游艺室。

4月5日　农场被黑龙江省农场总局评为先进单位，农艺师谭玉田被评为总局级特等劳动模范。

6月　马学利、李本荣出席北安市人民代表大会。

7月　农场乳品厂新建厂房在场部工业区破土动工。主厂房1426平方米，设计能力日处理鲜奶40吨，计划投资221万元。

11月16日　农场党委召开扩大会议，决定全面兴办职工家庭农场。

本年　农场场部及家属区自来水工程完成80%，用水普及率达50%。

● **1985年**　1月　农场试办家庭农场2500个，农机具转让给个人，农机具场、晒场由个人承包。大部分生产队卫生所变成了家庭卫生所。

3月23日　农场下发《关于赵光农场场区房屋管理暂行办法》。

本年度　农场开展土地划界工作。农场与赵光镇杨家乡、红星农场、部队农场、自治、缸窑、三〇三林场的土地界全部划清，发展林场、仁和乡、玉岗乡、红农乡与农场的界线因他们不配合而无果。

本年　农场建成大门楼，建筑面积371平方米，共两层，砖混及钢木结构。

● **1986年**　1月　农场铁路专用线正式投入使用。

2月　农场建立基层卫生所32个，取消家庭卫生所。

本月　农场乳品厂建成投产，日加工鲜奶20吨。

5月7日　农场37队、38队遭受冷冻灾害，最低气温－4.7℃，最低地温－9.9℃，持续4天，400公顷油菜冻死50%以上。

8月20日　农场啤酒厂竣工投产，年生产啤酒3000吨，产品质量达到

---

[*]　斤为非法定计量单位，1斤=500克。

轻工业部 QB 963—1984 规定标准。

12 月　农场电视台安装卫星天线，接收中央电视台卫星节目。赵光地区可以收看到中央电视台第 1 套电视节目。

本年　农场成立交通科，下设公路运输管理站、监理站，负责人张文林；农场成立审计科。

本年　农场被农业部授予全国农民系统大豆高产场奖。

● 1987 年　3 月 4 日　王震为农场题写场名：黑龙江省赵光农场。

4 月 10 日　加拿大农机耕作专家组一行 5 人到农场考察，农场科技科高级农艺师谭玉田与其进行了耕作改制方面的学术交流。

4 月 24 日　农场下发筹借资金建初中教学楼的决定，每位职工按月标准工资的 50％交纳。

7 月 29 日　农场遭受狂风、暴雨、冰雹的袭击。5 栋家属房被刮倒，63 栋房盖被卷起，43 个烟囱被刮倒，电话线、高压线杆被刮断 35 根，369 棵碗口粗的树被刮断，农作物倒伏面积 0.87 万公顷。

10 月 7 日　农场举行建场 40 周年庆祝活动，应邀到会的有建场元勋和曾在农场任职的场级干部 80 多人，第一任场长周光亚应邀到会并做了讲话。

本年　农场汽车队解体，车辆转卖给个人。

● 1988 年　1 月　农场成立农化公司，经理赵运璞；成立商业公司，经理麻长海。

4 月　农场成立农机交通运输公司，经理张文林。

4 月 22　农场遭受严重涝灾。春播期间降水量比历年同期平均降水量多 51 毫米。全场计划播种面积完成 71.5％，已播面积只有 2 万公顷，因受播期拖后而减产，约 533.33 公顷绝产。

5 月　农场成立土地科，隶属农垦北安管理局土地局领导，陶清主持工作。

6 月 27 日　农场出台场外人员带奶牛进场落户若干规定，成立场外带牛进场落户管理领导小组，副场长王喜云任组长。

7 月　农场 0.88 万公顷小麦、玉米地发生黏虫，每平方米麦地有黏虫 280～300 条，严重的地块每平方米达 600 条。农场采用飞机洒药和人工灭虫，效果良好。

本年　农场乳品厂一期扩建改造完成，日处理鲜奶 40 吨。

1989 年　4 月 13 日　农机交通运输公司解体，成立交通科。张文林任科长。交通科原所属监理站划归公安局管理，场交通科上划北安管理局交通局管理。

5 月 30 日　农场第一任场长周光亚同志在哈尔滨逝世，享年 74 岁。

本年　赵光变电所配电线路由 6 千伏升压到 10 千伏，85％的配电变压器更新为节能变压器。

1990 年　1 月 15 日　农场成立第四次全国人口普查领导小组，副场长王喜云任组长。

8 月　农场成立"环境保护委员会"，场长赵永才任主任。

10 月　通信科将 HJ-976 型 400 门纵横自动交换机与 JT06 人工长途交换机割接成功并开通。

12 月 1 日　赵永才、陈万友、郜淑媛当选北安市第十一届人民代表大会代表。赵永才任农场场长；陈万友任农场 2 队晒场主任；郜淑媛（女）任农场 26 队晒场主任。

1991 年　1 月　农场成立环境保护科，负责人陈德富。

1 月　农场被评为全国粮食生产先进单位，并受到国务院的奖励。

2 月 5 日　《农垦报》公布 1990 年垦区农业高产农场名次榜，赵光农场获粮豆平均公顷产 247 千克、大豆公顷产 173 千克、油菜公顷产 115 千克、甜菜公顷产 1900 千克等 4 个黑龙江垦区第一。

3 月 18 日　赵光粮食加工厂由北安管理局粮食处移交赵光农场管理。

5 月　农场第一次人工林普查工作，历时 8 个月，并通过上级业务部门验收。

8 月　二、三、四分场初中与场直初中合并，成立赵光农场初级中学。

9 月 5 日　农场初中教学楼竣工并交付使用，该楼于 1989 年 6 月中旬破土动工兴建，建筑面积 3486 平方米。

12 月 19 日　农场被评为黑龙江省农业先进单位。

本年　农场胜利开发区被列入黑龙江省农业综合开发计划。

1992 年　1 月　张忠庭任农场场长，原场长赵永才调任北安分局局长。

4 月 5 日　农场在场部中央大街首次举办星期日大集，日销售额达 5 万多元。

6 月　农场开始场区地籍调查，并为居民发放国有土地宅基地使用证，为单位发放国有土地使用证。

9月　农场机关进行人事改革，设科室 5 个，工作人员减到 35 人。

本年　农场职工医院投资 70 余万元，新建 1070 平方米综合楼。

本年　农场种子加工厂开工建设并运行，房洪利任厂长。

本年　农场被农业部授予首届农业博览会铜质奖。

● **1993 年**　1月9日　农场高级农艺师谭玉田接受省政府代国务院颁发的《政府特殊津贴》证书，由此每月享受政府特殊津贴 50 元。

1月　农场投资 600 万元，对面粉加工厂的厂房和设备进行更新改造。

2月　农场成立建筑公司，吕玉德任总经理。

6月8日　赵光农场飞鹤乳品厂被列入黑龙江省天力乳品集团成员。

7月　农场原一分场初中与场直初中合并，原赵光农场场直初中更名为赵光农场初中。

本年　农场场区居民和单位实行购电制，即先交钱后用电。

● **1994 年**　5月20日　农场工会主席汪文明在全国农林工会庭院经济会议上介绍了赵光农场发展双体经济的经验。这次会议在银川市举行。

8月10日　农场第一栋家属住宅商品楼开工，面积为 2860 平方米。由赵光建筑总公司三工区承建。

12月　农场场区有线电视开通，接收有线电视节目增加到 14 套。

本年　农场职工医院成功实施子宫次全切术 4 例。

● **1995 年**　7月15日　农场下发《赵光农场供电区农村用电管理办法》，居民照明用电费每千瓦·时 0.57 元。

8月17日　农场第一栋家属住宅楼竣工交付使用，此项工程被黑龙江省农垦总局建委评为优质工程。

9月10　农场初中教学楼破土动工，建筑面积为 3632.7 平方米。这是黑龙江省农垦总局、北安管理局、农场专项拨款外，农场各单位干部、职工捐款筹资建筑的。承建单位是赵光建筑总公司三工区。

12月　农场召开第三届科技大会暨第二届科协代表大会。大会对"八五"期间的科技工作进行总结，奖励科技成果、先进单位和个人。

本年　农场职工医院晋升为国家二级乙等医院，并被世界卫生组织、联合国儿童基金会、中华人民共和国卫生部授予爱婴医院。

本年　农场被黑龙江省授予先进文化农场称号，被农业部授予农机管理标准化优秀单位称号。

● **1996 年**　1 月　农场原 4 个分场撤销，成立 4 个服务站，实行场、队二级管理。

1 月 22 日　农场把农机具作价，一次性全部转售给职工个人，产权归职工个人所有，农场统一管理使用。

4 月 20 日　农场 2 号住宅楼破土动工，面积为 3879.98 平方米，承建单位赵光建筑总公司一工区。

4 月 23 日　经黑龙江省政府、省科委总局科委批准，赵光农场成为"九五"国家科技攻关项目农场。

5 月 28 日　农场场直小学成立由 50 名小学生组成的学生管乐队，农场一次性投资 5 万元。这是农场有史以来的第一个学生管乐队，也是北安垦区唯一的小学生管乐队。

9 月 16 日　农垦总局教育局局长马静、职教科长骆玉霞受黑龙江省政府委托，对赵光农场"两基"工作进行验收。农场顺利通过"两基"验收。

11 月 20 日　农场成立绿色食品基地建设工作领导小组，场长张忠庭任组长。

● **1997 年**　1 月初　农场撤销 4 个服务站，实行农场、生产队二级管理。

2 月 15 日　农场对农机修造厂进行资产评估，3 月 1 日以 62 万元将该厂出售给原厂 72 名股东，并更名为"农机修造厂"。

3 月 19 日　农场"飞鹤"牌系列奶粉，在 1997 年中国（黑龙江）名牌商品博览会上获金奖。

6 月 4 日　农场 1 万平方米的街心公园开始修建，计划 8 月竣工。承建单位赵光建筑总公司二工区。

9 月 1 日　农场宾馆竣工交付使用，建筑面积 3462 平方米。工程由赵光建筑总公司二工区承建。

9 月 4 日　农场建场 50 周年庆典暨北安垦区第四届文化艺术节开幕。农垦总局副局长马学利、北安分局陶绍毓及赵永才、北安市郭世明、农场场长张忠庭等领导为开幕式剪彩。

11 月 30 日　农场 3 号住宅楼竣工交付使用，面积 7658.12 平方米。工程由赵光建筑总公司一工区承建。

11 月　农场建筑总公司进行股份制改造，经北安分局国有资产评估委员会评估，曲志国等 28 名股东以 84 万元将赵光建筑总公司一次性全部买断。经黑龙江省垦区工商局审定，曲志国获得法人资格，并更名为赵光欣佳建筑有限公司。

1998 年 4 月 20 日　由欣佳建筑有限公司承建的农场 4 号住宅楼破土动工，面积 6677.09 平方米。

5 月　农场土地科划归黑龙江省土地局管理。

8 月 7 日　农场"少儿工作委员会"更名为"赵光农场妇女儿童工作委员会"，农场党委副书记巩继辉任主任委员，谢吉成、唐道远任副主任。

本年　农场全年降水量达 640.1 毫米，为农场有记载以来第二大高峰年，日照时数为 1721.6 小时，比历年少 278.4 小时，为有记载以来最少的一年。

1999 年 1 月 15 日　农场做出减免职工土地承包费用的决定，平均每公顷减免当年土地承包费 404.55 元，全场共减免超过 1076 万元。

6 月 12 日　农场领取了黑龙江省政府颁发的赵光农场有史以来的第一本土地证书，农场的土地使用权得到了法律的保护。

9 月 8 日　农场干部、职工为场区供水工程捐款 39 万元，捐款在 500 元以上的个人名字刻在供水工程纪念碑上，永载史册。

本年　农场投资 870 万元在工农水库附近打 5 口机井，铺设引水管道 3000 多米，新建净水厂 1 座，解决了场区生活用水难题。

本年　农场被黑龙江省政府授予地方道路建设先进农场。

2000 年 6 月 23 日　全场出动万余人次，运水车 500 台次到 1 队、2 队、4 队、17 队干旱严重的麦田地块浇水抗旱，历时 3 天。

6 月 29 日　中共赵光农场第八次党代会召开，与会代表 231 人，历时 1 天，党委副书记李臣主持大会，党委书记刘本田做工作报告，选举产生了中共赵光农场第八届委员会。

6 月　农场将飞鹤乳业集团有限责任公司国有控股权转让给飞鹤集团法人代表冷友斌，转让控股资金 1040 万元，与飞鹤乳业集团股东欠农场的 420 万元债务合计 1460 万元，由冷友斌负责在 2008 年底以前全部还清，还款期内不收取资金占用费。

6 月　农场将粮油加工厂国有资产一次性出售给以孙宝君为代表的粮油加工厂职工，当时，粮油加工厂净资产总值为 100 万元，企业欠农场债务 464 万元。农场在一次性转售时给予企业减免 15% 的优惠政策，即 479.4 万元。转制企业在 2001—2008 年每年按 12.5% 比例偿付转售款，并于每年的 12 月 25 日前偿付当年款额，至 2008 年 12 月 25 日全部付清。同时赵光农场粮油加工厂更名为"黑龙江北安垦区富雪粮油有限责任公司"。

7 月 14 日　农场高中划归北安分局管理。

8 月　农场开通总局二级光纤网，场区可收看 30 多套有线电视节目。

10 月 15 日　农场顺利通过黑龙江省政府"两基"教育巩固提高工作验收。

10 月 18 日　根据黑龙江省统一要求，农场为拖拉机、康拜因等 245 台机车、646 名驾驶员换发了牌照和驾驶证。

10 月 26 日　农场净水厂竣工剪彩，参加剪彩仪式的有北安分局、赵光镇、农场及其相关部门的领导。

11 月 10 日　农场 5 号住宅楼竣工，面积为 5873.38 平方米，承建单位是赵光欣佳建筑有限公司。

11 月 22 日　农场完成 16 个集中榨奶冷藏保鲜站建设项目，建筑总面积为 4239 平方米，投资 652.66 万元。

本年　农场完成农业综合开发"十五"规划工作，综合开发水土治理项目 5 项，多种经营项目 4 项，优质粮食（饲料）项目 4 项。

● **2001 年**　2 月 6 日　飞鹤乳业在克东县举行购买克东县工牧乳品厂签字仪式。参加签约仪式的有克东县有关领导和黑龙江农垦总局、农垦北安管理局及农场的领导。

5 月 15 日　农场通信科划归黑龙江农垦通信有限公司北安分公司，更名为"赵光通信中心"，并签署了与农场解除劳动关系合同书 29 份。

5 月 19 日　农场出现干旱天气，历时 50 多天。2001 年是历史上旱情较重的一年。

5 月 30 日　农场 28 队遭受冰雹袭击，冰雹直径 7～9 毫米，持续 20 分钟左右，约 86.67 公顷大豆受灾，经济损失约 17 万元。

6 月　农场司法科上划归黑龙江农垦总局，并更名为"赵光农场司法分局"。

6 月 2 日　按照上级部署，农场乳品厂全部资产转交给完达山乳业集团。

6 月 6 日　农场部分生产队遭受历史罕见特大冻灾，地面最低温度达 −2℃，112.67 公顷大豆不同程度地减产，约 37 公顷绝产，经济损失约

36万元。

6月19日　农场部分生产队遭受冰雹袭击，冰雹直径13～15毫米。持续半小时左右，据初步统计经济损失约226万元。

8月9日　农扬原4个分场小学撤并，成立农场第二小学，曾明任校长，程学良任党支部书记。

8月12日　国家农业部副部长刘成果来农场视察工作，陪同的有农垦总局工会领导和分局的主要领导。

11月1日　根据有关文件精神，农场将29队太阳升水库往东一直到28队界限的0.08万公顷草原地和去往洪山口处的240.93公顷草原地确定为草地型自然保护地；将工农水库0.07万公顷水面和更生水库上下游的6.6公顷水面和草原确定为湿地型自然保护地，并设立了保护碑。

● **2002年**　1月5日　农场通信中心成功割接SP30CN超级数字程控交换机。这标志着农垦赵光光纤通信网正式投入使用。

1月26日　农场对物资供应站、粮贸公司、场驻哈经销处三部门按评估后的净资产额整体出让产权。

2月28日　农场成立场直幼儿园。农场年定额补贴9万元，其余自己创收。

4月5日　黑龙江省农垦总局局长吕维峰到农场检查工作，陪同检查的有北安分局局长李佐同等领导。

5月5日　农业部高油大豆检查组到农场大豆播种现场检查指导工作，陪同检查的有黑龙江省农垦总局副局长周茂林等领导。

6月17日　下午2点，赵光地区降冰雹，最大直径8毫米，原种场约200公顷大豆受灾，据统计直接损失约260万元。

6月20日　农场建疆红商场被拆除，新建万米商服住宅楼。

7月1日　农场27队遭受雷击，击坏电视机20台，电话机30余部，冰箱1台，造成一栋草房起火。

7月18日　国家农业部副部长刘坚等领导到农场视察，陪同的有黑龙江省农垦总局局长吕维峰等领导。先后视察了农场高油大豆田、农机具场等。

8月8日　黑龙江省省长宋法棠、副省长申立国等领导来农场视察，陪同的有黑龙江农垦总局局长吕维峰等领导。宋法棠对农场机械化水平、推广优良品种等工作给予了充分肯定。

本年　农场 2 队标准化农具场建成，投资 140 万元；高产、高油大豆喷灌工程建成，投资 89 万元。

本年　农场 27 队标准化奶牛小区建成，投资 140 万元。

● **2003 年**　4 月 7 日　中央电视台"电影传奇"栏目摄制组到农场进行了为期 2 天的实地拍摄，陪同有农场党委书记于永久等领导。

4 月 23 日　农场印发《赵光农场预防控制传染性非典型肺炎方案及应急处理预案》，成立非典预防控制领导小组，下设医疗救治、预防控制、治安保卫、后勤保障小组和值班电话，配有专用 120 车 1 台。

12 月 23 日　农场实施撤队设区改革，26 个生产队撤并，成立 11 个管理区，下设 15 个居民组。原有 171 名管理人员减至 125 人。

● **2004 年**　2 月 12 日　农场成立防治高致病性禽流感指挥部，党委书记于永久任总指挥，下设防治监管组、保障组、科技组、办公室。

3 月　农场开始执行粮食直接补贴、良种补贴、免农业税政策并落实到位。

5 月 20 日　农场投资 12 万元，开始 CAWS600-SE 型自动气象站基础建设，10 月中旬调试安装完毕，运转正常。

6 月 7 日凌晨　农场遭受罕见的特大冻灾。地面最低温度为 -4℃，持续了 2 小时，10 多个低洼地块大豆、小麦、青贮玉米遭受严重冻害，造成的经济损失约 3081.3 万元。

10 月　农场完成绥化—北安高速公路支线 1.72 千米建路任务。

本年　农场投资 10 万元修建的 3500 立方米垃圾填埋场竣工。

● **2005 年**　4 月 19 日　国家食品安全关键技术应用与示范专项课题组在黑龙江农垦总局科技局等领导的陪同下，到农场进行示范课题对接，农场被确定为大豆示范项目核心区，计划实施示范面积 1.33 万公顷。

8 月 30 日　黑龙江省副省长申立国到农场检查指导工作。陪同检查的有农垦北安分局李殿君、李佐同等领导和农场主要领导。

11 月 5 日傍晚　赵光地区降大雨，降水量达 10 毫米，是赵光地区历史上首次。

本年　农场投资 600 万元新建场区休闲广场，建筑占地面积 2 万平方米，主要包括运动场、大舞台、灯光球场、健身器材场、中央喷水池等。

本年　农场投资 1192 万元更新维美德 21 台，偏置耙 21 台，割晒机 20 台，迪尔 724 运输车、气吹式精播机、通用机各 10 台，3118 收获机 5 台。

● **2006 年**　1 月 7 日　国家林业部退耕还林办公室副主任李青松一行 4 人，对农场还林情况进行检查，农垦北安分局领导李殿君、农场领导苍云等陪同检查。

2 月 14 日　农场中小学实行科、校合一体制管理，成立赵光农场教育中心，教育科科长兼校长，原小学、初中更名为小学部、初中部。

6 月 1 日　黑龙江省政协主席王巨禄来农场检查指导工作。陪同检查的有黑龙江省农垦总局吕维峰等领导，以及北安分局和农场主要领导。

6 月　农场于 9—22 日共出现 5 次大到暴雨，降水量分别为 92.8、39.6、33、51 和 63.9 毫米。

8 月 3 日　全国人大农业与农村委员会委员单荣范、任正隆、黑龙江省人民代表大会常务委员会副主任张成义等一行 15 人，在黑龙江省农垦总局吕维峰等领导的陪同下对农场新农村建设进行调研。农场场长吕殿富等领导陪同调研。

8 月 27 日　中国第一个女拖拉机手梁军及中央电视台记者访问团 15 人来赵光农场参观访问，北安分局工会主席徐树清、农场苍云等领导陪同。

本年　农场投资 10 万元修建 6000 立方米垃圾填埋场。

● **2007 年**　1 月 19 日　农场召开第十三届一次职工代表暨奖模大会。大会审议通过了场长工作报告和《2007 年深化改革总体方案》等 11 个方案；表彰了 14 个先进集体和 95 名先进个人。

8 月 18 日　美国爱科集团旗下芬兰维美德拖拉机有限公司驻中国区项目经理西蒙霍尔一行 3 人来农场就维美德拖拉机使用情况进行考察，农场副场长高云龙及相关人员陪同。

9 月 19 日　国家发改委重大项目稽察办正司长级特派员乐大成，在农垦总局副巡视员周春来及北安管理局主要领导的陪同下，来农场检查指导工作，场长吕殿富等领导参加陪同。

11 月 10 日　农场举行建场 60 周年的庆祝大会。农垦总局副局长戚卫东、北安管理局陶绍毓等领导和部分老知青代表、离退休干部代表共 300 多人参加了庆祝活动。农场不同时期的劳动模范、优秀职工代表接受少先队员献花；农场向全场人民和来宾展示了现代化大机械设备；农场文体协会演职人员与回访的哈尔滨知青代表团同台演出文艺节目。

本年　农场实现国内生产总值 3 亿元，全口径利润 1.27 亿元，经济效益创历史新高。

本年　农场被评为黑龙江省"环境优美乡镇"。

本年　农场累计投资 776.77 万元，更新农具 43 台（件）。

● **2008 年** 3 月 12 日　农场召开第十三届二次职代会、第五届二次工代会暨奖模大会，会期 1 天。大会由农场工会主席马书良主持。大会审议并通过了各项方案、报告和农场城镇体系规划。应参加会议代表 273 人，实际参加会议代表 264 人。

4 月 15 日　由国务院农村综合改革办公室、国家财政部预算司、国家农业部农垦司相关工作人员组成的清理化解"义务"教育债务专项工作组，在农垦总局副巡视员谭占龙、农垦北安管理局王利仁等领导的陪同下到农场调研，场长吕殿富等领导参加陪同。

8 月 25 日　农场购进约翰迪尔佳联 1076 型联合收割机 6 台，总价值约 240 万元。

10 月 1 日　农场投资 750 万元建设的初中教学楼竣工并投入使用，建筑面积 5151 平方米；投资 200 万元建设的农场公安、司法、检察室综合楼于 6 月 5 日开工，10 月 1 日竣工并投入使用，建筑面积 1396 平方米。

10 月 15 日　农场天河农贸市场三期工程于 5 月 5 日开工，10 月 15 日竣工，建筑面积 15510 平方米，共投资 2000 余万元。

12 月 16 日　农场完成留存粮食任务，共交售小麦 6283 吨。

本年　农场投资 2000.45 万元更新农机具 164 台（件），其中凯斯 385 马力*轮式拖拉机 1 台，维美德 T171h 拖拉机 11 台，60 马力以上国产拖拉机 23 台，约翰迪尔佳联合收割机 6 台，播种机、折叠重耙、轻耙、喷药机等 99 台（件）。

本年　农场投资 35 万元改装大豆播后二次成型、起垄整形机械改装 76 台（件），取得良好的科技效益。

本年　农场投资 114.72 万元，完成第六管理区马铃薯喷灌工程 174 公顷。

---

* 马力为非标准计量单位，1 马力＝735 瓦特。

本年　农场共计造林绿化 82 公顷，栽植苗木 15.29 万株，5150 名干部职工义务植树。春季植树投资 65 万元；秋季整地投资 12.7 万元。

2009 年　1 月 1 日　农场交通行政管理取消了长达 20 多年征收的公路养路费、道路运输管理费、货物运输附加费、客运附加费、地方养路费等 5 项相关费用。

5 月 6 日　农场投资 19.4 万元，为电视局购进松下 AG-HPX500MC 摄像机 1 台、松下 AG-HVX203MC 摄像机 1 台、大洋 ME200 非线性编辑系统 1 套、JVC14 监视器 1 台，以及 P2 卡、三脚架、采访话筒、软包、电池等附件。

5 月　农场职介所为全场 2210 退休人员发放养老保险补贴，共计为农场争取国家政策补贴 375.2 万元。

9 月　农场投资 160 万元建设 0.16 公顷的现代化种植基地开始运营，计划年生产 10 万盒北虫草，生产干品 5 吨，实现产值 150 万元，安置 20 多名职工就业。

10 月 20 日　农场投资 56.3 万元建设的场区退休老工人活动室正式启用。建筑面积 245 平方米。

10 月 21 日　农场投资 50 余万元改建的 700 多平方米电视台新楼竣工，电视台搬迁至新址。

11 月　农场成立农业协会，解德海任协会主任，薛德军任（中共）党支部书记。农业协会的主要任务是为职工提供农业技术指导和业务培训、良种繁育推广、生产资料供应、农产品营销、市场综合信息等社会化服务。

本年　农场实现主干道硬化率 100%；新建商服住宅楼 18 万平方米，实现住宅小区绿化率 100%。

本年　农场争取国家资金总计 158.91 万元。其中为巩固退耕还林后续产业，新建北虫草种植基地建设项目，争取中央投资 75 万元；绥化至北安高速公路建设，占用农场林地 4.50 公顷，争取补偿资金 50.11 万元；新建苗木公司，并通过分局林业局争取中央投资 30 万元。

2010 年　2 月 28 日　农场工会、宣传部、职工文体协会在文化广场联合举办庆元宵节秧歌比赛和焰火晚会。农场领导、机关各科室和职工群众 240 多人参加了晚会。

4月11日　农场新建住宅楼工程正式启动，计划投资 2.5 亿元，新建住宅小区 5 个，住宅楼 58 栋，建筑面积 20 万平方米。

4月15日　农场水上公园一期建设工程正式开工，投资 600 万元。

4月24日　黑龙江省副省长于莎燕到农场调研，陪同调研的有省国土资源厅、环境保护厅领导和北安分局、黑河市委、北安市委、农场主要领导等。

4月　农场成立第六次全国人口普查工作领导小组，下设人口普查工作办公室，负责人口普查的常务工作，并选配了人口普查员共计 127 人。农场第六次全国人口普查工作正式启动。

5月1日　农场投资 120 万元，兴建 800 平方米的老干部活动中心投入使用。

6月　农场累计投资 620 万元更新农机具 57 台（件），并与北安市合作装备维美德拖拉机 13 台、凯斯自走喷药机 8 台。

6月24日　赵光地区出现了历史罕见的高温，最高气温 38.6℃，比极值高出 2.1℃，降水量只有 30.3 毫米。正值小麦小穗形成期，高温少雨，小麦旱情严重。

7月6日　黑龙江省委书记吉炳轩在农垦总局领导的陪同下来农场视察。吉炳轩书记对农场的小城镇建设、城乡一体化建设工作给予了高度评价和充分肯定。

7月15日　农场计划投资 3000 万元新建锅炉房破土动工，建筑面积 3200 平方米，将安装 40 吨锅炉 1 台，铺设管线 5000 米，计划 10 月底投入使用。

11月19日　农场第六次全国人口普查工作通过北安市的录入和验收。

本年　农场遭受了严重灾害，晚冬雪大、早春阴雨连绵、低温寡照，麦类播期推迟 20 多天；夏季干旱，5—8 月降水量 240.1 毫米，比历年（420.6 毫米）少 180.5 毫米。

本年　农场投资 500 万元在第八管理区，新建了集综合服务站、奶牛舍、犊牛舍于一体的奶牛养殖小区。主体工程已投入使用，有 222 头奶牛入住小区。

本年　农场犇鑫奶牛养殖专业合作社新购奶牛 196 头，共有 701 头奶牛，现代化奶牛养殖已具规模。

2011 年　3 月 19 日　农场召开十四届二次职工代表大会。会议审议并通过了场长工作报告、2010 年财务结算情况，以及 2011 年财务预算草案等 9 个方案。

5 月 21 日　农场投资 1000 万元新建总面积 4000 平方米幼教中心。

7 月 12 日　国家农业部计划司调研员曹华等领导和专家一行 7 人在黑龙江农垦总局发改委副主任马忠峙的陪同下，来农场就千亿斤粮食产能工程实施及效益情况进行调研。农场刘增元等领导陪同。

7 月 22 日　江苏、河南、上海、哈尔滨、齐齐哈尔等地的 150 名老知青回访农场，农场党委委员胡晓元代表农场党委热情接待了他们。

8 月 25 日　山西农业大学副校长崔克勇等一行 7 人考察团，来农场考察现代化大农业。北安管理局副局长祝殿凯、场长王宏忠等领导陪同考察。

9 月 26 日　原黑龙江省省委书记孙维本等省委老领导调研组来农场就现代化大农业建设进行调研。北安管理局副局长祝殿凯和农场场长王宏忠等领导陪同调研。

12 月 4 日　农场木耳种植基地正式投入生产。木耳基地采取股份合作制经营，有技术人员 1 名、员工 17 人。计划年底生产 10 万袋，扶持职工就业 40 余人，带动职工经营 30 万袋，年创产值 80 万元。

本年　农场进行增雨防雹 61 次，发射人工增雨弹 749 发、火箭弹 15 枚，受益面积 3.33 万公顷。

2012 年　3 月 22 日　农场召开第十四届三次职工代表大会。场长王宏忠、党委书记刘增元、工会主席马书良等场领导和 271 名职工代表出席大会，100 名场部居民和管理区职工列席了大会。

7 月 23 日　建场元勋刘瑛、关海涛回访农场。农场党委书记刘增元等领导陪同。

本年　农场新建一处污水处理厂，投资 3400 万元；农场新建垃圾处理厂，投资 2800 万元；完成场区排水改造工程，投资 350 万元。

本年　农场更生水库除险加固工程于 4 月 20 日开工，10 月 30 日竣工，工程总投资 399.63 万元；五福堂水库除险加固工程于 4 月 20 日开工，10 月 1 日竣工，工程总投资 264.49 万元；红旗水库除险加固工程于 4 月 15 日开工，10 月 20 日竣工，工程总投资 464.97 万元；东方红水库除险加固工程于 4 月 15 日开工，10 月 15 日竣工，工程总投资 317.01 万元。

本年　农场大型喷灌建设工程于 7 月 24 日开工，11 月 20 日竣工。工程灌溉面积 70 公顷，工程总投资 327.49 万元，其中国投资金 110 万元，农场自筹资金 217.49 万元；农场节水增粮行动建设工程于 7 月 24 日开工，11 月 30 日竣工。工程灌溉面积 100 公顷，工程总投资 142 万元，其中国投资金 85 万元。

本年　农场全年增雨防雹 73 次，发射人雨弹 1200 发、火箭弹 38 枚，受益面积 4.13 万公顷。

● **2013 年**　3 月 22 日　农场召开第十四届四次职工代表大会暨先优表彰大会。工会主席马书良主持会议。与会代表 307 人，特邀列席代表 65 人。会议审议、通过了各项工作报告和 17 个改革管理方案；表彰 2012 年先进集体和先进个人。

4 月 21 日　黑龙江省委书记王宪魁来农场视察工作。农垦总局、管理局主要领导和农场场长王宏忠、党委书记刘增元陪同。

5 月 18 日　全国总工会副主席、书记处书记张世平等领导在黑龙江省总工会常务副主席侯纯禄等领导的陪同下来农场调研。农场场长王宏忠、农场党委书记刘增元、工会主席马书良等领导陪同。

7 月 18 日　农场党委召开第九次党员代表大会，与会党员代表 155 名，农场场长王宏忠主持会议。农场党委书记刘增元代表赵光农场第八届委员会做工作报告。会议投票选举了中共赵光农场第九届委员会委员和中共赵光农场纪律委员会委员。

同日下午，中共赵光农场第九届委员会和中共赵光农场纪律委员会分别召开了第一次会议。会议选举刘增元为农场党委书记，王宏忠为农场党委副书记，王璐为农场党委副书记、纪委书记，高宏为纪委副书记。

9 月 12 日　由黑龙江省农垦总局农业局副局长张力军、首席大豆专家胡国华等人组成的专家组来农场对大豆高产创建项目示范区进行测产验收。农场领导王宏忠、刘增元、苏兴俊等陪同。

12 月 22 日　黑龙江省电视台记者来农场就党员中心联带户活动开展情况进行采访。此次采访的新闻于 2014 年 2 月 7 日在黑龙江省电视台新闻联播中播出。

本年　农场生活垃圾处理厂建设项目获国家发改委批准。项目建设总投资 2667 万元，其中国家拨款 1260 万元，农场自筹资金 1407 万元。项目设计能力为日处理生活垃圾 103 立方米。建设项目已经施工完成，并投入运行。

本年　农场自有林地总面积3044.8公顷（活力木蓄积28.19万立方米），其中公益林2980.8公顷（活力木蓄积27.54万立方米），商品林64公顷（活力木蓄积6471立方米）。

2014年 3月25日　农场召开第十五届一次职工代表大会。与会代表385人，特邀列席代表53人。会议审议通过了场长工作报告等6个报告和19个改革与管理方案；表彰奖励2013年度56个先进集体和203名先进个人。

5月14日　黑龙江省农垦总局大豆高产创建专家组胡国华等人在北安管理局农业局局长林清河等领导的陪同下，来农场就大豆高产创建情况、大豆田间生产情况进行指导。农场场长王宏忠等领导陪同。

10月14日　农业部副部长张桃林来农场调研，黑龙江省政府副秘书长金济滨、总局副局长徐学阳、管理局局长刘新华和农场场长王宏忠等领导陪同。

10月29日　根据有关文件精神，农场决定医院、基层卫生所实行一体化管理，基层卫生所正式归农场医院统一管理。

2015年 1月10日　农场召开第十五届二次职工代表大会及先优表彰大会。与会代表386人，特邀列席代表63人。会议审议通过场长工作报告和《农场改革与管理总体方案》等15个方案；11名场领导进行分管工作述职；对2014年度先进集体、先进个人进行了表彰奖励。

10月15日　农场对第八管理区涝区开展治理工程，面积666.67公顷。国投资金222万元。该工程于2015年8月15日开工建设，10月15日全面竣工。

本年　农场大豆高产创建模式攻关地块取得了3816千克/公顷的高产。

本年　农场场区生活污水处理工程建设项目建设完工，通过总局环保局环境保护验收，并已投入运行。该项目的建设每年将减少COD排放226.8吨，减少BOD排放116.6吨，减少氮氧化物排放30.6吨。

本年　农场保障性住房配套工程总投资1513万元，年底全部竣工，其中明渠1.1千米，自来水管线12千米，雨排3.1千米。

本年　农场居民采集的蕨菜、柳蒿芽、老桑芹、薇菜等60多吨，创产值40万元，采集野生蘑菇80吨，创产值160万元。

本年　农场低保标准提高到每人每月500元，人均补差额335元，享受低保 915 户，1135 人，全年发放低保金 456.23 万元。

● **2016 年**　3 月 15 日　农场召开第十五届三次职工代表大会暨先优表彰大会。与会议代表 351 人，特邀列席代表 63 人。会议审议通过了场长工作报告等 6 个报告，审议通过了《农场改革与管理总体方案》等 21 个工作方案；11 名场领导分别进行述职；会议对 2015 年先进集体和个人进行了表彰奖励。

本年　农场造林绿化面积 36.67 公顷，植树 2.6 万株，播草坪 4 万平方米。

本年　农场对面粉厂家属区、原机械厂家属区、原汽车大队家属区自来水管网进行改造，总投资约 430 万元。

本年　农场完成国家农业综合开发水土保持项目小流域水土保持治理工程，主要包括水蚀沟治理 3 条、涵洞 5 座、修整作业路 8 千米、坡耕地治理措施 0.12 万公顷、鼠洞暗管 6 千米，总投资 338 万元；完成小流域水土治理项目工农水库泄洪洞拆除重建工程，总投资 240 万元。

● **2017 年**　1 月　自本月起，农场职工月低保标准提高到每人每月 600 元，人均补差额 375 元。低保 860 户，1082 人，民政局 2016 年全年发放低保金 485.34 万元。

3 月 8 日　农业部农垦局副巡视员陆亚洲在农垦北安管理局纪委书记祖国杰等领导的陪同下，来农场检查指导工作。农场场长王宏忠等领导参加陪同。

7 月 12 日　农业部农机化司巡视员潘学峰等领导一行 4 人组成的国家农机补贴调研组来农场调研，黑龙江省农机局局长谢庆华等领导陪同调研。

9 月 11 日　农场举行建场 70 周年庆祝大会。农场党委书记刘增元主持会议，场长王宏忠致贺词。老一代垦荒代表张守信、第二代建设者代表雷兴忠、新一代职工代表李晓宇分别讲话发言。会后，进行了文艺演出，5000 余名职工群众参加会议，并观看了演出。

10 月 11 日　中央电视台《锦绣山河》节目组来农场采访，并进行了节目现场直播。农场党委副书记关淑玲、宣传部部长任红陪同。

本年　根据国家有关要求，农场计财科对全场共 285 人职工住房公积金信息进行补录，保证了享受住房公积金人员信息完整。

本年　农场自有林地总面积 0.296 万公顷（活立木蓄积 29.22 万立方

米）。其中公益林 0.28 万公顷（活立木蓄积 28.53 万立方米）；商品林 155.66 公顷（活立木蓄积 0.69 万立方米）。

2018 年 4 月 17 日 黑龙江省民政厅低保局局长左欣等领导来农场调研。黑河市民政局副局长汪永堂等领导陪同调研。

5 月 16 日 黑龙江省文明办在省广播电视台演播大厅进行现场直播，对全省被评为"新时代龙江好少年"的 60 人进行了表彰。农场初中学生孙鸣州名列其中。

6 月 16 日 黑龙江省垦区公安局北安分局赵光派出所举行移交揭牌仪式。"农垦北安公安局赵光公安分局"更名为"黑龙江省垦区公安局北安分局赵光派出所"。

6 月 19 日 黑龙江省农垦北大荒集团赵光农场有限公司成立。后更名为"北大荒农垦集团赵光农场有限公司"（以下简称"农场有限公司"）。

8 月 28 日 中国科学院南京土壤研究所所长沈仁芳、福建省农业科学院院士谢华安、黑龙江省农业委员会副主任李世润等 23 名专家来农场有限公司进行调研。北大荒集团副总经理郭宝松、农场有限公司董事长王宏忠等领导陪同。

9 月 13 日 全国政协副主席、交通运输部党组书记杨传堂在黑龙江省副省长聂云凌的陪同下来农场有限公司农机中心调研。北安分公司董事长刘新华、农场有限公司董事长王宏忠、总经理刘增元等领导陪同。

9 月 25 日 中国农业科学院原党组书记陈萌山率中国农业科学院"中国粮食发展研究"课题组来农场有限公司，就粮食收储及粮食结构调整进行调研。农场有限公司董事长王宏忠等领导陪同。

10 月 14 日 黑龙江省委书记张庆伟来农场有限公司进行调研。农垦北安管理局局长刘新华、农场有限公司党委书记王宏忠等领导陪同。

本年 农场有限公司完成了节水增粮库房工程。项目总投资 65 万元，主要建设内容为库房一座 561.61 平方米，解决了节水增粮喷灌机存放问题。

本年 农场有限公司实现林下经济总产值 2350 万元，带动职工就业人数 200 余人。

2019 年 3 月 20 日 农场有限公司召开第十六届三次职工代表大会暨表彰大会。341 名代表参加了会议。会议审议通过了董事长工作报告和《公司管理实施方案》等 21 个方案；对先进单位和个人进行了表彰。

6月 14 日　黑龙江省农业科学院专家组来农场有限公司考察保护性耕作工作。农场有限公司董事长时厥祥、总经理刘增元等领导陪同考察。

7月 18 日　农业农村部种子管理司处长张冬晓、黑龙江省种子管理处处长李伟、北大荒集团种子管理局局长张锡铭等来农场有限公司检查国家区域性大豆良种繁育基地建设。农垦北安分公司副总经理王宏忠、农场有限公司董事长时厥祥等领导陪同。

8月 3 日　赵光地区突降暴雨，瞬间降水量达 228 毫米，部分农作物受灾。

8月 20 日　国家发展和改革委员会北大荒农业课题组中国经贸导刊杂志社社长、新发展研究院院长朱东方一行 3 人，在农垦北安分公司副总经理寇晓明的陪同下来农场有限公司调研。农场有限公司董事长时厥祥等领导陪同调研。

本年　原糖厂 1 号楼、2 号楼立面改造工程完工。农场有限公司投资 157.5 万元，更换塑钢窗 76 户，铺设外墙保温 3229.05 平方米。

本年　农场有限公司完成供热中心 1～3 号炉维修工程，总投资 537.7 万元；完成供热中心除渣机维修工程，投资 9.2 万元。

2020 年

1月 1 日　原赵光农场消防队转隶赵光农场有限公司安全应急办管理。

1月 14 日　农场有限公司召开会议，进行企业化机构改革，撤销工业科、商务科及粮食科三个部门，成立赵光农场有限公司产业营销部。

1月 15 日　农场有限公司供水中心、供热中心、物业公司、污水处理厂、物流公司五个单位合并为一个部门，更名为"赵光农场城镇管理办公室"。

3月 27 日　农场有限公司将农机监理站监理职能和农业机械档案移交给北安市农业农村局。

7月 14 日　吴宝忠任赵光农场有限公司党委书记、董事长，赵光农场场长。

本月　农场有限公司首次为企业职工缴纳了住房公积金。标准为上年工资额的 8.8%，企业职工缴纳住房公积金人数共 320 人，企业配套缴纳 212 万元。

9月 6 日　以黑龙江省农垦科学院王平为组长的抗灾保粮专家组一行 4

人在北安分公司副总经理王宏忠的陪同下，来农场有限公司检查指导抗灾自救工作。农场有限公司总经理刘增元等领导陪同。

9月7日　受9号台风"美莎克"影响，赵光地区出现极端大风暴雨天气，最大风力超过9级，降水量最高地区达93.7毫米。台风造成部分农作物倒伏，运用遥感技术监测到：倒伏面积1.94万公顷，严重倒伏（45°～90°）0.62万公顷。其中玉米严重倒伏0.31万公顷，大豆严重倒伏0.28万公顷。

10月21日　黑龙江省农作物秸秆露天禁烧督导组来农场有限公司督导检查秸秆禁烧工作。农场有限公司董事长吴宝忠和黑河市、北安市相关部门领导陪同。

本年　农场有限公司现88台麦格天农导航系统农用车辆加装智能终端设备，作业路径偏差小于2.5厘米，实现了作业面积实时回传；首次应用耙地质量监测设备；使用实验土壤CT技术；数字农业平台架构调试完成。

本年　农场有限公司通过整合供热、供水、物业收费大厅，安装收费系统，采取微信扫码、POS机、银行卡转账及现金收款多种方式相结合的收费方式，提高了工作效率；通过对有价值的废旧零件统一管理，统一处置，增收4万元；通过出租闲置资产，增收31万元。

本年　农场有限公司试行粮食统营，实现收入3481万元，利润28万元，代收代付粮款1.18万元，共统营粮食8.3万吨，统营率40%。

本年　农场有限公司开展第七次全国人口普查工作，公司选调了67人组建普查队伍，完成了普查入户摸底阶段和短表填报工作，并进行长表填报工作。

本年　农场有限公司投资1376.43万元，对375马力以上拖拉机配备导航，更新豪狮播种机2台，新购农机具115台（件），其中包括带底刀玉米割台42台、加肥机9台、整机深松防寒机21台。

本年　农场有限公司改装防涝散墒机43台，播种机施肥箱改装18台，播种机改装铁地轮38台，玉米割台加底刀改装10台，改装1台液压马达传动施肥机，镇压器改装"井"字形捞子56台，改装48台大豆倒伏器装置。

本年　农场有限公司辖区春季回暖早，终霜早，初霜晚，夏季持续低温少日照，持续强降水。秋季受两次台风影响，全年平均总降水量791.1毫米。

本年　农场有限公司种植业效益再创新高。玉米每千克1.7元，公顷效益8003.4元；大豆价格每千克5元，公顷效益7719.75元；高粱价格每千克3.2元，公顷效益8793元。

本年　农场有限公司对供水、供热、物业、污水处理、物流5家服务民生单位进行整合，合并成立赵光农场城镇管理办公室。

第一编

建　置

中国农垦农场志

第一章 建置前

距今 3000 多年以前，赵光地区同黑龙江其他地区一样，古树参天，草原莽莽，沃野千里，只有以狩猎为业的满族祖先肃慎部落。一直到明末清初，这片土地还只有稀少的满族、达斡尔、鄂伦春等民族从事牧猎业生产，虽有肥沃的土地，却无人耕耘。

第一节 清朝时期

清朝初期，为了巩固祖宗"龙兴之地"，朝廷竟下令废止招垦，实行长达 200 年的"封禁"政策，规定除旗人（满族）和当地的达斡尔、鄂伦春、赫哲族外，禁止外人伐木、渔猎、农牧、采矿，人口有限的少数民族与外界几乎长期隔绝。据当地的《通北设治局通志》记载，"通北在前清时为皇家围场地，山深林密，荒腴极多，而游猎其间者为鄂伦春人……不知布米为何物。"公元 1644 年，为抵御帝俄势力扩张，设昂邦章京于宁古塔（今黑龙江省宁安市），而后陆续建边外 7 镇，设驿站、辟交通。1895 年，俄国对边境进行侵扰，面对人口稀少造成边境羸弱的现状，清王朝把封了近 200 年的"龙兴之地"进行了开禁。封禁命令彻底废除后，推行"移民实边"政策，黑龙江地区开发加快了步伐。1898 年，通肯城（今黑龙江省海伦市）设置通肯副都统，兼办垦务，主管通肯河两岸垦荒事宜。1905 年，黑龙江将军委员大放官荒，通北地区开始有少量移民垦荒踪迹。1906 年，通肯河北岸、讷谟尔河南段开始出放大段荒地，北字段共放毛荒 13 万多垧[*]。1908 年，清廷拟设通北县，知县驻通肯河北，定名"通北"。1910 年，丈放浮荒 6584 公顷，学田毛荒 1000 公顷。以后，移民接踵而来，村落相继出现，形成满汉杂居之势。

第二节 民国时期

1912 年 9 月，设置海伦府通北稽垦局，"专理垦务"。翌年，省署派员查勘界址后，

---

[*] 垧为非标准计量单位，1 垧＝1 公顷。——编者注

奉令将龙门续放安古镇、天乙公司、八旗生计地三段荒地划归通北稽垦局。1915年5月14日，奉民国政府之令，将原通北稽垦局改设通北设治局（设治局设在赵光地区内），选定周家地房为城基修筑衙署。隶属绥兰道辖。设治局辖区，东至萝北县界80千米，西至克山设治局界5千米，南至海伦县界37.5千米，北至龙门设治局界22.5千米，总面积约4200平方千米，人口1.8万余人。1916年12月29日，黑龙江省省长公署训令，规定通北设治局于1917年1月1日"实行改升县缺"，为三等县，隶属绥兰道。委任原通北设治局设治员熊良弼为代理通北县知事。代理知事于1月22日启用"通北县印"。县知事驻今赵光镇前进村。1916年，通北设治局统计，境内汉人居七、满人居三，鄂伦春等少数民族仍久避深山不出。境域东至罗北县界，西至克山县界，南至海伦县界，北至龙门设治局界，面积1.68万平方千米。

通北建县后，大力招垦，颁布奖垦告示。据《黑龙江志稿》记载，1928年《黑龙江省沿边各属荒地抢垦试办章程》规定，通北县荒多户少，属抢垦之列，于是掀起招垦抢垦高潮。此时县境，东南至汤原县界，东北至乌云县界，北至龙镇县界，南至海伦、绥棱、庆城县界，西南至拜泉县界，西至克东设治局界，宽约110千米，长约135千米，面积约达6万平方千米。人口1.29万人，居民2485户。全县分设3个区，辖5镇43屯。第一区1个镇，即通北镇，为县城所在地，下属15屯。第二区2个镇：择佳镇（今黑龙江省北安市杨家乡杨家村杨家屯）、通兴镇（今通北镇）。第三区2个镇：安古镇、海兴镇（今北安市海兴乡海兴村海兴屯），下属28屯。

正是在这一时期，黑龙江农村中富农经济和带有某种程度的资本主义性质的旧中国农牧垦殖公司开始出现和兴起。

第三节 日伪时期

1931年"九一八"事变后，日本采取多种方式从国内向黑龙江移民，进行经济掠夺。1932年，日本为了加紧掠夺东北资源与军事上的需要，先后征集几万民工，由日本人监工，分别从海伦往北、克东往东，经北安修筑海克线铁路。12月于李家站附近接轨，年末全部竣工通车。1934年，铁路正式交付使用，并在通北县城西南4千米处，建立了通北车站（现赵光车站）。不久，日本侵略者为了战争需要，达到增加粮食生产和长期占领东北的目的，从日本本土北海道、大板、新渴等地向通北县境内迁入移民，并在通北车站南1千米处（现赵光农场场部）和东火犁（今红星农场境内）建立两个日本青年训练学校。这些日本人，分别按日本出生地集居在一起，编成团，统一管理。从1932年开始，到 1940 年 2 月，"第九批"日本移民——日本新潟县刈羽乡、鱼沼古志乡移民来到东火犁、西火犁，把新潟县刈羽乡 300 户迁到东火犁（实到 16 户），新潟县鱼沼古志乡 300 户迁到西火犁（实到 30 户）。1941—1942 年，日本岐卓、长野、香川等地移民来到柳毛河、鸡爪河掠夺。1937—1941 年，先入殖的有通北、五福堂、老街基，都是先派几十人的先遣队，后大批入殖的有白家自警村（今福安车站东侧的霍地房子，是赵光镇所属村屯）、赵木场（今北安市海兴乡阳光村驻地赵木场屯）、东火犁、西火犁和柳毛河（今红星农场境内）等地。此外，还有白家、老街基等报国农场，通北、李家（今李家车站附近）自警村满铁训练所，以及东火犁青年义勇队训练所（后来称大姑娘部落）。

这些日本人，多数是日本的贫苦农民和补充兵员的十几岁的青年人，他们用很少的机器开荒，开垦的土地并不多。1939 年统计，通北全县耕地只有 3.33 万公顷。他们除垦拓部分荒地外，还大量强占当地中国农民的良田熟地，迫使许多穷苦百姓流离失所、家破人亡。未久，他们随着 1945 年 8 月 15 日本无条件投降而溃散，地上建筑荡然无存，破烂机械丢陷泥塘，田野里蒿草丛生，荒凉一片。

第二章　建　置　后

1945 年，日本宣布无条件投降。抗日战争胜利结束后，在这个决定中国未来命运的关键历史时刻，中共中央、毛泽东同志做出了"建立巩固的东北根据地"战略决策。决策中指出："此次我军 10 余万人进入东北和热河，新扩大者又达 20 余万人，还有继续扩大的趋势。加上党政工作人员，估计在一年内，将达 40 万人以上。如此大量的脱离生产人员，专靠东北人民供给，是决不能持久的，是很危险的。因此，除集中行动负有重大作战任务的野战兵团外，一切部队和机关，必须在战斗和工作之暇从事生产。"按照党中央、毛主席的指示，东北抗日民主联军、八路军、新四军的大批部队先后进入黑龙江地区，在紧张战斗、建立政权的同时，开始了垦荒生产运动，办起了实验性和自给性小农场。与此同时，通北县人民政府领导通北地区群众建设民主政权，进行土地改革运动。1947 年春，中共中央东北局召开财经委员会会议。主持财经工作的陈云和李富春同志，在分析了人民解放军转入战略进攻的新形势之后，强调："东北行政委员会和各省都要在国民党难于插足的地方，试办国营农场，进行机械化农业试验，以迎接解放后的农村建设。"同年 6 月，李富春同志在东北行政委员会财经工作会议上传达党中央指示时指出："为迎接全国解放，组织亿万农民走集体化、机械化生产道路"，"在北满创办一个粮食工厂（指国营农场）"，主要任务是"培养干部，积累经验，创造典型，示范农民"。1947 年下半年，按照东北行政委员会财经工作会议要求，为了支援前线和培养人才，东北行政委员会明确提出试办公营农场，进行机械化农场试验。

第一节　踏荒建场

1947 年初，根据党中央、毛泽东同志关于建立巩固的东北根据地和创办"粮食工厂"的指示，东北行政委员会派周光亚在通北县境内筹建第一个直属机械农场。接到命令后，周光亚带领警卫员踏查了通北地区大部分草原，粗测可垦荒地 2 万公顷。他和农业机务专家王荫坡、老红军战士廉亨泰等一批老垦荒者带领从呼兰中学、双城兆麟中学招来的 40 名学生作为拖拉机学员，经过了 40 天的短期培训回到农场，在冰天雪地里搭起了小马架当职工的临时住所，利用伪满时期的破旧农机具、拖拉机成立了拖拉机队，进行开荒种地。从此拉开了创建了通北机械农场的序幕。

1947 年末，通北机械农场场部有两个点：一个是临时居住地的"小红房"（原伪满北安铁路警护团通北分驻所的驻地），也叫小炮楼，后来成了农场的转运仓库；一个是日本青年训练所的遗址，占地不到 2 平方千米。1947 年 12 月 6 日，农场场部定在通北车站（现在的赵光站）南侧，并举行了揭牌仪式。经东北行政委员会批准，1947 年 12 月 6 日这一天被确定为"通北机械农场"的建场纪念日。筹建和建场工作一直由东北行政委员会领导。

与此同时，中共黑龙江省工委书记、东北人民自卫军黑龙江省军区党委书记兼政委范式人委派省军区供给部部长张觉寻找一个既能种粮食又能种药材的地方办一个农场。张觉带领一批人经过实地探查、考察，选定了通北县柳毛青（现红星农场第二管理区）和李家附近（现赵光农场第七管理区）这个地区，他们利用供给部在北安接收的伪满时期留下来的一台完整的轮式兰斯拖拉机，带领 40 多名战士，创办了一个农场。之后为了交通方便，便把场部搬到了距离火车站比较近的五福堂（伪满时期称为"老街基"），起名"赵光机械农场"，后更名"前进农场"（1963 年并入通北机械农场）。第一任场长张觉，后李英贤接任场长。他们又从以前的破拖拉机中修复了 2 台，共 3 台拖拉机作业，当年开荒当年播种，并获得了丰收。

1950 年 8 月 11 日，人民日报特派记者田流到通北机械农场采访，并在人民日报发表了通讯《草原上的拖拉机》，描述了通北机械农场开发建设的场景。1952 年 9 月 3 日，中央人民政府委员会副主席朱德到通北机械农场视察，对农场的发展给予殷切希望。1957 年，作家李準看到了关于通北机械农场的报道后，来到了北大荒，采访了周光亚和其他创业者，创作了中篇小说《老兵新传》。看到了小说的上海海燕电影制片厂导演沈浮也被周光亚的事迹和农场发展的变化所感染，他立即请李準到上海，一起将小说改编成电影文学剧本，并在 1958 年春季到通北机械农场开始拍摄。1959 年国庆节，以通北机械农场场长周光亚为故事主人公原型拍摄的电影《老兵新传》完成并作为国庆十周年献礼片在全国上映。

电影《老兵新传》真实地反映了通北机械农场（今赵光农场）筹建和建场的这段史实。周光亚就是剧中主人公战长河的原型。

第二节　历史沿革

赵光农场始建于 1947 年，是电影《老兵新传》的故乡。原名为通北机械农场，后为纪念在开辟通北县工作中牺牲的赵光烈士更名为黑龙江省赵光农场，1987年，王震将军亲自题写场名：黑龙江省赵光农场。

一、建场初期与发展时期（1947—1967年）

1947年12月6日，东北行政委员会通北机械农场正式挂牌成立。

1948年春，通北机械农场有3个拖拉机中队，实行农场、中队两级管理。1949年，全场有6个作业站，中队定点作业。

1951年，全场发展为7个机耕队，中队改成作业区，有3个作业区，下设生产队。1953年，新建第四作业区（今农场第八管理区），后并入第三作业区。

1955年，全场3个作业区20个生产队。1956年，作业区改称分场，全场10个农业队、3个畜牧队。1957年，全场有16个农业生产队和3个畜牧队。

1958年，中共黑龙江省委员会决定撤销通北机械农场，成立黑龙江省国营农场管理厅赵光地区办事处。下辖赵光、黎明、东方红、建设、和平、红星、红光7个农场。10月，赵光地区办事处与赵光人民公社合并。以农场为中心，北安县所属赵光乡、前进乡和6个农业生产合作社并入赵光农场，成立赵光人民公社。农场变成政企合一的体制，一套机构两块牌子。下辖通北、黎明、东方红、和平、红星、赵光6个管理区，41个作业队，30个农业生产队。

1959年，赵光农场与赵光人民公社分开，成立赵光农场总场，管理区改称分场，即通北、黎明、东方红、和平、红星、赵光6个分场。全场37个生产队，其中，农业生产队26个，畜牧队8个，林业队3个。

1962年3月，根据黑龙江省人民委员会下发《关于建立地区国营农场管理机构的通知》，撤销赵光农场总场，成立赵光地区国营农场管理局，隶属省农业厅领导。原分场改为独立农场，即通北、黎明、东方红、红星、和平、前进6个农场。全场44个生产队，其中，32个农业队、8个畜牧队、4个林艺队。1962年9月，黑龙江省成立农垦厅后，赵光地区国营农场管理局改为黑龙江省农垦厅赵光农垦局。下辖通北、黎明、东方红、红星、建设5个农场。

1963—1967年，先后新建的共青团、晨光、双丰、涌泉4个农场归属赵光农垦局领导。

二、生产建设兵团时期（1968—1976年）

1968年6月，沈阳军区黑龙江生产建设兵团组建，赵光农垦局更名为黑龙江省生产建设兵团一师七团，原所属农场改称营，生产队改称连，实行团、营、连三级管理体制。七团下辖一营（前进）、二营（黎明）、三营（东方红）、四营（涌泉）、五营（建设）、六营（双丰）、七营（红星）、八营（共青团）、九营（晨光）和直属营10个营，106个连级单位。

1970年8月，一师七团分建为3个团。一、二、三营组建为七团，全团56个连级单位；四、五、六营组建为六十八团（现建设农场），七、八、九营组建为二团（现红星农场）。

三、恢复建制与兴办家庭农场时期（1976—1995年）

1976年，生产建设兵团建制撤销，一师七团恢复农场建制，定名为赵光农场，营变为分场，连改称生产队，实行农场、分场、生产队三级管理体制。农场下辖一分场前进、二分场黎明、三分场东方红，农场场部设置5个居民委。1979年，黑龙江省司法厅福安劳改农场并入赵光农场，编为第四分场。全场32个农业生产队，21个工副业单位。

1984年，农场改革经济管理体制，开始试办职工家庭农场，农业生产开始进入适度规模经营模式，实行农场、分场、生产队三级管理。全场4个分场，32个农业生产队，16个工副业单位，130多个职工家庭农场。

1995年，农场场部及4个分场的基本情况如下：

农场场部：赵光农场场部设在北安市赵光镇，是农场政治、经济、文化中心，占地面积约6平方千米。设有5个居民委员会，1444户，5868口人。场区内有管理局直属的工、商、教育、粮食、运输等8个单位，人口5935人。滨（哈尔滨）—北（北安）铁路和北（北安）—通（通北）公路贯穿南北。场部区域内有商贸、农贸、饮食、酒店、宾馆、个体超市、医院、休闲公园。

一分场：一分场前身是前进农场。面积138.47平方千米，耕地约0.85万公顷，9个农业生产队，有中小学校、工副业队、修理所、砖厂、奶粉厂及李家变电所。12个居民点，人口6006人，职工2177人。场部设在距离农场场部北端4千米的前进街西南，占地约1平方千米。在民国时期，这里是通北县城的第二移居地，伪通北县署所在地。抗日战争胜利后，这里成立通北县民主政府。北通公路从街心穿过，往北直至北安市，往东直达红星农场、通北林业局冰趟子林场。

二分场：二分场前身是黎明农场，面积81.54平方千米，耕地约0.5万公顷，有6个农业队和工副业队、修理所。7个居民点，人口4178人，职工1548人。场部设在距农场西部12千米的黎明农场。东西一条街，往西南可直到克东县界内，往北可直到四分场场部。分场部机关、中小学校、医院、商店、修理所、俱乐部都分布在这条街的两侧，居民住宅区多在路南。全分场土地多是缓坡漫岗，气候条件好，适宜小麦、大豆生长。

三分场：三分场前身是东方红农场，面积 174.11 平方千米，耕地约 0.85 万公顷。10个农业队，9 个居民点，人口 4219 人，职工 1600 多人。场部设在农场东南部 17 千米的东方红。分场机关、中小学校、医院、商店、俱乐部、修理所分布于不到 1 千米长的南北街道两侧。居民住宅区分布在街东和街西大部分。向南可直到建设农场。这里，在中华人民共和国成立初期，是黑龙江省军区军政大学的大仓库。

四分场：四分场前身是福安劳改农场。1955 年成立，归属黑龙江省公安厅劳改局领导，后归属黑龙江省司法厅管理。1979 年并入赵光农场。面积 102.71 平方千米，耕地约 0.61 万公顷，6 个农业队，还有工副业队、农建队、修理所。7 个居民点，人口 4979 人，职工 1730 人。场部设在距农场西北部 15 千米处，距福安火车站 4 千米，有一个整齐的十字街道，分场部机关、中小学校、商店、医院、修理所、俱乐部都集中在街心附近，居民住宅分布在街的西半部。

四、撤队建区与企业化改革时期（1996—2020 年）

1996 年初，农场原 4 个分场撤销，成立 4 个服务站。1997 年初，4 个服务站撤销，农场直接管理生产队，实行二级管理体制。

2000 年起，黑龙江省农垦改革不断深入，原属于赵光农场直接管理的公安局、法庭、社保局、司法局、民政局等先后陆续上划为上一级系统，进行垂直管理。农场辖区内的北安管理局直属单位糖厂、机械厂相继破产倒闭，在改制过程中，归属这两个工厂的职工住宅区并入了赵光农场社区居民委。2000 年 8 月，赵光农场高级中学划归北安管理局，更名为"农垦北安管理局第二高中"。

2003 年初，农场撤销生产队，成立 11 个管理区。2009 年初，合并部分管理区，设立 9 个管理区，直至 2020 年。实行二级管理，财务一级报账制。

2018 年 6 月，黑龙江省农垦北大荒集团赵光农场有限公司成立，后改称北大荒农垦集团黑龙江赵光农场有限公司。2019 年 6 月 30 日举行挂牌仪式。

2019 年 3 月以后，赵光农场进行公司化改革，其教育系统、农机监理、卫生监督防疫、林政、民政、水政、草原、社区、环保、文化、统战等政府属性部门及职能划归北安市政府管理。2020 年，赵光农场有限公司正式以公司化企业形式开始运行。

1947—2020 年，赵光农场的规模、体制和管理模式发生了多次的变革，从初期的通北机械农场、省国营农场管理厅赵光农场地区办事处、赵光农场总场、省农业厅赵光地区国营农场管理局、省农垦厅赵光农垦局、沈阳军区黑龙江生产建设兵团一师七团、赵光农场，到 2020 年北大荒农垦集团黑龙江赵光农场有限公司正式运行，不论怎么变化，"赵光农场"这个国家重要的商品粮生产基地的地位没有发生改变。

中国农垦农场志丛

第二编

自然地理

赵光农场位于中国的黑龙江省，横跨黑河、嫩江两地区，绵延北安、克东两市县，属于寒温带大陆性的季风气候区。季节变化明显，冬夏差异大。农场全境地处小兴安岭西南麓走向松嫩平原的丘陵地带。地势南高北低，逐渐倾斜，属中高纬度。生态宜人，气候温和，资源丰富。耕地集中连片，黑土层厚，有机质含量高，适于大面积的机械化生产。雨量适中，日照较长，作物生长期水热同季，适宜于小麦、大豆、玉米、甜菜、油菜等一年一熟作物的生长发育。

第一章　位置境域

第一节　地理位置

　　赵光农场位于黑龙江省黑河地区北安市赵光镇，地理坐标是北纬 47°48′—48°17′、东经 126°26′—127°30′。横跨黑河、齐齐哈尔两地区，绵延北安、克东两市县。北起嫩江水系的乌裕尔河，与北安市东胜、胜利等乡隔河相望，南与小兴安岭余脉的天然次生林区的缸窑、自治、幸福林场和北安市通北镇相交错，西与克东县玉岗、新农乡接壤，东到轳辘滚河之滨，与红星农场、北安市 303 林场相通。东西长约 50 千米，南北宽约 34 千米。滨（哈尔滨）—北（北安）铁路和绥（绥化）—北（北安）高速公路穿场而过，交通十分便利。

第二节　境　　域

　　1947 年，农场筹建先驱者踏查通北地区荒原，粗测可垦荒地 2 万多公顷。开荒两年，1949 年，全场有耕地近 1 万公顷。1952 年，耕地达 1.7 万公顷。

　　1952 年前，多取岗地开荒，耕地分散。西起小二井子（取附近村落名，现农场第五管理区中心组），往东由马地房子（取附近村落名，现农场第三管理区中心组）、五间房（取附近村落名，现农场第四管理区 2 组）、王治国屯（原村落名，现农场第八管理区 3 组）、8 号地及轳辘滚河流域形成一个窄长地带。东西绵亘 50 余千米，四周以荒山、草地、沟塘为自然界线。境内只有小井子、丁家小房和王治国屯少数农民经营不多的耕地。现赵光粮库、赵光镇政府，以及前进村北沟以南、六井子工区东西天然次生林区以北，都是通北机械农场所辖范围。

　　1958 年，场社合一，土地连成一片。北起乌裕尔河之滨，南到通肯河畔，东起南北河，西与克东县界土地接壤。方圆 6000 余平方千米，耕地 3 万公顷。

　　1962 年后，赵光农垦局时期的土地边界是北起乌裕尔河，南滨通肯河，西与克东县为邻，东与北安市冰趟子林场、腰店林场和 303 林场交界。1965 年，全区拥有 9 个农场，开荒面积增加了1万公顷。

1970年9月，生产建设兵团时期，七团管辖范围仅限于一、二、三营和直属营，北起乌裕尔河，南到自治、缸窑林场，东与红星、303林场为邻，西与克东县界接壤，管辖土地面积370平方千米。

1979年，福安农场并入土地超过140平方千米。1984年，全场土地进一步调查实测，东西长约50千米，南北宽约34千米。图幅面积超过1812平方千米，其中农场管辖面积超过510平方千米。

历史上，农场邻界村屯不断到农场境内开荒。1965年，赵光农垦局曾拟文件上报黑龙江省农垦厅，提出了土地边界存在的问题和处理意见，但未得到很好的解决。与红星、晨光、共青团、兴安、东方红、涌泉和建设等农场土地划界矛盾时有发生。1979年5月，由黑河行署、管理局、北安市土地管理部门组成土地划界工作组，开始指导各邻界单位的专门人员进行划界工作。经过几个月工作，赵光农场同赵光镇所属东风、前进、红丰、六井子、红农、东光、文革等大队达成协议，双方都在协议上和图纸上签字盖章。同303林场、建设农场、红星农场、81356部队农场、幸福林场、缸窑林场、自治林场、发展林场、克东县新农乡、玉岗乡、缸窑林场、北安市新兴乡、自治林场、北安市石华乡的边界无协议书。1980年，划界工作暂时停止，邻界各方都按习惯边界开发利用土地。

1989年，在黑龙江省政府的指导下，农场联合北安市、赵光镇的有关部门对农场土地进行了第一次调查，解决了一些土地划界和权属纷争的问题，达成了相对合理协议，划界问题基本趋于稳定。经过调查，农场区域内土地总面积为4.72万公顷，其中，耕地面积为3.01万公顷，园地69.92公顷，林地0.27万公顷，牧草地0.51万公顷，居民点及工厂用地0.13万公顷，交通用地0.08万公顷，水域0.15万公顷，未利用土地0.59万公顷。

2009年，农垦北安分局国土资源局聘请黑龙江源泉国土资源勘察设计有限公司为赵光农场开展第二次土地调查，确定：赵光农场土地总面积为4.56万公顷，其中，耕地面积3.19万公顷，林地面积0.32万公顷，草地面积0.37万公顷，城镇村及工矿用地面积0.12万公顷，交通运输用地面积0.1万公顷，水域及水利设施用地面积0.15万公顷，其他土地面积0.06万公顷。2010年后，赵光农场的境域、土地划界和权属问题基本稳定。

赵光农场场部位于全场中部。滨北铁路、北通公路和2000年新建的绥北高速公路从农场场部穿过。赵光农场到北京1540千米。北经北安、龙镇至黑河308千米，西经北安到齐齐哈尔291千米，南经绥化直达哈尔滨294千米，东经绥化直达佳木斯410千米。

第二章 自然概况

赵光农场地处小兴安岭西南麓，是走向松嫩平原的丘陵地带，属寒温带大陆性的季风气候区。季节变化明显，冬夏差异大，冬长夏短，自然资源比较丰富。农作物一年一熟。建场初、中期，自然灾害频发。经过70多年的开发建设和改造，不断引进先进的耕作技术和机械设备，进行植被保护，农场农业抵抗自然灾害的能力也不断加强，自然灾害的损失逐步减小。

第一节 地质地貌

一、地质

据1951年东北土壤调查团《土壤专报》记载，赵光农场地质属于新生代第四纪洪积世的沙砾黏土层，上部是黏土，下部是沙砾。田间调查所见，上部绝大部分是黄土性黏土，沙砾仅在剖面底部。据农场1984年《水利成果报告》记载，从农场所处地质年代看，属第四纪沉积层，覆盖层厚薄不一，介于900～1400米，由西向东递减。从柱状剖面看，最上部为腐殖土，20～70厘米厚。第二层为亚黏土，厚度为2～25米，属中等可塑土，承压能力为10～15吨/平方米。第三层为泥岩，呈灰色，易风化，见水发生液化，其厚度为10～30米。第四层为含水层（细沙与粉质细沙），其厚度为1～5米。再下层也为泥岩，厚度为10～50米，其下部又出现含水层（粉质细沙）。最下层仍为泥岩或页岩，同时有少量沙岩，其厚度为0.5～1米。

二、地貌

赵光农场地处小兴安岭西南麓，是走向松嫩平原的丘陵地带。东、南两面临山，北面靠水，往西趋向松嫩平原。南面的次生林地是小兴安岭余脉，由东向西绵延伸向克东县界内，是松花江、嫩江两水系的分水岭。全场土地绝大部分是在岭北，地面被数十条大小自然水线分割成波状漫岗，是高出松嫩平原的山前起伏台地，可分为岗地、水线地和河谷泛滥地。具有沟谷纵横、微地形复杂的地貌特征。农场区域中，南部为岗大、坡长的丘陵漫岗区域，西部地势稍走向平缓，东部辖辘滚河及北部乌裕尔河沿岸，为坡度平缓、略有起伏的冲积性低洼区域。红光桥、和平桥、乌裕尔河流域是农场三大涝区。

岗地分为岗顶、岗坡、岗脚三部分。岗顶海拔约300米，岗脚约260米，已经开发的岗顶低湿"尿炕地"（碟形洼地）大部分得到了治理。岗坡坡向不同，南坡阳缓，土壤干爽温和，适于耕作。北坡阴陡，土壤阴湿，适于灌木林生长。农场东南部受辖辘滚河和小兴安岭边缘森林影响，土壤过湿，不利于耕作。西北部靠近乌裕尔河流域的生产队一些"沿河地"，常受水害。全场受水害较重的有第一、第九管理区，水土流失严重的有第八、第九管理区等。水害造成一些水洼地、瘠薄地，使作物减产，农田和道路受到破坏。有的河谷洼地，常年季节性积水，有的是岗地坡大，水土流失严重。经过农场多年综合治理，已趋向缓和。

全场地势南高北低，逐渐倾斜。海拔高程240～330米，高差为90米，平均坡度1°～3°，东部区域在0.5°以下。

第二节　气候农时

一、气候特征

赵光农场位于黑龙江省寒温带大陆性的季风气候区。季节变化明显，冬夏差异大。冬季漫长、干冷，夏季多雨、湿热，春秋季节，气候变化剧烈。光、热、水气候资源丰富，适于麦豆等多种农作物栽培和草、木本植物生长，有利农、林、牧业的发展。

根据气候特征划分的四季是：春秋季短促，春季4、5月，秋季9、10月；夏季较长，有6、7、8月；冬季最长，有11、12、1、2、3月共5个月。

春季，升温快、降水少、大风多、空气干燥。4月平均气温比3月升高11.3℃，是全年升温最快的一个月。暖空气多来自内陆地区，空气温度低，降水少，平均降水量84.8毫米，占全年降水量的15.9%。蒸发量大，最多达400毫米，占全年的31%；春季大风日数占全年日数的50%还多，往往风大成灾，春旱时有发生。终霜一般出现在5月下旬。

夏季，高温、多雨、湿度大。平均总降水量约为355.7毫米，占全年雨量的66.8%。7月平均气温21.1℃以上，日最高气温曾达36.6℃，是全年温度最高的月份，全年≥10.0℃的活动积温78%集中在夏季。由于大气环流异常，夏季降水量变异也很大，有的年份的7月降水量多达451.2毫米。降水量和10℃以上的活动积温分别占全年的65%和78%，是水热最集中、最丰盛的季节，也是最易出现雨涝、风雹等灾害性天气的时期。

秋季，降温快、秋霜早。这期间冷暖交替，寒潮频发，雨量较夏季明显减少，气温迅速下降，9月上、中旬易出现秋霜害。秋季总降水量约52.8毫米，占全年雨量的9.9%。日平均气温稳定通过10℃的终日一般在9月中、下旬。秋雨多时往往发生秋涝现象，不利于大田作物生长和收获，造成"埋汰秋"。个别年份，晚秋大雪捂地，影响庄稼收获和整地。

冬季，寒冷、干燥、飘雪。太阳辐射强度最弱，夜长昼短，光照时间显著缩短。冬季风10月逐渐增强，1月平均气温−20.7℃，最低气温曾达−40.2℃。从11月到翌年3月的5个月中，降水量只有38.8毫米左右，仅占全年降水量的7.3%。冬季积雪时间长达5个月，最大积雪深度一般在10厘米以上。

二、农时物候

农场所处区域是世界同纬度寒冷地区之一。气候冷、凉是本地区的特点。据农场气象站1985—2000年的气温记载，年平均温度在1.2℃左右，≥10℃年有效积温为2237～2300℃。受大气候的影响，2010—2020年年平均气温2℃，≥10.0℃的活动积温约为2528.3℃，平均无霜期119天。

农场农作物一年一熟。春播期，小麦在清明前后下种，大田作物多在5月初开始播种，素有"清明忙种麦，谷雨种大田"的农谚。6月是大田作物除草、中耕管理的季节，7月是作物生长旺季，故有"有钱难买五月旱，六月连雨吃饱饭"的经验之谈。8月立秋前后收割小麦，10月，大豆、玉米等大田作物开始收获。

根据本地气候条件和几十年耕作经验积累，农场各作业阶段的农时已形成传统规律。大致是：3月20日前备耕工作基本就绪；4月1—20日是小麦的适时播期，5月1—20日是大田作物的适时播期；6月1—20日是夏锄、中耕等田间管理有利时期；7月1—20日是大田作物后期田间管理、收割机检修准备麦收时期，8月1—20日是小麦收获最佳期（1996年及以前，往往由于天气影响，机械力量不足，延至9月甚至10月才能收完。1997年及以后，由于机械力量的增强，没有延迟收获情况发生了）；9月1—20日是秋翻、秋耙、秋起垄、秋施肥等三秋作业有利时机；9月20日，开始大田收获，10月1—20日田间作业基本结束；11月1—20日后，农业工作进入休闲期。

田间杂草和其他野生草木随着季节的变化具有不同的物候特征。一年生杂草一般在4月开始返青，5月上旬开始出土，7月中下旬开花，8月上中旬—9月中旬成熟；多年生杂草一般在5月上中旬—6月上旬出土，7月上旬—8月中旬开花，8月下旬成熟。10月，草木开始凋零，进入冬眠期。2000年以后，由于受大气候环境的影响，有的年份10月还温暖如春。遵循草木生长对季节的反应规律，掌握好农时，是农场一直以来搞好农业生产的关键。

动物也随着季节变化而形成各自的生长、发育特点和活动规律。蜜蜂夏季酿蜜、冬季冬眠，舍蝇成蛹入眠，早春复苏；家禽、大牲畜不冬眠但要换羽脱毛，以适应环境的变化。旅鸟大雁和候鸟家燕早春北来，秋后南归，家燕在房檐或屋梁筑巢、产卵、孵雏。

赵光地区最大、最小气象数值见表 2-1。

表 2-1　赵光地区最大、最小气象数值

项目	数值	时间	项目	数值	时间
最大年降水量	841.3 毫米	1962 年	最短无霜期	91 天	1968 年
最小年降水量	359.3 毫米	1976 年	最早初霜日	8 月 28 日	1976 年
最大月降水量	451.2 毫米	1962 年 7 月	最晚终霜日	6 月 10 日	1968 年
最大日降水量	95.6 毫米	1958 年 7 月 28 日	最早初雪日	9 月 5 日	1964 年
最长连续降水	15 天	1998 年 6 月	最晚终雪日	6 月 5 日	1965 年
最大积雪深度	61 厘米	2013 年 2 月	最大冻土深度	242 厘米	1963 年
极端最高气温	38.6℃	2010 年 6 月 24	最长年日照时数	2954 小时	1967 年
极端最低气温	−40.2℃	1984 年 2 月 3 日	最短年日照时数	2412 小时	1998 年
最长无霜期	147 天	2013 年最多	最多大风日数	58 天	1956 年

几种农作物平均生育期见表 2-2。

表 2-2　几种农作物平均生育期

小麦	生育期	播种	出苗	三叶	拔节	抽穗	开花	乳熟	黄熟
	（日/月）	13/4	5/5	19/5	10/6	18/6	2/7	17/7	30/7
大豆	生育期	播种	出苗	第三真叶	开花	结荚	成熟	—	—
	（日/月）	7/5	29/5	23/6	10/7	24/7	20/9	—	—
玉米	生育期	播种	出苗	七叶	抽雄	开花	吐丝	完熟	—
	（日/月）	13/5	31/5	20/6	17/7	28/7	31/7	9/9	—
谷子	生育期	播种	出苗	拔节	抽穗	完熟	—	—	—
	（日/月）	1/5	27/5	15/7	6/8	16/9	—	—	—

几种天气平均初终日期见表 2-3。

表 2-3　几种天气平均初终日期

天气	霜	结冰	降雪	积雪	雷暴
初日	9 月 25 日	9 月 28 日	10 月 1 日	10 月 16 日	5 月 8 日
终日	5 月 21 日	4 月 27 日	5 月 8 日	4 月 20 日	9 月 20 日

田间杂草物候情况见表 2-4。

表 2-4　田间杂草物候情况

杂草种类	代表杂草	出苗深度/厘米	出苗期	开花期	成熟期
一年生杂草	禾本科、鸭跖草唇形科、藜科、蓼科	0～5	5月上中旬	7月中下旬	8月上中旬—9月中旬
种子繁殖的多年生杂草	禾本科、唇形科	5～12	5月上中旬	7月上旬	8月中下旬
根茎繁殖及种子繁殖的多年生杂草	禾本科、菊科、唇形科	8～30	5月中旬—6月上旬	8月中旬	9月中旬

农场树种物候情况见表 2-5。

表 2-5　农场树种物候情况

树种	萌动	开花	成果	落叶
柳树	3月下旬	4月	5月	早霜后
水曲柳	5月下旬	5—6月	9—10月	早霜后
紫穗槐	4月中旬	5—6月	9—10月	早霜后
柞树	5月初	5月—6月上旬	9月	第二年春播
落叶松	4月初	5—6月	9月	早霜后
杨树	3月末	5月	6月	早霜后

农场家禽家畜物候情况见表 2-6。

表 2-6　农场家禽家畜物候情况

禽畜别	产蛋时间	生殖时间	孵雏或妊娠天数（天）	换羽脱毛时间
鸡	3—10月	—	21	3月前换夏羽，10月后换冬羽
鸭	3—7月	—	28	3月前换夏羽，7月后换冬羽
鹅	3—7月	—	30	3月前换夏羽，7月后换冬羽
奶牛	—	常年发情	280	春脱毛，秋也少量脱毛
马	—	常年发情	330	春脱毛，秋也少量脱毛

第三节　土壤植被

一、土壤

赵光农场土壤主要是森林草原地带的典型灰色森林土。类型大致分为棕壤、黑土（包括草甸黑土）、草甸土、沼泽土4种。成片分布的黑土占最大优势，在河谷、水线地带、草甸，沼泽土有较广泛的分布。

棕壤，分布在丘陵漫岗顶部和陡坡处。母质为深褐色黏土，带锈斑，近于中性、弱酸性土壤。pH（酸碱度）为5～6。物理性状好，质地轻，阻力小，易耕作，通透性强，肥力低。黑土层厚度一般为12～20厘米，黑土易流失。其下部为黄色或白色土层。地表生长着桦树、柞树、杨树等阔叶杂木林，林下有榛柴、胡枝子等草木次生植被，约0.06万公顷，占农场土地总面积的1.2%。

黑土，主要分布在农场的北部、西部，以西部较为平缓的岗地上最典型，约2.93万公顷，占农场土地总面积的57.4%。土层深度为30～110厘米，平均厚度30～60厘米。呈灰黑色，表土下层含有少量铁沙粒。微酸性，孔隙度大、容量低，一般为0.8～1.1克/立方厘米。土壤通透性良好，表土松散，易风蚀。底土黏重，容量约1.4克/立方厘米，通透能力差。这种土自然肥力高，表层全氮含量0.51%，全磷含量0.32%，有机质含量9.32%。20世纪80年代，农场测定全氮含量0.3%～0.35%，全磷含量0.15%～0.2%，有机质含量6%～7%。主要植被是榛柴、五花草、大小叶樟和稀疏的阔叶杂木林。

草甸土，主要分布在农场东部、南部的岗地坡下的低平地带，约1.3万公顷，占农场土地总面积的25.5%。黑土层厚度为80～100厘米，呈暗黑色，自然肥力较高，土壤有机质含量为7%～8%。底土黏重，透水性差，土壤过湿，易发生内涝，机耕困难。生长着茂密的草本植物、大小叶樟和少量的莎草科植物。

沼泽土，主要分布在长期积水或间歇积水的水线地、河谷低洼地以及低洼地段。沼泽土土壤冷凉，土层较厚，约0.81万公顷，占农场土地总面积的15.9%。地面生长着茂密湿地植物，多为三棱草、塔头等。地表草根层厚，泥炭质积累较多。此种土壤适宜于培植优良草场，发展牧业。

二、植被

农场全境垦前是小兴安岭森林草原自然景观，森林茂密，草原莽莽。经过多年开发，大部分漫岗地垦为良田。农场附近的天然林木在20世纪70年代都被砍光，开荒种地。有些较大的水渠也被堵水垒坝，变成养鱼池塘。自然植被大幅度减少，覆盖率不足10%。大致分以下4类：

岗地落叶阔叶杂木林群落，分布在岗顶或岗坡上半部，岗顶林密、岗坡林疏。农场北部、西部有残存的极小块阔叶萌生林地。构成植物主要有黑桦、白桦、蒙古柞、山杨、山柳、紫椴等。落叶灌木林有榛柴、胡枝子、兴安蔷薇等。草本植物有小叶樟、大叶草藤、草莓萎陵、兴安白头翁、唐松草、羊胡草、山芍药等。

岗坡榛柴群落，处于岗坡中段以下，为草木植物群落过渡地带。有被水线切割得零星的岗坡上长生着榛柴、胡枝子、小叶樟等植物。

小叶樟沼柳群落，是岗地向低地过渡地段的顶坡上生长的植物。农场东南部的轱辘滚河边缘的几个岗地就属此类，沼泽化严重。植物有沼柳、小叶樟等。

小叶樟塔头群落，是大小水线、河谷及河谷泛滥地的主要植被。这里经常积水，为沼泽化土壤。植物有小叶樟、驴蹄草、极小沼柳、莎草属和苔草等。

第四节　自然资源

一、土地

1948年开荒后，耕地面积逐年增加。1949年底，通北机械农场开荒2600公顷，拥有耕地3090公顷。1958年，赵光农垦局有耕地面积2.9万公顷。1970年，赵光农场有土地面积4.96万公顷，其中，耕地面积2.44万公顷，林地3952公顷，牧地草原5541公顷，水面413.73公顷，可开荒地1.072万公顷。农场耕地多为平缓岗地，还有瘠薄地、内涝地、洪泛地及风蚀、水蚀地286公顷。1980年，有耕地面积2.78万公顷。1981年开始退耕还林，1984年减少了1331.33公顷。主要是在第九管理区轱辘滚河和农场北部的第一、第二管理区的乌裕尔河沿岸的低洼内涝地区域。1985年，全场土地面积5.12万公顷。其中，耕地2.89万公顷，占总面积的56.4%；林地7582.33公顷（其中天然林占40.2%），占总面积的14.8%；果园59.33公顷，占总面积的0.1%；荒地6822.8公顷，占总面积的13.3%；水域413.73公顷（其中河流占41.2%），占总面积的0.81%；建设用地3588.73公顷（其中居民区1298.8公顷），占总面积的7%；其他用地98.33公顷，占总面积的0.2%。土地总利用率92.8%，荒地利用率78%，大部分草场和水域没能充分开发利用。

2009年，农场土地面积4.56万公顷，其中，耕地面积3.19万公顷，林地0.32万公顷，牧草地0.37万公顷，水资源面积721.2公顷，其他用地0.68万公顷。

2020年，赵光农场有限公司拥有土地面积4.56万公顷，其中，耕地面积3.4万公顷，林地3460.3公顷，牧草地及荒地6040.6公顷，水资源面积721.2公顷，其他用地0.14万公顷。

二、水

赵光农场水资源主要来自大气降水。1955—1984年，年平均降水量585.8毫米；1985—2005年，年平均降水量570.9毫米；2006—2020年，年平均降水量532.1毫米。其中有70%蒸发和渗入地下，30%形成地表径流。地表径流6923万立方米，径流深度约为 150 毫米，浅层地下水补给量 3372 万立方米。全场天然水资源总量 10.3 亿立方米，平均每公顷地拥有量 3600 立方米，人平均占有水量 4000 立方米。地面、地下水资源都不够丰富，惯称"贫水区"。

（一）地表水

赵光农场有乌裕尔河及其支流轱辘滚河，还有流入乌裕尔河的数 10 条大小自然水线，最大的水线是轱辘滚沟。

乌裕尔河是一条较大的内流无尾河，源于小兴安岭西南山地的巴库苏古山北麓。区内流段 12.25 千米，河宽一般为 15～30 米，水深 1～2 米，河身较明显。流域面积 1829 平方千米，引水量 3374 平方米，年均流量 11.4 立方米/秒，历史最大洪峰流量 2080 立方米/秒。结冻期 11 月至翌年 4 月。枯水期易断流，丰水期河水漫出河槽泛滥成灾，特大洪水期才能流入嫩江。

轱辘滚河位于农场东部边界，与红星农场、北安市 303 林场以河为界。其两条水源源于小兴安岭西南山地的博克托山西麓，经农场第九管理区的第二居民组北部汇流，流经场内 66 千米。河宽 10～15 米，水深 2～3 米，流域面积 711 平方千米。河道纵比降 1：10000，上游坡陡流急，下游坡缓，河道断面小，汛期经常出槽。有春汛、秋汛两个汛期，秋汛较大。1953 年、1962 年、1972 年均发生较大洪水，最大洪峰（1953 年）570 立方米/秒，过平槽水位 1.5～2 米。

轱辘滚沟，源于第四管理区的第 2 居民组西南山，流入乌裕尔河，流经 30 多千米。中段有原赵光糖厂的工农水库，面积 200 多公顷；其上游有农场第六管理区更生水库，1959 年兴建，控制流域汇水面积 29.5 平方千米。此外，一些自然沟渠还建有东方红、太阳升、红旗、黎明等水库，这些水库都有一定水量的储备。

1985 年后，农场除以上自然沟渠水库，民间也开垦了大量的水库用来养鱼。2005 年统计，农场有水面 2125 公顷。2015 年后，农场根据国家的有关要求，压缩民间养鱼水库，退水还湿地，到 2020 年，农场水面减少到 721.2 公顷。

（二）地下水

农场地下水埋藏深，成井困难，属破碎带潜水和深层粉沙承压水，来源靠降水下渗补给。潜水埋深 10～14 米，深层承压水埋深 80～130 米。其流向基本与地表水相同，由南向北水量递增。深层承压水层，沙层不连续。一般井深度 130～170 米，单井涌水量 10～30 吨/小时。西部水量多于东部，北部多于南部。中部单井涌水量一般为 10～20 吨/小时，最北部乌裕尔河南岸，由于受河水侧向补给，涌水量可达 30 吨/小时。有少数地区，如第四管理区、第八管理区和第九管理区及农场部铁西区，不仅水量不足，且水质不佳，硫化氢味道较浓，经测定为重碳酸钠矿化度淡水，呈中性。

三、森林

赵光农场境内有小块的天然林地，生长着桦树、柞树、杨树、椴树的次生疏林。农垦局时期经营的林场，场社分家时都移交给地方政府。农场自1984年建林场以后，才开始荒山湿地造林，除农田防护林外，没有大片成材林地。

天然次生林地的分布是农场北部约810.7公顷、西部约646.6公顷、东南部约1416公顷、西北部约177.07公顷。第四管理区拥有天然次生林266.7公顷，第七、第八管理区约200公顷。天然的桦树、柞树、槐树、榆树、椴树、杨树、柳树等阔叶林木是本地重要用材树种，杨树、桦树、椴树等树种具有材质优良、生长快的特点。成材可用于房屋建筑，也可为家具、造纸提供原料，有较高的经济价值。

1985年，农场开始大兴人工植树造林。2005年，农场有林地6121公顷。2006年，林地总面积2271.7公顷，活力木总蓄积27.29万立方米。2018年，林地总面积2782.7公顷，活力木总蓄积29.27万立方米。森林总面积扩大511公顷，活力木蓄积提高1.98万立方米，森林覆盖率由4.98％增长到6.3％。

2020年，赵光农场有限公司林地总面积3460.3公顷，蓄积29.11万立方米，有林地3358.9公顷，疏林地28公顷，灌木林地11公顷，未成林造林地35公顷，苗圃地7.9公顷，其他宜林地19.5公顷。

四、草原

赵光农场开发较早，大部分草原已被开垦，草原面积越来越小。1984年，草原调查统计，全场有牧地、荒地1333.33公顷。主要草种有小叶樟、野豌豆、苔草等40多种。草原主要分布在东、西轱辘滚河及乌裕尔河流域的低湿草地和丘陵间的沟塘不能开垦的荒原上。大型草场集中在第八、第九管理区和第一、第二管理区境内，尤以第九管理区轱辘滚河流域草场水草丰盛，产草量高，面积4000多公顷。草场植物群落基本分为以下三大类：

一是小叶樟沼泽化草地植物群落。分布在低洼地、河流旁的湿地上。生长植物主要有小叶樟、苔草、地榆、柳叶菜、沼柳等。草层密度大，产草量高，再生能力强，盖度为100％～124％，草层高度为90厘米左右，生殖枝高达90～120厘米。

二是五花草、杂草草甸植物群落。分布在较干燥的沼泽化沟草甸中和地势较高的坡地上。生长着中湿植物，主要有野豌豆、萱草、黄花菜、蓬子菜等。草层高度约为60厘米，盖度为70%～80%。

三是柞树、杨树等植物群落。分布在丘陵和草甸之间，高处是柞树、桦树、杨树、胡枝子树，低处为三棱草、野豌豆等。草层高度为70厘米左右，盖度为80%～100%。

绝大部分草原使用价值较高。禾本科的小叶樟、细叶甜茅，草科的苔草，豆科的野豌豆、野大豆等都是牧畜喜食的饲草。产量高，适口性强，营养粗蛋白含量丰富，粗蛋白含量为7.9%。毛茛科及散形科等毒草如茴茴蒜、毒芹等植物也多，还有不少药用经济类群植物。1984年统计，农场有一等一级草场4430公顷，二等三级草场1287.6公顷，三等一级草场444.33公顷，年可产鲜草8万余吨。绝大部分草场没有开发和利用，而且部分草场有所退化。2005年，农场有草原面积7485公顷。2019年，草原面积2.67万公顷。2020年，有牧草地及荒地6040.6公顷。

五、土特山产

（一）食用山野菜

除名贵的蕨菜外，还有黄花菜、山芹菜、明叶菜、刺儿菜、山白菜、黄瓜香、山韭菜、蒲公英、苣荬菜、灰菜、苋菜等多种。有的生长在林边、沟塘，有的生长在荒地、田间，适应性都很强。

（二）食用菌类

主要有少量珍贵的猴头、木耳和大宗的榛蘑、鸡腿蘑、松蘑、花脸蘑、油蘑、草蘑，以榛蘑为最多。

（三）食用野果

有刺玫果、山葡萄、山梨、山丁子等营养丰富的浆果，以刺玫果为最多，可生食，可酿制果汁、果酒、饮料等；榛子、橡子等干果，可提取油脂或淀粉；榛子可炒食，可作为糕点用料，橡子可作畜牧饲料，也可人食。

（四）药用植物

比较珍贵的有五味子、刺五加、黄芪，还有大蓟、小蓟、益母草、贝母、地榆、黎芦、狼毒、车前子、柴胡、北虫草等200多种药用植物，遍布林缘、树冠下和草原牧场。

（五）编织植物

河沿池沼间，有茂密的大小叶樟、乌拉草、柳条、蒲草、苕条等编织植物，藏量以小叶樟、苕条最丰富。

（六）野生动物

20世纪50年代以前，野猪、黑熊、獐狍、狐狸、狼经常出没于林中；野鸡、山兔到处都有，鹿、犴也在林中常见；水边有野鸭、天鹅。有时熊、兔窜入居民住宅区、农田地中；河边水旁有少量的水獭、水耗、黄鼠狼，林中还有貉子、狸子、松鼠；河泡中生有淡水鲫、鲤、泥鳅、鲇鱼、柳根，还有数量较多的青蛙。

鸟类以麻雀为最多。此外，家鸽、山鸽、喜鹊、猫头鹰、老鹰、啄木鸟和大山雀等农业益鸟及经济价值较高的飞龙、沙半鸡、野鸡常年生活在这里；南来的候鸟燕子、布谷、柳莺、鹌鹑、鸥鹰等每年春夏来在这里筑巢产卵、孵雏，秋季以后又陆续飞往南方过冬；冬季，苏雀成群飞入村镇，还有北方繁殖南方越冬，南迁北徙途中落脚的旅鸟大雁。

20世纪70年代，由于人们捕食和农业生产使用大量农药，野生动物和鸟类近乎绝迹，生态平衡遭到了严重破坏。20世纪90年代起，农场严格执行国家动物保护有关法令，严禁围猎动物。野生动物和鸟类有所增多，各种大自然的新景象开始复生。

第五节　自然灾害

一、旱灾

春末夏初，夏季风雨带还没有到来之前，常出现旱象，影响作物出土、生育，造成"卡脖子"旱灾。发生频率春旱占18.5%～23.8%，夏旱占19%～37%。平均4年有1次春旱，5年有2次夏旱。1991年5月仅降水16.2毫米；1996年5—6月降水27.2毫米，其他时间均无降水；2000年出现严重干旱，5月24日—7月19日长达56天高温无雨。农作物出现了"黄脚"现象，植株高度、叶面积和生物量不及正常的50%，部分农作物出现了萎蔫，甚至枯死，小麦出现了可以点燃现象；2001年5月19日—6月30日仅有9.6毫米的降水；2003年4月14日—5月22日降水仅有3.4毫米。2005—2020年，没有发生过旱灾。

二、涝灾

春涝特别是初春涝，经常发生，影响播种，推迟播期。1973年、1983年、1988年、2004年，相继因春涝推迟播期半月之多，造成土地板结。发生频率为22%～23.8%，平均4～5年至少有1次春涝。

进入夏秋雨季之后，常发生涝灾。1961年、1985年、1987年、1996年、1997年、2005年均发生了涝灾。1961年7月，降水量为300多毫米，8月降水量占全年的70%。1985年、1997年，有22天的连雨，降水量分别为2672毫米和2519毫米，分别比历年多135.6毫米和120.3毫米。雨多光照不足，病害大量发生，小麦大部分干旱死亡，造成严重减产。2006年8月降水量345.3毫米，超出历年同期降水量。涝灾发生频率为19%～26%，平均5年只发生1次；秋涝为37%，平均5年有2次。夏涝严重影响麦收，秋涝影响大田后期管理和收获。往往造成"一年受涝，二年成灾"，土壤结构遭到破坏，不利于秋翻和整地，影响第二年生产。2010年后，虽然偶有发生过涝灾，但由于农场大机械作业能力增强，农业生产没有受太大的影响，产量基本稳定。

三、风灾

大风主要分布在春季，造成的风灾主要是"风刨地"。4、5月的大风季节，植株尚不能遮盖地面，地表裸露、干燥，一遇大风天气，不仅吹走疏松的表土，甚至大风扒地，吹走种子，幼苗露出根系，幼苗枯黄，叶片凋萎，甚至毁种。

1959年，农场二分场15队（今第五管理区中心组）受风害严重，小麦补种3次，受害面积226.67公顷。1961—1970年，据统计，全场曾出现7～8级大风211次，5～8级大风458次，有过9次沙暴。其中，1968年5月18日的8级大风，使18队路南耕地表土刮走约5厘米，路边1米多深沟被填平；1980年4月19日麦播后，刮4小时8级大风，5月18日小麦苗期又刮3小时9级大风，有的烟囱被吹倒，房盖被掀掉。1985—2005年，全农场出现8级大风161次。其中，1987年7月29日冰雹经过农场境内，强风伴随着大雨，最大风速达到21米/秒（9级）以上，降水量最高达到31.9毫米；2005年7月17日出现龙卷风和飓风，最大风速24米/秒，大豆植株被刮倒，叶面翻转到不能恢复到正常生长状态，造成大豆提前死亡，影响了大豆的产量。2009年4月28日出现8级大风。

2020年9月7日，黑龙江省大部分地区先后受到3次台风的影响。8号台风巴威、9号台风美莎克、10号台风海神先后从赵光地区通过，影响最为严重的是9号台风美莎克。农场辖区内12小时最大降水量81.8毫米。降雨的同时还伴有6～7级大风，阵风达8级以上，造成大豆、玉米大量倒伏，农田出现渍涝，大树拦腰折断，连根拔起，道路损毁严重。

四、雹灾

冰雹只在小范围个别地域发生，平均每年发生2次，多出现在5月、6月、9月。冰雹的直径一般都在5毫米以下，重量轻、密度小。1957年7月15日的冰雹最大，重量达15.5克。雹打一条线，破坏性强。农田作物受到不同程度的危害，造成严重减产，甚至绝产。2000年后，农场购置高炮，开始进行人工驱云，很大程度上降低了冰雹发生的频率。

五、霜冻

农场在冬季风控制期间内，霜冻是伴随着寒潮而来的自然灾害，多发生在晚秋和暮春。当寒潮前锋经过后，短期内气温急降到 0℃以下，出现秋霜冻。终霜冻，在翌年的 5月 25 日后还有发生，概率约为 20％，平均 5 年 1 次。9 月 15 日以前初霜发生概率约为45％，平均 2～3 年出现 1 次。终霜轻，常出现倒春寒，延缓小苗出土或冻坏幼苗；初霜重，常使大面积作物受害，尤使晚秋作物生长不利，造成严重减产。洼地较岗地温度低，受害更严重。

六、低温冷害

低温冷害，主要是指夏季低温冷害。5—9 月的某段时间内，气温显著偏低，夏季月平均气温总和低于 77.9℃，农作物生长发育就受到阻碍而成灾。1955—1978 年，平均每5 年出现 1 次夏季低温。1985—2010 年，低温有 1985 年、1986 年、1992 年、1993 年、1998 年、2003 年、2009 年，低温年作物大幅度减产。

七、虫灾

赵光农场地区危及作物生长发育的有黏虫、玉米螟、草地螟、根蛆、蚜虫、孢囊线虫、食心虫、粟灰螟、地老虎、跳甲、苜蓿夜蛾、菜青虫等虫害。

1982 年 6 月，草地螟虫害蔓延全场，历时 20 多天，危害农作物 106.67 公顷，虫口密度达 1000～2000 只/平方米，是建场历史所罕见的。虫灾对大豆、甜菜危害严重，有的地块庄稼被吃光。全场采用人抓、机器拉沟、喷洒杀虫药等综合防治措施，防治面积9333.33 公顷，绝产仍有 1333.33 公顷。1996 年 6 月，农场第七管理区发生虫灾，37 公顷大豆遭受虫灾程度 80％，经济损失 20.3 万元。

20 世纪 80 年代后，农场加大了现代农业新科技技术推广的力度，使用高炮驱云，人工防冰雹、降雨；农药喷洒灭草、防虫灾等，最大限度地减轻了自然灾害的危害。

中国农垦农场志

第三编

经济体制改革

中国农垦农场志

第一章　农业经营体制改革

改革开放以后，赵光农场坚持科技兴场发展战略，不断深化体制改革，调整产业结构，撤队建区，农场的经济建设、精神文明建设、社区建设、科教文卫建设都发生了巨大的变化，经济逐步走上了快速发展的轨道。

第一节　组织机构

1984 年，赵光农场筹划试办家庭农场，1985 年，开始兴办家庭农场，农业经营体制改革迈出了实质性的一步。为促进农场经济社会和谐发展，开创依法治场、依法管理崭新局面，农场党委和农场每年都要制订出深化改革实施方案，成立深化改革领导管理组织机构，并提交职工代表大会讨论通过。农场农业经营体制改革的领导组织机构主任由农场场长、农场党委书记担任，农场副场级领导担任副主任，成员为机关各科室的科长。

2019 年，赵光农场有限公司成立后，公司农业经营体制改革领导组织机构主任由公司的董事长、党委书记和公司总经理担任，公司的副总经理和农场党委副书记、纪委书记、公司监事会主席担任副主任，成员为公司"一办七部"的主任和部长。

第二节　家庭农场的创办

1985 年，赵光农场正式兴办家庭农场 2575 个，承包土地面积 2.33 万公顷。按承包的形式划分，独户家庭农场 2087 个，联户家庭农场 488 个。农场鼓励土地向种田能手集中，分离部分人员从事第三产业。凡是农场在册职工和有劳动能力的家庭成员均可申办家庭农场。根据农机具的保有量，兴办独户或联户家庭农场。联户家庭农场由懂技术、会经营的职工挑头，种植户入资共同管理。根据经营内容，分为家庭农场、家庭林场、家庭牧场、家庭渔场、家庭养殖场等。

农场规定：家庭农场对承包的耕地拥有管理经营权，不准变卖或退耕毁地。开发性的土地、山林、草原、水面等 3 年内不缴纳使用占用费。耕地承包经营，推行先进技术，有计划改良土壤、培肥地力，进行秸秆还田，不允许掠夺式经营。农产品，除按计划完成上缴任务和利费税外，余下部分可自行处理。

农机具由农场统一作价转售给家庭农场职工，根据生产规模和无耕作力量需代耕的面积适当配套。农机具价值在3万元以内的，分别以20％、30％、50％的比例3年还清，一次性还清的优惠15％；价值在3万元以上的，分别以10％、15％、20％、25％、30％的比例5年还清，一次性还清的优惠20％。晒场、种子库、农具场、油料库、公用房等由专人承包管理，实行有偿服务。

家庭农场的兴办，极大地调动了广大职工承包耕地和参与管理的积极性，增强了农场的活力。1985年是兴办家庭农场的第一年，许多家庭农场主缺乏一定的管理经验，遇到严重的涝灾，抗御灾害的能力较差，当年有60％的家庭农场亏损、挂账。1986年以后，农场及时总结经验，加强管理，完善承包制度，加强服务指导，家庭农场发展逐步好转，管理、经营、服务也逐步形成了比较成熟的模式，生产效益逐年提升。

2000年，农场加大适度规模经营的力度，把土地逐步集中到种田能人的手里。2016年，农场成立农业合作社45个。2020年，恢复家庭农场管理体制，有家庭农场47个。

第三节　农业农机经营体制改革

农场农业农机经营体制改革主要是农机产权的改革，经历了试行和推进两个时期。

一、农机产权改革试行时期（1984—1995年）

根据有关文件的精神，1985年，农场开始兴办家庭农场。农场将土地使用和经营权交给职工，机械设备转卖给职工，定额上缴利费，经营自负盈亏。当时的农场机械有东方红牌54、75型履带拖拉机、E512、514联合收获机，铁牛55、上海50、东方红牌28轮式拖拉机，以及配套农机具。

家庭农场的职工当时虽然有了机械，但由于技术水平和经营能力较低，有的职工为追求经济效益，忽视机械的保养与维修，机械设备损坏比较严重。1986年，农场收回转卖给职工的全部机械设备，采取车组承包的方式进行单车核算，交纳机车使用折旧费支出后，余额为机组收入，机组按照职别（车长、副班、学员）进行比例分配，这种承包方式一直持续到1995年。

二、农机产权改革推进时期（1996—1997年）

这一时期，农场在总结以往改革经验的基础上，确定了农业生产继续实行家庭农场经营，加快推进土地、机械、核算、盈亏到户，以及生产、生活费用自理的进程。

1996 年，农场将 2200 台（件）农机设备评估一次性保值转售给家庭农场职工，产权归职工，核算盈亏到户。农场与购机户签订了转售后"机械管理合同"，在明确产权的同时，仍按农场"六统一"（统一管理、统一调动、统一供应、统一收费、统一验收、统一核算）的措施进行管理。15 台加拿大进口机械实行租赁承包，费用自理，利润定额上缴。有机户与规模较大的家庭农场由原来的协作体变成了统一体，发挥了农业机械在促进家庭农场实现持久性规范经营，推动农业现代化发展中的主导作用。实现了在农场"六统一"措施管理下的农业机械产权、使用归属职工个人所有的格局，农场和管理区的作用主要是服务。这样的管理模式一直持续到 2020 年。

第四节　撤队建区与适度规模经营

一、撤队建区

2003 年初，农场撤销生产队，成立 11 个管理区，管理区实行报账制，实施二级管理模式。2009 年，农场合并部分管理区，压缩为 9 个管理区。

2010 年，农场按照农场城镇化规划发展标准，继续完善区域整合工作，管理区人口超千人，农场城镇化率达到 70%。实行管理区与社区居民委双重管理和动态管理。2020 年，赵光农场有限公司成立，继续实行这种管理模式。

二、适度规模经营

1985 年，开始兴办家庭农场，农场鼓励土地向种田能手集中，初步形成了农业生产及与其有着连带关系的畜牧业经济的规模经营模式。

（一）农业生产和土地承包适度规模经营

2007 年，农场农业改革完善土地承包制度，实行基本田、规模田、机动地政策。2009 年，农场有家庭农场 1000 多个，其中小的土地承包户经营土地 3～4 公顷，大的土地承包户经营土地 60 多公顷，农业生产基本走上了适度规模经营的道路。

2011—2019 年，农场进一步巩固和发展适度规模经营成效，完善农业服务体系，加强科技示范带和设施农业建设。以家庭承包经营为基础，统分结合的双层经营体制长期稳定，成立农业合作社 45 个。

2020 年，农场土地承包改变合作社形式，恢复并成立家庭农场 47 个，承包耕地 3.4 万公顷，土地承包更加规模化经营。其中，承包耕地面积在 70 公顷以上的家庭农场有 15

个，承包耕地面积在 20 公顷以上的家庭农场有 21 个，承包耕地面积在 10 公顷以下的家庭农场 11 个。

（二）畜牧业适度规模经营

1987 年以前，农场奶牛为公养。1988 年后，转为个体养殖，但都是散户。2006 年，农场开始引导畜牧业适度规模经营，实现效益最大化，各单位奶牛存栏 10 头以上的饲养量要占存栏总量的 20％。

2008 年，农业生产的适度规模经营带动了畜牧业改革重点以稳定奶牛业发展，建立规模经营家庭牧场。鼓励青贮饲料的专业种植、专业经营。推进优惠政策，扶植发展畜牧业适度规模经营，各单位奶牛存栏 10 头以上的饲养量要占存栏总量的 35％以上。

2009 年，农场以畜牧业发展促进职工增收，发展支柱产业，重点抓好万头现代化奶牛场的建设，实现奶牛入住率 80％。2012 年，农场在第九管理区新建 2400 头现代化奶牛牧场。

农场在发展奶牛畜牧业适度规模经营的同时，也在探索推行分区肉牛养殖。鼓励股份制牧场适度股权转让，引入有经营实力的企业或个人，以租赁或入股的形式，提高牧场经营水平，完善股东利润分配办法。

2020 年，农场有现代化养殖家庭牧场 4 个，奶牛存栏总计 2800 头，年产鲜奶 1.5 万吨，肉牛饲养量 600 余头，羊饲养量 1230 只，生猪饲养量 5030 头，禽饲养量 8.8 万只。奶牛平均单产 10 吨，实现畜牧渔业增加值 7000 万元。

第二章 农场企业化改革

在中共十一届三中全会提出的改革开放方针政策指导下,农场的企业化改革不断深入发展。通过企业管理制度、管理机制和人事制度的改革,有力地促进了农场经济的快速发展。2018 年后,农场原有政府职能部门逐步移交给地方政府,开始了纯企业化运行。

第一节 企业管理制度改革

一、三项制度改革

三项制度改革,即干部人事制度改革、劳动用工制度改革和收入分配制度的改革。1985 年后,农场三项制度改革,逐步形成了制度化、系列化、规范化。

(1)干部人事制度改革。实行了民主选举、公开述职竞岗、农场党委聘任的办法,优胜劣汰,大批优秀、实干而又敢于创新的人才走上了科级以上的领导岗位。生产队长实行了民主选举,会计实行农场考核、委派。

(2)劳动用工制度改革。企业用工实行聘任合同制,在核定的编制内,实行职工和企业双向选择,竞争上岗。

(3)收入分配制度改革。农业职工全部取消档案工资,实行土地承包责任制,自负盈亏。农场机关工作人员、生产队管理人员实行年基础工资加奖金。企业单位实行效益工资制,股份制企业职工工资实行企业股东大会决定制。教育等事业单位实行结构工资。卫生部门逐步实行岗位工资加效益工资。

二、机关机构改革

农场机关的改革主要是人事制度、机构和职能转变等方面改革。

(一)人事制度改革

1987 年以前,机关干部的任用都是实行组织部门考核,农场党委直接任命的办法。1988 年,农场实行了场长负责制。农场根据上级人事制度改革要求,提出了人事制度改革的 3 条原则：行政干部通过招标聘任，党群干部由党委书记提名任命；选拔干部要面向全场，不拘一格；场长可以根据实际情况聘任科长、副科长。基于这 3 条原则，农场在全场范围内通过竞争、选拔，任命了 4 名副场长、各机关科室长和基层 22 个科级单位的承包经营者。

1992 年，农场进行了以转变经营机制和职能为目的的各项配套改革。取消干部终身制，推行干部聘任、聘用制。机关定编 36 人，精简分流 38 人。相继在基层选拔、提拔了 20 多名年轻干部到机关工作。

2001 年，根据上级有关文件的精神，农场加大机关科级干部任用改革力度。以德才兼备为标准，精简人员，交叉任职，一职多能。先定岗定编，然后自愿报岗，竞岗演讲，民主评议，最后主管领导推荐，农场党委审批、任命了 40 名科级干部，8 人被分离到其他岗位。2002 年以后，农场又相继每年从大专院校招聘的优秀毕业生中，安排 1～2 人到农场机关锻炼，重点培养。

2018—2020 年，农场开始实施在农场内部"五分开"的基础上，机关科室长（部长）、工作人员定岗定编，考试竞聘，农场党委审核批准后上岗。

（二）机构改革

1988 年初，农场进行了第一次以理顺关系、转变职能为主要内容的机构改革。改革结束，农场机关工作人员由 1987 年的 90 人减少到 50 人。

1992 年，农场为适应市场经济发展的需要，转变所属企业的经营机制，又进行了第二次机构改革。农场成立了农工商总公司，下设农业、畜牧、外贸、商业、基建、劳动服务、生活服务、科技项目咨询开发、水利房地产开发、通信、劳动保险、建筑、建筑材料等 13 个公司和宣传广播电视、文化娱乐 3 个中心及工会、场办、党委办、经营办、资金办、审计科。1994 年，根据实际工作的需要，农场又增加了劳动保险、环保、技术监督、房产、水务、劳动就业、农机监理等 10 多个部门，恢复各职能科室的编制。

1996 年，农场对机关科室又进行了一次调整合并。组织部与人事部合并，工会、女工、团委、双体经济办合并，农机、农机监理合并，工业科、科技科、监督科合并，纪委、监察科合并。调整后的机关人员减少了 6 人。

2000 年，农场按照精简、统一和减员不减效益，减经费不减工作量的原则，采取了合署办公，一办多能，一个科室同时挂几块牌子的方式，对农场机关机构进行了第三次改革。农场机关设 14 个部、科、办，内含 37 个部门。农场机关干部继续实行岗位工资加效益工资。

2004 年，农场实施撤队设区，成立 11 个管理区。2007 年，合并为 9 个管理区，直至

2020年。农场机关干部仍然延续实施岗位工资制，管理区的管理费用实行区主任承包制。农场设财务核算中心，管理区实行报账制。

2020年，赵光农场有限公司运行，公司机关设置1办7部，下设9个管理区2个中心。

（三）职能转变

1988年，农场机关改革后，提出机关要转变职能，加强为基层服务。在职工出现承包土地困难的时期，农场要求机关干部带头承包土地，进行集体经营，自负盈亏；为加快畜牧业的发展，机关干部要带头集资买奶牛，办起股份制养牛场。1996—2017年，农场对机关干部提出了"上级围绕着下级转，机关围绕着基层转，全场围绕着经济转"的要求，加强对基层的服务指导，并建立了对机关干部实行了目标管理、考核制度。对通过考核，工作业绩不突出的实行末位淘汰。

三、农场内部机构设置和职能分开要求

机构及职能分开主要内容是按照农垦改革发展要求和"五分开"指导意见，成立北大荒集团黑龙江赵光农场有限公司和社会事务部。

（一）机构设置

（1）有限公司。按照政企社企分开改革框架，成立北大荒集团黑龙江赵光农场有限公司，有限公司设董事会、监事会及公司管理部门和下辖机构。

董事会，成员7人，党委书记任董事长，总经理任董事，其他董事成员构成适时确定；监事会，成员5人，其中监事会主席1人（纪委书记兼任），监事4人，从有限公司中层管理人员和职工代表中各产生2人；经理层，设总经理、副总经理；机关管理部门，设置一办、六部，人员职数共计32人。分别是办公室、生产管理部、计划财务部、人力资源部、工程建设部、市场营销部、法务内控部；公司下辖机构，设置4个中心、9个管理区。

（2）社会事务部。社会事务部主任由公司党委书记兼任，设副主任2人，其中1人由党委副书记兼任，专职副主任1人。社会事务部承担农场区域内社会管理和公共服务职能。

社会事务部机关，设置综合、行政管理、计划财务、人力资源和社会保障、住房和城乡建设等办公室，以及卫生科、派出所、司法分局；社会事务部服务机构，设置学校、幼儿园、医院等。人员职数共计342人（不含编制外工勤人员）。

（3）中共赵光农场有限公司委员会（以下简称党委）。有限公司和社会事务部共设一个党委，党委机构设在有限公司。党委成员 7～9 人，其中党委书记兼任有限公司董事长，担任公司法定代表人；党委副书记 2 人，1 人兼任有限公司总经理，1 人兼任有限公司工会主席和社会事务部主任；纪委书记 1 人，兼任有限公司监事会主席。

党委设党委工作部、纪委、工会。党委工作部负责党建、组织、宣传、共青团、老干部、关心下一代、企业文化、精神文明建设等工作。其中部长 1 人，副部长 2 人，科员 2 人；纪委负责党风廉政建设、反腐败和监察等工作。其中纪委书记 1 人，纪委副书记 2 人；工会负责女工、工会、文体、非公有制经济、贫困人口脱贫等工作。其中工会主席 1 人，工会副主席 1 人，科员 1 人。

（二）"分开"要求

1. **人员分开**　本着机构、人员彻底分开及有限公司与社会事务部人员不再交叉任职的原则，有限公司和社会事务部人员总数不突破 2018 年 4 月 30 日实际在岗人数。在岗人员，按照人随事走原则，原主要从事生产经营管理人员归属有限公司，原主要从事行政、公共管理、社会服务人员归属社会事务部；内养人员，依据其内养前从事的工作岗位，分别归属公司或社会事务部管理。

2. **资产分开**　根据资产权属和实际使用情况进行分割入账。按照资产与机构、人员一致性和尽量保持单项资产的完整性原则进行划分。不论是企业经营占用办社会资产，还是办社会占用企业经营资产，都按照现有的使用情况进行划分，谁使用就划分到谁账上。公司、社会事务部资产从农场中进行剥离。

3. **负债分开**　按照资本性债务随资产走，其他经费性负债随机构、人员走的原则进行划分。对农场的全部账面负债划分为公司债务和社会事务部债务，而且递延收益要与划分的固定资产相对应。划分到社会事务部的债务包括直接债务和间接债务两部分，直接债务即账面实际债务，间接债务即账面上不能直接认定的办社会债务。间接债务按照借款合同规定、现金流向等证据能够证明是办社会形成的认定为社会事务部债务，划分的间接债务不能超过银行借款的总额。

4. **财务核算分开**　农场对现有的资产、负债进行全面清查，划分生产经营和办社会资产、负债。基本建设专账也要进行划分，按规定分别与公司、社会事务部报表合并报送。财务核算分开后，仍执行 2018 年年初预算，不增加预算指标，涉及一个部门或单位的人员分为公司和社会事务部两部分的，指标按人均分解到人头，已报销费用由各部门自行分配，但不允许超出年初预算。原则上费用按照时间序时进度报销，单位或部门费用已在核算分开前全部报销完毕的，分开后不再另行增加指标。

第二节　赵光农场有限公司运行

2015 年,农场深化企业改革启动。至 2020 年,农场党委和农场多次召开专题会议,学习国家和上级关于农场企业化改革相关文件,严格按照要求的时间节点,稳步推进农场企业化改革,开展各项改革工作。

2018 初,农场制定了《黑龙江省赵光农场内部五分开实施方案》。2019 年,根据上级部门职能移交安排和部署,农场(公司)主动推进办社会职能及事业单位移交。涉及 14 个社区机构,59 人,移交办公、活动用房 2660.05 平方米;农场学校于 2019 年春季开学移交给北安市教育局,449 人档案移交工作 4 月 30 日全部移交完毕;消防、质监、防检疫等办社会职能移交完毕。

2019 年 6 月 30 日,赵光农场有限公司成立并举行揭牌仪式。

2020 年,农场有限公司企业改革深入推进。严格按照上级要求核定编制、控制人员总量,合理整合职能、设置机构,完成了机构和人员的重组和任命;制定印发权责和议事规则,明晰党委会、董事会、监事会及经理层权、责、利事项,规范议事程序。完善内控体系建设,编制内控手册;制定"1+7+N"配套制度 17 项。完善薪酬和绩效考核制度,形成了可复制、可推广的模式。

2020 年 1 月,赵光农场有限公司制定了《赵光农场有限公司和农场职能、机构、编制设置方案》《人员选拔任用工作方案》。1 月 17 日至 18 日,全场 145 名工作人员参加了竞岗知识考试、演讲,公司党委初步完成了机构和人员的重组和任命。3 月 20 日,赵光农场有限公司按照新体制运行。

2020 年赵光农场有限公司机关及人员设置情况见表 3-1。

表 3-1　2020 年赵光农场有限公司机关及人员设置情况

单位:人

机　构	部门名称	人员设置
赵光农场有限公司党群机构	设置机构	党委工作部	5
		纪委	3
		工会	3
		武装部	1
		社会稳定办公室	3
赵光农场有限公司	内设机构	综合办公室	4
		工程建设部	4

（续）

机　构	部门名称	人员设置
赵光农场有限公司	内设机构	财务管理部	9
		合规风控部	2
		审计部	2
		人力资源部	4
		农业发展部	11
		产业营销部	2
	下设机构	农业科技服务中心	16
		畜牧兽医服务中心	8
		9个管理区	77
赵光农场社会事务部	设置机构	办公室（与公司综合办公室合署办公）	—
		安全应急管理办公室	4
		计划财务管理办公室（与公司财务部合署办公）	4
		人力资源办公室（与公司人力资源部合署办公）	1
		城镇管理办公室	10
		公共管理办公室	4
	下设机构	场直社区服务中心	11
		4个居民委	20
		养老中心	4
	现状管理单位	幼儿园、医院、电视台、不动产、国土资源、道路管理站、客运站	

第三章　配套改革

赵光农场在70多年的历史进程中不断发展壮大，农、工、商、学、医、运、建、服也随之诞生。进入20世纪80年代，农场在实施企业化改革的同时，其他各项配套改革也在不断深入发展。特别是工、商、运、建、服各业经营体制的改革，取得了很好的成效，有力地促进了农场经济快速发展。

第一节　场办社会职能改革

1947年，赵光农场建场。到20世纪50年代末期，赵光农场共有9个分场，100多个生产队，直属单位50多个。可谓是农、工、商、学、医、副业齐全。进入20世纪80年代，赵光农场更是具有了许多社会职能部门，如卫生防疫、公安、法庭、司法、交通、民政、社保、统战、文化、土地、通信、电业、林政、路政、工商监理、农机监理等，并建立了社区、物业、供水、供暖中心。这些社会职能在农场的发展建设过程中给了农场很大的支持和帮助，更为依法治场、推动农场加快小城镇建设的发展，起到了非常重要的助力作用。

伴随国家改革开放大形势的发展，2000年起，农场内设的公、检、法、司、土地、社保、民政、工商、电业、通信等社会职能部门相继上划，在人事安排、工资等方面实行系统管理，在职能上仍然继续服务于农场，农场在办公费用和人员工资等方面给予一定比例的补贴。2016—2020年，驻场公安、法庭、检察、司法、土地、工商、社会保险、民政、电业、通信等部门、单位和农场原有的其他部门（包括教育、卫生防疫、农机监理等10多个社会职能部门）都随着农垦企业化改革发展划归了当地政府，脱离了农场。2020年，社区、居民委、物业等部门虽然划归了当地政府，但农场公司设置社会事务部，仍然对其进行现状管理，人员工资等一切费用也都由农场支付。

第二节 工商运建服改革

一、厂长（经理）负责制

赵光农场从建场至 1984 年，在不断的开发建设中逐步形成了工商运建服规模。1986 年，农场开始实行经营承包制，拉开了工商运建服企业改革的序幕。农场制定了《工商运建服企业改革实施方案》，在 7 家工商运建服企业中开始实行改革，组建公司。这 7 家企业分别是粮贸科（粮食科）、运输公司（汽车队）、电业公司（电业局）、建筑公司（基建队）、劳动服务公司（家属队）、物资公司（供应站）、农机公司（修造厂），此外还有砖厂、筑路队。新组建的公司按照全民所有、计划指导、集体经营、独立核算、定额上缴、自负盈亏的原则进行运营，实行经营自主，分配自理，奖罚自定，人员自选。

1988 年，农场开始实行厂长（经理）负责制。厂长（经理）牵头，实行集体承包、管理，引进经营机制、风险机制和竞争机制，把经营权全部放开给企业，使企业真正成为经济实体。厂长（经理）是独立法人，在企业内部可以招标组阁，组成本企业的管理班子和机构。但农场规定，企业必须完成农场下达的经济指标、工资指标和精神文明建设指标，全面实行与经济效益挂钩的计件工资、定额工资、包工工资等多种形式经营机制。砖厂根据产品的利润指标来制定工资标准；修造厂实行按工作量和生产效率制定工资标准；建筑公司根据工程利润制定劳动定额工资。

二、承包经营与股份制改造

1989 年，农场根据上级有关文件的精神要求，对全场工商运建服企业进行进一步的改革。农场对工商运建服企业改革做了具体的分类：第一类是自主经营单位，有林场、物资供应站、修造厂、飞鹤乳品厂、粮贸公司、综合商店等 8 个单位，实行厂长（经理）负责制，由经营者承包经营。第二类是费用包干型单位，如电业局、筑路队、服务公司，实行厂长（经理）负责制，由厂长（经理）牵头，管理人员集体承包。第三类是服务型企业，如住哈办事处，农场定额补贴，实行全员抵押承包。各大、小商店采取了经理负责，风险抵押，集体承包。到 1996 年，全场商业全部实现了私有民营。

1997—2005 年，农场先后对飞鹤乳品厂、粮油加工厂、砖厂、修造厂、建筑公司等企业进行了彻底的股份制改造。

乳品厂股本 808 万元，其中农场控股 412 万元，占全部股份的 51%，企业职工股金 275 万元，占全部股份的 34%，农场相关人员股金 121 万元，占全部股份的 15%。2000

年，农场国有资本退出，飞鹤乳品厂退出农场，迁至克东县。

粮油加工厂全部股金 1105 万元，农场控股 773.5 万元，占 70%，企业职工股金 239.5 万元，占 21.7%，农场相关人员股金 92 万元，占 8.3%；砖厂全部股金 225 万元，农场控股金 165 万元，占 73.3%，企业职工股金 60 万元，占 26.7%。2002 年，农场国有资本退出，粮油加工厂、砖厂变为民营企业。

修造厂全部股金 62 万元，实行一次性转卖，企业职工股金 39.3 万元，占 63.4%，其他股金 22.7 万元，占 36.6%；建筑公司含债权债务及资产 83 万元，一次性转卖后，成立佳欣建筑有限责任股份公司，董事长占 60% 股份，管理人员占 40% 股份；2002 年，粮贸公司经过资产评估，含债权债务和资产 846.6 万元，一次性转卖，债权债务和资产 5 年还清；2003 年，农化公司转卖个人经营。2004 年，种子公司通过评估，一次性转卖给个人经营，资产 215 万元。

2005 年，农场工商运建服所有企业全部转制为民营，这标志着农场工商运建服企业产权制度改革结束。

第三节　房产改革

1988 年以前，农场的房产设 1 名房产管理员来管理，分场和连队房产分别由分场、连队管理，房屋的分配按工龄和职务分配，按月交租金，由农场维修。

一、第一次房产转让

（一）转让的实施办法

1988 年，为适应农场经济体制改革的需要，转变在住房制度上的"统建、统分、统修"的机制，根据国家有关文件的要求，农场制定并下发了《黑龙江省赵光农场职工住房转让方案》，规定从 1988 年 1 月 1 日起，农场的职工住房一律实行谁住谁买、谁买谁修、产权归己、地权归场的原则，转让价格按照房屋的结构、建造年限、房屋质量造价等几个方面进行评估确定。

房屋转让价格参照见表 3-2。

表 3-2　房屋转让价格参照

建造年限	结构	作价/（元/平方米）
1964 年	砖木	35
1965—1974 年	砖木	40

（续）

建造年限	结构	作价/（元/平方米）
1975—1979 年	砖木	45
1980—1984 年	砖木	50
1985 年以后	砖木	55

在转卖中，农场出台了一些优惠政策。职工工龄优惠：1949 年 10 月 1 日前参加工作的优惠 1.1%，1949 年 10 月 1 日后参加工作的优惠 1%；职务优惠：工程师、正科级以上的干部、30 年以上教龄优惠增加 1%，副科级、初级职称、下乡知青每年工龄给 0.4%优惠。

（二）房屋管理

场级、科级（技术人员）房屋转让后子女没有继承权，因工作调动，所住房转给同职级人员；因工作调动搬迁的，房屋由农场收回另行转让，并收取转让价款 20%的房屋管理费；房屋转让后，办理房屋所有权证的，允许翻建、扩建、出租、出售，子女有继承权，转让权归自己。

（三）房屋普查登记

1992 年初，农场由房屋科牵头对全场职工住房进行第一次普查登记，历时 3 个多月，完成全场 6807 户，24.89 万平方米的普查登记工作，建立房屋档案 6807 卷，规范了农场的房屋管理。

二、第二次房产改革

1992 年 11 月，农场下发了《黑龙江省赵光农场关于 1992 年住房制度改革实施方案》，进一步明确规定了转让的范围、位置、交款方式、优惠政策、作价办法、标准等。转让范围：凡是农场所属的公有住房无论房权归哪个单位，1991 年 1 月以前交付使用的公有旧住宅一律视为旧住宅，实行产权全部优惠转让给职工；转让原则：凡具有合法手续的现住户，有优先享受转让权，住房职工只享受一处住宅；农场依照《黑龙江省公有的旧住宅出售价格标准》，在此标准的基础上下浮动 15%进行转让，面积一律以 1992 年初普查面积为准，每栋房执行统一造价，按结构、房屋好坏程度划等级，分别作价。

砖木结构评类标准见表 3-3。

表 3-3　砖木结构评类标准

分类	等级		评类标准
	一等	二等	
一类	130 元/平方米	120 元/平方米	主体结构完整，没有变形和损坏、扒板、黑棚、灰棚齐全

（续）

分类	等级		评类标准
	一等	二等	
二类	115 元/平方米	105 元/平方米	主体结构基本完好，仅局部发生微变，扒板、黑棚、灰棚齐全。缺一项为二等
三类	100 元/平方米	90 元/平方米	主体结构变形，破损面在 1/3 以下的，扒板、黑棚、灰棚齐全的为一等，缺项为二等
四类	85 元/平方米	75 元/平方米	灰棚齐全的为一等，缺项为二等，房屋没有倒塌危险，主体变形，破损面在 1/3 以上

简易结构：土草房、瓦盖房、半砖瓦草房不明分类的，一律根据现在的使用价值，分三个等级评估售价，一等 25～45 元/平方米，二等 20～30 元/平方米，三等 15 元/平方米。

环境率的确定：根据房屋坐落的位置和环境的不同，转让值也有所区别，环境率在重价值的基础上，一类住房区环境率加价 2%，二类住房区不加不减，三类住房区减少 5%。场区为一类住房区加价 2%；6、12、18、37、38、30、20 队为三类住房区减少 5%；其他为二类。

交款方式：凡在 1993 年 1 月 20 日前一次性交齐转让款的优惠转让款总额的 20%，分期交款的不享受优惠，首次交款不能少于 40%，交不清转让款的按银行贷款利率的 50% 加收利息。

转让后管理：房屋转让后办理房屋所有权证，在不影响规划的前提下，允许翻建、扩建、出租、出售，子女有继承权，转让权归自己。

至此，农场结束了建场以来公建房分配住房的历史。经过 1988 年底有限房权转让和 1993 年全部产权转让归属职工自己的两次历史性转变，职工住房有了自主权。2003 年，按期交齐房款总户数 5687 户，转让总面积 20.96 万平方米，总价 1497 万元，平均每平方米 71.41 元。其中砖瓦结构每平方米 88.3 元，简易结构 21.07 元，特殊处理的 42.86 元，减去 1988 年转售已交 4100 万元，一次性交齐优惠 20% 部分 250 万元，1993 年转售一次性交齐为 690 万元。

三、第三次房产改革

1992 年，农场第二次房产改革后，到 1994 年公建私住民房已经减少。1995—2004 年，农场围绕新型小城镇建设的远景规划，开始了以农场为主体，由开发商开发建设，职工出资购买房屋的第三次房产改革，房产改革完全推入了市场。职工个人出资购买开发商开发建设的房屋（基本都是楼房）产权归职工个人所有，农场土地科房管所经审核后发给房产证和土地使用证。但农场规定职工个人出资购买的房屋只能在农场内部买卖，享受农场在供暖、供水、供电等方面的优惠政策。

2005—2011 年，农场实行职工居民住楼完全交由建筑开发商自主开发建设，职工自行买卖。2012—2018 年，农场提出了在符合农场新型小城镇建设逐年规划的前提下，开发商可以自主开发建设新楼盘。2019 年后，由于农场新开发的楼房已经近于饱和，农场没有开启新的楼盘建设。

四、房屋产权所有复查、换证工作

2000 年 5 月，根据有关文件的规定，农场对全场所有房屋和赵光党校、机械厂房屋进行复查，换发新证。共复查登记 6334 户，总面积 17.63 万平方米，办证 4575 户，办证率 72％。

截至 2005 年底，随着楼房的建设和买卖房屋的发生，农场建设科随时办理权属登记和发证工作。全场住宅总户数 9843 户，45.67 万平方米，发放房屋产权证、转让证 8366 户，总发证率 85％。

第四节　医疗报销制度改革

一、医疗保险前的医疗报销

1947—1985 年，农场职工是公费医疗，家属是 50％报销。1986—2002 年，农场实行药费包干，限额报销。职工门诊药费报销提取工资总额的 4％，然后按比例报销：1～10 年工龄的报销 60％，11～20 年工龄的报销 70％，21～30 年工龄的报销 80％，31 年以上工龄的报销 90％；1949 年 10 月 1 日前参加工作的门诊报销 95％。

住院药费报销提取工资总额的 2.5％，报销比例：1～10 年工龄的报销 70％，11～25 年工龄的报销 75％，26～30 年工龄的报销 80％；1949 年 10 月 1 日前的报销 85％。

二、医疗保险制度

2003 年，农场开始实行医疗保险制度，职工在看病就医方面有了更加规范化的管理。在转诊、报销上社保与医院合署办公，极大地方便了职工群众的就医就诊。基本医疗保险基金的支付标准如下：

（一）个人账户基金支付标准

个人账户用于支付门诊医疗费（不含自费药品），发生额不超过个人账户总额部分按

100%报销，超过部分由本人自负。

（二）统筹基金支付标准

年度参保人员首次住院的起付标准为 400 元，第二次住院的起付标准为 300 元，起付标准以下部分自负。住院时超过起付标准部分，依据工龄长短按规定从统筹基金中支付。5 年以内工龄的报销比例为 55%，6～10 年工龄的报销比例为 60%，11～15 年工龄的报销比例为 65%，16～20 年工龄的报销比例为 70%，21～25 年工龄的报销比例为 75%，26～30 年工龄的报销比例为 80%，31 年以上工龄的报销比例为 85%。年度内发生第三次以上住院的，直接从统筹基金中支付。统筹基金最高支付限额年累计不超过 2 万元，超过 2 万元的部分由参保人员自负；患癌症、尿毒症需要做血液透析，白血病、肝硬化腹水所用的统筹金支付限额年累计不超过 2.5 万元，超过部分由本人自负。

2003 年，为了加强老干部、工伤、职业病医疗费的管理，农场出台下发了有关文件。规定：老干部药费按规定为 100%报销；未参加医疗保险的职工患恶性肿瘤、结核病的报销 50%医疗费；工伤、职业病按相关疾病的种类产生的医疗费给予 100%报销。农场建立了老干部、工伤、职业病及结核肿瘤医疗费联审制度，并成立医疗费联审组织，成员有卫生科、审计科、计财科、劳资科、老干部科、社保等部门。2004 年后，农场社保局上划为系统管理，医疗报销也随之上划，其报销标准的规定也脱离农场的管理。

中国农垦农场志

第四编

经　济

中国农垦农场志

第一章 经济总体情况

赵光农场始建于 1947 年。纵观农场经济发展历史，大致可以分为开荒生产、经济困难恢复、初步发展、快速发展几个时期。在建场 70 多年的开发建设中，历经三代北大荒人的不懈努力，经济总体情况发展是由小到大，由弱到强，从一穷二白到成为国家重要的商品粮生产基地之一，发生了翻天覆地的巨变。

第一节 发展概况

一、开荒生产提高时期

1947—1952 年，是农场开荒打基础、积累经验阶段。1948 年，当年开荒，当年播种，当年向国家交粮。在此阶段，农场为支援解放战争和抗美援朝做出了贡献。

1953—1959 年，生产步入发展提高阶段。农业生产实行小麦→小麦→大豆→小麦→杂粮→大豆六区轮作。大豆耙茬种小麦被验证为增产的有力措施，农场积累了一整套机械耕作栽培经验。1959 年，农业获得大丰收，荣获全国群英会奖旗。

二、经济困难和生产恢复时期

1960—1966 年，农场经济困难阶段。严重的自然灾害和苏联逼债，使农业生产受到极大影响。1966—1976 年，"文化大革命"期间，瞎指挥代替了自然规律和科学种田，生产力遭到破坏。单产不高，总产不稳。

1977—1984 年，恢复生产，实施科学种田，产量稳步上升阶段。粉碎"四人帮"以后，各项政策得到落实，各项生产制度得到恢复，科研成果投入生产转化为生产力，栽培技术有新发展。8 年中，粮豆平均公顷产量达 1945.5 千克，最高年份 1983 年公顷产量 2197.5 千克，总产平均达到 4500 万千克。

三、经济初步发展时期

1985 年，农场开始兴办家庭农场，成立了 12 个大公司，落实经济责任制。农场在

"七五"计划中提出了发展经济的方针，坚定不移地办好家庭农场，办好各大公司，走改革发展之路；积极应用新技术，提高标准化作业的水平，提高农业产量；调整产业结构，逐步改变单一小麦、大豆的种植结构，发展畜牧业和个体养殖业，在发展粮豆生产的同时，扩大玉米种植面积。

农场在"八五"期间提出的经济发展战略是以提高经济效益为中心，发展农业，提高工业，搞活奶牛业畜牧业，提高科技种田和管理水平。"九五"期间经济发展方针是加强管理，搞活流通，夯实农业基础，加快资源性工业开发，推动私有经济发展，形成以农业养民，以畜牧业和自营经济富民，构建农业、畜牧业、工业、自营经济支柱产业共同发展的格局。"十五"期间，农场建立了种植、养殖、加工一条龙，生产、供应、销售一体化经济结构，多层次、多形式的科技横向联合，推动科技进步，加大畜牧业和农业基础建设的投资力度，利用好国家对"三农"的优惠政策，把握好新农村建设的良好机遇。

四、经济快速发展时期

2006—2020年，经过不断深化改革，农场农业、农机经营体制发生了变化，加快产业结构调整，经济快速发展。

通过发挥家庭农场、农业协会作用，完善服务体系，进行适度规模经营。农机实施"六统一"管理，发挥大马力机械的作业优势，提高农机田间作业标准和工作效率，保农时、保质量、保安全。

2007年起，土地承租推行"两田一地制"（基本田、规模田、机动地）政策，未到期合同维持原有合同不变，对于享受基本田范畴的人员，给予货币补贴；调结构，加强管理，创高产、提效益，加快现代化大农业建设，实施科技示范带和设施农业建设，构建绿色有机生产基地；完善土地承包制度，稳定土地承包关系；完善大农场套小农场、统分结合的经营模式，服务农民，民主管理。推行新型的农业经营体系，促进农业稳定发展和农民持续增收，推进合作社建设；完善现代化大农业产业链条和土地承包经营制度，落实国家强农惠农政策，注重科技引领，全面促进农业增产、林牧增量、职工增收、农场增效。

2020年，农场有限公司运营后，合理调整种植业结构，推动"数字农场"建设和农机转型升级，取得了可喜的经济效益和社会效益。

第二节　主要经济指标

1948—1952年，粮豆平均公顷产量651千克，其中1952年公顷产量802.5千克，共上交粮豆 1594 万千克。1959 年，粮豆平均公顷产量 1837.5 千克，小麦公顷产量 1597.5 千克，大豆公顷产量 2010 千克。

1960—1966 年，经济严重受挫。1962 年，粮豆平均公顷产量只有 592.5 千克。经过 1964—1966 年的恢复调整，1966 年，全场经营盈利 99.4 万元。1973 年公顷产量只有 675 千克。1974 年开始好转，粮豆平均公顷产量 1747.5 千克，总产达 3350 万千克以上。

1977—1984 年，粮豆平均公顷产量 1075.5 千克。

1985—2005 年，农场经济初步发展。"九五"期间，农场累计完成国内生产总值现行价 6.77 亿元，比"八五"期间增加 3.28 亿元，年均增长率 14%。其中，第一产业累计增加值为 4.24 亿元，第二产业累计增加值为 9704 万元，第三产业累计增加值为 1.56 亿元。"九五"期间，累计现价社会总产值 13.59 亿元，比"八五"期间增加 5.7 亿元，年均增长率 11%；人均收入 3048 元，年均增长速度为 90%。2005 年，实现现价社会总产值 4.6 亿元，与 2000 年比，年均增长速度为 9.7%；国内生产总值现价为 2.1 亿元，年均增长率为 10%；人均收入 4840 元，比 2000 年增加 1840 元，年均增长率为 10%；人均国内生产总值 1.01 万元，比 2000 年增加 3818 元，年均增长率为 10%。

2007 年，全场播种面积 2.98 万公顷，小麦、大豆、经济作物、饲料四元比例为 26：38：27：9。实现了小麦平均公顷产量 4800 千克，大麦平均公顷产量 4410 千克，大豆平均公顷产量 2625 千克，芸豆平均公顷产量 2550 千克。大豆市场价格最高达到了每千克 6.4 元。实现平均公顷效益 3825 元，总效益 1.14 亿元。

2010 年，农场压缩大豆种植面积，提高玉米等高效作物的种植比例，消灭重茬大豆。2013 年，玉米种植面积 2.86 万公顷，占播种总面积的 82%。2017 年，农业总播种面积 3.38 万公顷。其中玉米及青贮 1.01 万公顷，大豆 2.03 万公顷，马铃薯 0.13 万公顷，水稻 0.03 万公顷，其他作物 0.17 万公顷，实现粮豆总产 4 亿千克，种植业总效益 3.5 亿元。

2018 年，农场总播种面积基本稳定在 3.38 万公顷。实现粮豆总产 4.1 亿千克，种植业总效益 3.6 亿元。

2019 年，农场有限公司总播种面积为 3.4 万公顷，实现粮豆总产 4.6 亿千克，种植业总效益 4.2 亿元。

2020 年，农场有限公司实现企业增加值 5.8 亿元。其中，第一产业增加值 4.05 亿元，第二产业增加值 0.12 亿元，第三产业增加值 1.31 亿元。实现企业利润 6354 万元，同比增长 354.8%。资产负债率 72.23%，较 2019 年降低了 13 个百分点；居民可支配收入达 3.36 万元。

1948—1984 年粮豆生产水平情况见表 4-1。

表 4-1　1948—1984 年粮豆生产水平情况

年度	平均公顷产量/千克	总产量/万千克	每一种植业工人生产粮豆量/千克	每一种植业工人上交粮豆量/千克	年度	平均公顷产量/千克	总产量/万千克	每一种植业工人生产粮豆量/千克	每一种植业工人上交粮豆量/千克
1948	46	148.7	18895	—	1967	84.6	2121.3	11454	6737
1949	30	150.7	3796	2302.5	1968	80.2	2020.4	5093	1318
1950	58.5	553.8	1303.5	949.5	1969	43.8	1100.6	2339.5	382
1951	28.2	496.4	4296.5	2926.5	1970	81.5	2099	2857	1684
1952	53.4	784.8	7627	4935.5	1971	108	2823.5	5169.5	2503
1953	34.9	590.3	4993.5	2985.5	1972	57.5	1506	3090.5	1027.5
1954	68.7	1035.6	7272	6909.5	1973	45	1121.5	2525	1458.5
1955	107	1850.8	14237	8636.5	1974	116	2936	6941	3517.5
1956	74	1752.5	13108	9624.9	1975	134	3350.5	8158	4240.5
1957	37.7	1071.8	6678	4374.7	1976	109	2730	5422	2236
1958	68.9	1817.6	18699.5	10549	1977	113	2913	5960.5	2441.5
1959	121	3014.4	16831	11670	1978	143	3750	9238.5	5784.5
1960	76.1	2215.3	11279.5	5752	1979	128	4586	9896.5	5310
1961	44.2	872.3	4491.5	979.5	1980	136	4966.5	10119	5955
1962	39.5	828.3	5072	1117.5	1981	127	4675	9419.5	5220.5
1963	48.6	1030.2	6240	2359.5	1982	112	4053	8642	5248
1964	84.6	1813.1	11532.5	7022	1983	146	5078	10566	5961.5
1965	84.2	1967.3	10622.5	5605.5	1984	137	4672.5	9773	5599
1966	88.9	2202.9	16894	6854					

1996—2005 年经济发展计划指标见表 4-2。

表 4-2　1996—2005 年经济发展计划指标

单位：万元

项　目	"九五"期间						2005 年
	合计	1996 年	1997 年	1998 年	1999 年	2000 年	
一、社会总产值	129752.7	27231	32305	26155.3	21180.6	22880.8	38894.7
（一）第一产业	79672.4	17575	21511	15742.4	12290	12554	27208.2
（二）第二产业	33799.1	6224	7080.5	6367.3	6171.6	7955.7	5117.5
1. 工业	27627.5	4967	5109.9	5095.6	5405.2	7049.8	4166.5
2. 建筑业	6171.6	1257	1970.6	1271.7	766.4	905.9	951
（三）第三产业	16280.9	3432	3714.2	4045.6	2718.3	2370.8	6569
二、国内生产总值	65901.9	14139	16789	13269.1	10450.8	11254	20333.8
（一）第一产业	40561.5	8766	10822	8161.6	6188.6	6623.3	12769.2
（二）第二产业	9541.4	2255	2581.7	1626	1382.2	1696.5	1517.7
1. 工业	7400.1	1896	1919.5	1151.3	1086.4	1346.9	1301

（续）

项　目	"九五"期间						2005 年
	合计	1996 年	1997 年	1998 年	1999 年	2000 年	
2. 建筑业	2141.3	359	662.2	474.7	295.8	349.6	216.7
（三）第三产业	15748.6	3118	3334.7	3481.5	2880	2934.4	6046.9
三、农业总产值	47851.2	8609.8	10567	8664.8	7455.5	12554.1	21376
（一）种植业	41174.5	7309.2	9185.4	7442.4	6498.5	10739	20224.8
（二）林业	149.9	38.8	21.4	24.8	22.2	42.7	16.9
（三）畜牧业	5793.4	1170.7	1274.1	1059.7	815.3	1473.6	5280.9
（四）副业	201.7	28.4	15.1	23.6	24.2	110.4	367
（五）渔业	531.7	62.7	71	114.3	95.3	188.4	167.4

2008—2020 年经济发展计划指标见表 4-3。

表 4-3　2008—2020 年经济发展计划指标

年度	国民经济生产总值/万元	人均生产总值/元	工农业生产总值/万元	粮食总产量/万吨	职工平均工资/元	职工家庭人平均收入/元
2008	35700	13259	24569	11.6	9925	9603
2009	40600	15246	27410	12.6	10505	11196
2010	48011	18057	74976	17.1	10831	13266
2011	61194	20365	92205	25.4	11702	15955
2012	76031.6	25283	47995	36.1	11624	19266
2013	95452	31735	57447	35.12	15070	22536
2014	110298	36649	49498	28.6	16144	26053
2015	113970	37864	59370	26.7	18053	27200
2016	113970	67864	58370	26.71	18053	28200
2017	118826	39477	47147	26.53	17162	28500
2018	127015	42191	45100	24.59	17323	30000
2019	43531.9	14458	41167	18.27	17288	28000
2020	54800	18199.9	1200	23.29	18000	33600

第二章 种植业

种植业是农场的主导产业。经过 70 多年的不断探索、创新，在栽培耕作技术、农艺流程、良种培育选用、施肥、新技术推广、种植业结构调整、植物保护、绿色食品生产上都有很大的进步和发展，逐步形成了赵光农场特色和模式，为国家农业生产的发展积累了宝贵的可以复制的经验。

第一节　管理机构

1948 年 2 月，农场成立业务股，在场长领导下主管农业、机务工作。1949 年 1 月，业务股变为业务科。其后，农业、机务、畜牧、林业等管理机构在发展中几经合并与分设。1983 年，称生产科，专管种植业。农场设总农艺师协助场长工作，生产科在场长、总农艺师领导下，负责种植业的管理和技术指导工作。1987—2018 年，农场设农业副场长，领导生产科，负责管理全场的农业种植工作。

2019 年，赵光农场有限公司运行，设副总经理，下设生产科，领导、指导公司农业生产。

2020 年，赵光农场有限公司设副总经理主管农业，下设农业发展部，农业科隶属农业发展部，负责公司的农业种植管理、服务和指导工作。

第二节　种植业结构调整

在 20 世纪 80 年代前，农场一直坚持"大三区、小六区"轮作体系。进入 20 世纪 90 年代，农场对种植经济作物予以扶持，引种特色作物，扩大麦类种植面积，开始提出了"稳麦、压豆、上经饲"种植业结构调整的方针。

2002 年，农场引进种植亚麻，对亚麻种植户给予一定的优惠政策。2005 年，农场种植比例恢复到"三区"轮作轨道上来，主要种植作物有小麦、大麦、玉米、大豆、芸豆、月见草、汉麻、甜菜、马铃薯、药材等，每年麦类种植面积在 0.87 万公顷左右，大豆种植面积控制在 1.2 万公顷以内，小麦、大豆、经济作物、饲料种植比例为 24∶39∶32∶5，基本消灭了重茬大豆，大豆产量和品质得到改善。

2006 年，农场种植业结构调整依照市场规律和自然规律，坚持小麦、大豆、经济作物、饲料四元结构。全场播种面积为 2.98 万公顷，小麦、大豆、经济作物、饲料四元比例为 29∶43∶22∶6。其中，小麦占 29％，大豆占 43％，亚麻占 2％，大麻占 4％，月见草占 4％，其他经济作物占 12％，青贮玉米、籽实玉米占 6％。

2007 年是一个比较特殊的年份。进入 3 月以后，赵光地区雨雪不断，到 4 月 19 日为止，共降水 48.4 毫米，形成严重涝灾，麦类播期严重推后，到 4 月 25 日，麦类播种 64％，月见草播种 80％。到了 5 月下旬又开始持续干旱，全年降水量仅有 341.1 毫米，比历年少 212.1 毫米，5 月 27 日—7 月 5 日 40 天没有降雨，作物长期处于逆境条件下生长。但是，由于前期降水多，耕地底墒充足，这一年获得了少有的大丰收。小麦平均公顷产 4800 千克，大麦平均公顷产 4410 千克，大豆平均公顷产 2625 千克，芸豆平均公顷产 2550 千克。大豆市场价格最高达到了每千克 6.4 元。2007 年，农场实现平均公顷效益 3825 元，总效益 1.14 亿元。

2008 年，农场种植业结构调整本着压豆、稳麦、增经饲的原则，减少连作大豆面积。全场播种小麦、大豆、经济作物、饲料种植比例为小麦 26.4％，大豆 37.4％，汉麻 2.2％，芸豆 5.4％，月见草 2.2％，青贮玉米及籽实玉米 14.1％，马铃薯 5.4％，甜菜 7.8％。

2009 年，农场加大种植业结构调整，建立培肥地力补偿金制度。压缩大豆种植面积，大豆种植比例控制在 38％，提高高效作物种植面积，消灭重茬大豆。以管理区为单位，大豆种植面积超过 38％部分，每公顷加收培肥地力补偿金 450 元；实行补贴政策，高效作物种植实行耕地租金优惠政策，保护种植户利益，种植玉米、甜菜公顷效益低于 1500 元的，每公顷补贴 300 元；特殊作物下年租金收缴，对当年玉米种植户可适当放宽期限。全场播种小麦、大豆、经济作物、饲料比例调整为 20∶38∶37∶5。

2010 年，全场播种面积为 3.19 万公顷。其中小麦占 20％，大豆占 40％，青贮玉米及籽实玉米占 31％，芸豆、月见草、向日葵、药材等占 9％。

2011 年，种植结构坚持合理轮作，继续压缩大豆种植面积，种植比例严禁超过 30％，提高玉米、芸豆、向日葵等高效作物种植比例，彻底消灭重茬大豆。2013 年，玉米种植面积达到了最高的 2.87 万公顷，占播种面积的 82％。2014 年以后，玉米种植面积逐步缩小并稳定，种植面积控制在 50％左右。通过连年种植玉米，大豆有了很好的前茬，大豆产量逐步提高。2014 年，全场大豆平均公顷产接近 3300 千克，而且还出现了几个 3750 千克以上的地块。

2016 年，国家取消了玉米保护价政策，玉米种植补贴也低于大豆，因此，农场职工种植玉米的积极性锐减。农场通过调控，坚持实施玉米和大豆轮作，玉米种植面积占比控制在 30%～40%。

2017 年，农场农业总播种面积 3.39 万公顷。其中，青贮玉米及籽实玉米、大豆、马铃薯、水稻和其他作物种植面积分别占耕地总面积的 30%、60%、4%、1%、5%。实现粮豆总产 2 亿千克，种植业总效益 3.5 亿元。

2019 年，农场有限公司总播种面积为 3.4 万公顷，其中，青贮玉米及籽实玉米占 40%，大豆占 55%，马铃薯占 2.7%，水稻占 1%，其他占 1.3%。实现粮豆总产 2.3 亿千克，种植业总产值 4.2 亿元。2020 年，播种总面积 3.4 万公顷，压缩大豆种植，适当扩大玉米及经济作物种植面积，大豆、玉米、经杂种植比例为 5∶4∶1。引进大豆合农 95 号、星农 3 号等新品种，玉米华庆 6 号、东北风 002 号、华美 2 号、法尔利等新品种，全面积实现良种种植。实现企业增加值 5.8 亿元。

六区轮作农艺流程见表 4-4。

表 4-4　六区轮作农艺流程

项目	大豆	小麦	大麦、小麦	大豆	小麦	中耕作物
耕作	深翻	耙茬	秋翻	秋翻	耙茬	秋翻
施肥	厩肥	颗粒肥	颗粒肥	堆肥	颗粒肥	颗粒肥

四区轮作农艺流程见表 4-5。

表 4-5　四区轮作农艺流程

项目	大豆	小麦	中耕作物	麦类
耕作	深翻	耙茬	秋翻	耙茬或秋翻
施肥	厩肥	颗粒肥	堆厩、火熏肥	颗粒肥

七区轮作农艺流程见表 4-6。

表 4-6　七区轮作农艺流程

项目	远三区			近四区			
	1	2	3	1	2	3	4
	小麦	小麦	大豆	小麦	甜菜	杂粮（饲料）	大豆
比例	20%	20%	20%	10%	10%	10%	10%
耕作	①平翻 ②耙茬	①平播 ②平翻、深松	①平翻后起垄，随播随起垄 ②耙茬 ③苗期深松	①平播 ②平翻或部分起垄施肥	①平播后起垄或垄播 ②深松	①平播后起垄 ②平播	①平播后起垄或随播随起垄 ②耙茬

（续）

项目	远三区			近四区			
	1	2	3	1	2	3	4
	小麦	小麦	大豆	小麦	甜菜	杂粮（饲料）	大豆
施肥	①施化肥 ②复种绿肥	①施化肥 ②秸秆还田 ③追施化肥或微肥	①施化肥 ②残茬还田	①施化肥	①施化肥 ②追化肥	①施化肥 ②追化肥	①施化肥或有机肥
种子	①中、早熟品种 ②使用二级种子	①中、中晚熟品种 ②使用二级种子	①按比例搭配不同熟期品种 ②一级种子	①中、早熟品种 ②使用二级种子	①抗病高产品种	①抗病高产品种	①中、早熟品种 ②使用二级种子
植保	①药剂种 ②2,4-D丁酯灭草 ③防治黏虫	①药剂灭草 ②药剂拌种 ③防治玉米螟	①药剂拌种 ②药剂灭草 ③防治食心虫	①药剂拌种 ②2,4-D丁酯灭草 ③防治黏虫	①药剂拌种 ②机械或人工、药剂灭草	①药剂拌种 ②药剂灭草 ③机械、人工灭草	①药剂拌种 ②药剂灭草 ③机械、人工灭草

第三节 种 子

一、选用良种

建场初期，农场农作物种子是从本地粮食部门借来的，农场大面积播种稷子、小麦、油菜和燕麦。1950—1952年，引种安达小麦大青芒、克华、勇捷、留特斯庆斯等品种，不高产，也不抗病。1953年起，引进松花江2号、甘肃96、秃不齐、合作5号、合作6号等小麦良种；大豆品种有铁荚青、西比瓦、小金黄、紫花4号、满仓金、金元2号；玉米品种有火苞米、金顶子；谷子品种有黄沙子、万年陈等。1954年后，农场开始重视选用优良品种，自引、自繁、自留、自用，采取边育、边选、边繁、边提高、边推广的方法，逐步总结出种子良种搭配的工作经验。进入20世纪60年代，种子繁育与推广体系已经形成，总场有试验站，分场有试验区，生产队有良种田，进行引种鉴定，试验示范，选育出不少适于本地生产的小麦、大豆新品种。"六五"计划期间，已经满足了良种更新的需要。20世纪70年代赵光糖厂建成后，开始大面积进行甜菜栽培。种子基本是由糖厂直接供给，品种有甜研3号、双丰1号、78-138等。

1980年以后，依据各生产队位置、地势、地块、地温等不同特点，全场划分3个种植区：①一区，地势高、气候干燥、气温高、回暖快。小麦、大豆主栽作物品种搭配：晚熟及中晚熟品种占70%，中熟品种占20%，早熟及中早熟品种占10%。②二区，地势平坦，温度正常，产量稳定。小麦、大豆主栽作物品种搭配：晚熟及中晚熟品种占30%，中熟品种占50%，早熟及中早熟品种占20%。③三区，乌裕尔河沿岸或靠近山麓地带，地势低洼，温度稍低，鱼眼泡多，土地冷浆，发苗晚，生长缓慢。小麦、大豆主栽作物品种搭配：晚熟及中晚熟品种占 10％，中熟品种占 30％，早熟及中早熟品种占 60％。

1985 年后，先后引进繁育了龙麦 13 号、26 号、29 号、克旱 9 号、克丰 4 号、克丰 5 号，以及大豆黑河 4 号、18 号、27 号、北丰 3 号、5 号、18 号等优质品种。

2006 年起，农场先后引进繁育了龙麦 33 号、垦大 8 号、垦大 12 号等，大豆黑河 38 号、43 号、52 号，北豆 14 号、40 号、42 号、47 号、52 号等，玉米德美亚 1 号、2 号、垦沃 2 号等优质品种。

二、良种繁育与供应

农场拥有一个良种实验站，负责全场农业生产良种的引进、试验和推广。实验站有实验地 16 公顷，设有化验室 1 个，4 个科研小组。实验站每年进行作物品种选育、栽培方法、药剂、肥料配比等试验项目数十项。

1982 年，农场种子公司成立。早期设备简单，加工能力不足。1996 年，购进先进选种设备，开始实施种子产业化工程建设，种子统供步入了良性循环的轨道，各种作物种子统一由种子公司精选加工、包衣；农场投资 73.3 万元，建水泥晒场 5032 平方米，安装全自动电子汽车衡 1 台，新增机械设备 7 台，并对加工设备进行了技术改造，当年精选小麦种子 3579 吨。

1997—1998 年，投资 37.1 万元，购进绿炬牌种子初清机 3 台，种子精选机 2 台，每小时精选能力达到 5 吨；购入种子包衣机 5 台，每小时包衣能力达到 22 吨，保证了种子包衣质量；购入皮带机 4 台，清粮机 2 台，建造金属棚 400 平方米，综合生产能力显著增强。1999 年，投资 8 万元购入 1 台叠片窝眼选种机，对大型种子加工生产线进行改造，改变了原有的工艺流程，使种子的成品率和作业效率都有了大幅度的提高，减轻了员工的劳动强度，降低了生产成本。

2000—2003 年，农场投资 115 万元，先后建成 810 平方米种子库 1 座，百吨金属种子储备仓 4 座，购进大豆带式种子分级选种机 2 台，实现了不同质量等级的种子单独存放，种子的经营管理得到进一步完善和提高。

2010 年，农场成立农业协会。2014 年，农场种植专业合作社成立。2020 年，赵光农场有限公司运营，农场公司种植业的生产资料均由农业协会和专业合作社统一在大型种子公司择优购入，既保证了种子质量，又降低了生产成本。

主要农作物主栽品种变化情况见表 4-7。

表 4-7 主要农作物主栽品种变化情况

时间	小麦	大豆	玉米	谷子
1948—1952 年	克华、黎华、明尼、克 2761、勇捷、留特斯庆斯、大青芒、安达、苏联光头	铁夹青、西比瓦、小金黄、紫花 4 号、满仓金、金元 2 号、紫花 1 号、紫花 2 号	火苞米、金顶子	黄沙子、万年陈
1953—1966 年	合作 6 号、松花江 2 号、合作 5 号、克强、克壮、辽春 1 号	北良 5 号、北良 1 号、丰收 2 号、黑龙江 41 号、紫花 4 号、克系 283、丰收 4 号、黑河 3 号、东农 1 号	金顶子、八趟子	黄沙子
1967—1971 年	克强、克全、北新 4 号、克 65、克 54、克旱、克茂	黑河 3 号、丰收 10 号、北良 1 号	长八趟子、北玉 5 号	黄沙子、北农 13 号
1972—1984 年	沈 68-71、克旱 5 号、克旱 7 号、克旱 8 号、克群、克丰 2 号、克丰 3 号、赵 77-71、龙麦 12 号	黑河 3 号、黑河 3 号早熟品种、赵 72-57、丰收 10 号、克 71-6078、黑河 4 号、北 69-1483、福 4-1、克 70-5114	木梃、浮尔拉	黄沙子
1985—2020 年	龙麦 13 号、龙麦 26 号、龙麦 29 号、克旱 4 号、克丰 5 号	黑河 4 号、黑河 18 号、黑河 27 号、北丰 3 号、北丰 5 号、北丰 18 号、北丰 93 号、北丰 95 号、北丰 202、垦鉴 25 号、垦鉴 27 号、黑河 43 号	木梃、浮尔拉、德美亚 1 号、德美亚 2 号	—

第四节 耕作与栽培

一、耕作制度及其发展

建场初期，农场土壤耕作一直连年翻耕。每年秋翻面积越大，耕时越早，产量越高。耕深 20～23 厘米，最深不超过 27 厘米。1951 年秋涝，1952 年春雨偏多，大豆茬既没有秋翻，也未来得及春翻，利用大豆茬耙茬种小麦，产量不低于秋翻茬，开创了耙豆茬种小麦的先例。1954 年后，耙茬种植面积逐年增多，形成了以翻为主的"两翻一耙"（深翻、浅翻、耙茬）的耕作制度。1957 年，在原第三作业区的荒地上，经过烧荒处理后，采用苏联马尔采夫免耕法，进行耕作试验，结果雨多，草、苗齐长，秋季只收回种子，解决不了灭草问题，这种耕法宣告失败。多年耕作经验证明：小麦秋翻比春翻增产 20.6％，7 月下旬翻耕比 10 月上旬增产 27.7％，其他作物也表现增产。翻耕能提高地温 0.7～1.3℃，减轻土壤容重，孔隙度增加 3％～6％，蓄水能力增强 20％，消灭部分杂草，对野燕麦有良好的抑制和消灭作用。耙茬种小麦，可以使土壤紧密，在多雨年份，水可以很快从地表流走一部分，便于机耕作业；少雨年份，可保墒，充分利用毛细管作用，吸收地下水；公顷成本比秋翻低。耕层不乱，保持微生物区系，维持生态平衡。对杂草多的地块，必须加强灭草措施，才能达到耙茬增产的目的。

1958 年开始翻耙耕作。综合利用机械灭草和化学药剂灭草措施，耕作技术前进了一大步。1959 年小麦播种面积中，大豆耙茬占 20.9％，秋翻占 69.4％，春翻占 9.7％。

1967年，农场统计，小麦种在秋翻地上64％，种在耙茬地上26％，种在春翻地上10％，增产效果明显提高。1959年，曾在翻地作业中，五铧犁加沟底深松，上翻下松一次完成，开始摸索新耕作法。

1974年开始的无壁型深松耕法实验成功，不断地将深松耕作环节加入翻耕作业中，此法在1975年大面积推广。结果证明，深松耕作可增加活土层，打破犁底层，蓄水保墒，有虚有实，改善土壤性状和作物生育条件，生育后期不脱肥，不早衰。在同样条件下，深松养分都高于平翻：全氮多0.049％～0.153％，全磷多0.007％～0.53％，水解氮多0.01～2.38毫克/100克，速效磷多0.15～3.4毫克/100克。1977年秋统计，壤底深松占7％，秋垄底深松加苗期深松占12％，秋垄沟深松占4％，苗期垄沟深松占15％，半壁犁深松占3％。

1977年，开始推广耙麦茬种重茬小麦的耕作方法，在连续几年干旱的情况下，获得好收成。1981年6月调查：小麦耙茬深度8～10厘米，土壤容重1.1克/立方厘米，含水22.2％，而麦茬深翻25厘米，土壤容重0.92克/立方厘米，含水19.9％。秋后发现旱年翻耕比耙茬减产20％以上。1977年后，全场每年平翻面积仅占37％，开始进入以耙茬为主的耕作时期。

在多年的实践中，人们发现采取这种松耙结合耕作制度，使土壤能够储存大量水分，有利于土壤保墒。但是，常年采取松耙作业，很多杂草种子留在土壤表面，草荒现象日益严重，特别是一些难以防治的杂草，严重影响粮食产量。2004年，农场引进深松浅翻犁，松翻整地结合，既打破了犁底层，保存了水分，又消灭了杂草。直至2020年，农场公司一直沿用这种耕作制度，其中虽然有一些小的改进，但主流上没有大的改变。

二、栽培技术及其发展

建场开始，农场边生产边摸索作物栽培的生产经验，成立试验区，引进新品种，进行播期、播法、耕法等作业质量标准和栽培制度的研究和实践，小区试验和大面积示范相结合，为粮豆作物机械化栽培不断地提供科学依据。

（一）小麦

1. **播种** 1948年，随开荒随整地随播种。学习当地农民和苏联麦播经验，进行大垄条播，采用24行、48行播种机播种，行距15厘米。播深一般在3～4厘米。1950年，提出防病除害提前早播措施，并对种子实行春化，用福尔马林消毒，使用根瘤菌播种剂和适当密植，每公顷555万株左右。

1959年后，坚持适时早播，颗粒肥混种施用，合理密植，实行7.5厘米行距及15厘米交叉播种，公顷保苗 450 万～750 万株。1979 年后，采用 15 厘米单条播，公顷保苗 600 万株，播深 4～5 厘米，播期一般是 3 月中下旬开始，4 月中旬结束。

2003 年以后，农场逐渐更新麦类精播机，并且把行距变为 10 厘米宽苗带，提高了播种效率，产量大幅度提高。小麦一般每公顷保苗 650 万～750 万株，秆强、植株矮的取上限，秆弱、植株高的取上限。大麦一般每公顷保苗 550 万株左右。播后及时镇压，三叶期镇压 1～2 遍，起到抗旱壮苗的作用。

2. **田间管理**　建场初期，人工除草，或拔大草。20 世纪 50 年代末期开始用机械喷洒 2,4-D 丁酯灭草；20 世纪 60 年代开始用飞机航喷化学药剂灭草，并配合人工除草和拔大草；20 世纪 80 年代后，主要用化学药剂灭草，杀草率 90％以上，麦类抽穗至扬花期利用飞机航化喷洒微肥、药剂进行防病虫。

3. **收获**　1948 年，小麦的收获主要靠马拉收割机和人力作业，脱谷用苏式、美式脱谷机作业。1949 年，开始试用 C-6 联合收割机作业。1950 年，机械作业增大，但机械下不了地的多雨年份，进行人工抢收，损失很严重。20 世纪 50 年代末，试行分段收割、分段与联合并举及先带秆后联合、带秆联合相结合，人工、机械一起上。一般年份，7 月下旬开始试割，全部完成收获约需要一个月的时间。

2003 年后，小麦的种植面积逐步缩小，2012 年后就基本不种植小麦了。

（二）大豆

1. **播种**　1949 年，机械播大豆，用 24 行播种机，行距 15 厘米，出苗后真叶展开就封垄，不得已用人工隔一行铲掉一行。经两次人工处理后变成 60 厘米行距，秋后产量很低。后来，学农民大垄稀播办法种大豆，同时进行 30、45、60、75 厘米行距的试验，平播后起垄、随播随起垄。1953 年，开始推行平播后起垄、随播随起垄的机械栽培新方法，公顷保苗 30 万株。20 世纪 60 年代，大豆种在玉米茬上，形成了玉米茬卡种大豆新方法。20 世纪 70 年代，行距采用 50～60 厘米单条播，最大行距 70 厘米，公顷保苗 40 万株，播深 4～6 厘米。20 世纪 80 年代后，清种、垧作是主要栽培方法，行距 50 厘米，公顷保苗 40 万～60 万株。

2003 年，种植过 30 厘米窄行距平播及 66 厘米覆膜，由于管理困难，产量提高不明显而被淘汰。2004—2020 年，全部淘汰 50 厘米栽培模式，采用三垄栽培模式，进行 105 厘米大行距栽培。大垄抗旱、抗涝能力强，产量稳定，播种期一般在 5 月 1—15 日；通常是上年秋起垄，第二年垄上卡播，种肥与基肥相结合，基肥分层深施，播种深度 4～5 厘米，公顷保苗 30 万左右，播后及时镇压。

2. **田间管理**　1948 年，主要是人工除草、中耕。1954 年，全面推行钉齿耙除草，逐步形成了大豆起垄播种、蒙头土、出苗前后耙草疏苗、夹板锄、4 次中耕等一整套机械除草生产程序。1984 年，开始对大豆进行氟乐灵、拉索等药剂灭草，效果好。叶面喷洒拿扑净威力更大，同时进行钼酸铵、稀土拌种，喷洒三十烷醇，又配合机械中耕和人工拔大草等措施，大豆增产效果明显。

1996—2020 年，田间管理主要是除草、中耕、追肥、防病虫。除草采取播后、苗前多种药剂复方封闭处理。大豆生育期中耕 3～4 遍，结合人工拔大草。初花期和结荚鼓粒期，用机械或飞机航化喷洒微肥和药剂，进行防病虫、促早熟。

3. 收获 建场初期，大豆主要采用人工收割作业，1959 年后，机械收获面积逐年扩大。20 世纪 70 年代后，采取机械、人工割晒和联合收获相结合。9 月中旬大豆摇铃时进行收获，10 月末或 11 月初才能结束。遇雨水多年份往往推迟收获期，有时大雪捂地影响收获进度、产量和产品质量。

1996 年后，农场大量购进仿形割台，采取联合收获。根据大豆的生长情况，对于成熟度不一致、倒伏严重、底荚部位低的地块采取分段收获，反之则采取联合收获的办法，最大限度减少收获损失。

2009 年，农场采用国产收获机 1075、1076 进行收获，效率低，损失高。2010—2020 年，农场先后大量购置进口的迪尔、凯斯收获机，提高了收获速度和质量，损失低。联合作业在湿度低于 14％进行，收获期一般在 10 天之内。

（三）玉米

玉米播种时间在 5 月上中旬。一种方法是利用大豆原垄埯种，使用抓把粪，人工播种；另一种方法是用机械平播垄管。两种栽培方法，前者保苗增产，平均公顷产达3000～4500 千克，最高 6000～7500 千克；后者机械化程度高，效率高，但产量稍低，是农场主要栽培方法，每年采用此种栽培方法的玉米播种面积约占玉米总播种面积的 98％。

1969—1979 年，玉米每年都有 2％～3％的种植面积，栽培措施也相应提高。选用单、双交良种及营养胚育苗、扒皮晾晒、人工授粉、防紫苗、防治玉米螟等比较完善的技术措施。双株埯种公顷保苗 8 万～10 万株，一埯单株公顷保苗 6 万株；机械播种，公顷保苗 5 万～7 万株。

1980—2008 年，农场以种植进口孚尔拉为主，公顷产量 5250～6000 千克。以后逐渐引进卡皮托尔、木挺、海玉 5 号、海玉 8 号，公顷产量达到 7500 千克以上。玉米种植采取秋起垄，第二年垄上卡播，施肥量比为 N：P＝15：13，公顷保苗 7 万株左右。出苗后，进行人工锄草、间苗。生育期间中耕 3 遍。成熟后，采取人工收获，一般大豆收结束后收玉米。收获方法全是人工扒棒。收获匆忙，损失较大。

2009—2020 年，农场购置大量进口播种机和收获机，玉米实现了机械化栽培。先后引进了德美亚 1 号、2 号，种子发芽率都在 95% 左右，很少出现缺苗现象，公顷产量提高到 1.05 万千克以上，播期也提前到 4 月末；进口播种机实现了单粒播种，避免了间苗，降低了生产成本；施肥量比一般为 N：P：K＝20：13：5，公顷保苗在 9 万株左右；出苗后喷施一遍除草剂，消灭田间杂草，生长期间中耕 3 遍。成熟后，全部使用进口联合收获机进行直接脱粒，损失小，效率高。

（四）谷子

建场初期，谷子栽培面积不大。每年 5 月播种，机械平播垄管，20 世纪 60—70 年代，一般经过多次铲耥，人工间苗拔草，草多时用 2,4-D 丁酯于苗高 20～30 厘米时喷洒消灭阔叶草。一般在 9 月下旬收获，人工收割捆码，机械脱谷。公顷产量不超过 300 千克。20 世纪 80 年代，谷子栽培面积骤减；20 世纪 90 年代，农场不再种植谷子。

（五）甜菜

20 世纪 70 年代中期，赵光糖厂建厂，甜菜列入农场种植计划。5 月播种，采取秋翻，秋起垄，秋施肥，人工刨埯播种或机械平播，播前播后施行镇压。人工间苗 2 次，除草 2～3 次，机械中耕 2 次，拔大草 1 次。根据需要进行追肥和防治病虫害。甜菜消耗地力大，栽培时要换茬，5 年内不重茬。栽培株距×行距为 30 厘米×60 厘米或 25 厘米×60 厘米，公顷保苗 5 万～7 万株。收获是机械起，人工集堆，人工切削。20 世纪 80 年代后，甜菜种植精耕细作，产量逐年提高，公顷产量达 1.5 万～3 万千克。2000 年，赵光糖厂实行政策性破产，农场也随之停止种植甜菜。

第五节　施　肥

一、肥源与管理

1948—1976 年，种地施牛马粪便等粪肥。1977 年，农家肥除牲畜粪便外，还有草木灰、炕洞土、土杂肥和垃圾等，把粪肥收集起来连同造肥一起堆成大粪堆发酵。这一时期，化肥使用很少，主要使用磷肥。

1977 年后，化肥用量逐年增多，化肥主要来源是国家调拨。常用的化肥有尿素、过磷酸石灰、磷酸二氨、磷酸钙、过磷酸钙。由于肥料品种少，而且稀缺，仅仅施用氮、磷肥，很少施有机肥、钾肥及微量元素，土壤肥力逐年下降。为培肥地力，农场开始购进土壤化验设备，建立土壤化验室，进行土壤化验，配方施肥，并制定了严格的肥料管理措施，实行市场肥料准入制。对生产厂家进行审查，杜绝没有生产资质和产品合格证的生产厂家进入农场；对经销商进行检查，拒绝没有经营执照、经营资质的经销商在农场销售。

2009 年，农场投资 85 万元建设土壤化验室，购进先进设备，进行土壤化验，配方施肥。配置技术人员，每年要对全场耕地进行采土化验，指导种植户施配方肥。2015 年，农场引资、投资，先后建起了 8 个配肥站。至 2020 年，每年按照农场施肥方案进行配肥，供给种植户。

二、施肥方法

1951 年，农场开始施基肥，在春耕前将肥料均匀地撒在耕地上。1954 年，开始使用磷肥，施用量和面积都不大。

小麦连作大量消耗地力，大豆虽能固氮，但也抵不过消耗，土壤有机质连年减少。1958 年后，全场广积有机肥，每年施肥量一般在 7 万～10 万吨。1959 年，施肥面积达到 85.2%，其中施化肥面积占 79.3%。1966—1970 年，每年施有机肥几万吨。1971 年后，有机肥施用量增加，也增施化肥，作物产量开始提高。1978 年，施有机肥 14 万吨，平均公顷施肥 5.7 吨；施化肥 2 万余吨，平均公顷施肥 375 千克。粮豆平均公顷产 2062.5 千克。

随着化肥施用量增加，逐年摸索种肥混施、单施氮磷，以及基肥、种肥、追肥接力的施肥方法。1980 年后，每年在施肥前普遍做一次土壤肥力测定，根据土壤速效养分状况补充化肥，实现了因土施肥，科学施肥。全面施肥，以种肥为主，追肥为辅。大豆拌种侧深施，侧 3 厘米、深 5 厘米。1971 年，平均公顷施氮 12 千克、磷 9 千克。1984 年平均公顷施氮 45.75 千克、磷 53.7 千克。全场平均公顷施纯氮 42.9 千克、纯磷 52.35 千克；小麦施化肥，1971 年，平均公顷施氮 7.5 千克、磷 12 千克。1984 年，平均公顷施氮 46.35 千克、磷 53.1 千克。

因需施肥，合理施肥。岗地多施氮，洼地多施磷；麦茬多施氮，豆茬多施磷；种肥多施磷，追肥多施氮；因品种、因茬口、因地势、因时期施肥补肥。在灭草、施药中增加植物生长素和微量元素，如稀土、钼酸铵、磷酸二氢钾等。1984 年又采用飞机航化喷洒，取得了增产效果。

2006 年后，农场曾经试验过麦类播前深施、播后深施，春深施、秋深施。通过对比，麦类播前深施增产效果明显，进行部分秋施肥，可以减轻春季播种压力，保证播种质量。经过不断的探索、研究，形成了一种"基肥、种肥、追肥"三肥接力的施肥方法。种肥与种子一起施入，多数肥作为基肥进行深施，生育期追施叶面肥，以补充生长后期所需肥料。总结多年经验，农场提出"六因"施肥。一因作物确定施肥量，二因测土结果定施肥量，三因不同前茬确定施肥量，四因土质、地势定施肥量，五因品种不同定施肥量，六因土壤条件推广平衡施肥，加大钾肥的应用力度，合理使用生物钾肥。这种施肥方法一直到2020年还在沿用。

第六节　农业新技术推广

自建场起，农场几代人就坚持不懈致力于栽培技术的研究，探索新的栽培方法，农业新的生产技术得到不断推广和应用。

20世纪80—90年代，农场大豆耕作以50厘米垄距为主，面积在90%以上，还有部分65厘米垄距，也进行了部分30厘米平作大豆实验，1994年，大豆平均公顷产量突破3000千克；大豆施肥由基肥一层改为分层深施，增产显著，在全场推广。20世纪90年代后，农场总结出"三垄栽培"法，这种方法抗涝、抗旱，基肥分层，与种肥形成三肥接力，肥效被充分利用。2003年后，农场大豆栽培全部使用"三垄栽培"法。

建场初期，小麦基本是播种、施肥一次完成，种肥在同一耕层，不利于小麦后期生长，生长后期脱肥。20世纪80年代，逐渐改为先深施肥，后播种。20世纪90年代后，农场引进了麦类精播机，精播技术得到推广，产量逐年提高。

2006—2019年，农场除少量种植一些经济作物外，大豆、玉米是主要农作物。期间，重点推广的新农艺技术概括起来主要有12项：各种作物优质高产，抗逆性强品种覆盖率100%技术；大豆行间覆膜、垄上覆膜栽培技术；无残留复方土壤处理技术；麦类、豆类、玉米原垄卡种的示范技术；叶面追肥技术；大豆大垄密栽培技术；飞机航化防病虫综合技术；大豆深窄密栽培技术；小麦、大豆种衣剂包衣技术；秸秆还田技术；大豆栽培技术；小麦窄行及高肥高密栽培技术。

2020年，农场有限公司实施现代化农业科技体系，"数字农场"建设落地。围绕第一批北大荒数字农场试点项目，投资300万元建设农业生产管控平台和服务平台。实现了农业生产过程可视化，实时监测农机作业轨迹和质量，卫星遥感定位技术集成应用，对无人驾驶、土壤CT、量差施肥报警等多项技术进行验证。重点推广技术在2019年前的基础上又增加了大豆化控技术，水稻、玉米叶龄诊断技术，测土配方施肥技术，作物健身防病、促早熟技术，大豆应用钼酸铵技术，作物病虫草害监控技术。

一系列农业新技术的推广和应用，有效地促进了农作物产量、品质的稳定和提高，促进了农场经济社会的快速发展。

第七节 植物保护

自然灾害对农业生产影响很大，防除自然灾害是做好植物保护重要措施。

一、病虫害防治

农场农作物病害有很多。小麦开花灌浆期易感染锈病，还有根腐、茎叶颖枯、赤霉和散黑穗病等，大豆有褐斑、根腐、萎黄、根线虫等病害，甜菜有褐斑、立枯病，此外，还有谷子白发病、玉米黑穗病、马铃薯晚疫病。作物每年发病和减产程度是随病原、气候条件和预防效果的不同，有轻有重。建场初期，小麦用 3‰王铜拌种消毒，后来采用赛力散、福尔马林、西力生、硫酸铜等拌种。1960 年后，采用克菌丹、多菌灵、拌种双、福美双、多福粉等药剂拌种，对黑穗病的防治很有效。1979 年，小麦黑穗病发病严重，克旱 8 号发病 6‰～8‰，当年小麦减产 150 多万千克。主要采取药剂拌种、闷种处理种子。1982 年，全场推广大豆吸湿拌种法，效果较好。1985 年、2003 年遭受严重涝灾，菌核病、根腐病蔓延，农作物大面积减产 10‰～30‰。

虫害主要有黏虫、玉米螟，危害小麦、玉米等禾本科作物；草地螟、根蛆、蚜虫、食心虫危害大豆；粟灰螟、金针虫、地老虎危害谷子、大豆、小麦和玉米；甜菜最严重的虫害是跳甲、苜蓿夜蛾和菜青虫。采取机械、人工、药剂等综合措施防治，用灵丹粉、敌百虫、乐果、倍硫磷等农药。大豆根蛆、孢囊线虫，既是虫害，也是病害传染源。除实行合理轮作外，还用辛硫磷等药剂防治。大豆食心虫虫食率高的年份达 20‰以上，采用溴氰菊酯防治，效果达 90‰以上。甜菜发生的跳甲，采取播种前药拌种子，出苗 30‰～50‰时，喷药预防，苗出齐本叶长出前后，再次喷药，能治住虫害保全苗。

1988 年后，为了防治作物早期病害，农场先后投资购买种子包衣机 3 台，对各种作物用种衣剂进行种子包衣，作物生育期利用机械或飞机叶面喷洒药剂和微肥，有效防治小麦赤霉病、黑穗病和大豆菌核病、灰斑病、食心虫等病虫害，促使作物生长健壮，增强抗逆性。

2004 年，农场建立了农业病虫害监测站。2011—2020 年，又在科技园区建立了生物预警中心，监测各种病虫害的发生，对病虫害进行防治；购进迪尔、凯斯进口自走喷药机 16 台，结合航化作业，对大豆菌核病、食心虫和玉米大斑病、玉米螟及马铃薯晚疫病等病虫害进行防治，达到很好的效果。

二、杂草的防除

建场初期，经过多年耕种，田间杂草改变了群落。这些杂草基数年年增多，防除田间杂草，对提高作物产量极为重要。1956 年前，以人工除草为主。1957 年，农场开始采取机械化灭草措施，灭草率 85.4%。1958 年，中央农垦部在赵光召开现场会，机械化除草经验得到推广。20 世纪 60 年代，农垦局对综合防治农田杂草措施做了进一步探讨和总结，其步骤和方法概括为：控制杂草的来源；精选种子，降低割茬，清除田间茎秆，禁止生肥下地；将杂草消灭在秋耕时期，加深耕层，加强秋整地，翻耙耢连续作业；将杂草消灭在作物出苗前，实行早春耢地，播种同时灭草，苗前耙草，机械蒙头土；将杂草消灭在结实前，实行苗后耙草，连续中耕培土，人工除草和试用药剂灭草。

20 世纪 60 年代中期，农场开始每年飞机喷药，面积在 0.67 万公顷左右。消灭单子叶杂草的药剂有拉索、氟乐灵、拿捕净等。前两种药在播种前作土壤处理或播后出苗前作苗带喷洒，既可单用，也可混用。拉索公顷 3~3.5 千克，氟乐灵公顷 0.8~1.2 千克。拉索杀草威力大，但药价高；氟乐灵药价低，对稗草有特效，但残效期较长，不宜加大用量，易光解，喷后要及时混土；拿捕净是大豆苗期除草剂，对稗草和野燕麦效果好，可以作备用应急除草药剂。

2005—2020 年，农场田间杂草的防除方法是通过轮作换茬、机械中耕、整地防除各种杂草，再就是药剂防除。豆类进行药剂土壤封闭处理，使杂草难以长出，即使长出后，再进行药剂叶面处理。大豆田使用的土壤处理除草剂主要有乙草胺、金都尔、嗪草酮、速收。叶面除草剂有拿捕净、精稳杀得、盖草能等；麦类苗期喷洒药剂防除杂草，除草剂有 2,4-D 丁酯、甲黄隆、苯黄隆等。

三、自然灾害的防除

建场初期，采取生物工程和农业措施综合治理。1958 年后，农场相继投资兴修水利，建设排灌工程；栽植的农田防护林不断林网化，起到了防风、固土、蓄水保墒的作用。随着耕作制度改革，耙茬面积不断扩大，风蚀风害逐年减轻。经常采用的防旱措施主要是播前播后镇压和压青苗，大田作物多铲多趟中耕培土，秋翻秋起垄。增施有机肥，既防旱，又防涝。

2004 年，农场引进国家投入资金 10 万元，农场配套资金 12.8 万元，完成了气象自动观测站建设。2006—2020 年，农场加大气象站基础设施建设力度，又相继购进人工防雹降雨"三七"高炮 6 门、火箭发射架 4 台，专门用于抗旱增雨及防雹工作。气象工作人员 24 小时值班，进行气象观测，及时准确地发布长、中、短期天气预报。农场采取的预防措施有力，2000—2020 年，农场遭受冰雹等自然灾害的损失大大降低，植物保护取得了很好的效果。

赵光地区最大最小气象数值见表 4-8。

表 4-8　赵光地区最大最小气象数值

项目	数值	时间	项目	数值	时间
最大年降水量	841.3 毫米	1962 年	最短无霜期	91 天	1968 年
最小年降水量	359.3 毫米	1976 年	最早初霜日	8 月 28 日	1976 年
最大月降水量	451.2 毫米	1962 年 7 月	最晚终霜日	6 月 10 日	1968 年
最大日降水量	95.6 毫米	1958 年 7 月 28 日	最早初雪日	9 月 5 日	1964 年
最长连续降水	15 天	1998 年 6 月	最晚终雪日	6 月 5 日	1965 年
最大积雪深度	61 厘米	2013 年 2 月	最大冻土深度	242 厘米	1963 年
极端最高气温	38.6℃	2010 年 6 月 24 日	最长年日照时数	2954 小时	1967 年
极端最低气温	−40.2℃	1984 年 2 月 3 日	最少年日照时数	2412 小时	1998 年
最长无霜期	147 天	2013 年最多	最多大风日数	58 天	1956 年

第八节　绿色食品

一、管理机构

2001 年，农场开始进行 A 级绿色食品大豆绿标使用权申请，并制定了《赵光农场 A 级绿色食品大豆操作规程》。2002 年 3 月，开始申报 1.4 万公顷 A 级绿色高油大豆基地建设项目，经中国绿色食品发展中心认证，农场 1.4 万公顷 A 级绿色食品大豆基地获取许可使用绿色食品标志商标，注册品牌为"年轮牌"。2005 年，农场被农业部确定为国家级无公害农产品示范基地，从此，拉开了全面积无公害农产品种植的序幕，进入了无公害农产品的全面积种植时代。

2006 年，农场成立了以场长、主管农业的副场长作为组长、副组长，有关科室负责人为成员的"无公害农产品全面积种植"领导组织。下设绿色食品管理办公室，由生产科兼职，全面负责基地无公害农产品种植、生产计划和规程的制定、生产技术的指导和咨询、产品收购和销售、生产资料的供应等服务体系的建立和完善，以及监督绿色食品生产操作规程的实施。办公室内设立 3 名绿色食品生产技术推广员、绿色食品基地监督员，负责基地条件的认证、技术推广员的培训、考核，以及各项技术、管理措施的确认和监督。各管理区配置专门从事无公害农产品种植、生产的负责人。到 2020 年，赵光农场有限公司成立运营，这一管理机构都依然在绿色食品生产过程中，发挥着积极作用。绿色食品的生产在不断发展，并取得了可喜的业绩。

二、基地建设

2001年，农场开始进行A级绿色食品大豆绿标使用权申请，严格限定使用经国家有关部门检验登记的绿色食品专用的肥料、农药，并相继通过了黑龙江省农垦检测中心的产地环境、产品质量检测。

2004年，赵光农场和红星、引龙河、尾山等农场由农垦北安管理局统一组织向ECOCERT（北京爱克尔认证中心有限公司）和JONA（日本有机和自然食品协会）申请有机食品认证，并获得通过，主要农产品是大豆、芸豆等初级农产品。赵光农场因此成为农垦北安管理局第一批获得认可的有机食品生产基地之一，获取了小麦、大豆绿色食品"使用标志证书"，被农业部授予"全国农垦无公害大豆基地示范农场"称号。

2006年后，作为有机食品生产基地，农场在基地建设中，不断加大投资的力度，实施区域化布局、规模化生产。加强技术服务，建立健全的出口食品农产品质量安全监控体系和可追溯体系。

2020年，农场有限公司以绿色高效示范实施方案为指导，实施标准化高产创建活动。管理区至少建立5块绿色高效示范田作为科技示范带，进行高标准管理和生产。发展生态及特色农业，把绿色有机产品的开发作为新的经济增长点，建设安全农产品体系，完善质量追溯系统，形成绿色产业体系。

三、产业发展与有机食品认证

2001年，农场开始进行有机食品生产。基地主要分布在第六、第九管理区。在追求生态效益、提高产品质量的过程中，发展绿色生产，减少化肥、农药的施用量，增施有机肥，实施秸秆还田，应用生物防治病虫害，保护了自然环境。

2006年，农场发挥黑龙江省"打绿色牌，走特色路"的大好机遇，发展生态特色农业，加快有机食品基地建设，选择周围环境好、开垦时间短、受农药、化肥污染比较轻的地块。2010年，农场绿色食品种植面积1.33万公顷，有机食品种植面积0.2万公顷，核准产量为4万吨。生产品种有小麦、大豆、芸豆、玉米、马铃薯以及多种蔬菜。

2011—2013年，农场平均每年种植绿色产品3.1万公顷，监测2.67万公顷，有机产品0.22万公顷。

2014—2020年，农场（公司）按照突出绿色经营理念，严格按照《A级绿色食品生产大豆生产技术规程》的规定，选用更适合于 A 级绿色食品的生产资料，提高种植技术水平、产品品质和科技含量，形成了绿色产业体系。种植绿色食品 3.1 万公顷，有机食品 0.27 万公顷。在无公害农产品的生产和有机食品的管理中，农场通过建立食品档案和农产品追溯制度，对农产品产地环境、生产过程、产品检测、包装标识等关键环节进行质量监督，保障产品质量安全。

第三章　农业机械

　　赵光农场在建场初期挂牌成立时名为东北行政委员会"通北机械农场"。之所以命名为机械农场，就是除少部分使用人力、畜力耕作外，大部分的田间作业是使用机械作业，这在当时开创了农业生产机械作业的先河。20 世纪 60 年代，农场的田间作业步入机械化。20 世纪 70 年代后，农场在机械化作业能力、设备更新改造、农机管理、新技术推广上都有很大的发展和提高，到 2020 年，农场实现农机总动力 4.52 千瓦，田间机械化作业率 100%。

第一节　农机概况

一、管理机构

　　1948 年 2 月，农场业务股负责机务工作，下设 3 个拖拉机中队，以中队为单位进行机械化生产作业，每个中队设 3 个小队。1951 年，中队改称作业区，全场有 7 个机耕小队。1953 年，农场设机务副场长，实行技师主任责任制，负责业务指导。生产队设机务队长，作业区设机务技术员。1958 年，农场办事处时期，设专职机务工程师负责机务工作。1959 年，农场开始设机务科。1969 年，生产建设兵团时期，团生产股和营设机务参谋。1974 年，生产连队设机务统计。1977 年，恢复农场建制，农林科设机务技术员管机务。1978 年，机务科又单独分设，1983 年，农场实行"三总"（农机总工程师、农业总工程师、财会总工程师）负责制后，农机总工程师负责全场机务工作。1987—2019 年，农场设农业副场长，下设农机科，负责全场的农机工作。2020 年，农场有限公司设农业副总经理，下设农业发展部，负责公司的农机管理工作。

二、机械管理

　　1948 年，农场春耕作业开始建立技术记录制度。1950 年，统一编制记录表格和机具管理台账，作业队实行包地、包车、包料，定员、定额、定量、定质联系合同制，机车指定专人驾驶、保管和检修。1953 年，副场长王荫坡为农场起草制定了《机务工作定额管理及经济核算制度》，以每台机车为定额管理核算单位，核定工作量和耗油等标准定额，记载于年度工作计划手册，驾驶员按照计划执行。大部分农机具都在露天停放，机具临时修理、保养设备也不齐全。下点作业一干就是一年，冬季时开回场部，进行冬检、统一维修保管。

1954年，农场开始全面推行专责制，实行分段、划线、编号、定点双班保养。拖拉机使用采取7条措施，即使用清洁软水，使用清洁机油，空气系统保持严密，使用沉淀过滤燃油，经常注意机车温度，执行中间检查制度，注意机车各部清洁；收割机的使用，摸索出看住4个部位的经验：看住销子、看住螺丝、看住顶丝、看住键子。这个时期，各生产队设有农具场，定点放置，专管专用，用完及时修理，涂油挂牌，垫平放好。

20世纪60年代初，国产农机具开始进场。农机具管理进一步建立农业机械档案，设管理卡片。在保养上，以主燃油消耗为计算保养周期的依据，坚持班班保养，车间按号、按项、按标准保养。高号保养，必须有机务队长和技术员参加。平时拖拉机必须保持"四净"（水干净、油干净、气干净、工具干净）、"四不漏"（不漏油、不漏水、不漏空气、不漏电）保养制度；农具停车场内地势平坦，机具清洁干净，涂油垫起，排列整齐。

1968—1976年，机务管理制度受到冲击，随意性很大，没有章法。

1978年，农场全面实施机务管理标准化。在机械保管、维修和使用上，拖拉机和动力机械做到油、水、气、机器、工具干净，不漏油、水、气、电，柴油箱口、汽油箱口、机油加注口、机油检视器、汽化器、磁电机封闭，技术状态完好。农具做到不钝刀、不松动、不变形、不锈蚀、不缺件，操作、转动、升降灵活；进行"三库一场"建设。油库实现封闭加油、浮子取油、缓冲卸油、两级沉淀。零件库分类立架、标签、编码、摆放整齐，不蚀不锈。农具入库不受日晒雨淋，不蚀不锈。农具场四周建围墙，栽树木，地面铺沙子，冬无积雪，夏无杂草，摆放整齐，涂油垫平。1984年，全场达到标准化要求的生产队27个，车组350个，油库5个，保养间12个，农具间10个。

1985—1996年，农机维修保养在修造厂，维修保养的机械由农场物资供应站按计划提供配件。农场制定了《农业机械技术保养岗位责任制》《农业机械按号保养制度、定期修理制度》，规定动力机械必须按时、按号、按项、按技术要求及时维修保养。机车的修理费主要从机车作业费中提取。

1997—2005年，农场把全部机械转售给职工个人，农机维修保养完全实行市场化运作，车主可自行选择维修保养场所。

2006—2020年，农场（公司）对农机具管理的模式主要是"六统一"，即统一管理、统一调动、统一作业标准、统一收费标准、统一验收、统一核算。实施依法治机，根据

"农机具转售及管理办法"的要求严格管理,严禁私自买卖调换;推行农机管理标准化、制度化,现场规范化、作业标准化、行动军事化;强化农机具"三库一场"(零件库、保养库、油料库、固定停放场)建设,提高农机具技术状态完好率,按照有关标准定级划类验收。动力机械分为甲、乙、丙三级,农具分为Ⅰ、Ⅱ、Ⅲ三类。农机具划类验收后,统一停放在停放场。停放的农机具要涂油垫起,按照机型分类排列整齐。进口机械不准露天停放;动力机械要装配、使用现代农机数字化电子管理系统,向智能化、信息化、低碳、高效、节能、环境保护性高科技含量的现代农机方向发展。

第二节　农机作业管理标准化

建场初期,农场机械设备落后,技术水平低,除了翻地、耙地、播种外,其他田间作业主要靠人工或畜力。1951 年,使用斯特兹—纳齐拖拉机联结 4 台大除草机作业。1953年,改革耕法,大豆采用随播随起垄、平播后起垄和秋起垄的机械栽培方法,田间机械化水平逐年提高。1956 年,机具增加,机械除草面积扩大。1958 年,大豆起垄播种、蒙头土、出苗前后耙草疏苗、夹板锄、4 次中耕一整套机械管理成功经验在全垦区推广。

20 世纪 70 年代末,开始了农业机械化作业新局面。1984 年,平均每台拖拉机负担耕地面积 149.6 公顷,平均每台联合收割机负担收获面积 135.07 公顷。单项作业机械化程度 90%,其中翻地作业占 96%,播种作业占 96%,中耕作业占 99%,收获作业占 96%。

1985 年,农场开始兴办家庭农场,将全部机械转售给职工,农场对农机管理工作几乎处于失控状态。1986 年,农场收回转售给职工的全部机械,并加大了对机械的管理和投资力度,完善、健全了各项规章制度。农机管理走上了标准化轨道。

1987 年以后,农场先后出台了《农机管理标准化实施方案》《农机作业标准化细则》。2002 年,农场投资 140 万元建成了标准化农具场,为农机管理标准化奠定了基础。2003年,农场在农机管理上采取了以管理区为主、居民组为辅的办法,对农机工作重点实行制度化、合同化管理,增强农机社会化的服务职能。

2006—2015 年,农场对农机作业管理标准化,依据"合同"和《农机条例》加强管理,实行依法治机,实施"六统一"管理;加强质量验收,贯彻"优机、优质、优价"政策,机械作业费公顷成本不超过逆控标准;提升农机管理标准化,高标准完成农机具春检、夏检、入场入库三个阶段的管理验收;机车主年初必须交齐上岗保证金,否则不予验收机具,不安排机车作业;机车驾驶员上岗必须统一着装北大荒标志服装,粘贴统一制作使用的北大荒标识;完善统计内微机化管理,信息沟通实现互联网传递,内容完整、责任到人、装订规范。核算人员按照质检小组验收单进行核算，无带班领导或种植户代表签字不予核算。

2016—2020 年，农场农机作业管理标准化措施在原有基础上又提出了参加农场统一作业的机车，必须由管理区上报到农场农机管理部门备案，通过农场审批后，方可参加农场统一作业；凡属农场作业在编机车必须悬挂经农机监理部门核发的牌照，所有作业机车及附属农具都要配齐安全设施及反光警示标志；农机车要全部应用自动驾驶导航系统，否则收缴作业机车全部作业费，并按照作业费的 20% 严肃处理直接管理责任人。农机中心要在每个生产阶段安排专人，对导航基站 24 小时进行监督、维护管理。

第三节　农机队伍与建设

1948 年初，从齐齐哈尔市招来的 10 多名汽车司机是农场第一批拖拉机驾驶员。第一批学员是 1947 年底从呼兰、双城两地招收的 40 名中学生。第二批是从沈阳招收的 70 名学员。两批学员在最初两年，以师傅带徒弟的办法在生产作业中边学边干，在实践中学会开车，进行机械生产作业。1950 年，抗美援朝战争，焦德祥等 33 名拖拉机手去沈阳、敦化等地赴战勤，刘福等 25 名青年参加中国人民志愿军，赴朝参战。1951 年，又有 48 名机务人员支援建新场。在机务队伍严重缺额的情况下，全场动员，一人顶几个人。1953 年，以北京青年林革为队长的第一个女拖拉机队诞生，20 多名女青年在生产中大显身手，涌现出一批模范拖拉机手。1954 年，德特-54-206 号机车驾驶员郑德林，采用先进保养法，机车达到"五净"，节约大修费 2000 元（东北币），被评为省社会主义建设青年积极分子。

1955 年，黑龙江省农垦厅在通北农场建立工人技术学校，1960 年改建成赵光农业机械化学校，为农场直接培养农机专业人才。以后，哈尔滨王岗机校、黑龙江省农机校、东北农学院的毕业生陆续分配进场，增强了农机队伍的实力。1958 年，黎明农场 AC-400-003 号收割机手胡泉，平均日效 12 公顷，最高达 19.5 公顷，收获损失降到 5% 以下，3 年无大修，只花保养费 67.13 元（东北币）。王堂德特 54-223 号机车是用进口的斯特兹底盘和德特-54 发动机拼凑改装的，1957—1961 年累计出勤 1074 个班次，完成 7765.33 公顷，5 年无大修，节省费用 5000 多元（东北币）。

20 世纪 70 年代初，知识青年充实到农机队伍。20 世纪 70 年代末，知识青年返城后，农机技术人员陆续归队，职工子弟不断补充缺额，经过调整，队伍逐渐稳定。农垦各级管理部门层层开办农机训练班，开展标准化建设，机务队伍素质得到提高。场劳动模范徐光驾驶的东方红 54-0045 号机车，8 年无大修，完成 1.47 万公顷，节约油料费 5837 元。

1984 年，全场农机管理干部 58 人，农机工人 1480 人。1985 年，农场有机务人员 1275 人，初中文化程度 924 人，高中（中专）文化程度 350 人。平均年龄 40.5 岁。1987 年后，农场进行农机改革，农业机械都转卖给个人，农场进口的大量大型机械，机械总量减少了，农机队伍人数也减少了很多。2005 年全场机务人员 381 人，其中初中文化程度有 241 人，高中（中专）文化程度有 140 人。2010 年，农场有机务人员 421 人。2015 年，有机务人员 454 人。2020 年，有机务人员 446 人，其中 40 岁以上的 365 人，39 岁以下的 81 人。

1985—2005 年，农场继续强化农机队伍的建设。把好机务管理人员的选拔聘用及能力提高关，把德才兼备的优秀人才安排到领导岗位，担任生产队的机务队长工作。安排机务人员采取先培训后上岗的办法。1996 年以后，由于机械的不断更新，对操作技能的要求越来越高。送出培训的机务人员每年达到 200 多人次。邀请约翰迪尔公司技师到农场来培训机务人员 300 多人次；对在岗机务人员采取了上下结合，长短期结合的培训方式。农场农机科培训车长，生产队培训其他人员，每年培训 1000 人次以上；师徒结对，以高带低，开展大练兵活动。1985—1995 年，先后举办 7 届大练兵活动，并评出各类技术能手；靠政策调整，稳定队伍，采取以机带地的方式，增加机务人员的收入。

2006—2019 年，农场通过每年举行 1～2 次的农机培训班、现场会、田间课堂，更加直观地为农业种植户进行卫星导航技术演示、进口播种机播种操作等新技术、新设备的作业效果，让他们了解、掌握现代化农业机械化的常识和要领。

2020 年，农场有限公司投资 300 万元，建设农业生产管控、服务平台，"数字农场"以标准化、无人化、智能化及可复制推广为内容，对农机等一切可决定产量因素的数据进行整合、分析、处理，再由大数据算法因地制宜地进行合理的资源统筹分配，制定最佳方案辅助决策，放大效益，提高农机精细化管理水平。

第四节 农机设备与更新

一、农机设备初级阶段

建场初期，农机具主要是 1948 年搜集的 2 台破旧拖拉机（1 台万国牌、1 台小松牌）和一些破犁烂耙。后来从牡丹江省求援运回几台沙克犁、圆盘耙，上级又拨进一批战利品，包括"万国"、福特、法尔毛拖拉机和一些农具。1948 年 4 月，东北行政委员会农林处拨给从苏联进口斯特兹—纳齐拖拉机 12 台。1949 年起，农场先后从苏联进口 C-6 联合收割机等收割机械和 C-80 拖拉机。据统计，全场有拖拉机 30 台，农具 100 多套。1952

年，全场有各种拖拉机包括斯特兹、C-80、福特、法尔毛、德特、卡他比勒等 60 多台、C-6、C-4、哈利斯等 50 多台，有各种犁（包括苏式五铧犁、四铧犁、沙克犁、深耕犁、浅耕犁）、各种耙（包括苏式单列耙、双列耙、沙克耙、重型耙和三片式钉齿耙）、各种播种机（包括苏式链条播种机、齿轮播种机、美式播种机和畜力播种机）、苏式中耕除草机、收割机（包括苏式摇臂收割机）、捆割机、割晒机、脱谷机（包括苏式动力脱谷机、畜力脱谷机和美式动力脱谷机）、选种机（包括苏式选种机、手摇精选机、动力风选机和手摇风选机）、畜力原动机 300 多台件。

1960 年后，国产拖拉机、收割机及农具大量进场，逐渐替代建场初期使用的国外农机具。国产第一批东方红-54 拖拉机、KT-3.0、GT-4.9B 相继进场。1968 年，有履带拖拉机 96 台，其中，东方红-54、东方红-75 合计 86 台，轮式拖拉机 24 台，联合收割机 49 台，其中国产 29 台；主要农具 522 台（套），其中国产 402 台（套）。

二、农机设备发展阶段

1975 年，农场从德国引进 2 台 E-512 联合收割机。1977—1984 年，农场自筹资金 315 万元，购买农机具 368 台，其中链轨拖拉机 13 台，轮式拖拉机 28 台，联合收割机 31 台，播种机 58 台。1984 年统计，全场有大中型拖拉机 309 台（其中履带拖拉机 189 台），联合收割机 199 台（其中自走收割机 93 台），机引农具 1000 多台（件）。百公顷耕地平均拥有履带拖拉机 5 个混合台，每标准台负担耕地面积 51.07 公顷；平均拥有收割机 4.4 台，每台负担收获面积 147 公顷。

三、农机设备更新换代阶段

（一）1989—1999 年国产为主更新阶段

1990 年，更新 8 台德国 Z323 轮式拖拉机，全面更新深松机。1994 年，更新具有世界先进水平的加拿大产西方 8570 收获机 7 台、西方 200 割晒机 8 台。1990—1997 年，更新东方红 802 履带拖拉机 96 台。1995—1999 年，更新东方红 1002 履带拖拉机 36 台、英机 E514 收获机 7 台，更新约翰迪尔佳联 JDL1075 收获机 22 台。这一阶段，农机更新换代投资主体以农场为主，职工个人为辅，累计投资 1872 万元，淘汰了 E512 收获机、东方红 75 拖拉机和一部分老式农具。

（二）2000—2005 年以进口为主，机电液一体化阶段

2002 年，农场更新大豆气吸精量播种机 47 台。2004 年，更新智能机械约翰迪尔 JD9660 收获机 1 台，JD9520 大马力（450 马力）轮式拖拉机 1 台，JD7820 轮式拖拉机 2

台，迪尔佳联 JDL3518 收获机 4 台，JDL1075 收获机 18 台，新型 4S-4.0 斜辊前悬割晒机 12 台。2005 年更新约翰迪尔 JD9320 和农具 2 台（件），JD3518 收获机 4 台，JDL1076 收获机 3 台，JDL1075 收获机 6 台，维美德 BM120 轮式拖拉机 9 台，东方红 1204 轮式拖拉机 3 台，深松浅翻犁 48 台，偏置重耙 4 台。2000—2005 年，农场累计投资 3149 万元，建设了 3 个旱田高配区，更新了约翰迪尔 JD9520、JD9320、JD7820、JD9660、JDL3518 收获机，推动了农机具机电液的发展方向，引领了垦区智能机械的先河。

到 2005 年，农场累计投资 7668 万元，实现农机总动力 2.47 万千瓦，田间综合机械化率 96％以上；动力机车 58 台，平均单台机车作业 0.13 万公顷，辐射周边市县 1.67 万公顷的耕作面积。

（三）2006—2009 年农机大批量进口更新阶段

2006 年，农场投资 1311.5 万元，更新进口 180-200 马力轮式拖拉机 6 台，迪尔天拖 1204 轮式拖拉机 20 台，偏置耙 10 台，割晒机 10 台，气吹式精播机 10 台，通用机 5 台，迪尔天拖 824 轮式拖拉机 5 台，维美德 BM120 轮式拖拉机 2 台。

2007 年，农场投资 1526 万元，更新 375 马力进口轮式拖拉机 1 台，375 马力进口轮式拖拉机配套联合整地机 1 台，配套耕耘机 1 台，配套进口播种机 1 台；进口甜菜打叶削顶机 1 台，甜菜起收机 1 台，180-200 马力进口轮式拖拉机 10 台，大型收获机（迪尔佳联 1076）3 台，大型收获机（迪尔佳联 3518）1 台，偏置耙 10 台，割晒机 5 台，气吹式精播机 10 台，麦类 10 厘米通用机 10 台，迪尔 804、824 运输车 5 台，玉米背负式扒棒机 10 台，起垄平地器 20 台。

2008 年，农场将国产 802/1002 和履带拖拉机全部淘汰，引进了 1204、1254、1304、1454 拖拉机。拖拉机主要机型有约翰迪尔 9520、约翰迪尔 9320、约翰迪尔 7820 和维美德 T171、维美德 T180；收获机机型有约翰迪尔 9660、约翰迪尔 8570、约翰迪尔 3518、约翰迪尔 1076。农场投资 1543 万元，更新 375 马力进口轮式拖拉机 1 台，180 马力进口轮式拖拉机 11 台，进口大型收获机 1 台，玉米收获机 2 台，进口甜菜播种机 3 台，甜菜打顶收获机 1 台，折叠偏置耙 12 台，气吹式精播机 12 台；迪尔 804、824 运输车 5 台；起垄平地器 11 台，玉米灭茬机 10 台。

2009 年，农场投资 1284 万元，更新收获机械 25 台，动力机械 16 台，农具 73 台（件），迪尔 9630T 拖拉机 1 台，凯斯 385 轮式拖拉机 7 台，凯斯 310 轮式拖拉机 8 台，凯斯 3320 自走喷药机 8 台，维美德 T191 拖拉机 13 台，配套进口农具 29 台（件）。农场又投资 2400 万元进行库房建设。

（四） 2010—2018 年农机现代化更新阶段

2010 年，农场大面积种植玉米。农场开始引进进口精量播种机、进口喷药机、进口收获机、210 马力以上进口拖拉机。农场仅用了 5 年时间就对农机具进行全面更新换代，截至 2018 年底，农机资产原值达到 2.99 亿元，农机总动力 4.2 万千瓦。具有代表性的机型有约翰迪尔 9520、9330、9320、7830、7820、6930、9660、9670、S660 和凯斯 385、210、2204、3320、3330、6088、7088、6130 及弗格森 2204、满胜、马斯奇奥、大平原、格兰进口播种机。

2010 年以前，每台 802 拖拉机配套国产农机具，只担负 267 公顷的作业面积，经过农机具不断的更新换代，到 2018 年，换代后的 200 马力进口拖拉机及配套农具可担负 500 公顷的作业面积，作业效率比原来提高了近 2 倍。农场生产作业 10 天完成垄前施肥，10 天完成播种，10 天完成播后喷药，10 天完成机械中耕管理，10 天完成收获。

2013 年，农场与北京农业智能装备技术研究中心合作，启动了农场现代化农业信息系统，在农机中心设置农机调度指挥中心。农场投资 200 万元完成农机、农业信息系统的软件程序和指挥中心的大屏幕机房等项目的建设。2014 年，农场申请全国农技推广资金 50 万元，配置计量监测设备 10 套，深松监测设备 1 套，机车 3G 视频监控 2 套，变量施肥机一套。

2015 年，为解决玉米不烧荒整地的问题，农场按照每万公顷增加 1 台 120 马力的拖拉机，用于秸秆还田作业。2015—2016 年，完成 90 马力以下拖拉机的更新；按照玉米面积每 0.17 万公顷增加 1 台 500 马力的拖拉机，2015 年全部更新完单垄仿型镇压器。

2016 年，农场投资 1300 万元，更新打捆机 1 台，210 马力拖拉机 3 台，140 马力拖拉机 1 台，60 马力拖拉机 1 台，进口马铃薯播种机 8 台，精准农业系统 1 套，进口小型烘干机 1 台。

2019 年，农场（公司）投入资金 118.07 万元改装深松放寒整机 1 台，收获机玉米割台加装底刀 15 台，进口秸秆还田机 15 台，以及其他农机具共计 202 台（件）。

2020 年，农场有限公司农机资产已经累计投资 3.31 亿元，农机总动力 4.52 万千瓦，农机田间综合机械化率 100%，实现了播种、收获全部进口机械化，动力机械全部实现自动导航驾驶。动力机械 106 台，收获机械 48 台，轮式运输机械 152 台，农具 1652 台（件）。同时淘汰 2 台满胜 12 行进口播种机，更新为技术更为先进、抗灾能力强的豪狮迈斯拓 18 行精密度播种机 2 台。

2013 年开始，全场动力机车安装 GPS（全球定位系统）导航无人驾驶系统 86 套，计量监测设备 10 套，深松监测设备 45 套。实现机车的半自动驾驶、卫星定位、作业面积核算、行走速度监测、深松标准监测、实时视频传输功能的现代化作业。农场利用这一系统，建立了农业数据的信息化管理平台，进行电子地号档案管理、地号面积查询、上年农艺措施查询、测土配方取样点管理等，为农产品质量追溯、供求信息资源的共享提供了一套完整的数据平台。

2020 年，农场有限公司完全进入了现代化农业信息系统 4S 技术（GPS、GIS、ES、RS）及计算机互联网技术的集成和应用时代，这是典型的"互联网＋N"模式在现代化农业生产当中的应用。

1978—1984 年农机田间作业情况见表 4-9。

表 4-9　1978—1984 年农机田间作业情况

单位：%

年度	拖拉机			联合收割机		
	完好率	出勤率	利用率	完好率	出勤率	利用率
1978	93	92	90	—		
1979	87	83	86	—	87	
1980	91.5	90.2	84	93	92	80
1981	93	91	82	93	86	83
1982	93.4	88.5	86	96.4	91	83
1983	95	93	85	94.5	93	84
1984	93	90	90	96	93.3	86.6

1982—1984 年农机田间作业机械化程度见表 4-10。

表 4-10　1982—1984 年农机田间作业机械化程度

单位：%

年度	翻地	播种	中耕	收获	小麦	大豆	玉米	综合
1982	99.7	98	90	92	98.5	91	67.7	—
1983	100	99	98	94	99	93	—	86
1984	98.7	96	99	96	96	78	70	66

2020 年农业主要机械拥有量统计见表 4-11。

表 4-11　2020 年农业主要机械拥有量统计

序号	机械名称	单位	动力/台（部）数	序号	机械名称	单位	动力/台（部）数
1	柴油发动机动力	千瓦	43763	6	精量播种机	台	83
2	拖拉机	千瓦	32544	7	机动植保机	台	15
3	拖拉机配套农具	部	1117	8	古物联合收割机	千瓦	11219.41
4	深松机	台	84	9	联合整地机	台	17
5	机引耙	台	86	—	—	—	—

第五节　航化作业

1987 年，农场在 2 队（现在的第六管理区）南 4 千米处修建了一个农用飞机场。1992 年扩建，占地面积 1.5 公顷。2013 年，再次扩建，占地面积 2.67 公顷。

农场每年租用东北通用航空公司的农用飞机实施航化作业，喷洒药剂及微肥，防治病虫害，促使作物防病。2017 年，农场与东北通用航空公司合作合同到期，改租黑龙江北安农垦田野通用航空有限公司的农用飞机，进行航化作业。

农场航化作业由农场生产科指导，统一配方，防治病虫害、促早熟。2009 年以前，航化作业由农场种子公司代管。2010—2020 年，由农场祥润旱田农作物种植专业合作社联社管理。每年在航化作业前，管理区农业助理要统一到合作联社绘制航化作业图，标注航化作业地块的位置、面积、种植作物等相关信息。合作联社统一采购航化所需农药、微肥，按照顺序对全场各个管理区进行航化作业。航化作业时间一般是从每年的 7 月下旬开始，到 8 月末结束。

航化作业对防治作物生育后期病虫害的预防、促进作物早熟起到了很大的作用。2013 年后，因为没有大面积病虫害发生，农场航化作业的面积也逐渐减少。2013—2020 年，每年玉米、大豆航化作业面积一般保持在 2.33 万公顷左右。

第六节　农机新技术推广与应用

1948 年，农场开始大面积开荒作业，钟喜文、陈世富研制的木质镇压器，李兴环、刘文研制的木质联结器，成功地解决了机具不配套影响生产的问题。1950 年，是技术革新项目最多的一年，董作才、刘福改装的 C-6 收割机刀床，解决了用机械收大豆的难题，加快收获进度，减少损失 15%；杨寿东、李克成研制的脱谷机输送带，每台节省 6 个人工；钟喜文、陈世富研制的 C-6 联合收割机集草车，解决了翻地茎秆拖堆问题；程雪儒、张凯首先提出复式作业法，耙后带耢子，播后带木质镇压器，提高了作业质量；耿德、朱绍洪发明的种子消毒器，提高功效 10 倍。

1953 年 8 月，联合收割机手孙桂林为征服秋雨夺丰收，进行的联合收割机行走大轮两个并在一起防陷实验获得成功，在土壤含水量为 55% 的情况下机车仍能行走作业。1954 年，经有关部门整理配套在全省推广。1958 年，国家农垦部生产局在赵光农场召开全国农业机械化除草现场会，红星钉齿耙在全国农垦系统推广；黎明农场工人于长有改装牵引联合收割机加第三清洁室，解决了 C-6 收割机分离不净、跑粮损失问题。1958 年这两项改革都被厂家采用。前进农场将 114 台 24 行播种机全部改成 48 行宽条播种机，小麦密植播种两遍作业一次完成，使当年 1 万多公顷小麦减少作业成本 6 万多元。1960 年，C-6 收割机链条奇缺。通北分场修理厂技术员王文等将联合收割机 C-6 的链条传动改成三角皮带传动，每条皮带节省 130～180 元，使用期限提高 5～6 倍，并且传动可靠，运转平稳无杂音，故障少，功率高，成本低。1960 年又改装 40 台，并扩大到 C-4、ACD-400/330 收割机，前后共改装 96 台。1962 年，进一步改装第一号和第八号传动组，并把所有的传动改装做系统的规格化整理。1963 年在全国三部三省选型订货会上，机务科郑德林将此项改装向大会做了介绍，后来在全国定型推广。1968 年，农研连连长朱洪书主持，在德特-54-225 号机车上进行的柴油预温试验获得成功，节油 10%～15%。此项改革，省燃料公司、省农机研究所多次来场进行调查走访，认为节油效果明显。

20 世纪 70 年代，无壁犁、半壁犁深松器研制大量用于生产，无动力疏苗器、豆皮收集器也先后研制成功。1971 年，汽车连李微研制成功机油继生器，汽车行驶由 6000 千米换一次机油，提高到行驶 5 万多千米换一次机油，每台汽车年省油 37.5 千克，少用 7 个滤芯，节省费用 101.63 元。后来又将其用到拖拉机上在全省推广。1979 年，全场改装大豆灭草机 33 台，以及装车机、座圈机、装袋机、离心泵、种子消毒器等 100 台（件）。1981 年，对 11 台东风收获机、22 台 512 和 4 台东风偏牵、8 台东风半链轨、65 台牵引收割机等机车前后轮加宽，在 22 台 C-6 联合收割机上改防陷装置，效果好，提高了作业效率。1982 年，制造 66 台大豆侧深施肥机，大豆"三肥"接力作业得到顺利实施。同时研制 25 件割晒机偏心木翻轮，使倒伏麦子不好收割的困难得到解决。1983 年，38 台收割机宽薄铺改装、10 台 E-512 收割机收割台改装，使麦铺厚不易干、遇雨发芽的难题得到解决。改装 28 台大豆苗带喷药的四杆喷药机和研制 31 台大豆播种机限制深浅度装置成功，解决了喷药设备不足及大豆播种深度控制的难题。

1985—1996 年，农场农机新技术的推广应用每年都在 10 项以上，其中东方红-54、东方红-75 车架加固改装，苗带喷药在全场推广应用；农场在北安分局首推依兰大豆精点机，提出了 15 项改进意见，得到了上级业务部门的认可，并在北安分局成功推广应用；牵引割晒机散铺器在场内全面推广，实现了小麦放宽薄铺，抗涝能力大大增强；条播机进行 4 项改装：大轮松土器、轨迹耙、双线起落、精量调整；液压平地器在北安分局成功推广。

1997—2005 年，农机推广重点突出了农机改装与农艺相结合的方针。1998 年对收获机进行加宽轮胎，安装半轨轮，使全场防陷装置达到了现有收获机的 75%，增强了抗涝收获能力。1999年，大量引进邯郸机械隔膜泵，安全高效地实现了喷药机械的性能。2006年，农场全场动力机械和联合收获机每年提取500元/台的农机新技术推广基金，应用于农机新技术和改装。主要有以下技术：大豆气吹式大垄密播种技术，收获机和拖拉机上用油料净化设备与节油精的使用技术，保护性耕作技术，各作物播种的立体施肥技术，小麦窄行距10厘米播种技术，玉米气吸式精量点播技术，大豆分层定量施肥技术，青贮饲料收获技术，麦类和亚麻宽苗带播种技术，大豆和玉米茬原垄卡播技术。

2010—2014年，农场玉米种植面积逐年扩增，农机新技术推广主要实施了玉米全程机械化技术、大豆玉米茬原垄互卡技术、玉米大豆精量播种技术、作物秸秆还田打捆技术等10多项新技术，还有改装立体施肥器技术、玉米破茬开沟器技术、重耙及整形器改装技术、中耕施肥机改装技术、收获机割台倒伏器改装技术60余项。

2015—2017年，农场推广农机新技术应用落实有10项：深松整地检测仪的安装与应用，玉米秸秆还田与收集打捆机械化技术应用、玉米去雄技术的推广应用，玉米扒棒机秸秆集条装置推广应用，施肥中耕护苗波纹盘的应用，玉米分层定位定量施肥技术的试验应用，大垄深松技术的应用、变量施肥技术的改装试验应用、进口马铃薯播种机技术的应用、奥天奇割台收获技术的应用。

2018—2020年，农场推广农机新技术应用落实有12项：玉米秸秆还田与收集打捆机械化技术应用，拐子苗播种机技术应用，施肥中耕护苗波纹盘应用，施肥监控安装与应用，施肥变速箱技术的改装试验应用，圆辊起垄整形器的应用，免耕技术的应用，诺比利秸秆还田机拨茬轮改装试用，玉米去雄机的试验推广应用，豪狮进口播种机的应用，多功能深松放寒整机的试验应用，进口收获机测产设备的应用。

第七节　农机安全监理

1985年12月，农场设立农机监理所，监理所人员由农机科人员兼职。主要是进行田查路检、登记车辆、分门别类登记造册，建立了图、档、卡、册，建立健全岗位责任制；配合交警队清理黑车非驾，强化监理所内业的规范化，对辖区内农机驾驶员换证、考证，管理统编内的机械安全技术状态，按上级业务部门要求，适时报废机车。1987年，开始实施微机化管理和网上办公。

2005年，农场农机监理开始使用黑龙江省农机监理网系统，在系统中农机落户、转户、牌证管理、人员登记，实施信息化管理。

2010年，农垦农机监理网系统从省监理系统分离，成立农垦独立的监理网系统。农场通过使用农垦独立监理系统，进行机车落户转户数据、机车检验、人员的考证、办证、换证等工作。

2011 年后，开始建立农机安全监理管理长效机制，建立参保制度，机车检验时参加交强险；对农机人员作业实现准军事化管理，达到规章制度标准化、人员行为规范化、着装礼仪统一化、物品摆放整齐化、工作环境整洁化。

2017 年起，农场严格按照《黑龙江省农业机械管理条例》规定：各管理区外租、外购机车根据场内机车管理办法统一进行管理，外租、外购机车必须牌照、证件齐全；如私自使用无牌、无证的机车进行作业或安排无有效证件的人员进行操作，将对相关责任人进行问责。监管环节由使用操作向农业机械化全过程延伸，监管范围由拖拉机、联合收获机扩大到所有农业机械，监管方式由重管理向管理与服务并重转变，监管手段由传统向现代化提升。

2019 年，农场进行企业化改革，农机安全监理职能移交给北安市政府后，2020 年，公司仍然继续以开展安全生产月、平安农机等活动为契机，严格农机安全不达标取消农机评优资格制度，继续做好严肃认真清理黑车非驾现象，人无证、车无牌、作废或假牌照一律不许参加作业。在编农机具参加作业必须遵守《黑龙江省农业机械安全操作规程》，否则出现一切后果由相关责任人承担全部后果。

第四章　畜 牧 业

伴随着农场经济的不断发展，畜牧业也随之发展壮大。农场畜牧养殖从建场初期的零散公养，仅供生产使役，逐步发展成为规模私人经营，奶牛、黄牛、畜禽、生猪饲养、繁育和管理从小到大，从少到多，从弱到强，逐步走上了规模化、规范化、科学化轨道。到2000年，畜牧业已经成为农场经济的支柱产业。2006年，畜牧业实现产值5500万元，增加值3300万元。2020年，畜牧业实现增加值7000万元。

第一节　发展概况

一、管理机构

1948年，农场业务股下设畜牧组，设1名兽医。1953年，开始设畜牧生产室，配备畜牧技术员和兽医。1960年成立畜牧科。1962年，农垦局设畜牧师并成立兽医院，农场设兽医所，配备畜牧技术员，畜牧队和畜牧比重较大的农业生产队配备兽医。1965年，局、场、队三级畜牧生产及卫生防疫网络已经形成。生产建设兵团时期（1968—1976年），七团生产股配备畜牧参谋负责业务及技术管理工作，团设兽医院，营设兽医所，连设兽医室。1977年，恢复农场建制，农场生产科配备畜牧技术员。1978年，重新成立畜牧科，附设兽医院，分场设兽医所，生产队设兽医室。1984年，畜牧科成立畜牧公司，负责畜牧生产服务工作。

1999年，畜牧科纳入机关科室，并开始在生产队配备畜牧副队长。2003年，全场配有21名畜牧副队长，其中有7名专职，其余为畜牧兽医人员兼职。2004年，农场撤队建区后，取消畜牧队长，管理区配备畜牧技术员。2006年，农场设畜牧渔业科、兽医院，管理区设兽医室，实施二级管理，全场配备兽医人员29人。

2016—2019年，农场设畜牧科、兽医院。畜牧科配备2人，兽医院配备4人，各管理区共配备畜牧助理6人，兽医人员5人，牧场9人。

2020年，农场有限公司运营，畜牧科隶属农业发展部，下设畜牧兽医服务中心，配备6名科员。

二、畜牧业的发展

建场初期，农场从哈尔滨买来 10 多匹马。1948 年，又从哈尔滨、长春等地购入 51 匹役畜。1949—1952 年，农场先后从当地及香兰、双城、农安、海拉尔等地购进和调入 200 余匹马。1951 年，管理局拨来 41 头奶牛。当时养奶牛主要是用于改善职工生活。1952 年 5 月，在李家车站附近建立畜牧区。

1954 年，根据管理局统一规划，农场在第三作业区建立第一个正规养猪点，新建 540 平方米砖瓦结构母猪舍。建立畜牧队，又从外地购进部分母猪，按管理局制定的养猪技术操作规程饲养管理。1955 年、1956 年，分别在第一、第二作业区建起牧队。1958 年，3 个畜牧队猪存栏达到 4800 多头，1959 年达 7300 余头，平均每队饲养繁殖母猪 320 头。1960 年，农场贯彻以养猪为主，全面发展饲养猪、马、牛、羊、鹿、禽、兔、蚕、鱼、蜂的方针，其中饲养大牲畜达到 2878 头。

1961—1975 年期，农场畜牧业推行"包定奖"制度，提出巩固养猪，大力养殖马、牛、羊、兔等草食牲畜的原则。第 1 和第 3 畜牧队改建成奶牛队，28 队改建成马的繁育队。从红色草原牧场、和平种畜场等地调入大量奶牛、黄牛、母马、绵羊等牲畜。除专业养殖队外，一般农业生产队也都建有规模不大的繁殖母马群、黄牛群和羊群。1964 年，有马 1171 匹，奶牛 842 头，黄牛 1294 头。"文化大革命"开始后，畜牧队全部撤掉，奶牛减价出售，畜牧业转入低潮。

1976—1978 年，国家化肥短缺，为解决肥源，农场提出千公顷地、千头猪、万吨肥的号召，农、牧结合，养猪业迅速发展，年末存栏 1.8 万多头。

1979 年，"以机代马、代牛"后，各种牲畜存栏数量明显减小，畜牧业又转入低潮。1981 年，农场投资筹备建设奶粉厂，奶牛集中饲养，数量开始增多。1984 年，试办家庭农场，以户为单位的养殖业开始发展。农场将奶牛全部作价贷给职工个人饲养，年末存栏总数达 787 头。黄牛、猪、羊、禽等养殖也发展迅猛。1984 年同 1983 年比较：黄牛头数增长 1.4 倍，羊增长 5.2 倍，家禽增长 2.4 倍。

1984 年以后，农场先后出台了一系列优扶政策，推动了以奶牛为主的畜牧业快速发展。推行畜牧发展基金制，发放奶牛贷款。1984—2004 年，发放奶牛贷款 2347.4 万元，累计购入奶牛 3100 多头，其中 2004 年引进新西兰进口奶牛 238 头；实行饲料补贴，每头牛拨给饲料地 0.2 公顷，供应平价混合精料，每千克补贴 0.05 元。1994 年，农场将饲料补贴由暗补改为明补，每千克由 0.7 元上调到 0.8 元，每千克鲜奶分场还补贴 0.05～0.07 元。2001 年起，推广普及全株青贮玉米饲喂技术，每公顷青贮饲料地补贴 675～750 元；

免收草原管理费；场内职工饲养奶牛享受冻精配种补贴，每头牛比场外养殖户少收 20 元；为规模经营户提供场所。1995—2005 年，农场为规模养殖户提供场地 10 余万平方米。2003 年凡饲养奶牛 10 头以上的大户，农场为其承担企业部分的养老金和待业金。2004 年在此基础上将奶牛指标降为 3 头。这些政策的出台极大地激发了职工从业的积极性，奶牛业呈现出超常规跨越式发展态势，2005 年，全场奶牛存栏 8509 头。

2006—2020 年，农场为推动农场奶牛业的更好发展，给予饲料地补贴，每头成母牛 1.33～2 公顷落实饲料地。2015 年，对完成青贮玉米种植面积的养殖户，按照农场要求完成种、管、收贮工作的，农场根据上交鲜奶数量给予补贴，每千克补贴 0.1 元。现代化奶牛场和标准化奶牛小区每千克补贴 0.15 元，应用全混日粮饲喂的奶牛小区每千克补贴 0.2 元。实施小区建设补贴。2009 年，新建砖瓦结构奶牛小区每平方米补贴 400 元；凡是从场外购入奶牛（按农场要求履行申报、审批程序），农场承担检疫、监测费用；奶牛全部参加保险，农场给予个人交纳部分的 50% 补贴。2009 年 9 月，农场引进小育成牛（澳牛后裔）364 头。2010 年 9 月，农场从内蒙古阿荣旗洛娃乳业引进 196 头奶牛。到 2018 年末，奶牛存栏 1089 头，泌乳牛初产日平均单产 32 吨。2020 年，奶牛存栏 2800 头，年产鲜奶 1.5 万吨，青贮贮量 1.8 万吨，奶牛平均单产 30.75 千克/天。肉牛饲养量 600 余头，羊饲养量 1230 只，生猪饲养量 5030 头，禽饲养量 8.8 万只。农场畜牧业增加值 7000 万元。

第二节　畜禽饲养与繁育

一、体制改革与基本建设

建场初期，实行舍养与放牧结合，设有牲畜圈舍。1956 年，开始执行省厅制定的《畜牧饲养管理操作规程》，建立健全各项管理制度，实行多劳多得的产量工资和作业工资相结合的工资形式。饲养畜禽国家没有规定留饲料粮标准，农场根据需要调配内部留饲标准。国家留饲料粮标准下达后，1984 年开始执行农副产品统一价格：小麦草籽含粮率 20%，定价 0.06 元/千克，含粮率每增加 10%，加价 0.01 元/千克；含粮率 100%，售价 0.32 元/千克；含粮率每少 10%，减价 0.04 元/千克。

1978 年前，农场畜禽一般是以公养为主。经济体制改革以后，农场将所有畜禽全部作价转售给职工，公养畜禽全部变成了户养。20 世纪 80 年代初，农场畜牧业经营模式主要是自给自足，以饲养生猪为主。20 世纪 90 年代初期，随着乳品业的发展壮大，奶牛业发展日渐强大，但畜牧业发展仍采用散养的粗放经营方式。

2008 年，农场新建了一个规模奶牛场，成立犇鑫奶牛养殖专业合作社。项目总投资

3700万元，占地面积为15.5万平方米，建筑总面积3.3万平方米。牛场采用性控冻精配种技术，产母犊率达95%以上，平均单产9.8吨。牛场实行全封闭式舍饲，统一管理，合作经营，独立核算。农场畜牧科提供技术指导。

2010年，农场在27队又新建了一个可容纳500头奶牛小区，占地面积2万平方米，有配套建设8栋550平方米的牛舍。2011年，原27队散养户和附近生产队的散养户奶牛都集中到奶牛小区里，实行集中管理，分户饲养，集中榨奶。此后，农场又相继在第四、第九管理区各建设一个可容纳500头奶牛的小区，有效地促进了农场奶牛养殖业的发展。

2014年，农场在29队新建一个牧场，成立北安农垦鑫旺牧场专业合作社。可容纳奶牛2400头，总投资5200万元，总占地面积17.4万平方米。

二、初期主要畜类的饲养与繁育

（一）猪

1951年前，养猪主要是舍养。专业畜牧队建立后，沿用传统的大锅煮熟料喂稀食的饲养方法。1965年，开始试用生干料，自动饲槽养猪新方法，每头猪每天增重0.64千克。1973年采用"生料喂、平面养、饮凉水、卧满圈"的大群养育肥猪新方法，提出饲养"吃、住、种、管、防"5字管理方针，减轻饲养人员的劳动强度，节省饲料，降低成本。

1983年，试行国家标准饲养法，育肥饲养110天，平均每头猪体重达95.57千克，日增重584克，料肉比4：1。此法比传统方法饲养肥猪缩短育肥期120～150天，每头肥猪可少耗饲料90～125千克，每头猪纯盈利15.29元。

在猪的品种繁育中，引进巴克夏、约克夏、吉林黑猪、新金猪、克米洛夫等品种与本地猪杂交，全场母猪形成了含本地猪血统50%～70%的杂交母猪群。后来又引进长白（兰德瑞斯）种公猪，并建立苏白、哈白、长白、民猪等几个品种猪的繁育体系。以民猪或本地杂种猪为母本，利用苏白或哈白杂交生产出一代杂种猪，选留后备母猪，再以长白公猪做父本，进行三元杂交，生产出杂种猪作为育肥猪。杂交优势效果好。1973年，普遍建立人工授精点，为猪的良种繁育开辟了新途径。

1984年，农场根据市场对瘦肉需求量增大的要求，购入瘦肉型杜洛克公猪3头，加快发展繁殖瘦肉猪。20世纪90年代初期，生猪直线育肥技术、塑料棚暖猪舍饲养技术的推广应用，缩短了生猪育肥时间，提高了育肥猪的出栏率，增加了从业人员的经济效益。20世纪90年代末，随着外地肥猪冲击到本地市场，本地猪销路受滞，肉制品价格低迷，养殖效益甚微，养殖大户相继转产，以后只有一些零星散户饲养生猪，规模很小。

（二）马

建场初期，养马主要为了使役。1952年开始实行使役管理专责制。1961年后，农场把养马列为畜牧发展主要项目。各生产队都选出部分母马不使役，专用于繁殖。1963年后，农场相继调入杂种母马180匹，建立红星、晨光、黎明、东方红、涌泉5个养马队，繁殖黑龙江挽马。1975年已接近育种指标。

马的喂养基本是传统的饲喂方法。以饲草为主，根据使役程度合理补喂精饲料，增喂骨粉、食盐等矿物饲料。专供繁殖的母马，夏季野牧，冬季舍饲；专用养马队的种公马，执行种马饲养管理规程，结合使役的种公马，非配种期专人专车使役，配种期停止使役，设专人饲养和配种。进入20世纪90年代，农场机械化作业，开始了"以机代马"的时代，就不再大批饲养马匹了。

（三）奶牛

1959年以前，养奶牛专供职工家属食奶。1960年，农场开始执行红色草原的奶牛饲养管理操作技术规程，实行定队伍、定人员、定任务制度。1963年，农垦局时期，建有两个奶牛专业队，奶牛达849头。

1981年，赵光农场被列为发展奶牛的重点单位。农场投资建设日处理5～7吨鲜奶的小型奶粉厂，集中全场奶牛统一饲养管理。1984年，奶牛全部作价贷给职工个人，建立家庭牧场。农场从银行贷款21万元购买90头奶牛，从长水河农场调入112头，并采取多种扶持措施，养牛业呈现大发展的新局面。

农场饲养的奶牛主要是黑白花品种。1972年，农场设立人工授精站，各分场设授精点，选用优良品种公牛冻精，实行人工授精配种，犊牛质量不断提高。

（四）黄牛

1953年前，农场有少量黄牛供使役。1954年，从红色草原牧场调入200头黄牛，分散到几个生产队组群饲养。1962年从和平种畜场调入350头黄牛，组成黄牛繁殖群。1979年，有黄牛1321头，供食用和使役。1985年，农场兴办家庭牧场，农场公养黄牛全部转售给职工，个体养殖户有较大发展。

（五）羊

建场初期，羊在畜牧业中占的比重不大。1962年，农场从红色草原牧场调入东北细毛羊500只，组成3个养羊点。因技术、管理问题，繁殖率仅仅有50％。1969年，从内蒙古购入蒙古羊1000只。1974年，把蒙古羊与原有的细毛羊合群饲养，进行改良。1984年，农场兴办家庭牧场，承包养羊户剧增，全场养羊约3448只。

三、中期主要畜类的饲养与规模

20 世纪 90 年代初期，随着乳品加工业的不断发展壮大，对奶源基地的牵动不断加强，奶牛业发展日渐强大，农场加快推进以奶牛为主的畜牧业发展。

（一）奶牛

1985—2000 年，农场先后从银行为职工联系奶牛贷款 274.88 万元，购入优质奶牛 1056 头，奶牛存栏发展到 3380 头。2003—2004 年，农场又先后为职工联系奶牛贷款 1450.4 万元，并鼓励领导干部入股带头养奶牛，带动了奶牛业快速发展。2005 年，农场奶牛存栏 8509 头。

（二）肉牛

1985—1997 年，农场肉牛多为本地黄牛用西门塔尔冻精改良的。1997 年后，引入西门塔尔纯种母牛。品种改良步伐加快，肉牛冻精配率提高到 80%，肉牛出栏率也有所提高。相继出现了一些 20～50 头的饲养专业户。

四、发展时期主要畜牧饲养规模与产值

2006—2020 年，伴随着农场经济步入快速发展的轨道，农场党委在发展种植业经济的同时，也把畜牧业的规模发展纳入重要的议事日程。采取了以奶牛饲养作为龙头，带动其他畜禽饲养的策略，给予大牲畜养殖户畜每年 500～1000 元/头补贴，对农场外进场饲养奶牛户落实优惠优先落户口的政策，激发了职工大牲畜饲养的积极性。畜牧业逐步形成了现代化规模饲养发展的态势，产值逐年提升。

2006 年，畜牧业实现产值 5500 万元，增加值 3300 万元。奶牛存栏 9506 头，年产鲜奶 2.375 万吨；肉牛饲养量 1126 头；羊存栏 2601 只，出栏 1500 只；生猪出栏 4621 头；禽出栏 4 万只；落实青贮饲料地 0.08 公顷，收青贮饲料 4.46 万吨。

2010 年，畜牧业实现增加值 6300 万元。奶牛存栏 1.07 万头，年产鲜奶 3.1 万吨；肉牛饲养量 6500 头，出栏 3500 头；羊饲养量 6700 只，出栏 2.5 万只；生猪饲养量 1.36 万头，出栏 7300 头；禽饲养量 1.1 万只；狐出栏 5.2 万只。

2015 年，畜牧渔业实现增加值 7030 万元。奶牛存栏 3600 头，年产鲜奶 8400 吨；肉牛饲养量 5300 头，出栏 3500 头；羊饲养量 7500 只，出栏 4000 只；生猪饲养量 1.05 万头，出栏 8000 头；禽饲养量 14 万只，出栏 10 万只。

2020 年，奶牛存栏 2800 头，年产鲜奶 1.5 万吨；肉牛存栏 600 余头；羊存栏 1230 只；生猪存栏 5030 头；禽 8.8 万只；实现畜牧业增加值 7000 万元。

第三节　动物防疫检疫

建场初期，鸡的疥癣病、禽霍乱、鸡瘟、马鼻疽、马趴窝、马 3 号病、猪瘟、猪蹄疫、猪副伤寒、猪丹毒、牛结核、牛羊布病、口蹄病都发生过，危害很大。兽医人员采取药液治疗。1957 年，开始用新药土霉素治疗马鼻疽病，疗效显著。1959 年，把阳性鼻疽马全部调给建设分场集中饲养管理。对猪瘟病采取注猪血清隔离病猪，或在病猪圈撒石灰或石灰水，对死亡尸体远离畜舍深埋。对肺疫病采取彻底隔离，接种疫苗，保护率逐渐提高。

1960 年起，相继出现牛羊布病、白肌病、马传染性贫血病。对牛羊布疫及时检疫，隔离阳性病畜进行控制；白肌病造成的肝炎、肠炎、心肌变性、肌肉变性等多种病变，造成猪和羔羊大批死亡。到 20 世纪 70 年代才找到微量元素缺乏的病因，采取补硒（亚硒酸钠）措施后，病患逐渐缓解；马贫血病是一种恶性传染病，根据需要建立 4 个病马封锁点，进行封闭防控，到 1984 年才全部解除。

家畜防疫工作，在防治并重、以防为主的方针指导下，长期坚持春秋两季定期检疫，检出患畜立即隔离处理；购入牲畜必须检疫或隔离观察；坚持严格防疫制度，自繁自养，禁止场内外牲畜接触；患病牲畜集中隔离饲养及时排除。到 1984 年，基本消灭了马鼻疽、猪瘟、猪肺疫、牲畜疥癣，有效地控制了牛结核、牛羊布病、口蹄疫、鸡新城病、禽霍乱、猪副伤寒、马 3 号病等疾病。

20 世纪 90 年代初，农场畜禽疫病主要是牛结核、牛羊布病、口蹄疫、鸡新城疫、禽霍乱、猪副伤寒、马传贫等。20 世纪 90 年代后，主要疫病为牛结核、牛羊布病、口蹄疫和禽流感。2003 年，奶牛布鲁菌病先后在 19 队、15 队、17 队、1 队、2 队、3 队和 37 队相继发生，共扑杀患牛 79 头，并对疫点进行封锁。

2004—2005 年，农场先后投资 106 万元，用于基层动物防疫体系建设，配齐常规化验药品和设施，动物防疫化验基本达到了不出场。

2006—2018 年，农场针对动物防检疫工作，相继制定了重大动物疫情应急预案，建立重大动物疫病防治储备金 50 万元，用于重大疫情的预防、监测、控制等。对检出的阳性家畜坚决宰杀，损失由农场给予部分补贴：奶牛成母牛每头补贴 5000 元，育成牛每头补贴 2000～3000 元，肉牛成牛每头补贴 2000 元，羊每头补贴 100 元；对于外购家畜要履行申报、审批程序，进行场外检疫，隔离半个月后仍为正常者方可引入；建立重大动物疫病防治责任追究制。在动物防检疫工作中，农场畜牧科统一部署，采取居民组（生产队）

分头防疫联合检疫的方式，使奶牛、肉牛、羊结核、布病检疫率达到了100%；加大了生猪定点屠宰厂的管理，畜牧科和定点屠宰场签订了屠宰管理工作责任状、动物检疫工作责任状。农场设2名检疫员严把宰前宰后检疫关，严格索证制度，杜绝了私屠滥宰现象发生。

2018年8月，国家发生首例非洲猪瘟，赵光农场作为非洲猪瘟防控应急处置指挥部成员单位，进行网格化属地管理，进行严密防控、严密封锁，确保了赵光农场无非洲猪瘟疫情发生。农场针对市场变化，对检出的阳性家畜坚决扑杀，其损失按文件规定给予补贴有所调整，并按照有关规定，由业务部门牵头，公安部门协助进行强制执行，对于未按申报、审批程序，私自外引、购入家畜的，检出疫病畜进行淘杀处理，处理费用由养殖户自行承担。通过责任制的建立，农场畜禽疫情得到了有效控制，奶牛、肉牛、结核布病检疫率达到了100%，"5号病"、禽流感、免疫率达到了100%。

2019年11月，农场深化企业化改革，农场畜牧科行政职能移交给地方政府。

2020年，农场有限公司根据上级的有关要求，在动物疫病防控人员组织机构安排和防控措施上做了详细周密的部署。重大动物疫病防控，实行区不漏户、户不漏畜、畜不漏针、针不漏剂的原则，应免尽免，不留空档；非洲猪瘟的防控实行包保责任制，由董事长和总经理任组长，公司副总经理任副组长，农业发展部和管理部门负责人、管理区主任、居民委主任及管理区畜牧兽医组成的四级网格全覆盖监管；强制免疫疫苗（预防猪瘟、高致病性禽流感、口蹄疫等疫苗），保证一畜一针，免疫密度达到100%。2019—2020年，进行无害化处理奶牛235头，报阳光保险并建立档案、奶牛焚烧图片存档。有效地控制猪瘟、高致病性禽流感、口蹄疫、布病等重大动物疫病的发生和传播。

第四节　屠宰与管理

一、屠宰场的建设

2004年前，农场的生猪屠宰都是散发型经营，弊端很多。为规范生猪市场管理，2005年，农场建成1个生猪屠宰场，实施生猪定点屠宰。

2013年8月，根据农场小城镇建设发展规划的要求，屠宰场迁至原糖厂家属区南1千米处，占地1.2公顷。设有待宰间20平方米、屠宰间260平方米、隔离间16平方米、检疫化验室26平方米。屠宰场设有消毒必备喷壶、符合标准的消毒池和排污等设施。屠宰场设计年屠宰能力为6.57万头。

二、屠宰场的管理

为了规范屠宰场的运行，2010年，农场以"景海生猪定点屠宰场"的名字向有关部门进行申报审批。批准号为垦屠准字004号，定点屠宰代码A32061201，动物条件合格证（北垦）动防合字第20180002号，代码编号为232906101180001。

在屠宰场的运行中，农场派驻两名官方兽医人员实行现场检疫。派驻的官方兽医人员负责接到检疫申报后，到现场或指定地点实施检疫。经检疫合格的，由官方兽医出具"动物检疫合格证明"，并对胴体及分割、包装的动物产品加盖检疫验讫印章或者加施其他检疫标志；经检疫不合格的动物、动物产品，由官方兽医出具检疫处理通知单，并监督屠宰场或者货主按照规定的技术规范处理。如屠宰场或者货主不按照规定处理不合格的动物、动物产品，由官方兽医代为处理，费用由屠宰场或货主承担。检查待宰动物健康状况，对疑似染疫的动物要进行隔离观察。官方兽医要按照国家的有关规定，在动物屠宰过程中实施全流程同步检疫和必要的实验室疫病检测。2016年8月后，屠宰生猪"产品合格证明""产地动物检疫合格证明"均为电子证，并保存12个月以上；农场与屠宰场责任人签订生猪定点屠宰场工作管理责任状。

第五节　草原与渔业

一、草原管理

建场后，随着大面积开荒和人口的增加，对草场资源掠夺式的开发利用，导致天然草原牧草品质、产草量显著下降。2007年以后，农场实施草原承包政策，把草原的建、管、用和责、权、利有机结合，从根本上解决草原的保护、建设、利用脱节问题，实现草原生态良性循环。

1995年，农场草原面积为3655公顷，2008年，农场对草原进行重新测量核查，草原面积3799.56公顷，可利用草原面积1475.46公顷，2009年全部承包给个人，承包期10年。承包形式采取联户和单户承包形式，其中单户承包面积677公顷，承包户数41户，联户承包面积798.47公顷，承包户数28户，草原承包费每年一收。牛每头30元/年，羊每只10元/年，其他放牧牲畜每只（头）15元/年，采草费50元/公顷。

2018年，黑龙江对全省草原进行了全面核查，经实地核验，农场最终确定草原面积为1919.26公顷。划定基本草原面积1538.88公顷，占草原总面积80.18%，非基本草原面积380.38公顷，占草原总面积的19.82%。2020年，农场国土草地规划指标面积保持在 2018 年的基础。

二、渔业管理

1985—2020 年，农场范围内有养鱼池 84 个、水库 11 个，水面约 467 公顷。1985 年后，养鱼池和水库都依法承包给个人。在管理上，农场畜牧科主要依据国家的有关法律，在养殖技术和动物防疫上加以指导和监督。水利建设科在养鱼池、水库的设置、开发程序、审批上进行监督和管理。在不破坏草原环境的基础上，农场鼓励和支持职工从事渔业养殖，并给予了政策上的优惠。

第五章　林　　业

林业经济在农场经济中占有不可或缺的重要地位，林业的发展与农业经济发展建设紧密相连。建场初期，为发展农业，开展了农田防护林建设，而为发展农田防护林，又兴建起了苗圃。从农田林网建设、苗木培育、树种繁育的发展，农场林业逐步形成了农田保护、环境绿化，林业行政执法完整体系，在拉动农场经济的快速发展中起着十分重要的作用。

第一节　发展概况

一、管理机构

1952年起，农场的林业工作先后由作业科、生产室、生产科负责。1964年，农垦局成立林业科。1969年，生产建设兵团时期，七团生产股设林业技术员。1977年恢复农场建制，先后由基建办公室和农建办公室设专人管林业。1980年，农场成立林业科。1984年成立农场直属林场，林业科和林场合署办公，下设营林股、林政股、经销股、财会股，主要职能是贯彻执行国家森林法规、林业生产、农田林网建设、苗木培育、绿化、树种繁育、护林防火等工作。

2000年，农场进行人事制度改革，林业科成为农场机关的职能部门，下设防火办。2019年，林政执法权移交给北安市政府，林业科停止林政执法。

2020年，农场有限公司运营后，林业科归属农业发展部，设林业副部长和1名技术员负责公司的林业工作。

二、林业发展

建场初期，农场的林业主要是经营苗圃。20世纪50年代末期，农业生产单位普遍建苗圃，苗圃面积最大时达26.67公顷，年产苗木400多万株，销售省内外20多个市县，获得很好的经济利润。这个时期，果树栽培已经普及，居民房前屋后都有果树。植树造林面积大，林木蓄积量也大。

"文化大革命"期间，生产队小苗圃相继撤掉，育苗仅维持自给性生产。

1979 年后，随着农场经济的恢复和发展，每年植树几百公顷，并且加速早期林带改造，管理制度不断完善。进行人工林普查，建立档案，林业生产出现新局面。植树造林成果显著。据 1984 年统计，建场 32 年累计造林 0.23 万公顷，保存面积近 0.2 万公顷，林木蓄积量达 3.6 万立方米。

2006 年，农场有林地总面积 2271.7 公顷，活力木蓄积 27.29 万立方米。2018 年，农场林地总面积达到 2782.7 公顷，活力木蓄积 29.27 万立方米。森林总面积增长 511 公顷，活力木蓄积增长 1.97 万立方米，森林覆盖率 6.3％。

2020 年，农场有限公司有林地总面积 2721.3 公顷，蓄积 29.11 万立方米，包括国有林地 2619.9 公顷，疏林地 28 公顷，灌木林地 11 公顷，未成林造林地 35 公顷，苗圃地 7.9 公顷，其他宜林地 19.5 公顷。

第二节　林政管理

建场初期，农场附近的天然林没有明确的管理责任，靠近农场土地附近的边缘林地林权不清或无人管理，农场主动保护国家林产资源，不乱砍滥伐。地方林场建立后，农场遵守国家林业政策和法令，主动接受地方政府检查和监督。"文化大革命"期间，无政府主义泛滥，毁林现象严重。

1982 年，国务院颁布关于制止乱砍滥伐森林的紧急指示后，农场规定：农场的林权归林场所有，任何单位和个人无权擅自采伐树木，需要采伐树木必须经林场审核批准，否则将依法惩处；在各管理区、生产队建立护林机制，强化林政队伍建设，依法护林。1988 年，林业科成立林政股，设林业助理员负责处理林政案件，安排营林员看护场区内林木，有效遏制了乱砍滥伐现象。1984 年，全场共处理林政案件 56 起。2001—2003 年，共查处林政案件 75 起，挽回直接经济损失 10 多万元。2006—2018 年，农场共查处林政案件 19 起，处罚 25 人，挽回直接经济损失 5 万余元。

2019 年 1 月，农场企业化改革，林业科行政执法移交给北安市政府后，至 2020 年，农场有限公司农业发展部林业科主要负责植树造林的规划，指导全公司的植树造林工作。

第三节　林木种苗与资源开发

一、苗圃与种苗

建场初期，农场第一个苗圃原是通北县县营苗圃，1952 年转卖给农场改名通北农场苗圃，1953 年转给红星农场经营。1958 年农场办事处时期，改称赵光苗圃，农垦局时期改称前进苗圃。1976 年恢复农场体制后称赵光农场一分场苗圃。

1964 年，农垦局时期，各农场都建有一定规模的苗圃。1965 年春，农垦局在耕读中学（农场高中）校田地东侧建立中心苗圃，生产用地 11 公顷，由学校管理，作为学生耕读劳动生产基地。农垦局投资，学校负责生产管理，林业科负责苗木分配。1974 年，中心苗圃撤销。1976 年，农场在场部南建立场直苗圃。1979 年福安农场并入后，4 个分场苗圃分别划归分场工副业队管理。5 个苗圃共占地 26.67 公顷，有专业的技术人员负责苗圃的育苗工作。苗圃均采取秋整地秋施肥、春季按计算播种量播种，采用床式育苗、扦插用垄式育苗。育苗的树种有柳树、杨树、水曲柳、樟子松、云杉、落叶松、丁香、桃红等。这期间，每年生产的苗木除了满足场内造林绿化外，还可向农场外销售。

1995 年，分场撤销，各分场苗圃相继解体，停止育苗。农场直苗圃还每年坚持播种育苗 0.26~0.33 公顷，主要以落叶松为主。2000 年以后，农场造林绿化需要的大部分树苗都从外地购入。2007 年后，中心苗圃也转卖给职工个人，改营为塑料大棚少量育苗、花卉，大批种植蔬菜。

二、经营管理

1952 年，通北农场苗圃 7 个人经营 4 公顷苗地。主要生产任务是育苗，育有落叶松、赤松、杨树、榆树、水曲柳、唐槭、山丁子、丁香等苗木。技术操作简单粗放，成活率低。1958 年，苗圃面积 8 公顷，从业者有 20 多人，忙季还雇用大批临时工人。采用床式育苗，扦插用垄式育苗。育苗的树种有柳树、杨树、水曲柳、樟子松、落叶松、丁香等；果树品种有黄太平、海棠、李子、树莓等 20 余种。在苗木生长期间，大致在 6 月上、下旬和 7 月中旬各除草 1 次，松土 1 次。针叶树苗出土后，每隔 7 天喷洒 1 次波尔多液，直到木质化为止。夏季多雨季节，杨树苗易得黄锈病，采用石硫合剂，在 6 月上旬每 7 天喷洒 1 次，以防病发。

农垦局时期，中心苗圃 10 多公顷土地。育苗以杨树、落叶松树苗为主，年产 100 万株。1966—1976 年，育苗面积逐年减少，1974 年育 5 万株果树苗，苗圃土地多半拨给一师后勤部作蔬菜用地。1976 年，苗圃育苗面积仅 0.26 公顷。1980 年扩大到 4 公顷。育苗以落叶松、杨树、白皮柳为主，还有水曲柳、丁香、樟子松和少部分果树苗。苗木供应范围主要满足农场植树造林和绿化需要。1985 年，农场开始兴办家庭林场，苗圃相继转包给个人，育苗主要供给农场植树造林。

三、资源开发

2008 年起，根据上级有关文件的要求，农场先后投资建设了苗木花卉基地、黑木耳生产基地、蔬菜大棚产业基地，发展退耕还林后续产业。

（一）苗木、花卉产业

2011 年，农场建成林木种苗繁育基地，占地面积 27 公顷，总投资 54.1 万元。基地主要培育有王族海棠、紫叶稠李、糖槭、云杉、樟子松和各类灌木等 300 余万株，每年培育各类花卉 50 万株，每年可创产值 150 余万元。为农场绿化提供了大量优质苗木和花卉，降低了绿化成本，同时每年还解决农场 40 余人的就业问题，人均增收 3000 余元。

（二）木耳基地产业

2011 年，农场建成木耳基地，总占地面积 2 公顷，总投资 120.12 万元。基地种植规模为 80 万袋，每年种植两次，可创产值 300 余万元，每年约 120 人从事或受益于食用菌产业，人均增收 3000～4000 元。

（三）蔬菜大棚产业

农场建成蔬菜大棚基地，总面积约 6.7 公顷，总投资 182.05 万元。每年可创产值 200 余万元，承包户年增加收入 6 万元以上。

（四）林下经济

2019 年，农场实施退耕还林计划后，依托资源优势，发展林下经济，重点进行林菌、棚菜、溜达鸡、生态鹅等特色种植、养殖，实现产值 1970 万元，带动就业 200 余人；山产品采集业，山野菜、菌类 320 吨，产值 360 万元；养殖溜达鸡 1.5 万只，生态鹅 8 万，创产值 660 万元；狐貉 1 万只，创产值 500 万元；培育孔雀草、串红、万寿菊、牵牛花等花卉 50 万株，出圃云杉、糖槭、稠李等苗木 10 万株，创产值 150 万元；有机绿色蔬菜种植面积 20 公顷，创产值 120 余万元。

2020 年，公司实现林下经济总产值 2052 万元，带动职工就业人数 300 余人。山产品采集业，山野菜、菌类 340 吨，创产值 280 万元；林下生态养殖业，养殖溜达鸡 2 万只，生态鹅 16 万只，创产值 1140 万元；狐貉 0.8 万只，创产值 400 万元；培育孔雀草、万寿菊、牵牛花等花卉 30 万株，出圃云杉、糖槭等苗木 4 万株，创产值 60 万元；有机绿色蔬菜种植面积 2.33 公顷，创产值 20 余万元。

第四节　造林绿化

1951 年，农场开始营造农田林，以后逐年扩大面积，1952 年有 39.93 公顷。

1963—1968 年，农垦局设计农田防护林体系，制定了营造规划。"文化大革命"期间，林业工作基本处于停顿状态。1978 年，农场进行疏透结构的林带，规避了紧密结构的弱点，提高了防护作用。1979 年，农场加快了植树造林，制定农田林网化的一系列措施，建立健全各种管理制度，造林质量越来越好，平均成活率 85％以上。1979—1984 年，累计造林 1354 公顷，营造林带 1137 条，其中主林带 900 多条，农田基本实现了林网化。1984 年，农场林业科对全场人工林进行普查，建立了 0.2 万公顷的农田防护林、用材林、经济林、薪炭林等人工林档案。据调查，全场还有 0.27 万公顷的天然次生林地。森林覆盖率为 7.7％。

1985 年，农场开始推广抗灾性强、生长快的小黑杨、白皮柳、水曲柳等阔叶树种，并把每年两季造林改为秋整地春造林或秋挖穴春栽树，农田防护林秋整地起垄，春造林，宽行距，林粮间作，人栽机管，成活率在 85％以上。

2006 年后，农场把植树造林作为环境建设的重要内容。2006—2010 年，农场利用荒山荒地完成造林总面积 227 公顷，其中三北防护林 120 公顷，居民住宅小区、主干道路沿线绿化面积 400 余公顷，累计栽植苗木、花卉 120 余万株。2010 年统计，农场林地面积为 3641.6 公顷，占农场总面积的 7.1％。

2011—2018 年，农场按照"林荫型、景观型、休闲型"城市绿化理念，高标准、高质量打造了一批有特色的景点：水上公园、植物园 21.67 公顷，栽植苗木 160 余个品种，采取自然式和规则式的栽植方法，营造出乔、灌、花、草相搭配，亭台楼阁相间的自然优美生态景观；建造围城林 16.4 公顷，栽植苗木 11.7 万株，成为观光景点和生态休闲场所的森林氧吧；实施绿色通道工程，绿化里程 55.9 千米，绿化面积 51.47 公顷，栽植苗木 16 万株。

2019 年，实施"见缝插绿"工程，完成了农场迎宾路、为民街、惠民路沿线绿化补植面积 8 公顷和天河小区、污水处理厂绿化面积 3.33 公顷，绿化苗木 6300 株，成活率达 90％。绿化覆盖率 40.15％，人均公共绿地面积 22 平方米。2020 年，农场有限公司完成绿化补植补造面积 33.34 公顷，累计植树 7.99 万株，其中荒山造林补植补造 13.34 公顷，栽植云杉、樟子松 0.7 万株。

第五节　森林防火

建场 70 多年来，农场护林防火工作一直坚持"四个到位"的措施：①组织到位。每年都成立护林防火委员会，总指挥由场长兼任，各有关科室领导任委员；各管理区及居民委也相应成立护林防火组织。总指挥部办公室设在农场林业科，由林业科长担任办公室主任，主持日常护林防火工作。②宣传到位。每年到防火期，总指挥部通过媒体广泛宣传护林防火的意义和农场的有关规定。各管理区及居民委通过印发宣传单、板报、张贴标语等形式，发放防火公约、悬挂防火旗，主要地段设置防火警示牌，宣传《森林法》《森林防火条例》。③责任到位。谁主管谁负责，层层签订责任状，领导包职工、职工包家属、教师包学生、护林员包地块。④资金到位。每年都有森林防火专项基金，用于防火的有关费用。

　　每到防火期，农场指挥部及时向全场下发通知，不准在防火期烧荒、野炊、上坟烧纸、室外吸烟。对重点火险区域进行死看死守，领导亲自值班，防火办及快速扑火队24小时待命；绝对禁止车辆和人员入山，保安员兼职护林防火员，进行巡护巡查，严防火种入山。农场组织有关人员在重点部位进行检查，实行清山、清沟、清河套、清除闲散人员，最大限度地排除各类火险隐患。建立火灾层层责任追究制度，按林业法令和防火公约规定严肃处理。坚持以预防为主，不断加大宣传教育力度，职工森林防火意识不断提升，从未发生过森林火灾。

第六章 工 业

建场初期，工业多层次办厂，在农场的经济发展中占有很大的比重。经过70多年的发展历程，农场的工业从起初的农机具修理、粮油的加工、砖瓦的制造小作坊式的经营逐步发展成为具有一定规模的工厂形式的经营，工业企业经营的内容和项目逐步扩大，获得的经济效益也从开始的自给自足逐步发展成为年利润千万。进入20世纪80年代后期，经过企业股份制改造改革，在经营体制上，农场的工业企业引入市场竞争机制，完全进入了私营企业的经营模式。

第一节 发展概况

一、管理体制的变革

建场初期，工业属多层次办厂，谁办谁管，没有专门管理机构，生产企业依附有关部门进行生产。1948年，农机具修理工厂和粮油加工等单位隶属业务股、业务科。1950年隶属机械科，并建砖瓦厂。1951年修理工厂、粮米加工隶属作业科，油坊、豆腐坊及其他副业性质的工业隶属经理科。1952年，米面加工又隶属经理科。1960年后，通北农场畜牧队建奶粉厂为通北农场管辖；1980年，第六生产队建的奶粉厂为一分场管辖。1984年农场接管后成为农场直属企业。木材加工厂隶属基建部门领导。1977年，恢复农场体制后，各工业单位由场主管副场长直接领导。1983年成立工业公司，对绝大多数工业部门实行统管。初步理顺了领导关系，但分场、生产队自办的一些农机具修理、小砖厂等工副业单位仍自行管理。

1985年后，农场调整产业结构，加强了工业管理，农场设有工业副场长主管工业工作。1987年，农场成立工业科，具体负责工业管理工作。1997年后，农场的中小工业企业相继转售给个人，企业由个人经营，工业科转为服务指导性管理。

2020年，农场有限公司运行，成立产业营销部，负责二级产业子公司企业产品仓储、物流、交易管理服务工作。

二、工业发展

1948 年，最先在场部办起来的是简陋的小烘炉、小油坊、小磨坊、小粉坊、小豆腐坊等小工业。1950 年后，榨油、制米、修理、制砖等行业的机械设备和动力设备不断改制和购进，生产逐步工厂化，规模不断扩大，农场工业开始进入初级发展阶段。1952 年，在朱德副主席"要搞多种经营，做到不亏损"指示的鼓舞下，农场职工奋发图强，工业生产不断发展。到 1957 年，农场工业产值 25.3 万元。1958 年，农场新建了农机修理、粮油加工、机制砖瓦、木材加工及苦土瓦、白灰、细菌肥料、炸药、皮革、人造纤维、饲料加工、酱菜、食品、啤酒、酒精等 24 种 41 座工厂。但后来不少工厂因原料缺乏、成本高、质量低、产销不对路而停产。例如赵光啤酒因水质不佳，于 1961 年被迫停产。尽管如此，其余工厂坚持为生产生活服务的宗旨，生产得到较快的发展，产值超倍增长。1958年产值达 100 多万元，获利 37 万元。1959 年，农场和所属 6 个分场被列为工业项目的有发电、机械加工和修理、制砖、木材加工、制酒、制油、米面加工、制糖、酱菜、皮革、制鞋、肥料、淀粉等 20 余种。其中柴油机发电超过 90 万千瓦·时，产值 8 万元；机械加工和修理产值 180 多万元；粮油产品 3000 多吨，产值 100 多万元；制砖 130 多万块，产值 25 万元。年工业总产值近 500 万元，占当年工农业总产值的 38.6%。

1970 年后，兵团时期，中小工厂除原有的以外，又增加了烧砖、木器加工、罐头、制药等工厂，前后累计有 100 多个大小工厂，其中较大的 8 个。特别是室内外烧砖、制酒、皮革、面粉、酱菜、豆制品和淀粉生产的工厂遍布农场。但由于经营不善，投入多、产出少，严重亏损。1970 年，农场苦心经营的机械修配厂和水利队被一师后勤部接收，1979 年，粮油加工厂又被北安农管局接管。这些实力雄厚的骨干企业全部移交后，农场工业基础大大削弱，生产能力急剧下降。1979 年工业产值 160 多万元，只占上年度产值的 49%。

1980 年，农场开始整顿企业，理顺产业结构，建起修造厂、乳品厂，扩建饲料加工厂。1984 年产值 277 万元，占工农业总产值的 9.9%。

1985 年后，农场相继开始了乳品厂、啤酒厂、造纸厂、醋厂、果浆果酒厂、罐头厂等工业项目的建设。但除乳品厂外，其他企业都因亏损而倒闭。

1990 年，农场为做大做强飞鹤乳业，对乳品厂进行更新改造，使日加工鲜奶由最初20 吨增加到 60 吨，同时加大市场开发力度，到 20 世纪 90 年代末，飞鹤乳品已经畅销全国，飞鹤乳业年创产值 5000 多万元。1993 年，农场投资 600 多万元，对粮油加工厂进行更新改造，改造后的工艺技术水平在当时国内同行业属一流水平；制砖、木材加工、机械修理等行业在当地同行业也都属首位。

1997 年，农场对乳品厂、粮油加工厂和砖厂实行股份制改造，其形式基本是农场控股，职工参股。供电局和修造厂实行承包经营，全员风险抵押。粮油加工厂全部股本 1105 万元、乳品厂全部股本 808 万元、砖厂全部股本 225 万元、修造厂全部股本 62 万元，一次性转售本厂职工。1998 年，经评估，乳品厂以 700 万元，砖厂以 192 万元采取分期付款的形式转售给本企业职工，还款期 5 年。2000 年，农场对粮油加工厂实行企业内部全员参股，组建富雪粮油加工有限责任公司。

2000 年以后，农场把工业发展园区化纳入工作重点。工业园区面积 35 万平方米，有九三油脂、完达山乳业、北大荒种业、中服北安麻业、富雪粮油、龙光机械厂等 17 家企业。2010 年，农场成立中小企业服务中心和协会。到 2020 年，农场有限公司中小企业协会已经拥有私营企业会员 30 余家。

第二节　主要工业

一、改制前的主要工业

（一）机械修配

机械修理业是从小烘炉发展起来的。1948 年春，为修复日伪时期遗弃的废旧农机具，在一间 175 平方米的破草房里搭起一座小烘炉，用两台老虎钳子和 5 件手工具，进行简单的机具修理，这就是最初的修理组。1950 年，新建 430 平方米砖瓦厂房，修理组扩为修理所，分设修理组、车工组、钳工组、烘炉组、电工组和动力组，有设备 37 台（件）。国家调拨来一批机床、大修仪表和多种试验器、喷油嘴试验器等设备。1952 年，修理所又增设钳工组、翻砂组、试验室、材料库、办公室等。1952 年，各种设备增加到 81 台（套），设备资金 79 万元（东北币），职工增加到 80 余人。修理能力可以进行一般的瓦斯焊、套螺丝、打铁、钣金、充电、下气门座、挂瓦片、铣缸筒和喷油嘴、阻油圈、汽顶活塞、拖拉机、联合收割机等修理，进行马力试验、调试喷油嘴和联合收割机牙轮等一般零件铸造。1954 年，修理厂又扩为修配厂，农机具维修能小修不出作业区，大修不出厂。产值连年增长，1957 年产值 25.3 万元。

1958 年，修配厂改称农场办事处中心修配厂，各农场均设修理所。中心修配厂自力更生，自行设计制造龙门床、全齿车床和铣床、冲天冶炼炉。当年工业总产值达 119 万元，利润 37 万元。1959 年，农场中心修配厂及 6 个分场修理所以修为主，修造结合，制造零配件 1.17 万件，自制粉碎机 33 台、榨油机 20 台、扬场机 2 台、代燃炉 2 套、10 吨油压机1台、热处理炉和暖风炉各1座，制造土洋炉10座。1960年，除完成机修任务外，还生产1016种农机配件4万多件，产品销往哈尔滨、绥化等地，创产值50多万元。

1968—1976年，生产建设兵团时期，中心修配厂改名七团修理连，增加一个军工车间，以维修各种枪支武器为主。1977年，农场机修总产值26.8万元。1979年，农场机修创产值48.8万元。1983年，以汽车队修理为基础筹建修造厂，进行铸造、修理、机加、锻焊、配电等，创产值77.4万元。1984年，农场修造厂设备32台（件），固定资产25万元，职工增加到27名，主要承担各种机械车辆大修任务，还有一些小型加工制造项目，年产值70万元，占全场工业总产值的11％。

1985年后，修造厂以修修补补的零活为主，效益不好。1990年初，开始实行厂长负责制后，进行技术改造，生产出小型农机具，销往海伦、逊克等地，产品外销率80％以上，企业效益有所回升。

1997年，农场对场办工业企业实行股份制改造。修造厂全部股本62万元，进行一次性转售，内部职工股金39.3万元，占63.4％，相关人员股金22.7万元，占36.6％。修造厂转制后，开发新产品，有耕耙整地、种植施肥、田间管理、植保晒场、收获、装卸和运输机械等7个系列，100多个。同时生产12马力小型拖拉机配套的三铧梨、除草机、点播机和镇压器。创产值180万元，实现利润18万元。1998年，修造厂又先后研制生产了喷药机、4.4液压耙、扒谷机、白瓜子分离机等，当年实现产值150万元，利润15万元。2000年后，由于受市场因素的影响，修造厂经济效益逐渐走向低谷。2010年，修造厂倒闭。

（二）粮油加工

1948年春，农场与赵光区合作社合资经营1座小油坊，用手工螺旋榨土法加工。1950年10月，农场自建1座291平方米马棚改成的油坊，购进1台5眼榨油机，年产豆油1.4万千克。1951年，又增加1盘石磨和1台中筒式制米机，年产玉米面1.3万千克，面粉9.6万千克，豆油2.7万千克。

1958年，农场办事处粮油生产自成体系，8个农场有6处加工厂，自定产品标准和价格，自给自足。1959年，生产面粉2759吨，豆油44吨。

1962年，国家实行粮食生产的统购、统销。经黑龙江省农垦厅和粮食厅批准，农垦局建1座日产8～10吨的面粉厂。1963年开工改建厂房，实现年加工面粉1634吨，创产值59.6万元，经营利润9.4万元。1966年，加工面粉4045吨、豆油122吨，产值153万元，利润4.8万元。1967—1969年，连续3年亏损47.15万元。

1970年，修建了1座日产200吨面粉的1711平方米5层厂房和1000平方米日产25

吨豆油加工车间，有厂房 5669 平方米，职工 219 人，年创产值 390 万元。1979 年，被农垦北安管理局接管。1991 年，粮油加工厂又重新归属农场管理后，农场投资 600 多万元，对粮油加工厂厂房和设备进行更新改造。改造后能生产特一、特二和专用面粉，年加工能力 3 万吨。其工艺技术水平在当时国内面粉加工行业属一流水平。年加工小麦粉产量 9602 吨，企业实现利润 79 万元。

1997 年，农场对场办工业企业实行股份制改造，原粮油加工厂改设为三家经营实体，挂面车间和制油车间转售个人经营，制粉车间实行股份制经营，成立富雪面粉股份公司。公司股本 1105 万元，农场控股 773.5 万元，占 70%，内部职工股金 239.5 万元，占 21.7%，农场相关人员股金 92 万元，占 8.3%。2000 年 9 月，农场将粮油加工厂的净资产作价一次性出售给粮油加工厂职工，在企业内部实行全员参股，组成有限责任公司。农场转售的产权和原粮油加工厂所欠农场的债务合计 479.4 万元，均由新组建的富雪粮油有限责任公司的法定代表人负责在 2008 年底前全部还清。改制后的企业设生产、经营、销售和财务等部门，有员工 71 人。富雪粮油有限责任公司顶住了市场价格波动的压力，产生了很好的经济效益。

（三）乳品生产

1962 年，农垦局在通北农场畜牧队建立奶粉厂，生产全脂奶粉和少量奶油，产品报请国家商业部，以"飞鹤"牌全脂奶粉商标注册，经销全国。1965 年，由于奶源不足，奶粉厂被迫停产。

1980 年，农场在原红光营筹建赵光奶粉厂，产品沿用"飞鹤"牌注册商标。到 1983 年累计生产奶粉 107 吨。

1984 年，农场利用资源优势，投资 221.1 万元，设计新建一座具有现代化生产水平的日处理鲜奶 20 吨的中型乳品厂。1988 年，进行二期扩建，日加工鲜奶 40 吨。1996 年，农场投资 300 万元对乳品加工进行改造，日加工能力达到 60 吨。乳品厂建成后，主导产品为"飞鹤"牌奶粉。从鲜奶收购、净乳、浓缩、烘干、包装及产品销售都实行质量控制，产品合格率 99%，特级品率 95%。1990 年"飞鹤"牌加糖速溶奶粉被评为"垦优"产品。母乳化奶粉、豆乳粉、婴儿奶粉等新产品相继问世，产品远销辽宁、安徽、江苏、浙江、广东、湖南、湖北和北京等地。1990 年，累计销售乳品 3380 吨，创产值 1906 万元，实现利润 98 万元。

1996 年，面对乳品销售市场竞争，乳品厂聘请了哈尔滨工业大学教授为市场营销部经理，实施飞鹤乳业集团市场营销战略。上半年投资 50 万元，在中央电视台、中国青年报、山东卫视等进行广告宣传。下半年又投入 100 万元，在山东济南、青岛进行一个月的现场促销活动。11月在黑龙江电视台、新晚报等媒介进行广告宣传，买断了哈尔滨至菏泽的列车宣传广告搞促销。1998年，与省中医药大学联合开发保健护肝奶粉，并向市场投放六种铁厅礼品盒奶粉，取得了很好的经济效益。

1997年，农场实行企业股份制改造。乳品厂全部股本808万元，其中农场控股412万元，占51%，企业职工股金275万元，占34%，农场相关人员股金121万元，占15%。经评估，乳品厂以700万元分期付款的形式转售给企业职工。1999年，农场以债权转股权形式向乳品厂注入资金1040万元，2000年，农场将国有资本退出乳品厂。2001年5月，按照总局部署，赵光农场乳品厂加入完达山乳业集团，脱离了农场的管辖后，迁至克东县，另建新厂址和新厂。

（四）砖瓦生产

1950年9月，农场建起第一个小砖瓦厂。有5座马蹄窑和方框窑，雇用35名临时工，用毛草和榛柴作燃料，当年烧灰，制成红砖118.5万块和土瓦17万片。1952年，增建5座马蹄窑、6座方框窑，职工160人，年产红砖480万块，存毛坯544万块。1953年，有职工90人，进行人工手扣坯，年产红砖520万块，合格率达80%以上。

1960年，砖厂仿制2台木质制砖机用于生产，开始向制砖生产机械化迈进。1962年，新建1座24门轮窑（4.3万平方米）、98栋水坯架棚，配备推土机1台，1台日产8万～10万块红砖的150型制砖机，5台修理车床。1965年，产红砖300万块，产值14万元，经营利润3.5万元。1968年，工人增至230人。到1976年，共亏损40余万元。1977年以后，制砖生产逐步走向正规，1978年后转亏为盈。

1986年，全面落实承包责任制，对砖坯成型、瓦坯成型、焙烧车间进行承包。当年成型一级品率达到98%，干燥一级品率96%。1986—1988年，生产红砖1936万块，实现产值237万元，实现利润31万元。

1989年，制砖厂采用内燃和油龙的先进生产工艺，每万块红砖煤耗由每240千克降到95千克，红砖质量稳步提高。1990年，生产红砖突破1000万块，上缴利润15万元。1992年，实行经营承包责任制，一级品率在98%，年生产红砖1510万块，创利润30万元。每万块红砖煤耗由95千克降到70千克。1995年，生产红砖1948万块，完成计划195%，实现利润100多万元。

1997年，农场对砖厂以全部股本225万元，农场控股165万元，内部职工股金60万元进行股份制改造。砖厂以192万元，采取5年付款的形式转售给本企业职工。从此，砖厂转公营为私营企业。

（五） 制材生产

建场初期，农场为解决基本建设木材，年年组织上山采伐，采伐量在 500 立方米左右，采用人工手锛锯锯材的办法加工生产板材。1952 年，农场购进 1 台木工带锯机，年加工原材 500 立方米，提高效率 66.7％。

1967 年，农场建 1 座 606 平方米厂房，配有修锯车间和木工车间。同基建队合并后，称制材车间。1969 年，大径木材用带锯加工，小径木材制灰条用圆盘锯加工。1975 年，又建 600 平方米砖瓦结构的木工车间，除加工基建房屋用材外，还制作家具、学生课桌板凳、办公桌椅和卷柜。

1977 年，改称制材厂，新购入 3 台木工带锯机，大径木材都用带锯加工，良材率达 65％，年加工板方材 1019 立方米，制家具 1000 余件，创产值 44 万余元。1984 年，有职工 77 人，设有生产车间、修理车间和家具车间，生产用房面积 1308 平方米。年加工板方材 1397 立方米，生产家具 2726 件，创产值 85.6 万元。

1991 年，制材厂生产步入低谷。1994 年，根据市场行情调整生产项目，新上华丽板项目，加工华丽板门。实现利润 4 万元。1995 年后，主要以对外承包基建工程为主。1997 年，制材厂解体，人员划归建筑公司。

（六） 啤酒厂（工副业队、食品厂）

赵光农场啤酒厂建于 1985 年 5 月，总投资 86.5 万元，年生产能力 3000 吨，产品为 10°、11°、12°瓶装啤酒，主要在当地和周边市县销售。1986 年，生产啤酒 700 吨，1987 年，生产啤酒 1300 吨。两年累计亏损 60 万元，亏损的主要原因是啤酒厂的建设没有经过充分论证，加工设备落后、工艺落后、损耗较高，造成啤酒质量不稳定。1989 年啤酒厂停产。

1991 年，啤酒厂改名为工副业队，与庆安啤酒厂联营生产"小白桦"饮料和挂面。饮料车间实行有偿销售，工人晚间生产，白天推车销售。全年生产饮料 60 吨。1994 年，工副业队更名为食品厂，有偿租赁给外地客商。年内实现了收支平衡。1996 年食品厂划归乳品厂管理，实行租赁经营。2000 年，食品厂销号。

二、中小企业服务中心

1997 年后，农场相继对乳品厂、粮油加工厂、砖厂实行股份合作制改造，供电局、修造厂实行承包经营。转制后，这些企业都成为私营企业。

2010 年，农场在扶持现有工业企业基础上，积极谋划引进新项目，支持个体私营经济发展，成立了"中小企业服务中心""中小型企业协会"，归属农场工业科管理。服务中心实行日常接待和定期工作日方式。在定期工作日，由各职能部门集中办公，对企业和拟建企业在政策解答、信息咨询、项目开发、融资服务、产业升级、人才培训、市场营销等方面提供服务，帮助企业解决了很多疑难问题，促进了企业依法经营、健康发展。

服务中心和协会成立后，多次接受了黑龙江省、农垦总局、农垦北安管理局电视台和报社的采访，为企业扩大影响，拓宽产品经销途径，起到了很好的促进作用。2020年，农场中小企业协会已经拥有私营企业会员30余家。

第三节　项目建设与市场开发

一、项目建设

2006年9月，中服北安农垦麻业有限责任公司（注册资本1000万元）在赵光农场成立。赵光、红星、建设农场各出资100万元，作为该项目的股东。汉麻产业拉动农场经济的发展。2006年12月，农场职工个人投资建设的豆花香豆制品厂正式投产，其生产规模在北安地区豆制品加工行业中处于领先地位。2007年5月，农场与绥化农机研究所合作，投资建设了"赵光天顺亚麻厂"，年加工能力3000吨。

2009—2015年，农场先后引资建设了玉米仓储烘干项目23个，建设烘干塔29座，日处理玉米能力1.2万吨。2013年，在农场工业园区，九三油脂集团投资2.3亿元，年产2万吨豆浆粉项目建成投产。

2016—2018年，农场相继吸引社会资金在管理区建成7座大豆精选塔，扩大了农场大豆销售渠道，增加了大豆生产的利润。

2020年末，农场对储备论证的陶粒页岩矿开发、速冻蔬菜加工、生物有机肥生产、环保秸秆板、秸秆活性炭、仓储物流园区等项目，进行招商引资。

二、资源开发与项目价值

农场建场70多年，农场工业的发展是经济总量从小到大，企业实力从弱到强，经营方式由国营向市场经济制度转变，产品生产从自给自足到经销全国。

1985年，农场在兴办家庭农场的同时，也重视工业的发展。乳品厂、啤酒厂、造纸厂、醋厂、罐头厂及制砖、木材加工、机械修理等项目先后投产运营，年创利润累计2800多万元。

1997年，农场对乳品厂、粮油加工厂和砖厂实行股份合作制改造，供电局和修造厂实行承包经营，全员风险抵押。2000年，农场进行工业园区化建设。纳入了九三油脂、完达山乳业、北大荒种业、中服北安麻业、富雪粮油、龙光机械厂等 17 家企业，其中有 2 个国家级和 1 个省级农业产业化龙头企业。

2006 年，农场实施工业项目牵动战略，扩大招商引资。相继开发了月见草籽加工及马铃薯淀粉、陶粒用页岩矿、秸秆中密度纤维板项目；依托完达山乳业，发展奶牛业；提高富雪粮油有限公司的生产量，加快制砖厂生产原料的转型。

2007—2009 年，农场累计实现工业增加值 8600 万元，累计销售收入 2.31 亿元，累计利润总额 1200 万元；累计实现招商引资额 4300 万元，外贸出口额 350 万元。开工建设长绒鹅屠宰、羽绒加工、水稻加工和陶粒页岩矿、秸秆活性炭等重点项目。2009 年，赵光砖瓦制造公司投资 300 万元建设的免烧砖项目投产，年产砖 1000 万块；农场与兴凯湖机械厂合作建设了玉米烘干和机械制造加工项目，日处理玉米 500 吨。

2010—2013 年，农场招商引资建设烘干塔 1 座，日处理玉米 500 吨；扶持饲料厂进行全价配合饲料扩建项目，年产饲料 1 万吨；引进投资 500 万元以上的加工项目 1 个。农场累计实现招商引资额 1.22 亿元，实现外贸出口 690 万美元；累计实现销售收入 23.2 亿元，累计工业增加值 2.4 亿元，累计利润总额 3200 万元。

2014 年，农场实现工业销售收入 11.4 亿元，工业增加值 1.29 亿元，利润总额 2100 万元；实现招商引资 4290 万元，外贸出口 220 万美元。以玉米种植为资源，引资 1500 万元，建设玉米深加工项目，年加工玉米 5000 吨。

2018 年，农场扶持富雪粮油公司、砖瓦制造公司产品转型升级工程；依托大农网逐步完成"互联网＋N"建设，使农业、工业、物流、电子商务、社会事业形成产业集群效应，实现工业销售收入 3 亿元，工业增加值 8500 万元，利润总额 1500 万元；实现招商引资额 2 亿元，外贸出口额 200 万美元。

2020 年，农场有限公司借助国家优质大豆良种繁育基地和辖区烘干企业众多优势，协调种植户与周边 12 家种子公司签订 1.13 万公顷大豆销售订单，与辖区玉米烘干企业签订的 1.26 万公顷玉米销售订单，农作物订单种植率 73％，秋粮销售订单履约率达到 98％，实现产业增加值 0.12 亿元。

第四节　工业园区规划与建设

2006 年 9 月，农场工业园区建设顺利通过黑龙江省级中小企业工业园区验收，成为省级中小企业工业园区之一后，农场确立了工业发展园区化，企业项目向园区聚集的思路，为吸纳更多的企业和资金到农场开发建设创造了条件。

2009 年，以九三油脂集团北安分公司为核心的赵光农场工业园区，已有包括富雪粮油、政鑫制砖、粮贸公司在内的 5 家企业。园区分为农畜产品加工、建材加工和机械制造三个产业区，总规划面积 399 公顷。其中，现有工业区 66 公顷，中期发展工业区 48 公顷，远期预留工业区 179 公顷。

2011 年，农场委托杭州普迪规划公司对工业园区重新进行规划设计。园区划分为农畜产品加工、建材加工、机械制造和物流服务 4 个产业区，总规划面积 417 公顷。工业园区土地、规划、环评等审批手续通过了上级相关部门批准。

2018 年，农场根据项目入驻情况，对工业园区道路、电力、供水、场地拆迁平整等进行了基础设施建设，累计投入资金 1200 万元。工业园区先后有北虫草生产、粮食烘干仓储、速冻蔬菜加工、铸件加工、豆浆粉生产、生猪屠宰等 10 个项目落户。

2020 年，农场有限公司在工业园区初步规划设计了 10 万吨粮食仓储物流基地项目，项目建成运营后，利用仓储功能与中储粮、大连期货交易所、北大荒粮食集团等大型粮商建立合作关系，作为其基地储备库或交割库；发挥粮食销售主渠道功能收购家庭农场和周边农户粮食，起到价格引领和市场导向作用。

第七章　水　　利

　　赵光农场少河少水，只有乌裕尔河及其支流轱辘滚河两条，还有流入乌裕尔河的数十条大小自然水线，最大的是轱辘滚沟。在建场初期，这些自然条件对农场的农业发展有着很大的影响。20 世纪 80 年代，治水改水，进行水利基础工程建设被提到农场发展规划的议事日程。经过 30 多年开发建设，农场小流域综合治理取得了显著的成效，为农业发展和职工群众的生活提供了坚实的保障。

第一节　水利工程建设与管理

一、水利工程管理机构

　　1992 年以前，农场设置基建科，1992 年，成立水利建设科。建设科和水务局合署办公，领导交叉任职。水务局主要负责农场的水利工程管理、防汛抗旱、水政水资源、人畜饮水及小型农田水利、水土保持工程建设的前期立项、设计、招投标、结算、工程质量和安全的监督管理等工作。

　　2019 年，农场企业化改革，水利监督执法移交给北安市政府。2020 年，赵光农场有限公司设置工程建设部，水务局取消。设置了水利科，归属农业发展部，水利科人员中有工程师 1 人，初级技术员 1 人。

二、水利基础设施

　　1958—2000 年，农场为治理农田，发展灌溉，开始进行水利基础设施建设。

　　1958 年，根据当时国家提出的"以蓄为主"的治水方针，发动群众大搞水利化，赵光地区利用前进农场 120 公顷熟地修引水渠道 7000 多米，计划修 8 个抽水池，但只完成了 3 个，后来由于管理不善，淤成平地。1959 年冬，在通北分场钓鱼台处修建农场第一个水库。到 1984 年，全场共有 6 座水库，总控制流域面积 60 多平方千米，设计灌溉面积 2.11 万公顷。其中乌裕尔河、红旗水库、更生水库以北的 3 个灌区，设计灌溉面积 0.07 万公顷，有效面积 0.03 万公顷。

1991 年，农场修建 9 队胜利堤防，总投资 40.18 万元，修建堤防 7.5 千米，1995 年，修建 28 队南段堤防，总投资 10.82 万元，修建堤防 6.18 千米。1999 年，完成东方红水库大坝护坡 6500 平方米，浆砌石齿墙 450 立方米，混凝土 700 立方米，土方 0.9 万立方米，进水闸 1 座，总投资 70 万元。

2000 年，农场场区供水工程，机电井钻探 5 眼，输水主管线 3 千米，支线 2.8 千米，180 平方米加压泵站 1 座，200 立方米清水池 1 座，400 立方米调节池 1 座，960 平方米水处理厂 1 座，总投资 900 万元。

三、水利工程建设项目

2006—2020 年，农场在水利基础设施建设上，相继投资水利工程 20 多项。

2006 年，农场开始实施管理区人畜饮水工程，至 2008 年，项目累计总投资 92 万元。主要建设内容为钻探机电井 5 眼，井房维修 208.80 平方米，水处理设备（除铁、锰）1 套，累计铺设输水管线 432 延长米。

2009—2010 年，农场实施小水计划。主要有：①公园水库节水灌溉工程。设计喷灌面积 100 公顷，总投资 150.01 万元。②第三、第四管理区小流域综合治理工程。③农场场部人饮安全工程。新打机电井 5 眼，铺设输水支线 1000 米、干线 5500 米，建地下井泵室 5 座，架设输电线路 5000 米，工程投资 497 万元。④第七管理区人饮安全工程。新建饮水机电井 1 眼，新安玻璃钢水箱 1 台，安装变频给水设备 1 台，更换输水干管 200 米，总投资 35.0 万元。⑤净水厂新建 1000 立方米清水池 1 座，投资 50.0 万元，扩建二层楼房 500 平方米，投资 100 万元。

2011—2012 年，农场与黑龙江农垦勘测设计院合作，完成了水库除险加固工程；五福堂水库和更生水库，加固工程量土方 1.3 万立方米；东方红水库与红旗水库加固总工程量 3.96 万立方米。

2013 年，农场投资建设的两项工程：一是小型农田水利设施建设补助专项资金项目，设计任务及喷灌机安装，工程批复总投资 140 万元，设计灌溉面积为 93.06 公顷；二是国家农业部节水增粮项目，第六管理区节水灌溉面积为 93.1 公顷，工程概算总投资 140 万元，其中国家投资金 112 万元，农场自筹资金 28 万元。

2014 年，农场分别在更生水库、五福堂水库、红旗水库、东方红水库、胜利水库建设水库管理站房，工程概算总投资 112 万元为国家投资金；国家农业综合开发水土保持项目：第四管理区，治理水土流失面积 12.5 平方千米，主要建设内容为削坡 0.73 万立方米。

2015 年，农场继续实施农发水保工农二小流域水土保持工程，总投资 416 万元；第八管理区涝区治理工程，工程总投资 220 万元为国家投资；节水增粮行动项目，总投资 1210 万元。其中国家投资 770 万元，农场自筹资金 440 万元。

2016 年，农场主要实施完成了国家农业综合开发水土保持项目，总投资 338 万元，其中国投资金 260 万元，自筹资金 78 万元；小水项目：工农水库泄洪洞拆除重建工程，总投资 240 万元，全部为国投资金。项目的主要建设内容为工农水库泄洪洞拆除重建及管理站房工程。

2017—2019 年，农场主要完成了以下项目：①节水增粮喷灌设备库房项目，总投资 56 万元；②胜利水库除险加固工程，总投资 450 万元；③超级产粮大县奖励资金项目，总投资 162 万元；④乌裕尔河河道清淤及维修项目，总投资 109 万元。

2020 年，完成了小型水库维修养护，投资 30 万元，对更生、五福堂、红旗、东方红、胜利 5 座小型水库设置公示牌、安装水尺、电子雨量设备、坝顶混凝土路面拆除重建，以及路面维修整平等建设。

2006—2020 年，农场（公司）对于小型农田水利、水库除险加固、国家农业综合开发水土保持、人畜饮水安全、中小河流治理、节水增粮等项目都进行公开招标，单项施工合同估算价在 10 万元人民币以上的必须招标。勘察、设计、监理等单项合同估算价在 50 万元人民币以上的必须公开招标。工程一律严格实行项目法人制、招投标制、监理制、合同管理制，规避了工程实施建设过程中其他问题的出现。

第二节　小流域综合治理工程建设

在农业发展进程中，小流域综合治理工程是农田基本建设中非常重要的一个环节，对于科学种田、提高农业生产经济效益有着十分重要的意义。纵观历史，农场的小流域综合治理工程建设，大致有以下几个阶段。

一、初期水利工程建设

建场初期，只凭黑土结构好、肥力高的自然优势进行耕作。随着延年开发，自然生态日趋恶化，涝灾、旱灾时有发生。20 世纪 50 年代中期，开始兴修水利，建设排灌工程。20 世纪 60 年代起，农垦局（农场）开始进行农田建设全面规划，成立勘测队和机械化水利队，实施农田排水治涝，水土保持，土壤改良。

（一）排灌工程

1964—1965 年，农垦局生产科、基建科组成水利工程队伍，动用 4 台 C-80、6 台德特拖拉机，在低洼易涝地上开明沟，用自制鼠道犁开暗沟。在轳辘滚河南岸的大漫岗上，由南向北每隔 150 米宽开出 1 条排水明沟（上口宽 150 厘米，底宽 50 厘米，深 120 厘米），将田间和荒原积水排入河流，并在重点涝区利用鼠道犁配置暗沟；在 120 公顷土地上开出 37 条明沟，每隔 20～30 米拉一暗沟（位于地下 80 厘米深，直径 15 厘米）。红星农场四队的排涝工程，完成 36 条全长 4 万米排水沟任务。大规模的农田水利建设列入农场重要议事日程，易涝面积逐年减少。"文化大革命"开始后，虽有治理规划但执行不利。恢复农场体制后，1979 年，农场一年治涝 85 公顷，灌区工程也初有规模。

初期的水利工程，无论是涝区，还是灌区工程，均存在许多问题，例如缺少完整的技术设计，无流域性的规划，渠系工程不配套、质量差，构造物数量很少，效益低。

（二）水土保持

建场初期，农场水土流失逐年严重。1965 年，调查材料表明，水土流失面积达 80%，一般岗地平均表土流失 6.3 厘米，耕地出现程度不同的侵蚀沟，地力下降。20 世纪 60 年代，综合治理耕地主要是治沟和改垄向。

治沟，根据当时通北和黎明两个农场 8 个生产队 103 块地调查，出现水蚀沟田 35 块。这些水蚀沟最长达 800 米，最宽的 4 米。71.9% 的水蚀沟是 1962 年、1963 年遇暴雨一次冲刷而成，其中 84.8% 是打垄和开发水线因素引起的。1965 年，农场对 8 条影响耕作的水蚀沟进行综合治理。主要采取地边植防护林，沟头、沟岸、沟底植沼沟柳，植水土调节林或沟头植箭舌豌豆防止沟头延伸，拦截水流，缩短坡面径流。有的在坑内垫柴草、树枝、麦秆，用拖拉机大犁翻土压平或向沟心翻土。经过治理，有 50% 的水蚀沟整平为耕作状态。以后数年，全场先后发生的 126 条大切蚀沟，相继治理 124 条。

改垄向，在连续填平顺坡向大切蚀沟之后，逐步改顺坡"子午"垄为横坡垄向。1972 年后，农场改顺坡垄为斜坡垄 3546 公顷，占耕地面积的 71%。1980 年统计，改垄向耕地占 80%。1984 年，近 0.47 万公顷，占 95%。横坡垄向耕种可以防止雨水面蚀。在大雨暴雨的考验下，面蚀轻微，坡底再不见淤积黑土，也未冲成切蚀沟。横坡垄，既可以拦截地表径流，减缓流速，又可延长渗水时间，增加蓄水量，提高抗旱能力。横坡平播小麦可防止切蚀沟形成。

二、中期防洪排涝和灌溉工程

1996 年，农场 17 队提水灌区工程净灌溉面积 166.67 公顷，引灌水渠 8.8 千米，截流沟 4.8 千米，农田路 4.3 千米；建筑物 11 座，总土方量 7.7 万立方米，总投资 95 万元；13 队涝区治涝面积 0.09 万公顷，排水沟 40 千米，农田路 9.5 千米，构造物 9 座，截根沟

13.8 千米，总土方量 17.1 万立方米，总投资 70 万元。

1998 年，治理西轱辘滚河涝区工程，治涝面积 0.19 万公顷，排水沟 130 千米，农田路 39 千米，构造物 29 座，生物草垡护砌 7 万平方米，鼠洞 0.13 万公顷，暗管 5 千米。总土方量 70 万立方米，总投资 320 万元。

2000 年，和平涝区治理工程，续建至 36 队、37 队排水沟 27 条，23.2 千米，农田路 6.1 千米，完成土方 1.94 万立方米，投资 19.73 万元。和平桥维修，浆砌石桥墩 2 个，石方 273 立方米，河改道回填土方 2000 立方米，投资 13.5 万元。

2001 年，工农小流域Ⅲ区工程，完成排水沟、截根沟、填平水蚀沟 79 条，农田路 8 条，12 千米，涵洞、柳条陡坡 11 座，波纹暗管埋 0.7 万延长米，水保林 41.07 公顷，累计完成土方 24.84 万立方米，投资 156.8 万元。

2002 年，完成 2 队高油高产大豆喷灌工程，泵房及设备基础 60 平方米，引水渠 240 米，进水池 1 座，输水管铺设 2500 米，农田路 3.1 千米，土石砼方量 2.7 万立方米，投资 28.5 万元。

三、发展时期小流域综合治理工程建设

2006—2016 年，农场继续依法进行水土保持和小流域综合治理工程的建设。

2013 年 10 月，农场委托黑龙江农垦勘测设计研究院对工农项目区水土保持项目进行编制，完成"国家农业综合开发水土保持项目黑龙江省农垦总局赵光农场工农项目区项目申报书（2014—2016 年）"。工农项目区水土流失面积 3955.94 公顷，其中有 31 条侵蚀沟，总长 1.93 万延长米，侵蚀沟毁耕地 19.84 公顷，土壤侵蚀模数 1548 吨/（公顷·年）。项目区综合治理面积 3899.99 公顷，治理 31 条侵蚀沟。工程分 3 年实施。实施顺序分别为工农三小流域、工农二小流域和工农一小流域。项目总投资 1460.78 万元，中央财政资金 973.85 万元，企业配套资金 486.93 万元。主要采取了深松。秋季农作物收割完成后或第二年春季播种前对坡耕地进行深松，以打破犁底层，提高土壤入渗能力。土壤深耕深度应根据土壤质地、地形、栽培作物种类及深松方法具体确定。深松的深度一般为30～50 厘米，秸秆还田。在谷物收获后，使用机械直接将收获后的农作物秸秆粉碎翻埋或整秆编压还田，不仅抢农时，抢积温，解决了及时处理大量秸秆就地还田、避免腐烂焚烧带来的污染环境问题，而且为大面积以地养地、增加土壤有机质含量、改善土壤结构、增加地表粗糙度，起到减轻风蚀和水蚀的作用，从而达到秸秆的废物利用和提高土壤肥力及农作物产量的目的。

2016 年，工程实施后，坡耕地水土流失得到了治理，提高了耕地利用率、土壤蓄水

保水能力，以及粮食产量、农业产值。年增产值 260.75 万元，每年减少表土流失 5.32 万吨，减蚀率 90.82%。每年调水 360.24 万立方米，保水率 70.9%。2017—2020 年，农场（农场有限公司）在小流域综合治理上，没有再实施大的工程，只是对个别工程进行了小型的修补，使小流域治理获得更好的经济效益。

第三节　饮水防病改水工程建设

一、自来水工程建设

农场地处贫水区，水质欠佳。建场初期，选择水质较好地方打木井汲水饮用。1949—1952 年，全场共打木井 25 眼，满足了人与牲畜饮水的需要。20 世纪 60 年代，农场积极进行改水工程，开始打深水井，逐步淘汰浅水木井。1984 年统计，全场有机电深水井 24 眼，受益人数 14430 人，受益畜数 5990 头。

随着农场建设逐步城镇化，1980 年 7 月，水塔工程开始施工，第二年竣工，塔高 34 米，最大贮水量 120 吨，日最大供水量 2000 吨。1981 年，1 泵站和 2 泵站相继开始施工，1982 年建成；到 1984 年，完成输水管道 5 条，520 余户的供水管道 6000 多延长米。供水管道全部用塑料管，这在北安地区是首例。农场场部地区自来水工程开始部分供水，3000 余人受益。

1985—2005 年，农场场部地区先后完成新建机电井 5 眼，有输水主管线 3 千米，支线 2.8 千米，180 平方米加压泵站 1 座，200 立方米清水池 1 座，400 立方米调节池 1 座，960 平方米水处理厂 1 座，累计投资 900 余万元。2005 年，农场场部地区实现了全部自来水无死角统一供水。各生产队陆续使用机电钻井，铺设自来水管道，实行统一自来水供人畜饮用。

二、饮水与防病改水工程建设

赵光农场地质结构复杂，地下水主要由多复第四系亚黏土、沙砾潜水、第三系沙岩潜水、白垩系承压水组成。地下水埋藏较深，含水层一般为 10~20 米；富水性较差，一般井深为 150~200 米，而且涌水量低，多数井的单井涌水量为 6~12 吨/小时，一般认为赵光农场区域为贫水区。

2006—2020 年，农场（农场有限公司）对全场人畜饮水工作进行了规划。累计投入资金 820 余万元，完成新建机电井 14 眼，对旧管道进行维修冲洗，对老化管道进行拆除重建，新铺设输水管线 7500 延长米；农场场部供水中心、管理区每季度要将水样送往北安市疾病预防控制中心检测，确保居民饮用水安全。

第四节　水政与水资源管理

1993年，农场成立水政水资源组，负责全场的水利工程管理和8个中小型水库及小塘坝出租、水利设施、防汛、农场区域内水资源费和防洪保安费的收缴，以及水政执法、水土保持、河道管理。2010年、2016年，农场派人参加垦区组织的水政执法人员培训班，这些人通过了考试，并获得了行政执法证。

2014年后，农场在水政、水资源管理中，按照相关规定，对辖区新建取水项目实施审批制度，对取水单位和个人依法征收水资源费，对企事业单位依法征收防洪保安费；对乌裕尔河、轱辘滚河依法进行管理，实行采沙许可审批制度，确保场内采沙管理有序，河道安全、畅通。

2019年，农垦企业化改革深入发展，农场水政执法权划归了北安市政府，农场水务局停止了水政执法。

2020年，赵光农场有限公司正式运行，设置了水利科。主要负责公司水利工程管理、防汛抗旱、水资源核查管理、人畜饮水和水土保持工程建设的前期立项、设计和工程质量、安全的监督管理工作。

第八章　建　　筑

赵光农场是在一片荒原上建立起来的。建场初期，农场就成立了基本建设委员会，建设施工队也应运而生。1947—1994年，农场的房屋建筑除少数工厂厂房、文化设施、学校校舍是楼房外，多数房屋都是平房。经历了土木结构、砖瓦结构发展过程。1995年，农场第一栋由农场基建公司集资建设的居民楼房建成后，伴随着农场小城镇建设开展，居民、办公场所楼房建筑快速发展。到2022年，农场居民住宅、办公场所已经实现了楼群化，楼房率达到了81.99%。

第一节　发展概况

一、机构与队伍

1950年前，作业股、总务科所属的建设组和建设队人很少。1950年，农场成立基本建设委员会，下设50余人的建设施工队，具体负责基建工作的经理科设专职会计组和材料组。1952年，基建委员会设基建科负责基建工作，下设施工现场、业务、会计等6个组，初步形成较完整的工作系统。1958年初，陆续建起基建工程队。1959年，农场基建科下设3个房屋工段、1个桥梁道路段、1个水利段。基建高峰时曾雇佣2000余名临时工。1961年，撤销基建科，房建工人大部分调去其他单位，保留下来的水利测量队、维修队（后改称工程队）人数不多。1969年七团时期，设计划建设股和营房股，基建工人有200余人。1971年，成立团水利桥梁连，负责水利、道路、桥涵建设和维护。1979年，恢复农场建制，成立基建工程大队，下设场直砖厂、水利队、维修队、工程队、水泥管厂等单位。各分场也建起了农建队。1981年，场直砖厂和水利队划出，工程队分为2个工段。1984年，基建工程大队改称基建公司，下设维修队、制材厂、2个工程段、水泥管厂和水暖站等6个队级单位，全部职工560人。

1992年，农场成立水利建设科。1996年，农场成立基建公司。1998年，基建公司转成股份制经营，成立欣佳建筑公司，转为私营企业。

2002年，农场原欣佳公司变更为黑龙江省世创佳年建筑有限责任公司，资质等级为三级。此后至 2020 年，伴随着小城镇建设的深入发展，农场又先后出现了专业分包队伍，有黑龙江省北安农垦瑞祥建筑有限责任公司、黑龙江省北安农垦同贺建筑有限公司、黑龙江省北安农垦创业建筑有限公司、黑龙江省北安农垦宏业建筑有限公司、黑龙江省世创佳年建筑有限责任公司金源分公司等 5 家施工队伍，参与到了赵光农场的小城镇建设中。

二、房屋建筑发展

1947—1994 年，农场的房屋建筑除少数工厂厂房、文化设施、学校校舍是楼房外，多数房屋都是平房。1995—2020 年，居民、办公场所楼房建筑快速发展。

（一） 1948—1959 年土木结构阶段

这个阶段，职工家属住宅、畜舍、库房和修理间，多数是泥土房。1949 年，新建 1 栋面积 118.6 平方米的红砖铁瓦房，作为场长办公室和招待外宾住所。1950 年，兴建各种库房 3 万多平方米，新建住宅、各类畜舍、修理厂房、职工宿舍及俱乐部 1 万多平方米。1955 年，累计总建筑面积超过 10 万平方米，其中有 6 万多平方米是住宅。1959 年，累计建筑面积 15 万平方米以上，非生产用房占 1/3，主要是住宅。砖瓦住宅占住宅面积的 2/5。1956 年，全场建一批瓦盖拉合辫房。1959 年，建一批泥草房和土坯房。砖瓦结构的房屋主要是 1950 年建的场部俱乐部、1952 年作业区的收割机库、场部的 11 户家属住宅和 1953 年场部建的小 4 户、小 6 户家属住宅。

（二） 1960—1967 年开始兴建砖瓦结构房屋阶段

1960 年，累计总建筑面积超过 17 万平方米，1964 年累计建筑面积超过 24 万平方米。其中除非生产性建筑 6.1 万平方米外，主要是住宅。砖瓦结构建筑占总建筑面积的 14.6%，砖瓦住宅占住宅面积的 31%。1960—1967 年，主要砖瓦结构建筑是中学教学楼、职工医院、局领导家属住房和局直砖厂 24 门轮窑。

（三） 1968—1976 年集中建兵团战士住房阶段

随着几大城市知识青年成批进场，大量修建兵团战士集体宿舍和"三用"食堂，同时也建有套间的较高标准的团首长住宅。1968 年，累计总建筑面积超过 12 万平方米，1976 年达到 23.2 万平方米以上，主要是住宅。砖瓦结构建筑占总建筑面积的 60%，砖瓦住宅占住宅面积的 45%。1968—1976 年，主要砖瓦结构建筑是 1970 年建的粮油加工厂的 5 层楼厂房。

（四） 1977—1994 年不断砖瓦化阶段

这个阶段，砖瓦建筑面积比兵团时期有明显增加，厂房和库房等生产性建筑增长更快，非生产性建筑由 1976 年的 16 万平方米发展到 1984 年的 24 万平方米以上，占总建筑面积的 76％。1984 年，累计总建筑面积 33.36 万平方米，砖瓦住宅 23.03 万平方米，占住宅面积的 93％。全场房屋建筑基本实现砖瓦化。1977—1994 年，主要砖瓦结构建筑是场部商店（1060 平方米），职工医院的外科病房和门诊部（1629 平方米），1981 年电视差转台楼房，1984 年乳品厂的主厂房（1416 平方米），1990 年建的初中教学楼（3320 平方米）。

（五）1995—2019 年住宅楼商品化阶段

农场的商品住宅楼建设起步于 1995 年，基建公司员工集资 169 万元，建成了农场第一栋 6 层 2860 平方米住宅楼（1 号楼），从而拉开了农场商品住宅楼建设的序幕。此后，农场相继在 1996 年建起了第二栋 3880 平方米住宅楼（2 号楼）、1997 年建起 7658 平方米住宅楼（3 号楼）。1998 年基建公司转为股份制"欣佳公司"，又连续开发 4 号楼 6617 平方米、5 号楼 5873 平方米。在短短的 5 年间，建成了 5 栋商服住宅楼，建筑面积 2.69 万平方米。人均住宅面积由 1984 年的 6.5 平方米提高到 1999 年的 10.08 平方米。2000—2020 年，农场小城镇建设快速发展，农场场区建筑进入了楼群化、商品化，楼房率达到了 81.99％。

第二节　工程设计与管理

建场初期，建房基本上都是按照习惯和经验，作业站和居民点的位置选在交通便利、地势平坦的地方，房屋建设只做一般性的规划。1952 年，执行新设计标准，建立检查、技术鉴定和联合办公制度。由苏联专家设计施工的一批砖瓦房，地基坚固，小窗户、大墙垛、厚墙皮，保温好，质量高。1959 年，农场对场直街道建设做了规划。1960 年开始建的机关家属房，是农场工程队规划、设计、施工建成的。

1960—1967 年，建设投资用于生产性建筑较前有较大增加，用于非生产性房屋建筑投资占房屋建设总投资的 11.2％。1968—1976 年，基本建设投资用于生产性建设的房屋建筑较小，非生产性房屋建筑明显增大，占房屋建设总投资的 37.8％。1977—1984 年，基本建设投资用于非生产性建设远远大于生产性建设，占房屋建设总投资的 76.2％，也多投于住宅。

生产性房屋建筑主要是厂房、库房和畜舍，非生产性房屋建筑主要是家属住宅、文教卫生用房，其次是文化福利设施的俱乐部、招待所等。

单位面积造价，草房同砖房不同，平房同楼房不同。建场初期的土草房造价很低，砖瓦结构的房屋造价也不高。20 世纪 70 年代后，造价逐年提高。1977 年，各类房屋平均每平方米 99 元，1984 年达 161 元。其中工业用房造价较高，畜牧用房造价较低，楼房造价明显高出平房造价。1995 年后，职工住宅基本转为商品式住房，农场采取了多种形式进行招商引资，协助开发商办理前期的审批手续，负责供水、供电。工程均为农场统一设计，统一管理。

2006—2020 年，农场（农场有限公司）的各项工程设计都依照国家有关规定，由有资质的相应单位来承担。职工住宅建筑大部分是由黑龙江省北安农垦设计院勘察设计，资质等级为勘察乙级，设计丙级；公共建筑大部分是由黑龙江新奥博建筑设计有限公司承担设计，资质等级为建筑工程甲级。在管理中，农场对基础设施、公用事业等关系社会公共利益、公众安全、住宅的项目，单项施工合同估算价在 10 万元人民币以上的必须进行公开招标。对于工程勘察、设计、监理等项目，单项合同估算价在 50 万元人民币以上的也必须进行公开招标。

第三节　主要工程

一、住宅商服综合建筑

随着人们生活水平的不断提高，职工群众对住宅和商贸服务的需求不断增强。为此，农场采取了多种方式招商引资，进行项目开发。2002 年，由北安农垦建筑总公司光达分公司在农场黄金地段"建疆红"处，投资 750 余万元开发建设 6 号住宅商服综合楼，建筑总面积 8.12 万平方米，其中商服 33 户，住宅 54 户；由赵洪亮个人投资开发建成 9 号综合住宅楼，建筑面积 4460 平方米，住宅 24 户，一层为商服、洗浴中心；由欣佳公司投资开发建设医院住宅楼。2003 年，由电业局职工集资和电业局投资建设的办公住宅为一体的电业办公住宅楼，建筑面积 4466 平方米。2004 年，由个人开发建设 13 号楼，建筑面积 4700 平方米；由北安光达公司开发的 7 号、8 号综合住宅楼，建筑面积 6970 平方米。

2002—2004 年，农场累计引进资金 3283 万元，累计建设住宅楼 35351.57 平方米。楼房建设由 1995 年的 1 栋发展到 2005 年的 40 栋，楼房面积 13.11 万平方米。实现住宅楼房率达 23%，人均住宅面积 14.54 平方米，增长 34%。

农场小城镇建设的深入发展，管理区居民点人口逐步向农场场部地区集中，住宅楼房掀起了建设高潮。2006—2018 年，农场先后引资 5 亿多元，累计开发建设住宅楼 155 栋，其中祥和小区 6 栋，祥景小区 62 栋，祥瑞小区 6 栋，祥苑小区 4 栋，天河小区 19 栋，新型住宅小区（别墅小区）33 栋，单体楼 25 栋。总建筑面积 45.26 万平方米，总户数为 6507 户，其中住宅 4574 户，商服 353 户，车库 1580 户。2019—2020 年，职工住宅基本停止了开发建设，所进行的工程基本都是对原有部分楼房维修改造和基础设施的完善。

二、公共设施与建筑

2006 年，农场投资 2200 万元，完成赵光农场步行街建设，建筑面积 2.2 万平方米；投资 510 万元，新建休闲广场占地面积 2.4 万平方米。

2008 年，农场投资 750 万元，新建 5151 平方米初中教学楼；投资 245 万元，新建 1396 平方米公安局综合办公楼。

2009 年，农场投资 1400 万元，新建管局养老中心；投资 240 万元，新建长 1.7 千米（宽 8 米）外环路白色路面。

2010 年，农场投资 2100 万元，新建 3214 平方米集中供热中心锅炉房，铺设供热主管线 3 千米；投资 750 万元，对净水厂扩建改造及打机电井 3 眼。

2010—2014 年，农场先后自筹资金 7000 万元打造水上公园文化主题广场，广场总占地面积 0.95 万平方千米，其中水面 0.3 万平方千米。

2011 年，农场新建农场办公楼 1 栋，建筑面积 8700 平方米；投资 2500 万元，新建农场幼教中心、青少年活动中心各 1 栋，建筑面积 1 万平方米；对祥景、祥瑞、祥和、祥苑、天河小区进行硬化及绿化。其中硬化面积 5 万平方米，绿化面积 10 万平方米，总投资 800 万元；场区内排水管线铺设 3000 米，总投资 150 万元；对原有混凝土路面进行改造，友谊路铺设大理石路面 1 千米，面积 6000 平方米，投资 200 万元；绥北支线铺设黑色路面 1 千米，面积 8000 平方米，投资 200 万元。

2012 年，完成水上公园三期建设工程，投资 4000 万元；农场投资 1600 万元，新建垃圾处理场，占地面积 8 万平方米，日处理垃圾 100 吨；投资 2000 万元，新建污水处理厂，占地面积 1 万平方米，日处理污水 3000 吨；投资 1100 万元，完成青少年活动中心 5700 平方米建设工程；投资 3000 万元，完成农场办公楼工程 8725 平方米建设工程；投资 800 万元，新建接待中心 3000 平方米。

2013 年，建设垃圾场（面积 1692.15 平方米），投资 2800 万元，完成工程 92%；建设污水处理厂，面积 1508.86 平方米，投资 3400 万元，完成工程 40%。新型住宅小区附属工程 14 万平方米，投资 1400 万元；农场社区服务中心附属工程，建筑面积 10 万平方米，总投资 1200 万元，完成工程 42%。

2014 年，保障性住房配套工程，总投资 1500 万元。其中换热站扩建、安民路工程等，投资约 550 万元；小区硬化面积 2.5 万平方米，投资约 255 万元。

2015 年，保障性住房配套工程，工程总投资 1513 万元，其中修明渠 1.1 千米，自来水管线 12 千米；面粉厂家属区和机械厂家属区道路维修、天河小区砼道路、廉租房自来水管线改造及安装景观灯总投资约 470 万元；小区硬化及邻街地面维修，总投资约 270 万元；楼面维修，2 号、3 号锅炉砌筑，1 号锅炉对流管束，水冷壁更换，除渣连廊及除渣间改建，除渣系统改造，换热站监控及外网改造，总投资约 400 万元；养老中心消防、室外下水改造，总投资约 140 万元。

2016 年，供热中心电控设备改造，总投资约 90 万元；小学及初中教学楼维修，建筑面积为 8000 平方米，投资约 150 万元；天河小区消防改造、下水维修等工程，总投资约 140 万元；医院检验中心改建工程，建筑面积 328 平方米，投资约 150 万元；铺设别墅区到锅炉房下水管线长 1.7 千米，总投资约 120 万元；原糖厂家属区自来水管网改造工程，管线长约 5000 米，总投资约 210 万元；打机电井 3 眼，总投资约 160 万元。

2018 年，农场投资 950 万元，新建老年公寓，建筑面积 2378 平方米。

2019 年，原糖厂机电井工程，投资 55.2 万元，机电井 1 眼；供热中心 1~3 号炉维修工程，总投资 537.7 万元；供热中心 1 号锅炉炉排维修工程，投资 28.9 万元；场区供水中心给水工程，投资 190 万元，机电井 2 眼，供水管线 1683 米。

2020 年，投资 256.49 万元，对原糖厂 3~5 号楼立面改造、1~7 号楼室内改电工程，涉及 382 户；农场场区道路建设项目，投资 298 万元，其中维修改造居民委主干道 945 米，汽车大队家属区主干道 795 米，北岗家属区主干道 740 米。

三、生产性建筑

2008 年，农场投资 3500 万元，新建奶牛小区，占地面积 15 万平方米。

2011 年，农场投资 2400 万元，在第六管理区（原 3 队）及民主乡建成现代化农机合作社园区。其中第六管理区（原 3 队）占地面积 4 万平方米，民主乡占地面积 2 万平方米。

2013 年，农场投资 400 万元，对农用飞机场进行扩建与维修，浇筑砼地面 2.7 万平方米；投资 5500 万元，完成 3200 头现代示范奶牛场（原 29 队）建设，总占地面积 17.4 万平方米，建筑面积 3.54 万平方米。

2015 年，农场投资 1000 万元，自原 15 队东打机电井铺设自来水管线 10.6 千米至农场场区；第一管理区晒场工程，投资约 205 万元。

第九章　集体与非国有经济

建场初期，农场基本上是单一的全面所有制的农业经济。20世纪60年代，伴随着家属队的出现，集体经济、非国有经济这一特有经济形式随之产生。经过70多年的发展，特别是改革开放后，集体经济和非国有经济已经逐步成为农场经济重要的组成部分，在农场经济发展中占有很大的比重。发展非国有经济、自营经济现在已经成为农场富民强场重要的措施之一。

第一节　发展概况

一、集体经济

建场初期，农场基本上是单一的全民所有制的农业经济。到了20世纪60年代，农场规模不断扩大，居民住户和人口大幅度增长，为使广大家属劳动力潜力充分发挥，有利于生产和改善职工家庭收入结构，把他们组织起来，参加各行业生产劳动。家属队这个国营农场经济成分中的集体经济生产单位也随之诞生，是国营农场企业中的一个新兴而特有的集体经济形式。

1964年，根据中央有关精神，家属有组织地参加劳动的范围更加扩大，不仅参加农业生产劳动，而且家属劳动力进入工副业生产单位，发挥妇女劳动大军的作用，解决了工副业劳动力不足的困难。

1969年，组建七团后，团直由直属营在原居民委家属队的基础上，5个居民委组成5个家属生产连队，统一由团直属营家属大队领导，大队设会计统一管理财务。其他各营及连队也随之陆续建起家属连、排，经营一定数量的土地，进行集体生产劳动。1971年，全团家属经营土地超过400多公顷。

家属队起初是用畜力进行耕作，由农场资助牛、车、犁等主要生产资料，家属们自己上山采伐木料盖房子，一般劳动工具由生产者自备。在种植结构上逐年进行调整，由以蔬菜为主变为逐步增加粮豆作物比重，经济效益逐年提高。兵团时期，团直家属大队1969年创产值10万多元，1978年超过20万元。家属大队实行两级管理，两级核算。小队独立核算、自负盈亏；分配办法是平时记工分，年末评等级，按等计酬。1981年，农场根据上级指示，在场直成立集体经济大队，简称"大集体"。1982年，场直家属大队同"大集体"合并，改称"青年服务公司"，1984年改称劳动服务公司。领导是上级选派的干部，还调进部分正式职工，招收一定数量合同工及待业青年。成立酱油坊、粉坊、青年绣花厂，还有小卖店、饭店等服务业。由单一的种植业发展到包括养殖、加工、商业、饮食等多项目生产服务性的经济实体。1984年，全场集体经济在册574人，其中劳动服务公司500多人。分场以下的家属队随着经济体制改革的深入，转入承包和试办家庭农场。

二、自营经济

随着经济体制改革的不断深入，农场集体经济逐步转为职工自营经济，总量规模迅速扩张，职工收入大幅提高。

1988年，农场把发展庭院养殖奶牛业作为自营经济发展的重要内容，推广奶牛规范化饲养与管理技术，每头奶牛年产奶量达5吨以上。为了充分调动职工群众发展商品经济的积极性，促进农场个体、私营经济的迅速发展，农场制定了很多优惠政策，有力地激发了职工群众发展个体、私营经济的热情，涌现出了"鑫隆个体食杂店""艺光照相馆""南岗综合食品店"等多个个体户；允许垦区外人员来农场从事生产经营活动和兴办私营企业，当年垦区外来人员到农场落户48户，养殖奶牛185头。

1994年，农场养殖业、种植业、服务业及加工业等行业逐步向规模化、专业化、效益化方向发展。职工养牛存栏3297头，其中有年获利超万元的养牛户9个，养鱼专业大户11个，养猪、养鸡大户各1个；16队奶牛住进了"公寓"，26队、30队养牛户和23队养猪户一条街。1995年，全场个体工商户349户，从业人员791人，注册资金801万元，销售额1385万元。

1999年，农场在北通公路两侧，开辟了商业街和农贸市场，养殖业、服务业、加工业、商业、运输业得到快速发展。全场特色种植面积达到0.4万公顷，有近2000人从事养殖业，34户从事服务行业，122户160人从事加工业，189户324人从事商业，大小运输车662辆。其中年利润10万元以上的大户20个，利润30万元以上大户3个，自营经济年产值达到8812万元。

2002年，九三油脂集团落户农场和绥北公路的开通，给农场个体经济发展带来更多的商机。油脂厂安置450人上岗；运输车辆增加到126台；餐饮业安置就业人员100多人，年创产值299万元。

2004年11月，农垦北安分局在建设农场召开了"白鹅产业化经营现场会"，赵光农场签订了 2005 年养殖 2 万只鹅雏订单。职工养殖白鹅收到较好的效益。

2006—2008 年，农场通过龙头企业飞鹤乳业、畜牧业养殖的牵动，发挥自身的地域、资源优势，宜种则种，宜养则养，宜商则商，因地制宜地发展非公有制经济，扩大黏玉米、芸豆、月见草、亚麻等作物的种植规模，试种鸡腿菇、红粟南瓜、芥末、萝卜等作物；快速发展肉鹅、狐、貂、獭兔特种养殖。发展庭院特种养殖，以家庭为主"小规模、大群体"的形式形成社会化发展。

2009—2010 年，农场以农垦天河商贸城为经济汇流中心，发展批发、零售贸易、交通运输、加工、服务等个体行业；为解决从土地分离出来的人员再就业，提倡发展养殖业、种植业，建设万头奶牛大场、万公顷玉米大场、亿元商业区。

2011—2020 年，农场（农场有限公司）不断扩大玉米、大豆、水稻、马铃薯等经济作物种植规模；发挥特种养殖协会作用，持续发展狐、貂、白鹅等特色养殖；以农垦天河商贸城为经济汇流中心，大力发展批发零售贸易、交通运输、加工、服务等个体行业，实现产值突破 2 亿元；通过产业结构的调整，农场形成了多元化经济增长的格局，自营经济增长率为 3%～4%。

第二节　发展非国有经济政策

20 世纪 80 年代，农场把发展非国有经济作为促进农场经济的重要措施之一。1985—2020 年，先后制定并出台了多项优惠政策，重点概括为：一是鼓励在职职工在完成本职工作的前提下从事自营经济，可以投资入股种植业、养殖业、加工业、工业、商业、运输业、建筑业、服务业等，并一律免收停薪留职费和"人头费"。二是身患残疾下岗职工和社会待业人员从事双体经济的，根据残疾程度减免管理费；职工自己生产的蔬菜进入市场销售的免交管理费。三是营运客车、货车、出租车，以及搬运、装卸、运输、汽车修理服务的，不收取审批开业工本费、手续费、年度审检费。四是对职工从事特色养殖、特色种植或其他行业，需要办理取水许可申请的，在统一规划、统一管理的前提下，予以优先办理审批手续，并免收工本费。五是对从事养鱼、餐饮服务、旅店等行业的，在规定的水资源费最低征收标准以下，减收 15% 的水资源费。六是对奶牛分区饲养、集中管理或从事有规模特色养殖的，小区建设达到农场要求标准，农场负责小区通路、通电、通水；对从事商业经营项目的，农场积极贷款，减免收费，帮助办理审批手续。对使用农场闲置房屋的，农场在 3 年内免收房租，并提供免费技术服务。七是每年落实经济发展基金 50 万元，用于种植青贮玉米饲料地补贴。种植青贮玉米，每公顷补贴 675 元。建青贮玉米每立方米补贴 10 元。

这些优惠政策的出台，激发了广大职工的热情，积极发展利于自己一技之长的项目。经营的项目也由小到大、由弱到强，实现了农场自营经济专业化生产、规模化经营、产业化发展的目标。

第三节　项目规模与经济效益

一、项目规模

（一）种植特色经济作物

2003 年，农垦北安分局工会把种植特色经济作物白瓜子作为发展自营经济中的一个产业，农场工会、自营经济办的领导亲自带头种植了 20 公顷，获得了公顷产 1440 千克的好效益，为北安垦区职工种植白瓜子提供了经验，并予以推广。

2006—2007 年，农场特种经济作物通过订单，扩大黏玉米、芸豆、月见草、亚麻、大麻、蔬菜等作物的种植规模，试种鸡腿菇、红粟南瓜、萝卜等作物，种植面积 0.1 万公顷。

2008—2011 年，农场发展非公有制经济结构的布局，管理区特种经济作物种植通过订单，扩大甜菜、玉米、芸豆、月见草、大麻、马铃薯、白瓜子等经济作物种植规模 0.1 万公顷，种植月见草 0.11 万公顷、芸豆 0.33 万公顷、青贮玉米 0.33 万公顷、甜菜 0.17 万公顷、马铃薯 0.06 万公顷、汉麻 66.67 公顷。

2012—2013 年，农场进一步扩大玉米、芸豆、水稻、马铃薯等经济作物种植规模，种植经济作物 3 万公顷，占耕地面积的 90%。

2014—2019 年，全场播种玉米及青贮 1.27 万公顷，大豆 1.82 万公顷，马铃薯 0.13 万公顷，水稻 0.03 万公顷，实现粮豆总产 4.4 亿千克，纯效益 1.52 亿元。

（二）发展特色养殖业

1998 年，农场职工张春秀开始从事养狐狸、貉子。通过对比，经济效益是种植业效益的几倍。2005 年 9 月，张春秀参加了黑龙江省"全省下岗失业人员优秀创业带头人典型事迹报告会"，并受到省委书记宋法堂等领导的接见。在她的带动下，2006 年有 240 户职工从事养殖，已经形成场域经济。养殖户不断调整品种结构，发展到养殖芬兰原种蓝霜狐、银黑狐、雪狐、彩狐、貉、貂等多个品种。年产 2.5 万只狐、貉。狐狸皮价格每张达到 550 元，貉子皮每张达到 450 元，年实现产值 1100 万元，成为农场职工特色养殖脱贫致富的主导产业。

2003年7月，农场特色养殖业人员及科技人员自愿组成了群众性的民间经济组织"赵光农场特色养殖专业协会"，会员47人。他们在养殖技术、人工授精、防疫、饲料采购、销售信息上形成了联络网，促进了特色养殖业健康发展。

2007年，农场发展庭院特种养殖，采取以家庭为主"小规模、大群体"的形式形成社会化发展。管理区种植土地少或无业人员要发展养殖业，养殖狐、貂达到10户以上，养殖白鹅2000只。2008年，职工养殖白鹅500只以上的有50户，1000只以上的有25户；养殖狐、貂100只以上的达到80户，200只以上的达到50户，500只以上达到10户；畜牧业发展实现奶牛存栏1.1万头，产鲜奶3万吨；肉牛饲养量5800头；生猪饲养量1.25万头；羊饲养量3000只。

2009—2011年，农场特种养殖实现奶牛存栏1万头，肉牛饲养量0.61万头，生猪饲养量1.15万头，羊饲养量0.6万只，鹅饲养量5万只，鸡6万只；实现养殖狐、貂2万只，獭兔3万只。

2017—2020年，农场发展养殖业，形成了主要以奶牛、肉牛、羊、生猪和禽饲养为主的规模。

（三）规范个体经营经济

农场发挥地缘优势，鼓励、支持、引导个体工商业自我发展，激活了民间资本，经营的领域和规模不断扩大。

运输业、加工业、商服业为主的个体行业有了较大的发展。交通客运、大小货运车辆1000余辆、出租车96辆；个体经商户500户，从业人数1890余人。其中批发零售贸易店175个，餐饮业34个，个体加工制造业120个，理发美容化妆店22个，宾馆招待所14个，洗浴中心9个，机动车修理部16个。

以"天河商贸城"为中心的商业区已成为农场和赵光镇经济贸易的汇流中心。占地面积1.5万平方米，151户个体经商户入驻，从事服装、家电、建材、蔬菜、大小百货等批发零售贸易。近百家种植户在市场批发、零售自己种植的绿色蔬菜和加工出的产品，实现了产销对接；平安长途货站，每天有30多万元的各种货物从哈尔滨等外地运到赵光农场，为职工经商带来了快捷便利。

二、经济效益

1985—2005年，全场从事自营经济的户数为4361户，累计产值15.3亿元，实现利润6亿元。到2005年末，创产值500万元以上的大户有13个。经济产值10万元以上的大户700户，20万元以上的大户160户，30万元以上的大户27户，50万元的大户15户，

100 万元的大户 8 户；有特色养殖户 923 户，特色种植户 802 户，从事加工业项目 165 户，从事服务项目 393 户，从事运输业项目 1052 户，从事修理业项目 74 户。自营经济的持续发展，使职工生产和生活有了保障。

2006 年，农场非公有制经济实现总产值 1.38 亿元，实现利润 6221 万元。2007 年，非公有制经济实现总产值 1.5 亿元，实现利润 6845 万元。2008 年，非公有制经济总产值 1.8 亿元，实现利润 8290 万元。2009 年，非公有制经济总产值 3.2 亿元，实现利润 9900 万元。2010 年，非公有制经济总产值 3.85 亿元，实现利润 1.73 亿元。2011 年，非公有制经济实现产值 4.95 亿元，实现利润 2.15 亿元。2012 年，非国有经济总产值 5.99 亿元，实现利润 2.4 亿元。2013 年，非公有制经济总产值 7.66 亿元，利润 2.765 亿元。2014 年，非公有制经济总产值 12.03 亿元，利润 1.43 亿元。2015 年，非公有制经济总产值 11.87 亿元，利润 3.56 亿元。2016 年，非公有制经济总产值 11.87 亿元，利润 3.56 亿元，实现增加值 5.99 亿元。2017 年，非公有制经济总产值 3.6 亿元，利润 1.6 亿元。2018 年，非公有制经济总产值 3.5 亿元，利润 1.8 亿元。2019 年，非公有制经济总产值 3.9 亿元，利润 2.2 亿元。2020 年，实现企业增加值 5.8 亿元，其中，第二产业增加值 0.12 亿元，第三产业增加值 1.31 亿元，居民可支配收入达到 3.36 万元。

1990—2020 年非国有经济情况见表 4-12。

表 4-12　1990—2020 年非国有经济情况

年度	产值完成情况					利润实现情况				
	完成经济总产值/万元	其中				实现经济总利润/万元	其中			
		种植业/万元	养殖业/万元	个体工商服务业/万元	集体企业/万元		种植业/万元	养殖业/万元	个体工商服务业/万元	集体企业/万元
1990	1335	388	682	218	47	774	261	365	128	20
1995	4123	1427	1422	1174	100	1800	574	650	546	30
2000	9203	2408	3015	3755	25	4104	675	1593	1829	7
2005	15397	2784	5682	6898	30	6898	1296	2737	2856	9
2010	188839	13000	8837	17324	—	17342	5850	3975	7517	—
2015	14411	7548	5891	972	—	11388	4973	3895	2520	—
2020	15705	4056	6755	4894	—	12416	3505	6755	2156	—

第十章　扶贫工作

改革开放后，党中央提出让一部分人先富起来。党的十八大后，农场党委深刻领会，认真贯彻落实党中央精准扶贫政策和要求，把扶贫工作纳入了农场党委和农场的工作议事日程，制定规划，建立措施，扶贫工作取得了良好的成效。

第一节　扶贫规划

2005 年，农场党委深入学习中共中央十八届五中、六中全会和十九大精神，认真落实上级精准扶贫会议精神，准确把握精准扶贫行动的核心内容和总体要求，开展精准扶贫工作。坚持精准扶贫精准脱贫基本方针，按照"一户一策一干部"（针对一个贫困户，制定出一个相应的扶持政策，几个党员、干部共同结对子进行帮扶）的总体要求，以增加贫困户收入为核心，以改善贫困户生活条件为重点，以帮助贫困户脱贫致富为目标，根据有关规定，对贫困户进行建档立卡，发挥政策优势和制度优势，有计划实施扶贫工作，对贫困户实行有效的帮扶，实现贫困户脱贫摘帽。

第二节　扶贫措施与成果

一、扶贫措施

2006 年以后，针对各贫困户的不同状况，农场和农场工会安排帮扶小组的领导有针对性地与贫困户结成帮扶对子，了解贫困户情况，交流意见，为每户量身定制具体帮扶措施。

（一）产业帮扶

以市场为导向，以经济效益为主要内容，通过产业发展开发进行扶贫，增加贫困家庭收入。农场工会为建档立卡的贫困户谋划致富产业，通过扶贫资金帮助特困户发展庭院经济。采取合作社＋基地＋农户的模式，鼓励贫困户流转土地挣"租金"，加入合作社入股挣"股金"，年底分红挣"现金"，空闲时间就地打工挣"薪金"。为贫困家庭发展农业、花卉种植，以及生猪、大鹅养殖等提供帮助，就近加入农业合作社、生猪养殖合作社、大鹅养殖合作社，通过劳动增加家庭收入。

（二）资金帮扶

推进实施扶贫开发周转金使用，发展产业、庭院经济，为贫困户的产业发展提供资金支持。利用扶贫开发周转金在管理区承包土地，加入农业合作社参与经营挣"股金"，发展特色种植、养殖，增加贫困户收入。

对在义务教育阶段就学建档立卡的贫困家庭学生给予生活补助：小学生每人每年1000元，初中生每人每年1250元；在职业教育阶段，对建档立卡贫困家庭学生每人每年资助2000元。

（三）就业帮扶

"一人就业，全家脱贫"，就业是快速高效的致富之路。农场和工会大力开发公益性岗位，为困难家庭增加家庭收入寻求就业渠道。管理区、居委会、物业公司为有劳动能力的贫困户提供工作机会，安排困难职工在管理区提供打扫卫生、打更等工作岗位，帮助联系外出务工、打零工机会等，增加贫困户收入。

（四）技能培训帮扶

农场结合贫困户自身贫困原因，为贫困户组织一些特色种植、养殖的技能培训，在产业扶持方面提供技术支持，为困难职工提供大棚种植、生猪养殖的技术书籍或相关技术指导，组织一些家政月嫂类的岗位技能培训，使贫困户家属有条件找到合适的岗位，就业脱贫。

（五）落实低保政策

落实低保标准与脱贫标准，完善最低生活保障制度，贫困户实现应保尽保。符合低保条件的贫困户大多年龄偏高，或身体残疾，或身患重病，无劳动能力，对此，农场根据国家的有关规定，全部享受低保政策，按月发放低保金。

（六）医疗保障帮扶

农场坚持建立医疗兜底保障机制，实行参加管理局居民基本医疗保险贫困户个人缴费部分补贴政策，为13名建档立卡贫困人员每年缴纳居民医疗保险2730元，实现建档立卡贫困人口参保覆盖率100％。农场医院每年为贫困户进行免费体检，为每位贫困户脱贫提供健康保障。

二、扶贫成果

经过15年的不懈努力，农场的扶贫工作取得了可喜成果。根据2016年的统计，农场人均纯收入在 3500 元以下的贫困户有 482 户，1002 人。按照上级的有关要求，农场扶贫办（工会）于 2017 年 7 月 3 日下发《赵光农场脱贫攻坚工作回头看实施方案》。为全面提高农场在脱贫攻坚工作中的群众满意度，农场对贫困人口再进行入户调查。按照精准识别要求，最终确认建档立卡贫困户 31 户 72 人。2017 年，脱贫 20 户 44 人。2018 年，脱贫 4 户 11 人。2019—2020 年，对脱贫成果进行巩固和提高。

第十一章　新农村建设

2002 年，赵光农场作为农垦北安管理局新农村建设的试验点，拉开了赵光农场小城镇建设的序幕。为实现全面建成小康社会，实施小城镇带动战略，加快农场乡村城市化、城乡一体化步伐，改善农场职工群众生活条件，带动相关产业的发展，农场相继提出了农场小城镇建设的总体发展思路与目标。

第一节　发展与目标

一、新农村建设的总体发展

统筹兼顾、综合布局。管理区农业人口逐步向农场场部集中，适度增加场部人口，居民住宅逐步楼群化；加强城镇规划的特色。提高城镇对经济发展和人口转移的支撑能力，提高规划的科学性和可操作性，挖掘历史、文化、民俗等资源，把握建筑的体量、立面、色彩、形态、空间构建、轮廓线，形成赵光农场独具的建设特色；发挥中心城镇的产业聚集作用，建立若干个经济快速增长的优势区域，以工业化带动城市化发展，把推进工业化、城市化和农牧产业化结合起来，促进服务业快速发展；小城镇管理市场化，用市场化的理念推进小城镇建设，形成"农场规划、市场运作、业主经营"的建设规模，理顺管理关系，整合各方面的力量，变多头管理为统一管理，完善基础设施建设。

二、新农村建设与目标

（一）新农村建设概况

2006—2018 年，农场先后引资 5 亿多元，进行经济适用住宅建设和危房改造，开发建设住宅楼 155 栋。其中祥和（和谐家园）小区 6 栋、祥景（繁荣）小区 62 栋、祥瑞小区 6 栋、祥苑小区 4 栋、天河小区 19 栋、新型住宅小区 33 栋、单体楼 25 栋。竣工总建筑面积 45.26 万平方米，总户数为 6511 户。其中住宅 4574 户、商服 353 户、车库 1580 户。人均住宅面积由 2005 年的 14.54 平方米增长到 2020 年的 32.84 平方米，住宅楼房率 81.99%，小区绿化覆盖率 75%。

（二）目标

农场以全面建成小康社会为目标，实施小城镇带动战略，进行农场乡村城市化、城乡一体化建设，改善了农场职工群众生活环境和条件，也带动相关产业的发展，推动农场经济的快速发展，实现了农场新农村建设的目标。

（1）农场小城镇建设品位得到了提升。完成了各个时期各项工程建设目标，建成了祥景、祥瑞、祥苑、天河、和谐等城市化居民住宅小区，改善了职工住宅条件，提高了生活质量。

（2）农场党委着眼于时代发展的长远规划，坚持以人为本，贴近农场职工生活的实际，依法顺利地完成了康居工程各个时期的泥草房拆迁工作，拆迁补偿款按时、按既定标准足额补发，促进了农场社会和谐稳定，经济健康发展。

（3）公益设施建设得到了完善。公路建设发展迅速，供热管网改造顺利完成，公益事业投入不断增加。完善教育设施的建设；新建水上公园、文化广场，完善各种健身、休闲器械，提高了职工业余文化生活的品位。

（4）用先进的城市管理理念经营城镇，把建设和管理有机结合，做到了建、管同步。小城镇管理不断加强，逐步走上规范化、法制化的轨道。成立了自来水服务公司、物业公司、供热公司，加大了物业、供水、供热、市政、市容市貌、环境卫生等工作的力度，建立健全城镇管理规章制度，强化依法管理，增强了城镇服务功能，促进了城镇管理不断提高、上档次。

（5）生态宜居城镇普惠民生。小城镇发展实现了从规模建设向完善功能和强化管理方面转变，承载和拉动经济快速发展的功能逐渐显现。到2020年，通过黑龙江省"美丽乡村"工程建设，农场街道笔直平坦，新型民居宽敞明亮，区容干净整洁，绿树成荫，草坪鲜绿，鲜花盛开。整齐划一的住宅小区楼群，错落有致的花草树木，使用清洁能源的灶具上纤尘不染，上下水畅通的卫生间内整洁如新，闲暇的人们在功能齐全的文化公园、文化广场里散步、健身，处处体现着人与自然的和谐。

第二节　保障措施

一、组织宣传保障

农场党委积极响应和认真贯彻上级党委关于新农村建设的方针政策，坚持以人为本，以科学的发展观统领经济社会发展全局，建设社会主义新垦区，坚持正确的城镇经营理念，提高城镇文化品位，步调一致，积极开展宣传教育工作，为小城镇建设提供了思想保障。

农场为不断搞好小城镇建设，每一年都制订关于小城镇建设的实施方案，成立了小城镇建设领导组织，农场领导担任组长，主管副场长任副组长，各科室长担任组员，实施方案经过职工代表大会讨论，为农场的小城镇建设的顺利开展提供了坚实的组织保障。

不断加大对小城镇建设宣传的力度，明确小城镇建设的发展前景，做到具体化、形象化，引导职工群众积极参与小城镇建设，为小城镇建设献计献策、群策群力。通过广泛宣传，统一思想，齐心协力，齐抓共管，明确责任，调动一切积极因素，努力达到群众满意，做到协议拆迁，确保安定、稳定。

二、规划投资保障

农场新建住宅楼建设由农场统一规划、统一设计，施工单位按农场规划和设计进行开发建设，主要配套设施（供水、排水、供热、供电主干线）楼房入户 50 米以外由农场建设，住宅小区硬化、绿化、亮化由农场负责投资建设，单体楼楼房前后 10 米以内硬化、绿化、亮化均由谁开发谁负责投资建设。农场规划辐射现代化农机中心和标准化畜牧养殖服务中心，把 9 个管理区规划为 4 个中心区，把农场场部划分为行政区、文教卫生区、商业区、生活区、工业区和特色养殖区；坚持开放城镇建设投资市场，吸引垦区内外资金参与小城镇开发建设，充分运用市场机制，按照谁投资、谁所有、谁经营、谁受益的原则，实施城镇建设投资主体的多元化，加快了农场新农村建设的步伐和进程。

三、依法建设，依法管理

严格执行国家的建筑法，规范建设行为，履行建设工程申报程序。大小工程都实行设计、施工招标，完善建设工程招投标和政府采购，降低工程造价，提高工程标准；加强房屋产权管理，农场内住宅房屋只限于垦区内部交易；为了保证工程建设顺利实施，施工单位在办理前期手续时需向农场交纳工程建设履约保障金 100 元/平方米，待楼房验收合格、工程备案手续齐全，给予返还；不断完善物业管理，场区内住宅楼建设竣工验收必须由物业部门参加对排水管线、供热系统、消防器材等进行全面验收；建立责、权、利相统一的小城镇管理体系。场区各街道由环保科负责统一管理，绿化树由林业科负责统一管理，机动车辆由交通科、交警队负责统一管理，市容、市貌、公益设施由城管部门负责统一管理。

第十二章 商 务

1948 年，农场商业处在萌芽状态，唯一一个小卖店由总务部门兼营。1950 年，职工供销合作社改由场工会直接领导。1958 年末，成立财贸科负责商业工作。1968 年前，农场商业业务和各种经营指标由北安县供销联社统管。1969 年，"兵团"一师七团设商业股。1977 年，农场设商业科，对全场商业、粮食、外贸及工商进行管理。1978 年，商业科专管商业和工商业务，外贸单独成立科室，主要经营粮食和山货。1984 年，工商从商业科分离，农场成立商业公司。1985 年，农场建铁路专用线，粮食科、外贸科合二为一，名称粮贸科，负责粮食管理和销售工作。2002 年，农场成立粮食科，外贸工作纳入工业科管理，2007 年，农场成立商务科，与工业科合署办公。2020 年，赵光农场有限公司成立产业营销部。

第一节 商 业

一、购销网点

1948 年春，通北机械农场设立了一个小卖店，一间草房，面积 20 平方米，2 名营业员，经营小宗日用品，经费由农场支出。1950 年，农场工会会员入股，小卖店扩建为供销合作社。供销社建立初期，供销社的职工常常赶着牛马车到附近的县城进货。农场供销合作社除经销生产、生活资料外，还收购农副产品和废旧物资，兼营饮食、修鞋等服务业。

1969 年，生产建设兵团时期，供销社改为服务社。兵团一师在赵光农场建立了批发站。1976 年，生产建设兵团撤销后，服务社改为商店。

1981 年，农场兴起了一批集体商业和个体商业。国营、集体、个体商业企业同时发展，多渠道购销，进一步方便了农场生产职工群众的生活。1984 年，全场国营商业销售总额达 4455.6 万元。

1985 年春，北安管理局在赵光农场增设局直商店、医药商店。

1994 年，农场对商业进行改革，各大、小商店开始实行经理负责、风险抵押、集体承包、租赁经营等形式改革。到 1996 年，全场商业全部实现私有民营。

二、商品供应

农场供销社成立初期，经营品种有毛巾、牙膏、烟、糖等 100 多个品种。随着农场的发展和职工生活的提高，商店经营的品种不断增加。

1954 年 7 月，在国家计划经济指导下，对棉布、棉花等实行统购统销政策。1966 年起，白糖、肥皂等供应不足，实行凭证供应。

1979 年，农场商店经营的品种已发展到 5000 多个品种。为了适应生产、生活的需要，北安管理局在赵光农场设立了生产资料、百货、烟酒、五金、医药、土产、食品等专业批发站。农场和局直零售商店也由综合商店向专业商店发展，扩大了营业面积，增加了销售额。

第二节　粮食与物资

一、粮食

（一）管理机构

建场初期，粮食工作由总务部门统管。20 世纪 50 年代，农场成立物资供应站，设粮食组，主要负责粮食、种子的筹集和管理工作。

一师七团时期，七团商业股设粮食股。恢复农场体制后，商业科设粮食组。

1978 年，农场成立外贸科，主要经营粮食和山货。1984 年，成立粮食科，负责粮食管理工作。

1984 年，农场建铁路专用线和货场，1985 年，完成工程建设，共投资 779 万元。同年，农场成立粮贸科，负责粮食管理和销售工作。

1988 年，农场在粮贸院内建一个粮食处理中心，1992 年建成，共投资 176.3 万元。粮食处理中心的建成，为农场粮食的丰产丰收及农产品品质的提高、销售，创造了良好的条件。

2002 年，粮贸科转为股份制企业，更名为粮贸公司，仓库、办公室、冷棚归转制后的粮贸公司所有。铁路专用线、粮食处理中心的资产归农场所有。

（二）原粮管理

建场初期，生产队设粮食保管员，负责口粮、种子、饲料以及原粮保管。脱谷后的原粮集中在晒场晾晒，初检后直接入库保管或送交国家粮食部门。1950 年，全场有圆仓 20

个、房仓 6 间，粮仓不够用还备有苇子。

1983 年前，农场、生产队两级设库。生产队粮食库为粮食储存的基层单位，总场库是商品粮中转和对外贸易出口基地。

1984 年后，全场 32 个生产队都设有种子库、土圆仓和晒场。种子库 2.43 万立方米，能容粮 1.9 万吨；土圆仓 169 个，能容粮 0.9 万吨；砖木房仓 27 栋 0.72 万平方米，能容粮 1 万吨，全场仓储能力近 4 万吨；水泥晒场 14.14 万平方米，土晒场 11.2 万平方米。全场座囤机 27 台，扬场机 63 台，装车机 31 台，清粮机 31 台。

晒场原粮的晾晒、清理等工作由晒场主任负责，并配有一定数量工人。原粮经过处理，按照规定的粮食初检质量标准，化验员通过容重器、扦样器、检温探子、温度计、快速水分测定仪等仪器，化验出原粮的千粒重、容重、水分、杂质等，然后将适合保管的原粮座囤或入仓保管。

1984 年，粮食科成立化验室，全场有化验员 35 名，6 个烘干箱，29 个天平，21 个容重器，10 个速测仪，6 个分样选筛。可以对各种原粮进行品质化验，分等存放，上交、出口或议价销售。

1992—2020 年，粮食市场化，职工承租土地所生产的粮食或在晒场暂时保管，或直接销售给粮食经销商，农场对粮食只在政策上服务和管理。

（三）供应粮票证管理

从 20 世纪 50 年代开始，农场供应商品粮设有粮食台账，住户备有粮油供应证。粮食部门定期检验供应证，并按上级规定及时调整各种人口的标准供应量，住户凭粮油供应证购买粮油。粮食关系的迁出、迁入由粮食部门办理手续。1977 年后，票证、账目和报表都由农场粮食管理部门按北安农场管理局粮食管理细则规定，统一负责印发，并按规定的制度严格管理。

农场流通的粮票有全国通用粮票、黑龙江地方粮票和内部自制粮票 3 种，粮票由粮食部门根据需要发放和登记。20 世纪 80 年代后，使用通用粮票按定量扣发食油。全国通用粮票主要是供给到省外的办事人员，黑龙江粮票是场内外主要流通的粮票，农场自制的粮票仅在场内流通。前两种粮票在"文化大革命"前，主要是农场用口粮同赵光粮库兑换。"兵团"时期，"兵团"供给的黑龙江粮票，每年流通 15 万千克，全国通用粮票 10 万千克。1977 年后，由北安农场管理局粮食部门统一拨给全国通用粮票。

农场内部流通的粮票有 2 种。农垦局时期的粮票面额为 1 斤、3 斤、5 斤等 3 种，发行 20 万斤；七团时期印制的粮票面额为 1 两、半斤、1 斤、3 斤、5 斤等 5 种，印制 10 万千克，发行 10 万斤。内部自制粮票在黑龙江地方粮票紧张情况下，对调节场内市场流通和方便生活起到了一定作用。20 世纪 90 年代后，随着社会的发展，票证完全退出了历史舞台。

（四）三留粮

国家颁布粮食统购统销政策以后，农场历年自留粮都是根据国家和上级规定标准，留足种子、留足饲料和留足口粮（即三留）。20 世纪 50 年代，每年在 5000 吨左右，60 年代，增到 1 万多吨，1976 年后，达 1.5 万吨左右，1979 年超过 2 万吨。1980 年开始，农场执行黑龙江省农场总局有关文件规定各项留粮标准。

种子的年留量标准。每公顷留种量最高限额：小麦 337.5 千克、大麦 330 千克、大豆 150 千克、玉米 45 千克、谷子 22.5 千克。

饲料的年留量标准。按照牲畜类别，每头留量标准最高限额：种马 1000 千克、种牛 1000 千克、基础公母猪 400 千克、役马 750 千克、奶牛 1000 千克、后备公母猪 200 千克、非役马 400 千克、役牛 300 千克、育肥猪 200 千克、非役牛 100 千克、仔猪 15 千克、鹿 350 千克、羊 30 千克、禽 25 千克。

口粮年留量标准。按每人 175 千克计留全年口粮，副食大豆每人 11 千克。

（五）粮食调拨

1953 年起，粮食产品处理执行统一计划、统一调拨的方针。由粮食部门统一管理控制数量，生产队精选保管，分类储藏。

种子调拨。种子留量是根据春播计划土地面积，由生产管理部门下达的每公顷播种量计算各类作物的种子需求量，生产队直接按计划留足自用。余缺或优良品种的调换，各生产队通过分场粮食管理员在分场内调剂；分场间种子余缺和农场外调换良种，需向生产部门提出计划，由农场粮食部门负责办理种子调换手续。种子公司成立后，种子余缺由种子公司负责调剂。

饲料调拨。根据当年大小牲畜存栏和来年发展数目规定标准，由生产队直接留足。非生产单位由农场和分场逐级给生产队留料标准，生产队代留。调剂余缺，凭农场粮食部门调令付给。饲料品种，除小部分草籽外，多留用大豆。饲料大豆经加工后的豆饼，由粮食部门按分场粮食管理员开的调拨单发放，麦麸子只作为辅助饲料由粮食部门拨给所需单位。

口粮和食油调拨。由生产队事务长或粮食负责人，每月按本队人口月供应量报给分场，由分场粮食管理员统一汇总上报农场。其调拨手续由基层单位在办完需求粮油数量手续后，经分场粮食管理员处开调令，到农场粮食部门粮油调拨员处办理调拨手续，最后到粮油加工厂提取口粮和豆油，按规定时间进行结算。

（六）粮油供应

1. **供应标准**　建场初期，职工和家属的口粮和食油根据需要供应。1953 年 10 月 16 日，中共中央《关于实行粮食的计划收购与计划供应的决议》，规定粮食的"所有收购量和供应量，收购标准和供应标准，收购价格和供应价格等，都必须由中央统一规定或经中央批准"。

国家统购统销政策公布后，农场职工粮油供应按上级规定执行。1977 年，根据北安农管局文件精神，调整粮食供应标准分八类供应。一至六类是男女劳动力，标准较高。七类是家属及 11 周岁以上的失学待业青少年。八类是 10 周岁以下的儿童，分 10 个等级，最高 10 周岁 14 千克，最低不满周岁 4.5 千克。

1980 年 10 月后，依照黑龙江省农场总局文件精神做了局部调整。不满周岁到 6 周岁的几个年龄段都较前标准少 0.5 千克，7 周岁以上未变动。

从事多工种劳动的以其主要工种核定口粮定量标准，一般临时性劳动工种变化的不予补助。食油，有特殊情况按规定定量补助，如回族、外籍侨民、采伐工人等；从事糕点、饭馆、糖果业或集体食堂等，除供应量外，还可适当补助。在食油定量标准少的年份，每逢年节、农忙期间，也予以适当补助。

2. **口粮品种和管理**　全场口粮供应品种主要是面粉，也有少量玉米楂、玉米面、大米、小米、高粱米等。粗粮不常供应，只在某个时期经自加工后，供给用户。1977 年后，农场场部粮食部门曾一度供应过麦麸子，作为民用商品粮副产品处理，每 0.5 千克 0.04 元。

场内工业及其他各业生产所需粮油按计划供应，由粮食部门掌握执行。职工家属及公共食堂商品粮油供应，由总务部门统一安排供应。1955 年，农场场部供销社设粮油供应部，设 1 名售货员，1957 年，增到 4 人。1982 年，粮油供应部随收购部从商店划出单设，由农场粮食组直接领导。分场和生产队的粮油供应，由供应点粮食负责人员供应到户。1993 年 4 月 1 日后，全国取消粮票和油票，农场粮油商品实行敞开供应。

（七）粮食交售

1948—1982 年，按照统购统销政策，农场生产的粮食、油料及粮油副产品，由粮食部门独家经营，实行统一征购、统一调拨、统一销售、统一库存。除自留外，国库统一收购粮食，每年粮食收获后及时卖给国家，送到当地粮库。

1959 年，农场上缴国家粮食 2 万多吨。1960—1973 年，农场多数年份上缴国库粮食都在 5000 多吨。1975 年后，农场每年交粮超过 1.5 万吨。七团时期上交粮不多。

1977 年开始，国家对农场实行一定 5 年不变的上缴粮食征购基数，1977 年，上缴粮食 1.19 万吨。1979 年，上级调整征购基数，指标为 1.01 万吨，实际上缴粮食 2.46 万吨。1980 年，上缴粮食突破 2.5 万吨。1981 年，大豆提价后退出加价基数，粮食上缴基数变为 0.88 万吨，实际上缴 2.59 万吨。1984 年，粮食实行倒"三七"计价（即 30% 执行统购价，70% 按统购价加价 50%）的办法，取消年终结算加价款，上缴粮食仍在 2.5 万吨以上。

据统计，1948—1984 年，农场累计生产粮豆 80 多万吨，上缴粮食 42.5 万吨。其中，1977—1984 年，上缴 19.1 万吨以上。1978 年以后，商品率均在 50% 以上。

1985 年 1 月 1 日，中共中央、国务院发布《关于进一步活跃农村经济的十项政策》，决定取消粮食统购制度。1991 年底，国务院发出《关于进一步搞活农产品流通的通知》，要求在保证完成国家定购任务的情况下，对粮食实行长年放开经营政策。

1992 年 12 月 9 日，全国粮食工作会议召开。会议提出放开粮食销售价格和销售市场，对粮食流通环节的补贴改为对消费者的直接补贴，国有粮食企业成为自主经营、自负盈亏的市场主体。至此，全国粮食统购统销制度正式终结，农场粮食生产销售走向市场化。

二、物资

（一）发展概况

1948 年，农场物资工作由总务部门负责。农场利用 232.2 平方米的马架草房做简易的物资仓库，储存油料（用 200 多个大油桶装油料）、机器零件及其他材料物资，还有 103.2 平方米的草房作粮食仓库。1950 年，农场购进二三百吨的大油罐和油泵。1951 年，建成 160 平方米的砖瓦结构油库办公室和 227.5 平方米砖瓦结构新库房，能储汽油 250 立方米、柴油 150 立方米。开始正常供应油料。随着物资管理制度的建立和完善，物资库分设各单位物资管理手册，领取消耗物资都有详细记录，基层单位和生产队按消耗定额供应机械零件、油料及其他物资。钢材、水泥、柴油、汽油、原煤等各种主要物资陆续购入。

1954 年，农场开始购进化肥，进场化肥量逐年增加。农场物资的购、储、调、销逐步形成系统。

1958 年，农场成立物资供应站，实行三级设库三级管理，经营物资逐级调拨。三年困难时期，机器零件和燃油奇缺。1962 年后，农用物资稍有好转。国家统配和农场自行采购的机电产品、机械设备和部件、燃料、化肥、农药等物资，品类比较齐全，基本满足生产需要。供应范围由 6 个农场扩大到 1965 年的 9 个农场的生产部门。

生产建设兵团组建后，七团物资供应站移交给一师后勤部，七团成立物资股并设物资库，营连也设有物资库。这期间，物资管理层次比较多，在物资紧缺的情况下，大量采购和储备，后期造成一部分物资积压。

1977年，恢复农场体制，物资科同物资站合并，有职工50多人，分设燃料组、配件组、机电组、计财组和后勤组。继续实行场、分场、生产队三级设库的制度。1978年，有库房5300平方米。1980年，全场有大小仓库79个。物资管理周转环节多，流通时间长，库存量大，调度不灵活，占用流动资金多。1981年，建立健全岗位责任制，改革调整计划采购审查制度、订货合同管理制度、物资验收管理制度，撤销生产队一级仓库74个，形成了一场一库的管理形式。革除以前层层设库的弊病，减少物资积压，加快流动资金周转，实现了收支平衡。

20世纪80年代后，农场合理利用资金，压缩库存，实行物资储备定额和储备分工，同工厂直接订货，使"三材"库存额由1980年的283万元降低到1984年的124万元。

1983年前，铁路进货占用赵光车站站台，物资损失浪费严重。1984年，农场开始自建一条1.32千米的铁路专用线，货场面积6万多平方米。1985年，建成通车。物资站燃料组在专用线内建办公室，负责货场管理。

1984年，物资供应站有汽车、8吨吊车和4吨叉车各1台，小四轮拖拉机3台，供应站和分场场部都设有大型储油罐，全场罐储容积1471.3立方米。

1985年，农场物资科与物资供应站合并，内部业务设有机电股、燃料股（原煤、油料、化肥、农药）、配件股。同年，北安管理局物资处与农场物资科联合成立了赵光物资供应贸易中心，设有物资供应商店。1986年，贸易中心解体，商店保留，在岗员工94人。

1992年，农场成立农化公司，负责农药、化肥的经营。

2002年4月，农场物资科、物资供应站转为股份制经营，成立黑龙江省北安垦区赵光物资有限责任公司。2003年后，农化公司转为个体经营，从此，农场物资供应完全市场化。

（二）计划采购

建场初期，物资采购，尤其是农机具零件的采购十分困难，做不到计划采购。简易的设备或机件自己制。油料靠市场，建材和煤炭供应靠当地政府。20世纪50年代物资管理逐步纳入日程，制定阶段计划和年度计划，采购和供应基本上都按计划执行。农垦局时期，每年的6月开始编制下年度的物资计划，各单位的物资计划统一上报，经汇总编制后由领导和财务部门审定，报省厅审批纳入计划。

煤炭、化肥、油料和机械设备等国家统配物资计划都是按农场的耕地面积和车辆、机械等数字汇总上报上级，提出申请，核定指标，而后按计划供应。其他一般物资根据需要和资金能力由场制定计划报上级物资部门按计划供应。急需的计划外生产物资的购买需要写出申请报告，经财务部门和领导批准后执行。每年采购物资所需资金均不得超过财务部门核定的计划数。

20世纪70年代，主要的生产资料靠上级主管部门通过省、地、县经营单位下拨分配，很少自己采购。七团时期，除一师物资供应站下拨外，还有部分物资自己采购以补充不足。1976年后，主要进货渠道是北安农管局物资处。

20世纪80年代，物资部门管理体制改革后，在计划供应为主的前提下，农场与物资生产厂家直接签订合同，采购一些物资，减少了层次，节省了管理费用。

物资站的采购工作，根据生产季节和工作的需要基本做到提前购货，保证需求，按时供应。采购付款统一由物资站办理，其他单位或部门如有急需，必须委托采购部门采购。采购员按名称、品种、规格、数量采购，遇有特殊情况，请示主管领导决定后执行。

（三）供应管理

建场初期，农场仓储条件不好，保管制度不严，管理人员不专职，损失浪费较大。1950年，农场开始大量建库房，实行专责保管制度。仓库新到物资，保管员根据来货单位的收料单，验收物资品种、质量、数量，登记入账列入保管。保管员对所管仓库的安全、卫生和物资保管及发放负全部责任。防火、防盗、防变质，对精密物资和易燃易爆、剧毒物资采取特殊措施，单独保管。物资分门别类放在货架上，排列整齐，填好标签。有些物资还要经常检查，进行保养。年终时，对物资进行清查盘点，并与财务部门核对账目，写出盘点报告。

20世纪70年代以前，主要物资按计划供应，实行限额控制。20世纪80年代后，国家统配物资和贵重的大部件，按年度计划分配，小部件和低值易耗品，敞开供应。使用单位领取物资时，办理领料手续，开票转账交财务。

20世纪80年代，农场开始进行油库标准化建设，推行单车核算，定额管理，实行成品油凭票定量供应。其他方面用油也按计划发放。

1982年后，农场在机务战线开展争当节油能手、节煤能手、节电能手，争创节能先进场、节能先进生产队（车间）、节能先进汽车队、节能先进加油站、节能先进单位、节能先进油库、节煤先进锅炉班、节煤先进食堂、节电先进电业所、节能先进管理部门的节能竞赛活动，每年节油60吨左右。锅炉水暖集中供热，每年节省原煤200余吨。1981年，农场被评为全国农垦系统节能先进单位。

对职工群众生活的物资供应，主要是原煤。早期，冬季每户供应1吨取暖煤。1979

年，场部家属烧柴困难，开始供应取暖炊事用煤。人口数≤3的每户每年2吨，人口数＞3的每户每年3吨。分场及生产队不供应。1980年起，工程师以上科技人员、科级以上领导干部，农场规定发给液化石油气罐，每户按两个月一罐供应，每罐自费5元，其余由农场支付，记入各有关单位专项费用。

1989年后，所有物资走入市场化，农场停止了除生产资料外的物资供应。

（四）资金利用

建场初期，农场资金的消费和储备逐年略有增长。20世纪50年代，原煤、汽油、柴油等燃料燃油物资的消耗明显增加。1959年，原煤消耗量超过1万吨，汽油消耗达400吨，柴油消耗达550吨。1963—1967年，几种主要物资消耗量大幅度增长，钢材消耗由30吨增长到100吨，木材消耗由800立方米增长到1700立方米，柴油消耗由650吨增长到1184吨，化肥消耗由500吨增长到1670吨，原煤消耗由1.1万吨增长到1.5万吨。1968—1977年，除汽油、原煤消耗量有下降外，钢材、水泥、木材、生铁、柴油、化肥等物资平均消耗量大幅度增长。1973年，水泥消耗2000吨。1975年，柴油消耗2000吨，钢材消耗169吨。1977年，木材消耗6000立方米，生铁消耗54吨，化肥消耗超过3000吨。1978年后，各种主要物资平均消耗量均有明显增长：1980年，化肥消耗1.03万吨，原煤消耗2.08万吨。1982年，柴油消耗3204吨。1984年，钢材消耗393吨。

物资消耗量的增长，引起消费额和储备额的增长。1959年以前，年消费额30万～130万元，年储备额相当消费资金的1/3。1959—1961年，年消费额130万～180万元，年储备额相当于消费额的1/3。1963—1967年，年消费额在200万元以上。1968—1977年，年消费额在500万元以上。1978年后，年消费额在700万元以上。1981年、1982年、1984年，年消费额超过1000万元。储备额相当于消费额的1/2。1968—1977年，储备额大体上与消费额相当。1978—1980年，储备额接近消费额。1981年后，储备额占消费额的1/2。1978年后，每年物资进出总金额2000万元左右。历史上，库存储备额最高的1979年达692.7万元，1984年资金消费额高达1035.9万元；耕地公顷占用资金：1967年前，每公顷占用资金15～45元。1968年，每公顷占用资金235.5元。1978年，每公顷占用资金283.2元。1984年，每公顷占用资金221.1元。

第三节　外贸与招商引资

一、外贸

1978年，农场贯彻全国国营农场工作会议精神，根据上级指示，成立外贸科。与生产单位配合，组织承办农场出口商品的收购、保管、发运和交售业务。出口商品以大豆为主，此外，还收购野生全鹿、鹿茸、狍子、山鸡等，出口量很少，也不稳定。

农场外贸部门，按照北安管理局下达的出口商品任务指标，组织货源，自行安排保管、发运或通过北安管理局转运站发运，到大连港指定地点验收交货。管理局外贸处同辽宁进出口公司驻大连办事处统一办理财务结算，如数返给农场。1969—1984 年，累计出口大豆3926.4 万千克，经营额超过 2577 万元。其他商品出口经营额 16.71 万元，累计总额 2593.71 万元，积累外汇 12 万美元。

1983 年，国家开放了粮食市场，农场在完成征购粮任务后，粮食等主要农产品可以进入市场销售，但小麦、大豆销售主渠道还是上交国家粮库或出口。20 世纪 90 年代，国家粮食销售市场主体多元化，粮豆等主要农产品的销售渠道增多。粮食销售量逐年增加。但由于粮豆产量的增加和市场供求关系的变化，出现了卖粮难、谷贱伤农的现象。1985—2005 年，粮豆主要农产品上缴、销售量为 94.39 万吨，其中，小麦 39.53 万吨、大豆50.42 万吨。

进入 21 世纪后，国家进口大豆的数量逐年增加，国产大豆也完全停止了出口。这给农场职工自产的大豆、玉米等农产品的销售提出了新的问题，产量高，但销售困难。如何面对这样的情况，这是一个新的挑战。

二、招商引资

改革开放后，赵光农场良好的环境吸引了很多企业、私人、外商投资建设。2000 年，农场引进个体资金超过 1200 万元，兴建 1.5 万平方米综合大市场 1 座。2003 年，国家重点龙头企业九三油脂厂在赵光农场投资 5.5 亿元，建成年加工大豆 60 万吨的大豆浸油厂。兰西客商正通麻业有限公司投资 350 万元，引进国内两条先进生产线，入驻赵光农场。

2007—2018 年，农场先后累计引资超过 5 亿元，进行危房改造，建设经济适用住宅楼和新型住宅楼累计 155 栋；建设玉米仓储烘干项目 23 个，建设烘干塔 29 座，玉米日处理能力达到 1.2 万吨。2017 年 9 月，北京奥天奇科技发展有限公司投资 3.2 亿元，建设30 兆瓦生物质发电项目举行奠基仪式。但此项目因一些不可测原因于 2019 年停止了建设。

第十三章　通　　信

农场通信事业经过 70 多年的开发建设，从最初的磁石、供电、纵横制发展到数字程控交换机，从明线、有线、载波、微波传输发展到光纤数字传输网，开通了电话通信、数据通信、图像通信等新业务。2001 年，农场通信上划农垦总局通信公司，系统管理。

第一节　发展概况

1952 年，场部设电话总机，由场长办公室领导，传递信件由场长办公室通信员负责。当时电话室只有两个人。

1958 年，农场办事处设中心交换台，3 名话务员。各农场设电话交换台，每个农场有 2 名话务员。话务员兼广播员。

1959 年，场社合一，人民公社化后，农场电话交换台和赵光邮局通信机构没有合并，由农场（即赵光人民公社、赵光镇）统一管理，各自执行业务。全场设 7 个邮电所，有专人负责文件、书报、包裹邮件的传递。

1962 年后，农垦局和农场设电话通信交换台，业务归机务科领导。农垦局交换台设有 4 名话务员、4 名机线员。各农场设有 3 名话务员、1 名机线员。

生产建设兵团时期，按部队编制，七团通信股，营设通信排，下设话务班、外线班、机务班、机要班、司号班、徒步通信班和收发室，全员 54 人。其中，话务班（包括报务电台人员）10 人，负责团直属各单位近百部电话转接。机线班 10 人，负责团直属各单位电话机线路维修。各营设话务、机线 3～4 人。通信股机要班负责机要信件传递，徒步通信班负责普通信件投递。

农场的通信人员都不是专门人才。从业者有的是转业军人，有的是经短期培训上岗的，有的是边干边学自学成才的。1974 年，根据黑龙江生产建设兵团有关文件精神，在七团中学举办通信专业培训班，培养了一批通信人才。

1977 年，恢复农场体制，农场武装部兼管通信工作。场部交换台设话务员 7 人、外线员 6 人，分场设 2 名话务员兼广播员，2 名机线员。

1979 年，福安农场并入后，场部交换台话务员增到 13 人，分场话务员及机线员 3～4 人。

1980 年，农场成立通信站，下设话务班、外线班、载波班、广播站和电视台，全员 28 人。根据需要四分场在 23 队设电话分机，设有 2 名话务员。

1984 年，精简机构，通信站由 28 人减少到 11 人。其中，话务员 7 人、外线员 1 人。广播站、电视台分出独立。每个分场设话务员 2 人、机线员 1 人。

1995 年，北安通信处赵光分站（原北安管理局党校通信）划归赵光农场通信站，包括 120 门程控交换机 1 台和 7 名职工，农场通信站改为通信公司。

1996 年，撤销分场，四分场的通信归农场通信公司，有人员 31 人。1998 年，农场通信公司更名为通信科。

2001 年，农场通信科上划农垦总局通信公司，系统管理。原通信设备、机房、人员划归农垦北安通信分公司，农场通信科更名为赵光通信中心。隶属农垦总局通信公司农垦北安通信分公司管理。

2005 年，农场总机取消，由农垦北安通信分公司总机统一查号。

第二节　设施建设

一、交换机和电话机

建场初期，农场通信手段简单原始，下达通知、往来文件、信件，靠骑马、徒步传递或随运输车捎递。

1952 年，农场场部办公室首次安装 1 台军用 20 门磁石人工交换机和 8 部终端电话机。电话线路通到了作业区和生产队，生产队电话并联在作业区电话上，全场有 16 部电话。

1955 年，电话用户增多，场部交换台更换成哈尔滨产的 30 门磁石交换机，新开荒点都装上了电话。

1958 年，农场办事处建中心交换台，并将 30 门交换机更换成 50 门交换机，黎明农场装上了 30 门交换机。赵光地区电话联网初步形成。

1962 年，农垦局交换机升级为 100 门交换机。东方红农场装上 50 门磁石交换机，并建起了交换台。至此，全局 6 个农场场部均设有交换台，电话用户发展到近百家。

1969 年，电话事业发展迅速，电话用户猛增。全团安装 5 台 310 门（2 台 100 门、2 台 50 门、1 台 10 门）磁石交换机，仅团部电话用户就达到 90 多家。

1979 年 5 月，场中心交换台交换机升级成 JFL-200 门供电式交换机，电话机全部更新为上海、天津等地生产的供电自动单机，农场结束电话手摇的历史。

1984年，农场共有5个交换台，500门供电式交换机，300多家电话用户。

1985—1989年，农场通信设备使用的是JFL-200门供电式交换机（双座席）。

1990年10月，农场将1981年购进的HJ-976型400门纵横制自动交换机和JT06人工长途交换机割接开通，大大缓解了当时线路忙总掉号的现象。

1994年7月，二分场开通美国生产的迪美逊模拟400门程控交换机，解决了分场线位少、安装电话难的问题。

1995年10月，农场通信成功割接JSN-1型1536门数字程控交换机，11月三分场开通JSN型256门数字程控交换机。

1996年3月，农场对北安开通了30路数字特高频。12月，二分场开通了JSN-1型512门数字程控交换机，保证了农场通信网络的完整和统一。

1997年12月，四分场开通数字程控交换机，11队安装了PS64-3型程控数字集线器1台，解决了四分场和11队通话质量问题。

1998年，农场投资安装了数字程控交换机及配套设备，总场交换容量达到2944门，全场拥有用户1831户，基本实现了传输数字化。

2002年1月6日零时，通信中心新投入的SP30数字程控交换机正式启动，并一次调试成功。SP30超级数字程控交换机的开通，装机容量达到5500目线，出入局180路。

2007年3月，农场对原ADSL网络交换机进行了扩容。

2008年，祥景小区二期工程启动，农垦赵光通信中心申请55万元资金，进行通信基础设施的建设。把原来的ADSL设备更换成更先进、更稳定的华为SmarTAX-MAX5300交换机，并将用户装机总容量由512回线升级至896回线。

2009年6月，农场陆续开通第二到第九管理区的网络交换设备。其中，第四、第六、第八、第九管理区为华为5605交换机，其他管理区为唯上ADSL-1000网络交换机，赵光农场各管理区，均可实现与场部相同的上网速度。

2010年，农场祥景小区三期共37栋住宅楼开始施工建设，通信基础施工也同步展开。此次通信建设首次采用光纤到楼，再由交换机加装网线到户的通信互联网连接方式。10月，为了配合祥景小区的通信建设需要，农垦赵光通信中心正式向上级通信管理部门提交报告，在农场祥景小区50号楼1单元101车库，建设新机房。同时，为应对新建的农场祥瑞小区1、4号楼、外围楼盘24、25、26、27、28、29、30号楼和祥和小区6栋楼的配套建设，通信设施全部采用H3C15、H3C16两套系统交换机进行建设，所有施工工作于2010年12月全部完成。

2011 年，农垦赵光通信中心与北安通信分公司合作共同完成了中心机房、小区机房及各楼盘的 EOPON 设备安装调试和光缆接续。实现新增电话容量 312 回线，宽带端口 216 户，装机装网空间得到了提升。

2012 年 2 月，农垦北安通信分公司为农垦赵光通信中心安装 EPON 软交换设备（大唐 SP30IEX-5200），为用户提供光纤语音通话功能，3 月进行系统升级。6 月，完成 13 栋楼的 EPON 交换机（F822）的安装调测。7 月，开通农机服务中心 EPON 交换机。

2013 年 1 月，北安农垦通信分公司运维部技术人员，为农场机关新办公大楼开通包括华为 9806H 语音交换机、H3C-S5300 网络核心交换机、H3C-S1650 网络交换机等通信设备，以千兆速率上联至农垦赵光通信中心中心机房，1 月 6 日下午，机关主控机房正式上电运行。

2013 年 4 月，天河小区 11、12 号楼 EPON 设备安装完成。5 月，九三油脂集团北安豆粉车间通信设备开通。8 月，农场犇鑫奶牛厂 ACE500M 综合交换机开通。

2016 年 1 月，农垦赵光通信中心软交换语音设备正式下电停用，软交换功能由北安通信分公司中心机房直接提供，装机放号工作上划至分公司。6 月，光纤 FTTH 系统升级，由原 IP 接入方式更换成 POE 拨号模式。11 月，农垦赵光通信中心主控机房加装杭州普迪 LSW5602-1G 千兆光配机架，通信用网络带宽提升至 4 个千兆骨干网。

2017 年 1 月，可视电话会议系统升级，由原来中兴 ZX10-10 标清模式改成中兴 ZX10-T800 高清模式，加装高清摄像机。

2018 年 2 月，农垦赵光通信中心申请分公司运维部，对 FTTH 用户进行了系统扩容及调整，加装千兆光板至中心 C300 网络交换机 15 槽口。

二、载波机

1973 年，兵团一师陆续调给七团 21 端单路载波机和三路载波机，同年对三营开通 ZM202 三路载波电话。

1978 年，农场购进 1 套 ZMX201-Ⅳ型三路载波机，开通三分场三路载波机。

1980 年，开通四分场和第 12 生产队单路载波机。购进 1 套 ZMX201-Ⅳ型三路载波机，对北安管理局开通三路载波机。至此，已对线上实现多路通话，互不干扰，提高了线路利用率。

三、电报、电台、传真

1970 年，团部配备 1 台有线电报机和 1 台 2 瓦无线电台，天线高 18 米。

1981年，农场购进两套长江"301"三路无线电台和1套"208"12路无线电台。同年，黑龙江省农场总局拨给农场1台文字传真机，可以在5分钟内通过电话实线或载波电路传递接收16开纸的文字或图表。

四、微波通信

1996年5月，黑龙江农垦总局投资在赵光农场建微波塔1座，并开通微波电路。6月，11队、12队、18队开通环路载波电话，由于距分机远，效果不理想，只能解决生产队通话问题。10月，农场批准购买了黑龙江省到黑河市的二级线路福安—李家段，11月，开始使用。

五、宽带入网

2003年3月，农场开通ADSL宽带接入网，农场通信中心具备了全方位的传输能力，拓展了无限宽广的网络空间。2005年，农场宽带入网户为94户。

2017年7月，用户网速由原20兆带宽升级为50兆带宽。2020年，农场宽带入网用户为3231户（包括接入地方用户）。

六、线路架设、光缆施工、光纤改造

1962年前，农场区域内的通信线路电杆都是简易杂木小杆，少部分是松木杆，电话线也是不规范的铁线。

1963年后，赵光农垦局进行通信线路改造，在电力杆的腰部安装木横担架上电话线，一杆两用。通往各农场及生产队的电话又开通广播，一线两用。广播时间，停止通信联络。

1972年，为避免同杆架线的电力干扰，在二营单独架设电话线路15杆千米。1975年，三营也单独立杆架线，实现了全场通信线路独立体系。

1979年，福安农场并入后，为改变四分场通信落后局面，架设农场至四分场线路。历时10天完成了二分场至四分场21队的10千米电话线路工程。同年，又架设赵光到北安、赵光到福安、赵光到李家的电话线路。全场电话用户可通过场部交换台连接。改造场部到一分场的电话线路和场直的部分线路，将原来的白松木杆换成黑油杆。

1980年，农场开始向北安市邮电局租杆挂线，赵光到北安市18杆千米，赵光到李家车站15杆千米；租省农场总局杆，一分场场部到第1生产队8杆千米，合计外租杆挂线41杆千米。全场自有线路，租杆线路和进户线路共184千米。租北安市局杆单线，月租

费980.6元，年租费1.18万元；租省农场总局杆3条，线月租费648元，年租费0.78万元。合计年租杆费2万元。

1984年，场部架设200千米的电缆线路后，使场区通信线路趋于标准化。据统计，全场自有通信线路总长128杆千米，其中，黑油杆29杆千米，白松杆99杆千米。进户引用线每部电话平均50米，300多部电话约计1.5万米。

1996年4月，农场通信公司开始对场区一委、二委、局直机械厂、粮贸、农研连、北安管理局党校、农场住宅楼、商业家属区、一分场、二分场、16队、17队、三分场等进行电缆工程改造，取消明线，架挂电缆26.65千米，农场通信从此实现了电缆传输。

1997年7月，农场兴建场部至建疆红主干道修筑水泥路面，通信站将道路西侧明线改为地下埋设，于8月21日竣工。

1998年，农场共更新杆路15千米，提前两年完成线路改造。施工市话电缆1.5万米，对11队、26队、36队开通3台集线器。

1999年4—11月，对农场及二、三、四分场的主干线进行改造，更换了37%的不合格线杆，使主线路达到标准化、规范化。

2001年，农场三级光网及通信网综合改造工程全面展开，于12月竣工。共铺设地埋光缆20.1千米，铺设钢绞线53千米，架设光缆119.5千米，开通了2队、4队、11队、21队、36队5个模块局。

2006年，农垦赵光通信中心向农垦北安通信分公司申请21万元的建设材料费用。10月，祥景小区一期共17栋住宅楼的通信基础设施开始施工，12月完成所涉及的地埋电缆的沟壑挖掘、电缆布放、回填、场地平整等工作。

2011年，农场完成新建住宅小区12栋楼和别墅区27栋楼的通信线路铺设任务及小区外围通信线路总计9500延长米的光缆铺设任务。其中：架空1600延长米，地埋7900延长米。

2012—2013年，相继完成祥景3期后6栋楼的熔接入祥景机房、祥瑞2期3栋楼的光纤熔接、外围31～33号楼的熔接、别墅区光缆熔接、37号楼光缆入户和农场教育中心少年宫线路改造、天河小区11、12号楼和农场37、38号楼光缆入户、机关新办公楼部分办公室电话及网络安装调测及办公楼内的可视会议室、计财中心、社保局光缆熔接、1～4号楼的光纤改造、新的通信系统采用光纤到户等工程，为用户提供更高速、更稳定的网络服务。

2014年，对42～45号楼的通信基础设施建设施工。12月，完成农场天河小区13～15号楼和外围40～45号楼光缆铺设及新建楼盘的设备安装调试。累计布放光缆3070米，架空 2100 米，地埋 970 米。

2015 年，农场祥景小区 1～25 号楼光纤改造工程，累计开挖光缆沟渠 1480 米，顶管 135 米，铺设光缆 2590 延长米，安放汇接箱 17 处，布放用户侧皮线光缆 23790 米。6 月，完成铁西区光纤改造施工，7 栋楼房共布放 7 个汇接箱，1300 米干线光缆，9100 米皮线光缆。

2016—2017 年，完成 7、8 号楼光纤改造、不动产中心专网施工、场部分平房用户光纤改造、公安金盾专网升级，由原 10 兆升级为 100 兆专网、天河小区 16～19 号楼光改施工、祥景 26～29 号楼光改等工程。

2018 年，完成农场祥景 30～33 号楼光改、27～33 号楼进行光纤改造、38～40 号楼光改和 21、22、23、37 号楼、祥景小区 34 号楼光改等工程。

第三节　管理与服务

建场初期，农场开始电话通信时，话务员朴静白天值班，机线员谢荣辉除机修和线路维修外，还兼值夜班。以后通信范围逐年扩大，人员不断增加，工作制度不断健全。遇有紧急电话，话务员风雨不误，立即传达或报告。

1958 年，农场办事处所属各农场陆续设立电话交换台，全区上下各级话务和机修任务明确，保证了电话畅通。中心交换台和各农场话务员除负责直通电话用户接续外，还承担农场交换台的接转工作。除负责中心台总机、电话机修理和各农场的电话线路维修外，还兼修直属各单位的广播设备修理工作，还兼修场直属单位的广播设备修理工作。

"兵团"时期，全团通信形成独立体系，通话清晰度好。按部队通信工作的特点和要求设编，组成分工细致、责任具体的 7 个班组。话务员按时交换，做到迅速、准确，其他机要通信和普通通信都各负其责。电报、电台工作人员，当时都是经过专门训练的知识青年。在"兵团"内部组网，进行密码通信联络。七团撤销后，停止工作。电台户口管理当时隶属黑河军分区通信科无线电管理委员会。传真，由哈尔滨专门学习过的 1 名青年值机。1977 年，恢复农场体制后很少使用传真。

1979 年后，农场的通信设备不断更新换代，维修技术越来越高，通信工作始终处于良好状态。

1980 年，租杆挂线的线路，春秋两季大修由北安市局及农场总局各自负责外，平时发生故障由农场通信站排除，设备维修由载波技术员负责。全场各用户电话机配炭精避雷器，中继线两端均设真空放电避雷器。在载波室设引入架，用以安保、测试载波电路。

1984 年，农场对北安市、赵光邮局、北安管理局、党校、机械厂、糖厂均由中继线联系。对外可通过赵光邮局向全国各地接通长途电话，对内上到农场总局，下到生产队，电话通信四通八达。农场因当时使用的是复式供电交换机，话务台也是接转台，所有的电话都要通过话务员进行接转，话务员的业务量较大，6 名话务员三班轮换，一班安排 2 人，经常是应接不暇。由于机器陈旧，通话的质量又很差，要求话务员要熟练业务，熟记插位，反映快速，吐字清楚，团结互助。1990 年后，使用纵横交换机，话务员一班 1 人值机。

1996 年 5 月，为提高服务质量，确保用户电话通话畅通，排除故障及时，实行故障派工单和装机、移机填卡制度。112 故障台接到故障申告及时测试、登记、下派工单，电话故障 24 小时排除，电缆故障 72 小时排除，装、移机当日完工。

1997 年，农场成立通信公司，下设 1 个业务室、3 个分站、5 个班。外线采取包片、责任到人的方法，负责用户装机、移机和故障排除。电源和 114 查号台合并为 1 个班。向社会推出 7 个窗口的承诺服务内容，由包片人将承诺亲自送到场区用户的手中，新增电话用户 270 部。

2001—2020 年，农场通信公司上划归北安分公司后，推进机制创新、技术创新和管理创新。开通了 180 免费热线电话，开展了"用户满意工程""首问负责制""双评"等活动，公开向社会承诺，诚恳接受公众监督；加强了对员工的职业道德教育和爱岗敬业教育，大力弘扬艰苦创业和无私奉献精神，取得了物质文明建设和精神文明建设的双丰收。

第十四章　电　　业

1948 年 6 月，农场修理所工人技师把日伪时期遗留下的破旧电动机和卧式座机修复改用发电，初步解决了建场初期生产、办公、住宅用电。1961 年，农场架起了北安发电厂至赵光变电所 35 千伏输电线路，1963 年，农场开始接用国电。2002 年，供电系统管理体制改革，赵光农场供电局由国网黑龙江省电力有限公司黑河供电公司实施代管，进行系统管理。

第一节　发展概况

1948 年 6 月，农场修理所工人技师把日伪时期遗留下的 1 台破旧的 10 千瓦电动机和 1 台 10 马力卧式座机修复改用发电。因当时燃油奇缺，把原设计烧石油改为烧煤气，发电能力很小，仅供场部 9 栋家属住宅、办公室、宿舍、食堂照明用。发电室设在一座草房内，占地面积仅 20 平方米。

1950 年 8 月，农场从哈尔滨买回 1 台日本产立式双缸 50 马力的旧座机，与原来的 10 千瓦直流发电机配套发电。这时除供场部照明用电外，还能用轴杠传送动力，带动粮米加工机械和 1 台小型直流电焊机。

1952 年，农场把 50 马力的座机由烧煤气改为烧柴油，把从外地购进的 1 台 30 千瓦交流电动机改成发电机。因电压不稳，又购置了 1 台 30 千瓦的旧交流发电机，与原来的立式座机配套使用，电压稳定。除照明用电外，还能作动力，带动 10 千瓦以下的电动机和 18 千瓦以下的电焊机。

1954 年，农场从济南买回 1 台 90 马力四缸柴油座机，从上海购进 1 台 75 千瓦的交流发电机，配套使用后，发电能力明显提高。把用 400 伏电压供修理所用电升级为 3300 伏电压供家属区和油库用电，架设了发电室至油库 3300 伏配电线路 2.5 千米，设配电变压器两台，总容量 80 千伏安。1958 年农场发电总容量增到 325 千瓦。

1959 年，各分场场部都安装了 30 千瓦的发电机组，解决在国电尚未接通前照明、修理、麦场用电的困难。各生产队也都陆续购置了小型发电机。

1961年，农场开始建设国电网。农场向北安电业局申请用电权，并获得批准，开始接用国电。历经2年多时间，架起了由北安发电厂至赵光变电所第一铁塔35千伏输电线路26.1千米，建成1栋砖瓦结构的变电所，安装1台容量为1000千伏安主变压器。

1963年，农场成立电业所。形成了北安至赵光的35千伏的供电网及赵光农场至前进农场、赵光农场至黎明农场场部的6千伏配电线路网。以后，配电线路逐年延伸到附近农村村屯、境内的部队农场、地方林场以及铁路、粮库、银行等部门。1975年，赵光变电所扩建，新增1台容量1000千伏安主变压器。

1980—1984年，农场内部输电线路全部进行更新，换上水泥杆铁横担。

1985—1994年，赵光农场供电局办公场所位于赵光镇区域内。1990年10月，赵光镇镇直用户和赵光镇所属前进、东山、文革、红农等绝大部分农村村屯从农场供电系统转出。供电局每年向农场缴纳一定的利润，2001年，供电局向农场上缴利润103万元。

2002年9月，供电系统管理体制改革，赵光农场供电局改名为北安垦区赵光供电局，由国网黑龙江省电力有限公司黑河供电公司实施代管，是独立的法人实体，并按有关规定行使电力行政执行权，具有对资产使用、经营和管理的权利，自负盈亏，对外独立承担民事责任。

2003年，供电局新建电业综合楼（原百货站处）4640平方米，其中办公楼面积1794平方米，局内职工住宅面积2734平方米。供电区共有18个生产队、10个行政村、1个部队农场、2个林场、1个种苗场，总供电人口4.9万人，用电户数1.5万户。

2018年，根据黑龙江省电力有限公司文件精神，开始进行农电体制改革。赵光农场与国网黑龙江省电力有限公司签订《关于黑龙江省北安垦区赵光供电局国有产权整体无偿划转协议书》。年底顺利完成了赵光供电局国有资产无偿划转和公司制改制工作。2019年2月12日，将原企业名称黑龙江省北安垦区赵光供电局更名为国网黑龙江省北安垦区赵光供电局有限公司。注册资本为976万元，由国网黑龙江省电力有限公司100%持股，企业类型为有限责任公司，经营范围为转供电、电力材料零售。

2019年7月，按照国网黑龙江省电力有限公司和黑河供电公司的统一部署，实施农电企业重组整合工作。9月30日，农电企业重组整合工作完成，国网黑龙江省北安垦区赵光供电局有限公司更名为"国网黑龙江北安市电业局有限公司赵光农场供电所"。

2020年，赵光农场供电所供电总面积为741.3平方千米。设有35千瓦变电站1座，主变2台，合计容量16.3兆伏安；35千瓦送电线路1条，全长24.56千米；10千瓦配电线路9条，总长度291.36千米；配电台区303个（其中公用台区90个，专用台区213个），总容量为50.63兆伏安。用电户数为1.99万户，包括赵光农场4个居民区和9个管理区、赵光镇政府 10 个行政村、3 个林场及场直各企事业单位 30 余家的社会供电管理任务。供电可靠率 99.9%，电压合格率 99.7%。

第二节　设施建设

1961—1963 年，赵光农场架起了由北安发电厂至赵光变电所第一铁塔 35 千伏输电线路 26.1 千米，至 1984 年，赵光变电所到一、二、三分场及所属各生产队、福安变电所到四分场及各生产队、李家变电所到一分场 11、12 生产队的配电线路共计 173.2 千米。附近村屯和部队农场的自管配电线路 42 千米。农场场部供电区 400 伏线路 7 千米，各分场、生产队 400 伏线路 45 千米，全部供电线路达 300 千米。电业所拥有 35 千伏变电所 3 处，占地面积 2.66 万平方米，其中，建筑面积为 1020 平方米。35～6.3 千伏主变压器 4 台，总容量为 2880 千伏安，其中，赵光变电所两台，容量 2000 千伏安。福安变电所 1 台，容量 560 千伏安。李家变电所 1 台，容量 320 千伏安。供电配电变压器 156 台，总容量为 111720 千伏安。

1984 年，赵光农场变电所供电范围：一至四分场场部及各生产队、场直各单位、北安管理局驻赵光各单位等 100 多个供电点。供电区域内耕地面积 3.67 万公顷，人口近 6 万人。

1985 年，农场对福安变电所到北安发电厂段，35 千伏高压送电线路进行更新改造，将原有木杆、木横担更新为 12 米水泥杆、瓷横担。

1986—1987 年，福安变电所新建高压室、控制室、值班室，新建围墙，对开关场设备进行了更新，1987 年底新设备投入运行。

1988—1990 年，变电所主变和各配电变压器、配电电压由 6 千伏升压为 10 千伏，升压的同时，85% 以上配电变压器全部更新为节能变压器。1990 年 10 月，北安市供电局前进变电所投入运行。

1991—1992 年，李家变电所 10 千伏配电线路由二线一地制供电改为二线制供电，所属用户新架设 1 条 10 千伏线路由赵光变电所供电，1993 年底，李家变电所撤销。

1993 年，场直进行表箱改造工程，以每栋房为单位，电度表集中箱内加锁，实行购电制，这一举措在垦区是首家采用。

1994 年，福安变电所所属 43 台配电变压器更换为 S7 型节能变压器，配电电压由 6 千伏升压为 10 千伏，年末福安变电所撤销。

1995 年，赵光变电所 2000 千伏安节能主变更换为 3150 千伏安有载调压主变，变电所扩建高压室、开关场，经黑河电业局批准，10 千伏计量改为 35 千伏计量，主变、主变油开关、隔离开关挪至新开关场。

1997 年，配电线路改造，变压器台挪到负荷中心，更换居民电表箱进行低压线路改造，共改造 17 个配电变台，改造低压线路 21.6 千米。

1999 年，供电局开通了用户语音查询系统、大厅电费查询系统。

2001 年，承装队参加黑河市城区电网改造近 2 个月。九三油脂厂投产，变电所增容 2000 千伏安，场直主要干线换绝缘线，购置放线车 1 台、升降机 1 台。

2002 年 9 月，供电局售电大厅安装 1 部大型电子显示屏以宣传用电知识、公布电价。购进一套触摸式查询系统，方便用户查询电费。

2003—2005 年，历时 3 年，农网改造工程全部结束，工程总投资 1385.6 万元。其中包括：供电区共改造台区 96 个；改造 0.4 千伏线路 106.99 千米，投资 425 万元；改造 10 千伏线路 136.77 千米，投资 412 万元；35 千伏线路改造 24.5 千米，投资 231 万元；改造 35 千伏电压的主变压器 2 台，每台功率 3150 千伏安，投资 317.6 万元。购置轻型高压试验变压器设备 1 套，购进先进的监控设备，对重要部门进行监控。

2008—2009 年，供电局自筹资金，完成了局管辖区内地方 34 个村屯，近 3000 户居民电表箱从电线杆上向下挪移工作，便于用户及时查看用电数字。变电所西出口 3 条干线更换绝缘线 2300 米，完成绥化和前嫩高速公路电力移位工程。

2010 年，农网改造工程投资 150 万元，改造 10 千伏线路 12.5 千米，0.4 千伏台区 15 个，更换电度表 3935 块，调换变压器 0.68 兆伏安。供电局自筹资金 60 万元，更换 35 千伏输电线路铁塔一基，变电所开关场铺设 800 平方米水泥路面，装设 10 千伏无功补偿 250 千瓦，保证了安全供电和供电质量。

2011 年，农网投资 434 万元，改造 35 千伏线路 6.48 千米，赵光变电所 3150 千伏安节能主变更换为 6300 千伏安有载调压主变，35 千伏隔离开关更换为断路器，二次部分全部进行更换。改造变台 10 座，更换 50 平方毫米绝缘线 44.1 千米。完成农场基本建设工程及临时用电工程累计资金 146 万元，其中，农场基本建设 115 万元，用户工程 31 万元。

2012 年，农网投资 300 万元，改造 35 千伏线路 6.4 千米，10 千伏线路 21.3 千米，0.4 千伏台区 9 个，更换变压器 10 台，调换变压器 0.5 兆伏安，更换铁塔 9 基，水泥杆 30 基，更换 150 平方毫米导线 19.2 千米。完成农场基本建设工程及临时用电工程累计资金 228 万元，其中，农场基本建设 190 万元，用户工程 38 万元。

2013 年，农网改造升级，投资 300 万元，改造 10 千伏线路 21.3 千米，0.4 千伏线路 10 千米，低压台区 19 个，更换变压器 10 台，容量为 500 千伏安。

2014 年，供电局自筹资金，新装无功补偿 1200 千瓦，减少了无功损耗；新增配网工程改造线路亘长 3 千米，更换水泥杆 24 基，安装真空断路器两台，总投资 24.15 万元；在三分场干线安装智能无功补偿装置 1 台，容量 200 千瓦。更换第九管理区分支线路 0.65 千米。

2015 年 6 月，供电局 35 千伏赵光变电所主变增容工程开始施工，由原 12600 千伏安主变容量增加至 16300 千伏安，新建主变基础一座，更换 35 千伏组合式互感器一组、10 千伏电流互感器两组，10 千伏电缆 60 米、控制电缆 655 米，工程总投资 146 万元，9 月完工并通过验收后投入运行。

2016 年，供电局利用技改资金更换 10 千伏导线 16 千米。对 10 千伏李家干造纸厂分线路进行更换导线 12.5 千米。对一分场线路延伸改造 3.5 千米，更换电杆三基，新装真空断路器一台，调整用电负荷 2300 千瓦，以满足粮食烘干期间两条干线末端电压质量符合要求，降低 10 千伏线路故障率。

2017 年，供电局对二分场线路进行更换绝缘子 1860 只，更换台区绝缘子 6800 只，把原有 1 千伏绝缘子全部更换为 6 千伏绝缘子，提高 0.4 千伏线路绝缘水平，降低故障率，保证赵光农场供电局电网安全运行。

2017 年，工程投资 197.8 万元，配网中心村改造工程全面开始建设，新装线路调压器两台，安装断路器 4 台，新立电杆 4 基，安装采集型电度表 2592 块、集中器和远程通信模块 44 台，在局内就能采集回电表各项数据。

2018 年，供电局顺利完成北安城东—赵光线路增容改造工程，总投资 666 万元。改造 35 千伏东赵线 19.01 千米，新建铁塔 15 基，水泥杆 97 基，导线采用钢芯铝绞线。

2019 年，赵光供电局完成 10 千伏场直干农网升级改造任务，总投资 170 万元。共改造 10 千伏线路 6 千米，0.4 千伏线路 8 千米，改造变台 4 座，容量 500 千伏安，安装线路智能开关两组。

第三节 管理与服务

1960 年前，电业管理制度不健全。当时自发电的目的是尽量满足场区照明和带动一部分机器生产，一般不考虑成本的高低，家属照明用电只收少量的电费。场部、分场部和生产队都是自发自管。

1963 年，电业所成立。国电电业工作面向垦区的各行业生产和职工的生活。经营方针是以电养电，成本核算，保证安全可靠地为工农业生产和生活服务。据统计，1963—

1984年，完成国电总供电量超过1亿千瓦·时，产值1000余万元，实现利润78.92万元（表4-13）。随着农场工农业发展，国电耗量越来越大。

1964年，开始进行节电工作，对整个供电区实行电表计量，废止多年的包费制，电量损耗明显下降。

1984年后，低压供电措施进行改革。在一家一户电表计量的基础上，按标定负荷配备保险丝、长尾表，用电损失率又有下降。

表4-13　1963—1984年农场电业经营情况统计

年度	用电量/（万千瓦·时）	产值/万元	利润/万元	生产人员/人	管理人员/人
1963	110	—	—	22	7
1964	140	—	—	10	4
1965	200	15.2	−0.2	10	5
1966	210	18.9	0.79	18	5
1967	180	18.2	0.59	19	5
1968	217	24.	0.93	19	5
1969	230	37.6	−0.8	52	9
1970	286	29.4	1.3	52	9
1971	373	34.4	3.03	39	7
1972	370	40.2	6.07	41	7
1973	500	51.6	4.75	43	8
1974	735	65.1	6.36	41	9
1975	680	69.04	5.36	34	5
1976	692	60.77	6.45	35	5
1977	509	48.62	0	32	8
1978	505	43.16	7.24	37	6
1979	614	54.02	3.34	40	5
1980	580	55.82	4.09	50	5
1981	668	66.54	5.47	61	7
1982	750	72.91	7.77	63	6
1983	962	89.47	6.68	64	8
1984	1296.9	108	9.7	66	10

1985—2020 年农场历年电量增长情况见表 4-14。

表 4-14　1985—2020 年农场历年电量增长情况

年度	购进电量/（万千瓦·时）	综合线损率/%	生产人员/人	管理人员/人
1985	854	36.74	66	7
1986	868	35.23	66	7
1987	892	31.87	66	7
1988	925	30.45	66	7
1989	969	28.23	66	6
1990	1021	26.41	66	6
1991	1035	25.12	80	6
1992	1040	25.03	80	6
1993	1051	24.36	80	6
1994	1079	22.14	76	6
1995	1091	20.78	74	6
1996	1143	19.25	74	6
1997	1123	18.58	74	6
1998	1103	17.45	74	6
1999	1138	16.12	74	6
2000	1145	15.89	74	6
2001	994	13.08	74	6
2002	1060	12.55	60	6
2003	1683	14.97	58	5
2004	1650	11.82	54	5
2005	1803	10.15	53	5
2006	1692.6	17.09	69	5
2007	1535.4	14.41	69	5
2008	1642.03	11.75	69	5
2009	1889.28	10.78	69	5
2010	2309.5	9.34	69	5
2011	3049.9	8.98	67	5
2012	2953	6.34	67	5
2013	3406.1	8.28	64	5
2014	3542.3	8.36	57	5
2015	3875.26	8.31	54	3
2016	3852.53	8.63	50	3
2017	3817.78	8.37	45	3
2018	4175.08	8.27	44	2
2019	4370.37	9.11	47	2
2020	4033.57	4.21	41	2

1985—1993 年，电费收缴不规范，存在着一定程度上的人情电和搭车收费现象，收费主要采取走收方式。

1993 年，农场实行预购电制度。为方便用户购电，供电局在场区设立 2 个固定场所收取电费。

1998 年 10 月，供电局改革抄收方式，同东北农业大学共同研发了微机磁卡购电系统，采用微机收取电费。

2000 年，对动力用电大户、部分商业用户、临时用电用户采取电卡表管理。

2001 年 5 月，生产队、农村供电直管到户工作全部完成。

2017 年，供电局采取支付宝、微信支付、瑶瑶生活公众号三种缴费方式和短信催费工作，拓展了居民电费交纳方式和欠费催缴方式。

2019 年后，供电局采取关注黑龙江电力公众号，智能用电签约方式，可以实时查询电费、缴费。用户欠费可以自动停送电，剩余电费金额不足 7 天使用时，系统提前 7 天自动发送短信，交费后 24 小时内自动送电。

1985—2005 年赵光供电局电价调价记录见表 4-15。

表 4-15　1985—2005 年赵光供电局电价调价记录

单位：元/（千瓦·时）

时间	居民	非居民	动力	商业用电	基层照明	农村照明
1985 年	0.18	—	—	—	—	—
1986 年	0.18	—	—	—	—	—
1987 年	0.22	—	—	—	—	—
1988 年	0.22	—	—	—	—	—
1989 年	0.27	—	—	—	—	—
1990 年	0.27	—	—	—	—	—
1991 年	0.27	—	—	—	—	—
1992 年	0.29	0.40	0.595	—	—	—
1993 年	0.29	0.40	0.595	—	—	—
1994 年	0.29	0.40	0.595	—	—	—
1995 年	0.355	0.579	0.595	—	—	—
1996 年 4 月	0.44	0.65	0.63	—	—	—
1996 年 7 月	0.468	0.65	0.63	—	—	—
1997 年 5 月	0.52	0.75	0.70	—	—	—
1997 年 9 月	0.58	0.81	0.76	—	—	—
1998 年	0.56	0.81	0.76	—	—	—

（续）

时间	居民	非居民	动力	商业用电	基层照明	农村照明
2001 年 7 月	0.64	1.08	1.05	1.18	0.68	0.89
2002 年 11 月	0.64	1.08	1.20	1.18	0.66	0.66
2004 年 2 月	0.62	1.00	1.20	1.20	0.64	0.64
2004 年 4 月	0.53	1.02	1.01	1.05	0.53	0.53
2005 年 4 月	0.47	1.02	1.01	1.05	0.47	0.47
2005 年 7 月	0.47	1.0508	1.0408	1.0808	0.47	0.47

2006—2020 年农垦赵光供电局电价调价记录见表 4-16。

表 4-16 2006—2020 年农垦赵光供电局电价调价记录

单位：元/（千瓦·时）

时间	居民		一般工商业		大工业	农业生产	
	1 千伏以下	1~10 千伏	1 千伏以下	1~10 千伏	1~10 千伏	1 千伏以下	1~10 千伏
2006 年	0.51	0.5	—	—	—	—	—
2007 年	0.51	0.5	—	—	—	—	—
2008 年	0.51	0.5	—	—	—	—	—
2009 年 11 月	0.51	0.5	0.878	0.868	0.568	0.463	0.453
2010 年	0.51	0.5	0.878	0.868	0.568	0.463	0.453
2011 年	0.51	0.5	0.878	0.868	0.568	0.463	0.453
2012 年	0.51	0.5	0.878	0.868	0.568	0.463	0.453
2013 年 1 月	0.51	0.5	0.936	0.926	0.608	0.489	0.479
2014 年	0.51	0.5	0.936	0.926	0.608	0.489	0.479
2015 年 4 月	0.51	0.5	0.8860	0.8760	0.586	0.489	0.479
2016 年 1 月	0.51	0.5	0.8730	0.8630	0.586	0.489	0.479
2016 年 6 月	0.51	0.5	0.8665	0.8565	0.586	0.489	0.479
2017 年 5 月	0.51	0.5	0.8663	0.8563	0.5858	0.489	0.479
2018 年 5 月	0.51	0.5	0.8349	0.8249	0.5858	0.489	0.479
2018 年 7 月	0.51	0.5	0.8137	0.8037	0.5858	0.489	0.479
2018 年 10 月	0.51	0.5	0.7499	0.7399	0.5858	0.489	0.479
2019 年 4 月	0.51	0.5	0.7191	0.7091	0.5858	0.489	0.479
2019 年 7 月	0.51	0.5	0.7165	0.7065	0.5858	0.489	0.479
2020 年 12 月	0.51	0.5	0.7165	0.7065	0.5858	0.489	0.479

第十五章　交通运输

建场初期，农场交通运输落后，没有像样的公路，只有 3 条以前留下的旧路基和开荒建点时踏出的几条便道。主要交通运输工具是旧式汽车和胶轮马车。冬天，用马拉爬犁。雨季，使用链轨拖拉机运送急需的生产生活物资，有时还得人背肩扛。经过 70 多年的不断发展，农场交通运输事业发生了翻天覆地的变化。至 2020 年，农场公路总里程达到265.42 千米，养护总里程 188.66 千米。

第一节　发展概况

1948 年，农场有 9 台马车，4 台汽车。职工往来办事搭乘这些马车或汽车出行，有时候，没有马车或汽车只能步行。

1952 年，随着农场规模扩大和机械化程度的提高，迫切需要加速发展交通运输事业，以保证生产生活有序进行。开始修建场部到各作业区的主干道，全场自建公路里程达 138千米（其中，有沙石路 74 千米），修筑桥梁 30 座，涵洞 136 个（其中，水泥涵洞 44 个）。

1954 年，农场加快修筑农场场部到分场、生产队，以及生产队与生产队之间的公路，逐渐达到公路四通八达。

20 世纪 60 年代初，农场交通运输事业开始快速发展。农场成立汽车队，载重汽车达30 多台，并购置了大客车，开始了客运运输。

1959 年，农场用军马与北安庆华工具厂兑换一台美式吉普车。1962 年，北安市曾拨给农场党委书记袁安泰一台办公用小卧车。

1969 年，组建"兵团"后，团部首长出行用的吉普车增多，并购进了卫生救护车等特种车辆。

1968 年前，交通工作由地方政府交通部门统一管理，农场汽车队长以抓生产为主兼管安全检查事宜。七团时期，团装备股管交通，自成系统。1977 年，农场成立工交科，与北安地方政府交通部门、北安农管局主管部门共同管理交通运输。

1984 年，农场工交科下设交通监理站、运输管理站和公路管理站，负责全场交通运输工作。

1985年，农场成立了交通科，赵光地区的交通运输业也随之发生了巨大的变化。1989年，农场交通科隶属农垦北安分局交通局直接管理，更名为北安农垦赵光交通科，下设北安农垦赵光运输管理站、北安农垦赵光货运管理站、北安农垦赵光公路管理站。

1990年，北安农垦赵光客运站成立。1995年，农垦北安分局交通局成立北安农垦赵光征费稽查所和赵光地方养路费征稽所。交通科履行赵光农场辖区所有机动车辆的道路运输、汽修市场管理与交通规费征收的工作职能。

2008年，交通科在农场场部新建一座总面积达260平方米的办公楼，设有办事大厅等服务场所，形成了一条龙便民服务体系，达到垦区一类办公场所。

2019年6月，黑龙江农垦企业化改革，赵光农场交通科行政职能划归北安市，实行属地管理。

2020年，赵光农场公路总里程265.42千米，养护总里程188.66千米。其中省道S202绥北公路11.15千米，县道1条2.03千米，乡道10条128.09千米，村道7条47.38千米，专用路15条76.76千米。已硬化路面110.50千米，硬化率58.4%。

第二节　运输管理

一、队伍建设

1948年，从齐齐哈尔招来的开汽车工人多数从事车辆驾驶和修理工作。

1952—1984年，先后招收汽车驾驶员学员160人。期间，于1966年7月从黑河农建一师调入复员汽车兵20人。

1981年，农场下发《关于机动车辆驾驶员培训及有关安全问题的通知》，规定了各种车辆人员配备定额：大型汽车每台配1.8人、轮式车每台2人、吉普车每台1人。规定所配学员必须具备初中以上文化程度，政治思想要求进步，道德品质好，年龄20～25周岁的男性青年等条件。

1982年，根据省、地、县交通业务部门的指示精神，整顿驾驶员队伍，将不适应驾驶员工作和超编人员调离司机队伍。

1984年，全场有驾驶员634名，其中汽车驾驶员194名、轮式车辆驾驶员440名。驾驶员的培训，大部分是跟车作业学习当学员，经过一段实践，由交通部门考核，通过一定手续录用为司机。司机队伍中50岁以上的占司机总数的2%，40～49岁的占15%，30～35岁的占35%，20～29岁的占48%。

1988 年，农场体制改革，农场、各分场的汽车车队全部解体，车辆转售给个人，农场和分场领导只保留部分办公用的小汽车（每车配 1 名驾驶员）。

1994 年，农场、分场领导取消办公用的小汽车，并将其转卖给个人。各生产队的轮式车辆也转让给个人，生产队只保留大型机械，为家庭农场服务。

二、运输管理

农场的运输主要是为场内的生产、生活服务。农忙季节，必须优先服务于农场生产部门，场交通管理部门根据各生产单位的计划统一平衡运力。麦收季节，边远的生产队配备车辆状况好的汽车。如果车辆满足不了麦收生产的实际需要，则用在运距较近的工副业定位的轮式车辆补上。

1979 年 7 月，农场规定车辆外出运输必须经场交通管理部门批准，尽量安排来回载货运输，各托运单位提前申报运输计划，以便统筹安排运力。要求各承运单位要统一货源，统一平衡运力，统一结算，统一供油。各养车单位必须在农场运力有余时，方可自行联系货源，并由调度签发行车任务单。出场运输由场交通管理部门签发行车路单。麦收拉田间，对驾驶员规定不准多填计费小时，不准损失粮食，不准将车开回家里接班，不准要吃要喝，不准将车往家属区开。

1980 年前，农场规定：货物装载必须按车辆核定吨位装好装满，无特殊情况不得超载或少运。运输价格 10 千米内按吨小时，11 千米以上按吨千米结算运费，吨小时 2 元，吨千米 0.2 元。1982 年开始，运输价格 15 千米以内按计时结算运费，16 千米及以上按吨千米结算运费。田间运输按计时结算运费。

（一）货运

1952 年前，农场的车辆少，只限于场内运输。1953 年以后，机动车辆逐年增多，场内只留足够车辆完成季节性运输生产和基建备料的运输任务，余下的车辆向社会提供运力，搞营业性运输。

对外运输，早期主要为农业县份运送粮食和大中小城市运送基建、商业物资。20 世纪 60 年代以后，主要转向为附近林业局运送木材；场内运输，各单位有自养轮式拖拉机和专业汽车队完成运输任务，并实行单车核算。

1963 年以前，汽车队对每台汽车只能进行一般简单的核算，财务管理由计财科负责。1964 年，农场重新组建汽车队，成立会计室，设会计、统计、出纳，对车队的财务做全面管理。汽车驾驶员凭汽车调度派车单出车，完成任务后由托运单位当事人签字，然后交统计进行核算。日交、月累、月公布。车辆完好率 95％，出勤率 65％，里程利用率 51％。

1978—1984 年，全场纯盈利万元以上车组分别有 6、5、3、7、6、5、3 个。

1985—1988 年，农场的车辆比较多，多数的运量在场内，部分运力主要是转向社会性的运输。

1989 年后，所有的运力都是社会的个体车辆。

1953—1988 年农场公有车辆对外运输经营情况见表 4-17。

表 4-17　1953—1988 年农场公有车辆对外运输经营情况

时间	运货单位	货物名称	货物吨千米数	盈利/万元
1953 年	镇赉县	大豆	417960	8.4
1954 年	勃利县	大豆	288000	5.8
1955 年	依兰县	大豆	254610	5.1
1956 年	依兰县	大豆	324500	6.5
1957 年	北安县、克东县	木材、小麦	342100	6.8
1958 年	呼兰县	基建物资	251240	5
1959 年	哈尔滨市	基建物资、杂货	231400	4.6
1960 年	哈尔滨市	基建物资、秋菜	234210	4.7
1961 年	沈阳市	百货、化工、基建物资	251000	5
1962 年	木沟河林场	木材	132000	4.9
1963 年	幸福林场	水泥电线杆	185400	6.7
1964 年	图里木河林场	木材	178600	6.4
1965—1967 年	通北林业局	木材	232400	8.4
1968 年	庆安县	木材	213500	7.7
1969 年	大兴安岭地区	木材	175200	6.3
1970 年	绥棱林业局	木材	143600	5.2
1971 年	绥棱林业局	木材	145200	5.2
1972 年	孙吴县	木材	186420	6.7
1973—1974 年	大兴安岭地区	木材	374200	13.5
1975 年	通北林业局	木材	134500	4.8
1976 年	大兴安岭地区	木材	157430	5.6
1977 年	大兴安岭地区	木材	148450	5.3
1978—1979 年	通北林业局	木材	135700	4.9
1980 年	通北林业局	木材	212360	7.6
1981 年	通北建设林场	木材	227210	8.2
1982 年	沾河林业局	木材	231150	8.3
1983 年	沾河林业局	木材	337500	12.2
1984 年	沾河林业局	木材	333300	12
1985 年	沾河林业局	木材	333300	11
1986 年	沾河林业局	木材	310000	10.2
1987 年	依安糖厂	甜菜	210000	6.5
1988 年	克东县	沙石	234000	6.7

1978—1988 年农场内公有汽车运输经营情况统计见表 4-18。

表 4-18　1978—1988 年农场内公有汽车运输经营情况统计

年度	车辆总台数	总行驶里程/千米	完成吨千米	纯盈利/万元	百千米耗油量/千克	百千米修理费/元	吨千米成本/元
1978	54	1672000	3183130	3.3	24	1.7	0.23
1979	73	2069000	6424800	8.1	26	6.54	0.23
1980	63	1863000	5650470	11.9	29	8.2	0.2
1981	72	1895000	5293955	9.3	26.5	8.91	0.19
1982	73	1782000	4506176	16	30.1	7.43	0.23
1983	64	1356000	4291124	22.1	33.1	9.42	0.21
1984	64	1401000	5445724	10.7	31.9	17.2	0.21
1985	64	1452000	5520000	9.9	33.2	18	0.23
1986	52	1200000	3952000	8.7	32.2	22	0.22
1987	56	1310000	4110000	8.8	34	19.2	0.24
1988	60	1360000	4410000	9.3	33.8	20.3	0.26

（二）客运

1960 年前，农场没有客运车辆，职工家属外出或办事搭乘货车。

1961 年，农场汽车队营业性运输盈利后，用吉斯-150 货车改装 1 台大客车。每月单号跑场南线，自赵光站途经东方红农场到建设农场往返 100 千米。1984 年后，至双丰农场往返 138 千米；双号跑场东线，途经前进街至红星农场往返 50 千米。1963 年延伸到共青团农场，往返 78 千米。1964 年，到哈尔滨用吉斯-150 货车改装 1 台大客车。从此南线和东线每日都有客车往返。1969 年，购进 1 台 660 型大客车，解决农场西线乘车难的问题。这 3 台汽车都归汽车队统一管理。

1970 年后，客车不足，单号跑南线，双号跑西线。1979—1980 年，先后用两台解放牌汽车在石家庄、普兰店改装 2 台客车。从此，一至三分场主干线的生产队东线、西线、北线均有客车往返。

1980 年，在农场场部建立占地 80 平方米的客运站，来往旅客买票候车。

1982 年，农场把 3 台客车分别下放到各分场，由分场汽车班管理。客运时间由每日早 7 点 30 分和下午 4 点两次由场部开往各线的客车改为由分场开往场部至赵光车站。四分场的客车单日跑福安车站，双日跑赵光车站。

1983 年前，按国家规定票价的 50% 收费，其余部分由农场补足。1984 年后，票价一律按国家规定的执行，每人千米票价 0.028 元。

1989 年，农场和北安分局交通局共同建成赵光客运站，1991 年，投入运行。客运站大楼 450 平方米，车库 279 平方米，锅炉房 70 平方米，院内停车场面积 1500 平方米，产权为北安农垦交通局。2007年，重新建设新客运站，占地面积5600平方米，办公及候车室面积358平方米，停车场场地4500平方米。赵光客运站隶属于农场管理，管理人员由农场安排，交通科协管并代管财务核算。

2008年，农场投资23.88万元，在第四管理区建设客运分站。2009年，农场投资21.54万元，在第八管理区建设140平方米客运分站。2010年，农场投资19.68万元，在第二管理区建设130平方米客运分站。2011年，农场投资38.30万元，在第三管理区建设224平方米客运分站。2017年，由农垦总局投资，在客运站内兴建一个90平方米的安检站。2009年，赵光农场开发了一条公交线路，共有个体公交车辆4台进行客运服务。运行线路起讫点为九三油脂厂至第三高中，全程票价1～2元。2017年9月，这条公交运行线停止运行。

2006年，全场共有5台营运客车，2020年减少为2台，总座位64座。两条客运线路：一条是农场场部至第四管理区线路，营运里程30千米；另一条是农场场部至第九管理区线路，营运里程36千米。营运客车进站管理和客运站统一售票。另有红星农场至赵光农场客车、赵光农场至哈尔滨客车也纳入农场客运站统一进站售票管理，年运送旅客约1.26万人次。客车票价执行北安工商物价统一标准，客运站按售出客票的6%收取服务费，客运站经费农场全额拨款，收支两条线。

三、安全管理与交通监理

场内的交通安全，重点是抓自养公路和有车单位的安全管理，贯彻执行国家交通管理方针政策，维护交通秩序，检查行车违章，开展安全教育，预防交通事故。坚持安全第一、预防为主。经常利用宣传车、黑板报、广播、电视、图片展览等形式向驾驶员、有车单位、职工家属和学生进行安全常识、遵守交通规则的教育。学习交通法规、增强遵守交通规则的观念，减少交通事故。在主干公路和交叉路口设立15块安全宣传标语牌和安全过街旗。

交通管理部门还规定，每年在春季、麦收前、冬季年审时要深入基层进行交通宣传。白天路检车辆，晚间组织驾驶员学习和收看重大事故案例录像。每年进行一次全场性的驾驶员奖励表彰大会。每年麦收前或年审前，举办机动车辆驾驶员预防事故训练班，学习有关文件、交通规则、交通安全行车经验，写出心得体会。对驾驶员定期进行交通规则考试。对酒后开车、客货混载、超速行驶、带病行车、无证驾驶坚决予以处理。

1985年，赵光公交科在交通管理方面执行全场的交通安全和交通事故处理职能，在职人员4人，年处理交通事故案例50余起。

1989 年后，交通监理职能取消，由农场公安局交警队管理。

第三节　公路建设与管理

一、发展概况

建场之初，场部到各作业站都是土公路。1952 年，场部到各作业区的主干公路，开始陆续加高路基，铺沙石。这项工程由基建部门的道路工段承担，招收绥化等地民工组成两个工地，每个工地有几个班组。300～400 人的筑路大军肩挑担子手拿锹，一锹一镐地完成了大量土方和道路修建任务。以后作业区至附近生产队支干线也相继修成。边筑路边架桥，早期桥涵多是土木结构。

1954—1965 年，农场共建木桥 21 座，更换钢筋水泥桥和水泥管涵洞，水泥涵洞有 200～300 个。20 世纪 50 年代末，生产队间及田间道路也都打通，土路比重大，队修队养。

1956 年，筑路工人工作和生活非常艰苦。从春到冬，住单帐篷、饮河沟水、睡地上、走泥泞路，穿山越岭过草原，伐树排水铺路基，常在没脚深水中作业。初冬来临，气温降到－5～－3℃，筑路员工不畏寒冷，克服种种困难，完成了当年的筑路任务。

1964 年，赵光农垦局水利工程队用近两个月时间，完成建设农场到双丰农场、农垦局至晨光农场修路任务，两处共完成 90 多千米。此外，农场养护维修北通公路的六井子道口至乌裕尔河南岸大桥附近的分界桩约 11.5 千米路面，为农场的主干公路。当年末，黑龙江省农垦厅到赵光主持召开现场会，推广机械化筑路经验，农场水利工程队被授予农业筑路先锋队称号。

至 20 世纪 70 年代，农场公路等级低、基础差、点多面广、路线长，而且分散。主干路是按国家规定的四级公路修建的，路基宽 10 米，路面宽 8 米，可承受时速 40 千米的载重车辆通过，雨后 24 小时便可通车。

1983 年后，全场公路有较大改善。完成 10 余千米的低洼地段高填土方 3.5 万余立方米，备沙石材料 3 万余立方米，铺沙石路面 30 余千米，修涵洞 70 余座，占养护全程一半以上的道路挖了侧沟。通过专业队伍的养护管理，路面强度增大，路面平整，路基稳定，排水畅通。

1984 年 2 月，农场成立公路管理站，分场成立道路班，负责全场的道路维修、养护和管理，进行单独核算。

管理站主要负责技术业务管理工作，贯彻执行养护技术规程、操作规程。每年开工上路前举办养路员训练班，进行养路知识和技术培训。建立岗位责任和各项规章制度，严格公路养护的质量要求。1984 年，管理站制定经济承包方案，实行个人或小组分段承包责任制。签发"养路员任务单"，对养护工作任务进行检查验收。

1985—1989 年，赵光公路站隶属农场交通科管理。

1990 年初，赵光公路站与交通科分离，成为独立核算、自主经营的实体。

1992 年，农场成立路政分所，对赵光辖区内公路的路产、路权负责管理。

1993—1997 年，赵光公路站的养护范围是农场的主干线。1997 年，公路管理站与当时的农场水利工程队合并。

二、公路管理与养护

20 世纪 60 年代前，农场公路一直由基建部门代管，设养路工段，并配有专职养路工人负责看护道路。农场、生产队分段护路，各分场农建队承担修路，生产队设兼职养路员，农忙务农，农闲护路、修路。这个时期，公路由于养用结合得不好，雨淋风蚀和行车挤压，使路基下沉，路面减薄，磨耗严重，排水不良，翻浆多，承载能力减弱。"文化大革命"期间，更是无人管理，常年失修、失养，路况越来越差，增加机动车辆的燃油及轮胎、配件的消耗量，影响车辆的载重和运输，给农场带来严重的经济损失。

1983 年，农场开始相继制定了一系列的严格道路、桥涵管理制度。对爱护公路遵章行驶和听从指挥的驾驶员给予表彰和奖励；对雨后强行行车、破坏道路造成经济损失的，由派车单位负责维修费，同时对行车驾驶员予以罚款处理；对私自占用公路用地，堆放砖瓦沙石材料或在公路上打场、晒粮、摆摊设点、挖坑取土、倾倒垃圾等影响交通的现象及时予以取缔。在职工群众中广泛进行爱路、护路的宣传教育，在靠近居民点的路口和场区的要道口均设有栏道杆，雨天不准车辆通行。警车、救护车、消防车、指挥车及运牛奶车根据情况开道放行。这段时间，公路维修费用列入农场财务预算计划。

1985—1999 年，农场设场直道班和分场道班。实施按全场耕地面积平均分担公路养护费。每公顷耕地征收 15 元的养路费用，全场每年有 35 万~40 万元投入道路维修，主要用于沙石公路（每千米 1200 元）、土路（每千米 800 元）的维修。

1991 年，省道"202"绥化至北安 11.5 千米（沙石公路）由赵光公路站进行养护，省交通厅每千米拨付 5000 元资金，空缺部分由农场补给。1992—1997 年省路干线与支线由就近的生产队负责养护，公路站每年检查、验收两次，按检查结果拨付生产队每千米 1000~2000 元养护资金。

1997 年，农场水利工程队利用机械优势，对全场主干线和省路"202"绥化至北安等路段进行了集中备料养护。提高了全场主干线路况质量，增强了抗"三害"的能力。农场的干线、支线仍然由就近的生产队进行养护，管理站每年组织 2 次验收，按验收结果拨付养护经费。

1998 年，集中备料 15000 立方米，修复涵洞 40 米 5 道，深挖路边沟 10 千米以上，使主干线路段、路基稳定，排水畅通，好路率明显提高。

1999 年，赵光公路管理站深化改革，内业建设进一步规范化、标准化，养护管理实现了正规化、行业化。这在北安分局公路行业起到了率先示范作用。北安分局"第一次公路养护与管理示范现场会"在赵光公路站召开。赵光农场公路管理站的典型经验在会上做了介绍，之后，又在《农垦日报》上刊载。农垦海伦农场、七星泡农场等多家公路站来赵光参观学习。赵光农场公路管理站被北安分局交通局评为全局 14 个公路站的第一名。

2000 年，农场公路管理站养护公路总里程 205.57 千米，其中"S202"（黑色路面）绥北线 11.11 千米，主干线 63.27 千米，干线 80.85 千米，支线 50.34 千米，全年备料 5 万立方米，超计划 17.5%。

2001—2003 年，农场每年为公路管理站投资 100 万元道路养护管理费用。2004 年开始，赵光公路管理站与农场签订养护权转让 10 年承包合同，农场每年拨付 80 万元道路养护管理费用，合同要求公路路况等级要达到四级以上。

2001 年，农场设路政分所 1 个，有专兼职路政员 9 名，全站设 3 片（7 个班）进行管理。其中，有 2 个驻点道班。在每年的春、秋季按计划进行备料，按计划安排布置工作，签发养路员任务单，养路员工资与养护质量挂钩，公路站进行检查、验收。公路养护实行分段承包，责任到人，实行四级（优、良、次、差）联质计酬的分配办法。路政管理逐步走向正规化，执法力度在进一步加强。

2005 年，第四次全省公路普查，赵光公路管理站养护总里程 216.72 千米，其中，省路"S202"绥北线 12.0 千米，县路 1 条 5.32 千米，乡路 5 条 130.2 千米，村路 7 条 69.2 千米。

2006—2010 年，农场依据上级文件精神和商品粮基地建设通畅、通达等公路工程项目的要求，以上级拨款、农场配套资金的形式，先后对主干线、干线、支线进行了路面等级升级。主干线分别是赵光到 2 队、赵光到 3 队、3 队到 36 队 3 个标段；2 队到 20 队 2 个标段；赵光到 13 队 1 个标段。干线是 15 队到 14 队和 36 队到 37 队等硬化路面 110.504 千米，支线是 29 队到 30 队、36 队到 37 队，4 队到 26 队通达路建设共计 22 千米，新建桥梁 5 座，涵洞 10 道。

2008 年，农场投资 120 万元修建了玉绥公路长达 10 千米绿色通道和景观路建设，实现了公路两侧美化香化。

2011—2016年，农场依据公路分布走向和管理规范化的布局，设5个养护道班、1个路政分所负责辖区的养护与管理。

2016年6月，按交通行业管理改革的要求，农场路政分所划归北安管理局路政所统一管理。农场为加强道路的养护管理与维修，公路管理站对养护道班重新整合，由原来的5个道班调整为4个，并增加维修道班的养护力量和设备，进行合理科学的维修与管理，保障了硬化路面通行能力。

2020年，赵光农场公路总里程265.42千米，路面平整、横坡适度、路肩整洁、边坡稳定、排水畅通、桥涵完好、路线设施完善，料堆成型、成线，树木花草协调美观，基本形成了"畅、洁、绿、美"的公路交通环境。

1999年，赵光农场被评为黑龙江省地方道路建设先进农场。2000年，赵光农场公路站的内业与外业建设，已全部达到黑龙江省农垦总局交通部门的要求，赵光农场作为示范单位被评为农垦总局级全优单位。2001年，赵光农场被评为农村公路建设先进乡（镇）和省农村公路养护管理全优单位。2002—2005年，赵光农场连续4年获黑龙江省公路行业全优单位称号。

中国农垦农场志

第五编

经营管理

中国农垦农场志

第一章　计划财务管理

建场初期，农场尚未形成统一的计划、财务管理体系，通过摸索、完善、发展等阶段和受农垦管理体制改革的变化，几经变迁，逐步建立、健全和完善了统一的农场计划、财务管理组织体系。

第一节　计划管理

建场初期，农场农作物生产等计划指标由农场自行确定，上级部门对农场不下达生产计划指标。

1950年，农场内部实行"联系合同制"的计划管理办法，即从经理科的油料、物资、零件的采购供应与生活保障，到作业科的农机维修、汽车和牛马车运输，以及会计室的资金供应等各个环节，一直到3个拖拉机队、9个拖拉机小队，层层签订生产、作业、物资供应等保证"联系合同"，实行"专责制"和简单的定额管理。

1952年，中共中央东北局做出《关于加强国营农场工作的决定》，要求国营农场"按定额计算劳动，付给报酬""降低成本"。东北国营农场管理局提出，国营农场生产计划包括数量、质量、生产成本等三方面指标均达到要求，才算完成全年生产任务。农场按照国家下达的生产计划财务指标，编制农场年度的生产计划、财务计划、产品成品计划，然后将计划指标分别下达到各作业站，由各作业站安排到各地号，编制作业中队生产财务计划。以中队为中心，按计划进行工作。

1953年，根据国家第一个"五年计划"要求，开始试行定额管理、计件工资的管理办法。经过机械播种、人工除草、人工割麦多项工作试验，初步总结出符合农场实际情况的作业定额指标，开始进入计划管理轨道。

1954年，各生产队普遍成立由队长、核算员、管理员三方面人员组成的经济核算小组，在实行年度计划管理的基础上，推行阶段计划和小段计划。根据农场生产特点，按春播、夏锄、麦收、秋收四大作业阶段，分别在年度计划控制下编制阶段生产计划。每一作业阶段工作结束后，及时进行总结分析，找出阶段经验教训，提出下段改进措施，保证年度计划的实现，在实行阶段计划管理时，各生产队实行小阶段计划管理。时间划分或以旬、周为阶段，或以各阶段内生产的特点划分小段作业计划。春播阶段划分为麦播计划、大田播种计划。小阶段计划详细地安排各项作业任务，地号的人、机、畜配备作业定额，验收标准，工作时间，成本指标等，并逐项下达到各班组、机车实施，随时掌握完成情况，保证各项指标的按期实现。在各年度计划管理工作中，农场制定了《计划管理手册》，统一发放"定额管理对数表""成本指数表"。《计划管理手册》分计划、实际完成等栏目。在执行小阶段计划前，各队核算小组将计划指标填入《计划管理手册》后，发给各班组发生支出；完成工作后，由经手人填入实际完成栏；阶段终由核算小组核算计划完成情况，并根据定额完成情况支付工资。

1958年，计划管理废止了小段计划和班组核算。1959年，恢复计划管理制度，生产作业等重新走上科学管理轨道。

1961年，农场不断健全和完善计划管理制度，12月，中共黑龙江省委批转省计委党组《关于改进1962年农业计划中几点意见》下达后，随着农场体制的调整，统一计划，分级管理的计划体制逐渐形成。

1963年8月19日，黑龙江省农垦厅转发了国家农垦部拟订的《国营农场计划管理试行办法（草案）》，对国营农场编制计划的原则、内容、程序、方法、审批权限和检查计划执行情况等问题都做了详细规定，为生产的阶段计划提供了依据。农场定期召开经济活动分析会，总结计划完成情况，肯定成绩，找出差距，提出下段增产节约措施。在麦收中实行费用预算制度，各队进行计划管理和地号成本核算。

1979年后，逐步解决计划统管、物资统管、产品统销、资金统批的弊端，农场根据"管而不死，活而不乱"的原则，在国家统一计划指导下，实行"专业承包、财务包干""浮动工资，超收留成""大包干""自负盈亏"等管理形式扩大企业自主权。

1981年，农场贯彻黑龙江省国营农场工作会议精神，进一步扩大企业生产经营自主权，农场对生产队只下达总播种面积、粮豆产销、工副业产品、畜产品上交指标和造林面积、劳动工资、财务盈亏指标，具体的作物种植比例、生产措施等由生产队自行安排。农场对物资供应实行计划调节，生产队上报所需物资计划，场供应站按计划供应，场部设库，一级收费，减少中间环节。

1984年，黑龙江省农场总局下发《关于改革计划管理规定》，实行"统一计划，分级管理，以块为主，条块结合"的计划管理体制，逐步以年度计划为主向中长期计划过渡，实行3～5年滚动计划。调整改革权限，投资30万元，面积1500平方米以下建设项目由农场批准。10月，农场实行以计划经济为主，市场调节为辅，指令性计划与指导性计划相结合的计划管理办法，由单纯靠行政命令逐步转到用经济手段进行管理的方面来。年度生产财务计划指标除上缴利润指标为指令性计划指标外，其余指标实行指导性计划管理，由农场生产队自行安排。在基本建设上，农场有权安排投资 300 万元以下的企业利用自筹资金从事的建设项目，不再层层审批。企业责、权、利统一，独立核算，自负盈亏，调动企业经营管理的积极性，生产总值、农业产值、工业产值，分别超计划 6.8%、4.2%、38.5%。

1985 年后，农场经济工作由计划经济向市场经济过渡，农场的经济体制变为多层次、多种经济并存。生产财务计划指标分为指令性指标和指导性指标两部分，农场的指令性计划随着市场经济的转变，种类越来越少，除上缴利润、管理费、上交粮豆等指标及部分经济作物种植指标是指令性外，其余项目全部为指导性计划。1985 年，农场生产财务计划指令性指标为利润指标和农业税每公顷上缴 31.5 元，劳保基金每人上交 100 元，管理费农业单位每公顷上缴 87 元，工副业单位每人上缴 90 元。

1986 年，农场生产财务计划指令性指标为利润指标和农业税每公顷上缴 40.95 元，劳保基金每人上缴 100 元，管理费农业单位每公顷上交 87 元，工副业单位每人上交 90 元。

1987 年，农场指令性生产财务计划指标为上缴利润、管理费及上缴粮豆。北安管理局对农场考核指标有：工农业总产值 3145 万元，人均收入 570 元，上缴利润 92 万元，经营利润 100 万元，三级管理费支出 250 万元。农场全面推行目标管理与岗位挂钩责任制，财务实行定额上缴、限额补贴，超利留用或分成，超支不补大包干办法。

1989 年，农场实行场长承包经营。生产财务计划指标按照各单位承包合同指标，按月分解，定额上交。

1990 年后，农场生产财务计划指标是经营承包合同指标，结合农场实际，对个别单位指标进行适当调整，按月定额上缴总场利润和管理费指标。

2020 年，公司财务管理部先后完成了生产财务计划指标制定下达和公司"十四五"规划编制工作。公司通过干部员工共同努力，克服了新冠疫情、台风灾害的不利影响，全面完成了各项经济计划指标。

第二节　统计管理

1950 年 7 月，全场共有 3 名统计员，两名设在场长办公室，一名设在作业科。工作内容主要是填写整理拖拉机日记及对上级所需资料的汇总。基础资料现用现向业务部门索取。

1951年，作业区设1名兼职统计员，统计工作有了初步发展。

1952年，生产队开始建立各种原始记录，统计核算制度也相应建立，普遍配备了专职统计人员。根据东北国营农场管理局关于对统计工作提出的"准确、及时、起作用"的要求，各生产队的统计人员深入田间，测量作业面积，核算作业费用，整理原始资料和物资变动报告，为农场成本核算提供数据。

1954年后，农场创制一些核算工具和核算方法，如丈量土地的步弓尺和量油尺、圆盘计算尺及C-4联合收割机V形打道面积计算法、机械作业打垄法、圆盘油罐存油计算法等。制定考勤、核算、材料消耗等专项统计报表，开始形成比较完整的统计制度。

1958年初，生产队统计直接给农场报表。期间，浮夸风削弱了计划管理，统计凭估计、搞浮夸，统计数字的真实性受到破坏。

1962年，随着农垦事业的发展，黑龙江省农垦厅转发了国家计委、统计局、农业部《关于国营农场统计报表制度和国营农场生产总值、劳动生产率、商品率计算试行办法》，赵光农垦局开始形成局、场、队三级比较完善的统计机构和正规的统计制度，为农场建设事业收集整理了大量数字资料，为国家和企业经济决策和制定政策提供可靠依据。

1966—1976年，受"文化大革命"影响，农场统计工作遭到严重破坏，建场以来多年积累的数字资料散失许多或缺乏整理而残缺不全。

1977年后，各项统计制度逐步恢复。特别是1979年后，为了适应现代化建设需要和加强统计工作的要求，全场逐步建立健全原始记录、统计台账、统计报表、计划管理、统计分析等一系列规章制度，并且开始自上而下地整理统计历史资料。

1980年，根据《国务院批转统计干部技术职称暂行规定的通知》精神，全场统计人员经过考核，最后认定统计师1名、助理统计师1名、统计员22名。

1985—1995年，农场统计管理体制是农场、分场、生产队三级管理。农场有计划科，分场有综合统计，生产队有专职统计、出纳。人员任用采取组织、人事部门根据专业技术人员从业资格、条件聘用上岗。这个时期，统计工作准确、及时地为农场党政领导机关提供宏观统计信息和咨询意见，对宏观经济运行情况进行监督。

1996年，撤销四个分场建制，建立四个服务站。1997年，撤销四个服务站。2000年，农场首次采取在全场范围内限定年龄、专业、现岗统计人员，采用考试、考核择优录取的办法任用统计人员。至2003年，农场的统计管理体制实行农场、生产队两级管理。

2003年末，农场开始实行撤队建区改革，原26个生产队合并为11个管理区。期间，统计人员竞争上岗，未被录用的统计人员竞聘居民组核算员。2009年，11个管理区合并为 9 个管理区，取消了居民组核算员岗位。

2009—2020 年，农场的统计管理体制实行农场、管理区两级管理。2010 年，为推广黑龙江垦区电子台账，农场综合统计人员在哈尔滨参加了两期培训班，使农场的电子台账推广到了基层，确保了基层数据的真实可靠，推进了统计电算化进程。

2020 年，公司在职统计人员有 11 名，其中，具有中级职称 1 名。全场（公司）基层统计有 16 人参加了业务培训。

第三节　财务管理

一、发展概况

1948 年，农场有 1 名会计、1 名出纳从事财务工作。当时的会计是事业性收支会计，建场所需资金设备、物资统一由国家供给，费用由国家报销。作为经常费用开支的上级拨款，平时记载，年终上报；对调拨来的拖拉机及其他物资都不进行金额转账处理，没有建立经济核算制度。

1950 年，农场成立会计室，开始建立会计制度，执行东北行政委员会公营农场管理局制订的会计制度草案，实行经济核算。以前各年度拨款和物资均作为国家对企业的投资处理，当年领取的现款和物资及时按规章转账。

1951 年，根据东北国营农场管理局规定，修改会计制度，拟定成本格式，实行费用金额核算、产品数量核算，采取计算收支大账办法计算盈亏。

1952 年，根据东北国营农场管理局提出的进一步改善经营管理、降低生产成本、提高粮食单产、示范农民的方针，按国家要求建立统一的农业企业会计制度、计划管理制度及其他管理制度，充实了财会人员，使财务工作逐步走上制度化、规范化。农场会计人员增加到 16 人，设有成本会计、财务会计、固定资产会计、材料会计、基建工资员、出纳员、计划员、统计员等财会人员。农场企业的经济核算制度建立以后，根据全年的生产计划，正确编制生产财务及产品成本计划，监督企业最终核算成果，提供改进生产措施，成为经营领导者的有力助手。

1953 年，农场各作业区设立会计室，生产队都设核算员，进行地号、作物、畜群费用成本核算，实行场、作业区、生产队三级管理，农场一级核算盈亏。

1956 年，农场会计室基建会计分离出会计室，单独成立基建会计室，计划统计归入生产室。农场会计室只有 8 人，设成本会计、财务会计、固定资产会计、材料会计、出纳。农场三级管理一级核算的管理体制建立后，财务盈亏核算集中在场部，作业区、生产队先进行费用记载上报，发生财务支出都到场部会计室报账，是一种高度集中管理模式。

1957 年，农场加强生产队建设，撤销作业区，实行农场、生产队两级管理一级核算，全场 25 个生产队均向农场会计室报表，场会计室直接对生产队办理财务事项。

1958 年，赵光地区农场办事处所属独立场在银行单独开户，直接办理内外结算业务，独立核算盈亏。实行独立场、生产队两级管理一级核算，原农场会计室人员充实到独立场会计室。

1959 年，赵光地区农场办事处更名为赵光农场，各独立场变成分场，农场、分场都对银行开户，分别计算盈亏，实行三级管理二级核算。当时农场财贸科负责全场计划、财务、统计、粮食、农产品销售等工作。分场设会计室，生产队设核算员。

1962 年，赵光农场变局建制后，实行局、场、生产队三级管理，局场两级核算盈亏，生产队进行定额管理，整理提供地号、作物费用核算等资料。材料会计从局会计室分出，成立物资供应站会计室，固定资产转给各农场核算。局会计室业务人员只有 7 人，设成本会计、财务会计、计划统计、记账员和出纳。

1963—1965 年，在计划管理、财务管理、物资管理、成本管理、产品管理、生产管理、农机管理等诸方面初步建立起适应农场特点，满足一业为主多种经营核算需要的、制度配套的、体系健全的一整套经济核算办法和财务管理制度。

1965 年，根据黑龙江省农垦厅提出财务工作要为"三大革命"运动服务，黑龙江省农垦厅财务部门组织各地财会人员经过 3 个多月的调查研究，确定修改农垦（包括劳改局）系统原有的会计核算方法，由借贷记账法改为收付记账法。

1966 年秋季至 1967 年，"文化大革命"开始阶段，农场经营管理陷入混乱，原农场一切核算制度被取消，管理工作处于无政府状态。

生产建设兵团组建后，七团供应股办理全团财务收支手续，发放团部现役军人服装等军需。1970 年，七团成立计划建设股，负责制订生产计划、农田建设施工、计划统计表汇总等工作。七团时期的基本建设统一由国家投资，实报实销。财务实行收支两条线办法，计算总收入、总费用，盈利全部上缴，亏损国家弥补，不计作物成本。1973 年，七团粮豆每公顷产量只有 675 千克，经营亏损 531 万元。1974 年 5 月，在收支两条线的前提下，由原来算大账改为团、营、连三级管理三级核算，连队计算农林牧副渔五业产品成本，并直接计算盈亏，向团、营逐级汇总上报。1975 年，七团党委下达增加生产厉行节约通知，各项管理制度有所恢复，粮食产量有所上升，亏损逐渐减少。

1976 年，撤销兵团建制，恢复农场体制，农场成立计财科。1977 年 12 月，农场实行财务包干，一年一定财务管理办法，场、分场、生产队层层落实财务盈亏包干指标。

1979 年，农场对分场、生产队实行分队分业核算办法，超额盈利奖励，亏损按包定指标受罚；生产队对个人实行定额记分，以分计奖惩，取消分配上的平均主义。

1980 年，农场实行浮动工资、分业核算、班组包干办法，进一步完善经济责任制。包干指标落实到生产队和班组，按完成盈亏计划比例定奖惩，把企业经济成果进一步与职工个人挂钩。

1983 年，农场实行专业承包、大包干、停薪留职相结合的经济责任制，按队、按业、按作物、按人头计划成本盈亏，实行财务包干、定额上缴或大包干自负盈亏的经济责任制。

1984 年，试办家庭农场，根据国营农场现代化建设需要，计财工作在改革中不断总结新经验。

1985 年，农场财务管理机构设置财务总会计师，主持农场会计、统计工作。农场设置计财科和计划科（含综合统计）。1986 年后，农场设置财务副场长，主持全场财务工作。机构设置资金办、经营办，并由资金办、经营办主任负责农场会计、统计业务的指导工作。

1985—1995 年，财务管理体制实行农场、分场、生产队三级管理、三级核算。

1996 年，4 个分场撤销，以原 4 个分场为单位建立服务站，该年度财务管理体制是三级管理（农场、服务站、生产队），两级核算（农场、生产队）。

1997—2001 年，4 个服务站撤销，财务管理体制为农场、生产队两级管理、两级核算。

2001 年 9 月，农场重组计财科，由计财科科长主管农场会计、统计工作。2001 年后农场实行会计委派制，财务核算集中报账，建立两级管理（农场、生产队）一级核算（核算中心），财务部门负责预算收支和资金计划的编制、执行、检查、分析，落实农场制定的财务管理制度，及时发现和反馈执行中出现的问题，并依据上级财务主管部门的要求进行会计核算。

2002 年，农场开始实行财务核算集中报账，建立两级管理、一级核算财务管理体制。

2005 年以后，赵光农场财务管理机构取消了财务总会计师和财务副场长设置，农场财务工作由农场场长主管，并指定一名副场长协助场长管理农场的财务工作。

2020 年，公司设立财务管理部，财务工作由董事长主管，由一名副总经理协助董事长管理公司财务工作。

二、固定资产

（一）来源

1961年以前，农场生产所需设备及办场所有基本建设费用统一由国家拨款，固定资产全部由国家投资形成。

1962年，农场根据《黑龙江省国营农（牧）场财务管理试行办法》规定，建立"企业奖励基金"，当年自筹14.3万元投入基本建设，增加了固定资产。

1963年，黑龙江省首批知识青年下乡后，省财政拨款15.7万元作为青年安置费，1968年"兵团"组建后，省财政拨款9.8万元作为青年安置费，两笔拨款都用于基本建设，形成固定资产。

1966年，根据农垦部规定，农场固定资产折旧留成、固定资产变价收入组成的农场固定资产更新改造基金，用于更新原有固定资产和零星固定资产购置，余额可以用于扩大生产规模和修建房屋，农场开始用更改基金投资基本建设增加固定资产。

1974—1977年，"兵团"对各团实行"超收留成"办法和1978年黑龙江省农场总局对各场实行"定额上缴，超收留成"办法规定，农场每年安排20万元的基本建设投资，1978年后，每年安排100万元作为设备建设投资，固定资产不断增值。

1984年，全场固定资产净值2900多万元。

截至2019年12月31日，赵光农场有限公司账面资产总额7.3亿元。

（二）分类

建场初期，全场固定资产规模很小，价值只有37万元。当时规定凡非短期消失，可能延续使用3年以上并且其单位价值100元以上或不可分割的物体，用于生产的或维护生产的，包括机器、房屋、木井、桥梁、道路及其他设备都列为固定资产管理。

1962年，《黑龙江省国营农（牧）场财务管理试行办法》规定，"凡耐用年限一年以上，单位价值200元以上，同时具备上述两个条件的列为固定资产""各类大牲畜的基本母畜、幼树，无论其价值大小也一律列为固定资产管理"。

1965年，黑龙江省农垦厅通知，因大牲畜增减变化太大，给国家固定资金管理造成困难，为简化核算手续，大牲畜不再列为固定资产管理，改为流动资产管理。

1978年，根据黑龙江省农场总局通知精神，凡单位价值在500元以上，使用年限在一年以上的，划为固定资产管理。水井、桥梁、道路、输电线路是属于一次核销的项目，不再列为固定资产管理。

1982年，根据黑龙江省农场总局《关于固定资产管理办法的通知》精神，临时性简易房舍，割晒机架、集草车等小型农机具，医疗设备，各种修理设备的总成部件等，划出固定资产管理，简化了核算手续，相应地增加了企业经营自主权。为加强对固定资产管理和核算，农场把固定资产分为以下4类：

（1）生产用固定资产。包括生产用房屋、建筑物、拖拉机、康拜因、其他农牧机械、动力传导及工作机器、运输设备、管理用具、林木及其他。

（2）非生产用固定资产。

（3）未使用的固定资产。

（4）不需使用的固定资产。

（三）管理与核算

建场初期，农场规模小，固定资产数量不多，采取农场统一调拨、统一管理、统一核算的办法，固定资产的增减调动由农场统一办理调动手续。农场会计室设固定资产账、明细账、固定资产卡片，统一计算提取折旧。每月末由固定资产会计填写固定资产折旧通知单一式两份，一份入账，一份转给作业区（或分场）计入作业费用。

1958年，农场办事处时期，固定资产实行独立场、生产队二级管理场一级核算的办法。1959年，农场实行三级管理场二级核算办法：队间调动由分场开具调令，分场间调动由农场开具调令，分场计提折旧费用，转生产队计入生产成本费用，农场统一汇总。

1962年9月以后，根据黑龙江省《国营农场财务管理试行办法通知》精神，进一步健全农场固定资产管理核算制度。固定资产采取谁用谁维修谁管的办法，所有的固定资产必须保持原形无损，严禁乱拆、乱卸、乱改。做到账物相符，财产完整。统一固定资产折旧计提方法，按年平均折旧，年计提折旧费。

1966年，根据黑龙江省农垦厅有关文件规定，农场正式设立固定更新改造资金，并实行"谁提谁用，专款专用"的使用办法，进一步明确固定资产折旧基金和固定资产变价收入的使用范围，保证了固定资产更新改造和扩大再生产的资金来源。

1979年，经自上而下的清产核资，国家为农场核销有账无物、有物无使用价值的固定资产原值350万元。其中已倒塌的草房及拆毁无使用价值的房屋和已报废的农机具250万元；不应列入固定资产管理的道路、桥梁、水井及其他建筑物100万元，净值为160万元。核实家底，卸掉包袱，为实现财务包干奠定了基础。1980年，农场对外调拨固定资产变无偿调拨为有偿调拨，逐步实行生产队的固定资产有偿占用制，按6%征收占用费，有效地提高了农场固定资产利用率。

建场初期至1985年，农场固定资产全部为公有。1986年后，因体制改革，固定资产分为公有和私有两部分。

1987 年，农场职工住房开始转售给职工，产权为私有。

1995 年，农业生产队的农机具、设备当时是作价挂账转让，买主分期付款，全价未付清之前，属半公半私所有，全价清还完成，产权属私有。

至 2020 年，农场公司只经营场部、管理区房屋建筑物（包括办公楼、办公室、宿舍、道路、围墙及管理区晒场、库房等）及办公设备、用具用品等。

三、流动资金

建场初期，实行供给制，办场投资国家拨给，生产流动资金上级拨多少花多少。资金不足向银行贷款补充。当时资金运用从年初开始就按照生产财务计划由有关领导和财务主管人员严格掌握，控制使用。1948 年第二季度上级不能按时拨付，农场就出售未用完的种子和油料来解决资金的急需，并设法从银行贷款。经费收支制度是按东北局经委会办公处 1947 年 12 月颁发的《经济委员会事业暂行会计制度》规定执行。

1952 年，根据中共中央东北局《关于加强国营农场工作的决定》精神，在资金管理上采取物资计划采购，劳动定额管理，突击出售粮食，发动群众打草苫子，制造低值易耗品等办法开展增产节约活动，来解决资金不足的困难。1954 年，依靠群众落实农业专责制和奖励方案，实行定额管理，开展成本核算，发动群众修旧利废，节约资金 2.29 万元；合理调配劳动力，减少停工损失 0.3 万元；清理库存积压物资 1.1 万元。生产成本比 1951 年降低 8%。

1961 年前，农垦企业资金没有列入国家预算，由中央和地方预算外筹集提供，采取以收抵支的办法。1962 年，财政部和农垦部决定将农垦企业资金纳入国家财政预算，分级管理。赵光农垦局所属农场是黑龙江省农垦厅所属企业，其资金列入省级预算收支款内管理。1963 年，根据财政部《关于核定农垦系统所属企业流动资金定额的暂行规定》，按照各农场生产财务计划和生产任务的大小，由黑龙江省农垦厅对各场核定流动资金，多余上缴，不足补齐，按季度拨款，节约留用，超支不补。赵光农垦局所属各农场由黑龙江省农垦厅直接拨款。

1964 年，为加强流动资金的管理，赵光农垦局各场普遍实行"包定奖"制度，压缩开支，厉行节约。物资管理采取计划采购、限额领料的办法，按年度生产财务计划批准物资采购金额，并按阶段费用计划制定各队班组、机车的物资零件消耗限额，填写在各队限额领料簿和各机车组限额领料本上，实行限额控制。节约奖励，超支按比例扣款，并建立交旧领新制度。产品管理，从田间运粮到晒场验收、粮食检斤入库、装袋出售，建"多联运输小票"、产品入库及销售原始记录和账卡。资金管理实行现金审批制，规定局场队三级现金支付权限。凡动用 30 元以上开支的必须经场领导批准，会计室方可予以报账核销。同时加强应收款及时结算工作。销售产品，除向国家交售的粮食可以分期分批结算外，其他一律就地结算。坚持先交款后出库制度，不得以任何名义赊销任何产品。坚持经济活动分析和财经纪律大检查制度，大部分生产队都能按不同季节进行次数不等的经济活动分析，检查按计划开支情况。

1965 年，农场各级单位召开党委会、队长、会统人员及群众大会，进行勤俭办企业教育，开展财务大检查。

1978 年开始，农场资金管理坚持"一支笔批钱，抓住两个重点"的原则。"一支笔批钱"就是主管财务的领导一支笔审批开支：凡 300 元以上支出，由场主管财务的领导批准；30 元以内的零星开支由队长批准；全场一切重大生产生活开支均由党委研究审批，并由财务部门把关，走一本账。

1979 年开始，农场对生产队实行"定收定支，一年一定，分月拨款，结余留用，超支不补"的资金管理办法。各生产队班组（车间）建立专业承包，定额记分的奖赔责任制，责、权、利相结合。三分场为保证定收定支指标的落实，物资采购做到"四不外买"，即分场库有的不外买、自己能生产的不外买、修理所能修的不外买、内部能串换的不外买。当年粮豆公顷成本降到 495 元，比全场平均公顷成本低 24.3 元，连续 3 年是全场成本低、产量高、盈利多的一个分场。

1983 年，农场资金管理采取"计划管理，定收定支，集中资金，保证重点"的管理办法，全场完成增收节支 108 万元，完成计划的 101.8%；贷款额比 1982 年降低 110 万元；清理回收应收款 270 万元；资金周转 211 天，比 1982 年加快周转 66 天。

1984 年 3 月，全场"三材"库存额 105 万元，比 1983 年减少 13.6 万元，降低资金占用额 11.5%；全场平均每公顷占用"三材"资金 40.5 元，比 1983 年每公顷降低 4.5 元；全场清理应收款额 11.4 万元；完成增收节支计划 140 万元，完成年初计划 100%。在农业遭灾，粮食、甜菜卖不出去的情况下，资金使用效果仍好于往年。全场实现净盈利 340 万元，定额流动资金全年周转 1.3 次，209 天 1 次，比 1983 年加快资金周转 2 天。

20 世纪 50 年代中期至 60 年代中期，农场非定额流动资金所占比重偏大，1960 年占 58.5%，1961 年占 74.4%，1962 年占 77.7%。其中，应收账款占用流动资金 70% 左右。20 世纪 80 年代，定额流动资金比重增大，1981 年达 83.9%。其中储备资金明显增加，每年占定额流动资金 40%；储备的肥料农药和零配件年储备额 400 多万元，占储备总额的 50% 以上。产品资金比较稳定，每年都在 1000 万元左右，占定额流动资金 50% 以上，1982 年占 63.7%。生产资金相对逐年下降，农业生产新技术的应用，耙茬少耕法的推行，节约了生产资金的投入。

1985—1987 年，各单位占用的流动资金实行限额核定，定额内农业单位按销售收入 55％核定，工业单位按单位大小不同比例核定，畜牧业按销售收入 35％核定，运输业按收入 10％核定。

1988—1993 年，根据农场体改承包方案，各单位占用的流动资金，农业单位逐步由"两借"转向"两自"。

1994 年，继续巩固完善家庭农场生产、生活两费自理承包形式，保证生活费自理率 100％，生产资金自理率达到 90％。

2000 年后，农业生产全部达到"两费"自理。

四、费用与成本

建场最初两年，成本核算思想不明确，仅能做到收支记载，年终总结盈亏，心中无数，不能及时对成本进行分析研究。

1951 年，东北公营农场管理局制定了《机械农场暂行农业成本会计制度（草案）》，统一了会计制度，明确了成本核算要求。但只限于生产费用成本核算，包括直接材料、直接人工、管理费用和其他生产费用 4 个方面。

1953 年，根据中共中央东北局《关于加强国营农场工作的决定》提出的加强经济核算，扭转亏损的精神，进一步充实健全场、作业区、生产队三级核算体制，并且学习苏联农业企业核算办法，开始进入正规成本核算阶段。按照农场管理局颁发的成本核算规程规定进行核算。农业生产计算作业项目的成本、作物组的成本及各种作物的成本；畜牧业计算牲畜成本及各类畜群成本；工副业按产品分别计算生产成本、产品销售成本；农牧副产品计算单位产品成本、在产品成本、间接成本、销售盈亏。编制年度和阶段计划，逐月进行成本核算，根据成本核算的需要，生产队正式建立原始记录：拖拉机核算日记，人畜力核算单，饲料、物资、油料、零件消耗日记单等。生产队每月编制机械作业登记整理表，表内设有作业项目、地号整理、工作量。编制物资、油料、零件等物资消耗报告，并根据农场分摊的固定资产折旧费，登记地号、作物生产费用，检查生产队的执行生产成本计划情况。各项成本费用支出按月计划与上年同期对比分析，按农业作业阶段进行分析，随时总结经营管理经验和存在的问题。

1958 年，农场取消日记账和各种明细账，实行一账一表余额式财务核算法，取消成本核算，改为核算五业生产费用，恢复了收支大账的方法。

1963 年，经过调整形成了局、场、生产队三级管理，生产队进行班组定额核算，独立场进行全部生产费用和产品成本核算，农垦局审核汇总全局全部生产费用和产品成本的正规成本核算体制。

1966年后，受"文化大革命"影响，各种原始记录又被取消了，成本核算名存实亡。为应付上级，采用"市价比例法"结算作物成本，失去数字的参考价值。

1968年，实行"五业"费用核算，不计算作物及产品的成本，曾一度出现"零件随便上，油料随便放，花钱不算成本"的现象。

1974年，成本核算、班组核算制得到恢复，初步改变了生产无计划、成本无核算、管理无制度的"三无"现象。

1980年，在继续完善"五业"成本、产品成本核算的基础上，实行"按行业按班组成本核算，机务按单车核算"的办法。

1984年开始，实行"专业承包、大包干、自负盈亏、定额上缴"的经济责任制，全场统一方法，统一口径，账内计算成本和计算费用，账外计算承包往来，开始摸索专业承包经济核算体制新办法。

1985—2000年，农场农业各作物成本核算通过应收家庭农场科目核算（因当时对家庭农场种植作物实行统一播种、统一施肥机协同作业、统一管理，分散经营、分散收获垫支生产费，生产成本归集后分别按作物种植面积分摊）。1984—1994年，农场土地管理费由生产队从年末种植户产品收入中收取，转入分场上交给农场。1995—2000年，土地管理费由生产队从种植户产品收入中收取，转交给农场。

2001—2020年，农场土地管理费由种植户按合同直接转交给农场。

（一）费用

（1）生产费用。建场以来，生产规模不断扩大，生产费用逐年增加。生产大发展的20世纪50年代，生产费用增长相当快。1950年生产费用102.2万元，到1960年达到744万元，增长6倍。进入20世纪80年代，农业生产规模基本稳定，生产费用增长缓慢，但生产费用构成比重产生了显著变化：工资及福利费、燃料费和润滑油费用比重下降，而工业原料、肥料及农药费用比重上升。总的情况是，20世纪80年代比20世纪70年代前生产费用投入大，主要表现是投入比重大，物价上涨。1985年开始，试行生产费用由农户自理。

（2）管理费用。建场以来逐年增加，占生产费用比重不断增大。

20世纪60年代及以前，管理费占直接费用7%左右，到20世纪70年代提高到10%以上，80年代又有提高，1984年达15%。

20世纪70年代以前，管理费中的工资及福利费、公杂费、差旅调迁费支出比重大，其中工资福利费达 50％以上。进入 20 世纪 80 年代，管理费构成各项所占比重产生了新变化：1984 年工资福利费下降到 23.6％，固定资产维修费和折旧费由 10％以下提高到 13％～15％，银行贷款利息支出占管理费支出的 11％。

1984—1994 年，农场土地管理费由生产队从年末种植户产品收入中收取，转入分场，上缴给农场。

1995—2000 年，土地管理费由生产队从种植户产品收入中收取，直接转交给农场。

2001—2020 年，实现生产费完全自理后，种植户按合同上缴的农场管理费由委派会计代收直接交给农场。

农场收取的管理费用用于生产队、分场、总场管理人员及文教、卫生、公安、政法人员工资及各项公务经费支出，各项支出数额，农场每年以文件的形式下达指标。1996 年以后，取消分场，2003 年撤销生产队，建立管理区。一个管理区由 2～3 个作业组组成，并严格按规定进行会计核算。因核算出现漏记、重记费用而引起的民事纠纷，其经济责任由责任人全额承担。

（二）生产成本

从建场到 2020 年，农业生产综合公顷成本的变化大致分六个阶段：

1948—1960 年，平均公顷成本 162 元，个别年度超过 210 元，最低的 1951 年只有 147.9 元。其他年度虽有起伏，但波动不大。这期间机械作业费用占比重较大，约 45％。其中拖拉机每标准公顷成本 18.75 元，收获机械每标准公顷成本 33.3 元。其次是人力作业费，约占成本的 20％。

1961—1967 年，平均公顷成本 270 元，比第一阶段平均公顷成本提高 70％，提高幅度较大。主要作物小麦和大豆的公顷成本个别年度波动也大。这期间，除了机械和人力作业费用增加外，其他如种子和化肥、生产队管理费、企业管理费等费用明显增加。

1968—1978 年，平均公顷成本 421.5 元，比第二阶段平均公顷成本提高 60％。成本增长主要是肥料、农药使用量明显增加，全场由几百吨投入上升到几千吨。其次是生产队管理费、企业管理费的增加，人力作业费超过机械作业费。这期间，无论是综合公顷成本的变化，还是小麦与大豆公顷成本的变化，都是经历了高、低、高的变化过程。此外，也不能排除农场体制变动的暂时影响。组建一师七团后的 1968 年、1969 年综合公顷成本与主要作物公顷成本都大大超过此阶段平均公顷成本。

1979—1984 年，平均公顷成本 535.5 元，比第三阶段平均公顷成本提高 20％。这期间成本增加特点是在稳中递增，年年增加种子、肥料、农药和机械作业费用的投入，生产队及企业管理费用也在提高。物价上涨、自然灾害也直接影响成本的变化。

1985—2000年，农场农业各作物成本核算通过应收家庭农场科目核算（因当时对家庭农场种植作物实行统一播种、统一施肥、统一作业、统一管理、分散经营、分散收获垫支生产费，生产成本归集体后分别按作物种植面积分摊）。

2001—2020年，农场对家庭农场或农业协会、农业合作社实行两费（生产费、生活费）完全自理，职工种植作物除种子外的生产资料可自行采购，这期间的作物成本属于调查成本。

五、经营盈亏

1948—1953年，农场年工农业产值不高，只有几十万元，年年亏损。1951年，播种小麦的面积占总播种面积的80%，麦收季节阴雨连绵，机械深陷不能进行作业，10月仍在收割小麦。小麦落镰掉头，年终每公顷产量412.5千克。1952年春耕时地里仍陷车，只完成播种计划的63%，导致1951年亏损21万元，1952年亏损90.7万元。

1954年，试行推广定额管理小段计划、计件工资等管理办法，广泛开展成本核算，同时狠抓生产技术管理，实行种子春化、恒温浸种、种子消毒等措施，制作了大量的颗粒肥，施肥面积达总播种面积的46.6%。狠抓精耕细作，大田作物除四遍草，小麦收获损失降到1.98%。当年粮豆每公顷产量1030.5千克，比1953年增产507千克；1955年，每公顷达到1605千克，比1954年增产574.5千克。1955年工农业总产值300多万元，达到建场8年来历史最高水平。

1959年，全场深入开展以精简机构、增收节支、技术革新为内容的群众性增产节约运动，开展班组定额核算和红旗竞赛活动，获得了增加生产、提高效益的良好效果。全场粮豆平均每公顷产量达到1815千克，比1958年提高75.6%；总产3014.4万千克，比1958年提高65.8%；小麦每公顷产量1590千克，比1958年增产36千克；大豆每公顷产量2010千克，比1958年增产58千克。全场工农业总产值1300多万元，工业产值494.5万元，实现利润225.7万元，平均每个职工盈利564元，农场被评为全国农业红旗单位。

1959—1976年，由于受自然灾害影响，农场工农业总产值大幅度下降，使农场经济陷于崩溃的边缘。从1949年到1976年，农场经营只有2年盈利，共计165.5万元；26年亏损，亏损额达5467.1万元，最高亏损额1969年971.6万元。1974年开始，工业总产值比重连年下降，1984年还不到工农业总产值的10%。

1977年，仍然受老框框的桎梏，不能调动职工办场的积极性。1978年也未摆脱亏损的局面。

1979年，全场执行一年一定、超支不补、结余留用、超盈奖励、亏损受罚的规定。

生产队对个人实行定额计分，以分奖惩，取消分配上的平均主义。工农业总产值明显回升，一举结束了多年亏损的局面，盈利222万元。

1980年，农场实行"浮动工资，分业核算，班组包干"的办法，使企业的经营成果与职工个人收入挂钩。年末工农业总产值达1700多万元，盈利602万元，实现净利润、粮豆总产、小麦单产、劳动生产率四超历史的好成绩。

1983年，在总结经验基础上，全场实行"专业承包，大包干与停薪留职"相结合的经济责任制，扩大了职工生产经营自主权，彻底取消了"大锅饭""铁饭碗"等不合理的分配制度。过去一直亏损的6、9、11、12生产队和三分场种子队，实行"大包干"后，一年扭亏为盈。全场工农业生产总值一跃达到2918万元。

1979—1984年，6年累计盈利资金1899.3万元，至1984年底，结余155.6万元。1985—2019年，农场累计完成国内生产总值123.98亿元，盈利3.2亿元。

2020年，赵光农场有限公司按照北大荒农垦集团总公司党委、北安分公司党委的工作部署，不断深化改革，加快发展，全年实现企业增加值5.8亿元，利润6354万元。

第四节 国有资产管理

一、机构

1993年，赵光农场成立国有资产管理办公室，办公室设在计财科。

农场国有资产管理办公室会同有关部门下达全场企业保值增值指标，并负责考核审定。对全场具有独立法人资格的企业进行产权登记年度检查。组织闲置资产调查、统计及调剂工作。参与企业国有资产重组、企业组织机构调整与国有资产管理运营活动。对于需要评估的及时向农垦总局、北安分局报告并参与资产评估工作。有权对全场各单位进行国有资产管理执法检查，处理有关国有资产方面的信访案件等。

二、国有资产处置与管理

（一）国有资产处置

1993年，职工住房产权转让归己，至2003年，按期交齐房款总户数5687户，转让总面积20.97万平方米，总价1497万元。

1996年10月至1997年2月，农场将2200台（件）农机设备一次性评估保值转售给家庭农场职工。

2006—2018年，赵光农场共处置报废资产271项，价值共计978万元，其中：房屋6

项，价值 55 万元；构筑物 13 项，价值 387 万元；通用设备 215 项，价值 313 万元；专用设备 37 项，价值 223 万元。在处置国有资产过程中，农场严格执行资产处置审批程序，履行各项手续。2010 年后，在国有资产处置权限和程序上，完全按照北安分局《资产处置的相关规定》办理，保证国有资产的安全完整。

（二）国有资产管理

2006 年，赵光农场在国有资产管理和处置方面，根据国有资产管理的要求，出台了相关规定。

加强资产实地盘点，对账内、账外资产同等进行管理，否则，造成损失由责任人全额承担，并给予全场通报批评，情节严重的给予降职或免职处分。

基本建设项目、购置固定资产等，必须有招标手续、年度投资计划批复、购销合同、工程合同、政府采购手续、验收单等。基本建设项目 1 万元以上，由建设科负责签订合同，1 万元以下的其他项目由各单位签订合同。基本建设项目应在完工后及时验收入账。计财科要将投资计划作为会计凭证的附件入账，会计人员对没有列入计划的固定资产不予做账务处理。

任何单位未经批准，不得擅自出租、出借、出售国有资产。国有资产出租、出借、出售必须履行相关程序，完善各项手续。

教育、政法、医院等行政事业单位购置资产执行国家规定标准，不得超标准采购。

三、清产核资

2006 年，赵光农场根据《中央直属垦区企业清产核资办法》《黑龙江垦区企业清产核资工作方案》的要求，以 2005 年 9 月 30 日为基准日，按照规定的工作程序、方法和政策，组织各单位进行账务清理、财产清查、价值重估、损益认定、资金核实等工作。对账内资产和账外农业基础设施，农场组织人力、物力进行了认真的清理和实地盘点，认定账内资产损失 1099.8 万元。

2020 年 6 月，为全面规范和加强国有资产管理，核实资产和负债情况，根据《黑龙江北大荒农垦集团总公司北安分公司关于印发北安分公司企业资产清查工作实施方案的通知》，赵光农场有限公司制订了企业资产清查实施方案，明确资产清查范围、方式、清查时间。清查时间为 2019 年 12 月 31 日，公司（农场）账面资产总额 7.3 亿元，清查损失 345 万元，全部为固定资产报废损失，清查值 7.27 亿元。账面负债总额 6.24 亿元，清查值 6.24 亿元。

第五节　审计管理

一、机构与职能

农场审计科成立于 1987 年，属内部审计性质，隶属农场领导，接受上级业务部门的指导。2020 年农场企业化改革后，公司成立审计部。审计科（部）主要职责是依法进行审计监督，保护国有资产，维护财经法规，保护国家、企业和个人三者的合法经济权益，促进企业财务管理和会计核算工作，以达到提高企业经济效益的目的。

二、审计工作

（一）离任审计

离任审计科本着实事求是、客观公正、认真负责的精神，以事实为依据、以财经法规为准绳，积极探索、严格审查。

1987 年 8 月起，农场对 71 个基层单位行政领导进行了离任审计，审计总金额 9 亿元，查出违纪违规资金 1450 万元。

1999—2001 年，加大审计工作力度，3 年查出违纪违规资金 960 万元。收缴 130 万元，查出潜亏 1500 多万元，出具审计报告 71 份，提出合理化建议 131 条，处罚责任人18 人。

2006—2020 年，审计科（部）完成 33 项离任经济责任审计，审计总金额 7.96 亿元，查出违纪违规资金 195 万元，出具审计报告 33 份，提出合理化建议 44 条，处罚责任人 6人，处罚金额 5000 元。

（二）经济效益审计

经济效益审计主要是从单位内部控制制度、产品的品种、产量、收入、成本等方面进行分析，1987—2020 年，对 171 个基层单位进行了审计，审计总金额 17 亿元，查出违纪违规资金 1050 万元。1999—2003 年，农场加大审计工作力度，3 年查处违纪违规资金850 万元，收缴 98 万元，查出潜亏 1400 多万元，出具审计报告 171 份，提出合理化建议280 条，处罚责任人 21 人。

（三）专项审计

2006—2020 年，审计科（部）完成 10 项专项审计，审计总金额 2.72 亿元，查出违纪违规资金 16 万元，出具审计报告 10 份，提出合理化建议 16 条。

（四）专项审计调查

2006—2020 年，审计科（部）完成 16 项专项审计调查，审计总金额 14.62 亿元，查出违纪违规资金 88 万元，挽回经济损失 28 万元，出具审计报告 13 份，提出合理化建议 15 条。

（五）预算执行情况审计

2006—2020 年，审计科（部）完成 2 项预算执行情况审计，审计总金额 3.92 亿元，查出违纪违规资金 27 万元，出具审计报告 2 份，提出合理化建议 4 条。

第二章　人力资源和劳动保障管理

建场初期，农场场长直接抓劳动工资工作。1950年，场长办公室设人事干事。1952年农场成立人事科，统管人事及劳动工资。1964年7月，撤销人事科，成立劳动工资科。

1968年，组建一师七团，撤销劳动工资科，成立参谋股（后成立军务股）负责劳动工资工作。1976年末，撤销军务股，恢复劳动工资科。

1985年，根据国家、黑龙江省和黑龙江农垦总局及北安分局经济体制改革的有关精神，北安管理局经济体制改革在赵光农场试点。作为改革重点内容之一的劳动工资管理改为场长、副场长双重抓，形成劳动工资科向常务副场长负责，常务副场长向场长负总责的连带关系。1989年1月，劳动工资科增加社会劳动保险业务，设专职会计、出纳员。1990年1月，撤销劳动工资科，恢复劳动人事科。

1995年1月，劳动工资科、人事科、社会保险科、安全办合并，组成劳动人事部。

2002年1月，劳动工资科与安全办合署办公（2010年安全办划出）。2012年1月，劳动工资科更名为人力资源和社会保障科。

2020年1月，赵光农场有限公司成立人力资源部。

第一节　人事管理

一、劳动工资

1947年，农场实行供给制。

1948年开始，一部分实行供给制，一部分实行薪津补贴。

1950—1955年，全部实行工薪分制，部分单位试行计件工资。

1956年，工资改革，工人实行8级工资制，并全面执行计件工资，工资平均提高14%。

1959年，短时期实行"三包四固定"经济责任制。

1961年，固定工资变为月薪日计。

1962年，实行计件工资、总额包干、产量工资和作业工资相结合的工资形式。

1963年，实行超额奖励与计件工资相结合的工资形式。

1958年和1964年，两年试行过产量工资和联劳计酬（分）责任制，实行不久而废止。

一师七团时期，曾一度实行过月薪制，废弃了合理的工资制度。

1978年，在全场范围内实行"独立核算、自负盈亏、利润计划上缴、超盈奖励、减盈受罚"的经济责任制和包干办法。具体措施是"五定一奖，基本工资加奖励"，即"定总产量、定上交量、定劳动生产率、定成本、定利润额，超计划奖励"。奖励办法是每名职工全年提取10元作为阶段奖励费用，凡完成五项指标的按12%提年终奖金，完成三项指标的提10%，完成总产量、利润中一项指标的提8%，均按6（场）：1（队）：3（职工）比例分成。机械作业和交通运输业实行物资节约奖励，即在完成生产工作任务前提下，根据规定的油料、零件、修理费定额，按节约部分8%发给奖金。

1981年起，农场实行多种形式经济责任制。一种是"联产联利超利分成，浮动工资"经济责任制，它是以月工资的10%作为浮动工资，年终按经营成本增发、全发或减发浮动工资。另一种是"财务包干、专业承包、十定一奖、联产联利润"的经济责任制。"十定"：定粮豆和甜菜总产量、定农林牧副渔各业总任务、定各种产品上交量、定利润指标、定劳动生产率、定农业公顷成本与工副业产值、定总费用、定积肥量与秸秆还田比例、定安全生产无事故、定计划生育与人口自然增长率。"十定"中以定利润指标为核心，生产队完成"十定"指标后，从总利润中提20%作为完成任务奖。林、牧、副、渔和甜菜生产任务，每少完成一项扣总奖金的5%。第三种是"定额上交、限额奖赔"经济责任制。各种经济责任制的实施使管理人员都与主要指标挂钩，把企业的经营成果和个人责权结合在一起。这种经济责任制一直延续到1983年，中间没有大变动。

1984年，农场实行产量工资、浮动工资、定额上缴、自负盈亏、试办职工家庭农场等经济责任制，并采取按劳付酬、合理定费、包保结合等9种具体实施办法，调动了职工生产积极性，战胜了严重的草荒和秋涝，实现净利润340万元。基本上革除了"大锅饭"弊端。

1985年，农场在工资制度方面实行岗位工资、档案工资、百元产值工资含量包干、工资总额同上缴利润挂钩等效益工资；生产经营单位采取按劳付酬、合理核定费用、定额上缴、自负盈亏、包保结合等具体实施办法，彻底打破了大锅饭、铁饭碗。

1986年以后，农业职工不按档案工资分配，改为按劳计酬和分红办法提取效益工资，保存档案工资，在国家调整工资和调动工作及退休时按档案工资办理。各单位分配形式是：机关实行基本工资加奖励，教育和服务单位实行档案工资，卫生单位实行岗位工资加奖励，工业实行百元产值工资含量包干及工资总额与上缴利润挂钩等效益工资，流通企业实行岗位工资、档案工资加奖励相结合的分配形式。政策性补贴按国家规定执行。

2006—2020年，农场（公司）管理人员工资每年依据农场总体改革方案，按岗定薪，实行目标管理的分配形式，管理人员执行岗位工资加效益工资。农场医院、教育、林业、物业、供水中心、供热中心、养老中心、机关等单位工勤人员，按照农场规定设岗定编，工资标准按工勤人员岗位工资标准执行，具体按各单位服务人员岗位考核管理方案执行。2006年至2012年10月，农场卫生科执行机关工资标准，职工医院执行绩效考核工资标准，其中，内科、外科等部门按效益由部门按岗位比例分配，2012年11月后，卫生科、职工医院执行事业单位工资标准。2006—2019年，农场教育单位（2020年划归北安市管理）执行事业单位工资标准。

二、职称改革

1980—2009年，农场组织部和劳资科合署办公，负责企事业专业技术人员的职称评定工作。2010年，劳资科与组织部分离，成为独立科室。2012年起，人社科正式接管专业技术人员职称评定工作。

1980—1985年，具有专业技术职称的人较少，只有卫生、财会、农业、农机等行业评定职称，而且评定工作不定期，全场有技术职称人员434人，其中，高级职称1人，中级职称75人，初级职称358人。

1987年，农场成立了职称改革领导小组，制定下发职称评定方案，设置有教育、工程、农业、畜牧、经济、会计、统计、卫生、新闻、档案、播音、气象、安全等13个专项。这次评定放宽了对学历的规定，注重从事专业工作的时间、专业水平，把一些学历不高但从事专业技术工作时间较长、有一定实践经验的人纳入了评定范围，全场被纳入可以参评专业技术人员职称的有100余人。

1989年7月，农场印发专业技术职务聘任实施方案，职称改革工作进入专业技术职务的聘任阶段。为了有组织、有计划地抓好此项工作，根据中央、省、农垦总局职称改革工作有关文件精神，按照实行专业技术职务聘任制的有关规定，结合农场实际情况，制订了农场专业技术职务聘任方案。农场同时下发有关文件，聘任在农业、农机、工业、教育、医疗卫生、审计、经济、统计、建筑、畜牧兽医、文化、档案各行业的142人为中级技术职务，262人为助理级技术职务，458人为员级技术职务。至此，全场被聘任的专业技术人员有862人。

1989年以后，职称评定工作提升了评审条件，评定中级以上的专业技术职称，必须具备一定的外语和计算机水平，并参加考试。

1990 年 10 月，农场聘任 38 人为专业技术职务。其中，高级技术职务 6 人，中级职务 5 人，助理、员级职务 27 人。

1991 年 7 月，农场首次开始对企业政治思想工作人员的职称评定。这次评定放宽了对学历的要求，对不具备规定学历的人员进行考试、考核。农场首次评定政工职称 40 人，首次聘任 38 人。

1994 年，全场有技术职称人员 1041 名。

1995 年以后，农场改革职称评聘工作，实行职称评、聘分开制度。

2001 年，全场具有专业技术人员 1024 人，其中，高级职称 32 人，中级职称 283 人，初级职称的 709 人。职称人员分布：工程技术 98 人（高级 4 人），农业技术 97 人（高级 4 人），医疗卫生技术 97 人（副主任医师 2 人），教学人员 343 人（副教授、高级讲师 13 人），经济类 44 人（高级经济师 1 人），会计类 30 人（高级会计师 2 人），统计类 30 人（统计师 2 人），图书档案、文博类 7 人（馆员 3 人），新闻出版 1 人（编辑），二、三级播音人员 2 人，政工职称人员 142 人（高级政工师 3 人）。

2003 年，全场具有专业技术职称人员 857 人，其中，高级职务 56 人，中级职务 265 人，初级职务 536 人。职称人员分布：工程技术 93 人，农业技术 91 人，卫生技术 168 人，教学人员 219 人，其他专业人员 286 人。

2004 年，全场具有专业技术职称人员 632 人，其中，高级职务 56 人，中级职务 267 人，初级职务 309 人。职称人员分布：工程技术 56 人，农业技术 78 人，卫生技术 119 人，教学人员 243 人，会统人员 52 人，林业工程 2 人，水利 9 人，编辑 3 人，经济 2 人，馆员 1 人，畜牧 36 人。

2005 年，全场具有专业技术职称人员 589 人，职称人员分布：农业技术 78 人，气象 3 人，工程技术 51 人，畜牧 26 人，卫生技术 119 人，教学人员 243 人，经济类 2 人，编辑 3 人，水利 9 人，馆员 1 人，林业工程 2 人，会统人员 52 人。

2006 年开始，农场聘用的企事业单位专业技术人员职称评定采取考评结合的方式进行。至 2020 年，农场累计正常办理职称评定 367 人次。其中，2016 年教育首次评定正高级职称，当年评定正高 1 人。2017 年，农场依据有关文件规定，破格晋升 14 人（副高）。2018 年，破格晋升 5 人。其中，正高 2 人（医务人员）。

2020 年，赵光农场有限公司有各类专业技术职称人员 139 人。其中，高级职称人员 10 人，副高级职称人员 57 人，中级职称人员 31 人，初级职称人员 41 人。

三、职工福利与离退休管理

（一）职工福利

（1）职工及居民医疗保险待遇。建场初期至 20 世纪 80 年代，凡是农场工会会员的职工均享受公费医疗待遇，根据工龄长短享受病假工资待遇。职工家属享受半费医疗待遇。

1986 年以后，职工看病不再 100％报销，实行医疗保险统筹，按住院费、门诊费分别报销办法，职工家属及子女不再报销门诊和住院费用。

2003 年，农场职工基本医疗保险工作全面开展，职工就医按医疗保险规定报销。

2009 年 9 月后，根据黑龙江农垦总局有关文件精神，农场开始办理城镇居民医疗保险，包括在农场居住的成年居民、未成年居民、高校学生，看病就医按医疗保险有关规定报销。

（2）职工及家属死亡抚恤待遇。建场初期至 20 世纪 80 年代，农场职工死亡供养直系亲属的抚恤待遇：供养直系亲属 1 人者发给 6 个月工资，2 人者发给 9 个月工资，3 人以上者发给 12 个月的工资，并按规定发给副食、物价补贴。供养直系亲属救济费待遇：经工会委员会认定，对于鳏、寡、孤、独者的生活确有困难，每人每月发给 8～16 元的救济费，直到有生活来源时为止。丧葬补助费待遇：职工死亡发给全场平均工资两个月的补助费，直系亲属发给 1 个月的补助费。

职工因工（含职业病）死亡的，其遗属生活费均按国家有关规定执行；职工因病死亡的，丧葬费按国家规定执行；遗属每月发给 120 元生活救济费，建国前参加工作的提高 10％，并随国家政策标准进行调整。

20 世纪 90 年代后，农场（公司）职工及家属死亡抚恤待遇均按照国家有关规定执行。

（3）职工探亲待遇。建场初期至 20 世纪 80 年代，在农场工作年满 1 年以上的固定职工（包括知青、合同制工人）不能利用假日与配偶或父母团聚一夜或半个白天者，均可享受探亲待遇。

探配偶者，每年 1 次，每次 30 天，发给本人工资并按出差标准报销旅费。探父母者（包括养父母），其中未婚者每年 1 次，每次 20 天；两年 1 次者，每次 45 天。发给本人工资，路费全报销。已婚探父母，四年 1 次，每次 20 天，发给本人工资，路费超出本人标准工资 30％以上部分由所在单位报销。

20 世纪 90 年代后，农场职工探亲待遇按照国家有关规定执行。

（4）劳动保护待遇。20 世纪 80 年代前，农场职工劳动保护用品按国家有关规定，由农场统一购买发放。20世纪90年代后，农场取消统一购买和发放劳动保护用品，改由各单位自己购买发放，农场劳资科审批、监督检查。

（5）其他待遇。农场职工按国家有关规定享受生育补贴、职业病补贴、取暖补贴及幼托补贴等福利待遇。

（二）职工离休、退休管理

建场初期至20世纪80年代，职工离退休按国家规定标准执行。凡具备男年满60周岁、女年满55周岁，连续工龄满10年的职工，或男年满50周岁、女年满40周岁，连续工龄满10年的职工及因工致残的职工，由医院验证并经场劳动鉴定委员会审定，完全丧失劳动能力的，均可办理离退休手续。离退休后，按规定享受劳保工资等待遇。

20世纪90年代后，职工离休、正常退休、特殊工种、因工致残、职业病等均按国家有关规定执行。

2009年7月，按照黑龙江省有关文件规定，赵光农场将"五七工""家属工"纳入基本养老保险统筹，解决了老有所养问题。

第二节 劳动和社会保障管理

一、职工队伍建设

（一）职工队伍

1947年建场时，职工只有15人。他们中大多数来自哈尔滨、齐齐哈尔、牡丹江等城市，是创建农场的首批职工队伍。1947年底，发展到291名。以后开始大批招工，职工队伍不断扩大。

（1）招收。1954年，职工发展到3560名，主要来自齐齐哈尔、呼兰、双城、海伦、绥化、泰来和吉林镇赉等市县，还有从当地通北县境内招收的少部分工人。这批职工大多数思想素质和技术素质都比较好，有艰苦奋斗的优良传统和作风，后来成为农场和向外输送的骨干力量。1959年，招收山东移民270余名和支边青年100余名，除了调出的人员外，职工队伍发展到3988名。

（2）调入。1948—1949年，先后从哈尔滨、沈阳调来拖拉机学员82名。后来这批人也成为农场干部和技术队伍的骨干。1956年，接收中央直属机关勤杂人员162名。

1985—2005年，农场根据国家和上级有关规定，及时解决两地分居职工的工作和生活，共调入职工158人。对农场和基层单位急需的技术人才，经考核调入18人。

（3）接收复转军人。建场开始陆续接收复员转业军人。1953年，根据管理局指示，对场内转业军人进行登记，准团以下官兵 48 名。1958 年，接收广州军区转业官兵 800 名；1969 年，接收"六六三"（1966 年 3 月）集体转业干部战士 120 名。1981 年以来，零星接收外地与农场女职工结婚的复转军人达 200 名，场内参军的复转退伍军人 180 名。1984 年统计共有复转退伍军人 519 名。

1985 年后，根据国家、省及农垦总局的有关规定，对复员退伍军人积极接收，并妥善安置，共接收安置复员退伍军人 102 名。

（4）国家分配大中专毕业生。20 世纪 40 年代开始，国家分配的大中专毕业生陆续进场，大部分是农业科学院毕业生。这部分人变动较大，有进有出，1984 年统计不到 200 人。

1985 年后，对于国家分配来的大中专毕业生，农场都积极接收，并在工作、学习、生活等方面给予照顾，农场还派专人到有关院校做宣传，动员毕业生来农场工作，并给予一定的优惠政策。至 2005 年，农场共接收大中专毕业生 150 人。

2011 年，农场开始大批量招聘大中专毕业生，2011—2017 年，招聘大中专毕业生数量分别为 26 人、23 人、27 人、10 人、7 人、8 人、1 人。

（5）接收城市知识青年。1963 年，接收齐齐哈尔、牡丹江和北安等城市知识青年 1164 名。1968 年，掀起知识青年上山下乡的高潮，接收天津知识青年 760 名、哈尔滨知识青年 146 名、牡丹江知识青年 54 名。1969 年接收北京知识青年 2320 名、上海知识青年 1009 名。先后接收城市知识青年 5453 名。这些知识青年，从 1978 年起，因病退及其他原因返城的 5156 名。

（6）公社社员并入。1958 年，在人民公社化运动中，赵光乡和前进乡农业生产合作社农民入场，不久又退出农场，仅有少数干部留场，进退人员差数不大。1960 年，场社第二次合并，入场社员 2389 名，于 1961 年 9 月又退出农场。这次只剩下小六井子屯、王治国屯和于连屯的 59 名社员没退场。

（7）安置职工家属。1957—1958 年，根据上级文件精神，安置职工家属 150 名，包括转业军官家属。

（8）临时工转正。1979 年，根据省劳动局和省农场总局文件规定，将 1971 年以前来场的 586 名临时工人转为固定工人。

（9）福安农场职工并入。1979 年，根据省农场总局通知精神，福安农场并入赵光农场，全场职工增加 4182 名。

（10）职工子女就业。1963—1984 年，依据劳动部、农垦部有关安置职工子女和以后"双退"接班政策规定，共安置 3026 名职工子女就业。其中，1976 年安置 298 名，1978

年安置 525 名，1979 年安置高中毕业生 271 名。职工子女就业率为 83％。

从建场到 1984 年，进场的职工子女较多，子女大都已达就业年龄。1995 年，农场职工子女就业出现了高峰，这时期，国家、黑龙江省及农垦总局对劳动工资政策做出了重大改革，除少数可招收固定工人外，其余新就业人员均为劳动合同制工人。规定新招收的工人为农场户口，初中以上学历，年龄在 16～24 周岁，且在招收时经过考试、考核、体检合格后，农场方可招用。农垦总局为照顾留住科技人员，对其家属（女）年龄在 40 周岁以下、初中以上文化程度的可招收为劳动合同制工人。国家招工制度的改革，使农场职工队伍发生了重大变化，职工素质有了很大提高，为企业长期发展奠定了基础。

1995—2020 年，经培训、考试、考核、体检共招收劳动合同制工人 2029 人（含科技人员家属 7 名），招收固定工人 196 人。

（11）安置服刑、劳改释放人员。1985—2020 年，依据国家有关规定，对回农场的服刑、劳改释放人员及时给予安置，共安置服刑、劳改释放人员 9 名。

根据赵光农场有限公司人力资源部统计，2020 年，公司（农场）在册职工人数为 7326 人（包括原赵光糖厂 643 人、原赵光机械厂 471 人，以及农场并轨、登报除名、自愿解除、退场等人员 1108 人），其中，公司以企业职工身份参加社会保险人数为 4369 人。

（二）劳动力管理

1. 职工录用和辞退　建场初期，农场自行制定职工录用和辞退暂行办法，由场长直接审批，总务部门办理手续，上级没有指标控制，农场根据需要录用和辞退职工。20 世纪 50 年代后，职工录用和辞退按东北国营农场管理局、黑龙江省国营农场管理部门关于工人调配管理暂行办法执行。由于企业化经营的需要，采用固定职工由上级管理部门控制指标和审批，农场无权自行采用。除了正常的上级调配和集体招收人员及一部分通过职工介绍、持有户口进场的临时工人，后来按上级指示已经分几期转为固定工人外，新采用的工人必须经过试用期考查才能正式采用，并根据上级规定的条例确定工资标准。20 世纪 60 年代末开始，每年都有一部分职工子女中学毕业后作为补充劳力，分配就业，集体转入固定职工，指标由上级拨给。

20 世纪 70 年代末至 80 年代中期，用人办法主要是：

（1）个别录用职工时，要经过党委常委会议集体讨论通过，然后交场长办公会议决定执行。

（2）中学毕业生不包分配后，在待业青年中采取考试的办法，择优录用，指标由上级拨给，所属地方政府劳动部门审查备案。

1985 年起，农场改革职工招收办法，制定新的录用职工规定，即根据农场各行业的生产特点，又依据国家有关规定，录取用多少，就招多少，不用不招的办法，从而缓解了农场用工的压力。农场录用职工时，先培训，后考试考核，经农场职工医院体检合格后，按上级下达的招收指标，按成绩依次录取上报，待上级劳动部门审批后，与用工单位签订劳动合同，试用期为六个月，试用期满后合格签订1～3年的聘用合同，正式聘用合同签订后，一切工资福利待遇均按国家规定执行。

辞退职工，本着教育为主，惩治为辅的原则适当处理。"文化大革命"前，凡职工退场、开除、解雇必须由工会同意，报所属劳动部门审查，经场长批准后再做处理。违法判刑人员，一般规定先履行开除公职，党团员开除党籍团籍手续。1984年，农场规定：凡连续旷工15天以上或一年中累计旷工30天以上，经过说服教育仍不改正的，即予以除名处理；对于严重违纪不够法办的，予以开除公职、留场察看处分，察看期仍无悔改者予以开除处分。

1985年以来，对违纪职工辞退严格执行国家有关规定，按《职工奖惩条例》，本着教育为主，惩治为辅的原则适当处理。

2. **劳动力调配** 农场的劳动力调配，涉及场外调配的由上级主管部门下达指标，按技术要求进行人员调进调出；场内的劳动力调配，根据各行业对劳动力需求情况，由场劳动部门统一安排；如需临时工，提交上级企业主管部门审批后录用。每年场内都有人员调动，进行劳动力平衡工作，以适应各行业发展对劳动力的需求。

3. **劳动纪律与奖惩** 1948年开始制定劳动纪律的奖惩制度，1951年后逐步完善。同时，开展劳动竞赛，制定"三功一模"条例，积"三功"（春种、麦秋、秋收3个季节评功）为"一模"（年终评劳模），坚持多奖少罚的方针。1948—1952年，共有498人评功受奖，受处分的不超过50人，被清理和开除的33人（建场初期，职工成分复杂）。在农场建设发展时期，劳动工作纪律、奖惩制度不断完善。企业内部经常开展劳动竞赛，采取评选模范的办法，向先进学习，向先进看齐。对于违反纪律者进行批评教育或处分。奖励手段，主要是荣誉奖，发奖状、奖章等；处分形式是：批评教育、警告、严重警告、记过、记大过、留场察看、开除场籍等。20世纪70年代末，除继承传统奖惩手段外，增加了经济奖罚措施。奖励形式有物质奖和发奖金；惩罚形式根据问题性质和情节，进行非限额罚款。经济体制改革后，实行各种承包经济责任制，计件工资、自负盈亏、大包干等承包办法，本身就包含经济上的奖与罚内容。事业单位职工、生产单位的管理干部、后勤服务人员，实行岗位责任制及目标管理，都与企业的经济效益挂钩，实行浮动工资及超利分成年终奖罚办法。此外，违反劳动纪律、妨害公共利益、危害社会治安等不正当行为，各单位也制定一些经济制裁办法。20世纪80年代，场规场法逐渐形成，通过职工代表大会确定下来，如果违犯按规定处理。

1985 年后，在农场内部，职工调动工作由个人提出申请，经双方单位协商同意，报农场批准后，由劳资科办理相关手续。劳动合同制工人必须按签订的劳动合同，履行有关手续。国家分配的在职大中专毕业生和复员退伍军人，由农场按个人实行情况进行统一分配，对"两放"人员给予安置。农场职工实行停薪留职，职工本人提出申请，单位同意，报农场批准后，每年按农场规定上缴管理费、教育经费、计划生育费等，可计算工龄，享受职工一切福利待遇，停薪留职期满，愿意继续停薪留职的可再签合同，不愿意停薪留职的仍回原单位工作，劳动合同制工人合同期满也可续签合同，也可终止合同，再到其他单位应聘。

二、养老保险管理

1951 年 2 月，中央人民政府政务院颁布了《中华人民共和国劳动保险条例》，农场立即成立劳动保险委员会，职工疾病、负伤、残废、死亡、养老、生育等各项劳动保险待遇均按条例规定标准执行。

1978 年后，国务院颁发了《国务院关于安置老弱残干部的暂行办法》《国务院关于老干部离职休养制度的几项规定》，农场劳动人事部门按照规定负责经办各项待遇，劳保费由财务部门掌握使用。

根据国务院和全国总工会通知精神，农场工会 1981 年重新建立劳动保险委员会组织，制定工作细则，广泛开展宣传教育，进行劳动保险登记，开展病伤职工慰问，做好因工死亡遗属救济和管理，协助行政做好劳保开支、业余疗养及"双退"（离、退休）职工生活管理、劳动鉴定等工作。

1988 年前，离退休人员工资全部由企业负担。

1989 年，垦区养老保险实行统筹，农场建立养老保险基金统筹账户，记录统筹基金收缴、上缴、发放情况。统筹基金由两部分组成：一是 1986 年以后参加工作的劳动合同工，个人缴纳本人基本工资的 2％，农场按劳动合同制工人基本工资平均数提取 15％，共计 17％进入统筹账户；二是固定工（职工）计提部分，农业单位职工按每公顷 15 元提取，工商运建服及事业单位按基本工资（包括工资性津贴）的 17％提取进入统筹账户。职工个人还没开始缴纳养老金，只交失业保险金，这两部分养老基金进入统筹账户后，上交北安分局社会保险公司。发放离退休人员的工资基金由管局社会保险公司支付，计算方法：上一年度退休费总额 60％＋（上年度全部固定职工标准工资＋工资性补贴）9％之和等于本期应发退休费总金额。当年实际发放的退休费如果超出这个数字，由北安分局社会保险公司拨补，如果有剩余的全部上缴给社会保险公司。

统筹基金账户设在农场的财务部门。财务部门每月 10 日前按管局社会保险公司核定的统筹基金金额拨到农场分公司在银行开设的统筹基金专户，退休费由分公司发放。

从 2002 年 2 月起，离退休人员养老金全部委托当地银行发放，实现了养老金的社会化发放，并达到了离退休人员养老金按月足额发放。

2020 年，公司养老保险参保员工为 4369 人。

截至 2020 年，赵光农场（公司）离退休人员 7023 人。其中，"家属工、五七工"退休人员 1620 人，灵活就业退休人员 507 人。

三、医疗保险管理

建场初期至 1985 年，农场职工享受公费医疗待遇，家属 50％报销。

1986 年，农场实行药费包干，限额报销。职工门诊药费报销提取工资总额的 4％，然后再按比例报销。

1997 年，农场根据黑龙江省农垦总局关于《黑龙江省垦区职工医疗保险制度改革方案》和北安管理局关于《北安垦区职工医疗保险改革试行方案》文件精神，结合农场实际，制定赵光农场职工医疗保险改革试行方案。

医疗保险基金分个人账户和统筹基金两部分。个人账户是由职工个人缴纳部分和企业按比例划入个人账户部分组成。职工按本人基本工资的 3％缴纳医疗保险金，全部计入个人账户。企业提取的医疗保险金，按比例计入职工个人账户后，剩余部分作为统筹基金。统筹基金来源，根据各单位的经济承受能力，用人单位均按上年末在职职工年工资总额和离退休费总额的 10％提取医疗保险基金，用人单位为职工缴纳的医疗保险费用，除部分计入个人账户外，剩余部分进入社会统筹医疗基金，构成统筹基金。

1998 年，总结了 1997 年农场医疗保险试行工作开展情况，农场制定了继续扩大医疗保险试行范围实施意见，进一步扩大农场医疗保险试点工作的范围，覆盖面有所增加。

2002 年底，农场转发《关于印发北安分局职工基本医疗保险制度改革实施方案及企业职工工伤和生育保险两个试行办法的通知》，为 2003 年全面开展职工基本医疗保险和工伤、生育保险工作奠定了基础。

2003 年初，根据北安分局文件精神，结合农场的实际情况，农场制定了 2003 年职工基本医疗保险实施细则，至此，职工基本医疗保险工作全面开展，覆盖面达到每个签订劳动合同的职工和退休人员（不包括异地居住的退休人员）。

2003—2020 年，农场多次出台医疗保险新政策。为了加强老干部、工伤、职业病医疗费的管理，农场出台下发有关文件，离休老干部药费、工伤、职业病按相关疾病的种类发生的医疗费按规定 100％报销；为了有效控制传染性肺结核的传播，保证群众的身体健康和解决因患有恶性肿瘤造成大额医疗费支出职工的实际困难，制定并下发有关文件，规定：未参加医疗保险的职工患恶性肿瘤的报销 50％医疗费，职工家属患结核病的报销50％医药费。农场建立了离休老干部、工伤、职业病及结核肿瘤医疗费联审制度，并成立医疗费联审组织，参加部门有卫生科、审计科、计财科、劳资科、老干部科、社保局等部门。

职工医疗费按规定比例报销，医疗保险金同归社保分局管理，再由社保分局核给医疗保险基金管理办公室（医院）。医疗费报销由医院办理。

至 2020 年，农场职工基本医疗保险工作进展顺利，运行正常，参保人员每年药费报销率均可达到 100％。

四、培训及再就业工作

2000 年 1 月，农场成立农垦赵光职业介绍所，属于北安分局区域性劳动市场，隶属北安分局职业介绍中心的派出机构，委托赵光农场进行管理，对赵光农场范围内的农场和驻农场的分局直属企事业单位的劳动力实行属地管理。

2000—2005 年，赵光农场职业介绍所先后为 3076 人办理了再就业优惠证，为再就业人员申请办理社会保险补贴 254.58 万元。

2006—2011 年，职介所根据《黑龙江农垦总局关于对以个体身份缴纳社会保险费的灵活就业人员实行社会保险补贴政策的通知》精神，对以个体身份缴纳社会保险费、持有《再就业优惠证》或《就业失业登记证》，且实现灵活就业人员发放灵活就业社会保险补贴。女年满 40 周岁、男年满 50 周岁（简称"4050"人员）人员补贴标准为缴纳养老保险及医疗保险的 60％，非"4050"人员补贴标准为缴纳养老保险的 30％。

2012 年开始，根据有关政策规定，灵活就业人员社会保险补贴政策有所调整，女年满 45 周岁、男年满 55 周岁的灵活就业人员给予社保补贴，标准为养老保险补贴每人 2196元/年，医疗保险补贴每人 554 元/年。

第三章 政务管理

农场办公室是党委和行政合一的综合办公室。办公室工作始终以经济建设为中心，坚持服务于领导、服务于基层、服务于群众的原则，努力做好文秘、档案、督办检查、信访、信息、会务、接待等项工作，充分发挥参谋助手作用和综合服务作用。

第一节 办公综合管理

一、机构

1948年初，农场行政机构设作业股和总务股，总务股下设人事、财务、供应、杂务组。

1949年末，根据东北公营农场管理局统一组织机构的要求，进行行政机构改革，农场机关设经理科、业务科、工务科、场长办公室、会计室。

1956年末，农场党委成立后设党委办公室。

1958年上半年，赵光地区农场办事处建立党委，党委设党委办公室，行政设行政办公室。

1958年下半年，实行人民公社化，成立赵光人民公社，党委和行政分别设办公室。

1959年，场社分家，机构有所调整。

1961年，根据黑龙江省委和北安市委新编制方案的要求，场部机关由22个科室部委减少到15个，后来又合并成二部（组织部、宣传部）、二科（计财科、物资供应科）、三室（党委办公室、场长办公室、财粮贸办公室）、一委（监委）等。

1969年，组建沈阳军区黑龙江生产建设兵团一师七团，机构设置按人民解放军部队建制设置各级党政组织及机关机构，团司令部、政治处、后勤处三大机关设有若干个股，农场变为营的编制，党政设有办事机构。

1977年恢复农场体制，重新调整机构。农场（革命委员会）党委设政治处，行政机构设办公室等科室。

1979—2019年，农场机关设综合办公室（党政合一）。

2020年1月，赵光农场有限公司成立综合办公室，编制4人。

二、文秘档案工作

（一）工作概况

建场初期，文档工作先后由总务部门、场长办公室具体负责，场长亲自领导。后来，党政文秘各自分管。文书档案资料主要由行政办公室负责管理，工人档案归劳动人事部门管理，干部档案归组织干部部门管理。科技资料未能全部归类立卷入档。例如会统的账目、原始凭证及预算、决算、年报等主要资料由计财部门单独管理。

20世纪60年代，农场根据黑龙江省有关文件精神，农场1名主要领导分管文档工作，并且逐步加强基础建设，开始稳定机构和人员，文档工作进入正规管理时期。

1962年，农场根据中华人民共和国财政部、国家档案局颁发的《关于修订预算会计账簿、凭证、报表保管期限的通知》精神，对会计、统计及业务核算资料进一步搜集、整理，并根据《预算会计账簿、凭证、报表保管销毁暂行办法》的规定，对有关档案资料进行了清查处理。

1969年，农场改为兵团，原来的文秘业务由司令部、政治处分管，打字室、保密室归军务股，机要通讯收发归通讯股，组织股秘书负责党委会议记录。

恢复农场体制后，在中央、省、农场总局和农管局文档工作会议精神指导下，农场把文档工作列入重要议事日程，建立健全管理制度，调整和充实队伍，加强基础设施建设，重新调整保密委员会，组成以党委副书记谭玉明为主任，鞠魁元、孙志文为副主任的9人委员会，下设保密办公室。

1979年，黑龙江省农场总局文档会议后，农场加强了文档工作，配齐了文档人员。总场配有秘书、文书、档案员、打字员、机要通讯员等。生产队配兼职文书。建立了文件传阅制度，文件制定、收发制度，立卷归档制度。

1980年，黑龙江省农场总局组织文秘档案工作大检查，赵光农场被评为总局文档战线先进单位。

1977年恢复农场体制后至2020年，文秘、档案工作一直由农场（公司）办公室主管，而干部和工人的人事档案仍由组织和劳动部门分管。

（二）文秘工作

1948年，总务股设文书负责日常文秘工作。

1949年，在农场制度建设中，具体地制定了文书处理规程：收文由文书上号登记、送交领导传阅，然后按场长指示意见办理，年末归类订卷；发文由文书起草，有关科股修正，经批准后发送；发文按总号、母子号编订，副页分别缀订于原文之后。

20 世纪 50 年代开始，场长办公室文书或秘书、党总支部秘书分别各自处理自己的文秘业务，作业区也设专职文书。

1950 年，人事部门建立卡片登记制度，职工转出转入按章办理手续。

1958 年，赵光地区农场办事处党委和行政各自设文书负责日常的党政事务和文秘工作。赵光农垦局时期，文秘工作日渐正规，收文经办公室加盖日戳、编号登记，由主管领导或委托办公室主任签办意见。发文有底稿通用纸，设有编号登记、领导签批、注明主送、抄报、抄送机关单位格式，发文原稿同印文一并归档。

组建生产建设兵团一师七团后，文秘工作由政治处和司令部分管。政治处秘书、书记员负责党务，组织股负责组织及党委会记录，打字、保密归军务股，机要通信收发归通信股。军务股设保密室，保密员负责文件传阅，设传阅单，由主管首长批示处理意见后入档。

1979 年，党政办公室合并后，主任兼秘书负责党委和场务会议记录、材料整理、文件起草及审核工作。另设文书兼保密员（档案员），负责日常的文件收发、登记、传阅、催办、立卷、归档、保管及印信管理等。

1980 年开始，根据北安农场管理局指示精神，为达到文秘工作准确、迅速、安全、保密的基本要求，进一步建立健全文件收发、登记、审批、催办、归档制度，统一了行文用纸和格式。做到"六清"（收文、发文、手中文件、阅文手续、文件管理责任、办理结果）、"五有"（发文、收文、借阅、领导批文、传阅登记簿）、"五亲自"（文件亲自拆、亲自登记、亲自送阅、亲自催办、亲自立卷）、"三对照"（收文后要对照封皮号、对照文件号、对照收文登记号）、"四必须"（制发文件必须编号登记、必须领导签批、必须注明主送抄送单位、原稿同印文必须一并入档），使文件来有踪、去有影，丢不了，拿不走，件件有登记，件件有批示，件件有落实，文件管理责任清。

在抓文档队伍建设中，场、分场、生产队及场直单位都设有专职或兼职的文秘工作人员。农场副书记主管文档工作，场办公室 1 名副主任具体负责文档领导工作，并配 1 名文书、1 名档案员、1 名机要通信员、2 名打字员。分场设 1 名文书，各科室部门及各基层单位均指定 1 名兼职文书负责文档工作。文档队伍在保持人员相对稳定的同时，注意抓人员培训工作。除选送档案员到农场总局举办的训练班学习外，场办公室人员每月还组织一次业务学习，并按计划召开全场性文档工作会议，以会代训。学习内容主要是文档基础知识、公文种类、公文格式、起草公文应注意的事项、保密工作守则等。初步形成了一支素质较高的专兼职工作队伍。

印信管理和使用制度严格：场内所属单位的印鉴由场办公室统一批刻并备案；介绍信

和证明信的开发，必须有基层单位领导批准，并建立印信登记手续，不开空白介绍信，没有发生过印信事故。

1985年，农场文秘工作隶属行政办公室，由1名常务副场长分管，业务独立，经费合一，文书一兼多职，既负责上级文件收文、登记、拟办、传递、催办，也负责农场本级发文的核稿、印刷、文件分发及印信管理，负责农场党委会议、场长办公会议的记录，农场会议通知、报道，以及领导临时交办的各项事宜。

1986年，农场办公室人员设置有所变动，设文秘副主任兼秘书1人，文书1人，打字员1人，专职档案员2人，文书负责日常的文书业务，打字员负责打字业务，档案员负责档案业务。上级文件的拟办、催办，党委会议、场长办公会议记录，本级发文核稿，农场召开的大型会议材料的综合，领导讲话材料的撰稿与形成均由文秘副主任兼秘书负责。

1987—1988年，文秘工作人员分工明确，各负其责。党委秘书负责党委会议记录和以农场党委名义下发文件的核稿，大型会议材料及领导讲话材料的撰稿与形成。行政秘书负责场长办公会议的记录、以农场行政名义下发文件的核稿，以及大型会议材料、领导讲话材料的撰稿与形成，并跟随场长下基层调查研究，为农场制定政策、决策重大问题，提供第一手材料奠定基础。文秘工作隶属行政办公室。

1989—2020年，农场的文秘工作，根据上级《关于机关公文制发，公文处理办法实施细则》的有关条款，对农场机关的制发文也进行了多次理顺、规范和调整。对公文处理、档案、印信、文档人员培训等进行了规范化管理。

1989年之前，农场机关打字室一直使用机械打字机打字，用手摇油印机印刷文件，1989年12月办公室添置了四通打字机，1991年7月添置了速印机，1996年12月添置了586电脑打字机。

1997年后，农场机关各科室实行办公现代化，机关打字室添置了电脑、传真机等。

（三）档案工作

1948年开始建立档案。上级文件、工作计划和总结、组织机构编制、各种规章制度等均作为文书档案入档；履历书、登记表、鉴定、自传等作为人事档案材料入档。

建场初期档案由文书或秘书兼管，未专设档案室。人事档案和文书档案经过多次清理重新组卷入档。

1953年，重点清理了一级科员、作业区主任和技术员以上干部档案，又按农场管理局和省军区部署进行了军队转业干部登记工作。以后多年，贯彻上级有关部门对档案管理指示精神，在加强管理、防遗失、防损坏、防泄漏等方面做了大量工作。

20世纪60年代开始，根据国家规定的档案规则和上级机关制定的工作制度及要求，拟定和实施符合农场实际情况的档案工作制度及办法，进一步建立健全档案管理规章制度。

"文化大革命"期间，由于多年保管不善，造成一些档案缺张少页或散失。

1979年后，农场加强档案基础建设，多方面开展档案利用工作。1979年11月后，对档案进行4次全面清理，按照档案整理的基本要求规格分门别类，以年度时间为序搜集、鉴定、整理、立卷。年代为目录号，年内排案卷号。按永久、长期、定期三分开的原则进行整理立卷，对没有保管价值的材料也进行登记造册。

1980年3月以后，根据北安管理局文秘工作会议"收集齐全、整理系统、保管科学、利用方便，早日开展利用"的要求，又用一个多月的时间对已形成的1000多个卷宗进行重新整理，改变过去一事一卷、多而零散、精粗不分的做法，把重要的历史资料、科研成果、生产总结形成重点卷宗；把原农垦局保存下来的有关建设农场和红星农场的档案资料单独进行整理，造册后转交给两个农场；原福安农场的档案资料整理后另行存放；对各类人事档案也进行了清理。

20世纪80年代以来，档案的基础工作不断加强，在做好文书档案资料的挖掘、收集、鉴定、整理、保管的同时，制定和实施档案的科学管理制度和办法，并开展档案的利用工作。在劳资部门处理职工复职、宣传部门处理右派改正和调出职工处理遗留问题，特别是为编修农场志提供了大量的有文字可考的历史纪实。

1981年，根据北安管理局有关文件精神，对干部档案又一次进行认真清理和复查验收工作，对应该清除的"文化大革命"和反右斗争中干部档案材料，按规定整理，应清除的经审批后进行销毁。

1987年，根据农垦总局和北安管理局办公室文档工作会议精神，对加强档案管理工作提出了具体要求，特别是按照总局档案升级工作的要求，把原来成堆成捆的文件、资料和原有的档案打乱，按黑龙江省、总局、北安管理局的统一要求，进行了分类整理，重新组卷。同时着手收集散存在各部门的各种档案材料，在管理上步入了标准化、规范化的轨道，打开了农场档案工作的新局面。

1988年，黑龙江省农场总局出台了"八五"期间农垦档案事业发展规划。农场建立了综合档案室，开始了科技文件、材料的收集、整理、归档工作。农场按照总局、北安管理局关于深入贯彻实施《中华人民共和国档案法》的部署和要求，从解决各级领导的认识入手，从健全制度、加强基础建设和提高专业人员素质做起，做好档案管理工作。当年档案部门对全场78个核算单位的会计档案进行了清理，共归档10330卷。制定了《统一收集管理会计档案办法》《会计档案立卷、归档、验收查阅》等一系列规章制度，还建立了档案工作的收集、整理、立卷、归档、管理、利用、销毁、借阅和安全保密等管理制度。

实施了档案考核奖罚方案，集中培训了专兼职档案员52人次，强化了全员档案意识。

1989年11月，经农场党委会研究决定，成立由场长赵永才任组长，党委书记刘本田、办公室主任唐道远任副组长，朱宝珍、王良学及各门类的专兼职档案人员为组员的档案管理升级工作小组、档案编研工作领导小组、档案鉴定工作领导小组。

1997年，依据《黑龙江省机关档案工作"九五"目标管理办法》的通知精神，农场制定了《1997—2002年档案工作发展规划》。该文件中制定了三项发展目标：一是进一步完善管理体制和管理制度，建立综合档案室管理下的基层档案工作网络，做到统一领导、统一制度、统一管理。按照《中华人民共和国档案法》要求提高专职、兼职人员的业务素质，有效发挥档案在企业管理和经济建设中的作用；二是加强基础建设，增加库房面积，配备微机、复印机、数码一体机等现代办公设备；三是做好各门类档案的归档工作，完好率达到98％，准确率达100％。

2002年，农场为档案室配置微机、复印机、数码一体机、照相机各1台。

2003年，农场综合档案室档案管理人员对现存人事档案、荣誉档案、文书档案目录进行了重新编制检索工作，基本实现了微机化管理。

2004年，农场率先实现了荣誉档案的电子化管理和电子照片的科学管理，同年此方法在北安分局全面推开。

2020年，农场综合档案室设有办公室1个（占地面积36.4平方米）、档案库房1个（占地面积超过230平方米），配备40排（200节）密集架、28节铁卷柜、6节底图柜，拥有3台电脑、3台扫描仪（A3幅面扫描仪1台、A4幅面扫描仪2台）、除湿机1台、彩色打印机1台、碎纸机1台及干湿温度计等设备。赵光农场有限公司档案管理工作已达到省级标准，先后荣获管局级、总局级、省级"档案管理先进集体"称号。

截至2020年，赵光农场综合档案室室藏各类档案86320卷、19262件。其中，文书档案3113卷、19262件；会计档案：凭证22525卷、账本13199卷、报表685卷；科技档案3748卷；人事档案885卷；电子档案：磁带40盒、光盘9张；声像档案：视频录像9个、照片档案3140张；底图档案300张；室存资料1085册。

三、接待工作

1985—2005年，农场先后接待国家部委、省厅、总局主要领导及外商、回访知青约1000人次。

1987年，接待加拿大农机耕作专家组一行5人来访。

1997年9月，接待来参加场庆的知青300多人。

1999年10月，接待中国科学院和农垦总局科学院调研组一行4人。

2001年8月，农场接待农业部副部长刘成果来农场检查指导工作。

2002年，先后接待黑龙江省省长宋法棠、副省长申立国、农垦总局局长吕维峰、副局长周茂林来农场检查指导工作；接待农业部高油大豆专家组来农场检查指导工作；接待国务院研究室农村司司长李希荣来农场考察、调研；接待齐齐哈尔市委组织的齐齐哈尔各县县长来农场参观考察；接待美国约翰·迪尔中国投资有限公司培训经理瑞查·爱索、芬兰维美德拖拉机有限公司北京代表处总裁罗德维来农场考察。

2003年3月，农场接待黑龙江省学习垦区农机管理学习班成员200多人来农场学习参观。9月，接待了中央电视台、《人民日报》、新华社、黑龙江省广电总局、《农垦日报》等10名记者来农场采访高油大豆生产情况。

2005年，接待了台湾冠力公司总经理助理谭会东及香港保险集团客商来农场参观考察。

2000—2005年，农场共接待黑龙江垦区各农场参观学习800多人次。

2006—2020年，赵光农场（公司）机关办公室在人员少、任务重、事务杂的情况下，上下一心、密切协同，完成了各时期、各年份的各项工作。

四、保密工作

组建七团后，文秘工作由政治处和司令部分管。政治处秘书、书记员负责党务工作，组织股负责组织及党委会记录，打字工作、保密工作归军务股，机要通信收发工作归通信股。军务股设保密室，保密员负责文件传阅，设传阅单，由主管首长批示处理意见后入档。

恢复农场体制后，在中央、省、农场总局和农管局文档工作会议精神的指导下，农场把文档工作列入重要议事日程，建立健全管理制度，调整和充实队伍，加强基础设施建设，重新调整保密委员会，组成以党委副书记谭玉明为主任，鞠魁元、孙志文为副主任的9人委员会，下设保密办公室。

1984年再次调整保密委员会，组成以毕文杰为主任，刘本田、王俊才为副主任的12人委员会，下设保密办公室。

为了加强保密工作，农场制定并实施了较为有效的措施。建章立制，做到有章可循。及时传达和转发上级有关保密工作的指示、文件，建立和完善了各项保密规章制度，并结合农场工作实际，制定了专门的保密制度。加强对机要文件的管理，以及各类文件的印制、保管、清理、归档、销毁工作的保密安全措施，特别是起草文件过程中产生的废弃稿纸，不准随便乱扔，应集中进行烧毁或用碎纸机进行碎纸销毁。农场党委、行政要求传阅的文件和资料，农场领导阅后都要及时上交或归档。

五、史志

1981 年，根据黑龙江农垦总局党委的指示精神，农场开始组织编纂《赵光农场志》（1947—1984）工作，成立了以孙志文为组长的 3 人编纂小组。期间，任克因病休养，孙志文调离农场，农场又重新组织编写班子。编纂小组成员不辞辛苦，先后到哈尔滨、沈阳、北京等地访问，搜集资料。在总局党委宣传部副部长郑加真的指导下，朱龙飞、孙庆海、李英祥、王思玉、任宝山、张宇彤、刘子学等齐心协力，辛勤工作，1983 年，《赵光农场志》（1947—1984）形成初稿。

1984 年，农场成立史志办公室，亢树林任主任兼主编，赵军任编辑。先后有吕延鹏、张兆昌、张志庆、赵玉凤进入编辑队伍。

1985 年 1 月，农场成立了以农场党委书记马学利为主任、党委副书记毕文杰为副主任的史志编纂委员会，组织召开史志编纂工作会议，组织人力落实工作任务，明确要求。此后，历届农场主要领导都一直关心史志编纂的进程，不断改善办公条件，打开了农场史志编纂工作的新局面。

2003 年 11 月，在农场领导的关怀下，通过徐振华、邹万福等编纂人员的共同努力，《赵光农场志》（1947—1984）终于出版。这部史志从拟定篇目、初稿编纂、审定修稿到排版定稿、出版，历时 22 年。

2003 年 4 月，农场开始《赵光农场志》（1985—2005）的编纂工作，由原农场教育科科长邹万福、教育科书记徐振华（2004 年退养离岗）全面负责史志办工作，拟定史志篇目。7 月，农场以文件的形式下发《赵光农场志》（1985—2005）史志目录。此后，农场领导多次组织召开会议和史志编纂专题会议，对有关部门提出要求，《赵光农场志》（1985—2005）的编纂工作有序、有效地进行。在主编曾明、副主编邹万福、由景顺的共同努力下，《赵光农场志》（1985—2005）于 2008 年 10 月出版。

2018 年，农场下发文件，开始组织编纂第三部《赵光农场志》（原编纂计划为 2006—2018 年，后更改计划为 2006—2020 年），主编曾明，副主编申吉成、姬良波。

第二节　政务公开

一、"两公开一监督"工作

1989 年，28 队队长唐守胜为了解决职工在承包土地过程中的矛盾，在黑龙江垦区率先开展"两公开一监督（财务公开、政务公开、依法监督）"工作法，加强基层民主管理，其经验在垦区得到全面推广，赵光农场也成为垦区"两公开一监督"工作法的发源地。

1991年3月27日，黑龙江农场总局在北安局召开垦区党风廉政建设工作经验交流会。总局党委书记王锡禄，纪委书记王振捷，各管局纪委书记、监察局局长等共计70余人先后到农场28队、26队、4队、2队、职工医院、乳品厂、教委等单位参观公开化工作。

1991年，先后有红兴隆管理局友谊农场、八五三农场、嫩江管理局、克山农场、富牧农场、建三江管理局、建三江管理局物资处、牡丹江管理局、绥化管理局海伦农场、红光农场等单位共计197人，来农场参观学习"两公开一监督"工作。

1991年12月，总局纪委办公室主任胡昌喜专程到农场研究公开化工作。

1992年3月5日，农场党委副书记兼纪委书记巩继辉代表农场党委在黑龙江农垦总局纪委工作会议上做了题为《不断深化办事制度公开化，促进农场两个文明建设》的经验介绍。为推广赵光农场"两公开一监督"办事制度，总局纪委拍摄了以"两公开一监督"为内容，题为《权力的制约》的电视专题片。

1992年5月30日，赵光农场在干部人事工作中推行"两公开一监督"制度的文章，在黑龙江纪检信息第28期刊登。

1997年，农场制定下发《赵光农场办事公开制度实施细则》。

1997年后，农场于每年年初重新调整一次政务公开领导小组，做到领导、机构、人员、经费四到位，形成"一把手负总责，分管领导具体抓，责任到各科室、直属单位"的工作机制。

2005年，农场全面推行领导职务消费货币化工作。推行此项工作遵循四个原则：一是经费包干，勤俭节约的原则；二是科学测定，保证工作的原则；三是廉洁自律，严格监督的原则；四是强化管理，降低成本的原则。为了确保领导职务消费货币化工作健康发展，建立了领导职务消费刚性预算管理制度、公开化制度、检查监督制度、责任追究制度、公车使用管理办法。通过实行领导干部职务消费货币化，降低了管理费支出。

2006—2020年，赵光农场建立、完善了《赵光农场政务公开制度》《赵光农场信息公开制度》《赵光农场有限公司信息保密审查制度》等6项工作制度，确保政务公开制度化。同时，按照赵光农场有限公司信息公开工作考核方案的要求，将政务公开工作纳入农场绩效考核体系，为政务公开工作提供了坚强的组织保障。

二、统筹兼顾，深化政务公开

2012 年，按照"五公开"的要求，赵光农场制定了"阳光下的赵光"实施方案和公开工作流程图等，指导和规范"五公开"健康发展。同时，加强网络舆情监控，对媒体关切、突发事件等热点问题进行全网监测。利用新媒体特有的零时差、零距离、零空间的优势，严格落实管理责任，以农场信息港、微信公众号、微信群、QQ 群等为依托，构建网络新媒体矩阵，实现重要信息迅速下达，基层信息及时上传。

2006—2020 年，农场各单位利用公开栏对农场及上级相关政策、法律、法规和农场职代会报告、配套方案、重大活动、建设项目等内容进行公开。农场机关在一楼大厅设置了服务平台，定期发布各部门工作人员出勤情况、效益工资发放情况、办公费发放情况等各项公开内容，创新了公开形式。

截至 2020 年，农场主动向社会公开政务信息 2.5 万条以上。其中，通过农场信息港公开各类信息 1.26 万余条，有线电视平台发布信息 1 万余条，微信公众号等新媒体发布信息 1082 条，做到了应公开尽公开。

第四章　安全生产管理

建场初期至 2020 年，农场安全生产管理工作从无到有、从小到大、从残缺不全到完善管理机构、从隐性机构到独立办公，无论其队伍还是其职能都发生了根本性变化，建立起了较为完善的管理机制和科学的管理体系。

第一节　安全管理

一、组织机构

20 世纪 50 年代至 60 年代初，由于职工少、生产任务少、机动车辆少，农场很少发生伤亡事故。安全生产工作由劳资部门和工会共同负责。60 年代中期以后，根据上级有关规定，农场成立安全生产委员会，具体工作由劳资科设专人负责，把安全生产列入企业管理工作中的一项重要内容。

1985—1986 年，安全生产管理工作由劳资科代管。

1987 年，赵光农场成立安全生产管理委员会，下设安全办（办公室设在劳资科）。

1989 年，安全办与劳资科分开独立办公。

1989 年起，农场的安全生产组织建设，除延续了以往的管理模式（副场级干部为安委会副主任，负责主管战线安全生产，各行业的科室长是各行业的安全生产负责人）外，安委会主任由场长担任，增设了农机、工业、消防、交通、文教、卫生、森林防火、基本建设、电业、多种经营、锅炉压力容器等安全生产行业管理机构，使安全生产管理机构系统化，安全办实行独立办公，是农场安全生产日常管理部门，基层单位行政一把手任安全生产领导小组组长。

1992 年下半年至 1993 年，安全办与劳资科合并，1994 年分开独立。

1995 年，劳资科、人事科、社会保险科、安全办合并，成立劳动人事部。

2002 年 1 月，成立劳资科，与安全办合署办公。

2006 年后，农场在总结几十年来安全生产监管工作经验的基础上，进行了不断的探索和研究，逐步构建了全社会、全要素、全方位的赵光农场安全治理模式。

2010 年后，安全生产办公室单独成立科室。

2019 年 8 月 2 日，按照企业化改革的需要，农场以北安分公司为主体与属地政府北安市安全应急局签署了安全生产监督行政职能移交协议，安全生产监督行政职能由属地政府——北安市安全应急管理部门进行监督管理。

2020 年 1 月 1 日零时起，原消防队整建制划归安全应急管理办公室管理，属于企业内部灭火救援队伍，撤销了行政职能。

2020 年 1 月，公司成立安全应急管理办公室，公司安全管理工作完全按照企业化模式运行，接受双重管理，实行双报告制度，既接受属地北安市的管理，又接受北大荒集团北安分公司的管理，安全检查按照两级安全部门的要求来进行管理和检查，主要是围绕农业生产和场区范围内（具有独立法人的单位不在范围内）企业参股、控股、全资的单位进行检查管理。

二、安全生产管理

20 世纪 60 年代中期，赵光农场成立安全生产委员会，把安全生产列入企业管理中的一项重要内容，做到了会会讲安全，事事讲安全。各级生产管理部门相应配备了专职或兼职安全员，把安全生产同企业的经营效果、经济责任制、岗位责任制紧密地挂钩。以后多年，各级层层设有安全生产组织，层层召开安全生产工作会议，并进行安全检查、安全人员培训、安全宣传教育、重大安全事故展览和实行安全工作奖惩办法等安全措施。

安全生产监管体系在安全生产管理委员会的统一领导下，以安全办综合监管为主线，各行业部门具体负责为支线，以层次管理为主要手段，设定农场、行业职能部门、管理区、社区居委会、经营单位的五级网状管理模式，横向到边，纵向到底。

赵光农场安全管理工作，从无到有，至 2020 年已经达到了相当规模的管理体系，建立了较为科学的管理机制。建立农机安全监理机构，农机安全管理进入了法规管理轨道；安全工作实行目标管理（有抵押金，有目标，有考核办法，有奖惩）；完善强化安全生产第一责任人，即"谁主管，谁负责"；安全教育培训改为两级，农场培训安全员，基层培训职工，培训率达 99.6％以上，内业建设向规范化迈进，统一安全生产工作记录簿及安全讲座班、逢九讲评安全工作等活动记录簿册，特殊工种如锅炉工、电工、铸造、机务人员、警卫建立档卡，制定场直单位及生产队晒场 10 项安全管理标准，明确规定安全教育次数、自查次数、例会次数（基层单位每月报告一次）；基本建设坚持"三同时"的原则，即同时设计、同时施工、同时验收；田间作业设安全岗、安全员，安全员持安全旗上岗；每年按国家要求和上级布置，进行三次有主题、有内容的大型宣传活动，即安全生产月、安全生产周、百日安全活动；安全技术改造费作为清除安全生产隐患的重要资金来源，年初做计划，年度上报使用情况，专款专用；晒场机械防护装置齐全，生产、生活用电规范统一；劳动保护用品从配备到位，逐步过渡到生产经营者自行解决；锅炉压力容器坚持锅检部门专检制；坚持每月通报一次安全工作情况，宣传规章制度、传达上级精神、布置工作；层层签订安全生产责任状；教育要切合自己的实际制定安全防范系统细则。

1985 年，农场劳动保护监督组织健全了完善的安全隐患整改资金使用程序和公开制度，确保有足够的资金保证事故隐患的及时排除。

1987 年，农场开展了"百日安全活动"，共开展综合检查 67 次，下达整改通知 139 份，事故隐患整改率达 96％。

1990 年，为了提高职工的安全意识，进一步完善安全生产管理体系，消除各类事故隐患，控制、减少职工伤亡事故，在认真贯彻"安全第一、预防为主的"方针指导下，全场各单位完善了安全领导机构，实行领导值周制，生产单位各机组、班组、车间配齐了兼职安全员，落实了安全生产责任制，实行了主要领导包面、分管领导包片、业务部门包线、基层干部包班组、班组长包职工，定目标、定责任、定措施、定奖罚，安全与奖金挂钩、安全与评先进挂钩、安全与晋升工资挂钩的"五包、四定、三挂钩"责任制，并层层签订了责任状。对机务人员、电工、建筑人员等坚持全天候教育培训，培训率分别达到 90％以上、100％以上、95％以上。单位每月、车间每周、班组每天作业前进行一次安全教育，并下发了 1990 年安全生产方案和安全生产工作目标管理奖罚考核标准与办法，强调了安全监察部门的作用，使安全工作实现了制度化、规范化。

2009 年之前，农场没有设立专门的安全生产监督管理机构，安全工作由劳资科负责，统一组织、协调和指导有关部门对生产经营单位的安全生产违法行为进行查处和对生产安全事故进行调查处理。这期间，各行业主管部门仍然具体负责本行业安全生产监管工作并承担管理责任。

2010 年，农场单独成立安全办，作为安全生产综合监管部门，对全场所有生产经营领域、工矿商贸企业安全生产工作实施综合监督管理、指导、协调和服务，并承担着农场安全生产委员会办公室的职能，特别是对矿山（含煤矿）、建筑施工、危险化学品、民用爆破器材与烟花爆竹、旅游及公共聚集场所消防安全等行业与相应行业主管部门实施安全生产监督，并负责组织协调对各类生产安全事故进行调查与处理，对各类违法违规生产经营单位实施行政处罚。各行业主管部门继续承担本行业、本领域安全生产监督管理职责。

2010 年，农场安全办成为独立科室以来，在安全生产管理委员会统一领导下，农场以事故多发、频发领域和高危行业为重点，组织各有关部门先后在非煤矿山、道路交通、人员密集场所、建筑施工、民爆器材、烟花爆竹、危险化学品、特种设备、消防安全等领域或行业，开展安全生产大检查或专项治理整顿活动。各牵头部门统一部署，细化检查、整治措施，加大执法力度，取缔、关闭了一批非法和不符合安全生产条件的生产经营单位，整改消除了一批重点安全隐患，遏制了一些重大安全事故的发生，确保了全场安全生产形势的持续稳定。

2020 年，通过公司的努力，公司安全生产管理工作被评为北大荒集团安全管理先进单位。公司灭火救援队被评为黑龙江省消防救援总队消防工作先进单位。

三、安全生产控制指标

在 2004 年 1 月召开的全国安全生产工作会议上，国务院首次提出，要在全国建立安全生产控制指标体系，并在《国务院关于进一步加强安全生产工作的决定》中作为专项内容加以表述。之后，国家安全生产监督管理局在《关于建立安全生产控制指标体系的意见》中将安全生产控制指标体系分为七项全国性控制指标和七项分省区控制指标。其中，分省区指标为：各类事故死亡人数、亿元国内生产总值死亡率、10 万人死亡率（地、县级为万人死亡率）、工矿企业死亡人数、工矿企业 10 万人死亡率（地、县级为万人死亡率）、煤矿企业死亡人数、煤矿企业百万吨死亡率等。

2005 年开始，赵光农场也相继开始使用安全生产控制指标体系。

2006—2020 年，农场（公司）每年虽然也或多或少发生一些安全事件，但其产生的后果仍然是在国家规定的可控范围之内，没有达到责任事故指标，安全生产局面在持续稳定中发展。

四、安全生产责任状

1997 年以来，随着农业现代化的发展进程，农场也越来越重视安全教育普及工作，每年都要出台安全工作方面的规章制度，在平时和忙时相结合的基础上，每到生产旺季必须召开生产人员大会，进行安全签名，农场主管领导都要和各科室领导，分场（管理区）、生产队领导签订责任状，时时刻刻提醒人们，安全工作重于泰山。

各单位还达到了"两强化"，即强化企业的安全监督力度和强化群众监督力度。为增强安全工作的"预见"意识和"跟进"意识，尤其是增强处理突发事件的应急预案，掌握工作的主动权意识，建立健全农场、科级（原分场、现管理区、安全部门）、队级（现居民组）、班组四级安全保障、劳动保护监督组织机构和制度，先后制定了十几项安全管理制度，使农场安全生产隐患排查工作有据可查，也对基层单位起到了指导作用。在组织建设上，30多个单位的安全组织机构和160个安全班组检查员，年年都要进行切合实际的调整。

五、劳动保护工作

建场初期至20世纪70年代，农场职工劳动保护用品发放标准，都是按照上级规定执行。

进入20世纪80年代后，根据省农场总局有关指示和黑龙江省劳动局有关文件规定，农场执行农机、农田等工种职工个人防护用品标准。兴办职工家庭农场后（1985年），仍照此办理，费用由承包效益解决。

对从事有毒有害作业的职工，农场一直实行保健食品制度。参照国家和黑龙江省统一标准规定，结合实际情况，按当地保健食品标准执行。对高温作业工人补助食油、食糖，对有害作业的修理工人和防疫人员发津贴费等。

第二节　安全教育

一、安全教育

1985年，农场开始把安全教育工作提到议事日程，通过深入开展安全教育和岗位练兵，把干部职工的思想认识迅速统一到贯彻预防为主的方针，提高职工安全意识和自我防护能力，促进企业安全生产。农场每年都要在电视台开办安全生产专题节目，从农场到基层定期举办安全知识讲座和播放有关安全生产教育的电视专题片。每年各单位出的关于安全生产方面的板报每年都在10期以上，每年举办三级安全监督培训干部和骨干3期，各企事业单位培训率达94％以上。

通过扎实有效的安全教育，提高了企业经营管理者安全生产基础知识、管理水平及管生产必须管安全的自觉意识，提高了广大非职工劳动者的安全知识水平和自我保护能力。

农场还扩展了安全工作的空间和时间，先后开展了"安全到工地、温暖入人心、幸福在家庭""我为安全献一策"等安全竞赛活动。

2002年5月，根据国务院统一部署，在汲取"安全生产宣传活动周"经验的基础上，把每年的6月确定为全国的"安全生产月"。农场积极响应，周密部署，每年从6月1日开始，按照农场安全生产委员会统一部署，在安全部门的牵头组织下，全场各有关单位共同参与"安全生产月""安康杯"等安全宣传教育活动。在活动月期间，各有关单位相应设立行业性安全知识咨询台、宣传栏等，为广大群众普及丰富的安全教育常识。

2006—2020 年，全场共开展安全生产月活动 15 次，活动中发放各种宣传资料 1 万多份，展出各种宣传展板 100 多张（套），发放安全警示教育知识宣传单 1 万多张，悬挂宣传横幅标语 100 多条。

二、安全生产技术教育培训

2006 年以前，农场各行业、各生产经营领域的安全生产技术教育培训工作，主要由各相关行业主管部门负责组织实施，或由生产经营单位自行组织进行。2006 年以后，北安管理局统一组织实施安全技术培训，农场负责召集相关人员参加。

至 2019 年，农场每年都按照要求组织有关人员参加北安管理局举办的各类安全生产技术、技能培训，涉及安全生产法律法规知识培训、生产经营单位主要负责人安全生产知识培训、生产经营单位安全管理人员培训、特种作业人员操作技能培训、公共安全常识与自我防护知识培训等五大类内容，参加培训各类人员达 1000 多人次。

第三节 安全监察

2010 年，农场安全办独立办公后，依据《中华人民共和国安全生产法》《安全生产许可证条例》等有关法律法规，在汲取以往安全生产监督管理工作经验的基础上，结合农场安全生产工作实际，不断探索安全生产监督管理工作的规律和特点，制定了安全生产责任制、安全技术措施、安全生产教育规定、安全生产检查制度、伤亡事故调查处理办法等，并以农场安全生产委员会名义向全场进行了下发。这些制度措施的出台和推行，对确保全场安全生产形势的持续稳定好转，促进平安赵光建设、和谐赵光，发挥了强有力的保障作用。

一、建立安全生产费用提取制度

为了保证安全生产所需资金投入，形成企业安全生产投入的长效机制，农场安全生产委员会按照相应管理办法实行安全生产费用提取制，专门用于支付各生产经营单位安全生产技术革新与安全生产设备设施改造、更新等费用支出。

二、实施安全生产风险抵押金制度

从 2010 年起，随着农场大力推进小城镇建设，农场安全生产委员会开始着手研究实行安全生产风险抵押金制度的有关问题，首先在建筑行业试行。建筑企业开发建筑前要向农场交纳一定比例的抵押金，用于对生产安全事故、抢险救灾和善后处理等费用的支付、赔偿或补偿。

三、实行安全生产行政许可制度

2004 年 1 月，国家颁布实行《安全生产许可证条例》，要求对矿山企业、建筑施工企业和危险化学品、烟花爆竹、民用爆破器材生产企业实行安全生产许可制度。随后，农场根据有关规定和要求，对辖区内企业实行安全生产许可制度，其中，建筑施工企业安全生产许可证申请、办理的审核与报批手续，由农场水利建设科负责上报；民用爆破器材生产经营企业安全生产许可证申请、办理的审核与报批手续，由公安局负责上报；其他领域安全生产许可证申请、办理的审核与报批手续，由安全办负责上报。

截至 2019 年，赵光农场相关生产经营单位全部办理了安全生产许可证，办证率 100％。

四、制定安全生产行政责任追究制度

2014 年，《中华人民共和国安全法》颁布后，农场制定了《党政主要领导安全生产责任追究规定》（以下简称《规定》）。《规定》以突出安全生产行政责任追究为主线，坚持"四不放过"（事故原因未查清不放过、责任人员未处理不放过、整改措施未落实不放过、有关人员未受到教育不放过）的原则，着重明确全场各级、各有关单位对本行业、本辖区、本领域安全生产监管职责，将安全生产工作作为各级干部政绩考核的重要内容，并实行"一票否决"和奖罚制度。规定还特别强调各单位主要领导和部门行政正职，在安全生产监管工作中有失职、渎职行为，情节轻微的，给予党纪、政纪处分；构成犯罪的，移送司法机关，依法追究刑事责任。安全管理人员，在安全生产管理过程当中有失职、渎职行为，情节轻微的，给予党纪、政纪处分；构成犯罪的，移送司法机关，依法追究刑事责任。

五、推行领导分包整改制度

2006 年以来，农场每年都按照"五包四定三挂钩"制度，将农场领导按照管理区进行分工包片，负责对分管片区存在的安全隐患进行督导检查和整改。

第五章 环境保护

1991年以前，农场设有环境保护办公室，负责环境保护工作，由于当时对环保工作的认识不足，只是抓些简单环境建设，污染治理工作尚未开展，每年按规定向地方财政上缴一定数额的排污费。1991年后，环保工作划归农垦系统管理，农场成立环保科，标志着农场环保工作走向正轨，除每年开展提高全民环境保护意识宣传工作外，把工作的重心转向粉尘治理、污水排放处理、环境保护监测及监察上，收到良好效果。

第一节 机构沿革

1985年，农场在环境建设上还没有长远的规划，场区和生产队，只是各扫门前雪，局限于铺铺沙石，修修道形。

1986年以后，环境建设主要是建立在义务建、制度管上，各单位负责一定的路段，种花、种草、养护管理投入一包到底。每年农场都要划给各生产队一部分资金用于环境建设，同时基础配套设施建设规划也在启动。

1989年7月，为了贯彻北安管理局局长办公会议提出的力争在二三年内赶上或超过格球山农场环境建设要求，农场成立了以党委书记为组长，主管副场长、工会主席为副组长和15个分场、部门主要领导组成的环境建设委员会，主要任务是制订全场环境建设规划，建立健全规章制度，指导检查全场环境建设。在这个文件的指导下，各分场、各单位也成立了相应的组织，制订了规划。

1991年，农场成立环保科，承担农场环境保护执法及管理工作。

2020年，农场企业化改革，环保科撤销，行政职能移交给北安市。

第二节 污染防治与环境保护

一、排污治理

1999年6月，北安分局环保局投资40万元，为赵光农场飞鹤乳品厂兴建氧化塘2座，库容 10 万立方米，解决了乳品厂废水排放问题。

2000 年，农场共产生生活污水 27.11 万吨，经过生物氧化处理 20.8 万吨，污水处理率 77％。城镇农场产生生活垃圾 2772 吨，经过处理 2475 吨，处理率 89％。

2002 年 10 月以来，先后投资 1645.7 万元，建设场区集中供热工程，其中房屋及供热管线投资 1132.8 万元，设备投资 512.9 万元。取缔了大小土锅炉 15 个，降低了废气排放量。

2005 年，城镇产生生活污水 34.34 万吨，经过生物氧化处理 26.1 万吨，污水处理率 76％，高于国家城市污水处理率（＞40％）指标。城镇产生生活垃圾 3902 吨，经过处理 3785 吨，处理率 97％。

2010 年，为进一步强化排污治理工作，环保科积极部署，全力做好排污申报工作。一是环保科深入排污企业，了解排污和排污治理设施的运转情况，掌握第一手材料。二是通知各排污企业向环保科申报污染物的种类、数量、浓度的真实情况。三是环保科将排污企业申报材料进行汇总，逐个登记，建立污染物排放档案。

2012 年，农场投资 3400 万元，建设场部生活污水处理厂 1 座，日处理污水 2500 吨，排放标准 GB 18918—2002 一级标准 B 标准。同年农场投资 2813 万元，建设生活垃圾处理场 1 处，库容 73.97 万立方米，日处理垃圾 103 吨，服务期限 12 年。

2013 年，农场投资 30 万元，建设第九管理区奶牛小区粪污治理设施。

2016 年，供热中心、鑫旺牧场通过环境保护验收。

二、环境治理

1990 年 4 月，农场下发场区环境建设方案和达标实施办法，规定了环境建设要实行统一规划，落实责任，并对全场各单位提出了 5 项要求，给治安环卫员规定了 10 项任务 13 项职责，对车辆、畜禽管理做了 9 条规定，对居民和单位也做了相应的管理规定。

1993 年，农场立足于长远规划，坚持高标准设计，做到基础设施建设与环境建设同步，实用与和谐相结合，实施小城镇牵动战略，追求功能多样化，逐步向生态城镇发展。

1994 年 8 月，农场建筑公司三工区承建面积为 2860 平方米的农场第 1 座住宅楼破土动工，从此拉开了农场小城镇建设的序幕。

1997 年，农场投资将原场区中心大道沙石路面改扩建为 1.6 千米的水泥硬化路面，从此一改场区晴天"扬灰道"，雨天"水泥路"的环境恶劣状况。

1998 年以后，农场把小城镇建设工作列入重要议事日程，把城建工作列为每年的重点工作之一。每年都要召开专题会议进行研究，把解放思想和转换观念作为小城镇建设发展的根本动力，大力实施绿色环保工程，建设美好家园，农场工业、商业、交通、文化、教育、住宅、环保等方面协调健康发展。

2000—2005年，农场在原有场区白色路面6千米基础上，投资200多万元，修建了1.7千米绥北（绥化至北安）公路支线；2005年农场协助九三油脂北安分公司完成0.87千米厂区主干道路建设；农场完成了场区内1.5千米北通（北安至通北）公路白色路面的建设。同时加大了场区所有巷道的沙石化力度，利用春秋两季开展专项整治，每年铺垫沙石3000余立方米，对所辖的197千米专用公路，全部达到了三级沙石公路标准，良好的路况、平整的路面，拉近了场区与基层单位的距离，使场部真正成为农场政治、经济、文化中心。

1999—2000年，农场先后投资2000万元兴建日处理4000吨净水厂1座。打深水井5眼，铺设横穿两条铁路的供水管线3千米，建取水泵站及水处理厂各一座，解决了多年来饮水难的问题，让职工群众喝上了安全水、放心水。与此同时，农场又相继兴建6000余延长米的地下排水管线，城镇污水处理率达76%。

2002年，为进一步完善城镇基础设施建设，农场投资1200余万元，建起了1510平方米的集中供热中心1座，安装2台10吨锅炉，铺设供热管线5000余延长米，使供热能力近期达15万平方米，远期达30万平方米，场区集中供热工程和实施，结束了农场建场以来多处小锅炉供热、烟囱林立、能源浪费、污染环境的局面。

2005年，农场投资300万元，对供热、供水及管网进行了更换改造，铺高管线7500延长米，为农场小城镇建设发展奠定了坚实的基础。新建卫生厕所4个、修（改）建公共厕所22个，卫生厕所覆盖率达到90%；建生态环境宣传标语牌58个，路灯120个；建生活垃圾处理场1个，设置固定垃圾箱78个，固体废弃物处理率达97%。农场城镇公共绿地面积26.5万平方米，人均公共绿地面积16.98平方米，城镇拥有净化、绿化、香化、美化和亮化的环境。

2012年，赵光农场在巩固环保清理整顿专项行动成果的基础上，集中整治群众反映强烈的污水、废气、噪声、建设项目、生态破坏等环境问题和群众反映强烈、影响社会稳定、长期得不到解决的环境问题，特别是严重危害群众身心健康和正常工作、学习、生活的饮用水源污染、烟尘污染、居民区噪声污染及异味、恶臭污染等问题。整治了集中式饮用水源地周边环境污染问题及"十五小""新六小"企业污染、畜禽养殖污染等问题和建设项目违反《环境影响评价法》《建设项目环境保护管理条例》的突出问题。

2019年，农场奶牛存栏3020头，肉牛存栏253头，生猪存栏2062头，羊存栏511只，禽出栏4.3万只，累计销售鲜奶1.23万吨。种植青贮玉米575.07公顷，收贮青贮

4.2 万吨。规模饲养产生畜禽粪便量 1.56 万吨，处理量达 1.53 万吨，处理率达到 98％；粪便资源化量增至 1.13 万吨，资源化率达到 73.77％。从业人员 1988 人，人均纯收入达到 2.5 万元，实现畜牧业增加值 0.75 亿元。

三、环境监测与监察

农场环保科成立后，依法行政，积极开展环境监测与监察工作。

（一）环境宏观管理

从源头控制新污染源的产生。实施工业污染源达标排放是农场环保工作的中心任务，加强了污染防治设施检查力度。

进一步加强重点污染源的环境监察，促进各类污染防治措施的落实。继续坚持因企制宜、逐企推进的原则，全面加强重点污染源的环境监管，促进了主要污染源减排目标的落实，实施总量减排控制，努力提高环境质量。把总量目标分解到各个重点排污单位，规范排污口整治，完善治污设施运行，加强现场巡查和排污行为监督，规范企业排污行为，有效削减和控制排污总量，城区空气质量好于国家二级标准，噪声符合国家标准。

加强建设项目管理工作，防止新污染源产生。严格执行国务院《建设项目环境保护管理条例》，从项目的立项、建设过程监理和竣工验收，严格执行环保"第一审批权""环评""三同时"制度。加大对"环评""三同时"制度监督力度和违法建设项目的查处力度，有效防止新污染源的产生。环评和"三同时"执行率 100％。

加强自然和生态保护。加强了对农药、化肥、农用地膜、畜禽粪便、秸秆禁烧等现场监督管理，加强了自然保护地的现场监督管理。

深入开展环保专项行动，有效解决各类突出的环境问题。开展了多次主题突出、目标明确、措施强劲的环保专项行动，解决了当前表现突出、群众反映强烈的环境问题。

（二）环境监察

加大现场检查次数，认真履行职责。加强对重点污染源及关停"十五小""新六小"企业、治污设施、烟尘控制区、噪声达标区等方面的现场监察工作。

集中开展查处环境违法行为专项行动。在全场集中开展了打击环境违法行为专项行动，开展了化冰期汛期纳污坑塘、畜禽养殖污染、治污净水、大气污染等专项执法巡查。对重点排污单位、已关停"十五小""新六小"企业、在建项目进行拉网式突击检查。对群众反映的环境噪声扰民问题，开展了综合整治活动，解决了噪声扰民等问题。除此之外，把"两考"期间环境噪声污染的现场监督管理作为重点，切实为广大考生创造一个安静的复习、考试环境，为居民提供一个舒适的工作、学习、生活环境，努力提高居民居住的声质量环境，扎扎实实为人民群众办好事、办实事。

每季度对水源地保护区现场检查一次。采取季度检查与平时抽查相结合的办法对水源地保护区现场检查。因水源地保护区远离居民区、工业区，保护区内无任何危害水源水质卫生的设施及一切有碍水源水质卫生的行为。

在每一年中，环保科对取暖污染防治设施实施季检，对工业污染防治设施实施月检。在检查当中发现问题及时解决处理并做好检查记录，没有因为污染防治设施损坏而影响区域环境质量、发生环境污染。

第三节　环境教育宣传工作

1991年以来，按照开展全民环境宣传教育工作的部署，赵光农场对环境宣传教育工作进行了扎实有效的落实。宣传活动主要以贯彻落实黑龙江省政府《关于开展全民环境教育工作的决定》和《大气污染防治条例》为主要内容，提高社会环境意识，弘扬生态文明，实施可持续发展战略。在宣传过程中，把媒体宣传与环保社会宣传有机结合起来，把环保执法与警示教育有机结合起来，广泛发动社会各界力量，采取丰富多彩、贴近百姓、贴近生活等宣传形式，大力宣传实施开展全民环境教育工作的重要意义，每年以"4·22"地球日和"6·5"世界环境日宣传活动为契机，宣传生态文明与环境保护。

为纪念"6·5"世界环境日，农场每年6月5日都将环境宣传教育工作推向深入，在全场营造"人人参与，创建绿色家园"的舆论氛围。一是在场区主要街路悬挂宣传横幅，在公共场所张贴环保宣传挂图。二是在主要街道书写永久性宣传标语18块，宣传主要内容为"人人关心环境质量，人人参与环保活动""积极开展全民环境教育工作""整治违法排污企业，保障群众身体健康"等标语口号，这些宣传牌将长期设立在道口，时刻提醒、教育过往行人关心环境、爱护环境，提高公众的环保意识。

2015年，在全场开展全民环境教育宣传和环境教育网络调查，建立了以职工、干部和从业人员为主的宣教网络，吸收各界人士积极加入环保志愿者协会，通过环保志愿者带动全场人民共同关心环境保护。

2017年"6·5"世界环境日，农场为学校送去了《环保小博士》等环保科普读本，让孩子们从小养成爱护环境的好习惯。农场中小学校，每年世界环境日期间，都在校园宣传橱窗中设立专门宣传板，展示同学们亲手编写的环保手抄报，同学们在撰写和设计手抄报的同时，不但增长了环保知识，而且增强了环保意识。

2018年，环保科向居民委、机关和企事业单位发放全民环境教育教材，组织学习，以便做好基层宣传工作，使环境保护宣传工作传播到全场各个角落。

第四节　生态农场建设

农场的生态保护工作从 2000 年开始，承担了国家生态示范区建设任务，先后制定了 2001—2005 年 5 个《生态建设工作计划》，并每年进行工作总结，于 2006 年顺利通过国家验收。

一、国家级生态示范区建设

（一）基本情况

农场创建于 1947 年，农场地处小兴安岭南麓，乌裕尔河畔。全境分布在北安市中部，克东县东部，滨北铁路和绥北高速公路横穿农场腹地，交通十分便利，年有效积温为 2237~2300℃，年平均温度在 1.2℃ 左右，年平均降水量 580 毫米左右。

农场属漫岗向波状平原过渡地类型。全场总地势南高北低，逐渐倾斜。海拔高度 240~330 米。土壤主要为森林草原地带的典型灰色森林土，土壤类型大致可分为棕壤、黑土、草甸土、沼泽土四种，黑土占最大优势，土壤丰腴肥沃，有机质含量为 5%~7%，pH 5.5~6.5。水资源主要来自大气降水。年平均降水量为 2.86 亿立方米，有 70% 蒸发和渗入地下，30% 形成地表径流，全场天然水资源总量为 1.1 亿立方米，平均每公顷土地拥有水量 3870 立方米，人均占有水量 4782 立方米。

2001 年，农场构建起了 1.33 万公顷双高无公害绿色食品大豆、7000 公顷优质小麦、2000 公顷亚麻等农产品基地。

2020 年，赵光农场有限公司拥有土地面积 4.56 万公顷，其中，耕地面积 3.4 万公顷，林地 3460.3 公顷，牧草地及荒地 6040.6 公顷，水资源面积 721.2 公顷，其他用地 0.14 万公顷。

（二）国家级生态示范区创建

2000 年，农场开展了国家级生态示范区建设，编制了赵光农场国家级生态示范区建设规划，以生态资源为基础，以科技为支撑，以市场为导向，以经济效益为中心，实施生态农业建设工程、生态林业建设工程、生态畜牧业建设工程、生态水利建设工程、生态工业建设工程、生态城镇建设工程、生物多样性保护建设工程。

1. 生态农业建设工程

（1）基地建设。农业结构得到调整，质量效益型生态农业成果显著，已形成麦、豆、经、饲四元结构。品种结构调整坚持"调早、调优、调高、调专"四条原则,大力推广早熟、优质、高产、专用品种,优质品种率达到100%。

无公害绿色食品基地建设。农场注重无公害绿色食品基地建设,并于2001年被国家认定为中国绿色食品大豆生产基地,注册品牌为"年轮"牌。A级绿色食品监测面积4666公顷,成为农业农村部首批通过验收单位,同时被国家列为全国100个无公害农产品示范基地,获得了绿色食品大豆标志使用权。2005年,农场2000公顷土地申报国际环保无公害质量认证,申报生产有机食品认证取得了实质性进展。

高油大豆生产基地建设。2001年以来,农场以"主攻单产、提高品质、降低成本、增加效益"为突破口,品种结构坚持"调早、调优、调专"的原则,示范区大豆种子供应,全部实行"五统一",以优质品种为核心,良种良法、农艺农机相结合,加大了无公害等10余项新技术的培训与推广,使1.3万公顷高油大豆,年平均每公顷产量2872.5千克,油脂指标21%以上,蛋白质含量38%以上,良种繁育面积800公顷等指标,全部达到农业农村部高油大豆示范项目合同指标。增强了市场竞争力,为今后生产优质高效大豆奠定了坚实的基础。

高效经济作物基地建设。农场本着生态农业,经济效益第一、有利于提高农户经济生活,走好特色路的原则,1.32万公顷经济作物,年实现利润6489万元。

饲料基地建设。2005年种植全株青贮玉米800公顷,平均每公顷产量82.5吨,每公顷收贮量58.2吨,收贮总量4.66万吨。可确保每头成母牛年饲青贮料8吨,育成牛年饲青贮料5吨。确保了植物、奶、肉的良性转变。

(2)推广新技术发展生态农业。农场在种植高油大豆上,实行栽培技术模式化等新技术10余项。其中"三垄""大垄密""深窄密""垄间覆膜",秸秆综合利用率88%,各作物采用复方土壤处理面积达100%,提高了土壤肥力,增强了土壤蓄力保墒能力及种子包衣技术、增产菌拌种技术的能力。

在应用新技术的同时,严格控制农药污染问题,积极推广使用低毒、高效、无残留的农药和生物农药,禁止高残留、剧毒农药流入以及使用,并以优良品种、科学耕作和生物措施抗御病虫害,使病虫害有效综合防治率达76%以上。

2. 生态林业建设工程　农场坚持以增加绿化覆盖面积、改善生态自然环境为目标,以营造农田防护林林网为重点,发展经济林为新的经济增长点,以生态环境建设为中心,做好天然林保护、退耕还林、农田防护林体系建设工作。建立绿色防护屏障,扩大森林植被,改善生态环境,促进农场经济快速、持续、健康发展。1995—2020年,农场累计投资200万元,造林551.2公顷,有效地保持了生态的平衡。

3. 生态畜牧业建设工程 2000 年，农场紧紧围绕"兴两牛带三业"经济发展战略，投资 5900 万元，在畜牧业生产的各环节全方位地推广应用科学技术，取得了较好的成效。通过开展科技培训，提高从业人员素质，专业技术人员的培训面达到 100％。在饲草饲料种植上，引进新品种，扩大种植面积达 800 公顷，落实青贮制作技术规范。在基础设施建设上，配备青贮机械，建成永久性青贮窖 18 个，总容积 5440 立方米，保证了饲料的储备和生态畜牧业的发展后劲。

2000—2005 年，农场奶牛存栏量由 3373 头增至 8509 头；鲜奶产量由 8510 吨增至 2.37 万吨；肉牛存栏量由 448 头增至 673 头，出栏量 1627 头；生猪存栏量由 1349 头增至 3405 头，出栏量 4561 头；羊存栏量由 385 只增至 1910 只，出栏量 544 只。规模饲养产生畜禽粪便量由 2771 吨增至 1.13 万吨，处理量由 2500 吨增至 1.1 万吨，处理率达 97.3％；粪便资源化量 7277 吨，资源化率达到 64.2％。

农场大力发展绿色畜禽产品，抓好养殖户、畜舍周边环境整治，建立饲养程序、防疫程序、依法检疫监测环环相扣的安全生产机制。在绿色饲草、饲料专业生产的基础上，切实做到饲养生产科学化、奶牛饲养标准化、挤奶生产集中化、防疫灭病规范化、鲜奶加工现代化和全面推广奶牛优质冻精配种、肉牛冻精配种改良快速育肥等技术。加大青贮玉米机械化高产栽培和收贮技术的推广应用力度，全面推广产奶牛全价饲料应用技术，产奶牛全价料饲喂率 100％。积极引进优良奶牛品种，全面推广畜禽主要疫病综合防治技术，确保大牲畜的死亡率最低等 5 项综合配套技术。

4. 生态水利建设工程 1991 年，农场对不良的生态环境进行治理和改造，加大了治理退化土地和开展生态水利工程建设力度，为建设好生态农场奠定良好的基础。

2001—2005 年，农场投资 500 多万元，完成工农小流域水土保持工程治理面积 41 平方千米，完成土石方量 4.9 万立方米，水土流失治理面积 1.4 万公顷，水土流失治理占流失总面积的 73.87％。新建水保苗木繁育站 1 个，种植中黑仿杨树、落叶松、各种灌木、柳树 700 多万棵，种植水保林面积 130 公顷；治理水蚀沟 4 条，开挖截根沟 15 条，建土柳谷坊 5 座，建沟头柳条陡坡 9 座，生物陡坡 2 万多平方米，完成塘坝维修 16 座，输水洞维修 47 座，修农田路 45 条，开挖排水沟 78 条。

2002—2005 年，农场累计总投资 300 多万元，完成土石方 10 万立方米。其中，完成各类水利工程 82 处，修复加固水库护堤工程 17 处，维修堰坝 36 处，共计 386 米，修建水闸 5 座；完成低产田改造 6 处 806.67 公顷；对和平桥进行消险加固，砌石加固木桥 17 座；完善涝区排水渠系 25 条，总长 25 千米；新建太阳升水库管理站站房，建筑面积 63 平方米；新建高油大豆千亩试验田喷灌项目工程，铺设供水管线 2450 米；购喷灌机 2 台

（套），喷灌面积 174 公顷。在乌裕尔河改道和胜利水库堤防加固工程中，取直河道 3 处，开河道 2 处，加固胜利堤防 2 处，长 130 米；加固胜利拦河闸翼墙；挖掘排水沟 1.5 千米，修复水毁堤坝工程；修复东方红水库大坝背水坡汛期局部滑坡 200 平方米；修复太阳升水库输水洞出水口南侧汛期被冲毁堤坝 120 米；胜利堤防汛期局部加高，修复工农水库引水干渠被水冲毁桥涵 17 座，有效地维护了生态环境。

在水务管理上，农场采取了节水和用水管理措施，减少了水的浪费，降低了地下水的用量，全场地表水灌溉利用系数达到 55% 以上，地下水灌溉利用系数达到了 90% 以上。灌溉用水量控制在 100 立方米以下，达到国家二类地区生态标准。

5. **生态工业建设工程**　2000 年，农场严格控制工业大气环境的煤烟型污染，以及工业生产中粉尘等造成的污染。2000 年，乳品厂改造锅炉房新购入 6 吨新型高效锅炉，增设 2.4 吨/小时双效降膜蒸发器一台，有效控制了粉尘排放；2001 年，粮油加工厂改造制粉车间脉冲除尘器，使粉尘污染得到了解决，通过改建提高了生产环境质量。

在工业项目立项方面，农场严格建设项目审批手续。重点控制新污染源的产生，强化环保第一审批权，改扩建项目的排污许可必须是在排放总量范围内。

2001—2005 年，农场累计投入环境保护资金 2080 万元，占 GDP 比例 1.89%，其中污染防治资金 1554 万元，共采用最新污染防治设施和工艺 5 项，年平均耗标准煤 4548 吨，平均每万元产值 GDP 能耗 0.87 万吨，污染排放量明显降低。平均每年排污水 1.8 万吨，处理 1.37 万吨，处理率 76%。

加大工艺技术改造和治理力度，实现企业清洁生产。5 年间，农场辖区内工业企业进行工艺技术改造 128 次，设备更新 36 台（套），累计投资 310 万元，从根本上防止了污染问题，同时卫生环境治理工作也有新突破，九三油脂厂绿化地面积 4 万平方米，乳品厂绿化地面积占比达 60%，砖厂复垦地面积 11.37 公顷，复垦率达 83.46%。

6. **生物多样性保护建设工程**　在确保生物多样性上收集和保存农畜和作物品种资源，开发遗传种质资源，认真研究生态系统与功能、动态变化及其与环境的关系，并对转基因作物的生产方式予以限制。2005 年全场共确定自然保护地 13 处，有 5142 公顷原始植被自然保护地、低湿沼泽草原自然保护地。

（三）生态效益

2000—2005 年，农场的环境建设获得良好的生态效益。

城镇单位 GDP 能耗降低。2000 年，农场城镇单位 GDP 能耗 1.66 吨/万元，全部能源消耗折标准煤合计 1.87 万吨，GDP 为 1.13 亿元。2005 年，农场 GDP 为 2.03 亿元，城镇单位 GDP 能耗 0.87 吨/万元，比 2000 年减少 0.79 吨/万元，下降 47.59%。

村镇饮用水卫生合格率指标得到提高。2000 年，村镇饮用水卫生合格率 88％。2005 年，村镇总人口 22976 人，饮用合格水人数 21597 人，村镇饮用水合格率 94.0％，比 2000 年提高 6.0％。

环保投资占 GDP 比例指标有所增加。2000 年，农场 GDP 为 1.13 亿元，环保投资 125 万元，环保投资占 GDP 比例 1.11％。2005 年，农场 GDP 为 2.03 亿元，环保投资 384.3 万元，环保投资占 GDP 比例 1.89％，比 2000 年增加 0.78％。

单位 GDP 耗水（立方米/万元）指标低于国家标准。2000 年，农场 GDP 为 1.13 亿元，总用水量为 267 万立方米，地表水用水量 87 万立方米，地下水用水量为 180 万立方米，GDP 耗水量为 237 立方米/万元。2005 年，农场 GDP 为 2.03 亿元，总用水量为 122 万立方米，其中，地表水用水量为 30 万立方米，地下水用水量为 92 万立方米，GDP 耗水量为 60 立方米/万元。

改善了草原超载情况。2000 年，农场共有可牧草原 3655 公顷，放牧面积 2920 公顷，通过退耕还草、草原承包、草原轮牧等措施，到 2005 年可牧草原面积仍为 3655 公顷。

退化土地治理率降低。2000 年，农场土地总面积 4.52 万公顷，退化土地总面积 2.03 万公顷（水土流失面积 1.93 万公顷），治理面积占退化土地面积的 30.18％，年治理投入 40 万元。2005 年土地总面积 4.56 万公顷，退化土地面积 2.48 万公顷，其中水土流失面积 1.93 万公顷、草原退化面积 0.45 万公顷，治理土地总面积 1.83 万公顷，治理水土流失面积 1.4 万公顷，治理退化草原面积 4100 公顷，治理面积占退化土地面积的 73.87％，年治理投入 200 万元，退化土地治理率比 2000 年提高 43.69％。

受保护地区面积增加。2000 年，农场土地总面积 4.52 万公顷，自然保护区（地）面积 332 公顷，受保护地区比例 0.73％。2005 年，土地总面积 4.56 万公顷，自然保护区（地）面积 5142 公顷，受保护地区比例 11.29％，比 2000 年增加 10.56％。

化肥施用强度降低。2000 年，农场化肥施用量为 127.5 千克/公顷。2005 年，化肥施用量为 133 千克/公顷。

农林病虫害综合防治率提高。2000 年，农场农林病虫害综合防治率为 73％。2005 年，农业病虫害综合防治率为 76％，比 2000 年提高 3％。

农药使用强度降低。2000 年，农场农药使用强度为 2.7 千克/公顷。2005 年，农药使用强度为 2.5 千克/公顷，比 2000 年减少 7.4％。

农用薄膜回收率增加。2000 年，农场农用薄膜回收率为 80％，2005 年农膜使用总量 5.3 吨，回收农膜总量 5.2 吨，农用薄膜回收率为 98.1％，比 2000 年增加 18.1％。

受保护基本农田面积基本不变。2000 年，农场农田总面积为 2.83 万公顷，受保护基本农田面积为 2.47 万公顷，保护率为 87.3%。2005 年，农场受保护基本农田总面积与 2000 年基本没有变化。

城镇大气环境质量达到功能区二类标准。2005 年，农场区域内环境空气质量符合《环境空气质量标准》（GB 3095—1996）中的二类空气标准。

水环境质量指标达到功能区三类标准。2005 年，农场地表水符合《地面水环境质量标准》（GB 3838—2002）中规定的二类标准。

噪声环境质量达到功能区二类标准。2005 年，农场区域内噪声环境符合《城市区域环境噪声标准》（GB 3096—1993）中规定的二类标准。

农场人均公共绿地面积增加。农场城区规划总面积为 5.16 平方千米。2000 年城区总人口 1.23 万人，城镇公共绿地面积 13.99 万平方米，其中，主要街道两旁绿地面积 11.99 万平方米，园林广场绿地面积 2 万平方米，人均公共绿地面积 11.35 平方米。2005 年城区总人口 1.56 万人，城镇公共绿地面积 26.5 万平方米，其中，主要街道两旁绿地面积 21.3 万平方米，园林广场绿地面积 5.2 万平方米，人均公共绿地面积 16.98 平方米，比 2000 年增加 12.51 万平方米，增加 49.6%。

卫生厕所普及率提高。2000 年，农场卫生厕所总数为 3048 个。其中，公厕 28 个，户厕 3020 个，使用卫生厕所户数 4094 户，卫生厕所普及率 62%。2005 年，卫生厕所总数为 6472 个，其中，公厕 47 个，户厕 6425 个，使用卫生厕所户数 8859 户，卫生厕所普及率 90%。

二、生态垦区建设

赵光农场为建设生态垦区，在生态示范区建设的基础上，坚持以生态环境建设促进社会经济发展，生态环境保护为企业经济和社会发展服务。生态垦区的建设，促进了赵光农场农业发展，环境、气候、水、土壤等诸多自然条件得到极大的改善。

2013 年，农场编制赵光农场生态垦区建设规划，为强化农场的生态垦区建设提供了组织保障。当年，第三、第八管理区被评为省级生态村。

2014 年，赵光农场通过国家级"生态乡镇"验收，第一、第二、第四、第五、第七管理区被评为省级生态村。

2017 年，农场修订赵光农场生态垦区建设规划，这是在 2013 年规划的基础上，融入了新时代国家关于环境建设战略思想，为农场下一步的生态垦区建设提供了保障。

2018 年赵光农场生态垦区指标完成情况见表 5-1。

表 5-1　2018 年赵光农场生态垦区指标完成情况

序号	指标内容	指标完成情况
1	农民年人均纯收入	29000 元/人
2	第三产业占 GDP 比例	38.7％
3	环境保护投资占 GDP 比例	2.3％
4	受保护地区占国土面积比例	14.7％
5	退化土地恢复率	83.1％
6	森林覆盖率	18.6％
7	空气环境质量达到功能区标准	达标
8	地表水水质满足功能区标准	达标
9	集中式饮用水源水质达标率	100％
10	主要污染物排放量	污染废水 20 千克/年
11	城市噪声满足功能区要求	达标
12	化肥施用强度（折纯）	117.3 千克/公顷
13	农用塑料薄膜回收率	100％
14	规模化畜禽养殖场粪便综合利用率	100％
15	绿色食品（含有机食品）种植面积比率	97％
16	工业固体废物处置利用率	100％
17	工业用水重复利用率	70％
18	城市污水集中处理率	73％
19	城镇生活垃圾无害化处理率	99％
20	城镇人均公共绿地面积	22 平方米/人
21	单位 GDP 能耗	0.54 吨标煤/万元
22	单位工业增加新鲜水耗	6 立方米/万元
23	秸秆综合利用率	95.6％
24	城市燃气普及率	97％
25	集中供热普及率	73％
26	城市化水平	86％
27	公众对环境的满意率	98％

第六章 土地管理

　　1979 年，农场根据上级要求成立土地管理办公室，负责全场的土地管理与规划工作，土地管理法规的宣传、非农业建设用地的审批工作，以及农场与周边村屯、乡镇、部队、林场等土地界线的落实工作。1989 年农场土地管理部门上划到北安管理局，改称为赵光农场土地管理科，对赵光辖区内的土地进行行政管理，开展农用地调查及农场各生产队居民点、场部各类建设用地申报登记工作。

　　1998 年，驻农垦系统的土地行业管理人员上收到黑龙江省土地管理局，更名为黑龙江省土地管理局驻赵光农场土地管理科。2001 年，赵光农场土地管理科更名为黑龙江省国土资源厅驻赵光农场国土资源科。2005 年，赵光农场国土资源科上划农垦总局，实行垂直管理，更名为黑龙江省国土资源厅驻农垦总局国土资源局北安分局赵光国土资源所。

第一节 土地利用与管理

　　1947 年建场至 1978 年，农场土地未设专业部门管理。

　　1979 年，根据上级要求，农场决定由基建科设土地管理办公室负责全场土地的管理与规划。

　　1985 年，土地管理定编三人，办公室从基建科拨离，为农场机关序列。土地管理办公室由主管农业的副场长赵永才直接领导，负责土地管理法规的宣传，非农业建设用地的审批，农场与周边村屯、乡镇、部队、林场等土地界线的落实，与周边（除北安市杨家乡、克东县玉岗乡、新农乡和发展林场外）各单位签订了土地使用界线协议书，为后期省政府确权发放国有土地使用证奠定了坚实的基础。为了管理、利用好农场的土地，土地办会同街道办、生产科、林业科、畜牧科制定了《赵光农场土地管理办法》合订本，发放到各生产队及场直各单位，供人们学习掌握土地知识。

　　1989 年，赵光农场土地管理科开始对赵光辖区内的土地进行行政管理，开展农用地调查（土地详查）及全场各生产队居民点、场部各类建设用地申报登记。

　　1992 年，《中华人民共和国土地管理法》颁布，规定逐级限额审批土地。农场土地管理科的职责是宣传土地管理法律、法规和国家对土地管理的方针政策，负责辖区内农用地的变更登记，职工个人建房及临时占用土地的审批，并依据 1989 年申报登记的资料，核发由北安管理局土地处统一印制并盖印的国有土地使用证 230 本，国有土地宅基使用证 8869 本，为以后的土地管理奠定了基础。

1994 年，农场收复周边农场占用的土地 160 公顷，其中耕地 18.1 公顷。

1998 年，国家修改了《中华人民共和国土地管理法》，实行土地用途管制，严格土地的利用，对耕地实行特殊保护，划定了基本农田保护区，确保国家的粮食安全。

1999 年，依据土地划界协议，农场申请获黑龙江省政府发放国有土地使用证，从此，农场所使用的农用地受法律保护。

2001 年，赵光农场土地管理科更名为黑龙江省国土资源厅驻赵光农场国土资源科，行业管理逐步深入，工作细化到地籍管理、土地利用、规划管理、耕地保护、财务管理、土地执法监察、文秘档案等。实行现代化行业管理，利用传真和网上收发各种信息。组件上报非农业建设用地，以出让方式供地的，一律走招标、拍卖、挂牌程序。

2002 年，农场收回被赵光镇东风村村民占用多年的土地 200 公顷，其中耕地 140 公顷。

为了保证辖区耕地面积不减少、种植条件不受破坏，农场每年组织各单位主要领导逐级签订耕地保护责任状，2003 年后，农场耕地保护责任状签到各种植户，期限与承包耕地合同同效。

2004 年，农场投资 50 余万元，对农场场部及各生产队居民点的非农建设用地换发国有土地使用证，利用现代科技建立地籍档案。

2005 年，对 1989 年土地详查成果进行农用地更新调查，利用 2004 年卫星图片与实地调绘，为土地利用总体规划的修编和科学决策、合理利用土地提供了科学的依据。

2008—2012 年，根据国家小城镇建设要求，赵光农场为了提高土地利用率，实行节约集约利用土地，改善农场居民的居住环境和提高人民群众的生活水平，实行管理区整体搬迁撤队并点。共撤 18 个居民点，拆迁居民点占地总面积 0.03 万公顷。整体搬迁至管理区区部和农场场部居住。

2017 年，国家不动产登记机构成立，根据有关规定，农垦北安管理局不动产登记中心赵光分中心成立。

2006—2018 年，赵光农场场部实行旧城区改造，拆平房建楼房，共拆迁平房 1476 宗地，新建单栋楼房 33 栋，全场新建住宅小区 15 个，其中，农场场区 7 个住宅小区、管理区 8 个廉租房住宅小区。

2020 年，赵光农场有限公司拥有土地面积 4.56 万公顷，其中，耕地面积 3.4 万公顷，林地 3460.3 公顷，牧草地及荒地 6040.6 公顷，水资源面积 721.2 公顷，其他用地0.14 万公顷。

第二节　土地权属管理

一、土地调查

1989 年 7 月，农场根据国家《关于进一步开展土地资源调查工作的通知》精神和黑龙江省统一部署，在农场总局、北安管理局的直接领导下，开展土地利用现状调查（以下简称土地调查）工作，于当年 12 月完成全部外业调绘工作，到 1992 年 4 月计算、描绘、汇总等项工作全部结束。

农场党委、领导班子对土地调查工作十分重视，专门下发了关于开展土地详查工作的通知，并成立了以主管土地管理工作的副场长王喜云为组长的土地详查领导小组。在土地管理科设置了赵光农场土地资源详查办公室，土地科负责人陶清为详查办公室主任。经过全体人员的共同努力，查清了赵光农场区域内土地总面积为 4.73 万公顷，其中，耕地3.02 万公顷，园地 69.93 公顷，林地 2713.94 公顷，牧草地 5014.14 公顷，居民点及工矿用地 1340.06 公顷，交通用地 830.17 公顷，水域 1178.91 公顷，未利用土地 5941.18 公顷。赵光农场土地按地形分布，大体可分为慢岗丘陵、低洼地、水面。慢岗丘陵地 3.68万公顷，低洼地 9340 公顷，水面 1093.33 公顷。

通过这次土地调查工作，查清了全场范围内各种土地利用分类面积、分布、位置、权属和利用现状，为农场编制土地利用规划、农业区划、土地划界、因地制宜地指导农业生产、建立土地登记、地籍管理和合理开发利用土地，提供了可靠的科学依据，也为加强土地管理工作，提高土地的经济效益、社会效益和生态效益打下了良好的基础。

农场土地调查成果经黑龙江省、北安市、北安管理局的联合检查验收，外业调绘补测合格率为 86.5%，内业计算统计合格率 90.7%，制图合格率 92.6%，成果质量总合格率90.0%，达到了国家《土地利用现状调查技术规程》要求标准。

2009 年，农垦北安分局国土资源局聘请黑龙江源泉国土资源勘察设计有限公司为赵光农场开展第二次土地调查。赵光农场土地总面积为 4.92 万公顷。其中，耕地面积 3.79 万公顷，林地面积 3200 公顷，草地面积 3800 公顷，城镇村及工矿用地面积 1200 公顷，交通运输用地面积 1000 公顷，水域及水利设施用地面积 1500 公顷，其他土地面积 600 公顷。

赵光农场 2009 年第二次土地调查与 1989 年第一次土地调查对比，耕地增加 8300 公顷，林地增加了 400 公顷，草地减少了 1300 公顷，其他未利用土地也有所减少。

二、土地规划

1998 年 5 月，完成农场土地利用总体规划编制工作，并于 1998 年 7 月报黑龙江农垦总局批准。2005 年后，随着国家有关加快小城镇发展步伐，调整农村产业结构、改善生态环境等一系列重大政策的出台，原来编制的农场土地利用总体规划已不能适应形势、发展的需要，为此，根据上级有关文件精神进行了调整。

（一）调整土地整理规划的主要内容

2003 年，撤销原种场并入 2 队，复垦原 6 队；2004 年，撤销 17 队并入 19 队，17 队改建为畜牧养殖区；撤销 7 队并入 10 队，7 队变为蔬菜基地；2005 年，撤销 12 队并入 11 队，撤销 15 队并入 14 队，复垦原 9 队；2008 年，复垦原 22 队。通过整理，将上述 6 个生产队 39.8 公顷的居民点变为耕地，将条件较差的基本农田退耕还林，将条件较好的一般农田调整为基本农田。

（二）土地利用主要指标调整和布局

1997—2010 年，农场控制耕地减少总量指标为 286.3 公顷，建设项目占用耕地 47 公顷，退耕还林 191.3 公顷，自然灾害毁地 33 公顷，农业三项用地 15 公顷。土地整理补充耕地指标为 387.1 公顷，到 2010 年，农场净增耕地面积指标为 91.8 公顷。农场的土地利用结构调整为：农用地面积为 3.99 万公顷，建设用地 2528.8 公顷，居民点工矿用地为 1382.5 公顷，未利用土地为 5694.2 公顷。

1. 农用地指标 为满足发展生态农业和全面提高经济效益的需要，对农业内部用地的结构和布局进行合理调整，因地制宜地安排农、林、牧、副、渔各业用地。1996 年，农场农用地面积为 3.96 万公顷；2010 年，农场农用地面积为 3.99 万公顷。

（1）耕地。规划期内，全场耕地减少面积为 286.3 公顷，其中居民点建设占用耕地 47 公顷，退耕还林 191.3 公顷，预测灾毁耕地 33 公顷，农业三项用地 15 公顷。规划期内交通用地、水利设施用地未分配指标。

（2）园地。农场 1996 年园地面积为 100.3 公顷，到 2010 年园地面积保持不变。

（3）林地。农场 1996 年林地面积为 3450.3 公顷，到 2010 年林地面积为 3641.6 公顷，规划期内增加林地面积为 191.3 公顷，其主要途径是退耕还林和农防林营造。

（4）牧草地。农场 1996 年牧草地面积 5259.6 公顷，到 2010 年牧草地面积保持不变。

（5）水面。1996 年农场水面面积 1094.9 公顷，到 2010 年水面面积保持不变。

2. 建设用地指标调整 农场 1996 年建设用地面积 2491.6 公顷，到 2010 年建设用地面积 2528.8 公顷。

（1）居民点及工矿用地。农场 1996 年居民点及工矿用地 1345.3 公顷，到 2010 年达到 1382.5 公顷。

城镇用地：系场部建制镇内用地，1996 年用地面积为 271 公顷，2010 年达到 301 公顷，规划期内增加用地 30 公顷。

农村居民点用地（分场、生产队居民点用地），1996 年用地面积 1039.7 公顷，2010 年达到 1039.9 公顷，规则期内增加用地 0.2 公顷。

独立工矿用地：1996 年用地面积 34.6 公顷，2010 年规划期内增加 7 公顷，作为不可预见用地。

（2）交通用地。农场 1996 年交通用地面积为 967.7 公顷，到 2010 年交通用地面积保持不变。

（3）水利设施用地。农场 1996 年水利设施用地面积 178.6 公顷，到 2010 年水利设施用地面积保持不变。

3. 未利用土地指标　1996 年，农场未利用土地面积 6029.4 公顷，到 2010 年达到 5694.2 公顷，规划期内未利用土地减少 335.3 公顷，用于耕地开发和各项建设用地。为保证规划顺利实施，农场已把各项主要用地指标分解到各生产队，落实到地块。

4. 土地用途分区　为了优化土地资源配置、合理利用土地、建设生态农场，实行严格的土地用途管制，以土地适宜性评价为基础，根据本场所做各项用地指标调整土地的主导用途，把赵光农场土地按主导用途划分为农用地区、建设用地区和未利用地区三个土地利用分区。

（1）农用地区。农用地区是指直接发展农业生产需要划定的土地区域，包括耕地、园地、林地、牧草地、农田水利用地、养殖水面等。1996 年，农场农用地面积为 3.96 万公顷，到 2010 年，农用地总面积为 3.99 万公顷。

农用地用途管制原则：被划入农用地区的土地主要用于农业生产及直接为农业生产服务使用，鼓励农用地区域内的其他用地转为农业生产用地；按规划保留现状用途，不得擅自扩大用地面积，严格限制农用地转为建设用地，禁止占用农用地区内的基本农田、林地、牧草地等进行非农业建设或擅自挖沙、取土、堆放固体废弃物；禁止污染农用地，保护生态环境，并对耕地实行特殊保护。

（2）建设用地区。建设用地区是指建造建筑物、构造物的土地区域，包括城乡住宅、公共设施用地、工矿用地、交通用地、水利设施用地、旅游用地、军事设施用地等。1996 年赵光农场建设用地总面积 2491.6 公顷，到 2010 年建设用地区控制在 2528.8 公顷。

建设用地用途管制原则：本用地区内的土地主要是农场居民点、独立工矿、交通用地、水利设施用地等建设用地，建设用地应严格按照土地利用总体规划确定的用途和用地范围使用土地，各项建设应当充分利用非耕地或劣质耕地。要保护和改善生态环境，禁止占用规划确定的永久性绿地、菜地和基本农田。鼓励通过土地整理将其他地区内零散分布的农场居民点向场部建设用地区集中，严禁在本用地区以外新增用地搞居民点建设，要严格按照国家规定的标准控制农场居民点建筑用地和交通、水利设施建设用地总量。

（3）未利用地区。农场未利用地区是指农用地区和建设用地区以外的土地区域，农场1996年未利用土地总面积为6029.4公顷，到2010年未利用土地面积减少到5694.2公顷。

第三节　土地法制宣传与监察

农垦系统土地管理部门组建初期，各项工作很不规范，有关土地方面的资料几乎是零，一切都从零开始，需要从业人员从头调查摸排各种信息。土地执法监察工作，需从土地管理法律、法规宣传做起，要想全场广大干部职工知法、懂法、守法，就必须加强宣传引导。几十年来，赵光农场土地管理部门坚持长年宣传土地管理法律、法规及适时的方针政策。1991年国务院决定，每年的6月25日为全国土地日，即"6·25"全国土地日。每到全国土地日来临之际，农场土地部门会同相关部门举行各种形式的宣传活动。

2001年以来，赵光农场国土资源管理部门，以每年必保5块土地法规宣传牌，安放到各生产队居民点和场部醒目地段，供人们学习观看，并了解掌握土地法内涵。为了提高全场人民保护基本农田的意识，2001年国土资源科出资，在主要公路边耕地头建立两块砖混结构永久性基本农田保护标志牌，2005年农场出资补建3块，达到上级要求每场5块的规定。

由于农场国土资源管理部门坚持长年以各种形式宣传国家有关法律、法规，使全场广大干部职工群众知法，并自觉维护法律，始终按着法律规定合理使用辖区内的土地，没有发生严重的土地违法事件。

第七章 工商物价管理

1975 年前，农场工商物价工作由地方政府有关部门领导。1984 年，农场正式成立工商物价科。工商物价科成立后，重点抓市场和物价管理，结合"3·15"消费者权益日经常深入市场检查、清理并销毁过期、伪劣及三无产品，使市场纳入规范管理。2019 年，工商行政管理系统划归北安市管理。

第一节 工商管理

1975 年以前，农场工商行政工作隶属地方政府有关部门领导。

"兵团"期间，农场商业自成系统，七团商业股设工商物价员。

1979 年，恢复农场体制后，农场设商业科，根据黑龙江省有关文件精神，对全场工商企业户进行登记入册。

1980 年，分别为农场商店和北安管理局粮油加工厂等 15 个单位颁发营业执照。

1978 年，登记入册的国营商店 14 户，其中，场部和分场商店 5 户，生产队分销店 9 户。

1981 年，登记个体经营户 1 户。1984 年增加到 110 户，其中，经营的项目有商业、服务业、修理业、加工业、运输业、餐饮业等，以经商为最多，达 59 户。

1982 年，农场商业科根据国务院有关文件精神，贯彻以计划经济为主，市场调解为辅的方针，保障企业从事合法经营，取缔非法活动，建立工商企业登记档案制度，凡赵光辖区从事工商业的国营、集体和个人都履行登记入档手续。

1982 年 4 月，农场商业科配 1 名兼职的工商物价员。

1983 年，在商业科领导下设立工商管理所，对全场国营、集体、个体工商业实行物价和市场管理工作。

1984 年 2 月，正式成立工商物价科，对全场工商和物价工作实行统管。

1985 年后，随着改革开放的不断推进，农场个体工商户也逐年增加，至 2018 年，个体工商户发展到 770 户。

1998 年 11 月，农场工商所隶属农垦北安分局工商局管理，实行垂直领导，并更名为垦区北安工商分局赵光工商所。

2001 年，由黑龙江农垦总局、北安分局工商局和赵光工商所三方筹措资金兴建了 350 平方米的办公楼，改善了办公条件。

2019 年，工商物价管理系统划归北安市管理。

1981—2018 年农垦赵光个体业户情况见表 5-2。

表 5-2　1981—2018 年农垦赵光个体业户情况

年度	合计/户	商业/户	服务业/户	修理业/户	加工业/户	运输业/户	餐饮/户
1981	1	—	—	—	—	—	1
1982	15	9	—	1	—	2	3
1983	66	43	1	2	5	9	6
1984	110	59	17	4	10	13	7
1985	120	60	18	6	12	15	9
1986	137	67	20	7	13	18	12
1987	145	69	21	8	15	20	12
1988	170	70	35	10	18	24	13
1989	210	95	45	12	16	31	11
1990	219	89	47	15	14	41	13
1991	245	92	43	18	17	61	14
1992	276	105	51	18	22	65	15
1993	288	108	52	19	27	68	14
1994	339	113	57	22	24	71	14
1995	349	128	61	24	31	82	13
1996	371	135	65	26	33	90	22
1997	389	171	63	25	35	72	23
1998	360	166	60	23	30	60	21
1999	401	196	70	27	36	52	20
2000	430	210	75	32	38	50	25
2001	447	221	79	35	40	47	25
2002	456	230	80	36	42	42	26
2003	455	237	80	36	41	38	23
2004	460	244	81	36	40	35	24
2005	461	254	82	33	39	30	23
2006	485	276	82	33	39	30	25
2007	502	278	86	34	42	31	31
2008	526	283	89	36	43	31	44
2009	532	283	92	32	44	31	50
2010	552	283	96	42	48	32	51

（续）

年度	合计/户	商业/户	服务业/户	修理业/户	加工业/户	运输业/户	餐饮/户
2011	561	287	98	43	49	32	52
2012	578	292	101	44	52	34	55
2013	582	292	103	44	52	35	56
2014	670	314	121	54	52	35	94
2015	758	382	124	55	54	36	107
2016	790	402	128	56	56	36	112
2017	770	379	108	56	56	40	131
2018	770	381	109	56	56	39	129

第二节　物价管理

20 世纪 80 年代，物价检查逐渐形成制度，除经常性的检查和抽查外，在"五一"、"十一"、元旦和春节这样的重大节日期间，进行 4 次联合大检查。通过检查，制止擅自涨价和变价歪风。一经发现违价，就地依据政策进行处理。对认真执行物价政策的单位或个体户给予表扬或奖励，对严重违价者给以罚款或采取没收的办法打击不法活动。1982 年 5 月至 1984 年末，罚没款合计 3.1 万多元，其中 1982 年 1410.2 元，1983 年 20.98 元，1984 年 3 万余元。上缴北安农管局物价局 2.8 万多元。没收痘猪肉 40 多千克。

1984 年，为加强市场管理，工商物价科规划两处农贸市场，建有铁质货棚 100 平方米，造价 6000 余元。每逢旺季，市场蔬菜琳琅满目，黄瓜、茄子、辣椒、豆角等，品种齐全，而粮食及食油类产品在市场上流通甚少。市场管理不断加强，有计划调整一些不合理的商品价格和非商品收费标准。通过监督检查初步理顺了价格，市场形势逐步好转，物价基本稳定。

从 20 世纪 90 年代开始，物价管理工作主要体现在加强对重要生产资料价格的监管力度和对行政事业单位的各种收费情况的监督检查力度。对辖区各种收费，依据上级有关文件设立了"明白榜"，增加收费的透明度。对规定以外的不合理收费，群众可以监督或投诉，处理不合理收费累计达 40 多万元。

进入 21 世纪后，工商物价部门在供热费、水费、物业费等新立项目中，及时参加各种收费的论证会、听证会，审批各种收费标准，实现了保证监管的作用。2006 年，赵光工商所加强了辖区内药品、电价、教育收费等价格管理，强化对行政事业性收费和经营服务性收费管理。2007—2018 年，赵光工商所取消收费项目 243 项，降低收费标准 142 项。

在治理教育收费中实施全国中小学收费"一费制"。继续调整电价，实行同网同价，使居民用电从 0.64 元/度，降至 0.51 元/度。

第三节　消费者协会

1994 年 3 月，赵光农场消费者协会成立，属于垦区北安消费者协会分会。

至 2018 年，农场消费者协会分会在辖区内设立投诉站 5 处，发展消费维权监督员 25 名，累计受理消费者投诉 254 件，为消费者挽回经济损失 46.6 万余元，调解成功率 99% 以上，接待消费者来访、咨询 164 人次。每年坚持开展"3·15""消费法制宣传五进"法制宣传活动，增强消费者、经营者法制意识。2007 年 3 月 15 日，北安农垦天河商贸有限公司被黑龙江省垦区消费者协会评为诚信单位。2009—2013 年，黑龙江垦区消费者协会连续 4 年都将赵光农场作为"3·15"主题宣传活动的主会场。

第四节　个体私营企业协会

1994 年 11 月，垦区北安个体私营企业协会赵光分会成立。

垦区北安个体私营企业协会赵光分会，会长由历届垦区北安工商分局赵光工商所所长兼任。

2006—2018 年，垦区北安个体私营企业协会赵光分会开展了光彩之星、青年文明号、团员模范店、党员模范店、光彩服务周、百城万店无假货等一系列活动，加强对广大会员的教育和引导，提高会员综合素质。

赵光分会积极为会员办实事、办好事、搭建融资平台、设立法律维权站等，帮助会员解决生产生活中的实际困难，经常走访慰问贫困会员活动。期间，赵光分会开展了爱心妈妈、贫困助学、关爱孤寡老人、救助眼疾贫困儿童、一帮一助学等活动，累计捐款 22 万元。

截至 2018 年，农场有个体工商户 770 户，会员 1002 人，私营企业 81 户。

第八章 城镇管理

2019 年之前，赵光农场供水、供热、物业等服务单位都是各自独立运行，2020 年 1 月，赵光农场公司化改革后，供水中心、供热中心、物业公司等农场城镇管理服务单位合为一个部门，组建城镇管理办公室。

第一节 物 业

2009 年，农场成立北安农垦赵光物业有限公司。

2010 年，农场城管队由建设科划归到物业公司管理。

2010 年，物业公司在垦区抓小城建设、强化工业、带动农业战略的引导下，为全面提升城镇品位和档次，打造大物业，促进农场物业管理走向规范化、市场化、专业化，促进农场经济社会全面协调可持续发展，成立了"三部三队"（保洁部、亮化部、财务部、环卫队、维修队、城管队）等管理构架。

物业公司成立后，制订了物业管理方案、物业绩效考核方案，公司不断完善各项管理规章制度，建立健全各项建筑及其附属物档案和业主档案，完善各种移交接管资料。制定和落实了公司各项职责、文明公约、安全防范管理规定、消防安全管理规定、公共照明管理制度及小区楼房房屋装修管理制度、绿化养护、清洁卫生管理规定。公司还不断完善财务管理制度，有效节约了运营成本，降低了支出费用，为农场节约维修费及临时用工等相关费用 300 余万元。

2016 年，物业公司为加强企业文化建设，成立了舞蹈队、合唱团、篮球队，定期组织开展活动。舞蹈队、合唱团还经常邀请农场、公司的老师进行传经授课，提升表演水平，丰富了公司职工的业余文化生活。2016 年 7 月，公司为加强志愿服务管理，通过黑龙江省志愿服务平台登记了赵光农场物业公司志愿服务站。至 2020 年，志愿服务队伍不断壮大，网络注册志愿者从最初的 4 人增加到 113 人，活动内容从最初的环境清理，增加到扶弱助残、公益环保、关爱老人等 10 多项内容。志愿服务团队及成员多次受到黑龙江省和农垦总局表彰。

公司以提高员工整体素质为目的，多次组织员工进行业务技能培训，提高管理服务水平。

2020 年，物业公司配备维修班长 2 人，保洁班长 4 人，公园班长 3 人，环卫班长 4 人，共计 13 人。

第二节　供　　热

建场初期，农场房屋取暖都是土办法，砌砖炉或铁炉烧炉筒，后来搭火墙扩大散热面积。采用锅炉取暖先是由修理所和俱乐部开始的。

20 世纪 60 年代，赵光农垦局中学教学楼建成安装气暖锅炉，从此，局场上下厂房、办公室和一些公共场所陆续安装暖气取暖。20 世纪 70 年代末，各家各户也开始由火炉取暖逐步向土暖气过渡，到 1984 年住宅用土暖气取暖的住户达 50％以上。1980 年前，农场场部锅炉各单位分烧分管。1981 年 5 月开始统管，行政管理由水利队负责，下设水暖班组，设计、安装技术由水利科负责。当时，场直共有 17 个锅炉房，大小锅炉 32 台，52 名烧炉工人。采暖面积 1.1 万平方米，90％是气暖。统管后，锅炉房进行初步合并，俱乐部、农场机关和医院锅炉变动较大，锅炉设置数量减少，初步解决集中供热问题。

1983 年 5 月，农场成立水暖站，下设自来水班、锅炉班、电工班。农场采暖供热工作开始移交给水暖站，对场区采暖锅炉统一布局，全面规划，制定了管改措施。

1983 年，场区采暖面积 1.43 万平方米，其中，蒸汽采暖 1.1 万平方米，占 77％，集中管网改造工程量比较大。农场集中采暖单位包括农场机关、俱乐部、商店、托儿所、公安分局和二泵站等。把 5 个总蒸发量每小时 275 万千卡[①]的锅炉撤掉，在俱乐部设置 1 台每小时蒸发量为 240 千卡的快装往复自动炉排锅炉 GKW240-10。原 5 台锅炉供暖面积 5430 平方米，年耗煤 870 吨，每平方米平均耗煤 160 千克，投入司炉工 27 人，年平均每平方米费用 18.66 元，每年总费用达 10 万元以上。经过两年改装，包括锅炉房在内投资 21 万元，供暖面积达 6880 平方米，运行结果考查，年耗煤 635 吨，平均每平方米耗煤 92 千克，投入司炉工 11 人，年平均每平方米节约 6.7 元，每年节约 4.6 万元，4 年多时间便收回全部投资。这项工程采暖系统总容水量为 34.26 吨，最远的室外管网地沟 320 米，设 6 个循环线路，建筑物热损失量每小时为 95 万千卡。之后，职工医院锅炉由 2 台变为 1 台，司炉工由 1981 年的 14 人减少到 9 人，年耗煤由 540 吨减少到 300 吨，采暖面积新增

---

① 卡为非标准计量单位，1 卡＝4.1868 焦耳。

250 平方米。

1982 年，基建水利科与电视台初装暖气，1983 年进行改装，1984 年又同畜牧公司、工交科合装 1 台 45 万千卡的锅炉。同年，场直小学初装 1 台用"兰开夏"报废炉胆改制锅炉，采暖面积 3200 平方米。

1984 年，农场职业高中和普通高中两栋教学楼集中采暖，小时蒸发量 90 万千卡，采暖面积 2600 平方米，配司炉工 5 人。同年，农场招待所更换北安管理局赵光机械厂制造的新锅炉（1981 年招待所初装气炉采暖，1982 年招待所客房初装 1 台自制 12 万千卡锅炉，1983 年招待所将气炉换成 30 万千卡水暖炉）。同年，农场电业所安装自制 12 万千卡锅炉。

1984 年，经过对全场锅炉普查，发现农场有大小锅炉 52 台，锅炉班电机 36 台。

锅炉采暖统管后，从 1983 年开始，实行承包责任制。限额领料，按施工图纸实际使用量规定材料消耗量，节约部分 50％作为奖金；损坏交旧领新，50％罚款，超过消耗 100％罚款。工具也实行承包，一定三年，第一年投资 2700 元作为工具费，规定期限内损失自负。工资实行计件，以定额工作量为依据付报酬，不吃大锅饭。采暖，实行用户参加评比的制度，如实填写意见簿。低于规定室温对当班司炉工第一次罚款 10 元，第二次以后加倍罚款。耗煤实行定额消耗，超出部分 20％罚款。除此之外，注意加强工人队伍训练，组织业务学习，严格考票制度，全场大部分司炉工凭票上岗操作，实行锅炉登记、定期检查和维修制度。

2002—2003 年，农场先后投资 1000 余万元，兴建 1510 平方米集中供热中心，安装 2 台 10 吨锅炉，铺设供热管线 4000 延长米。

2006 年，农场投资 220 万元新增 20 吨锅炉 1 座，使锅炉房拥有 3 台锅炉（2 台 10 吨锅炉，1 台 20 吨锅炉），供热能力达到 30 万平方米。

2007 年，农场将原有的 3 台链条式锅炉改装成网复式锅炉。

2009 年，农场根据小城镇建设规划，投资 222 万元进行了供热、供水管网改造，新购进 1 台 20 吨锅炉，以满足供热需求。

2010 年，农场进一步加强城镇基础设施建设，其中，投资 709 万元，新建供热中心 1 座，建设面积达 3000 平方米。投资 588 万元，新增 40 吨集中供热锅炉 1 台。新锅炉房的投入使用大大缓解了全场供热压力。

2011 年，购进 2 台 50 吨锅炉，对原供热设备进行全面升级改造。

2012—2013 年，农场建立 3 座换热站。

2015—2020 年，供热中心先后完成了出渣机、阀门、减速机检修和更换，以及老旧管网的更新改造等多项工作。其中，2016 年锅炉房进行了数控技术安装改造。2017 年对 2 号、3 号锅炉进行了大修。

2020 年，农场有限公司供热面积达 67.18 万平方米。

第三节 供　　水

赵光农场地处贫水区，且水质欠佳。建场初期，选择水质较好地方打木井汲水饮用。

1949—1952 年，全场共打木井 25 眼，满足了人与牲畜饮水的需要。

20 世纪 60 年代，农场卫生部门响应上级和农场号召积极改水，进行水质检查，建立水井档案，普遍推行药物改水。为彻底改水，解决生产生活用水困难，20 世纪 70 年代，农场开始打深水井，逐步淘汰浅水木井。

1980 年，场部自来水工程建设计划得到黑龙江省农场总局的批准，水塔工程于 7 月开始施工，第二年贮水百吨水塔竣工，塔高 34 米，最大贮水量 120 吨，日最大供水量 2000 吨。1981 年，管道土方工程开始施工，按场直各单位职工指数核定土方量，落实到人头，费用由各单位承包。场直各单位大干一冬天，全部完工。1982 年春，基建科动员科室人员参加义务劳动，在 30 多厘米深的泥水中作业，通洞安装。三至二泵站、一至二泵站的输水管道用 8 英寸*铸铁管施工，水泥接口，实践效果很好。余下的供水管道土方工程是 1984 年施工完成的。到 1984 年，共完成输水管道 5 条，520 余户的供水管道 6000 多延长米。其中，主管道 3700 米，支干 1700 米，分支 1100 米。供水管道全部用塑料管，这在北安地区也是首创。

1983 年 5 月，正式成立水暖站，下设自来水班、锅炉班、电工班。各班设班长主持班务。水暖站成立后，对全场暖气和自来水工作全面管理。自来水泵站有固定人员值班，坚守岗位，定时供水。在高峰用水期间，常用电视广播进行节约用水的教育，并规定不许用自来水浇房前屋后的菜园子。

1983 年，场部一委家属区有 200 户吃上自来水，1984 年给水率达 50% 以上。水费按吃水人数或牲畜数计算，每月每人 0.2 元。

1984 年，场区自来水工程开始部分供水，饮水来自场直的几眼机电深水井，有 3000 余人受益。多数生产队仍然使用木井饮水。

场内的自来水管道地处高寒地区，土层冻融交替，管道常发生故障，供水管道维修任

---

* 英寸为非法定计量单位，1 英寸=2.54 厘米。

务量大，常有局部停水进行管道抢修的现象。

1984年，全场有机电深水井24眼，场直和分场均有分布，设备基本配套。

1999年，农场投资870万元，新建1座净水厂，在工农水库附近打5眼深水井，铺设引水管道3000米。8月22日净水厂工程开始施工，2000年10月26日竣工，建筑面积918.64平方米。

2006—2009年，农场以个人承包的方式将净水厂承包给付长海经营，将原糖厂水厂承包给巴立清经营，农场统一管理，在承包期间一直处于亏损状态。

2010年，农场将净水厂及糖厂水厂收回并更名为赵光农场供水中心，实行定点供水，原糖厂家属区每天分早、晚两次供水，场区实行夏季早、中、晚三次供水，冬季早、晚两次供水，满足了超过2万名居民的用水要求。

2015年，供水中心加强饮用水源地的保护力度，积极采取有力措施，切实推进饮用水源地保护工作。对水源井设立了护栏、警示标志，防止各类污染水源的行为，以确保饮用水源安全。

2017年5月，为了更好地保护全场饮用水水源地，防止饮用水水源污染事件发生，供水中心在二分场水源地、前进水源地、种子公司水源地、糖厂水源地等，设置警示标志牌17处。

2020年，赵光农场有限公司场部地区有深水井17眼，供水管道长约50千米。

中国农垦农场志

第六编

组织建设

中国农垦农场志

第一章 中国共产党组织

1948年2月，通北机械农场（现赵光农场有限公司）成立北安垦区最早的中国共产党的基层组织——中国共产党通北农场支部委员会，当时只有4名党员。至2020年，公司党委有24个基层党支部，中国共产党党员总数1324名。

70多年来，农场（公司）党委及其基层组织以毛泽东思想、邓小平理论、"三个代表"重要思想、科学发展观和习近平新时代中国特色社会主义思想为指导，全面贯彻执行中国共产党在各个历史时期的路线、方针和政策，紧紧围绕经济建设抓党的建设，解放思想，深化改革，带领全场广大党员、干部、群众艰苦奋斗，顽强拼搏，起到领导作用。

第一节 组织机构

1948年2月，中国共产党通北机械农场支部委员会成立，周光亚任党支部书记，廉亨泰任组织委员，王福生任宣传委员，党支部共有4名党员。这是中国共产党组织在北安垦区建立的最早的基层组织，当时，中国共产党的组织还没有公开。同年8月，党支部先后秘密吸收张万仁、董作才、耿德、王荫坡、刘文为候补党员，这是中国共产党组织在北安垦区发展的第一批党员。

1953年，随着党员人数的增加，农场成立了中国共产党通北农场总支部委员会，苑凭任党总支书记。

1956年11月，经绥化地委批准，成立中国共产党通北农场委员会，由中共通北县委领导，场长苑凭兼任中共通北县委书记；1956年后，由中共北安县委领导。

1958年，黑龙江省农场管理厅赵光地区办事处设党委，属党组性质，党委成员由上级任命，不召开党代会。原通北、红星、和平3个农场划分的8个独立农场均设党总支部。10月调整农场规模，设6个农场党总支部。在人民公社化运动中，赵光地区农场选举产生中国共产党赵光人民公社委员会，农场改称管理区，管理区设党总支部，公社党委由中共北安县委员会领导。

1959年初，场社分家后，赵光农场党委下设6个分场党总支部、4个直属单位党总支部。

1962 年，赵光地区农场管理局（后改称赵光农垦局）设立中国共产党委员会。局党委成员由上级任命。局党委下设 6 个农场党委（1962 年 7 月前为党总支部）。1963 年，增设共青团农场党委，撤销前进农场党委。1964 年，成立双丰农场、晨光农场党委。1965 年，成立涌泉农场党委。至此，赵光农垦局有 9 个农场党委和 1 个局直党委。

1956—1965 年，农场党组织除人民公社化运动期间外，先后由中国共产党绥化、嫩江、黑河地区委员会领导。

1966 年 6 月—1967 年 1 月，赵光农垦局各级党组织受"文化大革命"运动影响，党的组织活动基本上处于停顿状态。

1969 年初，黑龙江生产建设兵团一师七团成立，党委组织得到恢复，称中国共产党七团委员会（简称七团党委），隶属一师党委领导。党委书记由沈阳军区党委任命，下设 10 个营党委。

1970 年 9 月，一师七团改编分为 3 个团，现赵光农场为七团，建设农场为六十八团，红星农场为二团。分团后，七团党委下设 4 个营党委。

1971 年，一师七团机关司令部及政治处分设党总支部，后勤处设党委。

1976 年，兵团建制撤销，恢复农场体制。农场的中国共产党组织称中国共产党赵光农场委员会（简称农场党委），由中国共产党北安管理局委员会领导。

1979—1984 年，农场党委下设 4 个分场党委及场直党委。

在农场体制变化过程中，20 世纪 50 年代及以前，农场党的组织实行委员制；60 年代初，农场党委实行委员制并设常委会；农垦局和一师七团时期，党委也实行委员制并设常委会，常委会主持日常党的工作。所属农场或营党委实行委员制，不设常委。

1977—1985 年，农场党委一直沿袭委员制并设常委会，分场党委实行委员制，不设常委会。

1986 年后，4 个分场党委撤销，农场党组织变为两级管理。

2018 年 6 月，黑龙江北大荒农垦集团总公司赵光农场有限公司成立，中共赵光农场有限公司委员会（简称公司党委）成立，隶属于中国共产党北大荒集团北安分公司委员会领导。

2019 年 6 月 30 日，黑龙江北大荒农垦集团赵光农场有限公司、中国共产党黑龙江北大荒农垦集团赵光农场有限公司委员会挂牌。2019 年末，更名为北大荒集团黑龙江赵光农场有限公司、中国共产党北大荒集团黑龙江赵光农场有限公司委员会。

第二节　党员代表大会

一、第一次党员代表大会

1959 年 5 月 5 日—5 月 9 日，中国共产党赵光农场委员会第一次党员代表大会在农场俱乐部召开。大会代表 204 名，其中正式代表 134 名、列席代表 70 名。实际出席大会正式代表 121 名。

这次大会于 3 月开始筹备，为大会准备了小型图片展览，宣传全国"四大指标"和《农业八字宪法》。5 月 5 日上午召开预备会，讨论酝酿会议有关事宜，并对代表资格进行了严格审查。

万敬浩代表党委做政治工作报告，黑龙江省农业厅副厅长房定辰出席会议并讲话，韩有做《国营赵光地区农场管理体制改革》报告，北安县委常委段润昌代表县委到会讲话。会议对上述报告和指示进行讨论，同时组织大会发言，进行"比武打擂"，各有关单位报捷和参观展览。

全体党员代表通过大会各项决议，选举产生以万敬浩为书记，刘俊海、陈国祥为副书记的中共赵光农场第一届委员会，选举以刘俊海为书记的监察委员会。

二、第二次党员代表大会

1960 年 6 月 13 日—6 月 16 日，农场党委第二次党员代表大会在农场俱乐部召开。出席大会正式代表 145 名，候补代表 13 名，列席代表 18 名。

6 月 12 日举行预备会。7 个代表团团长参加会议，通过代表大会会议议程，对代表资格进行了审查，确定会议主要任务是：深入贯彻北安市党代会精神，总结 1959 年"大跃进"大丰收的基本经验；进一步明确 1960 年各项生产建设任务；选举新一届党委会。会上，万敬浩代表上届党委做工作报告，中共北安市委农场部领导代表市委到会讲话，有 36 名代表在会上发言，全体党员代表通过了工作报告，并经充分酝酿，选举产生以万敬浩为第一书记，以刘俊海、孙青山、于景忠、张连吉为书记的中共赵光农场第二届委员会，选举以于景忠为书记的监察委员会。

三、第三次党员代表大会

1971 年 3 月 12 日—3 月 24 日，农场党委第三次党员代表大会（七团党委首届党员代表大会）在农场俱乐部召开。参加大会有 6 个代表团，代表 300 人。

这次大会的主要任务是：继续贯彻中国共产党第九次全国代表大会精神，落实备战备荒为人民战略方针，掀起农业学大寨新高潮；选举新一届党委会。

会上，张福岚代表七团党委做工作报告，一师领导到会做了指示，有12位代表进行大会发言。全体代表讨论通过了工作报告，并经过酝酿按照新党章规定，选举产生以张福岚为书记，李绍堂、李德彦为副书记的中共七团委员会。

四、第四次党员代表大会

1980年7月1日—7月3日，农场党委第四次党员代表大会在农场俱乐部召开。出席大会代表362人。

1980年7月1日上午举行预备会，党委领导和7个代表团负责人参加会议。会上，进行了代表资格审查和大会筹备工作报告，选举大会主席团，通过大会议程和代表须知，通过关于选举的若干问题规定，讨论修改党委工作报告。确定这次大会主要议程是：听取审查和通过上届党委的工作报告、评议上届党委班子和选举新一届党委会和纪律检查委员会。

1980年7月1日下午，大会正式开会，谭玉明致开幕词，北安管理局领导到会祝贺，赵福代表上届党委做工作报告，组织部部长曲福做关于党费收缴、管理和使用情况的报告。

7月3日上午，会议通过了党委工作报告的决议和《关于提案审查报告》；选举产生新一届党委委员。下午，举行闭幕会，郑德林致闭幕词。

7月4日，中共赵光农场第四届委员会召开第一次全委会，差额选举常务委员会委员是：郑德林、赵福、姜孔新、韩瑞华、谭玉明、蔺学敬、霍蕴辉（女）；书记赵福，副书记郑德林、谭玉明。全委会还选举产生了纪律检查委员会委员，书记谭玉明。

五、第五次党员代表大会

1986年12月28日—12月30日，农场党委第五次党员代表大会在农场文化宫召开。出席大会代表330人。其中，干部党员代表173人，占代表总数的52.4％；工人党员代表72人，占代表总数的21.8％；知识分子党员代表56人，占代表总数的17.0％；女党员代表42人，占代表总数的12.7％；先进、模范人物党员代表54人，占代表总数的16.4％。

12月28日下午，大会举行预备会，进行了代表资格审查和大会筹备工作报告，选举大会主席团，通过大会议程和代表须知。

12月28日下午，大会正式开幕，纪振利致开幕词。

毕文杰代表上届党委做工作报告，汪文明代表上届纪律检查委员会做纪委工作报告，张荣做关于党费收缴、管理使用情况报告。

会议通过了党委工作报告的决议和纪委工作报告的决议。会议选举产生了中共赵光农场第五届委员会委员和纪律检查委员会委员。

12月30日上午，大会举行闭幕会，赵永才致闭幕词。

六、第六次党员代表大会

1990年12月25日—12月26日，农场党委第六次党员代表大会在农场文化宫召开。出席大会代表共计295名。

这次大会的指导思想和任务：以党的十三届五中、六中全会精神为指针，以加强和改进新形势下的党建工作、倡廉勤政，不断增强党组织的吸引力、凝聚力和战斗力为依据，以适应"两稳两头、一良化"的需要，促进农场两个文明建设为目的，认真总结回顾第五次党代会以来的工作，研究确定农场"八五"期间的战略目标和任务；进一步动员和带领全场广大党员、干部、职工群众为完成"八五"期间的战斗任务，振兴农场经济，开创现代化农场新局面而奋斗。选举新一届党委会和纪律检查委员会。

七、第七次党员代表大会

1995年5月21日—5月22日，农场党委第七次党员代表大会在农场文化宫召开。出席大会代表306名。

刘本田代表上届党委做工作报告，巩继辉做纪委工作报告，组织部部长黄大强做关于党费收缴、管理使用情况报告。

大会通过了党委工作报告和纪委工作报告，选举产生了中共赵光农场第七届委员会委员和纪律检查委员会委员。

八、第八次党员代表大会

2000年6月29日，农场党委第八次党员代表大会在农场文化宫举行。出席大会代表231名。

刘本田代表上届党委会做工作报告，黄大强做纪委工作报告，胡晓元做关于党费收缴、使用和管理情况报告。

大会通过了党委工作报告和纪委工作报告，选举产生了中共赵光农场第八届委员会委员和纪律检查委员会委员。

九、第九次党员代表大会

2013 年 7 月 18 日，农场党委第九次党员代表大会在农场文化宫召开。应到会代表 163 人，实到会代表 155 人。

刘增元代表上届党委会做工作报告，王璐做纪委工作报告。

大会通过了农场党委工作报告的决议和纪委工作报告的决议，通过了关于党费收缴管理和使用情况报告的决议。

大会选举产生了中共赵光农场第九届委员会委员和纪律检查委员会委员。

中共赵光农场第九届委员会第一次会议选举刘增元为党委书记，王宏忠、王璐为党委副书记。纪律检查委员会第一次会议选举王璐为纪委书记，高宏为纪委副书记。

农场场长王宏忠致闭幕词。

第三节　党政领导

一、1948—1968 年党政领导

（一）党组织领导

1948—1952 年，中共通北机械农场支部委员会历任书记为周光亚、张泽民。

1953—1956 年，中共通北机械农场总支委员会书记苑凭，副书记韩武臣、万敬浩。

1957 年，中共通北机械农场委员会副书记万敬浩。

1958 年，中共赵光地区办事处委员会副书记金立焕。

1958 年 11 月，中共赵光人民公社（赵光镇、赵光农场）委员会书记万敬浩。

1959—1961 年，中共赵光农场委员会书记万敬浩；副书记刘俊海、陈国祥、于景忠、张连吉、孙青山。

1962—1968 年，中共赵光农垦局（包括管理局）委员会历任书记袁安泰、王志远（代），副书记万敬浩。

（二）行政领导

1947—1957 年，通北机械农场历任场长周光亚、张泽民、苑凭、赵希彬，副场长陆有良、韩乐风、王荫坡、赵希彬、孙学孟。

1958 年，赵光地区办事处第一副主任李晓南，副主任张庆海。

1958 年 11 月，赵光人民公社社长（镇长）韩有，副社长（副镇长）孙学孟、张连吉、王成斌。

1959—1961 年，赵光农场场长刘俊海，副场长韩有、孙学孟、李双贵、魏光辉、胡友、阎国明。

1962—1968 年，赵光农垦局（包括管理局）局长赵振卯，副局长韩有、杨德祥。

二、1969—1976 年一师七团党政领导

1969—1976 年，中共一师七团委员会历任书记张福岚、张洪志，副书记罗义、李绍堂、李德彦、赵福。

一师七团历任团长罗义、李绍堂，副团长林久禹、申可臣、赵福、郑德林、王学文。

一师七团历任政委张福岚、张洪志，副政委李德彦、万敬浩、冯继芳、赵福、李旭华。

三、1977—1984 年赵光农场党政领导

1977—1984 年，中共赵光农场委员会历任书记张洪志、赵福、王维新、马学利，副书记赵福、谭玉明、郑德林、姜永生、姜远才、毕文杰。

农场历任场长张洪志、赵福、郑德林、姜远才，副场长谭玉明、赵福、郑德林、王学文、王德恩、张凤芝、蔺学敬、李万发、申可臣、赵希彬、姜孔新、王喜云、韩瑞华、霍蕴辉、祝宝海、石凤祥、谷德祥、董延湖、姜远才、宛茂家、郑大书、刘万臣。

四、1985—2005 年农场党政领导

1985—2005 年，中共赵光农场历任党委书记马学利、毕文杰、刘本田、孙福山、于永久、苍云，历任场长姜远才、赵永才、张忠庭、孙福山、吕贵山（表 6-1）。

表 6-1 1985—2005 年农场党政领导

年度	党委书记	场 长	副书记	纪委书记	副 场 长	工会主席
1985	马学利	姜远才	毕文杰	纪振利	王喜云 赵永才 刘万臣 刘显忠 金国忠	李春喜
1986	马学利 毕文杰	姜远才 赵永才	毕文杰 纪振利	纪振利 汪文明	王喜云 赵永才 刘万臣 刘显忠 金国忠 王永涛	刘本田
1987	毕文杰	赵永才	刘本田	纪振利	张忠庭 李石民 王永涛 王喜云 刘万臣 刘显忠	汪文明
1988	毕文杰	赵永才	刘本田	王俊	张忠庭 李石民 王永涛 王喜云 刘万臣	高义
1989	刘本田	赵永才	汪守军	汪守军	张忠庭 李石民 王永涛 王喜云 高义	汪文明
1990	刘本田	赵永才	张文洲	张文洲	张忠庭 李石民 王永涛 王喜云 李万常	汪文明

（续）

年度	党委书记	场长	副书记	纪委书记	副场长			工会主席
1991	刘本田	赵永才	张文洲	张文洲	张忠庭 李石民 王永涛 王喜云 李万常			汪文明
1992	刘本田	赵永才	巩继辉 王亚新	巩继辉	张忠庭 李石民 王永涛 王喜云 李万常 李宝岭			汪文明
1993	刘本田	张忠庭	巩继辉	巩继辉	李石民 王永涛 王喜云 李万常 李宝岭			汪文明
1994	刘本田	张忠庭	巩继辉	巩继辉	李石民 王永涛 王喜云 李万常 李宝岭 谢吉成			汪文明
1995	刘本田	张忠庭	巩继辉	巩继辉	李石民 王永涛 王喜云 李万常 李宝岭 谢吉成 张道芝			汪文明
1996	刘本田	张忠庭	巩继辉	巩继辉	李石民 王永涛 王喜云 李万常 李宝岭 张道芝 冯祥 孙宝军			谢吉成
1997	刘本田	张忠庭	巩继辉	唐道远	李石民 王永涛 王喜云 李万常 李宝岭 张道芝 冯祥 孙宝军			谢吉成
1998	刘本田	张忠庭	巩继辉	唐道远	李石民 王喜云 李万常 李宝岭 张道芝 冯祥 孙宝军			谢吉成
1999	刘本田	张忠庭 孙福山	唐道远	唐道远	李石民 王喜云 李万常 李宝岭 张道芝 冯祥 孙宝军 刘方华			谢吉成
2000	刘本田	孙福山	李臣	黄大强	张道芝 刘方华 唐守胜 谢吉成 于建华 薛德祥			黄大强
2001	刘本田 孙福山	孙福山 吕贵山	李臣	李臣	张道芝 刘方华 唐守胜 谢吉成 于建华 薛德祥			黄大强
2002	孙福山	吕贵山	李臣	李臣	刘方华 谢吉成 于建华 薛德祥 马书良 刘晓东			黄大强
2003	孙福山 于永久	吕贵山	李臣	李臣	刘方华 谢吉成 于建华 高云龙 刘晓东 周东升			马书良
2004	于永久	吕贵山	李臣 刘晓东	刘晓东	高云龙 周东升 薛德祥			马书良
2005	苍云	吕贵山	刘晓东	刘晓东	高云龙 周东升 薛德祥			马书良

五、2006 年至 2018 年 6 月赵光农场党政领导

2006 年至 2018 年 6 月，中共赵光农场历任党委书记苍云、刘增元，历任场长吕贵山、吕殿富、王宏忠（表 6-2）。

表 6-2　2006—2018 年 6 月赵光农场党政领导职务更迭情况

职务	姓名	任职时间
场长	吕贵山	2006 年 1 月调出
	吕殿富	2006 年 6 月—2009 年 9 月
	王宏忠	2009 年 9 月—2018 年 6 月
党委书记、社区管理委员会主任	苍云	2006 年 1 月—2007 年 7 月
	刘增元	2008 年 8 月—2018 年 6 月

（续）

职　务	姓　名	任职时间
党委副书记	王宏忠	2009 年 9 月—2018 年 6 月
党委副书记、政法委书记	刘晓东	2006 年 1 月—2009 年 1 月
	袁云福	2009 年 1 月—2010 年 5 月
	李峰	2010 年 5 月—2012 年 6 月
	王璐	2012 年 8 月—2016 年 10 月
	关淑玲	2016 年 10 月—2018 年 6 月
纪委书记	刘晓东	2006 年 1 月—2009 年 1 月
	袁云福	2009 年 1 月—2010 年 5 月
	李峰	2010 年 5 月—2012 年 6 月
	王璐	2012 年 8 月—2016 年 10 月
	全世红	2016 年 10 月—2018 年 1 月
	关淑玲	2018 年 1 月—2018 年 6 月
社区管理委员会副主任	刘晓东	2006 年 1 月—2009 年 1 月
	袁云福	2009 年 1 月—2010 年 5 月
	李峰	2010 年 5 月—2012 年 6 月
	王璐	2012 年 8 月—2016 年 10 月
工会主席	马书良	2006 年 1 月—2016 年 9 月
	全世红	2016 年 10 月—2018 年 1 月
副场长	周东升	2006 年 1 月—2007 年 7 月
	高云龙	2006 年 1 月—2009 年 9 月
	李文刚	2006 年 7 月—2009 年 12 月
	王维新	2006 年 12 月—2010 年 5 月
	李加旺	2006 年 7 月—2016 年 9 月
	李友民	2007 年 7 月—2009 年 12 月
	苏兴俊	2007 年 9 月—2017 年 1 月
	全世红	2009 年 9 月—2016 年 10 月
	李成	2009 年 12 月—2018 年 6 月
	崔万军	2010 年 1 月—2018 年 1 月
	何忠新	2010 年 5 月—2018 年 6 月
	殷文科	2017 年 3 月—2018 年 6 月
	刘卫国	2017 年 4 月—2018 年 6 月
武装部长	胡晓元（党委委员）	2006 年 1 月—2016 年 10 月
	全世红	2016 年 11 月—2016 年 12 月
	关淑玲	2016 年 12 月—2018 年 6 月

六、2018 年 6 月至 2020 年赵光农场有限公司党政领导

2018 年 6 月至 2020 年赵光农场有限公司党政领导职务更迭情况见表 6 - 3。

2018 年 6 月，王宏忠任中共赵光农场有限公司党委书记、公司董事长，刘增元任中共赵光农场有限公司党委副书记、公司总经理。

2019 年 5 月—2020 年 5 月，时厥祥任中共赵光农场有限公司党委书记、公司董事长。

2020 年 7 月，吴宝忠任中共赵光农场有限公司党委书记、公司董事长。

表 6-3　2018 年 6 月—2020 年赵光农场有限公司党政领导职务更迭情况

职　务	姓　名	任职时间
党委书记、董事长，社会事务部主任，赵光农场场长	王宏忠	2018 年 6 月—2019 年 2 月
	时厥祥	2019 年 5 月—2020 年 5 月（2019 年 7 月不再兼任社会事务部主任）
党委书记、董事长，赵光农场场长	吴宝忠	2020 年 7 月至 2020 年
党委副书记、总经理	刘增元	2018 年 6 月至 2020 年
党委副书记、纪委书记、工会主席、监事会主席，社会事务部副主任（2019 年 7 月起任社会事务部主任）、武装部部长	关淑玲	2018 年 6 月至 2020 年
副总经理	李成	2018 年 6 月—2019 年 8 月
	殷文科	2018 年 6 月至 2020 年
	何忠新	2018 年 6 月至 2020 年
社会事务部副主任	刘卫国	2018 年 6 月—2019 年 7 月
副总经理		2019 年 7 月至 2020 年

七、1958—1968 年各农场、分场领导

（一）1958 年赵光办事处时期各农场党政领导

通北农场党委书记万敬浩，场长刘文，党委副书记于景忠，副场长刘文。

黎明农场党委书记于景阳，场长赵希彬，副场长程雪儒。

东方红农场党委书记孙青山，场长孙学孟，党委副书记孙青山，副场长孙学孟、韩明玉。

赵光农场党委书记王成斌，场长金连城，副场长李万隆。

红星农场党委书记李万隆，场长韩有，党委副书记于书殿，副场长王仁彬、王福伦、张革。

和平农场党委书记郭向阳，场长程雪儒，党委副书记郭向阳、周海，副场长周海、金连城。

（二）1959—1961 年赵光农场各分场党政领导

通北分场党委书记于景忠、孟昭盛、刘云祯，场长刘云祯，副场长黄兆奎、王正英、万民学。

黎明分场党委书记胡友、程雪儒，场长程雪儒，副场长王庆祥、任克、邹世英、万民学。

东方红分场党委书记李万隆、姜永生、金连城，场长史顺祥、李双贵，党委副书记崔安寿，副场长韩明玉。

赵光（前进）分场党委书记孟昭盛、金连城，场长金连城，副场长杨刚、沈文学。

红星分场党委书记孙青山、李万隆，场长王仁彬，党委副书记王殿英，副场长李亚良、王福伦、王守廷。

和平分场党委书记郭向阳，场长刘文、李万发，副场长李万发、马宝琛、于森、杨刚。

（三）1962—1968年赵光农垦局（管理局）时期各农场党政领导

通北农场党委书记吴起、张庆林、胡友，场长刘云祯、吴起、张庆林，党委副书记吴起、张庆林、李范、谭喜，副场长万民学、刘云祯、刘忠山。

黎明农场党委书记程雪儒，场长孟昭盛、王日珠，党委副书记祝宝海，副场长邹世英、石凤祥、祝宝海。

东方红农场党委书记金连城，场长李双贵，党委副书记卢占元、王长林，副场长韩明玉、陈宝廷、赵希武。

前进农场党委书记胡友（1963年前），场长胡友，副场长祝宝海、沈文学、董立金。

红星农场党委书记李万隆，场长王仁彬、吴起，副场长王福伦、李亚良、崔安寿。

和平（建设）农场党委书记于景忠、郭向阳，场长郭向阳、蒋春林，副场长李万发、马宝琛、于森、蒋春林。

双丰农场党委书记王施恩，场长李万发，副场长沈文学。

共青团农场党委书记高文楼、王仁彬，场长张德良、王仁彬，副场长吉占国、李书亭。

晨光农场党委书记刘俊岭、孙玉春，副场长韩明玉、李亚良。

涌泉农场党委书记程雪儒，副场长刘忠山、李亚良。

第四节　党的建设

一、组织工作

（一）组织建设

1948年，农场建立党支部后，着重在生产第一线培养积极分子。当年8月，张万仁、董作才等被秘密吸收为候补党员。此后，耿德、刘文、王荫坡也被秘密吸收为候补党员。

1952年，党员发展到80人。

1955年，在全场72名积极分子中吸收13人加入党的组织。

1956年，农场下设3个党总支部，各生产队建立党支部，全场党员143名。

1958年，38名候补党员中有28人转为正式党员。

1959—1960年，非党积极分子500多名，新发展党员83名，对90名候补党员进行继续培训和考察工作。

1966—1967年，两年没有发展党员。组建一师七团后，在整党建党中发展新党员，仅1973年就发展新党员68名，新党员取消了预备期。

1978—1980年，全场发展新党员99名。

1981年，农场党委组织部根据黑龙江省委组织部有关文件精神，要求基层党支部按照发展重点和非党积极分子条件，建立填报非党积极分子登记表制度，培养积极分子队伍。接收新党员严格审批手续，保证新党员质量，对预备党员继续加强教育，转正时按党员条件衡量，把住标准关。当年经过培养和教育，全场发展新党员17名，有非党积极分子192名。

1985年初，全场党员1101名。

1985年1月—1996年1月，农场党的组织由党委和基层党委、支部三级组织组成，下设76个党支部。

1985—2005年，中共中央办公厅转发中组部1985年《关于大量吸收优秀知识分子入党的报告》后，农场党委注重发展各行业、系统一线的先优分子加入党组织。期间，每年有30名积极分子加入党组织，其中有20名左右是知识分子。20年间，全场发展新党员432名，加上复员退伍军人党员和大中专院校学生党员64名，新增党员496名，党员总数达1597人。

1996年后，4个分场党委撤销，农场党组织变为两级管理，基层党支部不变，其他基层党组织保持原状。

1997年11月至2002年，由于部分单位转制、合并、撤销，基层党支部数量发生变化，党支部由原来76个减少至67个。

2003年12月，撤队建区，农业单位43个党支部减少至11个。场区划为场直党委、教育党委、居民委党委，共计21个党支部。

2004年7月，场直单位党组织分别更改为场直党总支部，教育党总支部，第一、二、三、四居民委党总支部。

2008年12月，第十、十一管理区党支部并入第九管理区党支部。

2010年1月，成立赵光个体私营企业党总支部，下设中小企业党支部、富雪粮油党支部、天河商贸城党支部。8月，成立物业公司党支部和农业协会党支部。

2013年6月，成立种子公司党支部。

2015年4月，成立养老中心党支部，同时，撤销赵光个体私营企业党总支部及所属党支部，重新组建工商所党支部。

2016年5月，撤销农业协会党支部。

截至2019年，赵光农场基层党组织30个。其中，党总支部2个（教育、机关），党支部28个，中国共产党党员总数1410名。

2020年，农场公司制改革后，按照党建工作的相关要求，公司党委将原有30个基层党组织调整为27个。其中，党总支部3个（公司机关党总支部、场直社区管理服务中心党总支部、教育党总支部），党支部24个，中国共产党党员总数1324名。

（二）思想建设

建场初期，农场党组织对党员一方面通过党课学习，进行共产党和共产主义教育，立志扎根农场艰苦创业；一方面联系实际，要求党员在爱国主义劳动竞赛中争当先进和模范。

1959年，农场党委在整风中强调组织生活制度化建设，坚持"三会一课"制度，系统进行党课教育，选送部分党员干部到上级党校和有关专业训练班培养深造。

1969年，一师七团党委成立后，在整党建党中"吐故纳新"。

1977年，恢复农场体制后，党的"三会一课"制度恢复正常，各级党组织有计划地组织广大党员认真学习马列主义、毛泽东思想，学习党的基本知识和党的方针政策，开展争当模范党员活动。

1977—1980年，农场党委共组织党员学习班13期，轮训学员1838人次。在深入开展"做一个合格共产党员"的教育中，举办5期训练班，全场党员普遍进行一次轮训。

1981年，全场1019名党员分批进行轮训，重点学习《党章（草案）》《关于党内政治生活若干准则》《党的基本知识》《论共产党员修养》。采取集中辅导、分散讨论的方法进行学习，经考试，学员及格率达95%以上。

1983年，农场党委组织党员学习中共十二大文件，场领导亲自讲课辅导。组织各单位结合实际，学习《中共中央关于整党的决定》。

1984年，农场党委下发《关于基层党组织工作制度的通知》《关于开展"两先一优"活动的通知》，要求各级党组织执行基层党组织工作制度和党支部书记岗位责任制。

1985 年，农场党委成立理论学习中心组，每季进行一次集中学习讨论，每月进行一次民主生活会。

1988 年 8 月，全场开展了党的基本路线教育工作。农场每季举办一期培训班，为基层培训骨干，各党支部利用"三会一课"系统学习中国特色社会主义理论文章 20 余篇和《党的基本路线教育简明读本》，受教育面达 90% 以上。

1991 年后，农场党委决定，每年举办 1～2 次党员干部理论培训班，集中学习 3～5 天，并对学习内容进行测试。

1992 年，农场党委在党员干部中广泛开展了学习邓小平理论的活动。

1994 年，中共十五大召开后，农场党委将理论学习的重点放在学习邓小平理论和中共十五大报告上。党委班子集中时间进行学习和讨论，分别写出心得体会。党委组织了全场科、队级党员领导干部参加研讨班，各基层党支部也组织了党员干部集中学习和讨论。

2005 年 7 月，按照中央、黑龙江省委、黑河市委的统一部署和农垦总局、北安分局党委的要求，在全场党员中开展以实践"三个代表"重要思想为主要内容的保持共产党员先进性教育活动。为职工群众解决实际问题和困难 2600 多件，党员干部捐资助学金 6 万多元。

2006 年初，农场党委结合新形势下基层党建新特点，深入开展了"党员中心联带户"活动。"党员中心联带户"活动是在基层党支部的统一领导下，以党员为骨干、以职工群众为服务对象，全面开展基层各项工作的群众性组织。经过十多年来的不断巩固、充实和提高，"党员中心联带户"活动，实现了通过党建引领推动中心工作，达到了理论创新和实践创新，成为党组织与职工群众的桥梁和纽带。2011 年，农场党委开展的"党员中心联带户"活动在北安管理局得以全面推广，成为农场党建工作品牌、管理局党建工作名牌。黑龙江电视台"全省新闻联播""群星闪耀黑土地"专栏分别对农场党委开展的"党员中心联带户"活动情况进行了报道。

2007 年，农场党委在全场基层党组织和党员中开展了北大荒先锋工程活动。

2010 年 7 月—2012 年 12 月，按照中共中央组织部统一部署，农场党委开展了以创建党建模范区为统领，以发挥党支部的战斗堡垒作用和党员的先锋模范作用为着力点，以"创一流基层党组织，争当优秀共产党员"为争创目标的"创先争优"活动。

2014 年 3 月 10 日，按照黑龙江农垦总局、农垦北安管理局党委"党的群众路线教育实践活动"工作的统一安排，农场党委召开了"党的群众路线教育实践活动"启动大会，对深入开展"党的群众路线教育实践活动"进行了动员部署。在开展"党的群众路线教育实践活动"中，农场党委认真制订了活动方案，印发督导工作手册、宣传手册、民情日记等 700 余份。4 月 24 日，农场党委举办了"党的群众路线教育实践活动"知识竞赛，发放问题答卷 120 余份。4 月 25 日，农场党委召开了"践行群众路线、做最美赵光人"典型事迹报告会，来自各行业的 6 名同志发言。

2015 年，农场党委统一部署，开展"三严三实"专题教育活动。深入学习贯彻中共十八大和中共十八届三中、四中全会精神，重点学习习近平总书记系列重要讲话精神。

2016 年 5 月至 2017 年，农场党委在全场党员干部中深入开展"两学一做"学习教育活动。统一制定学习教育方案和计划表，成立学习教育协调小组，并建立了"党员活动室＋理论超市＋中心户工作室"的学习阵地，构建"党员学习日＋网上党课＋知识测试"学习模式。有 1258 名党员干部参与黑龙江省百万党员"学党章党规"网上答题活动，合格率达 95％以上。

2017 年，农场党委全面实施"北大荒堡垒工程"。农场投入资金 24 万元，为 13 个基层党支部建立和完善了党员活动室、支部书记工作室等场所。严格执行"北大荒党员课堂"制度，通过理论学习、党性锻炼、服务群众三种课堂为基层党支部开展组织活动、提升党建水平夯实基础。第九管理区、第六管理区党支部先后于 2017 年、2018 年通过总局"北大荒堡垒工程"示范党支部考核验收。

2019 年 6 月起，农场党委在全场党员中开展了"不忘初心、牢记使命"主题教育活动。按照"守初心、担使命、找差距、抓落实"总要求，把"改"字贯穿始终，制定了主题教育"施工图"和"进度表"，认真抓好 9 个方面突出问题专项整治和整改落实，推进全面从严治党向纵深发展。

二、干部工作

（一）队伍建设

农场干部来源。建场初期主要是上级委派，其次是部队转业官兵、地方干部调入、技术工人中提拔和国家分配的大中专毕业生。20 世纪 60 年代以前，农场技术干部主要来自全国 20 多所高等院校的大学毕业生。以后，在知识青年、生产第一线工人中，根据需要培养和提拔干部，调整和建设干部队伍。

1947 年，职工队伍中多数人都是干部身份。1948 年，干部增加到 34 人。1957 年，全场干部总数达 299 人。1958 年，大批转业官兵进场，干部总数增加到 430 人。1959 年，根据中国共产党的"德才兼备"干部标准提拔各级各类干部 137 人。1965 年，干部总数达 834 名。一师七团期间，农场肩负屯垦戍边双重任务，团部及其机关部门主要领导都由现役军人担任，副股长以上领导干部 30 余名。

1979 年，根据黑龙江省农场总局党委组织处关于"以工代干"转正精神，经过严格考核，择优选拔，有 556 名代干人员转为正式干部，使干部总数增加到 1091 人。

1984 年，全场干部总数 1157 人，其中，女干部 380 人，少数民族干部 27 人。

1985 年 9 月，中共中央《关于同意一部分老同志不再担任中央三个委员会成员的请求》发表后，农场在干部管理上，实行聘用聘任两条线，彻底打破干部终身制"铁饭碗"。

1987 年，农场对工、商、运、建、服单位的主要领导，实行公开招聘，打破干部、工人界限，实行竞争上岗。

1989 年，农场在机关干部（科室长）选拔任用中，采用公开招聘竞争上岗，打破领导干部和一般干部界限，一岗可以多人竞争，破除了论资排辈的框框，不拘一格选拔人才。

1992 年，农场党委对干部的选拔任用、管理、待遇及后备干部制度、回避制度等做了全面详细的规定。聘任、聘用制，打破终身制，企业可以不受任何条框限制选拔干部，实行动态管理。

1994 年初，农场开始民主选举生产队长工作，首先在 26 队、28 队、19 队进行试点。主要程序：候选人讲演、对群众提出的问题进行答辩、群众选举、被选中者与场长签订聘用合同。整个选举由组织部、纪委、工会进行监督实施。

1999 年后，基层领导干部的选拔任用以民主推荐、民主选举为主，聘、任为辅。

（二）干部任免

在农场建设过程中，长期以来都是党委管干部。农场各级管理干部多数时候实行单一的委任制，后来逐步建立委任制和选任制相结合的干部管理制度。

农场干部管理基本上是谁任谁管。建场初期至 1955 年，农场场长由东北人民政府（包括东北行政委员会）农业部下令任免，副场级、科级由农场管理局任免，队级干部由农场党委任免。1956—1961 年，农场场级领导改由黑龙江省委任免，通过组织部门发文下达；科级干部由省厅党组任免；队级干部由农场党委任免。1962—1968 年，赵光农垦局时期，局正副职和农场正副职干部均由黑龙江省委任免，科级干部由黑龙江省农垦厅党组或所在地委任免，队级干部由农场党委任免。

组建兵团初期，团的正副职干部由沈阳军区党委任免，连营职干部由黑龙江生产建设兵团党委任免，副连职干部由一师党委任免，正排以下干部由七团党委任免。1970 年后，正团职干部由沈阳军区党委任免，副团、正营干部由黑龙江生产建设兵团党委任免，副营、正连职干部由师党委任免，副连职以下干部由团党委任免。1973 年 10 月，正团职干部改由省委任免，其他不变。1975 年 8 月，黑龙江生产建设兵团党委决定，改变正营职以下干部任免权限，一师党委任免正副营职干部，七团党委任免正连职以下干部。

1976—1980 年，农场正职干部由黑龙江省委任免，农场副职干部由黑河地委任免，科级干部由北安管理局任免。

1981 年后，原黑河地委任免干部移交黑龙江省农场总局党委任免，其他不变。

1984 年 5 月，根据黑龙江省农场总局下发的《关于改革干部人事管理制度的暂行规定》，按"下管一级"的精神，农场副职干部由北安管理局任免，科级干部由农场党委任免。9 月，农场总局根据黑龙江省委有关文件精神，农场正职干部也由北安管理局任免。

2000 年后，农场在干部管理上，农场党委聘任政工、群团干部，场长办公会研究决定聘用行政干部。

2008 年，农场选拔任用干部均按照"推荐、考察、酝酿、决定、公示、任用"程序进行。

2012 年后，农场党委根据北安管理局《关于选拔任用领导干部程序的若干规定（实行）》的有关规定，实行干部选拔任用事前、事后报告和任前公示制度。

（三）　干部培训

1948—1952 年，通过培训和实践锻炼，从工人中提拔 19 名技术干部，从技术干部中提拔 6 名领导干部，从一般干部中提拔 6 名领导干部。

20 世纪 50 年代末，干部培训以业余教育为主，在职轮训为辅，除选送 50 余名干部参加省市党校及专业学校培训外，还抽调一定数量干部到农场自办的赵光大学和党校参加轮训学习。

建场初期至 1961 年，农场培训行政管理干部 400 多名。其中输出近 50%，支援四川、新疆、海南岛以及黑龙江省各地农业机械化事业建设。

20 世纪 70 年代，一师七团设立教导队，对连排干部分期分批进行培训。恢复农场体制后，进修学校对各类业务干部进行多层次的业务和文化培训。80 年代以来，农垦系统干部培训工作有了较大进展，党群干部、行政管理干部以及专业干部轮流参加各级党校、干校学习，场和分场级干部到省农场总局干部学院轮训，队级干部到农场管理局干校轮训，更多的人则进入广播电视大学、函授大学、农业广播学校等专门学校在职或离职学习代培。

通过多层次、多渠道、多形式的培训和进修，农场各级干部的文化、业务结构发生了根本变化。1984 年，在职的副场级以上领导干部 10 人中有 6 人为大专以上文化程度，占在职场领导 60%，农科专业占 83%。

1986 年，农场党委制定并下发了《关于干部培训若干问题的暂行规定》。

由于农场党委的重视，农场中层和基层干部，通过成人考试或代培，有99％以上的干部达到中专以上文化程度。特别是2006—2020年，农场举办了30余次各类培训班，进一步提高了干部文化素质，举办各类学术活动21次，有780余篇论文在农场、管理局、总局、省和国家级的评比中获奖。部分场处级领导、基层领导干部参加了总局级以上党校在职离岗培训学习。

三、知识分子工作

（一）知识分子队伍

1979年，全场科技干部235人，大学、中专和从工人中提拔起来的科技人员各占1/3。

1981年，晋升提拔农艺师、农机、林业、气象、水利工程师、统计和会计师等28人；晋升助理农机工程师、助理基建工程师等41人；晋升农业技术员、基建和园艺技术员、兽医等35人。

1985—1990年，农场为了增加科技人员的数量和提高科技人员的素质，通过各种渠道送大专院校进修深造的在场职工达524名，职教经费累计80万元。

1990—2005年，农场招收大中专毕业生150人。

2005年，全场有科技人员2114人，占全场职工总数的19.6％，比1984年提高了13.6％。其中，高级技术职称77人，中级技术职称1408人。

2020年，赵光农场有限公司有各类科技人员139人。

（二）知识分子待遇

1987年，农场下发《关于进一步落实知识分子政策的若干规定》《关于科技人员享受书刊补助费待遇的通知》的决定，凡在岗科技人员给予书刊费补贴，具体发放范围标准：高级职称30元/年；大学本科，中级职称20元/年；大专学历，助理级职称10元/年。

1995年，党委下发了关于《进一步加强培养跨世纪拔尖人才》决定。1998年农场下发了《赵光农场人才交流市场工作方案的通知》。

2000—2019年，农场按照"公开招聘、择优上岗"的人才引进机制，择优招聘任用了27名大专以上毕业生。并建立了"公开、平等、竞争、择优"的人才储备机制。采取了大中专毕业生与公开考试相结合的储备方式。人才储备库中，存档总人数1304人，普通大中专院校人才储备库存档191人，成人高等院校人才信息库存档15人，普通院校专科以上毕业生下岗失业人员信息库存档1人，北安垦区生源在垦区外、国（境）外工作人员信息库存档39人，在职专业技术人员信息库存档549人。2002年，农场党委为大中专毕业生创造良好的发展环境，农场在北安分局优惠政策的基础上，制定了更加符合农场实际情况的优惠政策，凡来农场工作的本科以上学历的毕业生，给予一次性生活补贴 3000 元，婚后给予一次性住房补贴 3 万元。大专毕业生给予一次性生活补贴 1500 元，婚后给予一次性住房补贴 1.5 万元。按所学专业分配到生产一线进行锻炼，并建立了培养、写实、考核的毕业生跟踪管理责任制。先后有 3 名大学毕业生被任命为正科级干部，4 名大学毕业生被任命为副科级干部，有 16 名大学毕业生加入了中国共产党，占发展党员总数的 27%。

（三）人才档案管理

1985 年，随着人事制度改革的深入发展，人才流动日趋加速，人员的隶属关系不断变化，干部档案管理工作也出现了一些值得重视的问题。农场对档案管理工作非常重视，针对档案管理中存在的关系混乱、人档脱离、管理无序的现状，及时召开干部人事档案工作协调会议，根据《干部档案工作条例》《黑龙江省人才市场条例》的有关规定，明确了组织、人事、教育、卫生、人才交流中心的档案管理权限，对人才的档案工作做了具体的要求。

1989 年，全场所有大中专毕业生和社会各类流动人才的人事档案交由农场组织人事部。组织人事部作为农场人才中心在具体工作中将人事人才档案管理纳入工作日程，加强对档案管理工作的领导，把档案工作列入中心的长远规划、年度计划、年度目标，与机关其他工作同部署、同组织、同考核。同时，选配了一名具有较高素质的工作人员负责档案管理工作，制定了人事档案整理、调转、查阅程序，建立了档案管理工作网络，形成了以领导挂帅、业务协作、专人负责、流水作业的四级档案管理网络。

四、老干部工作

1984 年 2 月，农场组织部配备一名专职干事负责老干部工作。5 月，成立老干部科。11 月，成立老干部工作委员会，党委书记马学利任主任，办公室设在老干部科，具体负责全场离退休老干部的工作。

1984 年，全场累计离退休人员 1025 人。其中，离退休老干部 128 人（离休 92 人、退休 32 人、退职 4 人）。2020 年，赵光农场有离休老干部 14 人，平均年龄 90.1 岁。

老干部科成立后，贯彻执行"政治待遇不变，生活待遇从优"的方针，按规定及时传阅同级有关文件，组织参加有关会议，学习文件，学习党的路线、方针、政策，讨论国家和农场大事。农场每年都为老干部们订阅党报党刊。离休老干部患病住院、门诊开药、转院治疗费用全部实报实销。

1984 年 11 月，农场投资 2800 多元，给居住在场直的行政 18 级以上和抗日战争时期的 11 户老干部安装了土暖气。同年，在农场场部俱乐部建立老干部活动室，天天开放，有专人管理，每逢节日组织游艺活动。分场、生产队也相应建立了活动室，供老干部们活动。

1984 年，农场先后多次派人到山东省平邑县、高青县，吉林省扶余县等地联系老干部异地安置事宜。全场有 4 名离休老干部回山东、吉林原籍异地居住生活，他们的建房费、公用经费、特殊经费、工资等费用均由农场负担，仅建房投资农场就支出 4.7 万元。至 2020 年，农场公司异地安置老干部 12 人，其中，场处级干部 2 人；省外 4 人，省内 8 人。异地安置的离休老干部工资通过银行及时按月发放到每个人银行卡中，他们的特需经费、医疗门诊费、住院费等，农场都及时给予实报实销。

2006 年，农场为进一步从生活上关心和照顾老同志，农场党委专门下发了《关于加强离休干部服务工作的几点意见》的通知，认真落实老干部的政治与生活待遇。

2011 年，农场党委投资 1020 万元，购买农场临街楼，做双老活动中心，三个楼层，30 多个房间，面积达 2000 平方米。二楼为老工人活动中心，三楼为老干部活动中心，四楼为会议室，所有设施全面更新。活动中心分别设有音乐室、棋牌室、乒乓球室、台球厅、健身房、电脑多媒体工作室、书画室、阅览室等。农场为活动中心阅览室订阅了《人民日报》《黑龙江日报》《北大荒日报》《老年日报》《生活报》《农村报》《退休生活》等 10 余种报刊，购买图书近 300 册。双老活动中心无节假日、全天开放，每天参加活动人数在 300 人左右。

2019 年后，农场为每名离休老干部订阅报刊数量从往年每人 2 份报刊调整到了 4 份，包括比照离休待遇 5 人，场处级退休领导 7 人。订阅报刊有《退休生活》《老年日报》《北大荒日报》《北大荒文化》。

第五节 宣 传

一、宣传工作

建场初期，没有专门机构系统地抓宣传工作，除了场领导不定期地做形势任务报告外，平时由工会、宣传组在各个生产季节里，密切结合工作和职工思想实际，通过会议、黑板报、有线广播、文艺演出、自办油印小报、编印宣传材料、对外报道、参观访问、展览等形式和手段进行宣传工作。宣传内容以艰苦创业的革命优良传统教育为中心，号召职工群众扎根农场，多开荒多打粮支援人民解放战争，大量宣传创业中涌现出来的模范人物及其先进事迹、生产新纪录。在抗美援朝保家卫国的爱国主义和国际主义教育运动中，在爱国增产节约运动及过渡时期总路线教育中，在开展大规模计划经济建设第一个五年计划中，农场的宣传工作都做出了显著成绩。

1958年，以中共八大二次会议通过的社会主义建设总路线为中心，宣传"三面红旗"、《农业八字宪法》，宣传苦战三年改变农场面貌。

1959年，是农场建场史上第一个大丰收年，在《赵光报》和县、地、省及中共中央报纸上大力宣传我国第一个国营机械化农场的业绩。

1960年以后，在三年困难时期，主要宣传节约粮食、生产自救、克服暂时困难、自力更生度荒年。

1963年后，宣传工作重点转入宣传"以农业为基础，以工业为主导"的发展国民经济总方针和"调整、巩固、充实、提高"的八字方针上，深入宣传和学习毛主席著作、学雷锋、学焦裕禄和学解放军、学大庆。在各生产季节，宣传部门经常组织宣传员携带宣传工具直接到生产第一线，到田间地头，通过各种宣传形式，面对面宣传在劳动竞赛中涌现出来的先进人物和事迹，宣传学雷锋做好事的社会主义新风尚。

1966—1976年，主要以宣传"农业学大寨"和学习小靳庄经验等为主。

1977年，恢复农场体制后，围绕党的中心工作进行思想上的拨乱反正，大力宣传中共十一届三中全会以来的路线、方针、政策，开展坚持四项基本原则的教育，宣传工作进入一个崭新的历史发展阶段。

1979年，农场各级党组织建立党的报告员、宣传员制度，加强宣传队伍建设。

1980年，农场宣传工作重点转向经济体制改革、搞活农场经济上。宣传"六五"计划，实行生产责任制，改善经营管理，提高经济效益；宣传调整农业生产结构，进行企业整顿；宣传学习中共十二大文件、中共中央1号文件，推行各种形式的承包经济责任制；开展"全民礼貌月活动"，进行"五讲四美三热爱"教育；学习职工守则，宣传做社会主义的"四有"新人。

1984年，在学习和贯彻中共十二届二中全会精神和建设文明场队的新形势下，宣传农场简政放权，增强企业活力，进行改革经济体制试办家庭农场的教育。

新闻报道工作紧紧围绕率先实现农业现代化的伟大实践和农场改革、开放、经济建设这个中心，围绕农场的重大决策、重要会议、重点工作及发展战略进行及时准确的报道。大力宣传各条战线改革和建设成就，宣传先进模范人物、模范事迹，充分利用《信息简报》《情况交流》《农场动态》及广播电视自办节目加大典型宣传力度，推动农场的中心工作。自办小报定期发行到各基层单位，简报主要以报道农业生产情况、改革、好人好事等为主，同时刊登农场的有关政策、对各时期安全生产的指导，每期简报各基层单位的投稿刊登率都在 50% 左右，宣传部还组织优秀稿件、新闻片向上级新闻单位或省、地、垦区报刊上报送。

1987—2005 年，农场党政领导把宣传报道工作当作头等大事来抓，在人力、物力上大力支持。每年年初，宣传部下发宣传工作要点、新闻报道提示，将新闻宣传工作作为思想政治工作目标考核的重要内容。在农场新闻报道工作实施细则中，规定每两月召开一次骨干通讯员例会。例会时，每人必备稿件两篇，以便相互交流，及时公布通讯员及各单位见报稿件情况，确定报道对象，组织实地采访，明确当前中心工作，交流信息，确定近期报道任务。对评分标准进行详细规定：全年在各级各类报刊发稿 30 篇或得分达 70 分的，可评为标兵通讯员；发稿 20 篇或得分达 70 分的，可评为优秀通讯员；年底见报稿件达 30 篇、得分在 70 分以上的，可评为新闻报道标兵单位；见报稿件 20 篇、得分在 50 分以上的，评为新闻报道先进单位。建立宣传报道激励机制，落实任务、明确责任、制定措施，实行奖罚制度。

农场加强新闻宣传队伍建设，建立健全通讯员队伍，70 多个单位，平均每个党支部有 2 名报道员，1996 年全场有 120 名业余报道员，其中，骨干 29 人。全场建立了不少于 20 人的骨干通讯员队伍，定期开展活动，坚持每季一培训。为提高报道员写作水平，年初，农场举办了报道员学习班，每季举办一次骨干报道员学习班，对骨干进行培训。农场邀请黑河日报、北安日报、农垦日报、黑龙江省级报刊、北安管理局新闻单位的记者为通讯员授课，选送业余报道员参加上级新闻单位新闻报道学习班。借助农场一季一次的政工例会，对全场通讯报导员进行理论武装。在春种、夏管、秋收时节，场党委宣传部下发宣传报道通知，围绕季节搞好宣传报道工作。每年组织开展小麦、油菜收获期间的最佳通讯报道员、最佳组织单位竞赛活动。各党支部组织专人采访，书记亲自挂帅，在见大报、上要闻、抢头条上实现了新突破。突出宣传了全国种粮大户刘志民、全国优秀教师陈允红等先进典型，选树各类新时期创业典型 238 人，在《黑龙江日报》上发表《只待春风回大地》《赵光农场"三卡"联结群众心》等文章。农场连续 18 年被《农垦日报》评为宣传报道先进单位，涌现了周良君等一大批优秀报道员。

在新闻报道中，加大对农业基础地位、地缘优势、资源优势的宣传，着力宣传了乳品厂、砖厂、面粉厂三家知名企业共十余个名优产品，宣传工作直接为农场的经济建设服务。以"上要闻、上头条、上大网、上大报、上大台"为目标，介绍农场的发展战略、发展优势，介绍农场的名优企业、新特产品，介绍农场的招商引资优惠政策和良好环境，形成强有力的舆论氛围，内增凝聚力，外树形象，扩大了赵光农场在垦区内外的影响力，提高企业的知名度。2002 年《人民日报》主任夏珺、记者彭俊及农垦司宣传文化中心主任贾蒿民到农场采访高油高产大豆种植经验。

2006年后，农场党委宣传部重点宣传报道了农场开展"党员中心联带户"活动，录制的《党员联带，党旗飘飘》新闻，在黑龙江电视台全省《新闻联播》提要中播发。采写的《"党员中心联带户"助推赵光农场经济社会跨越发展》《跨越征程党旗红》等文章在《农民日报》《北大荒日报》《党的生活》等报刊上发表。还邀请《黑龙江日报》《黑龙江经济报》等媒体记者来农场采访，采写了《联带的力量在党旗下凝聚》《党建根植沃土，和谐硕果盈枝》等重头文章。农场电视台策划推出了《百姓身边事》《全力推进"党员中心联带户"活动》《光彩之窗》等一系列贴近群众需求、贴近生活的栏目。

2007年，农场宣传部、广电局对在农场党建示范区建设和小城镇建设等涌现出的26个新典型进行了集中宣传报道，先后在《中国农垦》《农民日报》《黑龙江日报》《黑龙江经济报》《北大荒新闻》等报刊电视上刊播了全国"五一劳动奖章"获得者、"全国种粮大户"刘志民和垦区"十佳公仆"、劳动模范王宏忠的先进事迹。广电局还结合三八妇女节、五一劳动节等重大节日，开办了《巾帼风采》《劳动者》等栏目，宣传和报道身边典型人物事迹，在全场营造了崇尚先进、学习先进的浓厚氛围，为良好社会风尚的形成奠定了坚实的思想基础。

2011年，赵光农场种植结构调整大步伐迈进，玉米播种面积达到了1.8万公顷，同时提高标准化作业水平和科技投入力度。农场党委宣传部及时抓住这个新闻点，邀请央视记者来场采访，在央视《新闻直播间》栏目中报道了赵光农场玉米种植的好经验、好做法。新闻《玉米丰产又丰收》在黑龙江电视台《新闻联播》头条播发。

2012年，农场党委宣传部围绕农场党委中心工作，深入开展了主题新闻宣传报道活动。重点是在"强工攻坚""安全食品生产基地建设""发展繁荣北大荒文化""创业、创新、创优"等主题上，深度谋划，精心部署，多形式、多角度、立体化、创造性地开展了宣传报道工作。8月，宣传部结合"走、转、改"活动，组织了金秋"走基层、转作风、看发展"宣传战役。当年，赵光农场玉米播种面积扩大到2.8万公顷，宣传部邀请《黑龙江日报》记者到场采写稿件并刊发，扩大了农场的影响力。农场电视台根据农场社区、医疗卫生服务、场县共建等工作亮点，策划选题，在《北大荒新闻》中播发3条头条新闻。通过新闻宣传，把农场的一些好经验、好做法通过报刊、电视荧屏、网络传到垦区千家万户。

2014年，农场党委宣传部开始创建新闻QQ群，构建由党委宣传部、骨干报道员、大学生梯队报道员、基层报道员组成的"四级通讯报道网络体系"。管理区和场直单位建立三人以上的通讯报道组织，机关各科室至少配备一名报道员和一名专（兼）职信息员，负责信息的撰写、上报工作。基层党支部书记、机关科室长负责本单位、本部门的新闻宣传报道工作。宣传部依托新闻报道 QQ 群，定期发布宣传要点，指明宣传导向，对稿件进行点评、互评，提升报道员写作水平。

2015 年，农场党委宣传部创新"统分结合"的宣传模式，将报、台、刊、网联动起来，宣传部、广播电视局、党委办公室分别负责报刊、微信公众号、电视、农场信息港和《北安农垦信息》采、发、编工作，形成有效的联动机制，优势互补、资源共享。

2006—2020 年，赵光农场在地市级以上报刊、网站累计发稿 23660 篇，其中，国家级 1217 篇、省级 7187 篇。

二、理论教育

建场初期，场领导直接抓政治理论学习，组织职工读书看报学时事。结合实际，学习毛主席著作，学习中国近代史和《联共（布）党史》，对干部职工进行集体主义、爱国主义教育，进行革命理想和人生观教育。

1958 年，农场宣传部门设专职的理论干事抓理论教育，分场也配上兼职的理论教员，理论教育开始步入正轨。

1978 年，中共十一届三中全会召开后，理论学习和教育开始了历史性转变，经过拨乱反正，重新确立实事求是，一切从实际出发的思想路线，开始全面组织党员干部学习中共十一届三中全会后党的文献及建设有中国特色的社会主义理论，开展实践是检验真理唯一标准的大学习大讨论，组织各种类型学习班，对广大党员、干部和群众进行理论与实际相结合的教育。

1980 年，农场掀起学哲学、学政治经济学热潮，农场干部被选派到上级有关党校离职学习。

1983 年，农场各单位组织党员干部群众学习《邓小平文选》《中共中央关于经济体制改革的决定》，学习全国人民代表大会五届四次会议提出的社会主义经济建设十条方针，坚持进行普法教育，组织学习法律常识。

1985 年，农场根据上级党委要求，把党员干部的理论学习作为改革的重要基础工作，抓好各级党委和支部中心理论组的学习。

1986 年，农场党委成立理论学习中心组，每季进行一次集中学习讨论。建立健全企业党校和中心理论组培训网络，坚持集中培训与分散学习相结合、以分散学习为主的培训方式。建立健全以目标管理为载体的理论学习考核机制，坚持基层按月自查与总场按季通报相结合的考核方式。基层各单位以支部为单位定期进行理论学习。有理论学习计划，有学习资料，有学习记录，有督促检查。

在学习方法上，采取辅导引路、自学为主、互相检查、群众监督的形式，为确保学习质量，抓了"一地（学习阵地）""一档（学习档案）""四簿（学习记录簿，学员登记、纪实簿，学员成绩簿，学员学习笔记簿）""四制度（学员学习考勤制度、学员考核制度、学习管理制度、学员奖惩制度）"的建设。

在学习内容上，农场党委根据改革需要和上级安排，加强了马克思主义基本原理的学习。学习了《中共中央关于经济体制改革的决定》和四项基本原则。每年举办1次党员干部理论培训班，集中学习3～5天，并对学习内容进行测试。通过学习提高党员干部对马克思主义、毛泽东思想基本原理的认识，提高对经济体制改革的认识。

1986年，农场实行改革以后，理论学习重点放在学习马克思主义哲学、政治经济学和邓小平建设有中国特色社会主义理论及社会主义商品经济理论上，为改革奠定了思想基础。

1989年9月，农场党委成立业余党校，成为广大党员干部和职工群众理论学习教育的有效阵地和活动载体。党委书记刘本田任校长，场长赵永才和党委副书记张文洲任副校长。党校下设政工、行政管理、农学技术、机务技术、教育、养殖、财会、工业8个教研组，总校下设分校和教学班。总校教室设在教育科，分校教室设在各分场会议室，教学班设在各连队的活动室。采取办班辅导、理论研讨、专题讲座、时事报告等多种形式，充分利用广播、电视等现代化的教学手段，实施电化教育，不断提高党校教学质量。

1999年，农场举办思想政治工作与产业结构调整理论研讨会，共收集论文236篇，编辑成册，下发基层，供党员干部学习。

1992年，邓小平南方谈话发表后，农场党委宣传部组织党员干部广泛开展学习邓小平理论活动，以《邓小平文选》第三卷和邓小平讲话为重点，学习和理解"三个有利于""发展才是硬道理""解放思想、实事求是"等要点，把学习邓小平理论和农场改革实际相结合，进行深入讨论。

1994年，农场全面实行"两自"改革，重点学习邓小平改革开放理论，由党委书记、场长等做主讲。中共十五大召开后，农场党委把理论学习的重点放在学习邓小平理论、江泽民"三个代表"重要思想、胡锦涛和谐社会建设和中共十五大、十六大、十七大报告上，党委班子、各基层支部集中时间进行学习和讨论、调研，并结合分管战线工作写出心得体会。冬季，党委组织全场科、队级领导参加研讨班，由党委书记等场领导和宣传、组织部门领导担任主讲，并通过测验加深领会。全场副处级干部每年参加北安分局组织的理论骨干培训班。

2005 年 7 月 13 日，农场党委召开以"三个代表"重要思想为主要内容的保持共产党员先进性教育活动动员大会，开展以"三个代表"重要思想为主要内容的保持共产党员先进性教育活动。

2008 年 10 月 27 日，农场党委召开深入学习实践科学发展观研讨会。各管理区副职以上管理人员、场直各单位正职领导和机关副科级以上干部及老干部代表共计 101 人参加会议。党委书记刘增元做动员讲话，分局督导组组长郝正学讲话。动员大会之后，全场以支部为单位进行了为期 3 天的分组学习讨论活动。

2010 年，农场党委以中心理论组学习为核心，以各级学习型基层党组织创建为带动，建立全民学习示范带，健全"学习型机关、学习型企业、学习型社区、学习型家庭、学习型职工"体系。采取党员干部集中学习，开展形势任务报告会、座谈会等方式，解决党员干部的理论需求和实践困惑。在建设学习型党组织活动中，农场党委先后在全场各行业树立集体典型 52 个，个人典型 95 个，用典型事迹，激发全民共同学习热潮。从 2011 年起，农场开展了一年一次的感动赵光农场人物评选活动和评选身边的好人。截至 2020 年，已评选出爱岗敬业、诚实守信典型人物 110 个。

2011 年 7 月 5 日，农场党委中心组集中学习胡锦涛总书记"七一"讲话。党委书记刘增元主持，农场党委成员参加学习。

2012 年 12 月 13 日，农场党委宣传部举办学习贯彻中共十八大和农垦总局党委扩大会议精神知识竞赛活动，农场党委书记刘增元、副书记王璐参加活动。

2014 年 3 月 10 日，按照黑龙江省农垦总局、北安管理局党委"党的群众路线教育实践活动"工作的统一安排，农场党委召开"党的群众路线教育实践活动"启动大会，对深入开展"党的群众路线教育实践活动"进行动员部署。农场场长王宏忠主持会议，农场党委书记刘增元做动员讲话。

2015 年，农场党委深入学习贯彻中共十八大和中共十八届三中、四中全会精神，重点学习习近平总书记系列重要讲话精神。紧紧围绕协调推进"四个全面"战略布局，把"三严三实"专题教育作为"党的群众路线教育实践活动"的延展深化，作为持续推进党的思想政治建设和作风建设的重要举措，作为严肃党内政治生活、严明党的政治纪律和政治规矩的重要抓手来要求。

2017 年 5 月 16 日，农场党委召开中心理论调研会议，传达贯彻中共黑龙江省委员会第十三次党员代表大会精神。党委书记刘增元主持会议，农场场长王宏忠讲话。农场党委成员、管理区、机关科室、居民委、场直单位主要领导 80 余人参加会议。

2018 年 10 月 9 日，农场党委召开理论学习中心组学习会。中心组成员学习了习近平总书记在垦区考察时的重要指示精神，学习了习近平总书记在深入推进东北振兴座谈会上的重要讲话和考察黑龙江时的重要指示精神。

2019年1月4日，农场有限公司党委下发《赵光农场解放思想推动高质量发展大讨论方案》。

2020年8月4日，农场有限公司党委召开理论学习中心组学习会议。会上，学习了习近平总书记有关垦区的重要讲话精神；党委副书记关淑玲宣讲北大荒集团党委（扩大）会议报告；党委宣传部部长任红主讲"四大精神"，原农场司法局刘平主讲民法典。农场党委委员和公司机关各部（科室）长和管理区书记参加会议。

第六节 统 战

一、统战工作

农场体制变动频繁，历史上的国营通北农场、省营赵光农场和福安农场单独存在时期，均未设统战工作机构，统战工作历来归属党委宣传部门，配兼职的统战干事负责统战工作。1984年，宣传部仍配兼职统战工作人员。兼职统战工作人员变动大，工作受到一定影响。

建场初期，在党的统一战线思想指导下，根据统战对象的专长安排适当工作。1978年起，根据上级党委指示，贯彻中央《关于落实原国民党起义投诚人员政策的通知》《关于错划右派改正工作的通知》，成立政策落实办公室进行政策落实工作。对原国民党起义投诚人员和错划右派，组织人员集中力量进行清理登记，凡清查核实的均得到落实，并根据政策规定和实际情况发给多少不等的生活补助费。

20世纪60年代以前，福安农场对一些就业后的非党知识分子，根据特长安排适当工作。李道械是建筑业内行，就业后做建筑设计工作，到赵光农场后任建筑工程师，曾主持过大型建筑的设计施工；郑汉涛到赵光农场后，也发挥其特长，为农场铁路专用线的修建做过一定贡献。

1995年，农场有统战人士8741人，海外侨胞25人。

2001年，农场有台属3户，人口8人；归侨4户，侨眷16人；非党知识分子899人，其中，高级职称4人、中级职称186人、初级职称709人，起义投诚人员6人。

2006—2019年，农场党委通过开展党内外同志一起联谊和进行重大节日座谈慰问等活动，做好暖人心、聚力量工作。每年春节期间，农场领导都要走访慰问困难群众、宗教界人士等社会各界代表，在新春佳节到来之际，向他们送上党和政府的关怀与温暖。农场宣传部部长任红，每年深入统战对象家中走访慰问、宣传统战政策。农场统战部门每年按政策规定及时为少数民族高考生和归侨侨眷子女办理照顾证明手续。宣传部开展了国家归侨侨眷权益保护法等宣传活动，增强公民及归侨侨眷法律意识和法治观念。

2019年，赵光农场有侨眷侨属39人。

2020年，农场统战工作移交北安市管理。

二、民族

1982年，农场进行人口普查统计工作，全场人口由11个民族构成的，其中以汉族人口最多。汉族人口24660人，占总人口的97.75％。少数民族人口567人，其中：蒙古族56人、回族67人、苗族1人、壮族5人、朝鲜族51人、满族374人、土家族2人、侗族1人、布依族6人、达斡尔族4人。

据1999年统计，农场有少数民族人口243人。其中，满族150人、回族18人、蒙古族56人、朝鲜族2人、锡伯族2人、水族3人、布依族7人、壮族3人、达斡尔族2人。

2005年，农场少数民族人口664人。其中，蒙古族82人、回族85人、苗族4人、壮族6人、朝鲜族32人、满族440人、土家族2人、黎族3人、布依族7人、水族2人、哈尼族1人。

2020年，根据农场有限公司财务部统计，公司有12个少数民族，人口907人，占总人口的3％。其中，满族432人、蒙古族158人、回族192人、朝鲜族86人、达斡尔族14人、壮族5人、苗族2人、水族10人、土家族2人、锡伯族2人、布依族2人、俄罗斯族2人。

2020年，农场民族宗教事务工作移交北安市管理。

第七节　纪检监察工作

一、机构

建场之初，党支部书记亲自抓纪律监察领导工作，党支部内设监察委员，负责日常具体工作。

1953年6月，东北国营农场管理局批准农场建立监察机构，任命党支部副书记韩武臣兼任主任。农场于7月3日发出建立监察室的通知。

1958年11月22日，赵光镇成立监察委员会，书记万敬浩。监察委员会负责监察镇政府与人民公社政务，受国家监察机关领导。

1959 年 5 月，中国共产党赵光农场第一次党员代表大会选举产生新的监察委员会，书记刘俊海。

1960 年 6 月，中国共产党赵光农场第二次党员代表大会选举产生新的监察委员会，书记于景忠。

1964 年，经地委批准，赵光农垦局监察委员会换届，各农场政治处设组监干事负责日常工作。

1966 年开始，一师七团时期，监察工作由团政治处组织股具体负责，重点抓党的纪律教育。

1976 年末，纪律监察工作被纳入农场组织部工作日程。

1979 年 3 月，恢复检察机构，成立纪律检查办公室，负责人谷振东。主要进行党纪宣传教育，恢复党的正常生活和冤假错案甄别复查工作。

1980 年 7 月，中国共产党赵光农场第四次党员代表大会选举产生纪律检查委员会，书记谭玉明。

1982 年 3 月，农场党委成立贯彻中央紧急通知领导小组，由纪委领导，下设办公室（简称贯彻办），主要负责打击经济领域严重犯罪活动。

1985—1988 年初，设检察室、纪委办公室、贯彻办。

1990—2020 年，纪委与监察科合署办公，在纪委书记的领导下开展各项工作。

1995 年 5 月，中国共产党赵光农场第七次党员代表大会选举产生纪律检查委员会，纪委书记巩继辉。

2000 年 6 月，中国共产党赵光农场第八次党员代表大会选举产生纪律检查委员会，纪委书记黄大强。

2013 年 7 月，中国共产党赵光农场第九次党员代表大会选举产生纪律检查委员会委员，纪委书记王璐。

2016 年 10 月—2017 年 12 月，全世红任纪委书记。

2018 年 1 月，关淑玲任纪委书记。

二、党风党纪教育

20 世纪 60 年代前，除了各时期党内统一发动的整党整风教育外，农场纪检部门按照组织生活制度要求，组织党员干部学习中国共产党章程和党的基础知识，进行党风党纪教育。发现违纪现象及时处理，对于严重违法乱纪分子进行除党内纪律处分外，有的还给予刑事处罚。

中共十一届三中全会后，农场纪检部门配合组织、宣传部门，根据中共中央文件精神，集中时间组织全场党员进行《党章（草案）》和《关于党内政治生活若干准则》学习，进行端正党风、加强党性建设的教育。

1981年3月开始整顿组织，纠正各种不正之风。对党员干部在"农转非"、"农转场"、招工、转干、招生、征兵、住房、建房以及其他工作中存在的以权谋私和对工作严重不负责任的官僚主义等不正之风进行了清理。

1985年，根据中共中央纪委的要求，农场开始整党，制定了《赵光农场党委实现党风根本好转规划》。在整党工作中，对党员采取经常性教育，不断提高政治素质，坚持"三会一课"制度，使党员达到"十懂"，即懂得党的性质、党的纲领、党的宗旨、党员的权利和义务、党的组织制度、党的纪律、党的政治思想组织路线、党员干部必须具备的基本条件、党的四项基本原则、党的基本方针、任务、政策和方法。

1986—2005年，赵光农场始终把廉政教育作为干部队伍建设重点内容，常抓不懈。组织党员干部学习《邓小平论领导干部廉洁自律》、江泽民同志在广东省高州市领导干部"三讲"教育会议上的讲话、《中国共产党章程》、《中国共产党纪律处分条例》、《实施纲要》等，举办行政监察知识竞赛。开展专题警示教育活动，组织播发了《权力的制约》《权与钱》《沉钟》《受贿忧思录》《王怀忠两面人生》《李真——扭曲人生》等电教片。2004年12月—2005年1月，开展了专题的警示教育活动，全场各党支部学习了白皮书田某山《我的初步检查》、学习中央纪委向韩某芝宣布处分决定时的谈话记录，吸取马某疯狂卖官、自毁前程的教训。农场班子成员召开警示教育专题民主生活会，深刻剖析田韩两案，通过一系列活动，党员领导干部在心中筑起了坚固的拒腐防线。开展正面典型教育。2003年，农场党委组织党员干部观看了教育片《大地有江河》《忠诚卫士》《为民书记郑培民的先进事迹》；"七一"期间，农场党委召开了廉政典型事迹报告会，5个廉政典型人物做了经验介绍。把住重点时期的提醒关，对节假日、婚丧嫁娶、子女上学当兵、喜迁新居等事项进行重点提醒，先后制定了《赵光农场关于厉行节约制止奢侈浪费行为的具体规定》《关于春节期间严守廉洁纪律的通知》的相关规定，将预防关口前移。五是规范领导干部廉洁从政行为，制定了"十不准、八增强"等工作制度，突出重点狠刹滥办酒席风、索要钱财、请客送礼等不正之风。

1987年4月，农场党委出台了《关于赵光农场科级以上党员领导干部自身党风建设规定》，要求党员领导干部做到"十要、十不准"。同时，于9月制定下发了《赵光农场机关工作制度暂行规定》，接受社会监督。

1990年，农场党委成立反腐败领导小组及办事机构，反腐败办公室在农场党委的直接领导下进行工作。反腐败领导小组组长由农场党委书记担任，农场场长、纪委书记、常务副场长、工会主席担任副组长，成员有场办公室、组织部、宣传部、资金办、审计科、监察科、工商、法庭、公安局等部门的负责人，反腐败办公室设在纪委。

从 1990 年 10 月开始清理纠正行业不正之风，重点是与群众利益密切相关的实权部门、经济监督部门、执法部门、公用事业部门和组织人事部门，着重解决招工、录干、参军、落户、上学、工作调转、办证收费、就医、产品销售、物资供应、交通管理、国土审批、承包工程中吃拿卡要报、索贿受贿以及乱收费乱罚款等。至 2005 年，农场党委纪委先后开展了"群众满意工程""端正政风行风，优化发展环境，最佳最差单位评议"活动。

1992 年，农场党委对 5 个基层党委、2 个总支部党风廉政建设工作进行全面检查。全场在党内监督上，共建立监督小组 73 个、监督制度 23 条，聘请党风政风监督员 156 名，建立监督档案 521 份，设监督举报信箱 85 个，全场监督员为纪委提供监督意见 22 条、为基层党支部提出建议 131 条。

2006 年，农场党委组织全场党员开展学习党章、遵守党章、贯彻党章、维护党章活动。"七一"前夕，组织全场党员开展了一次"誓词在我心中"党章知识测试活动，参加测试党员 192 人，合格率 100%。

2007 年，农场党委组织全场党员干部开展向黑龙江省廉洁从政标兵魏建文同志学习活动。

2008 年，农场党委纪委开展了"学习中共十七大精神，加强反腐倡廉建设"征文活动，收到征文 100 多篇。农场党委组织党员干部参加"学习中共十七大精神培训班"，参加学习人员达 80 余人，共撰写论文 80 余篇，其中上报分局纪委 2 篇。

2009 年，农场对 21 名新提职的领导干部进行了集体廉政谈话，同时通报了总局、分局、农场的 6 起典型案例，对提职人员开展了警示教育。农场纪委监察科对副科级以上领导干部发放廉政提醒书 107 份，对领导干部家属发放"当好半边天、争当廉内助"倡廉信 87 封。

2009 年，农场纪委积极向各级党报党刊投稿，共发表党风廉政及行风建设方面宣传稿件 10 条。其中：国家级稿件 1 条（在《纪检监察报》上发表），打破分局"零"的纪录，省级稿件 3 条（分别在《精神文明报》《黑龙江经济报》《农垦工会通讯》上发表），地市级稿件 6 条，在《北安农垦信息》上发表报道 3 篇。制作"反腐倡廉、任重道远、跨越发展、振兴赵光"宣传图版，向党员、干部、群众展示反腐倡廉成果。向分局选送了《廉洁自律》剪纸、《毛主席诗词》十字绣、《警钟长鸣》书法等作品，参加北安分局举办的廉政文化优秀作品评选活动。

2010 年，农场党委决定把第六管理区列为党风廉政建设示范创建区。

2012 年 5 月，农垦北安管理局"清风净土"经验交流座谈会在农场第六管理区召开。7 月，黑龙江垦区纪检监察"清风净土"座谈会在农场第二居民委和第六管理区召开。

2015 年，农场党委在全场党员干部中，开展学习党纪政纪法规，促进领导干部依法从政主题教育活动，进行了党纪条规知识测试。

2016 年，农场党委纪委在全场党员干部中深入开展了政策法规教育。发放《中国共产党廉洁自律准则》和《中国共产党纪律处分条例》120 册，讲廉政党课、党纪法规学习等活动 16 场次，撰写学习心得 100 多份。

2017 年，农场党委在党员干部中，开展学习贯彻新修订的《中国共产党纪律处分条例》和《中国共产党廉洁自律准则》，农场集中学习 1 次，受教育人数 128 人，各基层单位各自学习 26 场次，受教育人数 386 人。

2018 年，农场党委在继续抓好领导干部"三廉"教育活动中，以流动党课的形式，对全场领导干部进行了廉政宣讲 2 次，受教育人数 128 人。

三、政风行风建设

2006 年初，赵光农场印发 2006 年端正政风行风优化发展环境最佳、最差单位评议活动工作方案，按照方案要求，各部门进行了自查自评。4 月 24 日至 25 日，参加"双评"的 28 个单位主要领导通过新闻媒体进行公开承诺。12 月 11 日召开"双评"工作听证会，听证人员包括基层管理人员、种植户、养殖户、个体工商户、农机户、老干部、学生家长等。

2007 年，农场制定了"双评"工作方案。方案规定参评部门 27 个，其中执法监督部门 13 个，综合管理部门 14 个。4 月 21 日至 30 日，27 个单位的承诺书通过广播电视陆续播出，各单位对履行职责、依法行政、简化办事程序、提高工作效率、为民服务等工作进行了公开承诺，诚恳接受社会各界的监督。

2009 年 5 月 14 日，农场召开践行北大荒核心价值观暨作风建设推进会，传达贯彻赵光农场开展领导干部作风建设年活动实施方案和以"讲党性、树新风、优环境、促发展"为主题的作风建设活动的实施意见，为职工群众解决疑难问题 65 件。

2010 年，农场纪委监察科针对行风、政风建设，与 30 个基层单位或部门签订了纠风责任状 30 份，并建立了承诺制度。4 月，30 个参评部门通过电视台向社会做出了公开承诺，接受社会监督。

2011 年，农场党委纪委逐步建立《政风行风教育制度》《从政从业行为规范》《办事公开制度》《明察暗访制度》《舆论监督制度》等监督制约机制，探索纠风工作长效机制。当年，农场聘请6名党风监督员，每个基层单位各聘请2名党风监督员，形成农场、基层单位两级政风行风监督网，进行实时监督。

2014年，农场政风行风评议活动取得新成效，科级以上领导干部深入基层现场办公175次，撰写调研报告40篇，解决重点难点问题110个。

2015年，农场纪检监察部门继续加大工作力度，持之以恒纠正"四风"，认真贯彻落实中央八项规定，省委、总局九项规定，管理局《关于厉行勤俭节约反对铺张浪费的有关规定》，农场正风肃纪的有关规定，并组织协调有关部门开展专项治理，维护群众利益。主要开展了厉行节约、公务接待、职务消费等规定执行情况的监督检查，严肃查处铺张浪费、公款吃喝、公款送礼等顶风违纪行为。

四、执纪检查，专项清理整顿

1992年7月15日—11月15日，根据北安分局的工作要求，以中共十三届八中全会和邓小平同志南方谈话精神为指针，开展了专项清理集中整顿工作：专项清理土地，解决干部以地谋私问题，共收缴违纪款163368.16元；专项清理账外小金库、自卖公房和私车燃公油，解决以钱、以房、以油谋私问题，清理小金库6个，违纪金额154244.22元，清理不合理住房69户，收缴私自卖公房违纪款12990元；专项清理私车燃公油，每年可为农场挽回经济损失10万多元；专项清理内外欠款，解决企业资金紧张问题，共清理回收欠款1527万元；专项清理财务、产品、物资，解决经营管理问题，共清理收缴违纪金额272821.97元，处理积压物资回款2.2万元，处理积压商品回款55万元；将专项清理工作与清理行业不正之风工作相结合，对重点行业进行清理整顿，发现分场卫生院在进药回扣问题上有违纪现象，收缴违纪款3960元。

1993年6月18日，北安管理局清理内外欠款工作经验交流会在赵光农场召开。7月4日，赵光农场在黑龙江垦区专项清理工作会议上，做典型经验介绍。

1995年，农场党委纪委在全场开展了专项清理工作。3—5月对全场29个鲜奶收购站进行了清理整顿，整顿的重点：压等、压价、压量问题；掺杂使假问题；工作人员营私舞弊、虚报冒领、损公肥私问题；截留、挪用、占用奶资及拖欠奶资问题。通过开展"四反"（反拖拉、反刁难、反勒卡、反梗阻）和清理"三乱"（乱收费、乱设卡、乱罚款）活动，纠正行业和部门中存在的不正之风。

1998年4月1日—6月30日，对群众关心的干部公款吃喝、租用私车、承包土地和推销物品问题进行了集中清理，完善了监督制约机制，制定了《关于禁止公款吃喝、租用私车、以地谋私问题的有关规定》，建立了干部收入、承包土地、招待费、租车费、差旅费、电话费公开制度。

2000 年，农场对 1999 年经营管理情况进行执法检查和专项清理整顿，专项清理重点包括：1998—1999 年干部承包土地挂账，预算外资金、小金库和收支两条线，50 万元以下工程招标等三项内容。经营管理执纪检查的内容包括：招待费超标问题、小车费问题、坐收坐支及现金管理问题、乱挤乱摊成本问题、产品和物资盘亏盘盈问题、对外赊销产品物资问题、截留产品挂账问题、虚列产品问题、上级退款挂个人户或分配不合理问题、队管地挂账问题、各项应收款问题、私设小金库问题、干部推销非生活用品问题、合同管理问题、机关人员到基层报销问题、民主管理问题、晒场（仓库）管理问题、固定资产管理问题、油料管理问题、承包土地问题、1999 年生产生活资金垫付问题、1999 年上缴产品费用完成情况及场务公开问题、其他违反农场财务规定的问题等 24 项内容，此项工作于 2000 年 8 月底完成，对暴露出来的问题及时进行了处理。

2002 年，纪委协助清欠办清回疑难欠款 4.89 万元，调查明确责任人欠款 20 余万元。对全场 26 个农业生产队进行执纪检查，重点检查了农资管理和财务管理，收缴各类违纪违规资金 17.95 万元。

2004 年，针对撤队建区后暴露出的实际问题，农场纪委、监察、审计部门对原 26 个农业生产队进行了全面的执纪检查。重点检查 2002—2004 年账外资金收取、管理、使用情况。在检查中发现账外资金主要由计划外耕地租金、等级地差、小块地收费、晒场占用费、作物调茬费、荒芜费、任务粮保证金等组成。为妥善解决这一问题，农场决定各管理区和居民组要统一建立食堂账，根据实际情况重新核定各管理区的餐费、交通费、管理区主要领导通信费等三项标准。以此，把账外资金纳入账内管理，杜绝资金使用上的违纪违法问题。

五、执纪监督工作

1992 年，为了加强纪委信访工作，密切党群干群关系，在惩治腐败工作中发挥更大的作用，农场纪委制定了纪委委员信访接待日制度。

赵光农场是垦区"两公开一监督"工作的发源地，1991 年 3 月 27 日农场总局在北安局召开了垦区党风廉政建设工作经验交流会。总局党委书记王锡禄，纪委书记王振捷，各管局纪委书记、监察局局长等共计 70 余人到农场 28 队、26 队、4 队、2 队、场医院、乳品厂、教委等单位参观公开化工作。1991 年红兴隆管局友谊农场、嫩江局、建三江局物资处、牡丹江局、绥化局海伦农场、绥化局红光农场、建三江管局党委、克山农场、八五三农场、富牧农场等单位共组织 197 人先后来农场参观学习"两公开一监督"工作。1991 年 12 月,总局纪委办公室主任胡昌喜专程来到农场亲自研究公开化工作。1992 年 3 月 5 日,农场党委副书记兼纪委书记巩继辉代表党委在垦区纪委工作会议上做了题为《不断深化办事制度公开化,促进农场两个文明建设》的经验介绍。为推广"两公开一监督"办事制度,总局纪委拍摄了以"两公开一监督"为内容,题为《权力的制约》的电视专题片,在整个垦区引起强烈反响。1992 年 5 月 30 日,《赵光农场在干部人事工作中推行"两公开一监督"的制度》在黑龙江纪检信息第 28 期刊登。1994 年 7 月 5 日,《农垦报》报道赵光农场十一队佘合运廉洁勤政事迹,标题为《这个队最穷的是队长》。1997 年农场先后制定下发《赵光农场办事公开制度实施细则》《赵光农场关于进一步加强权力监督制约的有关规定》。

2000 年,为了加强领导干部廉洁自律,农场制定了"十不准、八增强"工作制度。

2005 年,开展了治理乱收费工作:一是农场纪委和工商物价所联合对辖区内 29 个收费单位进行了检查,取缔了不符合规定的收费项目,对农场医院等 4 家医疗机构收费标准进行了重新核定和审批;二是教育系统严格执行分局《关于印发 2005 年价格和收费阳光工程实施方案的通知》精神,做到明确收费项目,严格执行收费标准,减轻了家长负担,确保了收费规范有序进行。

2007 年,赵光农场先后召开四次招标会议,招标项目 9 项,其中包括净水厂至北岗供水干线、友谊路两侧人行步道板、教育中心操场砼地面、二区办公室翻建、小区供热供水等工程。工程预算总造价 320.2 万元,通过公开、公平、公正的办法,最后以 295.24 万元中标,为农场节约资金 24.96 万元,节约 7.8%。

2009 年,农场党委根据建立健全惩治和预防腐败体系 2008—2012 年工作规划和"三重一大"议事规则实施细则,对重点工作实行由党委集体决定制度。

2012 年,农场党委制定了《"阳光下的赵光"实施方案》,在 25 个基层党支部中开展为期两年的"阳光下的赵光"主题实践活动,涉及群众切身利益和职工群众关注的热点、难点问题,多形式、多层次推进民主监督。

2014 年,主要开展了工程建设领域、征地拆迁、小金库、公务用车、庆典、研讨会、论坛、教育收费、环境保护、医疗服务、食品安全等专项治理工作。

六、案件查处

20 世纪 50—60 年代,纪律监察的工作范围广,对政治、经济、生产工作和生活方面的案件都进行查处。在历次政治运动中揭露出来的问题集中查处,平时检举揭发及发现的问题依照法律和纪律规定进行查处。对于官僚主义、工作失职造成的责任事故，诸如人身伤亡、机械损坏、技术故障、被盗、失火等人为事故，贪污、盗窃及乱搞两性关系等违法乱纪行为都进行应有的处罚。根据具体情节，进行批评教育、警告、记过、留场察看、开除场籍，甚至拘留审查、判刑。

1962年，赵光农垦局监察委员会根据北安市对历史案件遗留问题的甄别会议精神，对全局有关人员进行了复查。局党委常委专门组织在案人员问题讨论甄别会议，根据不同情况，做出改变原结论、撤销原处分的决定。6月14日，经局党委评定，韩有、孟昭盛予以平反。

1978年，根据上级指示对历史遗留的冤假错案进行复查、甄别工作。9月18日，根据黑河地委的有关决定，恢复原通北农场场长赵希彬的原职务和党籍。11月25日，北安农管局在赵光农场召开原赵光农垦局局长赵振卯的平反、追悼大会，恢复名誉。

1982年3月，农场纪委在全场范围内开展打击经济犯罪活动的斗争。经过群众揭发、调查摸底，对经济违纪者立案查处。仅当年收回外部欠款40余万元，收回赃款、赃物及非法所得折合人民币1.2万元。直至1983年，查处的43起案件共挽回经济损失1.69万元，收缴实物有电视机2台、洗衣机1台、便携式电子计算机1台、照相机1部、手表8块。

1985—2005年，纪检监察部门共查处案件46起，其中，总局检查、分局立案2起，对违纪的党员干部视情节给予党内警告、党内严重警告、撤销党内职务、留党察看、开除党籍处分；给予警告、记过、记大过、降职、撤职、降级、开除留用察看、开除公职政纪处分，共处理党员干部64人。

2006年，立案3起，结案2起。处分党员干部5人。其中：违反财经纪律1起，处分3人，（党内警告1人，行政警告1人，行政记过1人），分局收缴资金41700元；工作失职1起，行政记大过处分1人（柴某），挽回经济损失119799.69元，给予直接人员经济处罚14376元，高某某、马某某全场通报批评；社保局高某某贪污社保局医疗保险基金案件1起（当年未结案），行政记过处分1人（王某某），为农场挽回经济损失83847.15元。

2007年，立案1起（第十管理区计划外生育），结案2起（包括2006年社保局高某某案件在2007年结的案）。计划外生育案件处理党员干部7人，党内严重警告处分3人（陈某、唐某某、赵某某），留党察看行政开除留用察看1人（赵某某），行政警告1人（张某），行政记过2人（王某某、索某某）。社保局医保案件处理党员干部2人（实际3人，2006年已处理1人），开除党籍1人（高某某），开除党籍行政留用察看1人（朱某某）。

2008年12月，受农场委派调查铁西门诊老干部报销药费的问题，经初步调查后涉及违法，于12月24日移交农场检察室。

2013年10月11日，卫生科许某某因违反工作纪律给予党内警告处分。

2015年8月27日，林业科张某某因违反财经纪律给予党内严重警告处分；原林业科崔某某因违反财经纪律给予党内警告处分。

2015年11月5日，原建设科于某某因违反招投标法律、法规，给予党内严重警告处分。

2018年1月26日，赵光农场第四管理区党员陈某某，按照违法犯罪党员的纪律处分规定，给予开除党籍处分。

2018年8月17日，原赵光农场医院杨某某、李某某因违反工作纪律，均予党内警告处分。

1985—2004年不同案件类型处分人数情况见表6-4。

表6-4 1985—2004年不同案件类型处分人数情况

单位：人

年度	合计	案件性质分类														
		故意杀人	违反财经纪律	生活作风	诽谤罪	赌博	安全事故领导责任	侵占公物	挪用公款	贪污	违反计划生育	挪用资金	违反民主集中制原则	纠正错误	工作失职	其他
1985	3	1	—	—	—	—	—	—	—	—	—	—	—	—	—	2
1986	5	—	1	—	—	—	—	—	—	1	—	—	—	3	—	—
1987	8	—	4	3	1	—	—	—	—	—	—	—	—	—	—	—
1989	4	—	1	—	—	1	1	1	—	—	—	—	—	—	—	—
1990	5	1	—	—	—	—	—	1	2	1	—	—	—	—	—	—
1992	3	—	—	—	—	—	—	—	—	1	2	—	—	—	—	—
1993	3	—	—	1	—	—	—	—	—	—	—	—	—	—	—	—
1994	1	—	1	—	—	—	—	—	—	—	—	—	—	—	—	—
1996	1	—	—	—	—	—	—	—	—	1	—	—	—	—	—	—
1997	1	—	—	—	—	—	—	—	—	1	—	—	—	—	—	—
1999	1	—	—	—	—	—	—	—	—	1	—	—	—	—	—	—
2000	3	—	1	—	—	—	—	—	—	1	—	—	1	—	—	—
2002	1	—	—	—	—	—	—	—	—	—	—	—	—	—	1	—
2003	5	—	3	—	—	—	—	—	—	—	—	—	—	1	1	—
2004	2	—	1	—	—	—	—	—	—	—	—	—	—	—	—	1

2006—2018年不同案件类型处分人数情况见表6-5。

表 6-5　2006—2018 年不同案件类型处分人数情况

单位：人

年度	合计	案件性质分类												
		酒驾	违反财经纪律	生活作风	诽谤罪	赌博	安全事故领导责任	侵占公物	挪用公款	贪污	违反计划生育	挪用资金	违反民主集中制原则	工作失职
2006	3	—	1	—	—	—	—	—	1	—	—	—	—	1
2007	1	—	—	—	—	—	—	—	—	—	1	—	—	—
2008	1	—	—	—	—	—	—	—	1	—	—	—	—	—
2013	1	—	—	—	—	—	—	—	—	—	—	—	—	1
2015	2	—	1	—	—	—	—	—	—	—	—	—	—	1
2017	—	—	—	—	—	—	—	—	—	—	—	—	—	—
2018	2	1	—	—	—	—	—	—	—	—	—	—	—	1

1985—2020 年不同案件类型处分人数情况见表 6-6。

表 6-6　1985—2020 年不同案件类型处分人数情况

单位：人

年度	处分人数	党纪案件处理						政纪案件处理								
		合计	党内警告	党内严重警告	撤销党内职务	留党察看	开除党籍	合计	警告	记过	记大过	降职	撤职	降级	开除公职留用察看	开除
1985	4	3	1	1	—	—	1	1	—	—	—	—	—	—	—	1
1986	8	—	—	—	—	—	—	8	2	3	—	—	3	—	—	—
1987	8	1	—	—	—	—	1	7	1	2	1	—	1	—	2	—
1989	6	1	—	—	—	—	1	5	—	4	—	—	1	—	—	—
1990	6	1	—	—	—	—	1	5	2	—	—	—	1	1	—	—
1992	4	4	—	—	—	4	—	—	—	—	—	—	—	—	—	—
1993	3	3	1	1	—	1	—	—	—	—	—	—	—	—	—	—
1994	1	—	—	—	—	—	—	1	1	—	—	—	—	—	—	—
1996	2	1	—	—	—	—	1	1	—	—	—	—	—	—	—	1
1997	2	—	—	—	—	—	—	2	2	—	—	—	—	—	—	—
1999	2	1	—	—	—	—	1	1	—	—	—	—	—	—	—	1
2000	7	3	—	—	2	—	1	4	4	—	—	—	—	—	—	—
2002	2	—	—	—	—	—	—	2	—	1	1	—	—	—	—	—
2003	9	3	2	—	—	1	—	6	2	1	—	—	1	—	—	—
2004	4	2	2	—	—	—	—	2	1	1	—	—	—	—	—	—
2006	5	1	1	—	—	—	—	4	1	2	1	—	—	—	—	—
2007	9	6	3	—	—	1	2	3	1	—	2	—	—	—	—	—
2009	7	3	—	1	—	2	—	4	—	1	1	—	—	—	—	2
2013	1	1	1	—	—	—	—	—	—	—	—	—	—	—	—	—
2014	1	—	—	—	—	—	—	1	1	—	—	—	—	—	—	—
2015	3	3	1	2	—	—	—	—	—	—	—	—	—	—	—	—
2018	3	3	—	2	—	1	—	—	—	—	—	—	—	—	—	—
2019	2	2	2	—	—	—	—	—	—	—	—	—	—	—	—	—

第八节　关心下一代

　　1990年，农场成立了以老干部科为主，团委、教委、宣传、司法等部门参加的关心教育下一代协会。1991年，改为关心教育下一代工作委员会，在协会的领导下，老干部成立了七个宣讲小组，共有35名离退休干部参加，他们走基层，下生产队，进学校，对广大青年职工和中小学生进行以爱国主义、集体主义、北大荒精神、党的优良传统、艰苦奋斗、法律知识为主要内容的宣传教育活动，收到了较好的教育效果。1990—2005年，老干部宣讲小组共做宣讲报告100余场次，受教育人数达2.85万人。

　　2006—2020年，农场离退休老干部们以无私奉献的精神，较好地发挥了他们的政治、经验、时空、威望四大优势，青少年教育工作取得了可喜的成绩，受到社会好评。2018年，农场关心工作委员会下一代组织老干部们积极参加在全场中小学生和青年职工中开展的"传承红色基因，争做时代新人"教育活动，并组成"五老"报告团深入管理区、社区、学校，在加强青少年核心价值观教育、培养青少年形成良好行为习惯、青少年助学帮困解难、营造青少年成长成才良好环境上，对广大青少年进行爱国主义教育和北大荒精神教育。先后有邹万福、张春玉、申吉成等10多名"五老"成员进社区、学校为中小学生、青年职工做报告，号召青少年们爱党、爱国、爱场、爱家，弘扬中华传统美德。

第二章　机构设置

建场初期，农场场部机构小、人员少。农场刚建场时，由场长直接指挥生产。1949年，农场成立管理委员会，对企业内部实行统一领导。1958年成立人民公社期间，农场兼有公社管理委员会和镇人民委员会的职权，行使"政、企、社"三种职能。1962年在农场建立国光乡人民委员会，这时农场场部机构既有农场特点，又有基层政府的特点。1968年组建生产建设兵团一师七团后，党、政、军合一。1976年，兵团撤销，恢复农场体制。2018年赵光农场有限公司挂牌成立。

第一节　行政机构

一、领导体制

建场初期，农场实行场长负责制，场长是企业行政的最高领导，有权决定企业的重大事项，副职领导和科室负责人对场长负责。场长主持场务会议，科室领导和技术干部参加，讨论农场的工作计划、审议预算决算、总结和报告工作，贯彻上级指示和会议精神。同时，建立和实行职工代表会议制度，工会和职工代表直接参与企业的民主管理，进行民主监督。

1949年，农场成立管理委员会，对企业内部实行统一领导，讨论和决定企业管理和生产中的各项重大事项。管理委员会由场长主持召开。

1952年，按照中央农业部《国营农场组织规程》规定，场长"对上级领导机关直接负责，组织全场一切力量，保证完成上级规定的任务，领导全场行政、业务及技术工作，重点掌握资金运用、任免选拔干部，领导制订全场生产财务计划，规定各单位的具体任务，掌握场内工作进度，以及督促检查全场工作，并为农场管理委员会主席"，强化了场长负责的领导体制。

1953年，根据东北国营农场管理局指示改革机关体制，实行在场长领导下的技师主任负责制，作业区设政治主任，生产队设政治队长。机构精简，人员精干，办事效率有明显提高。

1958年，全国掀起"大跃进"和人民公社化热潮，农场同附近乡社合建人民公社，实行党委统一领导，场社合一、政企合一的体制。农场兼有公社管理委员会和镇人民委员会的职权，行使"政、企、社"三种职能。

1961年，东北地区国营农场工作会议之后，在整顿改革中，国营农场领导体制按照集体领导分工负责的原则，坚持贯彻党委领导下的场长负责制。在企业内部对党委负责，企业的一切重大事项均由党委决定执行，党委书记处于中心地位。

1963年，《黑龙江省国营农（牧）场工作条例（试行草案）》颁发后，农场党委领导下的场长负责制和职工代表大会制度不断完善和加强。党委会实行集体领导和个人分工负责相结合，在党委领导下，建立场长负责的统一生产行政指挥系统，建立健全科室职能责任制和技术人员责任制。

1969年，组建黑龙江生产建设兵团一师七团时期，按部队编制设立机构，实行团、营、连、排、班建制，领导体制是党委监督下的首长负责制，突出军事特点，一切行动听指挥。

1976年末，撤销"兵团"后，农场又恢复党委领导下的场长负责制，基本上还是实行党的"一元化"领导，农场一切重大事项均由党委决定，党委书记在企业中处于中心地位，起主导作用。中共十一届三中全会后，农场领导体制进一步调整，在党委领导下的场长负责制的基础上实行总农艺师、总会计师、总机务工程师负责制，"三总"参与农场领导工作。恢复工会组织后，职工代表大会制度也得到加强。

1984年，农场面临经济体制改革新形势，开始改革管理体制和机构，实行简政放权转变管理职能，机关科室由行政指挥型向经营服务型转变。一部分管理机构从机关分离出来，成立一批生产经营或服务型专业公司。原来的科室既是业务管理机构，又是经济实体，即一个机构双重体制。

1984年底，农场开始筹划试办家庭农场，并下发《赵光农场1985年兴办职工家庭农场试行方案》。

1985年，正式兴办家庭农场2575个，承包土地面积2.33万公顷。按承包的形式分为独户家庭农场和联合家庭农场两种，其中独户家庭农场2087个，有机联合家庭农场488个。

2018年6月，赵光农场按照农垦改革发展要求和"五分开"指导意见，坚持一个党委原则，成立黑龙江北大荒农垦集团总公司赵光农场有限公司。

2020年，赵光农场有限公司企业化改革主体工程全面完成，实现政企分开、事企分开、社企分开，现代公司管理体制基本建成。

二、机构演变

为了体现完整性，党政机构演变过程同时列出。

1948 年初，农场行政机构设作业股和总务股。作业股下设拖拉机中队，中队下设小队；总务股下设人事、财务、供应、杂务组。

1949 年末，根据东北公营农场管理局统一组织机构的要求，进行行政机构改革，农场机关设经理科、业务科、工务科、场长办公室、会计室，另外还设有工会。

1950 年，农场增设基本建设委员会。

1951 年，会计室并入经理科，农场下设作业区。

1953 年，作业区下设生产队，实行场、作业区、生产队三级管理体制。场长办公室增设保卫股和人事科，基本建设委员会增设基建科。同时实行技师主任负责制，科室设主任，增设监察室、福利保安科，人事科单独设置。

1957 年上半年，农场党委成立后，设党委办公室。同年，精简机构撤销分场，分场领导到生产队任党政领导职务。

1958 年上半年，赵光地区农场办事处党委设党委办公室，行政设行政办公室。1958 下半年，实行人民公社化，农场成立赵光镇即赵光人民公社。行政设办公室、生产科、财贸科、总务科、工业交通基建科、民政科、文卫科。还设有公安分局。

1959 年，场社分家后，机构又有调整。增设保卫科，撤销公安分局和民政科。

1960 年，经北安市委批准再次成立农场公安分局和民政科。

1961 年，根据黑龙江省委和北安市委新编制方案的要求，农场机关由 22 个科室部委减少到 15 个，后来又合并成二部（组织部、宣传部）、二科（计财科、物资供应科）、三室（党委办公室、场长办公室、财粮贸办公室）、一委（监委）。此外，仍设有工会、团委、武装、公安分局等机构。

1962 年初，根据东北国营农场会议精神，赵光地区国营农场管理局设局党委，并设有精干的办事机构，改称赵光农垦局后，局机关相应增加一些机构。

1964 年，赵光农垦局党委成立政治部。

1969 年，组建一师七团，按人民解放军部队建制设置各级党政组织及机关机构，团司令部、政治处、后勤处三大机关设有若干个股，农场变为营的编制，党政设有办事机构。

1976 年黑龙江生产建设兵团一师七团机构设置见图 6-1。

1977 年，恢复农场体制，重新调整机构。农场（革命委员会）党委设政治处，工作

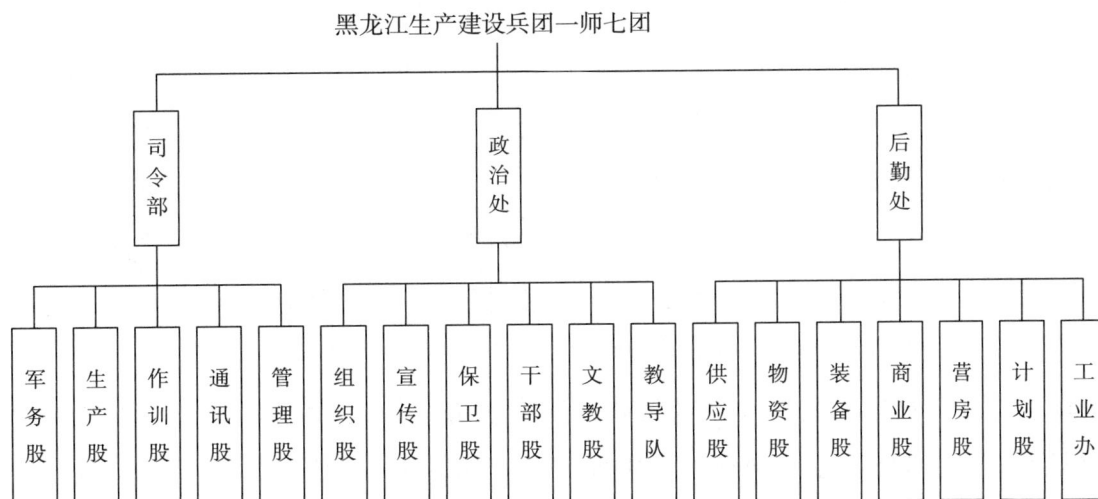

图 6-1　1976 年黑龙江生产建设兵团一师七团机构设置

部门设组织部、宣传部、文教科、团委、妇联；行政机构设办公室、生产科、计财科、劳资科、商业科、工交科、基建科、机电科。另外，设有公安分局、法庭、武装部、税务分局等机构。

1978 年，农场整顿机构，场部设政治处、生产办、经营办、基建办 4 个办公室。

1979 年，福安农场同赵光农场合并后，党委机构设组织部、宣传部、纪检办公室、工会、团委、妇联、文教科；行政机构设办公室（党政合一）、生产科、畜牧科、计财科、劳资科、外贸科、工交科、商业科、卫生科、粮食组。其中物资科同物资供应站合署办公，商业科同场直商店合署办公，卫生科同场职工医院合署办公。另外，设有公安分局、法庭、武装部。

1980 年，农场机关增设林业科。

1981 年，撤销林业科，成立农林科和农机科，增设水利科、科技科，恢复基建科，文教科改称教育科。

1984 年，场机关设有 25 个科室部委，为适应改革形势的需要，正式成立了十大实体公司，同有关科室合署办公。另外，设有公安分局、法庭、武装部，整党办公室和史志办公室为临时机构。

1985 年，农场机关党群部门 13 个、行政科室 21 个。

农场下属的基层单位：第一管理区（党委）、第二管理区（党委）、第三管理区（党委）、第四管理区（党委），工商运建服和直属单位（支部）22 个。

1986 年，农场撤销管理区、恢复原一、二、三、四分场称谓。农场成立审计科，对基层单位的财务进行内部独立审计。农场成立交通科，下设公路运输管理站、监理站。

1988 年，农场先后成立了信访办、土地科、农机交通运输公司、农化公司、兴农贸易公司、乳品联营公司、商业公司、水利渔业公司、赵光建筑总公司、物资公司、劳动服务公司、电讯公司、赵光农场经销公司、工业公司、畜牧公司、木材经销公司。公路管理站从交通科分出，归农场农机交通运输公司领导。农业单位四个分场恢复原 4 个管理区的称谓，下属单位仍然是生产队。11 月，农场本着简政放权、转变职能、减少层次的原则进行了机构改革，划分为农业、工业、流通、社政、多种经营五大体系，成立农业办公室、工业办公室、经销办公室、社政办公室、多种经营办公室。

1989 年 1 月，农场成立体改办（与政研室合署办公）、民政局。4 月，农场成立内保科；农机交通公司解体，设立交通科，隶属北安农场管理局交通局派出机构，交通科所属管理站划归公安部门管理。5 月，土地科、建设科单独设立科室，土地科隶属北安管理局土地处，技术室改为基建科；农场设立检察室，业务隶属北安农垦区人民检察院，（全称为北安农垦区人民检察院赵光检察室）。7 月，农场成立监察室。8 月，农场成立街道办事处和 4 个居民委员会。

1992 年 4 月，赵光农场场直工副业队更名为赵光食品厂。7 月，经北安分局批准，农场在大连成立黑龙江省农垦恒发贸易公司，公司设在大连市中山区 77 街 6 号，公司编制 18 人。8 月，农场下发文件，成立振兴农业公司、农机技术服务中心、农化公司、赵光达康科技项目咨询开发公司、赵光融汇外贸粮油公司、外贸公司、粮油食品公司、劳动服务公司、基建公司、生活服务公司、畜牧公司、赵光康联劳动保险公司、赵光利民建筑材料公司、赵光迅达通讯公司、赵光新兴水利房地产开发公司、宣传广播电视中心、文化娱乐中心、华龙经贸公司、赵光黎明经济贸易公司、东方农工贸经销公司、赵光福安农工贸经销公司等 22 个农场下属全民企、事业单位。9 月，农场成立赵光农场广播电视经销公司。

1993 年 2 月，农场下发文件，决定在原有基建公司的基础上改称总公司，下设 6 个分公司，即北安农场管理局第二工程公司、黑龙江省农垦大连第二工程处、黑龙江省赵光木材综合经销公司、黑龙江省农垦大连恒发贸易公司、大连国际商品贸易市场恒发商行、黑龙江省农垦大连恒发酒家。总公司设施工部、预算部、计财部、承包部、物资供应部、劳资安全部、政工部、公关部、办公室。

1994 年 4 月，农场在沈阳市皇姑区永泰小区 17 号成立黑龙江省赵光农场沈阳经销处。

2000 年 6 月，飞鹤乳业集团转让给冷友斌。粮油加工厂转为股份制，更名为黑龙江北安垦区富雪粮油有限责任公司。

2001 年 8 月，农场撤销原分场的 4 所小学，成立农场第二小学。

2002 年 2 月，农场重新成立场直幼儿园。幼儿园单位性质为全民所有制事业单位，机构规格为股级。经费由农场每年定额补贴 9 万元（其余自收）。人员编制为 45 人。其中，行管 4 人，教师（含保育员）34 人，炊事员 4 人，更夫 2 人，保健医生 1 人。主要负责对学年龄前儿童提供保育和教育服务。

2003 年 3 月，街道办事处更名为中心社区居民委员会。成立铁西社区居民委、前进社区居民委、农业居民委。8 月，社区居民委员会原中心、前进、铁西居民委员会分别改称为第一、第二、第三居民委。2005 年，原机械厂社区归属赵光农场，为第四社区居民委。

2003 年末，赵光农场实行撤队建区改革。原 26 个生产队建制撤销，设 11 个管理区，15 个作业区居民组。农场实现撤队建区改革后，农业单位管理人员 125 人，转岗分流管理人员 46 人，比改革前减少了 26.9%。

2005 年，农场机关对部分科室进行调整，设综合办公室（党政合一）；计财科下设政府采购办、国有资产管理办、经济计划办、统计局；劳资科（安全办）下设职业介绍所、再就业服务中心；农业科下设绿色食品办、农业风险办、植保植检站、生态农业办、农业技术推广站；工业科与外经外事办、科技科、技术监督科合署办公；农机科下设农机市场管理站、农机化指导站、农机安全监理所；水利科下设水土保持监督站、水利工程管理站。

2009 年，11 个管理区再次合并为 9 个管理区（第十管理区和第十一管理区合并到第九管理区）。

2006—2019 年，农场历经多次改革，至 2019 年农场机关各部门设置为 26 个。

2019 年赵光农场机关部门及人员配置情况见表 6-7。

表 6-7　2019 年赵光农场机关部门及人员配置情况

部门	人员配置
党委组织部	1
宣传部	1
老干部科（双老活动室）	1
武装部	1
纪委（监察科）	3
工会（自营经济办）	3

（续）

部门	人员配置
电视台	6
办公室（接待中心）	5
信访办	3（1人兼）
水利建设科（房产科）	7（1人兼）
民政局	1
环保科	2
土地科（不动产登记中心）	5
计财科（项目办）	16
审计科	2
人社科（职介所）	5
生产科（科技科）	3
畜牧科	3（1人兼）
农机科（农机监理所）	3
工业科（商务科）	2
安全办（质监科）	2
林业科	2
卫生科（卫生监督所、疾病预防控制中心）	8
计划生育办	1
综治办	1
粮食科	1

2020年，农场公司化改革后，公司党群机构设置党委工作部等5个部门；公司行政内设一办七部，下设农业单位、9个管理区、农业科技服务中心、畜牧兽医服务中心；赵光农场社会事务部内设机构设置公共管理办公室等6个部门，下设4个居民委及场直社区服务中心、养老服务中心。

2020年赵光农场有限公司机构设置情况见表6-8。

表 6-8　2020 年赵光农场有限公司机构设置情况

机构		部门名称	人员设置
赵光农场有限公司党群机构	设置机构	党委工作部	5
		纪委	3
		工会	3
		武装部	1
		社会稳定办公室	3
赵光农场有限公司	内设机构	综合办公室	4
		工程建设部	4
		财务管理部	9
		合规风控部	2
		审计部	2
		人力资源部	4
		农业发展部	11
		产业营销部	2
	下设机构	农业科技服务中心	16
		畜牧兽医服务中心	8
		第一管理区	7
		第二管理区	10
		第三管理区	7
		第四管理区	7
		第五管理区	7
		第六管理区	8
		第七管理区	8
		第八管理区	9
		第九管理区	14
赵光农场（社会事务部）	设置机构	办公室（与公司综合办公室合署办公）	
		安全应急管理办公室	4
		计划财务办公室（与公司财务部合署办公）	4
		人力资源办公室（与公司人力资源部合署办公）	1
		城镇管理办公室	10
		公共管理办公室	4
	下设机构	场直社区服务中心	11
		第一居委会	5
		第二居委会	5
		第三居委会	5
		第四居委会	5
		养老服务中心	4
	现状管理单位	幼儿园、医院、电视台、农垦北安管理局不动产登记中心赵光分中心、赵光国土资源所、消防队、道路管理站、客运站	

第二节 乡镇政府

一、镇政府

1958 年，在人民公社化形势推动下，赵光地区农场办事处所属农场和北安县赵光乡、前进乡及其 6 个农业生产合作社合建一个"政企合一""场社合一"的赵光人民公社。11 月 22 日，赵光人民公社召开首届社员代表大会，选举产生赵光人民公社管理委员会（即赵光镇人民政府），镇长（社长）韩有，副镇长（副社长）孙学孟、王成彬、张连吉。同时选举产生监察委员会和陪审员，补选张革为县人民代表。镇政府下设办公室、民政科、文卫科、财贸科、总务科、生产科、机务科、工业交通基建科和公安分局（辖 2 个公安派出所）。赵光地区所属银行办事处、邮电局、粮库及其他企事业单位均由镇政府领导。

1959 年，场社分家。

1960 年，场社再次合并，重建政府机构，并增设街道办事处，办事处设主任负责街道工作。这个时期镇政府，既是政权机构，又是企业（农场）的领导机构。一个班子，一套机构，两个印鉴，既具有国家地方政权管理职能，又具有农场企业的管理职能。

二、乡人民委员会

1962 年 2 月，北安市根据东北地区国营农场工作会议精神，改变农场"政企合一"状况，实行政企分开，在农场建立国光乡人民委员会，属市人委派出机构，列入国家正式编制，负责农场辖区内的民政管理、结婚登记、社会救济、文教卫生、妇幼保健、抚恤、拥军优属以及组织护林防火、抢险救灾、护秋保收等社会性工作和政权工作，这时农场场部机构既有农场的特点，又有基层政府的特点。副局长韩有兼乡长，副乡长朱富主持乡人委日常工作，公安分局局长崔安寿兼乡党委副书记，民政助理兼文书李井全，文卫助理李焕文，妇联主任刘丽华。后来设专职文教助理，先后有刘杰、伏国银任文教助理。乡人委成立后，对局直居民区进行规划，设 4 个居民委，1963 年达到 5 个居民委。居民委员会设优抚、治保、民事调解小组。每个居民委又编成几个居民小组。根据有关文件精神，居民委员及其积极分子发放一定数量的经济补贴。

1963 年，国光乡根据上级精神召开第三届人民代表大会，选举产生乡人民委员会。委员是：韩有、宋富、李双贵、刘云祯、王守廷、王福伦、黄堃、崔安寿、孟天、郭清琪、李秀波、孟昭盛、管德福、刘明远、关惠芝、刘丽华、张代珍。选举出席北安市人民代表大会代表：韩有、朱富、王守廷、程雪儒、孟天、张革、郭清琪、张树兴、刘丽华、刘明远。同年，乡人委将局直居民委家属工作列入重要议事日程，为以后的家属蔬菜队及青年劳动服务公司的发展摸索了经验。

1963—1965年，乡人委每逢春节、八一建军节时，组织军烈属、复转退伍军人座谈会，向军烈属送光荣匾和慰问信。乡人委多次派代表参加北安县复转退伍军人积极分子代表大会。

1969年，组建一师七团后，乡人民委员会随之被撤销，民政管理、优抚及结婚登记等工作改由组织部门兼管。

第三节 法治机构

一、农场公安保卫

（一）机构沿革

1948年，农场成立警卫组兼狩猎队。1949年，农场正式成立警卫组和更夫组，先后隶属总务科、经理科领导。1952年，各作业区设保卫组。1953年，农场设保卫股，下设护场队。保卫股业务归通北县公安局领导，1956年起隶属北安县公安局。

1958年，农场成立赵光公安分局，除局长外，配户籍、内勤、外勤共6人，下设直属派出所和站前派出所，各配干警3人，管理区均配公安特派员。1961年9月，站前派出所划出，农场成立警卫班。

1964年后，赵光农垦局在红星、共青团、通北、双丰、建设等农场设公安派出所，黎明、东方红、晨光等农场设特派员，全局干警26人。1966年，公安分局设教导员、局长和副局长。公安业务一直归北安县公安局领导，干警工资待遇由政府事业费中下拨。

1969年1月，兵团一师七团成立保卫股，股长1人、干事3人，下设看守所，看守员1个班。全团10个营均设保卫干事。保卫股行使公检法职权，隶属兵团一师保卫科。

1977年1月，农场恢复公安分局，内外勤干警7人。1979年，赵光、福安两场合并，原福安农场公安干警划归赵光农场公安分局，下设拘留所、场直中心派出所和一、二、三、四分场派出所。

1980年，农垦公安自成系统，分局分设治安、刑侦两个股，在编干警29人，配备专职人员，装备侦察仪器设备，加强了治安管理和防范措施。

1985—1996年12月，赵光公安分局内设三股一队五所，即户政股、治安股、刑侦股，消防队，场直、前进、黎明、东方红、福安派出所。

1997—1999年，随着农场不断深化改革和经济发展的需要，原有4个分场被撤销，经农场党委批准，公安分局进行了一系列的配套改革，撤销原有的 5 个派出所，设立"三队三区一办"，既刑警队、消防队、110 巡警队和第一、第二、第三警务区及综合办，全员干警实行聘任制。

2000 年，原局直赵光糖厂派出所并入赵光农场，人员编制由 29 人增加到 41 人，此编制至 2018 年未变。

2006 年 8 月—2009 年 1 月，赵光公安分局对原有警力进行整合，全面实行"三队一组"警务机制。"三队"，即刑警队、治安民警队、交警队；"一组"，即综合组。

2008 年 12 月，赵光公安分局喜迁新居，由农场投资 154 万元兴建的 1 栋 4 层办公楼和行政拘留所及消防队投入使用，面积 1677 平方米。

2013 年，赵光分局率先在垦区公安系统开展"四队一办"警务机制改革。四队，即刑警队、社区民警队、交警队、巡防队；一办，即综合办。赵光分局创造的警务机制改革经验被垦区公安局在全垦区推广。

2018 年 6 月 16 日，黑龙江省垦区公安局北安分局赵光派出所举行移交仪式。根据《黑龙江省人民政府办公厅关于垦区公安机关移交黑龙江省公安厅管理的意见》，移交后，原黑龙江省北安农垦公安局更名为"黑龙江省垦区公安局北安分局"，由黑龙江省公安厅垦区公安局垂直领导，原农场设立的公安分局改为派出所，即赵光派出所。

（二）刑侦工作

20 世纪 80 代年前，农场发生的刑事案件均由北安县公安局受理侦破，农场公安保卫部门配合工作。

1983 年 8 月，根据中共中央有关文件精神，农场公安分局开展依法从重从快严厉打击刑事犯罪的斗争，集中打击一批严重破坏社会治安和影响人民正常生活的犯罪分子。1984 年，农场公安分局集中力量从重从快开展两个战役，不间断地对刑事犯罪分子进行打击。

1985 年 10 月，赵光公安分局开展了破大案会战，全年共破获刑事案件 19 起，捕判 14 人，教养 3 人。1987 年，赵光公安分局不失时机，继续开展打击刑事犯罪活动，侦破了场区影响大的系列盗窃案，摧毁盗窃团伙 4 个。1988 年 4—6 月，赵光公安分局开展集中打击侦破杀人、抢劫、强奸案件，从重从快惩治犯罪分子，挽回经济损失 5000 多元。

1995 年，共破现案 7 起，积隐案 26 起，为外地破案 11 起，涉案总价值 4 万余元。1996—1997 年，破获外地在逃案 2 起。1998 年，破获积隐案 5 起，协助外地公安局破案 1 起。

1999 年，公安分局加大黑枪收缴力度，收缴黑枪 14 支。2001 年 2 月，赵光公安分局刑警队在辽宁省义县收缴王某非法倒卖 2 支半自动步枪，1 支东风三口径枪。

2005 年 4 月，赵光分局第四警务区经过近 1 个月的蹲坑守候，抓获现行盗窃嫌疑人周某，一举破获连续 1 年的仓房被盗案，抓获团伙成员 9 人。

2006 年 2 月—2009 年 1 月，赵光辖区内共发各类刑事案件 93 起，综合破案率达 64％，抓获各类犯罪嫌疑人 45 名。

2009 年 2 月—2013 年 5 月，赵光农场辖区累计发生刑事案件 92 起，破获刑事案件 74 起，破案率 78％，综合破案率 79％，挽回经济损失 158 万元。

2013 年 6 月—2015 年，赵光农场辖区累计发生刑事案件 67 起，破获刑事案件 50 起，综合破案率 75％。挽回经济损失 290 余万元。

2016 年，赵光农场辖区累计发生刑事案件 37 起，破获刑事案件 21 起，破案率 56％。挽回损失 200 余万元。

2017 年，赵光农场辖区累计发生刑事案件 40 起，破获刑事案件 20 起，移交北安市案件 2 起，破案率 55％，为外地破案 100 余起，综合破案率达 300％。挽回经济损失 450 余万元。

2018 年，赵光农场辖区累计发生刑事案件 10 起，立案 8 起，破获刑事案件 5 起，破案率 63％，为外地破案 6 起，综合破案率达 138％。

（三）户籍管理

1953 年，农场保卫股成立后，设有兼职户籍员进行日常户口管理、办理落户和迁转手续。

1958 年，农公安分局设有专职户籍员，根据《中华人民共和国户口登记条例》规定，执行人口登记制度，进行人口数字统计，为党和国家各级统计部门以及公安管理提供数据。1958—1970 年的户籍管理范围包括赵光地区和红星、和平农场。1970 年 9 月以后，红星、建设农场户口分出各自管理。1979 年福安农场并入后，户籍工作量又开始增大，除农场 5655 户共 25250 人口的管理工作外，还增加了北安管理局党校、三级站、机械厂、粮油加工厂、石油转运站等局直单位的 1780 户共 5979 人口的管理工作。

建场初期，进场人员只要有当地政府介绍信和迁移证即可落户。以后逐步正规。1977 年，一师七团保卫股设户籍员管理户口，负责常住人口登记管理、迁入、迁出、死亡、变更、暂住人口登记证等业务。

1982 年开始，农场调往省内各地人员，根据上级通知，使用北安农垦公安局签发的农垦户口迁移和准迁证。日常的户口管理，由公安分局户籍员负责，设户口卡、户口台账，各住户发放户口簿，集体宿舍单身青年设集体户口卡片。

1986 年，农场公安分局增加办理居民身份证业务。1997 年，农场公安分局户籍管理和办证登记全部实现微机化。

2006—2009 年，农场公安分局户籍部门重点组织开展了人口血型采集，累计采集20130 人。办理居民身份证 3171 人。

2020 年，办理居民身份证 5958 人次。户籍室推行"互联网＋政务服务"，全面开展了户籍网上业务办理。

（四）交通安全管理

1989 年，赵光公安交警中队成立后，主要负责场内的交通安全，重点是抓自养公路和有车单位的安全管理，贯彻执行国家交通管理方针政策，维护交通秩序，检查行车违章，开展安全教育，预防交通事故。同时还规定，每年 3 次（春季、麦收前、冬季结合年审）深入各分场进行交通宣传，白天路检车辆，晚间组织驾驶员学习和收看重大事故录像。每年进行一次全场性的驾驶员奖励表彰大会，春秋两季各进行一次交通大检查。除路检路查外，还深入有车单位检查"三库一场"的安全预防措施。

为提高驾驶员的素质，每年麦收前或年审前，举办机动车辆驾驶员预防事故训练班，学习有关文件、交通规则、先进驾驶员事迹和重大交通事故案例、交通安全行车经验，写出心得体会，制定安全措施。驾驶员定期进行交通规则考试，对酒后开车、客货混载、超速行驶、带病行车、无证驾驶坚决予以处理。

二、消防工作

20 世纪 60 年代以前，农场没有建立专门消防机构，但防火工作抓得紧，各单位都成立群众性防火组织，领导负责，分工明确，并备有一些简单的消防工具。到 20 世纪 80 年代初，农场仍无正式消防队伍，而由公安干警担当义务消防员，一遇火警赶赴现场投入灭火战斗。1985 年，赵光农场消防队经黑龙江省公安厅消防总队批准建队，但未有专职队员及库房，只有 2 台解放牌消防车，配 2 名专职司机，战斗员由公安分局干警兼任。

1987 年，农场有了专职的消防中队，隶属北安垦区赵光辖区管理。有人员 18 人，解放牌消防车 3 台。

1997 年 7 月，农场消防中队购进 1 台东风泵浦泡沫两用消防车，原服役 17 年的 1 号解放牌消防车淘汰。1998 年 8 月，购进 1 台东风牌泵浦现场消防车，原服役 18 年的 2 号解放牌消防车淘汰。

1988—1999 年，消防队实行经费股份制，农场承担 54％，其他企业承担 46％。2000年后，经费全部由农场承担。

2000—2020 年，农场为消防队相继购进 6 台消防车。在此期间，参加分局消防宣传活动 24 次，结合季节特点和 119 宣传日、417 消防日等，利用喇叭播报消防安全提示，为居民送去防火良策，科普相关法律法规。先后开展校园、社区防火安全逃生演练 16 次。

1985—2020 年，消防队共参加辖区扑救火灾 600 多起，参加辖区外村、镇扑救火灾 200 多起，为国家、农场、村民挽回经济损失 3000 多万元。

2020 年 1 月，原消防队整建制划归赵光农场有限公司安全应急管理办公室管理，属于企业内部灭火救援队伍，撤销了行政职能。

三、社会治安综合治理

1985 年，农场党委开始把社会治安综合治理工作纳入党委一项重要工作的议事日程，认真贯彻"打防结合，预防为主，标本兼治，重在治本"的社会治安综合治理方针，坚持"谁主管，谁负责"的原则，加速和推进综合治理（以下简称"综治"）工作的经常化和常态化。

1990 年，农场党委把社会治安综合治理工作纳入党政领导干部政绩考核的一项重要内容，并下发赵光农场社会治安综合治理目标考核细则，由综治办负责组织实施考核。综治办依据农场党委制定的考评细则，负责对全场 4 个分场和场直、教育 6 个党委下属的 67 个党支部进行量化考核。考核采取半年初评，年终总评的方法进行。

1993 年，农场党委为进一步加强社会治安综合治理工作，设置了专职综治办公室。其主要任务是协助党委抓综治日常工作，农场的综治工作开始步入正轨。全场有 2 个党委，13 个党支部，23 名个人受到农场和分局的表彰和奖励，有 3 个单位和 12 名党政领导干部被"一票否决"。

2011 年 9 月，赵光农场综治维稳中心正式成立。综治维稳中心主任由农场党委书记、场长兼任。维稳中心下设办公室，与农场综治办合署办公。综治维稳中心的成立，标志着赵光农场社会治安综合治理和综治维稳工作组织更加健全。

赵光农场周边与北安市、克东县的村屯杂居，是一个社情复杂、刑事案件高发地区。1998 年，赵光农场实施了社会治安综合治理"四三三四"管控机制，实现了"发案少、秩序好、人民满意"的目标。"四三三四"管控机制，即确保四个到位（思想到位，组织制度到位，责任落实到位，资金保障到位）；搞好三个联动（三警联动，警民联动，警企联动）；落实三个防范（两场防范，重点部位防范，栋房联防）；突出四个控制（加强对矛盾纠纷的控制，加强对两劳释放人员的控制，加强对流动人口的控制，加强对公共场所的控制），有效遏制了可防性案件的发生。全场可防性案件年均下降 5 个百分点，职工群众安全感明显增强。2001 年 9 月，黑龙江农垦总局党委政法委在赵光农场召开垦区社会治安综合治理现场会，对赵光农场社会治安综合治理"四三三四"管控机制给予充分肯定。10 月，总局党委做出决定，在全垦区推广赵光农场综合治理"四三三四"管控机制经验。

1998—2001 年，农场公安分局深入开展了"打黑除恶，网上追逃"等专项斗争，共破获各类刑事案件 133 起，打掉犯罪团伙 3 个，抓获各类逃犯 23 人，依法捕判 98 人，刑事案件综合破案率达 89%，为农场及职工群众挽回经济损失达 155 万余元，有效维护了社会稳定。

2003—2005 年，农场广泛深入地开展了矛盾纠纷排查调处活动。各居民组建立了"矛盾纠纷排查调处领导小组"，全场共建立矛盾纠纷排查调处小组 49 个，成员 113 人，累计排查纠纷 117 件次，有效维护了基层稳定。

2006 年 1 月至 2017 年，赵光农场综治工作重点开展了农场场区重点单位视频监控的安装、升级工作。农场累计投资 50 余万元，对农场场区视频监控进行升级改造，由原来的模拟视频监控摄像头一律改换成高清摄像头，使场区实现了视频监控清晰化，为有效防范提供了保障。

2019 年，农场综治办认真搞好统筹协调，着力抓社会治安综合治理领导责任制的落实，深入推进平安农场、平安社区（管理区）创建活动，通过创建活动的开展，全场百分百管理区进入总局级平安管理区。校园安保工作扎实有效开展，经过不懈努力，实现了校园及周边零发案的目标，依法治场工作取得新进步。

四、法庭工作

（一）机构改革

1965 年，北安县人民法院委派庭长孙克山带领审判员兼书记员等 2 人组建赵光人民法庭，负责审理各类民事案件。同年，孙克山等 2 人奉调相继回县，农场又设审判员 1 人，负责处理简易民事纠纷。

1969 年，组建"兵团"后，一师七团成立保卫股，负责案件侦破工作。

1977 年，恢复农场人民法庭，设庭长、审判员、书记员等。1979 年，4 个分场均设助理员，分场、生产队有调解委员会 39 个。1983 年 8 月，法庭改组，业务由北安农垦法院领导。

1985—2000 年，赵光人民法庭主要负责受理审结赵光辖区（含北安分局局直单位）近 3 万人口的民商事案件及经济纠纷工作。

2001 年，北安农垦法院按照省高级人民法院和黑龙江省农垦中级法院的要求，将原赵光人民法庭、红星人民法庭和建设人民法庭合并成立北安农垦法院赵光中心法庭。在此期间，赵光人民法庭辖区人口达到 6 万多人。

2002 年，上级法院和赵光农场共同投资建造了 500 平方米的三层办公楼，拥有办公室、档案室、审判大厅，配置 5 台电脑，基本上满足了办案、办公使用，办案使用电脑记录。

2018 年 9 月，黑龙江省农垦法院机构改革，赵光中心法庭撤销。

（二）审判工作

1977 年，重建农场法庭后，工作侧重点是审理离婚、债务、赔偿、抚养、赡养等民事案件。

1983 年，法庭进行调整，制定和完善了各项规章制度，调整和加强了基层调解委员会组织。全场设调解委员会 94 个、调解员 397 人。法庭有计划地对工作人员和基层调解人员进行业务培训和法律法规知识教育。

1983—1984 年，赵光人民法庭共审理民事案件 67 件，结案 61 件，处理简易民事纠纷 108 件，接待来信来访 36 人次。

1985—2005 年，赵光人民法庭累计受理审结各类案件 2806 起，结案率为 100％。期间，发布支付令 74 起。

2006—2017 年，赵光人民法庭共受理各类案件 747 件，结案 747 件，结案率为 100％。2018 年 1—4 月受理民商事案件 33 件，结案 11 件。

五、司法工作

（一）司法机构

1986 年农场成立司法办。1989—1990 年，司法办与检察室、体改办合署办公。1990—1992 年，司法办与体改办合署办公。1993—1998 年，司法办与体改办、办公室合署办公。1998 年，司法办改称为司法科，2000 年 3 月成为独立科室。2001 年 6 月，司法科更名为司法分局。

2004 年，司法分局上划，业务由北安农垦司法局负责，人员工资由上级划拨，办公经费由农场承担。

2019 年，黑龙江农垦司法行政改革，赵光农场司法分局撤销。

（二）法律服务

2000 年，农场法律服务所正式注册、挂牌成立，开通了"12348"法律服务专线，各项业务开始逐渐拓展，为 31 家企业担当法律顾问。

2006 年，法律服务所开始实施法律服务一主动、两贴近、一加强的工作模式。主动介入农场经济建设的主战场，为农场党委当参谋，凡涉及农场改革、合同草签、企业转制等重大政策问题，法律工作者主动介入。

2009 年，法律服务所开展了关注民生、服务发展活动。在农场电视台向社会公开 6 项服务承诺，接受全社会的监督。对 6 个居民组、建水上公园整体拆迁提供了全程法律服务，与两个管理区，20 个职工家庭签订了长期法律顾问合同，整个拆迁过程实现零投诉，被广大群众誉为最可靠的"顾问"。

截至 2018 年，累计为农场审定合同 159 件，代理诉讼、非诉讼案件 156 起，为农场避免和挽回经济损失 5297 万元。代写法律文书 532 份，解答法律咨询 1356 件次。

（三）普法教育

1986 年，国家开展全民普法教育活动。农场成立了由场领导为组长、副组长，其他相关科室长为成员的普法依法治理领导机构。下设办公室，办公室设在司法办（科、分局），日常工作开展由司法办（科、分局）负责。

1986—2000 年，"一五""二五""三五"普法，农场以文件的形式下发《法制宣传教育普法规划》，并设立了相应的普法、依法治理领导小组。印发了《依法治场方案》《依法治理工作标准》等相关文件，基层设立了普法、依法治理领导小组，普法教材达到了管理人员、执法人员人手一册，职工户均一册的标准，干部参学率达 100％以上，职工参学率达 90％以上。

2001—2005 年，"四五"普法，农场印发了《法制宣传教育第四个五年普法规划》《加强青少年法治教育工作的若干意见》《依法治理工作细则》等相关文件，健全了基层普法、依法治理领导小组，累计投入 12.78 万元，全场增设了 150 块永久性宣传标识牌；电视台共推出 147 期普法依法治理专题节目，在《农场动态》中开设法宣专栏和普法经验交流专栏 113 期，举办培训班 10 次，发放传单 5200 份，干部参学率达 100％以上，职工参学率达 95％以上。

2006—2010 年，"五五"普法，农场印发了《关于印发依法治场纲要（2006—2010）的通知》《新农村建设法制宣传教育工作指导意见的通知》等相关文件，确立了例会、培训、宣传引导、责任追究制度。累计召开会议 123 次，举办培训班 29 次，受训人员达 5000 余人次。一次性投入 69893 元订阅《干部法律知识读本》352 册、《企业管理人员法律知识读本》63 册、《居民法律知识读本》2700 册、《农民法律知识读本》1500 册。

2011—2015 年，"六五"普法，农场印发了《赵光农场第六个五年普法规划》《赵光农场依法治场实施方案》等相关文件。先后投资 120 余万元，制作了 16 块永久性法律宣传牌，100 块法律宣传标牌，打造了环场 10.1 千米的街道法制文化带和祥景小区法治文化带；购置法律图书 1 万余册，在场区及 9 个管理区和 4 个居委会建设法律图书角 13 个、宣传橱窗 26 处。2015 年，司法分局拍摄的法治微电影《代价》荣获北安管理局"首届法治微电影最佳影片奖"。

2016—2020 年，"七五"普法，农场印发了《赵光农场第七个五年普法规划》。2016 年，司法分局代理于某某人身侵权赔偿案例作为典型案例入选《垦区领导班子和领导干部学法用法尊法典型案例汇编》。

第三章　人民团体

赵光农场建场以来，农场工会、团委、妇联紧紧围绕自身职责，主动作为、积极创新、强化作风、抓好落实，在服务大局、服务社会、服务企业、服务群众等方面做了大量工作，为农场开发建设做了应有的贡献。

第一节　工　　会

一、组织机构

1948 年夏季，农场职工发展到 100 多人，在第六次全国劳动大会筹备会议的"各产业都要成立基层工会"的精神指导下，于 7 月 18 日召开第一次职工会员代表大会，选举产生通北机械农场职工委员会。钟喜文当选工会主任，还设有秘书、组织、宣教、生产、福利、卫生等方面的 7 名委员。工会分设 3 个小组，每个作业拖拉机队都设有兼职工会干事。

1949 年 10 月，根据通北县总工会指示，改选工会组织，选举工会主席、副主席。

1950 年 7 月，根据黑龙江省总工会指示，在农场第二届工会代表大会上，职工委员会改名为工会委员会，选举主席、副主席，组成 13 人的工会委员会，设专职干事 3 人。委员会下设 3 个分会、25 个工会小组，会员达 345 人。

1952 年，农场举行第三届工会代表会，改选组织，选举工会主席，组成 13 人的新的委员会，设专职干事 3 人。

1954 年，农场 3 个作业区全部配齐专职工会主席。

1957 年，工会工作有较大发展，生产队相继建立工会组织。全场工会小组 221 个，会员发展到 2133 人。

1957 年以前，农场工会直接参与农场管理工作，工会主席参加农场管理委员会任常委，代表职工参政议政。

1958 年，在强调一元化领导的形势下，工会组织作用被削弱，工会代表会和职工代表会不能按期召开。

1962 年后，工会工作开始转入正常。赵光农垦局工会除两名副主席外，还设有生产、宣传、教育、劳动、女工、财会等 8 名委员。各农场成立基层工会委员会，设有专职工会主席。

1966 年，赵光农垦局基层工会小组发展到 318 个，会员达 3000 余名。组建一师七团后，撤销工会组织，生产、生活、福利、劳动竞赛等工会活动由团政治部代管。

1977 年，恢复农场体制。1979 年 3 月，农场根据黑龙江省总工会及黑龙江省农场总局党委关于恢复农场工会组织的指示精神，农场组成以党委副书记谭玉明为首的 3 人工会筹备领导小组。1979 年 5 月，赵光农场工会组织正式恢复建立，李春喜任副主席，设有宣传兼文体、组织兼生产、会计兼劳保、出纳兼图书员等 4 名干事。全场设 6 个分会、513 个小组，会员发展到 7343 人。

1980 年初，农场召开恢复工会组织后第一届工会代表会，选举 1 名副场长兼工会主席。

1981 年，场妇联同工会合并后，工会人员编制增加到 8 人，除主席、副主席外，设有组织、文体、劳保、福利、女工等方面的委员和出纳、会计人员。

1984 年，全场 8 个分会设专职或兼职工会主席，生产队等基层单位也成立工会委员会，全场工会小组 761 个，会员 8653 人。

1985 年，根据全国总工会"关于整顿基层工会组织，开展建设职工之家活动"的要求，场队两级工会组织，先后进行了思想和组织整顿。调整充实了人员，进一步增强了工会工作的活力。

1948—1985 年农场工会组织状况见表 6-9。

表 6-9　1948—1985 年农场工会组织状况

年度	赵光农垦局工会	场级工会	分场级工会	工会小组	会员	
					人数	占职工比例/%
1948	—	1	—	3	102	35
1949	—	1	—	13	183	36.6
1950	—	1	3	24	345	53.6
1951	—	1	6	51	561	22.4
1952	—	1	12	56	1014	37.5
1953	—	1	4	183	1954	57
1954	—	1	4	185	1959	55
1955	—	1	4	161	1544	62.5
1956	—	1	4	195	2054	65.6
1957	—	1	1	221	2138	59.9
1958	1	6	7	207	1980	72.4
1959	—	1	7	302	2865	71.8

（续）

年度	赵光农垦局工会	场级工会	分场级工会	工会小组	会员	
					人数	占职工比例/%
1960	—	1	7	296	2813	73
1961	—	1	7	272	2619	81.6
1962	1	7	6	291	2784	79.7
1963	1	8	7	312	2996	78.7
1964	1	9	8	309	2995	78.3
1965	1	10	9	311	2998	77
1966	1	10	9	318	3011	75.5
1967—1978	受"文化大革命"影响，农场工会组织解散					
1979	—	1	6	513	7432	79.96
1980	—	1	6	556	7793	84.95
1981	—	1	7	524	8834	97.89
1982	—	1	8	672	8686	94.2
1983	—	1	8	834	7584	84.9
1984	—	1	8	761	8653	93.23
1985	—	1	8	756	8679	93.5

1987 年 3 月，农场召开第十届工会会员代表大会，农场工会对基层工会工作实行目标管理，使工会工作进入了任务有指标、完成情况有考核的规范化阶段。

1991 年 1 月，农场召开第六届一次职代会，会议通过了《赵光农场民主管理工作若干规定》。规定各基层生产单位的工会组织，每年均要召开 1～2 次职工民主大会，讨论本单位的重大事项。

1995 年，农场基层工会 26 个，会员 12400 人。

2005 年，农场基层工会 24 个，会员 11324 人。

2018 年，农场基层工会组织 21 个，会员 10219 人。

2020 年，赵光农场有限公司工会委员会下设基层工会组织 19 个，会员 3044 人。

二、工会会员代表大会

1948 年，农场成立工会组织，至 20 世纪 50 年代初，先后召开三次工会会员代表大会。20 世纪 50 年代末至 60 年代初，农场工会曾召开过两次代表会，已失去文字记载。

（一）第一次工会代表大会

1948 年 7 月 18 日，农场召开第一次工会代表大会，到会代表 50 人。

会议民主选举产生农场职工委员会，钟喜文当选职工委员会主任。大会通过《工会规程》共 4 章 15 条，确定了工会三大宗旨：团结场内职工，增加生产，改善职工生活，提高政治水平，加强教育，发扬民主精神，为革命事业而奋斗；保护职工利益，兴办各种福利事业和家属互助；提高职工政治、文化、技术水平，举办各种教育事业。发展会员，规定要履行自己申请、正式会员介绍、工会小组通过、工会委员会批准手续。凡是农场职工，都可以申请入会。

（二）第二次工会代表大会

1950 年 7 月 19 日，农场召开第二次工会代表大会，到会代表 67 人。

会上，根据黑龙江省总工会指示，按《基层工会组织法》要求，改职工委员会为工会委员会。代表大会做出决议：加强工会干部和会员教育；贯彻民主集中制；严格执行各种制度，特别是民主生活制度；开展爱国主义和社会主义劳动竞赛；推行各种合同制，保证完成生产任务。

（三）第三次工会代表大会

1952 年 3 月 30 日，农场召开第三次工会代表大会，到会代表 108 人。

会上改选了工会组织，高宇一当选工会主席，通过了劳动纪律和大会决议。大会号召：加强爱国主义教育，树立主人翁思想和正确劳动态度；反对老大自居，积极学习苏联先进经验，开展"献小家底"运动，增产节约，反对浪费；进一步开展"三功一模"的丰产劳动竞赛。

（四）第四次工会代表大会

1980 年 3 月 19 日—20 日，农场召开第四次工会代表大会，到会代表 324 人。

这次会议是恢复工会组织后第一届工会会员代表大会。会上听取了副场长韩瑞华代表工会筹备小组所做的工作报告，党委书记赵福做讲话，先进单位和先进个人做经验介绍。

大会一致通过了工作报告，表彰 4 个工会优秀集体、156 名工会积极分子。民主选举韩瑞华为主席，李春喜为副主席。

（五）第五次工会代表大会

1984 年 5 月 28 日—29 日，农场召开第五次工会代表大会，到会代表 197 人。

会议听取了党委副书记毕文杰代表工会所做的工作报告、工会副主席李春喜做的工会财务工作报告，大会表彰了 1983 年度优秀工会集体、优秀工会积极分子。经民主选举，毕文杰为工会主席，李春喜、霍蕴辉为副主席。

会议表决通过了工作报告。

三、职工代表大会

1981 年，黑龙江省农场总局党委颁发《国营农场职工代表大会暂行条例》，之后，农场按照北安管理局工会要求，每年召开一次职工代表大会。

1981—1995 年，农场各分场按照农场工会要求，每年召开基层职工代表大会。

1996—2005 年，随着分场的撤销及撤队建区的两级管理模式，各基层单位按照农场工会要求，每年召开一次民主管理大会。

2006 年后，根据北安管理局工会要求，农场以管理区为单位，召开基层职工代表大会。

（一）第一届职代会

1. 一届一次职代会 1981 年 3 月 23 日—25 日，农场召开一届一次职工代表大会，到会代表 442 人。

大会由工会副主席李春喜、副场长祝宝海主持，党委书记赵福讲话。

大会共整理提案 292 条。大会听取、审议通过了场长工作报告，通过了 1981 年社会主义劳动竞赛方案、1981 年计划生育实施方案及奖励计划生育的先进单位和个人条件。

2. 一届二次职代会 1982 年 2 月 19 日—21 日，农场召开一届二次职工代表大会，到会代表 464 人。

大会由工会主席韩瑞华主持。会议听取了场长郑德林做的工作报告、提案落实情况的报告，以及副场长姜孔新做的经济责任制的报告。

会议表决通过了场长工作报告，批准了提案审查报告、1982 年包定奖生产责任制方案。

3. 一届三次职代会 1982 年 7 月 18 日—19 日，农场召开一届三次职工代表大会，到会代表 467 名。

大会由工会主席韩瑞华、副场长王喜云主持，党委书记王维新做讲话。会上，副场长姜孔新传达省政府和省农场总局有关文件精神，听取了场长郑德林的工作报告。

大会审议通过了场长工作报告、提案审查及落实情况的报告、1982 年麦收安排意见、1982 年麦收阶段劳动竞赛试行方案、1982 年开展增收节支群众运动的意见。

（二）第二届职代会

1. 二届一次职代会 1983 年 2 月 3 日—6 日，农场召开二届一次职工代表大会暨 1982 年度奖模大会，到会职工代表和先进个人、先进集体代表共计 450 人。

大会由工会主席韩瑞华、党委副书记姜永生、副场长王喜云和姜远才主持。会议听取、审议和通过了场长郑德林做的 1982 年工作总结与 1983 年工作任务的报告及其他报告、方案。先进单位和个人在大会上做经验介绍，大会表彰和奖励了各类先进集体和个人。

2. 二届二次职代会　1983 年 7 月 21 日—22 日，农场召开二届二次职工代表大会，到会代表 450 人。

大会由副场长王喜云主持，党委书记马学利讲话。会议听取、审议和通过了场长姜远才做的工作报告和麦收方案的报告等 4 个报告、方案。总农艺师李本荣、总工程师金国忠及各分场代表团在大会上发言。

3. 二届三次职代会　1984 年 1 月 21 日—24 日，农场召开二届三次职工代表大会暨 1983 年度奖模大会，到会代表 449 人，其中列席代表 38 人，特邀代表 2 人。

会议由副场长郑大书、王喜云主持。组织部部长曲福传达学习省委、省政府批转的《关于农场目前企业管理若干问题的意见》。会议听取了场长姜远才做的工作报告和提案审查报告，总会计师刘显忠做的实行承包责任制及办家庭农场的方案的报告，并做出了决议。先进集体和个人代表进行了大会发言。会议表彰了各类先进集体和个人。

4. 二届四次职代会　1984 年 7 月 22 日—23 日，农场召开二届四次职工代表大会，到会代表 319 人，列席代表 70 人，特邀代表 3 人。

大会由副场长王喜云主持。会议听取、审议和通过了场长姜远才做的 1984 年上半年工作总结和下半年工作任务的报告及 1984 年麦收方案、麦收阶段劳动竞赛和麦收小立法。

（三）第三届职代会

1. 三届一次职代会　1985 年 1 月 11 日—13 日，农场召开三届一次职代会，换届选举职工代表 446 人，出席会议代表 424 人。

会议审议通过了场长姜远才做的工作报告和工、副、商经济体制改革及兴办家庭农场改革方案、七五规划草案。

本次职代会共征集职工代表提案 132 份。场长姜远才就提案进行了解答。

会议表彰了 1984 年先进集体 209 个、先进个人 379 名。

2. 三届二次职代会　1986 年 3 月 11 日—12 日，农场召开三届二次职代会，出席会议代表 431 人。

本次职代会共征集职工代表提案 164 份，场长姜远才就提案进行了解答。

3. 三届三次职代会　1986 年 7 月 25 日，农场召开三届三次职代会，出席会议代表 468 人。

会议主要议程：传达总局党委工作会议精神，听取赵永才代表党委做的赵光农场"七五"期间两个文明建设规划草案报告以及刘万臣副场长所做的夏锄总结和麦收动员报告，表彰奖励了夏锄生产中涌现出来的先进集体、先进个人。会上宣读了麦油收工作方案。

会议表彰了1985年度先进集体102个、先进个人115名。表彰了1985年度"三八"红旗集体、"三八"红旗手和五好家庭。

（四）第四届职代会

1. 四届一次职代会 1987年2月27日—28日，农场召开四届一次职代会，应到会代表539人，实际出席会议代表479人。

大会主要议程：听取农场党委及垦区工会领导对今后工作的指示；听取审议场长的工作报告、关于提案解答的报告，讨论通过1987年兴办家庭农场的方案、1986年财务决算和1987年财务预算的报告，听取关于福利费的使用报告，研究制定1987年的农业生产方案；听取并讨论工会工作报告，选举产生场工会新的领导机构。

场长赵永才对本次职代会职工代表提案做了解答。

会议选举产生了第四届工会委员会和经费审查委员会。

会议表彰了先进集体203个、先进个人174名。

2. 四届二次职代会 1987年7月28日，农场召开四届二次职代会，出席会议代表472人。

会议主要议程：场长赵永才做半年工作报告，宣读麦油收安排意见，宣读麦油收劳动竞赛奖励办法。

3. 四届三次职代会 1988年2月11日—12日，农场召开四届三次职代会，出席会议代表479人，工会主席高义主持。

会议上下发了《赵光农场党组织、职工代表大会、场长工作条例实施细则》。

会议审议通过了场长工作报告、赵光农场1987年财务决算基本情况报告、1988年赵光农场职教工作规划，以及赵光农场1988年体制改革方案等4个方案。

本次职代会共征集职工代表提案122条，场长赵永才就提案进行了解答。

会议表彰了1987年度先进集体221个、先进个人167名。

（五）第五届职代会

1. 五届一次职代会 1989年1月25日—26日，农场召开五届一次职代会，换届选举职工代表463人，出席会议代表463人。

会议选举产生了赵光农场五届职代会五个专门委员会。

审议通过了场长工作报告、赵光农场1988年财务决算和1989年财务预算报告，以及1989年改革方案等5个方案。

本次职代会共征集职工代表提案211条，场长赵永才就提案进行了解答。

会议表彰了先进集体 188 个、先进个人 290 名。

2. 五届二次职代会　1989 年 7 月 20 日，农场召开五届二次职代会，出席会议代表 463 人。

会议主要议程：场长赵永才做半年工作报告，副场长张忠庭做上半年生产财务计划执行情况的报告，副场长王永涛做关于实现农机管理标准化的报告，宣读麦油收工作方案，工会副主席李延恒宣读麦油收劳动竞赛方案。

会议表彰了 1989 年上半年先进个人。

3. 五届三次职代会　1990 年 1 月 22 日—24 日，农场召开五届三次职代会，出席会议代表 463 人。

会议主要议程：传达上级会议精神，听取审议场长工作报告和提案解答报告，听取审议 1989 年财务决算和 1990 年财务预算报告，讨论通过 1990 年体制改革方案，讨论通过科技兴农总体方案和措施，讨论通过 1990 年财务改革及资金管理办法、职工医药费使用方案、房屋管理实施方案和女职工生养基金统筹暂行办法。

会议审议通过了场长工作报告、赵光农场 1989 年财务决算和 1990 年财务预算报告，以及赵光农场 1990 年体制改革方案等 9 个方案；审议通过了 1990 年财务改革及资金管理办法、女职工生养基金统筹暂行办法、赵光农场科技兴农总体实施方案，会议通报了 1990 年农场福利费使用情况。

本次职代会征集了职工代表提案，场长赵永才就提案进行了解答。

会议表彰了先进集体 49 个、先进个人 251 名。

4. 五届四次职代会　1990 年 7 月 21 日，农场召开五届四次职代会，出席会议代表 463 人。

会议主要议程：场长赵永才做半年工作报告，副场长张忠庭做上半年生产财务计划执行情况的报告，副场长张忠庭宣读粮食管理办法及晒场管理标准化的规定，工会民主管理部主任张永信宣读赵光农场合理化建议实施办法的方案，副场长李万长宣读麦油收工作方案，工会副主席李延恒宣读麦油收劳动竞赛方案。

（六）第六届职代会

1. 六届一次职代会　1991 年 1 月 29 日—2 月 1 日，农场召开六届一次职代会。换届选举职工代表 512 人，出席会议代表 512 人。

会议审议通过了场长工作报告、工会工作报告，以及赵光农场 1991 年工作总体方案和 10 个配套方案，通过了赵光农场民主管理工作若干规定。

会议选举产生第六届工会委员会。

本次职代会共征集代表提案 383 条，场长张忠庭就提案进行了解答。

会议表彰先进工会小组 37 个、优秀工会积极分子 256 人，表彰"四优一先"竞赛优秀个人 130 名、先进基层工会 32 个。

2. 六届二次职代会　1991 年 7 月 25 日，农场召开六届二次职代会，出席会议代表 498 人。

会议主要议程：场长赵永才做工作报告，公布经济和社会发展十年规划、"八五"计划，印发麦油收阶段劳动竞赛方案。

3. 六届三次职代会　1992 年 1 月 20 日—22 日，农场召开六届三次职代会，出席会议代表 512 人。

会议审议通过了场长工作报告以及 1992 年行业管理各项方案，通过了赵光农场环境保护"八五"计划和十年规划。

本次职代会征集代表提案 116 条，场长张忠庭就提案进行了解答。

会议表彰了先进集体 144 个、先进个人 256 名。

4. 六届四次职代会　1992 年 7 月 22 日，农场召开六届四次职代会，出席会议代表 512 人。

会议主要议程：听取场长张忠庭做工作报告，听取关于麦油收竞赛方案的报告，听取关于深化改革方案的报告。党委书记刘本田讲话。

（七）第七届职代会

1. 七届一次职代会　1993 年 1 月 12 日—14 日，农场召开七届一次职代会，出席会议代表 524 人。

会议审议通过了场长工作报告、赵光农场 1992 年财务决算和 1993 年财务预算报告，以及赵光农场 1993 年深化改革试行方案等 10 个方案。

本次职代会共征集职工代表提案 560 条，场长张忠庭就提案进行了解答。

大会表彰了先进单位 190 个、先进个人 338 名。

2. 七届二次职代会　1993 年 7 月 25 日，农场召开七届二次职代会，出席会议代表 524 人。

会议主要议程：场长张忠庭做半年工作报告，副场长李宝岭做工业、畜牧业、建筑业工作报告，宣读麦油收方案，工会主席做关于双体经济工作报告。

3. 七届三次职代会　1994 年 1 月 22 日—23 日，农场召开七届三次职代会，代表 524 人。

会议审议通过了场长工作报告、赵光农场 1993 年财务决算和 1994 年财务预算报告，以及赵光农场 1994 年深化改革方案等 12 个方案。

本次职代会共征集职工代表提案 136 条，场长张忠庭就提案进行了解答。

大会评议了副场级领导干部。

大会表彰了先进集体 130 个、先进个人 229 名。

4. 七届四次职代会 1994 年 7 月 27 日，农场召开七届四次职代会，出席会议代表 524 人。

会议主要议程：场长张忠庭做半年工作报告，宣读麦油收方案，宣读麦油收劳动竞赛方案，各分场长发言。

（八）第八届职代会

1. 八届一次职代会 1995 年 1 月 14 日—16 日，农场召开八届一次职代会，出席会议代表 467 人。

会议审议通过了场长工作报告等 3 个报告，以及赵光农场 1995 年两高一优农业方案等 8 个方案。

本次职代会共征集职工代表提案 255 份，场长张忠庭就提案进行了解答。

大会评议副场级领导干部。

大会表彰了先进集体 116 个、先进个人 278 名。

2. 八届二次职代会 1995 年 7 月 29 日，农场召开八届二次职代会，出席会议代表 467 人。

会议主题是：总结上半年工作，研究部署今后一个时期农场经济发展总任务，动员全场人民树立抗灾夺丰收思想，坚决打好打胜麦油收战役，推动全场经济持续快速健康发展。

会议主要议程：宣读麦油收方案，宣读麦油收劳动竞赛方案，宣读下半年思想政治工作要点等。

3. 八届三次职代会 1996 年 2 月 6 日—7 日，农场召开八届三次职代会，出席会议代表 467 人。

会议审议通过了场长工作报告和各项方案。

本次职代会共征集职工代表提案 125 条，场长张忠庭就提案进行了解答。

大会表彰了先进集体 111 个、先进个人 267 名。

4. 八届四次职代会 1996 年 7 月 26 日，农场召开八届四次职代会，出席会议代表 467 人。

会议的主要任务是：听取审议场长工作报告，讨论麦油收生产方案和麦油收劳动竞赛方案。

（九）第九届职代会

1. **九届一次职代会** 1997 年 1 月 10 日—12 日，农场召开九届一次职代会，出席会议代表 380 人。

本次会议换届选举了各专门委员会及企业管理委员会。

会议审议通过了场长工作报告、赵光农场 1996 年财务决算和 1997 年财务预算报告，以及赵光农场 1997 年深化改革总体方案和 11 个配套方案。

工会主席代表职工与场长签订集体合同。

民主评议副场级领导干部。

大会表彰了先进集体 112 个、先进个人 205 名。

2. **九届二次职代会** 1997 年 7 月 25 日，农场召开九届二次职代会，出席会议代表 380 人。

会议的主要议程：听取审议场长半年工作报告，讨论通过 1997 年麦油收生产方案；宣读 1997 年麦油收劳动竞赛方案；宣读 1997 年麦油收农机管理方案；宣读 1997 年粮食交售任务及管理销售有关规定；宣读赵光农场护秋保收工作方案。

3. **九届三次职代会** 1998 年 1 月 6 日—9 日，农场召开九届三次职代会，出席会议代表 380 人。

审议通过了场长工作报告、赵光农场 1997 年财务决算和 1998 年财务预算报告、赵光招待费使用情况向职代会的报告，以及赵光农场 1998 年深化改革总体方案和 7 个配套工作方案。

本次职代会征集了职工代表提案 135 条，场长张忠庭就提案进行了解答。

工会主席代表职工与场长签订集体合同。

民主评议干部，推荐"十佳"公仆。

大会表彰先进集体 88 个、先进个人 212 名。

4. **九届四次职代会** 1998 年 7 月 22 日，农场召开九届四次职代会，出席会议代表 380 名。

大会主要议程：听取和审议场长工作报告，宣读麦油收生产和劳动竞赛方案，宣读农机工作要点和护秋保收工作方案。

（十）第十届职代会

1. **十届一次职代会** 1999 年 1 月 19 日—21 日，农场召开十届一次职代，换届选举职工代表 313 人，通过了各专门委员会和企业管理委员会。

会议审议通过了场长工作报告、赵光农场 1998 年财务决算和 1999 年财务预算报告，以及赵光农场 1999 年深化改革总体方案和 6 个配套工作方案。

本次职代会征集职工代表提案 171 条，党委书记刘本田就提案进行了解答。

工会主席代表职工与场长签订集体合同。

民主评议了场领导和满意部门。

大会表彰了先进集体 55 个、先进个人 218 名。

2. 十届二次职代会　1999 年 7 月 22 日，农场召开十届二次职代会，出席会议代表 310 人。

会议主要议程：听取和审议场长孙福山做的工作报告，宣读麦油收生产、劳动竞赛，宣读加强麦油收期间思想政治工作的决定，宣读护秋保收方案。

3. 十届三次职代会　2000 年 1 月 24 日，农场召开十届三次职代会，出席会议代表 313 人。

会议审议通过了赵光农场 2000 年深化改革总体方案和 15 个配套工作方案，审议通过了赵光农场 1999 年财务预算执行情况和 2000 年财务预算草案报告。

4. 十届四次职代会　于 2000 年 7 月 9 日，农场召开十届四次职代会，出席会议代表 313 人。

会议主要议程是：听取和审议场长工作报告，宣读麦油收和劳动竞赛方案，宣读护秋保收工作方案。

（十一）第十一届职代会

1. 十一届一次职代会　2001 年 1 月 15 日—16 日，农场召开十一届一次职代会，出席会议代表 266 人，会议对全场进行实况转播。

会议换届选举了各专门委员会及企业管理委员会。

会议审议通过了场长工作报告、赵光农场 2000 年财务决算和 2001 年财务预算报告，以及 2001 年深化改革总体方案、赵光农场机关机构改革实施方案。

本次职代会征集职工代表提案 93 条，场长孙福山就提案进行了解答。

大会评议农场领导干部和满意部门。

大会表彰先进集体 49 个、先进个人 151 名。

2. 十一届二次职代会　2001 年 7 月 23 日，农场召开十一届二次职代会，出席会议代表 266 人，机关全体人员列席参加。

会议主要议程，听取场长半年工作报告，宣布麦麻收方案，宣布护秋保收工作方案。

3. 十一届三次职代会　2002 年 1 月 16 日，农场召开十一届三次职代会，出席会议代

表 287 人。

会议审议通过了场长工作报告、赵光农场 2001 年招待费等"五费"使用情况的报告、赵光农场 2001 年财务决算和 2002 年财务预算报告,以及 2002 年深化改革总体方案和 14 个配套工作方案。

大会评议农场领导干部和满意部门。

大会表彰先进集体 36 个、先进个人 110 名。

4. 十一届四次职代会 2003 年 1 月 12 日,农场召开十一届四次职代会,出席会议代表 287 人。

会议审议通过了场长工作报告、赵光农场 2002 年招待费等"五费"使用情况的报告和农产品销售情况说明、赵光农场 2002 年财务决算和 2003 年财务预算报告、赵光农场实施场务公开的报告、赵光农场集体合同履行情况的报告,以及 2003 年深化改革总体方案和 11 个配套工作方案。

大会评议了农场领导干部和满意部门。

本次职代会共征集职工代表提案 53 条,场长就代表提案进行了解答。

大会表彰了先进集体 42 个、先进个人 128 名。

(十二) 第十二届职代会

1. 十二届一次职代会 2004 年 1 月 5 日,农场召开十二届一次职代会,出席会议代表 260 人。

会议审议通过了场长工作报告、赵光农场 2003 年招待费等"五费"使用情况的报告、赵光农场 2003 年财务决算和 2004 年财务预算报告、赵光农场实施场务公开的报告、赵光农场集体合同履行情况的报告,以及 2004 年深化改革总体方案和 11 个配套工作方案。

大会评议了农场领导干部,评议出 10 个满意部门。

本次职代会共征集职工代表提案 49 条,场长就代表提案进行了解答。

大会表彰先进集体 33 个、先进个人 142 名。

2. 十二届二次职代会 2005 年 1 月 8 日,农场召开十二届二次职代会,应到会代表 260 人,实际出席会议代表 247 人。

会议听取、讨论、审议通过了场长工作报告,审议通过了赵光农场 2004 年招待费等"五费"使用情况的报告等 6 个报告和 11 个配套改革方案。会议通过了 2005 年赵光农场领导职务消费货币化管理实施方案和赵光农场完善社会保障体系试点工作方案。

大会评议农场领导干部。

工会主席代表职工与场长签订集体合同。

本次职代会共征集职工代表提案 41 条，场领导就代表提案进行了解答。

大会表彰先进集体 10 个、先进个人 82 名。

3. 十二届三次职代会　2006 年 1 月 18 日，农场召开十二届三次职代会，应到会代表 260 人，实际出席会议代表 246 人。

会议听取、审议通过了场长工作报告、2005 年财务决算情况和 2006 年财务预算草案报告，审议通过了赵光农场 2006 年深化改革总体方案等 10 个配套工作方案。

会议对场领导进行了民主测评。

会议表彰 2005 年度先进集体 15 个、先进个人 89 名。

（十三）　第十三届职代会

1. 十三届一次职代会　2007 年 1 月 19 日，农场召开十三届一次职代会，应到会代表 267 人，实际出席会议代表 267 人。

会议听取、审议通过了场长工作报告、2006 年财务决算情况和 2007 年财务预算草案报告，审议通过了赵光农场 2007 年深化改革总体方案等 11 个配套工作方案。

会议进行了民主测评场务公开工作。

会议表彰了 2006 年度先进集体 14 个、先进个人 95 名。

2. 十三届二次职代会　2008 年 3 月 12 日，农场召开十三届二次职代会，应到会代表 273 人，实际出席会议代表 264 人。

会议听取、审议通过了场长工作报告、2007 年财务决算情况和 2008 年财务预算草案报告，审议通过了赵光农场 2008 年深化改革总体方案等 11 个配套工作方案。

会议对场领导进行了民主评议和民主测评场务公开工作。

会议表彰 2007 年度先进集体 14 个、先进个人 110 名。

3. 十三届三次职代会　2009 年 3 月 28 日，农场召开十三届三次职代会，出席会议代表 273 人。

会议听取、审议通过了场长工作报告、2008 年财务决算情况和 2009 年财务预算草案报告，审议通过了赵光农场 2009 年改革与管理实施方案等 11 个配套工作方案。

会议进行了民主评议场领导、民主测评场务公开工作。

会议表彰了 2008 年度先进集体和先进个人。

（十四）　第十四届职代会

1. 十四届一次职代会　2009 年 12 月 24 日，农场召开十四届一次职代会。出席会议代表 279 人。

会议听取、审议通过了场长工作报告、2009 年财务决算情况和 2010 年财务预算草案报告，审议通过了赵光农场 2010 年改革与管理实施方案等 16 个配套工作方案。

会议对场处级领导进行了民主测评。

会议表彰了 2009 年度先进集体和先进个人。

2. **十四届二次职代会** 2011 年 3 月 19 日，农场召开十四届二次职代会，出席会议代表 277 人。

会议听取、审议通过了场长工作报告，审议通过了 2010 年财务决算情况、2011 年财务预算草案报告，以及赵光农场 2011 年改革与管理实施方案、2011 年土地承包实施方案等 18 个配套工作方案。

会议对场处级领导进行了民主测评。

会议表彰了 2010 年度先进集体和先进个人。

3. **十四届三次职代会** 2012 年 3 月 22 日，农场召开十四届三次职代会，出席会议代表 281 人。

会议听取、审议通过了场长工作报告，审议通过了 2011 年财务决算情况、2012 年财务预算草案报告，以及赵光农场改革与管理实施方案、赵光农场 2012 年土地承包实施方案等 18 个配套工作方案。

会议对场处级领导进行了民主测评。

会议表彰了 2011 年度先进集体和先进个人。

4. **十四届四次职代会** 2013 年 3 月 22 日，农场召开十四届四次职代会，应到会代表 310 人，实际出席会议代表 307 人，特邀列席代表 65 人。

会议听取、审议通过了场长工作报告，审议通过了 2012 年财务决算情况、2013 年财务预算草案报告，以及赵光农场改革与管理实施方案、赵光土地承包实施方案等 18 个配套工作方案。

会议对 11 名场处级领导进行了民主测评，对场务公开情况采取票决制办法进行了表决，满意率达 99％。

会议表彰了 2012 年度先进集体 57 个、先进个人 238 名。

（十五）第十五届职工（从业劳动者）代表大会

1. **十五届一次职工（从业劳动者）代表大会** 2014 年 3 月 25 日，农场召开十五届一次职工（从业劳动者）代表大会。本次大会采取"自荐报名、资格审查、竞选演讲、投票选举、工会提名"的方式在 1036 名职工（从业劳动者）候选人中，选举产生了 401 名正式代表，其中从业劳动者代表 29 名，占 7.2％。

会议听取、审议通过了场长工作报告、场务公开工作情况报告、提案解答报告、财务预决算报告、"五费"使用情况报告，审议通过了农场改革与管理总体方案，研究制定2014年土地承包实施方案、农业生产实施方案、农机工作方案等方案。

会议表彰了先进集体58个、先进个人203名。

2. 十五届二次职工（从业劳动者）代表大会　2015年1月10日，农场召开十五届二次职工（从业劳动者）代表大会及先优模表彰大会，应到会代表394人，实际出席会议代表386人，特邀列席代表63人。

会议听取、审议通过了场长工作报告、2014年财务决算情况和2015年财务预算草案报告、提案解答报告，审议通过了赵光农场2015年改革与管理实施方案等15个配套工作方案。

大会对农场领导班子及其成员进行了民主测评。

3. 十五届三次职工（从业劳动者）代表大会　2016年3月15日，农场召开十五届三次职工（从业劳动者）代表大会及先优模表彰大会，应到会代表361人，实际出席会议代表351人，特邀列席代表63人。

会议审议通过了赵光农场2016年改革与管理实施方案和20个配套工作方案。

本次职代会征集了职工代表提案共44条，场长王宏忠就提案进行了解答。

会议表彰先进集体43个、先进个人215名。

（十六）第十六届职工（从业劳动者）代表大会

1. 十六届一次职工（从业劳动者）代表大会　2017年3月15日，农场召开十六届一次职工（从业劳动者）代表大会，应到会代表361人，实际出席会议代表351人，特邀列席代表63人。

会议听取、审议通过了场长工作报告、2016年财务决算情况和2017年财务预算草案报告，审议通过了赵光农场2017年改革与管理实施方案等配套工作方案。

本次职代会共征集职工代表提案38条，场长王宏忠就提案进行了解答。

大会表彰先进集体43个、先进个人215名。

2. 十六届二次职工（从业劳动者）代表大会　2018年3月15日，农场召开十六届二次职工（从业劳动者）代表大会，应到会代表341人，实际出席会议代表331人，特邀列席代表22人。

会议主要议程：场长王宏忠做工作报告；副场长李成做财务决算情况和财务预算报告，2017年"五费"使用情况报告；副场长刘卫国宣布赵光农场2018年改革与管理实施方案；副场长何忠新宣布赵光农场2018年土地承包实施方案；党委副书记关淑玲做《集体合同》《女职工权益保护专项集体合同》《工资集体协议书》履行情况和场务公开工作情况报告。

会议听取、审议通过了场长工作报告，审议通过了其他报告和方案。

3. 十六届三次职工（从业劳动者）代表大会 2019年3月20日，农场召开十六届三次职工（从业劳动者）代表大会。应到会代表320人，实际出席会议代表304人，特邀列席代表54人。

会议主题：客观实际地总结了上一年度农场的各项工作，科学部署今后一个时期农场经济发展总任务，动员全场职工群众进一步坚定信心，振奋精神，在垦区改革和转型发展的大潮中奋勇前进，开创全场经济社会更好更快发展新局面。

4. 十六届四次职工（从业劳动者）代表大会 2020年2月29日，农场召开十六届四次职工（从业劳动者）代表大会。因新冠疫情原因，本次职代会分1个主会场和30个分会场，以视频方式召开，参加会议代表270人。

本次会议确定了赵光农场有限公司2020年工作的总体任务思路，坚持"党建统领、改革统揽"总方针，深入贯彻"三大一航母""双控一服务""三库一中心"发展战略，以农业供给侧结构性改革为重点，加快融入集团（总局）、分公司（管理局）农业生产体系、经营体系、产业体系；坚决从传统思维定式中解放出来，增强市场经营意识；坚决从行政化管理中解放出来，推进体制机制创新；以优化产业结构为依托，以提升管理效能为重点，以"保生产、保民生、促发展"为工作目标，着力抓好开源节流，合理压缩一切非生产性支出，确保刚性预算指标得以实现，推动公司经济高质量发展。

四、工会活动

建场初期，场工会把组织职工群众参加生产劳动列为中心工作，鼓励职工树立为祖国的新农业而艰苦奋斗的事业心，提出"多吃苦、多流汗、多打粮，支援解放战争"的口号，开荒创业不要待遇要荣誉，常年组织爱国主义生产劳动竞赛运动。竞赛前，人人订立功计划、写保证书。誓师会上，职工和家属代表纷纷表决心，争当劳动模范。每月工会小组开一次民主生活会，总结思想和工作情况，坚持表扬和批评。

1949年春开始，全场以三中队为目标，开展学耿德、赶耿德、超耿德的竞赛，中队与中队、班组与班组、机车与机车，互比、互学、互帮活动形成热潮。

1950年后，通过工会同行政的集体合同、行业间的联系合同、上下级间的保证合同、师徒间的尊师爱徒合同等各种形式的合同制，把爱国丰产竞赛推向新高潮，胜利完成年度7000公顷的开荒任务，涌现出58名场劳模。耿德1950年10月光荣地出席了全国第一届劳模大会。

1951年，爱国丰产竞赛深入发展，各单位订立爱国公约，积极推行"三包四定"专责制，涌现出57名劳动模范。

1952年，全场开展"三功一模"（每年春、夏、秋三季评功、年底评模）生产竞赛运动和技术革新、合理化建议活动。在春播、夏锄中有100多人立功，根据"三功一模"条件，年底评出31名模范，在建场5周年大会上表彰了杨寿东等8名建场劳模和一些技术革新能手。

1953—1957年，农场工会继续深入开展劳动竞赛，改善经营管理，促进农场连年获得农业大丰收。

1958年后，农场政工部门抓劳动竞赛。主要形式是单位领导或代表在生产动员大会上"比武打擂"，并通过"卫星日""突击周""生产运动会"形式实施。赵光农垦局期间，局成立劳动竞赛委员会，工会负责日常评比，在种、管、收3个季节，开展比、学、赶、帮、超的机车联赛。在黑板报或墙报上用插红旗等形式记载竞赛成绩，加快了生产进度，提高了作业质量，激发了职工生产劳动积极性。

一师七团时期，开展"四好连队""五好战士"的评比活动，对评选出的积极分子予以嘉奖或通报表扬。

1979年后，农场各级都成立劳动竞赛组织，制定更加完善的竞赛方案和切实可行的措施。开展以优质、高效、低耗、安全、革新挖潜、增产节约为内容的先进集体、先进个人生产劳动竞赛活动。在职工中广泛开展质量能手、节约能手、革新能手等"三手"活动和优质服务员、优质炊事员、优质医护员等"最佳"活动。通过颁发流动红旗、送喜报、戴红花、照光荣像、上光荣榜、发纪念品等形式进行表彰。对有特殊贡献者，予以记功、通令嘉奖或浮动一级工资形式表彰。

1981—1983年，在全场范围内开展了以"三优秀"为中心的"比、学、赶、帮、超"劳动竞赛活动。

1984年，根据中华全国总工会《整顿工会基层组织，开展建设"职工之家"活动的决定》精神，农场成立领导小组，制订工作方案，拟定"职工之家"标准，在全场开展建设"职工之家"、争当职工之友的竞赛活动。

1986年，农场工会按照北安管理局工会要求，开展了"四优一先"竞赛活动。

1990年6月，黑龙江省总工会下发了《关于贯彻中华全国总工会关于继续深开展建设"职工之家"活动的通知》。农场工会按照要求，整顿基层工会组织，加强各级工会自身建设，促进了工会各项工作的开展。同时，利用建家活动，扎扎实实地为职工办实事，帮助职工解决生产、生活难题的活动。

1992 年 5 月，场工会在全场工业单位开展了质量品种效益年活动。通过认真总结、评比，对先进单位和个人进行了表彰和奖励。

1993 年，农场工会按照北安管理局工会提出的"三为"（为企业解难题，为职工办实事，为自身壮筋骨）工作宗旨，以"一管两体"（民主管理，双体经济、工会实体）的工作为重点，以八字（指导、服务、协调、求实）为工作方法，为企业解难题。

2005 年以来，农场工会以农业生产为主线，广泛开展"比规模、比产量、比效益、比作业标准、比作业量、比单车效益"的技能竞赛活动，利用春播秋收两个农业生产重要阶段开展劳动竞赛，激发职工群众生产热情，确保了农业丰产丰收。

2011 年，农场工会在全场基层工会组织中，开展了职工共同富裕行动。

2016 年，农场工会根据中共中央扶贫开发工作会议精神，制定了"十三五"期间脱贫攻坚目标。农场在综合考虑资源条件和贫困户劳动技能、发展意愿等因素基础上，按照"一户一策"的原则，逐户制定帮扶措施，提高扶持项目措施的有效性，确保施策精准，逐步实现贫困人口"两不愁三保障"目标。

2016 年以来，农场加大采摘业发展力度，各级工会组织鼓励职工抓住季节特点，向山林要财富。据统计，仅 2018 年，农场职工采摘蕨菜、薇菜、老山芹、蒲公英、柳蒿芽、蘑菇、榛子、中药材等共计 1680 吨，收入达 1491 万元。

2020 年，春播生产期间，公司工会对 9 个管理区的 18 个播种车组进行了表彰，授予春播生产劳动竞赛优秀车组荣誉称号，并颁发奖品。秋收期间对 26 个整地车组进行表彰，授予秋收生产劳动竞赛先进车组荣誉称号，并颁发奖品。

五、民主管理

农场建立工会组织后，代表职工群众直接参与企业的民主管理。主要形式是通过职工代表大会或场管理委员会，对农场的政治、经济、文化和社会生活等重大问题提出意见和建议，经过讨论、决议，付诸实施。建场初期农场管理委员会、劳动竞赛委员会、合理化建议委员会、检查委员会、经济分析委员会、增产节约委员会都有工会干部和职工代表参加，在实践中不断建立健全各种规章制度，如"合同制""三包四定"等，在执行中不断修改和完善，体现了职工参与企业民主管理的主人翁地位和作用。

1958 年后，工会参加民主管理少了，群众运动代替了民主管理。1963 年后，赵光农垦局按照《黑龙江省国营农（牧）场工作条例（试行草案）》规定，实行党委领导下的场长负责制，坚持工会和职工代表大会制度，按时召开工会代表会、职工积极分子代表会和青年积极分子代表会，建立和完善各项责任制度。

一师七团期间，实行首长负责制，取消工会组织，连队成立兵团战士委员会。

1980年，农场为恢复职工代表会议制度做了一系列筹备工作。1981年3月，召开恢复农场后的第一届职工代表大会，以后每年都作为例会召开。职工代表会是职工群众参与农场管理和监督行政的权力机构，在闭会期间，由工会委员会主持日常工作，通过代表会选出的提案监督检查委员会，督促行政认真执行职工代表大会决议。按规定分场每年召开职工代表会2～3次，生产队召开职工大会3～4次。

1983年3月，农场召开职工代表大会后，把民主评议干部、自上而下民主监督和考核干部纳入工会工作日程。场级后备干部，首先是在各级干部中民意测验后产生；分场级和生产队级行政后备干部，由同级工会主持评议和民意测验后产生；有的基层单位班组长直接通过民主选举产生。

工会还通过各种形式的座谈会，提高民主管理企业的意识。例如召开现职人员、各专业人员座谈会，召开离退休老干部、老工人座谈会，妇女节召开妇女座谈会，青年节召开青年座谈会，教师节召开教师座谈会等。利用各种不同形式座谈会不断疏通企业民主管理渠道，听取意见，改进工作。

1985—2020年，农场召开的历次职代会，都把民主管理贯穿会议始终，会前场工会把征集职工代表提案作为重要内容，会前认真整理提案，会上场长全面解答，会后各职能部门全力实施，并监视落实情况提交下届职代会代表审议。

1991年1月，农场召开第六届一次职代会，职工代表审议通过了《赵光农场民主管理工作若干规定》。规定各生产单位的基层工会组织，每年均要召开1～2次职工民主大会，讨论本单位的重大事项。坚持职代会（民主管理大会）做到六有（有请示、有审批、有报告、有评议、有提案、有决议），落实五权（审议权、建议权、评议权、咨询权、决议权）。

2000年1月，农场召开第十届三次职代会，党委副书记李臣在讲话中就民主管理强调：要加快农场改革发展，切实把减轻职工负担，增加职工收入的各项措施真正落到实处，就必须充分调动职工积极性，提高职工的主人翁意识和民主参与意识，大力推进基层民主政治建设。

2014年3月，职工代表审议通过了《赵光农场民主管理工作实施方案》。农场成立以党委书记、场长为组长的场务公开民主管理领导小组，负责全场此项工作的指导、检查、监督。明确了指导思想和总体目标，细化了工作任务和责任落实。

2015年，农场在开展合理化建议活动中，先后收集合理化建议30余条，实施并采纳25条，内容涉及设备维修、节能减排、安全生产、合法经营等方面，为农场节约资金400

多万元。

2017 年 3 月，农场召开第十六届一次职工（从业劳动者）代表大会，将农业生产资料采购、土地承包等重大决策及职工切身利益、民主评议领导干部、业务招待费使用情况等重大事项在职代会上报告，并经职代会审议、审查通过，确保职工的知情权、审议权、通过权、决定权和评议监督权。

2018 年，按照《赵光农场场务公开工作实施方案》中要求：人员选聘和任用情况、职工专业技术职称评定、低保户确定、扶贫情况等信息及时公开，接受群众监督。

2019 年，农场工会积极推动场务公开、民主管理工作不断向企业生产决策的重大问题、专业管理的深层次问题拓展，同时以改革创新的精神大胆探索、积极拓宽场务公开渠道，搭建新的工作平台，创建新的形式，使场务公开、民主管理工作始终保持生机和活力。

第二节　共 青 团

一、组织概况

1948 年春，青年工作由党支部委员王福生负责。后来，冷百仁任团支部书记，负责秘密筹建农场中国新民主主义青年团工作。

1949 年 6 月，通北机械农场建立中国新民主主义青年团支部，这是北安垦区第一个团支部。

1949 年，耿德被选为团支部书记，当时全场有 12 名团员。建团后，有 35 名优秀青年积极分子先后加入青年团组织，年底团员数达 47 人。

1950 年，有北京、上海、南京、无锡等城市青年学生来到北大荒，参加农场开发建设，青年团组织得到发展壮大，全场 8 个团小组，团员 61 人。

1951 年，农场成立团总支部，下设 4 个团支部、15 个团小组，团员总数达 132 人。

1952 年，农场团总支部下属 9 个团支部、26 个团小组。团员总数达 233 人。

1955 年前，农场团组织隶属通北县团委领导。

1956 年，中国共产党通北农场委员会成立后，中国新民主主义青年团通北农场委员会也随之成立，姜永生任团委副书记。全场共有 13 个团支部，230 名团员。

1956—1966 年，农场团委隶属北安县（市）团委领导。

1957 年 5 月，中国新民主主义青年团改称中国共产主义青年团。

1958—1959 年，大批转业官兵和山东支边青年来垦区参加农场生产建设，团员数量有较大幅度增长。

1962 年，赵光农垦局团委下设 9 个团总支部。

1963 年，各农场相继成立基层团委，局直成立 3 个团总支部，全局 79 个团支部，团员达 734 人。各级团委都配专职团委书记负责团的工作。

1964 年，赵光农垦局团委下设 8 个农场团委和 1 个局直团委，全局 70 个团支部，1300 多名团员。

1969 年，一师七团组建后，共青团工作由组织股代管。

1971 年起，农场团组织隶属"兵团"一师团委领导。

1971 年，农场共青团工作正式纳入工作日程，召开团代会，成立共青团工作委员会，选举李旭华为书记、郑德林为副书记的 14 人委员会。

1973 年 5 月，召开共青团代表大会改选工作委员会，选举赵秉公为书记、郑绍先和陈世萍为副书记的 17 人委员会。

1976 年 12 月，恢复农场体制后，农场共青团委员会隶属北安管理局团委领导。

1984 年，全场共有 8 个基层团委、3 个直属团总支部、91 个团支部，1875 名团员。当年发展团员 380 名，离团超龄团员 230 名，青年 6200 名。

2020 年 6 月，赵光农场学校初中团支部正式转入北安市团委管理。

截至 2020 年末，共青团赵光农场有限公司委员会下设 17 个团支部，有团员 72 名。

1976—2020 年共青团组织情况见表 6-10。

表 6-10　1976—2020 年共青团组织情况

年度	团总支部数/个	团支部数/个	团员数/人
1976	—	65	1879
1977	—	62	1932
1978	—	59	1495
1979	—	87	1539
1980	6	91	1852
1981	4	103	1827
1982	6	104	1852
1983	3	94	1700
1984	3	98	1820
1985	3	91	1875
1986	3	91	1875
1987	3	91	1860
1988	3	98	1860
1989	3	100	1865

(续)

年度	团总支部数/个	团支部数/个	团员数/人
1990	3	84	2160
1991	3	84	2035
1992	3	84	1989
1993	3	84	1932
1994	3	80	1950
1995	3	80	1957
1996	3	80	1896
1997	3	80	1896
1998	3	80	1921
1999	4	80	1904
2000	4	80	1865
2001	4	80	1865
2002	4	80	1871
2003	4	80	1863
2004	4	80	1909
2005	4	80	1914
2006	4	80	1900
2007	4	76	1545
2008	4	70	1398
2009	4	50	960
2010	4	32	800
2011	1	20	650
2012	1	20	650
2013	1	12	300
2014	1	12	260
2015	1	12	240
2016	1	12	132
2017	1	12	120
2018	1	12	80
2019	1	12	89
2020	—	17	72

二、共青团代表大会

20 世纪 60 年代前，农场曾经召开过多次团员代表大会，无文字记载。有文字记载是从 20 世纪 70 年代开始的。

（一）第一次团员代表大会

第一次团员代表大会（一师七团首届团员代表大会）于 1974 年 12 月 25 日召开。大会选举产生共青团第一届委员会，书记冯继芳，副书记姜永生。

（二） 第二次团员代表大会

第二次团员代表大会于 1977 年 5 月 22 日召开。大会选举产生共青团赵光农场委员会，书记张凤芝，副书记李福义。

（三） 第三次团员代表大会

第三次团员代表大会于 1980 年 3 月 22 日召开。会上，团委书记霍蕴辉代表共青团赵光农场第二届委员会做工作报告；党委书记赵福到会讲话。大会听取了先进集体典型发言，表彰 10 个优秀团支部、15 个优秀团小组、76 名优秀团员、10 名优秀辅导员和 8 名青年新长征突击手。代表大会以不记名投票的方式，选举产生共青团赵光农场三届委员会。

（四） 第四次团员代表大会

第四次团员代表大会于 1982 年 7 月 7 日召开。295 名团员代表全场 1852 名团员参加大会。副场长王喜云出席会议并讲话。会上，团委副书记栾德和做工作报告。大会表彰了1982 年上半年先进集体和先进个人。

（五） 第五次团员代表大会

第五次团员代表大会于 1987 年 5 月 4 日召开。出席会议代表 116 人。胡晓元代表上届团委做工作报告。大会选举产生了共青团赵光农场第五届委员会，胡晓元任团委副书记。

（六） 第六次团员代表大会

第六次团员代表大会于 1990 年 12 月 7 日召开，出席会议代表 245 人。姜玉玲代表上届团委做工作报告。大会选举产生了共青团赵光农场第六届委员会，姜玉玲任团委副书记。

（七） 第七次团员代表大会

第七次团员代表大会于 1994 年 3 月 29 日召开，出席会议代表 230 人。农场党委书记刘本田出席会议并讲话。大会通过了团委工作报告。会议选举产生了共青团赵光农场第七届委员会，姜玉玲任团委书记。

三、团的活动

团组织初创阶段，生活条件十分艰苦，广大团员和青年一方面投身于生产建设建功立业，向老师傅学习驾驶技术和生产知识；一方面响应党组织号召，组织和参加各种形式的政治、文化娱乐活动。青年团员耿德既是团干部，又是团的活动积极分子，在 1948—

1950 年的劳动竞赛中曾连续 6 次荣获场劳模。在任第三拖拉机队副中队长期间，改变落后面貌而成为先进，1950 年光荣地出席了北京的全国劳模会。

1948 年 7 月 18 日，农场召开第一届职工代表大会，青年们自编自演一台文艺节目，庆祝大会召开及职工工会成立。10 月，由 10 名团员和青年组成一支业余文工队，在 1949 年 10 月 1 日中华人民共和国盛典的日子，文工队登台演出。1951 年这支文工队发展到 43 名队员，演出活动越来越多。1952 年统计，全场一年较大的文艺演出有 23 次，演出节目生动地反映了农场艰苦奋斗的生产活动和沸腾的北大荒生活，歌颂战天斗地的先进人物和他们的模范事迹，进行了爱场爱国的教育。

1950 年，抗美援朝期间，广大团员青年踊跃报名参军，有 25 名团员青年去朝鲜参战，还有一部分青年拖拉机手去沈阳等地修筑飞机场，同时为支援抗美援朝开展捐款买"公营农场号"援朝飞机的活动。团员青年们在爱国丰产运动中，发挥骨干带头作用，战胜各种自然灾害，圆满地完成了生产任务。1951 年，全场 9 台模范机车有 7 台是团员驾驶的，到 1952 年有 112 名团员光荣地当选为建场功臣和模范。1953 年农场成立女拖拉机队，这些女青年在机械化农业生产中大显身手，成绩显著，胜利完成了当年 700 多公顷耕地任务。

1958 年，广大团员、青年投入农田水利和积肥会战的劳动竞赛，开展青年突击队活动，队队设监督岗，开辟青年林、修青年路、种青年田。在 1960 年以后的三年困难时期，青年团员积极投入技术革新活动。

1963 年，在开展向雷锋同志学习的活动中，全场团员、青年、在校学生学习党和国家领导人的题词，组织学习《雷锋日记》和雷锋的事迹，开展学习毛主席著作运动和大学解放军的活动。当时，对于局子弟学校学生杜松的学雷锋事迹，黑龙江省广播电台记者曾到农场学校进行专访，并在电台广播节目中做了专题介绍。

1965 年 7 月，农垦局召开第一届知识青年代表会，表彰了 21 名青年五好职工、41 名生产能手、36 名学习毛主席著作积极分子、140 名团员、2 名党员、116 名要求入党的积极分子，以及社会主义思想宣传员、帮助老工人家属学文化的文化革命尖兵。张玉华、冯继芳被评为全省知识青年标兵，受到奖励。

1969—1973 年，各级团组织先后开展了学习曲雅娟、金训华、张勇、冯百兴、冯继芳、高崇辉等先进人物事迹活动。

1978 年，场各级团组织组织团员青年开展揭批"四人帮"活动，联系实际协同工会、教育、公安等部门，成立青少年教育领导小组，对失足青少年广泛开展共产主义道德教育活动。

1979 年，场团委发出《关于在全场团员、青年中开展共产主义道德品质教育活动的通知》，要求各团支部普遍进行"两个教育"，做好"八件事"活动。"两个教育"：一是学习法律，进行遵纪守法教育。把中央人民广播电台《刑法讲座》13 讲作为主要内容，通过团课、书面测验、团的知识问答等形式的学习，使团员青年懂得法律知识，自觉地遵守法律；二是学英雄树新风的教育。大力宣传对越反击战英雄、张志新烈士和雷锋的先进事迹，号召学英雄，见行动，做贡献。"八件事"，即各分场级团委、总支委写出一份青年思想情况分析材料；各分场级团委、总支委抓一个青年思想教育搞得好的典型支部；场团委树立一个正面典型；各支部帮助一名后进青年转化；办好图书馆、娱乐室；各支部组织一次有教育意义的活动；每个人做一件好事；开展一帮一活动。

1980 年，场团委在全场青年团员中开展"十能手""十最佳"活动，调动了广大青年学文化、学业务、练基本功的积极性。

1981 年，场团委发出了关于进行年终"一结二选"工作的通知，全场评选出突击队 6 个、先进团支部 16 个、突击队员 11 名、优秀团干部 85 名、优秀团员 136 名、优秀辅导员 9 名、优秀少先队员 30 名。

1983 年，场团委发出了关于动员全场团员、青年积极参加第二个文明礼貌月活动的决定。在活动中，清理垃圾近 300 吨、建花坛 413 个、植树 9000 株。同时，开展了学雷锋送温暖、学张海迪树立正确人生观的活动。在响应胡耀邦总书记"采集草种树种，支援甘肃建设"的活动中，全场青少年利用工余课余时间投入采集活动，超额完成了任务，受到团省委嘉奖。

1984 年，农场团委继续组织采集草种树种支援甘肃建设的活动，共采 812.5 千克，超额完成上级团委下达 160 千克的任务，涌现出 12 个先进团支部、24 个先进个人。北安管理局团委授予场团委"采种支甘超千斤单位"的光荣称号，同时受到团省委奖励。本年，场团委胡晓元被黑龙江省农场总局团委授予优秀团干部称号，毕文杰、徐宝珍、黄大强、姜红、姜玉玲、边秀石、周知、胡晓元、张广臣被团中央评为全国青年读书活动先进个人，张广臣、厉奎被黑龙江团省委评为全省读书活动先进个人，吴宝恒被评为黑龙江省青年新长征突击手。二分场团委获得全省青年读书活动先进集体光荣称号，场团委荣获全省青年读书活动组织奖。年终评比时，全场评出青年优秀服务标兵 22 名，青年多种经营能手、致富能手、绿化能手、科技能手及麦收能手 40 名。

1984 年，在文明礼貌双月活动中，场团委组织青年造林突击队 92 个，参加义务植树 1.35 万人次，植树 13.24 万株，绿化道路 10 条；5 月开始营建青少年公园，全园面积 2000 多平方米，团员捐款 800 元，义务献工 3500 个，9 月落成并组织开园剪彩。5 月，场团委在全场青年团员中开展了"六个一好"活动，即学唱一支好歌、讲一个好故事、做一件好事、学唱一段好戏、写一篇好的心得体会、读一本好书。

1985 年，农场团委根据团中央发出的《关于在经济体制改革中充分发挥共青团作用的决定》精神，结合农场改革实际，在团员青年中开展了"讲文明、树新风""优质服务、文明岗位"竞赛活动。1986 年，10 队、14 队团支部被总局团委授予红旗团支部称号。

1985—1987 年，农场团委先后开展了"祖国在我心中"知识竞赛；"我的中国心青年集体舞会""爱国歌曲演唱会"以及"我的中国心和改革中的祖国"征文活动；"有志男儿保南江，北疆儿女怎么办"的大讨论和青年演讲报告会。

1987—1990 年，农场团委开展了党的基本路线和生产力标准学习讨论，特别是围绕"我与改革共命运""改革与青年""改革闯关与团员责任"等主题，采取多种形式，广泛开展生动的教育活动。1988 年，在和平牧场遭受严重自然灾害的情况下，广大团员青年积极募捐，仅团员就为灾区捐款 1300 元。

1990—1994 年，组织"学习雷锋精神，做北大荒新人"电视专题演讲以及岗位学雷锋典型代表座谈会，36 位孤寡老人、五保户、贫困户得到团队组织的关怀照顾，累计做好事 1.8 万件。在"塑造绿色丰碑，展示青春风采"绿化竞赛活动中，各级团组织承担了绿化荒山、营造青年林的光荣任务，三年累计义务植树 2.7 万株，绿化公路 95 千米、荒山 11 座（58 公顷）、育青年林 36 块（25.33 公顷）、青少年路 45 条（1.38 万延长米），植新婚、参军等纪念树 1921 棵，建花坛 224 个，种花带 2.1 万延长米。

1999 年，团委开展了一助一结对服务活动，每个共青团员帮扶一个青年，使他们在学习上、工作上得到进步，为他们解决生活上、工作上的困难。

2001 年，农场初中建立中国共产主义青年团总支部，成立共青团赵光团校。

2006—2008 年，赵光农场团委在中小学生中积极开展"社会主义荣辱观"教育活动，帮助青少年树立社会主义荣辱观，使社会主义荣辱观成为广大青少年生动的道德实践。

2009 年 3 月 15 日，赵光农场举办首届青年创业代表座谈会，党委书记刘增元和主管副书记袁云福参加会议并讲话，各管理区党支部书记与团支部书记到会，共 20 多名青年创业代表参加座谈会。之后，农场选派 19 名青年创业代表参加北安分局团委在赵光机校举办的首届青年创业培训班。

2009 年 6 月 12 日，赵光镇团委书记王俭，到赵光农场商谈关于场镇共建事宜，双方具体就土地流转、小城镇建设、环境建设（植树、共青团路）、教育医疗资源共享、团组织共建、青年联谊等方面进行了深入交流。

2010 年 5 月，北安分局团委、北安市团委、赵光农场团委、赵光镇团委等在赵光农场共同举办"关爱留守儿童"活动，为赵光农场和赵光镇 50 多名儿童进行了免费体检，并发放了学习用品。

2010 年，农场团委组织团员青年代表，参加北安分局团委举办的第二届青年创业暨贫困职工技能培训班。当年，第六管理区与赵光农垦机校合作，就棚菜种植与鹅雁养殖达成协议，在第六管理区建设蔬菜大棚 14 栋，利用当地丰富的水面资源建设一处鹅雁养殖小区。除此之外，还动员青年在六区种植中草药防风 1.33 公顷。北安分局青年创业蔬菜种植示范基地当年也在第六管理区落成。

2011 年 2 月，农场团委结合北安管理局"展青春风采，建绿色垦区"工作要求，开展了"重温雷锋精神，从身边做起"活动。团委组织港都美发店 8 名青年志愿者走上街头、走进巷尾、走进院落清扫卫生死角、清除"牛皮癣"、开展环保宣传，共同加强志愿服务组织建设和队伍建设，发扬"奉献、友爱、互助、进步"的志愿服务精神。

2011 年 4 月，农场团委组织青年团员进行争做青年突击手"追忆峥嵘岁月，燃烧激情青春，我为实现'十二五'规划做贡献"为主题的演讲比赛。

2011 年，农场团委在全场团员青年中开展了征集"青年创业明星事迹"活动，广平美容连锁店经理马春香、第四居委会居民刘宏艳被管局授予"管局级创业明星"。

2012 年春节期间，农场团委开展了"节日期间为贫困职工送温暖"活动，10 名青年志愿者到第三居民委贫困职工林宽海老人家中开展义务劳动。

2013 年，农场团委开展以"扎根农垦，奉献青春"为主要内容的誓师大会。全场 170 多名青年大学生参加誓师大会，活动期间，农场团委结合"三项教育""北大荒精神"等相关内容，邀请老前辈讲述农场发展史和开发建设农场的工作经历、感受。5 名大学生代表就如何发扬北大荒精神、践行社会主义核心价值观，继承和发扬老一辈垦荒人的优良传统，进行谈体会表决心，决心生在北大荒、心在北大荒、工作在北大荒、建设好北大荒。

2014 年，农场团委举行赵光农场践行群众路线工作汇报 PPT 大赛活动。活动宗旨为：进一步激发青年大学生建设魅力赵光、和谐赵光的热情，充分发掘青年中有思想、有特长、有能力的复合型人才，更好地服务于农场的经济社会发展。各单位参赛青年结合自身工作实际，以反映本单位党的建设、经济发展为主要内容，将工作情况以幻灯片的形式展示给大家。经过初赛、复赛等层层选拔，有 11 部优秀作品参加决赛，活动取得良好效果。

2015 年，农场团委深入推进黑龙江青年创业助航计划。郝娟等成为管局级青年致富带头人，涌现出陈英娣、潘龙等青年创业典型，并为其拍摄电视纪录片，带动青年创业增收致富。7 月，北安管理局团委和赵光农场团委在赵光举办"缤纷夏日，快乐童年"暑期欢乐送公益活动，100 多名青少年参加活动，为贫困、留守儿童捐赠图书 1000 余册。

2016 年，农场团委邀请全国第一批女拖拉机手刘瑛、林革等前辈在农场青少年活动中心开展垦荒故事报告会活动。300 名中小学生聆听了刘瑛、林革等前辈讲述的创建全国第一个国营机械农场战天斗地、自力更生的情景，前辈们勉励中小学生要传承北大荒精神，为更好地建设家乡而努力学习。

2017 年，为庆祝赵光农场开发建设 70 周年，农场团委举办赵光农场诗词大会活动。比赛内容丰富，形式多样，现场竞争激烈。通过活动，提升了广大青年文化素质，增强了他们爱党、爱国、爱家乡的热情，使中国传统文化得到了更好的传承。

2018 年，为培养青年电商人才，鼓励青年自主创业，按照总局团委要求，农场团委先后在 7 月、8 月组织农场青年创业者参加了农垦总局团委开展的三期青年电商创业培训，并在 9 月带领农场 9 名青年到农垦机械化学校参加了第四期青年电商创业培训，受益人数达 400 多人。

四、少先队工作

农场少先队工作始于 1957 年，农场子弟学校少先队员近百人，张静华老师兼任辅导员。

1958 年，农场办事处直属学校的少先队员达百人以上，各农场学校也开始成立少先队组织。

1959 年，全场学校普遍建起了少先队组织，各学校的团组织担负起党组织委托中国少年先锋队的领导工作，加强了工作计划性，少先队工作列入了学校工作日程。平时重点抓好队日活动，组织有意义的参观、访问，校内经常出刊墙报板报，也进行图画展览。通过各种形式进行爱国、爱场、爱校教育，从小播下热爱共产党、热爱社会主义的种子。每当六一儿童节来临的时候，各学校都举行庆祝会，组织丰富多彩的文娱活动和报告会。陶冶儿童情操，武装儿童头脑。

1963 年以来，农场学校少先队组织响应毛主席"向雷锋同志学习"的号召，经常组织少年儿童学习雷锋日记、雷锋事迹，开展文明礼貌、讲卫生、做好事活动。到文化宫、办公室、招待所、火车站等公共场所擦玻璃、扫地面，挖沟修路、清扫街道，为孤寡老人扫院子、抬水、洗衣服，校内自动值日打扫卫生，以及扶老携幼、拾金不昧等好人好事屡见不鲜。

1978 年，恢复少先队组织后，生产队学校建起了中队，场和分场学校建起了大队。少先队组织广泛开展创优秀少先队员和优秀辅导员活动，重新建立校外辅导员制度。多数学校的少先队都聘请校外辅导员。场直小学少先队校外辅导员鞠杰常到学校给队员们讲课，帮助组织业余活动，对劣纪少年儿童协助学校进行帮教工作。

1981年，场团委在全场组织各小学校开展"红花少年"活动，有123名少先队员被评为红花少年，5个单位被评为红花集体，受到表彰。

1982年，在学雷锋树新风中，开展争戴小红花做"四有"新人教育，组织最佳队日竞赛评比和参加场内一些重大会议献词，并且恢复了一年一次春季野游活动。

1983—2005年，农场团委发扬"以团带队"的光荣传统，履行培养共青团预备队的职责，把少先队工作纳入共青团工作的总体规划之中，培养造就新一代"四有"新人，做到定期研究和经常指导少先队工作，配齐、配强辅导员，健全少先队组织机构。大队辅导员专职专设，职级到位。少先大队组织活跃，积极开展"雏鹰小队"活动和"十佳少年"的评比活动。期间，每年3月5日由大队、中队组织队员开展学雷锋见行动、和雷锋比童年、学雷锋做好事等活动。在学雷锋做好事活动中，广大青少年在教师、团干部、辅导员的带领下做好事1000多件。

1990年开始，相继开展了文艺节目比赛、歌咏比赛、书法绘画比赛，组织演唱会和各种系列活动。

1991年，农场学校和少先队组织了"雏鹰假日小队"活动，组织少先队员慰问军属、孤寡老人，为他们做一些力所能及的事情。成立了护绿小组，保护花草树木。

1994—1995年，在小学开展了十佳少年的评选活动，1995年评选10名十佳少年。

1996年6月1日，场直小学获黑龙江省少先队标准化学校称号。

1999年12月，场直小学少先大队被省少工委授予黑龙江省少先队基础知识竞赛组织工作先进单位。

2006年1月，农垦北安分局第一届中小学生冰上运动会在赵光农场举行，来自14个农场的中小学生及三所高中203名运动员参加了比赛。分局教育局局长辛明国、各农场教育科长、体育老师等参加本次盛会。赵光农场荣获中、小学组团体总分第一名。

2007年，北京"让爱飞翔"残疾人艺术团到赵光农场进行公益演出活动，农场学校团总支组织500余名青少年，在少年宫观看文艺演出。同年10月，小学少先大队举办庆祝建队58周年——少先队入队仪式，共有207名同学加入了少先队组织。

2013年，少先大队队员、小学五年二班张典航同学在上学的路上拾到一个钱包，内有身份证、驾驶证、银行卡、信誉卡10多张，以及购物卡3张，500美元，200欧元，人民币900元。张典航同学拾金不昧，将钱包交给了老师。经查找，失主是一名山东青岛外企员工，他出差到赵光，不慎将钱包丢失。为表达谢意，这名员工为学校送来了写有"传承雷锋精神，培育时代少年"的锦旗。学校向全体同学发出号召，向张典航同学学习。

2016 年 6 月，学校小学部团支部联合少先大队、政教处开展了党史国情教育演讲比赛。经过评委的认真评比：杨婧雯、黄艺佳、王慈等同学荣获一等奖；赵曦、蔡欣彤、孙凡絮、王越、于佳鑫等同学荣获二等奖；刘新彤、隋雨樵、袁子沂、岳炳辰、何思琪等同学荣获三等奖。

2017 年 12 月，黑龙江省农垦总局少先队工作委员会授予赵光农场小学部少先大队优秀少先队集体，大队辅导员王晓峰被评为优秀辅导员。

2018 年 4 月，在世界地球日来临之际，小学部组织三年级全体队员进行了以"珍爱地球，共筑和谐家园"为主题的社会实践活动。政教处耿静主任、郭雪飞副主任、少先大队辅导员王晓峰及各班主任带领少先队员到广场、小区捡拾垃圾，提高了队员们的环保意识。

2018 年 10 月，小学部利用周一升旗仪式，进行了以"习爷爷的教导记心中，争做优秀少先队员"为题的国旗教育活动。

第三节　妇女儿童工作

一、组织概况

1948 年初，南玉文带着 4 个孩子从哈尔滨到农场落户。

1950 年，省内外大中城市和村镇青年纷纷奔赴农场，使女职工增到 20 多人，职工家属增到百余户。这年冬天，农场成立家属工作委员会，由行政干部和工会干部组成，选举陈耀玲为主任委员，潘效彬为专职妇女干部。委员会下设 6 个家属小组。

1952 年，农场女职工由 1948 年的 2 人发展到 80 人。

1957 年，成立场直家属委员会，负责家属工作。

1958 年，省厅在赵光成立农场办事处后，开始有了妇联组织，刘丽华任副主任，各农场设专职女工干事。

1962 年，撤销妇联组织，赵光农垦局工会设女工委员，农场设女工干事，局直家属区设家属委员会。

1975 年，恢复妇联组织，于 12 月 30 日召开七团首届妇女代表会，选举张凤芝为主任、王新岚为副主任的妇女委员会。

1979 年，女职工 2866 人，场妇联配两名女工干部，分场设女工干事，基层单位普遍建立妇女委员会。

1981 年，根据省农场总局有关文件精神，撤销场妇联组织，各级工会设专职女工干部。农场工会霍蕴辉副主席主管女工工作，分场和场区 4 个单位设妇女干事，基层单位仍有妇女委员会组织。

1984 年，各级工会都撤销了妇女干部，妇女工作由工会干事或团委干事兼管。全场妇女人数达 12280 人，其中女职工 3203 人，占妇女总人数的 26％。

截至 2020 年，赵光农场有限公司有女职工 1328 人。在全公司 67 名副科级以上干部中，有女性干部 20 人，占总数的 29.8％。

二、妇女作用

1948 年，全场只有两名女职工，他们同男职工一起投入农场的建设工作。1949 年发展到 7 名，他们中大多数参加装车、田间等劳动。而后，职工家属、青年学生、知识分子源源不断涌进农场，这支带有北大荒人特点的妇女队伍在农场创建过程中，不断付出艰辛劳动。

1949 年，女工不过 10 名，她们直接参加了当年的春耕生产。

1950 年春，20 余名女职工参加翻地、耙地、播种及工具修理等工作，其中有 3 名成为农场第一批女康拜因收获机手，3 名成为第一批小型轮式拖拉机驾驶员，开伏荒时有 2 名成为第一批大犁手。职工家属除参加农忙间苗、除草、收菜等工作外，还投入了缝纫、洗衣、种菜、食品加工等服务性工作。冬闲季节家属妇女们参加工会组织的识字班学习。

1951 年，青年女职工被分配到各拖拉机队机车上当助手，不仅学习开车，有时也根据需要除草、割麦、拉粮、扬场、保养机车、参加冬检，都与男人一样。华中农业大学的聂蕙兰、东北农学院的龚真瑜等一些女大学生进场后，女职工素质产生了显著变化。哈尔滨兆麟小学模范教师王美筠离开城市来农场办起了第一所小学，她像母亲一样培养、教育农场第一批职工子女，给农场带来新的生机和活力。

1952 年，女拖拉机手和学员已经发展到 20 名，占女职工总数的 1/4。农场的妇女队伍已经是一支不可忽视的建设力量。

1953 年春，农场正式成立女拖拉机队，由北京青年林革出任队长。女拖拉机队被国家农垦总局誉为我国"第二女拖拉机队"。当年，由于女职工不断增加，农场成立了第一个托儿所，刘义、赵作兰等 4 人当保育员。

1956 年，在农场牧业大发展的形势下，抽调 20 多名女职工作饲养员，模范养猪能手王淑兰 1957 年光荣地出席了全国第三次妇女代表大会。同年，劳模代表修理厂职工家属郑桂兰首次去北京参加全国职工家属代表大会，受到大会表彰和中央领导接见。

1962 年，家属委员会更广泛地组织家属妇女走出家门参加农场的各项工农业生产建设。

1964 年，局直家属以家属委员会为单位抽出部分家属劳动力参加砖厂劳动；农忙季节，还坚持组织支援夏锄、秋收劳动。各农场及农业生产队的家属们一直参加农忙劳动。

1979 年以来，在女职工和家属中进行自尊、自爱、自强、自重的"四自"教育，开展三八红旗手、五好家庭活动，组织妇女参加生产劳动竞赛，妇女中先进人物不断涌现。场直家属队队长王振英，多次被评为农垦系统和省劳动模范，是家属中的好带头人。第 10 生产队家属徐茂英被省农场总局授予改革中先进妇女光荣称号。教育科干事段玉明是个踏实肯干的女强人，工作勤勤恳恳，很多年都没有因为严重的腿痛病耽误工作，其丈夫朱洪书不论严寒酷暑，上班送下班接，他们家被评为五好家庭。

1999—2005 年，全场有 500 多人次荣获场三八红旗手，（其中有 30 人次荣获分局三八红旗手；有 4 人荣获总局三八红旗手）；有 16 人获巾帼建功立业女杰，其中：场级 15 人、分局级 1 人；有 180 人次被评为场级先进工作（生产）者；有 4 人被评为场劳动模范；1 人被评为分局劳动模范；1 人被评为总局特等劳动模范。

2005 年，全场女性从业人员占从业人员总数的 45％以上，女性在第二产业和第三产业中的就业比例逐年提高。获大专以上文凭的女职工有 290 人；获中专文凭的女职工有 410 人。在全场 630 名专业技术人员中，有女专业技术人员 275 人，其中一部分女职工已成为行业带头人。

2006—2020 年，农场（公司）以典型带动、示范引路的形式激励女职工参加"女职工建功立业""女职工素质提升工程"竞赛活动。女职工在活动中创价值 7000 余万元。在劳动竞赛、岗位创新活动中，先进人物不断涌现，全场（公司）有 500 余人次荣获三八红旗手（其中有 32 人次获管局三八红旗手；有 6 人次获总局三八红旗手）；有 58 人次分获"巾帼创业之星""巾帼志愿者"（管局级"巾帼志愿者"3 人）；有 1351 人次被评为场级先进工作（生产）者；有 28 人次被评为场劳动模范；1 人被评为管局级劳动模范。先后涌现出全国优秀教师陈允红、全国第二届书香之家获得者杨春英家庭、黑龙江省孝亲敬老之星张爱新、黑龙江省爱民模范郝淑敏、黑龙江省优秀社会社区志愿者孙继芳、黑龙江省十佳道德模范王静贤等一大批先进妇女典型。

三、妇女待遇

建场初期，工会和家属委员会将妇女职工的劳动保护工作列入重要日程，按规定发给羊皮裤子和狗皮帽子；规定每月例假休息 3 天，或调做轻工作；产前产后 45 天照发工资；3 个月小产休息 15 天，发给半月工资；3 个月以上小产休息 30 天，发给 1 个月工资。同时，重视青年妇女的婚姻和组织家庭等工作。《中华人民共和国女工保护条例》公布以后，农场严禁女职工从事有害健康的工作，实行哺乳期、怀孕期、产期、经期、更年期"五期"保护制度。生小孩享受 56 天产假，照发工资。津贴费每月 0.5 元。夫妻双方有一方是工会会员的，工会发给生育费 8 元，双胞胎发给 32 元，并规定哺乳期送奶时间。

四、维护妇女儿童合法权益

依法维护女职工的合法权益和特殊利益，是通过职代会这一基本形式来实现的。女职工代表作为职代会的组成部分，到十六届三次职代会女职工代表的比例已达到 27.5%。场工会还把维护女职工基本利益和特殊权益的事情通过女职工专项集体合同的形式进行规范。例如：将女职工"四期"保护、卫生费、生育待遇等特殊保护内容写进了女职工专项集体合同中，并在十六届三次职代会上由工会主席代表女职工与企业法人签订集体合同，从而有效地维护了女职工的特殊利益。

农场每年都为女职工进行免费的身体检查和妇科病普查，据统计，2006—2020 年受益女职工达 2.55 万人次。自 2003 年开展女性安康保险至 2020 年，有 8700 余人次参加了此项保险，共获理赔 70 余万元，有效增强了妇女患病的救治能力。通过专题讲座、法律知识竞赛、典型人物经验交流、问卷调查等多种形式，使广大女职工了解相关法律赋予自己的权益，学会用法律的武器维护自身的利益和权益，增强自我维护的自觉性、积极性和主动性。有效地促进了女职工素质的提升和优秀人才的成长。

2006—2020 年，农场（公司）把依法维护女职工的合法权益和特殊利益落到实处，让女职工受益，鼓励女职工代表积极参加本单位的民主管理、民主监督，依法维护女性合法权益。农场职代会女职工代表积极发挥作用，为广大妇女争得了权利。如在土地承包经营中女职工与男职工享有同样的政策待遇。在选拔任用干部时，农场始终注重男女平等这一原则，截至 2020 年，农场副科级以上干部 67 人，其中女性 20 人，占总数的 29.8%。

2006 年开始，农场把推进精准扶贫工作作为农场教育工作的重要任务，保障贫困家庭儿童学生享受公平优质教育资源，使儿童合法权益得到全面保障。到 2020 年，学前三年教育毛入园率达到 85% 以上，义务教育巩固率达到 98% 以上，高中阶段教育毛入学率达到 95% 以上，所有学校基础设施、技术装备、教育信息化建设达到国家规定标准。着力构建覆盖所有学校贫困学生帮扶机制，实现所有贫困家庭学生应助尽助，不让一个贫困家庭学生因贫失学。在义务教育阶段，对义务教育建档立卡的家庭寄宿学生给予生活补助，小学生每人每年 1000 元，初中每生每年 1250 元，免除学杂费。

第四章　民兵与国防教育

赵光农场人民武装工作以"两个适应"（适应新形势发展的需要，保证社会安全；适应战备的需要，加强国防后备力量建设）为方针，以服务经济建设为指导，各项工作逐步规范化、制度化，在农场的生产建设以及抗灾抢险工作中发挥了重要作用，多次受到上级军事部门的表彰奖励。

第一节　机　　构

1958年前，兵役及民兵工作先后由场长办公室和人事部门兼管。人民公社化运动中场社合一，成立民政科，1名副科长负责武装工作。

1959年春，场社分家后武装工作由场长办公室兼管。

1960年，场社第二次合并，成立武装部。

1961年，场社再次分家，武装工作仍由场长办公室兼管。

1962年7月，随着农场体制变动成立赵光农垦局武装部，副部长齐光，助理员2名，局属6个县团级农场都设1名专职助理员。同时，从局到场都成立武装委员会组织。局武装部业务隶属北安县武装部。

1963—1968年，赵光农垦局武装机构设置没有变化，武装干部的工资和待遇均由上级下拨的国防费支付。

1969年1月，农场加入黑龙江生产建设兵团序列，实行团、营、连、排建制。团部设司令部、政治处、后勤处三大机关，作训股负责武装工作。军务股成立后，主管征兵工作。

1977年1月，恢复农场体制重设武装部。

1979—2020年，农场人民武装委会主任由各时期的农场党委书记兼任，武装部第一部长由场长兼任。

2019年后，赵光农场有限公司挂牌，农场武装部仍然沿用"赵光农场人民武装部"的名称，隶属于赵光农场。

第二节　民兵组织

一、训练活动

20 世纪 50 年代末，农场民兵组织成立后，积极组织民兵学习和贯彻民兵"三大任务""十项守则"，大力开展"劳动好、工作学习好、国防观念好、体育卫生好、爱护武器好"的"五好"竞赛。根据县武装部年初下达的训练计划，结合农场实际制订训练实施方案，有领导、有组织地利用冬闲、春播到夏锄的空隙时间，集中力量抓好民兵的军事训练。

1963 年 9 月，赵光农垦局从各农场抽调年轻骨干民兵，举办一次劳武结合训练班，编 4 个排，其中 1 个女民兵排。训练内容是农场的机务技术与军事技术。训练时间为 6 个月，劳武各占 50％。在考核中，夜间紧急集合、急行军、防空演习、战术表演和 3 次实弹射击，均取得好成绩。直到 1966 年，每年春冬两季都举办训练班，每次训练时间 20～30 天，受训民兵达 1200 余人次。

1971 年，七团团部成立教导队，每年为连队培训军训教员，最多年份达 100 多人。

1978 年，沈阳军区在白城子靶场组织东北三省民兵对空射击考核，赵光农场参加的"三七"高炮排，其中女民兵班，成绩名列第七。

1984 年，农场在民兵正规化建设中，在新建军事训练基地组织 60 名骨干民兵训练，考核时各项技术均有提高。

1985—1995 年，农场武装部根据上级军事训练的要求，每年组织骨干民兵进行一次军事训练，主要以陆军共同科目为主训内容，每年平均参训 50 人。

1996 年以后，农场武装部为适应战时需要，主要对民兵应急分队进行专业训练，每年最少训练 10 天。

2009 年 12 月，农场武装部派出了 15 名退伍军人组成的边防协勤分队到黑河军分区边防六连，圆满完成了为期一个月的协勤任务。

2012 年 9 月，总局军事部在九三管局组织民兵尖子比武竞赛，赵光农场退伍军人荆伟与其他三个农场的民兵，代表农垦北安管理局在九三管局进行了 10 天集中培训后，在五千米越野赛中，取得了小组团体第二名的好成绩。

二、急难险重任务

农场民兵组织成立后，在搞好军事训练的同时，还参加一些拉练、战备执勤、抢险救灾、护秋保收、打击刑事犯罪、治安保卫及文艺演出等活动。

1964年春，赵光农垦局抽调24名武装基干民兵，由建设农场武装助理员李宝祥、共青团农场武装助理员吴显志带队，参加了黑河军分区组织的武装搜山拉练。地点为北起黑河，南至通北林业局南北河地区的小兴安岭西麓一带，历时一个多月。

1964年夏，赵光农垦局装甲民兵师文艺代表队参加黑河军分区北安片民兵文艺汇演大会，演出了枪杆诗《女民兵》和其他反映民兵生活的曲艺、舞蹈等17个节目，除获荣誉奖外，还有14个节目获创作奖和表演奖。

1969年，战备紧张之时，全团民兵参加挖堑壕、修防空洞、昼夜武装值班，曾一度进入一级战备状态。

1972年，六井子至李家车站区段的铁路被洪水冲毁，团作训股奉命组织民兵130人，冒着急风暴雨连续奋战24个小时，出色地完成了任务。

1980年以来，农场武装部经常出动民兵配合农场公安保卫部门进行治安巡逻，仅1983年从重从快严厉打击刑事犯罪分子斗争的第一个战役中就出动民兵300多人次。

2006年春节前夕，农场武装部选派8人组成的巡逻小分队与公安保卫协同进行为期一周的对菜市场、商业区、车站等人员密集区域的安全检查和治安巡逻。

2008年，由于我国南方多省份受强降雨灾害影响，农场武装部根据上级军事部门指示，临时组建了120人的灾后救援突击队进行了演练，随时待命准备参加灾后的救援工作。

2010年春季，大兴安岭发生森林火灾，农场武装部接到命令后，迅速成立50人的扑火预备队，在农场机关待命3天。

2011年，在农垦北安管理局人武部装备库弹药销毁工作中，赵光农场武装部组织35名民兵负责弹药装卸、押运、看守任务。通过努力，成功地完成了3天的押运、销毁任务。

2012年，农垦北安管理局人武部装备库武器装备搬迁至红兴隆管理局，赵光农场武装部民兵担负装卸和押运任务。农场武装部派出50名民兵和一台消防车、一台大客车协同负责安全保障，历时2天时间，圆满完成了武器装备运输、装卸任务，受到农垦总局军事部首长的高度赞扬。

2012年8月，农垦北安管理局红色边疆农场发生洪水灾害，赵光农场武装部深夜接到抗洪抢险命令后，仅在一个半小时内完成了50人突击队的集结、抢险物资准备和战前动员工作，奔赴抗洪前线，经过5天的奋战，成功地抵御了洪水灾害，为红色边疆农场的安全生产和人民的生命安全起到了保驾护航的作用，受到管局领导和上级军事部门的表扬。

第三节　国防教育与征兵工作

一、国防教育

1995 年，在中国抗日战争和国际反法西斯胜利 50 周年之际，农场举办图片展等活动以示纪念，全场 2300 多名干部职工、民兵预备役人员和中小学生参加活动。

1999 年 5 月 8 日清晨，以美国为首的北约，袭击中国驻南联盟大使馆，造成财产重大损失和人员伤亡。农场武装部及时组织学校师生观看北约轰炸南联盟和袭击中国驻南联盟大使馆的录像，对农场初中和高中学生进行心系国防、发奋学习的国防教育。

2000 年，农场对高中和初中学生广泛开展以《中华人民共和国兵役法》《民兵工作条例》《中华人民共和国国防法》为教材的国防教育。

2006—2020 年，农场武装部按照农垦北安管理局人武部下达的国防教育任务的要求，制订了每年按季度进行最少一次的国防教育规划。国防教育授课教员由农场武装部负责在居委会、管理区、宣传部、民政局等部门选聘，利用农闲和阴雨天气或有重大节日、活动的时候进行授课。根据上级规定的教育内容要求，农场武装部根据农场各时期的工作、形势任务等情况，进行统筹安排。国防教育做到了有教员队伍、有教育计划、有教案、有笔记、有试卷。通过教育，全场的民兵组织提高了战斗力，增强了凝聚力。

二、征兵工作

1950 年，朝鲜战争爆发，战火烧到鸭绿江边，农场青年积极响应祖国号召纷纷要求参军参战、抗美援朝保家卫国。11 月间，有 25 名青年拖拉机手光荣地加入中国人民志愿军的行列，同时农场为沈阳军区空军某部修飞机场工程出动 15 台拖拉机。

1956 年后，实行义务兵役制度，农场每年均按照北安县兵役局或武装部的指示开展征兵工作，每次征兵都依据条件规定选送符合质量要求的兵员。

1962 年后，农场结合实际，制订农场具体征兵实施方案。在广泛宣传的基础上，对年满 18～22 周岁男性公民普遍进行登记摸底，然后进行目测、政审和初步身体检查。对外地来场就业青年还进行外调审查。按照征集范围和政策，对独生子女不征，唯一劳动力免征或缓征。后改为年满 18～20 岁公民，具有初中以上文化程度作为基本条件，而对独生子女和唯一劳动力者，只要本人自愿、家庭同意，符合条件均可应征。

1986 年后，征兵工作由北安管理局武装部负责。农场征兵工作全面贯彻北安管理（分）局征兵办公室的征兵指示，建立由农场主要领导负责的征兵领导小组。在征兵的各个环节中及时分析情况、解决问题，制订符合农场实际情况的征兵工作实施方案。第一，场主要领导与基层单位每年就征兵工作签订责任状，明确责任、奖罚到位。场党委书记、武委会主任每年针对征兵工作的有关情况、征集条件、政审标准、文化界定及年龄规定等问题做重要的电视讲话。通过宣传教育，提高各基层单位领导、适龄青年家长和适龄青年对《中华人民共和国兵役法》的认识，统一思想。第二，加强宣传教育工作，齐心协力完成好征兵工作任务。在征兵过程中，全场各级部门通力合作，广泛开展《中华人民共和国兵役法》教育，建立从农场机关到基层相统一的教育体系。基层的党支部书记亲自到适龄青年家中做动员工作，向他们宣传国家有关征兵的方针、政策。为加大征兵工作的宣传力度，张贴宣传标语，进行有线广播电视宣传，出宣传板报。通过宣传教育，有效地激发了广大适龄青年踊跃报名参军的积极性，使每年适龄青年报名率都达到95%以上。

据统计，1962—2020年，赵光农场共为部队输送兵员592名，其中，飞行员3名、女兵2名，2020年输送的3名新兵均为在校大学生。

第七编

科教文卫

中国农垦农场志

第一章　科学技术

赵光农场建场 70 多年，每一步的发展都离不开先进科学技术的支持，可谓是科技进步万业兴。农场坚持科技兴场、科技兴农的发展理念，从建场初期的农业研究室、农业实验站、实验区的建立，到后来的农场科技委员会的成立，再到 2010 年农场科技园建设，在农艺耕作流程改革、良种引进培育、新技术的推广等方面进行探索、改造，取得了一定的成效。

第一节　机　　构

一、科研机构

（一）农业科研单位

1948 年夏，东北行政委员会农林处在通北农场设立农业研究室，负责农业生产技术研究和提供机械化作业实施意见。1949 年，研究室附设试验区，进行以小麦、大豆为主的作物播期、播量、耕作的试验。对甜菜、陆稻、亚麻等一些作物也进行试验研究。1950 年，试验项目有 13 项，有 2 名技术员、4 名工人，经营试验面积 36.28 公顷。经过几年试验研究，初步确立了小麦早播、条播、密植、机械平作栽培的高产理论和方法，并开展了大豆垄、平作对比小区试验，初次获得机播早熟大豆行距 45 厘米高产试验成果。

1958 年，农场试验区扩建成试验站，广泛进行作物栽培方法试验。1960 年，改建成农业科学研究所，下设试验队、良种繁育队和林艺队。1962 年，科研所是一个以农为主，包括果树园艺、机械改装及新技术开发的综合性科研单位。在良种、肥料、耕作、栽培、植保、园艺等方面进行研究，取得了多项科研成果。1968 年，组建七团后，改称农研连。1977 年，恢复农场体制后，改称实验站。1985 年，实验站变成种子公司、原种场、实验站三位一体的单位。

1966 年，科研人员有 14 人，其中大学毕业生 11 人。实验室设有土壤化验室，备有显微镜、经纬仪、天平等仪器，进行作物育种、土壤理化研究，能够应用最新科学技术，为科学种田提供理论依据和实践经验。1984年，科研人员有14人，其中有农艺师1人、助理农艺师1人、技术员4人。研究项目有小麦、大豆新品种选育，以及因土施肥、新技术应用50多项。先后选出一批适合本地区生产的小麦新品种：克旱7号、8号、9号，克丰2号、3号，龙麦12号、13号。这些品种比原生产品种增产10%～30%，推广1.33万公顷。"六五"计划期间，先后选育出适合本地生产的大豆新品种：北69-1483、黑河4号、北丰3号，增产10%～20%。全场有0.66万公顷更新大豆品种，达到良种化。

1985年，原种场分为农业试验站和良种队两部分，主要承担科研课题的实验和良品种的推广工作。原种场隶属农场直接管理，2004年划归第六管理区管理后，不再是农业科研的实验基地。农场的农作物良种都是从上级良种公司购买。

（二）生产科研相结合的单位

1. **气象站** 建场初期，农业生产所需气象观测数据资料由克山试验场提供。1951年，农场农业试验区设气象观测站，设备简单。1955年，农场开始有完整的气象资料记载和积累，主要测记项目有气温、降水、风频、空气湿度、地温、冻土、日照、蒸发等。1956年，增加物候观测和土壤湿度测定。1958年，由北安市气象水文科协助，开始补充订正气象预报。1961年，通北气候站改称赵光农业气象试验站，由省气象局气象科学研究所领导。赵光农垦局时期，称局气象站。1968年，兵团时期，变为黑龙江生产建设兵团一师中心气象站，人员24名，增加部分自记仪，开始接收天气图，做中、短期天气预报。这个时期，积累了1955—1968年的气象资料，并汇编成册内部发行。1977年，改称农垦北安农管局中心气象站，建立自绘天气图预报。1980年，气象站复归赵光农场，增添了天气图传真机等先进探测、接收设备，引进数理统计预报方法。在资料处理和预报制作过程中采用微机技术。天气预报采用数值预报为主、天气图和统计预报为辅的现代化天气预报技术，预报准确率高达85%以上。2013年，气象站自动化代替人工。2016年，引进中环天仪气象仪器有限公司的新型自动气象预报。2020年3月，集土壤检测中心、科技园区、双控一服务、数字农服于一体的农业科技服务中心成立，有工作人员3名。引进了土壤各层次温湿传感器设备，可以实时监测土壤温度、湿度、水分含量及变动情况、光照强度、光照时间，为农业生产及时、准确地提供相关基础信息。

2. **农机修配技术室** 1952年，农场成立了农机修理所，设技术革新小组。1958年，修理所扩建为修理厂，设农机修配技术室，主要负责农机具和机械设备维修、改装及机件的设计，监督检查车间改革工艺技术和产品质量，推广和引进新技术等工作。1985年，改称农机技术推广站，隶属农机科领导。2010年，农机中心成立，直至2020年，主要负责全场的农机技术引进、革新及推广工作。

3. 基建水利设计室 1952 年，基建科设有勘测组，1958 年，扩大勘测队伍，设有设计室，主要负责房屋、道路、桥涵建设的设计和工程测绘。以后的农田基本建设工程、水利排灌、防洪及水库设施的工程设计测绘任务也纳入设计室工作。1980 年，全场水暖建设、给水工程设计及施工也列入设计室的工作。1992—2019 年，划归农场水利建设科。2020 年，水利科归属农场有限公司农业发展部管理。

4. 教研组、教研室 1958 年，农场初中成立后，设教研组。每学年初中教导处都布置科研课题，逐年积累研究成果并应用于教学实践。1978 年，农场教育开始设置教研室，1982 年并入教育科，成为农场中小学教育的研究机构。直至 2018 年，教研室一直坚持对常青教学法、青浦教学法、小学语文"注·提"实验、和谐教学法等先进课题进行试验研究和推广工作。2019 年，农场教育系统整体划归北安市政府管理。

二、管理机构

1964 年 11 月，农垦局成立科学技术委员会（以下简称科委），主任由农场的主要领导兼任，委员包括农场各业专家，共 15 名。科委成立后，具体科研项目实施和管理仍然由各部门自行负责，只是重大问题要科委决定。"文化大革命"期间，科委解散。1981 年，重新成立科委，直至 2005 年，主任都由农场的主要领导兼任。同时，成立科委的办事机构科技科，科技工作步入正轨，落实科技政策，建立队伍和清理科技档案，协调各部门制订科技发展规划，组织协作攻关和科学技术推广应用。

1985 年，农场成立科技科，属农场科委领导下的科研机构，主要负责全场科研课题的立项、科研成果的推广应用，制订科技发展规划，建立各项科技档案、学术交流、学术研讨等。2000—2020 年，科技科与生产科合并，生产科长兼任科技科科长，主要职能没有变。

第二节 科技队伍及建设

20 世纪 60 年代以前，农场科技队伍中，高级科技人员多数毕业于较著名的高等院校，来源主要是上级主管部门选派的内行技术干部、部队转业官兵、从社会上招聘来的技术人员，以及在长期的专业工作实践中自学成才的科技人员。

建场后，农场为国家培养和输送了很多管理干部和技术人才。早年入场的绝大部分领导干部和科技人员相继调到全国各地，少数人也有调到中央有关部门任职。1980 年后，相继有大批的专业人员补充到农场的科技队伍中。1984 年统计，全场有科技人员 551 人，其中高级技术职称的 1 人，中级技术职称的 75 人，初级技术职称的 475 人。从各系统看，教育、卫生、财会、统计所占比重较大，农、机、林、畜方面的人才很少；从技术工人方面看，全场农机工人中，四级以上不足 30%。

1985—1990 年，大中专毕业生很少被分到农场工作。农场为了增加科技人员的数量和提高科技人员的素质，相继选送在场职工 524 人到大专院校进修深造，职教经费累计 80 万元。

1991—2005 年，农场招收大中专毕业生 150 人。对自愿到农场工作、经农场考核同意接收的大学生，报到时发给 3000 元的报到费，婚前每天补助 10 元，安家费 3 万元。2005 年统计，全场有科技人员 2114 人，占全场职工总数的 19.6%，其中高级技术职称的 77 人，中级技术职称的 1408 人。

2006—2019 年，农场农业科学技术人员 59 人（不含教育、卫生系统）。其中，科技园区技术员 9 人，农业技术员 23 人，农机技术员 27 人。为了适应农场经济不断发展的要求，农场每年在冬春农闲季节，聘请大专院校及科研院所的专家教授对农业技术人员进行农业技术和科研能力的培训，并通过业务能力考核，实施动态管理，确保了农业科技队伍培训的实效性。

2020 年，农场有限公司运行组建农业科技服务中心，集农业、农机、林业、畜牧、水利于一体，有科技工作人员 11 人。参与制订公司大农业发展规划，指导相关产业规范生产，进行相关业务培训，进行数字农业发展信息采集、整理，推广应用先进农业新技术。

第三节　科技活动和成果

农场科技事业发展概括起来大致经历了以下几个时期：1948—1959 年，大胆探索、不断创新、积累经验时期。1960—1976 年，发展缓慢，在困难中前进时期。1977—2005 年，尊重知识、重视人才，群众性科研活动发展时期。2006—2020 年，科技兴场，科研活动繁荣时期。

一、初期科技活动与成果

建场初期，农场通过农业生产实践，在学习传统耕作农艺基础上，逐步形成了轮作、耕法、施肥、植保、良种和作物栽培等农作技术综合应用的农艺流程。

1. **轮作**　由建场初期的三区向四区、六区过渡，到 1959 年基本形成了新的轮作体系。1976 年后，开始向远三区、近四区的七区过渡的主要轮作形式。

2. **耕作**　建场初期实施以伏翻、秋翻为主的两翻一耙制。20 世纪 60 年代，实施以伏翻、秋翻为中心加深松的土壤耕作制。20 世纪 70 年代后期，逐步形成了耙（或浅翻）、松（垄沟深松）、耙、翻、耙、松的土壤耕作制。

3. **施肥**　由建场初期以施有机肥为主逐步转向 20 世纪 70 年代以施化肥为主的科学施肥。20 世纪 80 年代后，广泛开展土壤调查，实行因土科学施肥。

4. **植保**　20 世纪 50 年代中期开始，在良种繁育地上进行化学除莠剂量用法研究，推广机械化除草经验。20 世纪 70 年代后，逐渐形成了人、机、药剂综合消灭田间杂草作业。

5. **良种**　1948 年建试验区，开始进行品种比较和一些新作物的试种研究观察。1958 年，开始试验马铃薯品种 50 个，选出德友、波友、克交等 15 个产量高、抗病能力强的品种。1964 年，农场科委对建场 15 年科研成果做了整理：小麦选种育种通过区域鉴定的克强、克壮、合作 5 号、合作 6 号、松花江 1 号等 85 个品种中，有 24 个优良品种得到推广应用；大豆通过鉴定的 103 个，适应本地早熟品种 3 个、中熟 10 个、中晚熟 8 个。1960—1963 年，先后培养出适应本地，耐湿性强，适应机械化栽培丰产性能高，品质好的丰收、北良、库班等大豆品种 17 个。果树抗寒育种、高枝嫁接和防治腐烂病等研究均收到良好效果。

建场初期研制的红星 2.4 钉齿耙技术已被制造厂家采用。1960 年农业部把这项经验拍成科教片"大豆大面积机械化除草"进行公演。将 C-6 联合收割机链条传动改为 V 形三角皮带传动，1963 年该技术在赵光召开的全国三部三省选型订货会上向全国推广；1958 年北京群英会上，东方红农场畜牧队的高寒地区大群养猪丰产经验得到推广。

二、中期科技活动与成果

1971 年，农业科研进入新高潮，基层科研班组有 20 多个，参加试验活动人员 200 多人。农研连 228 公顷小麦创平均公顷产 3169 千克新纪录。1978 年，31 队小麦平均公顷产 3757 千克，有 10 个生产单位 0.33 万公顷小麦平均公顷产超 3000 千克，其中，二分场全场小麦平均公顷产 3015 千克。1983 年，一分场 7 队取得小麦公顷产 5977.5 千克，大豆公顷产 3877.5 千克的纪录；生产科甜菜攻关，取得公顷产 2.89 万千克。其他如改革耕作、稀土微肥、化学药剂除草、黑豆果栽培、育肥猪攻关、牛冻精配种、机具改装技术推广应用，成果都比较显著。

据不完全统计，20世纪70—80年代，农场主要农业技术方面改革50多项。良种的引进、繁育、推广和自繁育品种超过百个，优良品种推广面积几万公顷；农机具引进、改装和新机具研制有70多项；畜牧方面成果不少于10多项。综合起来有各业科技成果200多项，其中很多是革新创造项目。1978年，C-6联合收割机传动链条改V形皮带、东方红-54/75发动机柴油预温器获省优秀成果奖；1983年，改革耕法提高重茬小麦产量、大豆药剂吸湿拌种获农管局科技成果二等奖。

科技人员通过生产实践，经常撰写探索田间作业、机械维修装配和使用操作技术经验介绍等文章，先后发表在当时东北行政委员会主办的《机农通报》上。20世纪80年代后，撰写论文的科技工作者多次参加上级举办的学术研讨会，论文发表在《北大荒农业》《气象》《中国兽医杂志》《黑龙江畜牧兽医》等刊物上，有的收集在黑龙江省农场总局和农垦北安农管局内部资料汇编中。

三、改革时期的科技活动与成果

（一）科技大会

1990年11月28日，农场召开第二次科技大会。参加会议的领导及科技工作者514人。会上场长兼科委主任赵永才做工作报告；给评出的78项革新奖、138篇优秀论文作者颁发了证书，表彰奖励了先进单位15个、优秀科技工作者84人。

1999年7月12日，农场召开第三次科技大会。会上副场长兼科委副主任刘方华做了工作报告；表彰奖励科技成果29项、优秀学术论文40篇、科技先进单位20个、先进科技工作者72人，评出首届青年科技星火状元10人。

（二）科研课题

科技科每年都按农场科技规划布置科研课题，下达到各部门，其中农业科研课题每年有40余项。归结起来农业课题主要包括新品种、植保、肥料、栽培试验、低产田改造、种植业结构调整和气象7个方面；工业课题项目主要包括新工艺的设计应用、新产品的开发等；农机科研课题主要是新技术的应用和技术革新等；教育课题主要是教法及学法研究；卫生课题主要是地方病、传染病的预防。有的课题当年结题，有的课题实验多年，通过引进、内化、升华、锤炼成为自己的成果。课题完成率达90%以上，获得科研成果近百项。

（三）科技活动与成果

1. **农业** "八五"期间，原种场通过引进、繁育、推广应用了小麦新克旱9号、龙麦12号新品种，小麦公顷产4500千克以上；大豆推广应用了黑河7号、北202、3308、

265等新品种；油菜应用了里金特、皮维特等新品种；玉米应用了孚尔拉等优良品种。新品种增产幅度为10％～15％。

1986年，在耕作改制方面，以耙茬少耕法为核心，深松为基础，解决综合型旱作物农业存在的旱涝问题，减少或扩大土壤蓄水库容量，调节旱涝不同要求。通过控制合理的秸秆还田量和耙茬方法，为微生物提供"粮食"，解决碳、氮比例失调，进而协调了土壤输入输出关系。用混合重耙耙茬是翻地班次效益（8小时）的3倍，延长土地休闲时间50～60天，耙茬少耕法公顷成本比原来耕作法降低了30％。

"九五"期间，原种场承担了国家大豆大面积综合技术研究开发与示范课题。经5年的生产实践，通过了国家、省专家组的评估鉴定，实现了0.4万公顷大豆示范田公顷产超3000千克的预定目标，获得农垦总局科技成果二等奖、国家科研经费奖20万元。

"十五"期间，对引进的优良品种在全场推广的有龙麦16号、龙麦26号、龙麦29号、克旱16号、玉米木柽、大豆黑河18号；先后推广应用了大豆免耕、大豆大垄密栽培、大豆垄间覆膜栽培、大豆分层定量施肥、亚麻宽苗带、白瓜子覆膜栽培、A级绿色食品大豆栽培、大豆应用酵素根瘤菌、大豆超高产提质增效专项处理技术。

1987年，农场对低产田改造引进了鼠洞技术（指深翻、排水、透气、水土保持处理技术）。1988年赵福义、谭玉田研究成功了SD-70型液压鼠道犁并批量生产17台，全场推广应用。用鼠道犁施工的大豆、甜菜分别增产13.29％、15.12％。鼠道梨技术具有排水、松土、蓄水、均水、防春旱、不破坏土壤生态状况、治理雨裂水沟等作用。

2010年后，农场每年得到推广、落实的农业新技术达到15项。大豆大垄密技术在全场推广；玉米德美亚1号、德美亚2号，大豆黑河43号、北豆40号、北豆47号等，已经作为农场玉米、大豆的主栽品种。玉米化控技术全面积推广应用、大豆钼酸铵拌种技术、大豆分层定量定位施肥技术、全面积推广无残留复方土壤处理技术、大豆化控技术、水稻和玉米叶龄诊断技术、控释肥使用技术和测土配方施肥技术，在促进农业生产丰产丰收中，发挥了不可替代的作用。

2. **农机**　全面推广了圆盘后带立式刮板耢子，实现复式作业。改装谷物播种机侧深施肥装置126台件，油菜割晒装置162台，拾禾装置82台。

"八五"期间，农场推广依兰大豆清点机，并进行了15项技术革新，修造厂研制的液压平地器在农垦北安分局推广应用。

1995年后，农场先后进行了大豆原垄卡种小麦的机械改装，改变了种植模式，推广了大豆深窄密栽培、高台大垄播种、青贮收获等实用农机技术10多项。

3. **教育**　1985年后，农场中小学校先后引入了小学语文"注·提"实验、和谐教法、青蒲数学教改实验、快速作文、张思中英语教学、中华传统美德教育、创新教育、物理综合教改实验、洋思课改实验等多项课题，在黑龙江省科研所、农垦总局科研处立项。通过教学研究实践，很多教师逐步形成自己的教学风格，成为北安分局、农垦总局、黑龙江省学科骨干。教师教学水平的提高，促进了农场基础教育教学质量的稳步提升。实验教师撰写的论文先后有30余篇在各类刊物上发表，有100余篇获国家、黑龙江省教育科研优秀论文奖。

4. 卫生　1990年后，农场卫生科和医院先后开展了冷饮食品卫生细菌检测动态观察、敌鼠钠盐与氟乙酰胺灭鼠效果观察、乙型肝炎表面抗原携带关系调查等10余项课题的研究。2001年，又承担了黑龙江省科研项目"新生儿疾病筛查工作研究"课题。通过进行足跟血的采集检测，为先天性疾病的有效预防和及时治疗提供了理论依据。

四、科技园区与科技成果

2010年，农场成立科技园区。有科研人员9人，占地面积42.7公顷，试验区面积16公顷，示范区面积26.7公顷。

园区设有试验站，包括植保组、土肥组、小麦组、大豆组。主要是进行农药对比试验、新品种引进推广试验、肥料、微肥效果试验、栽培方法试验等；设有土壤化验室，占地面积260平方米。配置原子吸收分光光度计、紫外分光光度计等大型分析仪器9台，其他仪器设备30台（套），有施肥、测土配方施肥专业系统等应用软件，基本满足了农场农业科技每年测土配方、施肥工作的需要。

科技园区每年承担国家、省、总局及农场各项试验课题30多项，承担各类试验项目100余项。其中与省农垦科学院土肥所、中科院东北地理研究所、东北农业大学合作的国家级课题20余项。试验成果在农业生产中推广应用的有玉米田按照比例分层施肥技术、硼钼肥应用技术等。到2015年，这些科技成果的推广与应用，为农场创造经济效益3000余万元，也为职工增收发挥积极的作用。

2016年，使用钼酸铵的大豆公顷产比常规种植增产35%，创造了农场大豆最高产量历史纪录。2017年，管理区扩大示范面积，并带动了农垦北安管理局各农场对大豆钼酸铵应用技术的试验研究。平均增产在15%以上，大豆蛋白质含量提高1～3个百分点，平均公顷增收1000元以上。2017年11月，该项目通过了黑龙江农垦总局科技成果鉴定。2018年，赵光农场被农垦总局农科委评为科技进步三等奖。

部分科技论文发表情况见表7-1。

表 7-1　部分科技论文发表情况

类别	文题	作者	发表刊物及发表时间
农业	试谈高寒地区机械化栽培矮秆高粱的前途	谭玉田	《黑龙江农业科学》，1979 年
	大豆侧深施肥好	赵永才、谭玉田	《北大荒农业》，1981 年
	耙茬种小麦是提高重茬小麦产量的好措施	赵永才、谭玉田	《北大荒农业》，1982 年
	多福合剂防治小麦散黑穗病效益显著	仇奇伟、姜远才	《北大荒农业》，1983 年
	农药吸湿大豆药剂拌种法	赵永才	《北大荒农业》，1983 年
	丰壁犁耕法	徐晋利	《北大荒农业》，1983 年
	绿皮绿瓣大豆是城市冬季的好菜	谭玉田	《黑龙江科技》，1983 年
畜牧	马传染性口膜炎治疗报告	可殿祯	《中国兽医杂志》，1964 年
	初生驹下痢治疗报告	可殿祯	《中国兽医杂志》，1965 年
	牛羊毒芹中毒防治	可殿祯	《黑龙江畜牧兽医》，1982 年
	秋季气候与降水	陈道荣	《气象》，1981 年

1985—2005 年部分学术成果统计见表 7-2。

表 7-2　1985—2005 年部分学术成果统计

文题	作者	发表刊物及发表时间
奶牛营养剂对奶牛泌乳期增奶效果的调查	李迎新、孟繁敏、薛锐 、李胜华、张乃彩	《实践与探索》，1997 年
关于非典型猪瘟发生的原因	孟繁敏、张乃彩、李胜华、可殿祯	《实践与探索》，1997 年
浅谈牛奶的成分及其影响因素	薛锐、李成祥	《中国奶牛》，1998 年
治疗犊牛脐带炎的方法	李胜华、陈彦霞	《黑龙江畜牧兽医》，2004 年
高锰酸钾治好牛膨气病	李胜华、陈彦霞	《黑龙江畜牧兽医》，2004 年
牛的瓣胃间孔阻塞	张乃彩、马玉河	《黑龙江畜牧兽医》，2005 年
砼切块在某工程中的应用	于国元、周闯、霍世儒	《科技咨询》，2006 年
建筑施工裂缝分析	于国元、周闯、霍世儒	《科技咨询》，2007 年
亚麻高产栽培技术	王相文	《农民致富之友》，2004 年
大豆保油栽培技术要点	王相文	《现代化农业》，2003 年
浅谈农场统计改革	谭日新	《统计与咨询》，2001 年
大面积甜菜高产栽培技术	郭益民、赵序国、刘金烁	《中国甜菜》，1994 年
大豆创高产综合栽培技术	蒋迪飞	《现代化农业》，2005 年
减少油菜收获损失的措施	王淑华	《农业机械》，1998 年
拖拉机卡瓦螺栓为何折断	王淑华	《农机维修》，1999 年

2015—2018 年部分农业科研课题成果统计见表 7-3。

表 7-3　2015—2018 年部分农业科研课题成果统计

时间	课题名称	获奖等级	级别	主持人
2013 年	玉米移栽试验总结	二等奖	管局	周颖俊

（续）

时间	课题名称	获奖等级	级别	主持人
2014 年	肥料利用率专题试验总结	二等奖	管局	岳延华
2015 年	大豆不同施肥不同密度试验总结	一等奖	管局	宋淑红
2015 年	缓释尿素在玉米上筛选试验总结	二等奖	管局	周颖俊
2017 年	调查玉米地上地下部分最佳施肥方案	一等奖	管局	卢绪义
2017 年	浅谈大豆高产新技术	三等奖	管局	宋淑红
2017 年	浅析大豆高产新技术	三等奖	管局	薛菲
2018 年	高寒地区大豆提质增效技术集成与示范	科技进步二等奖	总局	宋淑红
2018 年	玉米氮素不同基追比例效果研究	优秀奖	管局	岳延华
2018 年	不同配方肥对玉米产量影响的探索	二等奖	管局	孙小亮

第二章 教　　育

建场初期，农场职工子女到邻近农村学校求学。1951年春，农场在2间草房里建起了学校，有一、二年级学生12人，进行复式教学。1957年开始有高小，1958年，开始办初中班。之后，伴随着农场的不断发展，农场的教育事业也快速发展起来。1966年后，相继办起了初中、高中、职业高中，一贯制小学已经遍布全场和生产队。1978年，全场在校学生8409名，教职工714人。1988—2006年，农场教育进入改革发展时期，3次调整办学网点布局，教育教学质量不断提高，社会效益进入了最辉煌的时代。2010年后，农场学校在校学生数和教职工锐减。2019年，农场教育系统整体移交给地方政府，结束了农场自己办教育的历史。

第一节　发展与改革

一、组织机构

建场初期，场长直接抓教育，具体工作事宜由总务科、场长办公室负责办理。1958年，人民公社化运动中，成立文卫科，具体负责教育管理工作。1961年，撤销文卫科，设教育助理，受场长办公室和宣传部双重领导。1962年，农垦局国光乡人委设文卫助理兼管中小学，工会设教育干事抓职工成人教育。1969年，生产建设兵团时期，七团宣传股兼管学校教育。1977年恢复农场体制后，农场设文教科，分场设教育干事统管农场和分场的中小学教育。1979年，工会组织恢复后，工会设职教干事抓职工成人教育。1982年，文教科改称教育科，负责中小学教育，同时成立职教办公室负责职工成人教育。1983年，职教办并入教育科，设专人抓职工成人教育。

1984年末，中共赵光农场委员会（以下简称农场党委）批示从1985年起，全场学校的人事、财务、党务工作，由教育科和中共赵光农场教育科总支部委员会（以下简称教育总支）统管，实行校长负责制的领导体制。教育科在农场党委、农场和上级业务部门的领导下，贯彻落实国家教育方针，执行农场和上级业务部门关于教育工作的方针政策，对农场的教育工作做统筹规划、组织协调、指导调研、督导检查和依法施教等宏观管理工作。

2006—2019 年，各个时期农场都会安排 1 名副场级领导主抓教育工作。

二、学校发展概况

1958 年前，农场子弟小学规模不大，全场高小（小学四、五年级）学生集中在场部学校就学，各分场设初级（小学一、二、三年级）小学。1966 年秋，较大生产队开始办一贯制小学，多为复式班。1978 年，农场调整了学校网点布局。全场有中小学 36 所，其中小学 32 所、初中 3 所、高中 1 所，在校生 8409 人，教职工 714 人。1980 年，农场成立职业高中，当年招生 300 多人。1984 年，全场 41 所中小学，在校学生 8749 人，教职工 738 人，其中教师 536 人，占教职工总数的 72.6%。

1988 年 8 月，农场再次调整办学布局。农场三分场小学实现分场集中办 1 所小学。1989 年 8 月，一、二分场小学相继实行分场集中办 1 所小学。1991 年 8 月，四分场完成分场集中办 1 所小学。

1991 年 9 月，二、三、四分场及场直四所初中合并为赵光农场初中。1993 年 9 月，一分场初中并入赵光农场初中，农场实现了初中集中办学。

1994 年 8 月，农场职业高中合并入农场普通高中。2000 年 8 月，农场普通高中变更为农垦北安分局第二高级中学，隶属于北安分局管理。

2000 年 9 月，原赵光糖厂小学并入农场场直小学。2001 年 9 月，场直小学更名为农场第一小学；4 个分场小学合并，在农场场部成立农场第二小学。

1990—2005 年，农场累计投资近 3000 万元，新建和改建了教学楼 4 栋，实验楼 2 栋，电教馆、图书馆、学生公寓楼、学生餐厅各 1 栋，总面积为 2.57 万平方米。购置电视机 70 台、录音机 40 台、计算机 116 台、数码印刷机 3 台、大屏幕投影仪 70 台，建立学生微机室、语音室各 3 套，物理、化学实验室各 2 套，建设阶梯电教室 1 个，各种体育器械齐全，图书馆藏书达 5 万余册。

2005 年，全场有初中 1 所，小学 2 所，教职工 304 人，在校学生 3713 人。校园占地面积 5 万多平方米，基本形成了中小学封闭式管理。

2006 年 8 月，农场成立赵光农场教育中心。2 所小学合并。教育中心设教育科和党总支。教育科设有职教办、教研室、会计室、督导室、招生办。教育科科长兼任中小学校校长，下设小学部、初中部、后勤部、幼儿园。

2019 年 3 月，根据农垦企业化改革的有关规定，农场中小学移交给北安市人民政府，至此，赵光农场结束了自己办教育的历史。

三、教育改革

1985 年 8 月，农场教育系统开始进行三项制度改革。

（一）管理制度改革

1985 年，学校实施校长负责制，校长履行学校法人代表职责，对学校工作依法管理。政治上保持与党支部组织一致性，管理上实行教代会民主管理；教师工作实行目标管理和量化考核制，每学期对教师考核一次，考核结果作为教师评优、奖励、晋级的重要依据；工人实行岗位责任制。

（二）人事制度改革

1989 年，开始进行了多次人事制度改革，严格定岗定编，竞争上岗。1998—2005 年，先后分离教职工 262 人，其中 69 人符合有关文件精神，实行了内退政策。教师实行了聘用合同制，科、校领导干部实行农场聘任制管理，后勤职工实行企业化管理。

（三）工资制度改革

1995—2002 年，农场教育系统实行了结构工资制。结构工资包括基础工资、课时工资、月效益工资、政策性补贴四部分。教辅人员及后勤人员实行岗位工资，并保留本人档案工资，待正式退休时执行档案工资。2003—2019 年，初中学生餐厅面向社会租赁承包，学校设有专人负责饭菜质量、价格、卫生、防疫、安全等方面的监管；小学食堂职工实行岗位工资制，学生按固定伙食标准就餐，由学校对食堂实行全面管理；幼儿园实行企业化管理，经费由农场补贴一部分，其余不足部分由幼儿园自己创收解决。

第二节　学前教育

建场初期，农场职工家庭请保姆看孩子操持家务。1953 年，农场场部成立托儿所。1958 年，托儿所遍布全场。生产队只在农忙季节组织临时托儿所，条件不好，谈不上幼儿教育。

1968—1976 年，生产建设兵团时期，团、营、连均成立托儿所，但教育不正规。1976 年，恢复农场体制，农场托幼工作开始走上正轨，并新建园所。根据儿童年龄特点，分大、中、小班，进行分班教学，配置了部分玩具和教具。

1979 年，农场对托幼人员进行调整，托儿所的大班基本上都配备有文化的青年当保教员。1980 年开始，农场妇联每年都对幼儿教师进行培训。主要学习幼儿心理学、语言、计算、美术、音乐、体育、游戏、常识等幼儿基础知识。同时，还选派一定数量的幼儿教师去外地幼师学校代培。1984 年统计，全场有托幼园所 4 个，保教员 52 人，入托儿童几百人。场直幼儿园大班教学采用省统编教材，实行正规教学管理。除大、中、小班外，还有两个学前班。学前儿童入小学前，会认 100 以内的数，会做 20 以内加减法，能识简单的几何图形，会写 100 多个汉字，认识汉语拼音声母。1984 年后，场直托儿所改称幼儿园，隶属教育科领导，经费部分由农场承担。

1985—1989 年，农场生产队的幼儿教育隶属生产队小学管理，分场和总场的幼儿园隶属分场、总场工会管理。各分场都成立学前教育班，并由专任教师授课，隶属中心校管理。

1998—2005 年，幼儿园教育呈现社会化的新格局，农场场部地区私人办的幼儿园有 5 家，5～7 岁儿童纷纷自主入园。农场公办中心幼儿园出现办园难问题，在园儿童最少时不到 100 人。为此，农场不断改善办园条件，调整补充幼儿教师，规范办园管理，取得了良好的社会效益，2004 年，幼儿入园 398 人。

2006—2018 年，农场不断加大对幼儿园办学设施建设的力度，2011 年，农场投资 1300 多万元，新建 1 所建筑面积 4134.6 平方米的幼儿园；加强管理，优化教师队伍，以国学经典课程为依托，探索开设幼儿早期阅读特色课程，培养了孩子们的阅读兴趣。儿童入园率达到 95%。

2019 年，随着农场教育系统划归北安市政府，农场职工家庭学龄前儿童先后改入私家民办幼儿园，农场公办幼儿园停办。

第三节　中小学教育

一、初、中期发展概况

建场初期，农场职工子女到邻近农村学校求学。1951 年春，场长周光亚责成总务科负责，由教师王美筠具体筹建小学工作。校址定在农场俱乐部南侧的 2 间草房，经过改建，小学于 4 月 10 日开学。有一、二年级学生 12 人，进行复式教学。1957 年秋开始有高小。1958 年，开办了初中班，同小学一个领导班子。1960 年后，各分场全部建立学校，设有高小班，生产队也陆续办起初级小学。1958、1960 年两次场社合一，地方农村学校并入农场，场直有 2 所完全小学，1 所中学。1962 年，农场子弟学校第一届初中毕业生 65 名中有 6 名考入北安一中，12 名考入其他中等专业学校。1963 年，农垦局直属中学和小学各自建立党支部。

1965 年秋，根据黑龙江省教育厅指示，农垦局中学改办耕读中学，招收高中班学生，成为完全中学。1966年秋，为使学生就近入学，凡离农场较远的生产队都成立了五年一贯制小学。全局有小学12所。1969年，生产建设兵团时期，全团35个连队都成立七年一贯制学校（小学5年、初中2年）。1972年，团部和各营营部先后建立九年一贯制学校（小学5年、初中2年、高中2年）。这期间，团中学先后办起报务、司号、农机、农学、师资班。1978年，恢复农场建制后，农场调整学校网点布局，学制为十年制（小学5年、初中3年、高中2年）或十二年制（小学6年、初中3年、高中3年）。1979年秋，建立场直独立初中。1980年，在高中里开办职业高中。1981年，进一步紧缩学校网点布局，生产队取消初中班，分场集中办初中；分场学校取消高中班，农场集中办高中。1982年，普通高中和职业高中又分开单独办学。至此，农场有小学34所，在校学生5416人；中学6所，在校学生2793人。中小学教职工659人。全场初、高中都设理化实验室。小学适龄儿童入学率99％，升学率82％，初中升学率80％。1977年恢复高考后，高中毕业生考入高等院校和中等专业学校的有214人，其中考入大专院校60人。1977—1990年，农场共培养小学毕业生9324人、初中生5280人、高中生2625人，升入重点大学的有12名。

1966年前，农场中小学执行教育部颁发的《全日制中小学教育工作条例》，实行党支部领导下的校长负责制，学校建立校务委员会，党、政、工青和少先队组织健全，高中、初中设有学生会组织；依照黑龙江省颁发的《全日制中小学工作计划》，制订各种工作计划，学年或学期结束后进行工作总结。学校大的活动用校历规定下来，按计划完成法定的教学时间和教学计划；中小学使用省编教材。1976年后使用全国统编教材。各学科按大纲要求组织教学，严格考核制度，实行严格的升、留级制度。

1976年后，农场重整教育教学秩序，恢复各种规章制度，各项工作走上正轨。根据有关文件精神，1982年11月，对全场中小学进行全面整顿，规划学校网点，改革管理制度，教育工作出现新起色。

二、改革后的中小学教育

（一）普及九年义务教育

1985年，农场中小学根据国家的有关规定，扎实进行普及九年义务教育。先后出台了相关文件10余个，把教育工作纳入领导的考核之中；加大投资力度，农场每年为教育投入300万元以补充经费不足；建立了由学校、学生家长所在单位领导、教师、家长共同负责控制流失生的责任状，全力帮助特困生完成九年义务教育；严把教师入口关，招聘教师必须是学历达标；对在岗教师加强了岗位培训；按计划开齐各科课程，把素质教育贯穿在学校各项管理与活动之中。

1985—1995 年，农场义务教育阶段适龄儿童入学率 100％。1996—2000 年，初级中等教育完成率 98.8％，残疾儿童入学率 100％。2000 年，农场小学有专任教师 105 人，学历达标率 100％；初中有专任教师 89 人，学历达标率 98.9％。中小学教师持证上岗率 100％。2001—2005 年，小学毕业合格率达 100％，初中合格率达 90％以上，中小学生行为规范合格率 100％，体育达标率 100％。

1996 年、2000 年，农场分别通过了黑龙江省普及九年义务教育两次检查验收。2000 年，农场被黑龙江省政府授予"两基"巩固提高工作先进农场。2004 年，农场初中被授予省级一类学校。

（二） 发展中的中小学教育

2006—2019 年，农场累计投资 4000 多万元，更新实验室、语音室、计算机室各 1 套；硬化操场面积 2500 平方米，新建 1300 平方米篮球场 2 个、400 米田径运动场 1 个；新建 5151 平方米的初中教学楼和 5756 平方米青少年活动中心；为每位教师配置戴尔笔记本电脑，共配置 196 台，提高了教师学习、备课的效率，提升了信息化建设的水平。

2006 年后，农场中小学实行"五四"学制，统一使用人教版教材。根据有关文件精神要求，进一步调整教师队伍结构，引进师范院校毕业生充实教师队伍；采取了在岗培训与外出学习相结合，业绩考核与评聘、奖罚相结合，学校教育教学工作有了整体的发展。

2007 年 4 月，农场小学成功承办了黑龙江省教科版小学语文"精英杯"优质课评选农垦现场会；2008 年 3 月，承办了黑龙江省小学语文农村教学研讨会；2013 年 9 月，承办了黑龙江省小学语文拼音和识字写字教学研讨会。黑龙江省语言文字委员会领导和来自全省的 600 余名小学语文教师及教研员参加会议。这些活动的开展既为农场教育扬了名，又促进了农场教育质量的提高。

2008 年 4 月，农场小学被黑龙江省教育厅授予"小学语文教学研究中心"。2010 年 9 月，农场小学被黑龙江省教育学院授予黑龙江省网络合作体学校、全国语文特色示范校。

2006—2019 年，农场小学适龄儿童入学率 100％，升学率 100％，初中升学率 95％。初中在每年黑龙江省中学生毕业、升学统一考试中，升入重点高中率均为农垦北安教育系统第一名。

2019 年 3 月，农垦深化改革，农场中小学校统一划归北安市人民政府管理。

第四节　职业教育与成人教育

一、职业教育

1955年7月，黑龙江省国营农场管理厅根据有关会议精神，决定在通北机械农场建立附设工人技术学校。1958年，改称为黑龙江省国营农场管理厅赵光地区办事处附设技工学校，1959年，改称农业大学，业务隶属北安县教育行政部门领导。1960年，经黑龙江省政府批准，这所学校改为中等专业学校，校名为"黑龙江省赵光农业机械化学校"。面向全省招初中毕业生，学制3年，开设农机、财会两个专业，业务隶属黑龙江省教育厅领导，党政工作由赵光农场兼管。组建"兵团"后，移交给黑龙江省生产建设兵团一师管理。

1961年，农场从小学毕业生中选招50多名学生，在农场子弟小学设初师班，学制2年。毕业后，少数学员被分配到教育系统担任教师工作。1965年，赵光农垦局中学改办成耕读中学后，陆续调进农机院校的大学毕业生任专业课，主要学习农机课程。"文化大革命"开始后停办。

1980年8月，根据黑龙江省农场总局的要求，农场成立职业高中。学制3年，设农机、农学、会计、林业等专业，当年招生300多人。1983年，农场投资40多万元，新建2250平方米的教学楼，购置了相应的教学设备。学校同时经营着30公顷学农田，备有实习车间和1台东方红-55运输车、1台东方红链轨拖拉机。1984年，在校生540人。1985年，职业高中共培养出学生489人。

1985—1992年，职业高中在校学生624人，教职工96人，其中兼职教师60人。开设了农机、农学、会计、汽车修理、音乐、美术、体育7个专业，为农场的经济建设培养输送了1718名毕业生。学校管理规范，教学设备齐全，1989年被黑龙江省农垦总局评为重点甲级职业高中。

1990—1994年，职业高中利用农闲时间，每年办农学、农机短训班，每次授课100学时，培训学员400人，并颁发由职教办验印的岗位合格证书。

1994年，农场职业高中与普通高中合并。为拓宽职业教育门路，农场采取了联合办学的方式，与齐齐哈尔建工学院建立了联合办学体，确定赵光农场职业高中为建工学院分校，开设了建筑、财会、美术、装潢专业，招收了176名学员，分别有中专班和大专班。1995年，与黑龙江省农垦总局教育学院联合举办了小学英语教师培训班，有42名学员。学员毕业后，被安排到各农场中、小学任教。1997年8月，职业高中正式停办。

1998—2020 年，农场职业教育采取了短平快的方式，主要以短期培训为主，分别举办了庭院、种植业、养殖业、奶牛饲养学习班。共培训职工 6560 余人次。

二、成人教育

1948 年，农场建立政治文化学校开展冬学，成立成人学习委员会，场长任主任，工会主席任校长。14 个学习小组，按要求制订学习计划，农场老技工任技术教员，文化高的教文化课，农场领导讲政治课，都是自编教材，主要学习农业和机械基础知识。文化学习分初级、中级、高级班。初级班主要学习识字。另外，还成立俄文班，学俄语读本。1952 年，为进一步开展扫盲教育，成立速成识字法师资训练班，培养速成识字法教师。

政治文化学校，主要在冬季开办，学习时间 1 个月左右。职工的业余学习实行年终考试制度，学业成绩作为升级、提薪、选优和送管理局技术学校学习的参考条件。职工家属中的青壮年也来参加识字班，进行扫盲学习。20 世纪 50 年代中期以后，农场设文化校，有专职教员，每天早晚上课。总场、分场农闲季节也举办各种类型培训班，基层开办夜校。据不完全统计，至 1966 年，农场共培训行政干部 200 余人、机车驾驶员 1100 多人、财会人员 250 人、农业技术人员 70 多人、畜牧技术人员 20 多人、机械技术员 60 多人。

1969 年，团部成立教导队，进行短期轮训连排干部和技术人员，学习军事、政治和专业业务。到 1979 年，每年平均办 10 期，约有 1500 人次受训。

1976 年，农场办师资班，文科 16 人、理科 9 人，毕业后多数当了教师。1979 年春，办教师进修学校，先后设英语教师班（50 多人）、中学语文教师班（22 人）、小学教师班（3 期 100 多人）。1982 年，教师进修校改为职工学校。当年招收 3 个"双补"（文化、技术）班，其中 1 个后备干部理论班、1 个高中班、1 个初中班，学制为一年。同时，在分场部成立职工教育分校，整天上课。技术补课由职教办公室统一制订计划，有关科室出人讲课，考核合格由职教办公室颁发合格证书。办学经费统一由职教费中支出。据统计，1981—1984 年，共办职工初中班 39 个，学员 1490 人，业余教员 79 人；高中班 9 个，学员 450 人，业余教员 51 人，取得文化补习合格证的 2000 多人。1983 年末，撤销了职工学校，成人教育重点转入在职函授、离职代培进修和参加国家及地方教育部门组织的自学考试学习。

三、成职结合教育

1993 年，农场成立了由农场主要领导兼任主任、教育科长任副主任的教育委员会，下设成职办，形成了普通教育、成人教育、职业技术教育三教统筹的新格局。农场采取了职工学习公费与自费相结合，长、短期培训相结合，在职提高与离职学习相结合，函授学习与进修代培相结合，集中辅导与自学相结合的形式，培养农场各行业专业人才。1991—1993年，建立了5个培训网点，共举办了43个长、短期初、高中文化技术学习班，兼职教师73人，授课1433学时，培训人员3019人。1980—2000年，农场送出离职学习人员1096人次，培养出研究生19人，本科124人，专科362人。

1995年，农场教育委员会撤销后，教育科在农场的领导下，统管成职教育和行政管理。2006—2020年，农场教育科设成职办，负责成人教育培训、考试等常规性工作，各专业部门根据实际情况负责安排一些短期的技能培训活动。

第五节　教师队伍及建设

一、初、中期教师队伍及建设

（一）概况

建场初期，农场师资来源主要是人事部门委派的文化干部、城市支农老教师和主管部门选派少量的师范生和高中生、复转军人中的文化教员。20世纪60年代，国家开始有重点地分配一些师范院校毕业生到农场任教师工作，1968年后，城市下乡知识青年不断充实教师队伍。1978年，知识青年陆续返城，农场先后录用一些其他行业的人员改作教师，选调一批农村教师进农场。1984年，农场内部对中小学教师能胜任初中、高中教学的分别予以调整，使各级学校教师数量基本得到满足。

（二）队伍建设

1977年，恢复高考制度后，针对教师队伍实际，农场鼓励教师在职函授、离职进修和在岗学习提高相结合，进行教师队伍的建设。1982年，农垦北安管理局内招一批中师生，农场有33人参加学习；到1984年，参加中师函授150人、高函7人。先后送大专院校离职进修10多批，共401人；参加中小学教材过关考试，中学有25人、小学30人合格；农场还有计划地组织教师参观，学习外地经验的活动；更多更普遍的是通过教学实践，如公开课、观摩课、专题研究、经验交流会、业务理论讲座等多种形式来提高教师业务水平。

二、发展时期教师队伍及建设

（一）概况

1988—2001年，农场对教师队伍进行调整优化。1988年、1991年，农场分别实行了分场小学集中办学，教师精简到 121 人。1991 年、1993 年，初中集中办学，教师精简到 99 人。2000 年 8 月，农场普通高中被撤销，高中教师有 36 人被农垦北安分局第二高中录用，剩余 15 名高中教师与农场初中部分学科教师竞争上岗，初中教师 96 人。2001 年 8 月，分场 4 所小学合并，成立第二小学，2 所小学教师精简到 84 人。

2006 年 7 月，第一小学和第二小学并校，调整代课教师 33 人，内退教师 9 人，引进师范院校毕业生 12 人。2012 年 8 月，引进师范院校毕业生 24 人，农场根据相关政策内退休养离职教师 33 人。

2013—2017 年，农场公开招聘年轻教师 15 名充实教师队伍中。到 2017 年末，全场中小学教师 174 人。

2019 年 3 月，农场教育系统整体移交北安市政府时，农场中小学有在岗教师 162 人，教师学历达标率 100%；高级教师占教师总数的 25%；管局级以上骨干教师占 26%，其中全国优秀教师 1 人，省级骨干教师、模范教师 10 人；总局级以上教学能手、学科带头人、优秀教师 25 人。

（二）队伍建设

1985—1995 年，农场把外派教师到大专院校进修代培、鼓励教师参加函授学习作为教师队伍建设的重点，每年 60% 的经费用于教师学历达标培训。先后参加了中等教育函授学习的有 84 人，参加了高等教育函授学习的有 124 人。

1996—2019 年，农场把教师队伍建设重点转移到教师在岗提高培训上。请上级业务专家来农场中、小学进行专题讲座、听课指导。1996 年，农场初中聘请了黑龙江省教育学院张志茂教授进行校本培训。实施了能力认定、单项教学能力测培、提高课堂教学能力的三期工程，教师的综合素质大幅度提高。2003 年，聘请了 3 名外教到初中任课，对英语教师培训，取得了很好的效果。

走出去学习。1994—2019 年，参加黑龙江省农垦总局教育学院组织的教师岗位培训、骨干教师培训、新课改培训 800 余人次；派出教师到外地名校进行观摩学习、培训 1500 多人次。

进行科研课题研究和校本培训，提高教师教学能力。以小学的微格教学，语文"注·提"教学、愉快教育，初、高中数学的上海青浦实验，语文的分步阅读、分格写作、快速作文为主的课题研究，都有效地促进了教师教学能力的提高；中小学每年都举行一次教师课堂教学大赛、说课大赛、教师演讲比赛、基本功大赛等；每周安排两小时对教师有针对性地进行教育法规、理论及班级管理等专题辅导；初中建立了教师电子备课室，进入北师大附中天网，校内联网，教育前沿的信息通过媒体给教师拓宽了视野，对教师的在职提高起到了促进作用。

1979—1984 年中小学基本情况见表 7-4。

表 7-4　1979—1984 年中小学基本情况

年度	学校个数/个					在校生数/人					毕业生数/人					教职工数/人
	合计	小学	初中	高中	职高	合计	小学	初中	高中	职高	合计	小学	初中	高中	职高	
1979	36	32	3	1	—	8409	5337	2505	567	—	1558	847	626	85	—	714
1980	42	35	5	1	1	8871	5705	2426	320	420	1721	800	682	239	—	797
1981	39	32	5	1	1	9393	6656	1983	294	460	1164	558	398	208	—	654
1982	43	36	5	1	1	9817	6538	2238	282	759	1457	780	387	71	219	764
1983	43	36	5	1	1	9784	6422	2531	277	559	1889	930	656	137	166	556
1984	41	34	5	1	1	8749	5416	2517	276	540	1632	1026	422	80	104	738

2016—2019 年学校基本情况见表 7-5。

表 7-5　2016—2019 年学校基本情况

年度	学校个数/个			在校生人数/人			毕业生人数/人			教职工数/人
	合计	小学	初中	合计	小学	初中	合计	小学	初中	
2016	2	1	1	1785	784	1001	497	214	283	177
2017	2	1	1	1610	711	899	360	145	215	173
2018	2	1	1	1470	691	779	337	109	228	166
2019	2	1	1	1286	663	623	330	135	195	157

1984 年教师文化程度情况见表 7-6。

表 7-6　1984 年教师文化程度情况

单位：人

类别	本科	专科	进修				高中	中专	初中
			合计	本科	专科	中师			
小学教师	—	—	5	—	—	5	100	107	55
初中教师	—	5	85	—	85	—	51		
高中教师	3	4	11	2	9	—	6	1	—
职高教师	1	2	9	1	8	—	6	17	1

2005 年教师文化程度及技术职称统计见表 7-7。

表 7-7　2005 年教师文化程度及技术职称统计

单位：人

类别	学历				职称			其他
	合计	本科	专科	初中	高级	中级	助级	
小学教师	86	21	40	25	4	42	18	22
初中教师	98	54	44	—	18	29	26	25

2019 年教师文化程度及技术职称统计见表 7-8。

表 7-8　2019 年教师文化程度及技术职称统计

单位：人

类别	学历				职称			其他
	合计	本科	专科	初中	高级	中级	助级	
小学教师	63	46	17	1	20	30	13	16
初中教师	94	90	4	—	28	36	30	18

2006—2011 年农场教育经费情况见表 7-9。

表 7-9　2006—2011 年农场教育经费情况

单位：万元

项目	2006 年	2007 年	2008 年	2009 年	2010 年	2011 年
生均事业经费	0.731	0.99	0.14	0.21	0.17	0.17
生均公用经费	0.257	0.29	0.27	0.32	0.31	0.57
改善办学条件	160	750	860	910	896	1809
教育经费总支出	1248	1570	1393	2045	1637	1739

第三章　卫　　生

建场初期，农场只设 1 名兽医兼给人看病拿药，1950 年成立了医务所，1958 年成立了职工医院。1965 年后，农场、分场、生产队相继建起了医院、卫生所。进入 20 世纪 70 年代，根据形势发展的需要，农场成立了计划生育委员会、卫生防疫站、妇幼保健站。在农场 70 多年的发展历程中，农场的卫生事业机构也几经变革。1985—2010 年，农场的卫生医疗事业快速发展，医疗条件和技术水平不断提高，医疗门类设置应有尽有，医疗服务辐射半径约 40 千米。2018 年后，伴随着农场企业化改革，人员流动不断扩大，农场的医疗卫生事业逐步萎缩，卫生防疫、监督等社会职能部门相继移交给地方政府，农场对医院和管理区卫生所进入了现状管理，职工医疗就诊看病都集中到了北安分公司医院。

第一节　发展与改革

一、发展概况

1947 年，农场只设 1 名兽医。1950 年成立医务所。1958 年，农场办事处成立职工医院，各农场设卫生所，生产队和基层单位设卫生室。农场办事处设文卫科，业务隶属北安县卫生局领导。1965 年，赵光农垦局 9 个农场均设卫生所，生产队设卫生室，局直设职工医院和局直卫生所。生产建设兵团时期，团宣传股兼管卫生工作，职工医院改称团卫生队。1976 年，恢复农场体制，农场文教科兼管卫生工作。1978 年，农场设卫生科，与职工医院合署办公。1984 年，农场设医院和场直卫生所，分场设卫生院，生产队设卫生所。全场共有 39 个医疗单位，病房床位 171 张，全场医疗建筑面积 5482 平方米。

20 世纪 70 年代中期，农场相继成立计划生育委员会、卫生防疫站、妇幼保健站，在卫生科领导下开展工作，业务工作接受上级业务部门领导。

1985 年，卫生科、职工医院与计划生育办、防疫站、妇幼保健站合署办公，下有 4 个分场卫生院、32 个生产队卫生所。1996 年，分场卫生院取消，农场场直成立第二门诊部和中医门诊部。1998 年，成立了第三、第四、第五门诊部和护老康复科、敬老院，建立社区卫生服务站 5 个；农场医院与农场总局总医院、黑龙江省第二肿瘤医院、山西省太原市类风湿病医院达成协作医院。

2001年，原糖厂医院解体，由农场医院接收，取消了3个门诊部，成立铁西分院，开设检验、B超项目，年卖药额达40余万元。

2005年，农场有医疗机构32个。医院设有科室29个，编制床位100张。担负着赵光周边地区6万余人医疗、保健任务，服务半径约40千米。医院是集医疗、预防保健、康复为一体的二级乙等医院。

2006—2018年，农场实行科、院分设。卫生科划归农场机关科室管理，下设计划生育办、卫生监督所、疾控中心等机构。主要负责农场卫生系统的行政管理和业务指导工作，贯彻、执行国家有关计划生育方针、政策和法律法规，对医疗机构、专业技术人员医疗服务质量的监督管理，协调相关部门对传染病、重大疫情实施紧急处理，开展全民健康、爱国卫生运动教育，负责对餐饮、供水、学校等公共场所的卫生、食品经营许可的申请、审核、材料制作上报日常监管。

医院隶属农场卫生科管理，主要职能是基本医疗和基本公共卫生服务。设有内科、外科、妇科、眼科、耳鼻喉科、儿科、中医科、麻醉科、口腔科、妇幼保健科、预防保健科、体检科、医学检验科、医学影像科、康复医学科。

2019年初，农垦企业化改革，农场卫生科及其下设部门都整体移交给北安市政府，停止了医疗行政执法，撤销卫生科。原卫生科、医院等人员由农场有限公司进行现状管理，保持原工资待遇，直至2020年。

二、改革

（一）人事制度和机构改革

1991年，农场卫生事业开始改革。通过考试招进8名大中专毕业生，充实到医疗临床一线。1996年，农场撤销了分场卫生院，通过定岗、定编、考试、考核重新竞岗，精简不合格人员15人。

2002年，农场卫生系统实行定岗定编，竞争上岗。卫生科科长、医院院长等领导由农场任命，医院会计由农场委派，出纳由农场聘任；医院职工定岗定编，自愿投岗，通过考试、考核，121人上岗，转岗分流26人，由基层竞争到医院的4人，医院竞争到基层卫生所的6人。

（二）管理与制度的改革

全面实行聘用合同管理制度。按照岗位要求和任职条件，竞争、评聘上岗；管理人员和专业技术人员实行聘用合同制管理，工勤人员实行劳动合同制管理；全面实行专业技术人员执业资格准入制度。

（三）分配制度改革

1993—2011 年，卫生系统取消事业档案工资，实行岗位工资加效益工资制。卫生科按农场机关管理，经费列入农场预算，实行岗位工资加效益工资的年薪制；医院实行企业化管理，推向市场，自负盈亏。医护人员实行结构工资制，岗位、工龄工资占 70％，效益工资占 30％；基层卫生所实行农场定额补贴，每个卫生员年补贴工资 4500 元，其他自己创收。

2012—2020 年，取消岗位工资加效益工资制，实行事业档案工资制。

第二节　医疗医药

一、医疗

（一）早中期医疗

1948 年，农场医生身背诊包走门串户，行医送药。1949 年，医务所建立，127.4 平方米的 3 间草房，设有门诊部、小药房、临时住院处和招待所。1950 年，医务所设助产士接生。1956 年，设妇产科、中医科，医疗设备依然简陋，遇疑难病、重病患者就送往附近县城或哈尔滨大医院治疗。

1958 年，职工医院建成，可以进行内科、外科、五官科、妇科、中医科医疗和化验，设 10 张床位可以住院。

1962 年，农垦局职工医院建筑面积 600 平方米，住院床位 50 张。1964 年，新建门诊部和药房 330 平方米、病房 600 平方米，增加床位 30 张。1966 年，全院职工 60 多人，建筑面积 980 平方米。常见病、多发病都能治疗。1961 年，五官科能做鼻息肉手术。1963 年，外科能做阑尾、疝气手术；内科在治疗出血热、中毒性痢疾、小儿肺炎、结核性脑膜炎、心衰等疾病方面，都取得了宝贵的临床经验。1969 年，在"兵团"一师医院的协助下，成功抢救脑外伤 3 例。1973 年，外科能做扁桃体摘除术。在治疗出血热病中积累、总结出一套成功的治疗措施。

1976 年，农场医院新建外科砖瓦结构病房 650 平方米，门诊部 979 平方米。1977—1983 年，进行了多例胃、肝、胆、脾破裂切除和肾修补术，一般疑难病患者均能确诊住院治疗。

（二）发展时期医疗

1. 医疗技术　1985 年后，农场医院内科、儿科可以收治慢性支气管炎、肺心病、流行性出血热、小儿肺炎及各种腹泻患者。基层卫生所能治疗一些常见病、慢性病、急诊急救。1993年，医院妇科能进行子宫肌瘤全切、次全切除手术。1999年，引进微波治疗仪，治疗各种宫颈糜烂、阴道炎、盆腔炎等妇科疾病。1996年，开始进行心肌梗死溶栓和呼吸、消化、内分泌、泌尿系统等疾病的诊断与治疗，以及各科危重症的抢救与治疗。出血热随着注射疫苗预防的开展，到20世纪90年代末，发病率已降至"0"。

1998年，医院在院外单独成立中医门诊部，设医生、护士、药剂人员、病房。运用中医中药、中西医结合方法治疗各种常见病、多发病，开展针灸、按摩、牵引、火罐治疗等。到2003年，门诊量累计达1.5万人次。

2003年，开始外请上级医院专家来院实施胃大部切除、胃穿孔修补、脾破裂切除、肝修补、肾切除、肝硬化、门脉断流、肠梗阻、甲状腺肿物切除及四肢开放性、闭合性骨折内外固定手术。2003—2008年，累计治疗病例6200人。其中，2004年，与农垦北安管理局医院专家共同实施肾切除手术，救治1例因外伤导致肾破裂的患者。2005年，农场医院独立完成肝破裂修补、腹部外伤小肠、结肠破裂肠切除术及修补术5例。

2009—2011年，门诊诊疗累计62269人次。其中急诊342人次，入院3068人次，出院3035人次，治愈率25.46%，好转率67.36%；门诊与临床诊断符合率99.14%；危重病人抢救221人次，抢救成功率87.14%；阑尾手术61例，疝修补术17例，剖宫产术1例，其他手术10例；影像科13959人次，检验科38571人次，心电7551人次，彩超6284人次，CT 4631人次。

2012—2014年，门诊累计诊疗88303人次。其中急诊490人次，入院3568人次，出院3568人次；危重病人抢救116人次，抢救成功率86.89%；阑尾手术35例，疝修补术9例；影像科9858人次，检验科27347人次，心电6077人次，彩超4518人次，CT 3928人次。

2015—2017年，门诊累计诊疗75505人次。入院3429人次，出院3443人次，治愈率5.38%，好转率88.42%；门诊与临床初步诊断符合率100%；危重病人抢救31人次，抢救成功率67.74%；阑尾手术5例，疝修补术1例；影像科6045人次，检验科23605次，心电4782人次，彩超3106人次，CT 4731人次。

2018—2020年，门诊累计诊疗53852人次。入院1958人次，出院2005人次；抢救20人次，抢救成功率65%；放射诊疗3218人次，检验科23541人次，心电10269人次，彩超1560人次，CT 4581人次。

2. 医疗设施设备 1992年，医院自筹资金，新建1044.75平方米2层楼，设行政管理科室、口腔科、皮肤科、风湿科、五官科、肛肠科。

2005 年，农场新建医院综合楼，建筑面积 5789 平方米。配套医疗设备：中心供氧、床头负压吸引装置、床头呼叫器，电梯运送病人。拥有各种检测、治疗设备 100 余台（件），其中包括西门子公司生产的 SOMATOM Spirit 型螺旋 CT 扫描机、Select 型多功能（X 线数字化摄影系统）(DR)、日本阿洛卡公司生产的 SSD-3500 型彩色超声诊断仪、北京万东 500MA 大形 X 线机、日本产标测心电图机及心脏监护和生命体征监护仪等。2006 年，医院实施网络化模式管理。设有院长综合查询系统，医生和护士工作站、收费系统，住院管理、药品管理、病案管理系统，经济核算、办公自动化系统。住院部设有高级病房，病室内设有中心供氧和负压吸引系统装置及医用对讲呼叫系统。

2008—2010 年，先后使用可吸收线、一次性刀柄，更新换代应用纸塑袋、无纺布包装高压灭菌手术器械，器械清洗使用加酸清洗剂，并应用水溶性润滑剂。

2011—2020 年，新增社区家庭护理访视，建立静脉输液卡及巡视记录卡。先后应用紫外线循环风消毒、小包装碘伏、酒精、棉球、纱布块（一次性）、一次性湿化瓶，引进 YSQ.L70 型压力式灭菌器，设立应急物资储备库。

二、医药

1959 年以前，农场医疗单位所需医药都是从各地医药批发商店进货。1960 年后，开始采制中草药或中药西制工作。用采来的蒲公英、益母草、车前子、大蓟、五味子等几十种中草药，研制出镇静、止泻、降压、健胃、安神的内服药，以及外用的止血药。制成产品如红汞水、碘酒、盐水、止咳合剂、镇静剂、健胃合剂、输液葡萄糖、理中丸、健脾丸、安神丸等 20 多种内外用的水剂、散剂、丸剂和针剂。

1978 年，根据国家有关要求，大批量药品生产停止，少量的盐水、止咳剂和消化剂等还用于医疗。农场医院药库常备中、西成药几十种，中草药几百味。

1985—1994 年，医院所需药品都是统一从哈尔滨医和分局医药公司进货，药品满足医疗需要，医院制剂室少量生产止咳剂和消化剂等用于临床。

1998 年，国家对医药生产提出药品生产质量管理规范（GMP）认证制度，医院制剂室停止制药。

2003 年，医院药品实行分局审计、监察、计财联合招标政府采购。基层卫生所的药品由医院代购，保证了药品进货的安全。2005 年，医院药局按达标药房标准布局，药品种类齐全，摆放整齐划一，统一标签。2007 年，医院药房被黑河市食品、药品监督管理局评为标准化药房。2011 年，农场医院根据国家有关规定，配备使用的 426 种基本药物全部实行零差价销售。2017 年后，取消全部西药、中成药药品加成零差价销售，检验项目降价 6%，CT 降价 20%，降低了患者的就医成本。

第三节　队伍及建设

一、队伍

农场医疗技术队伍建场时有 1 人。1955 年，医务人员（包括医生、护士、药剂员）增加到 8 人。1958 年，广州军区转业入场军医 14 名。1959 年，全场有医务人员 49 人。其中医师 7 人，医士 27 人，护理员 15 人。1962 年，医院医疗技术人员有 50 多人。1966 年后，国家医科大专院校毕业生陆续充实到职工医院和分场卫生医疗单位，医院职工有 60 多人。

1985 年，农场医疗系统职工 265 人，医务人员 226 人，医生 94 人。其中职工 170 多人，基层卫生所 32 人，其中主治医师 3 人，医师 9 人，护师 1 人。人员主要来源：国家分配的医科大中专毕业生（约占 24%）；农场职工子弟就业分配，后经过代培上岗（约占 70%）。

2006 年，农场卫生系统职工 101 人，专业技术人员 85 人。其中本科学历 33 人，大专学历 36 人，中专学历 13 人；执业医师 24 人，执业助理医师 14 人，执业护士 29 人，执业药师 2 人。

2019 年，医院有职工 93 人，专业技术人员 73 人，其中本科学历 33 人，大专学历 36 人，中专学历 13 人；执业医师 11 人，执业助理医师 26 人，执业护士 29 人，执业药师 5 人。

2020 年，医院有职工 96 人，专业技术人员 76 人。其中本科学历 33 人，大专学历 36 人，中专学历 13 人；执业医师 12 人，执业助理医师 27 人，执业护士 29 人，执业药师 5 人。

二、队伍建设

1969 年起，农场卫生部门开始成批选送专业人员到上级医院离职代培进修。1969—1984 年，累计外派代培进修 50 余人次；农场自办卫生员训练班 4 期，培训人数 150 人。他们中不少人后来成为医疗工作的骨干分子。

1990 年，医院自筹资金建立基础教研室，进行实践技能培训和网络远程教学。1990—2000 年，农场每年都派出 3～5 名专业人员到上级医院进修学习，派出了 10 余人次参加各级各类学术活动，为农场引进了新技术。1985—2000 年，农场累计投资 30 余万元，选送业务骨干到哈医大等医院进修学习 40 多人。

2003 年，卫生科重点对基层卫生所工作人员进行培训，采取以会代培或集中办班培训的方式，组织学习相关的法律法规、妇幼保健、常见病诊断治疗、急诊急救等专业知识，促进分流人员执业技能的提高。

2006—2020 年，农场医院先后从齐齐哈尔、牡丹江、佳木斯等地医学院招聘了 28 名大学毕业生进入医院工作，基本解决了医院专业技术人员队伍梯队建设问题。农场医院在重视医务人员知识更新、技术换代的同时，继续加强医学教育，提高专业技术人员的业务能力。组织参加各级各类学术研讨活动和短期培训班，强化科学研究，撰写科研论文。2006—2020 年，先后有 20 余篇论文在有关医学杂志上交流、发表。

1977—1984 年卫生事业发展情况见表 7-10。

表 7-10　1977—1984 年卫生事业发展情况

年度	医疗单位个数/个				病房床位个数/个				全部职工人数/人				医务人员数/人			
	合计	医院	卫生院	卫生所	合计	医院	卫生院	卫生所	合计	医院	卫生院	卫生所	合计	医院	卫生院	卫生所
1977	36	1	4	31	80	80	—	—	197	154	25	18	192	108	25	59
1978	37	1	3	33	80	80	—	—	306	182	64	60	161	132	23	6
1979	42	1	4	37	120	120	—	—	318	191	66	61	261	120	75	66
1980	42	1	4	37	188	150	27	11	345	202	76	67	272	140	66	66
1981	40	1	4	35	180	150	30	—	328	190	71	67	258	132	59	67
1982	36	1	4	31	180	150	30	—	328	202	64	62	261	142	57	62
1983	39	1	4	34	170	150	20	—	321	191	73	57	260	149	54	57
1984	39	1	4	34	171	150	21	—	265	174	44	47	226	139	40	47

2006—2020 年医院人员构成统计见表 7-11。

表 7-11　2006—2020 年医院人员构成统计

单位：人

年度	在岗人数	医务人员	管理人员	工勤人员	高级职称	中级职称
2006	108	91	1	16	2	48
2007	107	92	1	14	3	51
2008	97	83	1	13	4	49
2009	99	85	1	13	8	42
2010	97	86	1	10	12	39
2011	103	91	1	11	17	37
2012	102	87	1	14	17	31
2013	107	92	1	14	17	29
2014	119	100	2	17	16	29

（续）

年度	在岗人数	医务人员	管理人员	工勤人员	高级职称	中级职称
2015	119	101	2	16	16	28
2016	109	90	2	17	16	22
2017	105	88	2	15	19	21
2018	101	85	2	14	19	19
2019	118	73	27	18	21	9
2020	122	76	28	18	22	15

2006—2020 年门诊住院医疗情况统计见表 7-12。

表 7-12　2006—2020 年门诊住院医疗情况统计

年度	门诊人数/人	住院人数/人	治愈率/%	病死率/%
2006	18654	1118	41.32	2.62
2007	18816	1002	37.83	3.79
2008	21180	941	31.82	3.83
2009	23601	821	25.46	4.87
2010	19778	1030	18.85	3.9
2011	18890	1217	18.52	3.79
2012	30775	1234	14.82	3.6
2013	30885	1325	10.64	2.58
2014	29209	1178	8.06	4.47
2015	26061	1239	5.38	4.63
2016	24580	1146	5.55	3.04
2017	24324	1006	5.21	5.21
2018	20256	874	2.83	3.96
2019	19665	841	2.23	3.21
2020	13916	270	4.2	2.32

2006—2017 年医院大型医疗设备见表 7-13。

表 7-13　2006—2017 年医院大型医疗设备

年度	设备名称
2006	1. 1800 Ⅰ 型 CT 机。2. 电脑胎儿监护仪
2007	1. RT-6000 型媒标仪。2. RT-3000 型洗板机。3. BSC-1500 Ⅱ B2-X 型生物安全柜。4. LDZX50FBS 型高压灭菌器。5. L-500 型离心机。6. PYX-DHS.350-BS-1 型恒温箱。7. YCD-DL200 型医用冰箱。8. TP-220H 型电子天平。9. 胎儿多普勒超声检查仪
2008	1. 便携式超声波诊断仪。2. 双目生物显微镜。3. 柜式高压消毒柜。4. 十二导心电图机。5. 全自动电动手术台。6. 综合产床。7. 整体反射冷光手术无影灯。8. 急救呼吸机
2009	120 急救车 1 台
2010	1. 红外线乳腺诊断仪。2. 电子阴道镜。3. 五分类血球计数仪。4. 全自动生化分析仪

（续）

年度	设备名称
2011	1. 医用诊断 X 射线机。2. 十二导动态心电记录仪
2012	1. 尿沉渣分析仪。2. 微波治疗仪。3. 生物电子平衡治疗仪。4. 中频干扰电治疗仪
2013	1. 眼底照相仪。2. 双排螺旋 CT。3. DR。4. 康复训练设备
2014	全自动五分类血细胞计数仪
2015	1. 全自动生化分析仪（BS-480）。2. 多参数监护仪。3. 半自动血凝仪 C2000-4。4. 十二导心电图机
2016	1. 全科壁挂诊断系统。2. 全科医生巡诊包。3. 尿液分析仪。4. 全自动血液细胞分析仪。5. 碳素光治疗机。6. 非接触式电子眼压计。7. 口腔综合治疗机。8. CT 报告工作站。9. CT 高压注射泵
2017	离心机

第四节　卫生防疫与监督

建场初期，卫生防疫工作由卫生医疗单位兼管，20 世纪 70 年代，成立疾病预防控制中心、卫生防疫站，负责农场辖区内卫生防疫、监督执法工作，隶属农场卫生科管理。2019 年，农垦企业化改革，疾控中心、卫生防疫站撤销，执法权移交给北安市政府。

一、卫生防疫

（一）地方病的防治

建场初期，常有流行性出血热、小儿麻疹、菌痢、伤寒、流行性脑炎类等疾病发生，克山病、甲状腺肿、大骨节等地方病危害严重。据普查，0~15 岁少年儿童大骨节病患者超过 85%，甲状腺患者达 60%~70%。克山病发病率高，发病急、死亡率高，1962 年前，急性克山病死亡率超过 80%。

农场对地方病防治坚持预防为主、积极治疗的方针，广泛开展爱国卫生运动，制定管水、管粪、改水、改厕所、改畜圈、改炉灶、改环境措施，改善工作与生活环境。农场成立了克山病防治领导小组，宣传避免非常规饮食，经常保持室内外卫生。对病情实行中西结合、土洋结合的办法治疗，民间采用扎针、拔罐、割口子等治疗办法，治愈率高。1960 年，黑龙江省医科大学派专家来农场进行克山病防治工作。1968 年后，克山病发病率逐年降低。到 20 世纪 70 年代，急性克山病基本得到控制，亚急性克山病还是时有发生。

1972 年，农场成立防疫机构后，把传染病、地方病防治列入日程，加强了预防、观察、调查、报告工作，落实组织措施。1980 年 6 月，农场对地甲病进行普查普治，购进碘盐片，对全场 1307 名地方性甲状腺肿病患者进行服药治疗，到 1981 年 6 月，治愈率超过 80%。

1981 年，根据黑龙江省有关文件精神，农场将地方病防治工作的重点转移到攻克大骨节病上来，在全场进行普查，查出患者 4337 人，其中 11~17 岁少儿占 42.6%。采取对 3~16 岁少儿口服亚硒酸钠治疗大骨节病的措施。组成了以防疫站为主，卫生、教育等人员参加的服药工作队伍；对全场水井进行水质检验，投放硫酸钙，实行打深水井和机井，改变水源水质。1984 年，防疫站对全场 3~16 岁儿童大骨节病情进行普查，患病率为 24%，1986 年，经省和农垦总局手指抽查测定，手指骨端好转率 90% 以上。1990 年，黑龙江省地病办专家对农场重点地区学生临床检查，未查出患病病人，认定达到了国家标准，大骨节病得到了有效控制，以后没有新发病人。

1983 年，农场实行计划免疫，接种疫苗。据抽样调查，全场麻痹糖丸服药率为 97%、麻疹接种率 95%、百白破 89%、卡介苗 70%；结核病患者在普查基础上进行观察治疗；对流行性出血热采取灭鼠预防，早期诊断等办法防治，发病率逐年降低。20 世纪 80 年代，小儿麻疹、伤寒基本消除，流行性脑炎也逐年下降，发病后也能及时确诊查明病因对症治疗，达到了国家规定指标。

赵光地区是地方性甲状腺肿病区，患病率在 5%~8%。农场的防治办法是口服碘化钾胶丸。1980 年，为学生配制了碘化钾口服液预防地方性甲状腺肿病，普遍食用碘盐。1994 年后，对孕妇、婴幼儿、3~16 岁儿童等特殊人群服用碘油胶丸；对 8~10 岁儿童进行尿碘监测，尿碘值<50mg/L 占 9.3%；对居民食用盐监测，合格率达 98.1%。2000 年以后，没有再出现新发病人。

（二）传染病的防治

1. **病毒性肝炎防治** 1985 年后，农场在病毒性肝炎的预防控制中，实施学校食堂等饮食行业的餐具消毒管理、新生儿进行乙肝疫苗接种及医院内消毒监测，学校人群聚集的地方接种甲、乙肝疫苗。病毒性肝炎发病率从 20 世纪 80 年代的 241/10 万，降至 2006 年的 66/10 万，病毒性肝炎得到有效控制。

2006—2020 年，农场疾控中心建立了传染病疫情报告机制，并实现了网络直报，直报率、审卡及时率 100%。2017 年，发生乙类传染病 6 种 4 例，其中乙类 1 种，3 例，病毒性肝炎 3 例、水痘 1 例，发病率呈下降趋势。

肝炎主要是乙肝携带者发病。加强病毒性肝炎的预防控制，主要采取不住院治疗，防止复发和传染密切接触者，并进行卡介苗的接种；强化医疗单位医疗器械、重点科室紫外线每天消毒。至 2020 年，传染病报告发病率为 20/10 万，传染病均在 2 日内完成了流调，进行疫区消毒，并采取保护易感者措施。

2. 细菌性痢疾防治 细菌性痢疾是一种常见的传染性疾病。1985年前患病率达94/10万。农场防疫站在细菌性痢疾流行的季节主要进行环境卫生、饮食卫生的督促检查，细菌性痢疾得到有效控制。1986年，患病率为94/10万，1996年，患病率为34/10万，2005年患病率为12/10万。2018年后，没有再发生病例。

3. 流行性出血热防治 流行性出血热是急性自然疫源性疾病，黑线姬鼠是主要传染源。1988年，暴发流行性出血热，农场发病46例。20世纪80年代初，农场以灭鼠为主，严格执行早发现，早诊断，就地治疗，就诊从宽，确诊从严。1985—2005年，平均每年投灭鼠药2.5万袋，室内鼠密度由1989年的22%降至2005年的3.2%，对易感出血热人群接种出血热疫苗1.6万人，接种率70%以上。2006年后，农场继续进行出血热疫苗接种，到2019年，累计接种疫苗人数超过1.2万人。

4. 抗击"非典" 2003年4月22日，农垦北安管理局召开防控"非典型性肺炎"工作电话会议后，农场于4月23日下发了"防控非典型肺炎应急处理预案"，开始了抗击"非典"工作。农场和各基层单位成立了以主要领导为组长的领导组织，设立指挥中心、咨询中心。组成了基层单位包片、包队、包房、包户的抗击"非典"队伍；农场医院设立了发热门诊、信息中心、调度中心、留观室，对流行病进行调查，并进行消毒及消毒药品管理；防疫站制定了"非典"疫情日报和零报告制度，大型集会请示报告制度，流动人口检查、登记、报告制度，公共场所消毒制度。

疫情期间，农场投资5万元购买了消毒药品、隔离服、口罩、消毒喷壶和红外线体温计，配置专用车；抽调了医护人员24名，专职在发热门诊及卫生防疫检查站工作；投资6万余元建立了发热门诊、检查站、隔离区。医院购置了13万元的预防治疗"非典"药物。

中小学校每天通风消毒，校园设置流水洗手器具，并实行封闭式管理；主要公路设置卡口，并配检查员，对车辆进行登记、排查和消毒。路查车辆1.17万辆、人员6.41万人次，其中查出疫区人员103人；设立留置观察室，对外来人员严格检查，隔离观察疫区人员23人；进行地毯式排查，涉及家庭1054户，控制人口1581人，隔离观察423人，其中隔离疫区来农场246人、医学观察疫区来农场26人、发热留观疫区来农场1人、隔离接触疫区150人。

抗击"非典"3个多月，农场辖区没有发生过疫情。

5. 新冠疫情防控 2020年1月，武汉新冠疫情暴发后，农场有限公司根据上级党委和中共北安市委、市政府的要求，成立了"新冠疫情"防控领导组织和指挥部，农场有限公司党委书记、董事长和总经理任主任，公司副职任副主任，并安排1名副总经理主抓，领导全公司新冠疫情的防控工作。制定了各项管控方案，设立疫情防控专班，具体实施疫情防控工作。在主要公路和街道设置卡口检查来往车辆和行人；"大数据"推送，专班专人筛查8314人，其中返乡210人；实施"敲门行动"排查4254户，排查返乡567人；落实网格化"拉网式"摸排，71个防控网格；机关干部下沉到社区，划分包保区域，协助排查、管控；发挥"哨兵""哨点"作用，对有发热及"十大"症状者及时吹哨，及时就医或转运，抵返风险人员全部实现闭环管控；设置3处全民免费核酸检测采集点，对重点人员进行规定频次的核酸检测，学校每天抽检20％。全员核酸检测做到应检尽检；户外行人、学校、商铺和人员集中场所必须戴口罩；疫情严重时期学校停课，关闭商铺和人员聚集场所。经过严防严控，2020年，农场有限公司辖区没有发生过新冠疫情。

（三）计划免疫

1983年，赵光农场在北安分局率先实行计划免疫措施，坚持为每名0～7岁儿童送预防接种通知单。1988年，农场按照黑龙江省免疫实施细则、免疫规划文件要求，实行免疫保偿制度，儿童参保率达90％以上。1992年，黑河行署对赵光农场脊髓灰质和疫苗覆盖率进行考核，结果均达到国家标准。

2004年，农场通过了国家计划免疫工作验收，各项指标均达到国家要求标准。卡介苗接种率99.72％，百日破三联接种99.92％，麻疹接种率97.61％，脊髓灰质糖丸服用率99.84％，乙肝接种率99.95％。

2006—2018年，发生的4例乙肝、其他类传染病都在规定时间2日内完成了流调，流调率100％。农场疾控中心免疫接种实行了日免制度，乙肝、脊髓灰质炎、卡介苗、百白破、麻疹疫苗基础免疫接种率100％，加强免疫接种率97％；麻腮、麻风等疫苗接种率99％，至2020年没有接种事故和计免相关疾病的发生；学校和托幼机构建立了"儿童预防接种证"查验制度，预防接种查验补种15针次，补种率为90％，巩固了免疫屏障，为保护儿童健康成长起到了积极的作用。

免疫规划、慢性非传染性疾病、突发公共卫生事件、地方病、法定传染病报告均实现了网络直报。农场疾控中心对辖区学校定期进行防病专项检查。督促、监督学校、托儿所要坚持进行晨检，教室、宿舍等要进行通风换气，要及时做好因病缺课追踪上报工作。

二、卫生监督

（一）食品卫生

1983年《中华人民共和国食品法》开始试行，农场防疫站配齐了监督员，建立了食品卫生检验室。1985年后，防疫站对饮食业、餐具消毒情况进行检测，每月查一次。

2005 年，全场有食品企业 228 户，集体食堂 4 户，摊床 23 户，有从业人员 416 人。每年都对从业人员进行健康检查，体检合格率 100％。开展食品放心工程活动，对全场食品企业按规定进行量化分级管理。各企业均办理卫生许可证，建立了监督档案，每月监督检查一次，学校食堂每半月监督检查一次，其他企业根据情况和季节进行了监督检查。

2006 年后，卫生监督所对餐饮经营企业食品原料的采购实行索证、索票、登记查验，对餐具清洗消毒、餐厨废弃物处置、食品留样进行记录。

2015—2019 年，根据《中华人民共和国食品安全法》的要求，实施网格化管理，坚持经常性现场卫生监督。要求食品添加剂、散装白酒和用于火锅加热、烹饪助燃等非饮用酒类产品实行专人采购、专位储藏、专人保管、专人使用、专人记录；实行集体用餐、大型聚餐申报、审批制度；严厉查处无证（许可证、健康证）经营、违法使用或超剂量使用食品添加剂、违法使用非食品原料加工食品和违法使用地沟油等行为。

（二）放射线卫生

1987—2005 年，农场卫生防疫部门共体检接尘、接铅作业工人 431 人次，没有铅中毒事件的发生。全场共有厂矿 5 家，从事接触有害物质人数 32 人，并对这些人进行了健康体检。2002—2019 年，各企业均进行了职业危害项目申报，监督所对企业监督覆盖率达到 100％。农场有放射线 X 射线机 1 台、CT 机 1 台，工作人员 7 人，上岗持证率 100％，佩戴个人剂量监测计 100％。根据有关要求，对工作人员全部进行了体检，并申报了职业危害项目，X 射线机和 CT 机进行防护监测合格率达 100％。

（三）学校卫生

农场辖区共有学校 4 所。1988 年，开展了近视、龋齿、沙眼、蛔虫、脊柱弯曲、贫血、营养不足、扁平足、鼻炎 9 种疾病的普查，体检率 98％。查出近视 346 人，矫正率 54.2％；蛔虫投药 3614 人，投药率 98.5％。1990—2018 年，农场疾控中心和卫生监督所对学校食堂原料的采购、加工制作、环境卫生、饮水卫生和消毒措施进行全程重点监督。2016 年腮腺炎高发，农场卫生科、疾病控制中心制定下发了"关于加强 2016 年春季传染病防控监督工作的通知"，成立专项治理领导组织，有组织、有计划地分阶段开展整治工作。监督、指导学校、幼儿园对发生腮腺炎病例的教室、寝室进行每天一次的消毒，严肃因病缺勤追查，有效地控制传染病扩大；严格学校、幼儿园（托幼机构）教学环境监测，对教室人均面积、采光、微小气候、照明、课桌椅搭配进行定期抽检，抽检合格率 100％；在饮水卫生安全的监督管理中，学校管水从业人员持《健康证》上岗率 100％。提供桶装水的，必须持有《卫生许可证》、批次《检验报告单》。学校安排专人管理，索证、索票；建立定期对供水设备进行清洗、消毒和除水垢制度，学生的饮水用水杯做到了一人一杯。到 2019 年，没有中小学生食源性疾病发生。

（四）公共场所卫生

农场辖区共有公共场所企业 35 家，各家均持有卫生许可证，企业监督覆盖率 100％。1989—2019 年，根据有关规定，农场防疫站对公共场所的从业人员进行体检，体检率 100％；对从业人员进行培训，培训率 100％；卫生许可证办证率 100％，从业人员体检合格率 100％。

（五）生活饮用水卫生

1986 年，农场有基层居民点 36 个，其中集中式供水点 31 个，场区水厂 2 个，都已取得供水资格。

1986—2005 年，农场先后打深水机井 7 口。农垦北安分局卫生监督所每年对农场供水单位进行采样和水质检验，合格率 100％。2006—2020 年，农场管理区集中式供水单位 18 家，场区 1 家（水厂），集中用水单位学校 4 家，均取得了《卫生许可证》，卫生监督所监督检查每季度进行 1 次。

农场供水中心（水厂）设有检验室，建立了各项管理制度，对管、供水人员全部进行健康检查和卫生知识培训，并取得了《合格证书》；水厂取水点周围水源有卫生防护措施，30 米内无污染源；有水质消毒、净化设施，每周进行一次冲洗、反冲洗和定期水箱清洗、消毒。农场卫生监督所每季度采集水源、出厂水、末梢水水样进行送检，生活饮用水监测覆盖率 100％，合格率 100％。2017 年采集水源水 18 个、出厂水 16 个、末梢水 68 个水样样品送检，采样检测合格率 100％。

第五节　妇幼保健

一、妇幼保健

建场初期，除规定公费医疗外，还制定一些卫生保健措施，特别是女职工在例假、孕期、产期有休假制度。推行新接生法接生：1950—1957 年为 80％；1958—1966 年为 90％。国家对女职工保护条例下达后，农场按照严禁女职工从事有害健康的工作要求，妥善安排女职工的工种，并实行哺乳、怀孕、产期、经期、更年期保护制度，产假工资和福待遇照常，还按规定发放生育费和卫生费。

1978 年后，结合计划生育工作，实行孕妇定期检查制度。1984 年，对全场 4350 名妇女进行了普查，查出妇女病患者 1268 人，采取"五期"保护及吸药、针灸、手术等防治措施；对儿童进行体检，0～3 岁儿童体检 658 人，身长超均值 137 人，佝偻病 6 人，营养不良 8 人；4～7 岁儿童 1699 人，体检 400 人。查出患者都得到相应治疗。

农场中小学校对学生也进行身体保健教育，开辟运动场，坚持体育课和课外活动、早操和间操。对女学生进行青春期卫生常识教育，定期对学生进行体检。1984 年后，农场中小学、场部幼儿园都设保健医生负责儿童的保健工作。

农场对特殊行业、工种人员实行保健费待遇。卫生防疫、传染、检验人员、放射线人员每月 12 元；对翻沙、伐木、掏粪、高温作业、粮食加工、电焊等有毒有害损害健康的工种工作人员，根据规定发放保健费或保健物品。

2006—2018 年，农场卫生科坚持贯彻实施国家《母婴保健法》，依法保护妇女儿童的合法权益，进行出生医学证明的管理。2009 年 5 月，农场辖区内孕产妇到上级有助产资质的医院住院，分娩率达到 100%，并对新生儿进行了疾病筛查，无一例患病儿，新生儿筛查率 100%；对孕产妇健康进行管理，建立了孕产妇母婴保健手册，健康管理率 100%，产后访视率 100%；对儿童生长发育进行监测，全场 0～7 岁儿童健康管理率 100%；对全场已婚妇女进行每年春、秋两次的妇女病查治，早发现，早诊断，早治疗，有效地保障了妇女的身心健康。

二、计划生育

20 世纪 70 年代，农场成立计划生育委员会，领导农场的计划生育工作。委员会下设计划生育办（以下简称计生办），与卫生科合署办公。业务工作除接受上级有关部门领导外，还按照地方卫生管理部门的部署，完成各项工作。2018 年，计划生育委员会和计生办撤销。

（一）生育政策与指标

从 20 世纪 70 年代开始，农场按照上级计生委的要求下达计划生育指标，签订计划生育合同，发放生育证，新生儿必须持《准生证》《出生证》方可落户。1987—2015 年，农场对生育一孩夫妇实行生育指标管理，严格准生证的申报批准发放。计划内二胎的准生，由农场计生办呈报管局审批发放。

2002 年，为推进计划生育综合改革，建设新型的社会主义生育文化，实行队民自治，取消一孩生育证。2016 年 4 月，开始实施经过四次修正的《黑龙江省人口与计划生育条例》，提倡一对夫妻生育 2 个子女。

（二）独生子女与待遇

根据 1980 年中共中央"关于控制人口增长致全体共产党员、共青团员的公开信"的精神，农场号召已自愿生育一个孩子的夫妇，可申请领取《独生子女证》。1986 年，领取

《独生子女证》的夫妇有 1674 人，领证率占一孩夫妇 90.78%。

1990 年，根据"黑龙江省计划生育条例"精神，领取《独生子女证》的夫妻，从领证之日起，每月发给不少于 5 元的独生子女费，每年 60 元，发放至 14 岁。1990 年，领取《独生子女证》的夫妇 2622 人，领证率为 99%。

2000 年后，规定依法结婚生育 1 个子女的夫妻从领证之日起至孩子满 18 周岁止，每月领取 10 元的父母奖励费。2000 年 2 月 1 日前领证的可享受一次性 3000 元补助，2000 年 2 月 1 日以后领证的，可享受 1 个月工资额的独生子女父母补充养老保险。领证后的职工，在独生子女死亡后不再生育和收养子女的，除享受规定的奖励外，退休时由所在单位给予不低于 5000 元的一次性补助。

2003—2007 年，农场计生办对全场独生子女父母奖励费经过验证、审核，并兑现独生子女父母奖励费 104 万元，有 73 名退休人员领取一次性 3000 元奖励费共计 21.9 万元。2005 年，领取《独生子女证》的夫妇 4132 人，领证率为 100%。到 2018 年末，农场共为 3131 人发放退休一次性奖励 939.3 万元，为农场辖区内 1370 户发放独生子女费 12.9 万元。计划生育各项奖励政策兑现率为 100%。

第四章 文化艺术

赵光农场是以烈士名字命名的农场，国家副主席王震亲自题写的场名。农场历史悠久，具有丰厚的文化底蕴，曾经以电影《老兵新传》享誉国内外。开发建设七十多年来，农场的干部职工秉承和发扬老一辈垦荒人的优秀文化传统，大力发展北大荒文化，形成了具有时代特点和地域特色的企业文化。

第一节 文化事业

一、早期的文化事业

（一）设施设备

1. **电影队** 1952年，农场成立电影放映队，有1名放映员，使用1台法国产16毫米移动式放映机。农场场部在俱乐部公演，作业区没有固定场所。1958年，电影队增加到4人，又购进国产长江5502型16毫米放映机、匈牙利产16毫米放映机和苏联产200型电影放映机。1959年，场部俱乐部添置1台日本罗拉35毫米座机。20世纪60年代，俱乐部总队下设3个放映小队，购置1台国产松花江座机，放映小队全部用上国产南京FH-16毫米放映机，放映人员增到12人。1970年，有1套松花江座机和2套16毫米放映机，1973年又购进一套长江轻便型16毫米放映机。1975年，二、三营俱乐部都安装了甘光35Ⅱ型座机，全场放映人员增加到16人。1979年，放映机组增加到9个。1980年，有大小放映机11套，发电设备5套，放映工作人员33人。1980年后，电视的迅速普及，使电影受到严重冲击，放映员减少到10人。1984年，放映组全部停演，放映员改做其他工作。

上映影片由上级电影管理站、电影发行放映公司提供。

2. **俱乐部** 1948年，农场开辟出很简陋的职工俱乐部，作为文化活动场所。1950年，新建1座800平方米的砖瓦结构的俱乐部，可容纳观众900人，除演电影外，农场文工队经常在俱乐部演出。1952年，各作业区均建起大食堂，兼做俱乐部和会议室。

1963年以后，随着知识青年进场，生产队食堂的面积扩大，各分场相继建起较大的俱乐部。1984年，农场场部俱乐部几经改建，面积1165平方米。俱乐部，主要是放映电影、文艺演出和召开大型会议。正面主楼是电影放映室，设有两部35毫米的放映机；楼下为化妆室、场史展览室、图书馆、仓库、活动室。2008年后，由于俱乐部历史久远，已经成为危房，停止了使用。

3. 图书馆、文化室 1948年，农场工会成立一个小图书室，以后逐年增加图书和杂志，1966年已经发展成为相当规模的图书馆。有1名图书管理员负责图书借阅和保管工作，图书馆设在俱乐部。"文化大革命"开始后，图书馆被破坏。七团时期，宣传部只设图书室，图书随买随丢，只见买书，不见藏书。

1979年，农场工会重建图书馆，并不断扩大。各分场和基层单位也用一定资金订购报纸、杂志和图书，建起图书室和阅览室。1984年，场部图书馆、阅览室及4个分场图书馆、阅览室初具规模，30多个生产队和50多个非农业单位普遍建起了图书阅览室。据统计，全场图书馆（室）藏书近3万册，还存有100多种报纸和杂志。中心图书馆配有专职图书员，全场有68名兼职图书员。

4. 青少年公园 1984年5月，农场开始建造青少年公园，9月竣工。公园位于场部机关办公室北侧，面积2400平方米。园内，由南至北：花坛、凉亭、假山排列有序，四边的小榆树墙整整齐齐。青少年公园建成后，儿童常在这里玩耍，老人们常在这里聊天、散步、娱乐。1990年，青少年公园被拆除，原址另做他用。

（二）活动

1. 电影放映 1952年，电影队成立后，除在场部俱乐部公演外，经常到作业区、生产队放电影。没有影院，就在露天放映。1958年，每个生产队一年上演十几场电影，片子不仅是本国的，而且进口片子也多起来。

1959年以后，添置大影机。局直单位和各农场、生产队都有专门负责放映工作的人员。电影队在年初与上级电影管理站制订全年租片计划，电影队按季按月安排演出顺序，并在演出前张贴海报，提前预购团体票，设零售票口。附近村屯的居民也常来看电影。高峰期一天演4场，常常是座无空席，就连过道也挤满了人。生产队按人口数量规划放映点，确定放映场次。电影放映小队常年奔波在生产第一线，巡回放映，工作制度健全，放映质量好。

组建七团后，影片种类不多，《地道战》《地雷战》《红灯记》《沙家浜》等样板戏影片占领影坛，放映场次也不多。

1979年，武打片、香港片开始风行，每年上映场次3000余场。

1983年后，一般电影没人看，多数人在家里看电视。1984年开始，只剩下农场俱乐部的大机子放映电影，而且时断时续。到了 20 世纪 90 年代，电影放映工作就基本停止，电影队也随之解散。

2. 文艺演出　1948 年 7 月，为庆祝场工会成立，中国共产主义青年团赵光农场委员会（以下简称农场团委）团员青年首次演出《兄妹开荒》歌剧。12 月，为庆祝农场第一个丰收年和沈阳解放，农场工会又组织青年文艺爱好者举办工农联欢晚会，演出了话剧《杨勇立功》等。从此，农场业余文工队宣告成立。文工队有 18 名成员。1949 年 9 月，东北行政委员会副主席张学思来农场视察，文工队员们合唱了一些革命歌曲，演出了话剧《放下你的鞭子》。1949 年 10 月，中华人民共和国成立，文工队员再次登台演出，载歌载舞。

1950 年，文工队员增到 33 名，在新落成的俱乐部舞台上演出了大型剧目《战魔发抖》。1952 年，香兰农场话剧团来农场，排演大型话剧《铁流》和一些京剧节目。1952 年，全场组织 20 多次大型文艺汇演。1957 年，业余文艺队发展到 50 多名演员，参加省厅举办的国营农场系统汇演，荣获第二名。

1958 年，广州军区下放军官来农场，增强了文艺队伍的实力，他们能编导，善歌舞、吹打弹拉。1960 年，农场文艺队排演了大型话剧《年青一代》。1963 年 5 月，排演的大型话剧《千万不要忘记》，在文化宫演出 10 多场，观众 7000 多人次。1965 年，农场文艺队在全局巡回演出 13 场。又演出四幕大型话剧《永远前进》20 多场。1963—1968 年，参加全局性文艺活动有 30 多次，其中有 3 次大型比赛。期间，生产队和基层单位、机关、学校每年也不间断地组织文艺晚会。每逢节日，各单位赶排文艺节目、东北地方戏二人转，在文化宫举行演出；春节期间，组织东北大秧歌，走街串巷，元宵节灯火晚会，增强了春节的气氛。

1969 年元旦，以哈尔滨、天津知识青年为主体，组建团文艺宣传队，多次参加兵团一师文艺汇演。1973 年后，风行革命样板戏，七团文艺队赶排了《红灯记》《杜鹃山》《沙家浜》等剧目，在一师样板戏汇演中演出。

1976 年，文艺队赶排的《枫叶红了的时候》话剧，先后到北安、赵光糖厂、一师师部等地演出 20 多场。1979 年，文艺队的大型话剧《救救她》，先后到赵光机校、红星农场等单位演出 11 场，观众 8000 多人次。1980 年，恢复农场体制后，农场举办第一届文艺汇演，历时 2 天 6 场，80 多个节目。1981 年，农场举办第二届文艺汇演，有 7 个单位 200 多名演员，共演出 9 场，90 多个节目。1982 年，农场文艺队参加农垦北安管理局举办的第二届文艺汇演。1983 年元旦，农场举办第三届文艺汇演，有 7 个单位 250 名演员，演出两天 9 场，100 多个节目。

1948—1985 年，相继有城市中的剧团、部队文工团、马戏团等到农场演出，进行艺术交流。

3. **书法绘画** 利用书法和绘画进行群众性文化活动，已经成为农场广大职工和青少年学生的业余爱好。20 世纪 70 年代后，学校和工会、宣传部等部门互相配合，在俱乐部门前的宣传橱窗内定期举办书画优秀作品展；在学雷锋运动、交通安全教育、护林防火工作中都曾绘制过连环画，组织机关、学校和各单位群众参观。1983 年，纪念建场 36 周年，农场举行场史展览，通过大量历史图片再现创业艰苦历程，职工群众受到了生动的传统教育。

二、中期文化事业

（一）设施

1986—1990 年，农场先后投资 130 万元，改善农场的文化设施。1995 年，投资 100 多万元对职工俱乐部（文化宫）进行了重新装修。1992 年 7 月，投资 50 万元建起了波尔卡娱乐中心，成立了交谊舞协会。1997—2001 年，农场先后投资 200 多万元新建 1 个多功能宾馆，铺建白色路面 3000 多平方米；建成 1 个 2 万平方米街心公园，1 个藏书 1 万多册的图书阅览室，老干部、老工人活动室，以及门球场；各基层单位都设有 500 册以上的图书阅览室、活动室，农场每年出资 20 多万元用于订阅报纸杂志。各单位的活动室都有报纸杂志、文体活动器材、高级音响、彩色电视机，90％以上的单位购置了台球案和乒乓球案。

2000 年后，农场继续完善文化基础设施建设。购入台球案 1 个、室内健身器械 16 台（件）、乒乓球台案网共 4 套；为文化广场安装价值 15 万元的健身器械 90 件，投入 1 万余元增加乒乓球机 2 台，投入 1.5 万元增加排球框架 1 套、羽毛球框架 1 套。2002 年，投资 15 万元改建了老年活动中心，添置文体器材 50 余件。2004 年，农场投资新建 1 个 200 平方米的老干部活动室，购置了台球、健身器材，为幼儿园添置了蹦蹦床、滑梯。2005 年，投资 500 多万元建成 1.8 万平方米文化广场，文化设施、音乐喷泉、健身器材等一应俱全。2000—2005 年，农场累计投资 543.87 万元用于文化设施。

（二）活动

1985—2005 年，农场以广场文化、社区文化为主阵地，开展文体、科教、法律、卫生进社区活动。每年举行一次文艺汇演，进行篮球、排球、秧歌比赛，组织征文、征歌、征画、征书法活动。促进各类社会文化活动的开展，累计投资 100 多万元。

1990 年，农场成立了业余乐队。1997 年，组织了一台自编自演的迎场庆大型文艺节目，演出 10 余场次。2002 年，成立了文化协会，成员分布在各单位，并有自己的带头人和骨干，每年自编自演文艺节目近100场。2003年起，农场社区居民委，每晚主办1场"激情广场大家唱"活动，职工群众参与人数9124人；农场130人组成的业余文艺骨干队、100多人的老年秧歌队、健身操表演队、60余人的夕阳红合唱队和老干部花剑队、腰鼓队、太极扇队，组织开展业余创作活动，选取了一些优秀文化作品参加哈尔滨等地的各类大赛，并多次获奖。

三、发展时期的文化事业

（一）文化设施

2006—2020年，农场辖区有KTV、舞厅、文教书店等文化经营场所16家；农场设有老干部活动室、退休职工活动室、门球场、体育场等休闲娱乐场所；社区各居民委、居民小区都设有休闲、健身场所和器材。

2010—2013年，农场累计投资9800多万元新建水上公园，占地面积97万平方米，其中休闲广场占地2万多平方米。广场上体育器材、大屏幕、雕塑、花坛、凉亭应有尽有，是职工群众休闲、娱乐的集中地，更是赵光地区一道亮丽的风景线。外地来客每逢到赵光农场来，都要到水上公园一游。

（二）文化活动

2006—2020年，农场每年都在重大节日举办各类文化娱乐活动，如棋类比赛、乒乓球比赛、文艺晚会、秧歌舞、篮球比赛、拔河比赛、趣味运动、文艺演出等。2012年，农场组织100多人参加农垦北安管理局举办的第三届"仙骊菜业杯"文艺汇演。2017年，建场70周年，农场相继开展了以"薪火相传70载，砥砺奋进铸辉煌"为主题的大型阳光徒步走、诗词大会、书画展。

街心公园、水上公园是农场职工群众进行休闲、跳舞、娱乐、健身活动的聚集地。农场也利用这两个有利场所，每半个月举办一次文艺演出，职工群众自编自演，形成了农场广场文化特色。

在这15年里，农场组织开展全民阅读、读书分享会活动，进行书香农场建设，开展"最美家庭""好家风好家训"宣传展示；进行送文化下基层活动，送演出、送电影、送图书下基层活动；利用水上公园电子大屏幕，开展经典电影系列展播活动，仅2015年，就播放电影近200部，观众2万余人次。这些喜闻乐见的文化活动，不仅丰富了职工群众的业余文化生活，而且提升了职工群众的文明素质和文化素养，推进了社会主义核心价值观体系教育。

第二节　文化市场管理

1985 年后，随着市场经济的发展，农场辖区相继出现了营业性的台球厅、游艺厅、音像制品零售出租店等，到 1997 年，全场有台球厅 9 个、电子游艺厅 5 个、文化书店 1 个、卡拉 OK 厅 1 个、音像制品零售出租店 1 个。面对项目多而网点分散的文化市场经营局面，1992 年，农场成立文化市场管理委员会，主要成员由宣传部、工商、公安局等部门人员组成，下设文化市场管理办公室，与农场宣传部合署办公，负责协调、指导农场辖区文化市场管理，出台了《农场加强文化市场管理的具体规定》，并先后多次会同公安、工商、教育等部门对文化市场经营点进行检查。

1995 年，成立了文化经营者协会。1999 年，成立了书刊零售出租行业协会、印刷行业协会、音像制品出租行业协会。截至 2005 年底，全场共有文化市场经营户 17 家，其中游戏厅 3 个，台球厅 5 个，音像制品零售出租 5 户，书店 3 个，书摊 1 个，复印部 4 个，歌舞厅 2 户，网吧 3 家。

每年开展一次"扫黄打非"专项行动，文化、公安、工商等部门协作行动，打击游商沿街兜售、摆摊出售非法出版物的不法行为。

2006—2019 年，农场辖区有 KTV、舞厅、文教书店等文化经营场所 16 家，这些文化娱乐场所，为繁荣文化市场、丰富职工群众的业余文化生活起到了重要的作用。农场文化管理部门主要通过对执法人员的培训、经营业户的日常管理和监督，对经营业户建立相应管理台账；邀请离退休老干部、老教师、老职工和工商、司法、公安等部门进行社会监督；定期登录全国文化执法系统，了解动态，发现问题及时处理。

在日常管理中，将法规宣传教育与经营效益相结合，依法监督，经营业户合法经营，避免出现恶意竞争，杜绝违法经营。

2019 年，农场企业化改革，文化市场执法管理划归中共北安市委员会，农场文化局撤销。

第三节　广播与电视

一、广播

1951 年以前，最原始的广播宣传工具是喊话筒，用它在田间、厂房进行广播宣传。1952 年，农场俱乐部设立广播站，配有专职编播员。以后，各作业区都建了转播站，电话员兼广播员。广播与电话共线,各家各户都安装舌簧喇叭,每天早、中、晚定时广播中央、省台新闻和场内生活节目。1958 年,农场办事处广播站设有专职站长、编辑、专职播音员和机修人员。各农场也建起广播站。20 世纪 60 年代,农垦局广播站在主要街道架设高音喇叭,生产队和局直单位开始自购扩大器,除转播中央、省、农垦局站要闻外,还自编广播节目。七团时期,加强编播,增加了广播时间。

1984 年,农场有广播站 5 处。场广播站设有多功能综合性控制台、扩大机、收录音机、话筒、录音磁带等设备。场部广播站 6 名播音、维修人员。中央、省台节目和自办新闻节目都按预定时间播出,每年播稿 1000 余篇。

1985 年后,农场广播站与电视台合署办公,改称广播电视局。广播节目制作与播出均由电视播音员兼职。设备主要有 300 瓦广播发射扩音机、台式录音机,唱片机、控制台等,利用有线传到分场和部分连队。

1990—1995 年,农场场部地区能听到早、中、晚的 3 次广播节目,采、编、播与电视台为一套人员,节目互用。各分场和生产队广播自成体系,自行播音。

1996 年后,广播电视局购置了多功能调频广播控制台、300 瓦调频广播扩音机、收录音机、调压器、话筒等专用设备,并申请了调频波段。自办广播节目后,开办了《职工天地》《生活天地》版块栏目,内容包括专题类、评论类、消息类和连续(系列)报道、对象类、公众类等社教类节目。每天早 5:30 转播省电台节目,6:30 转播中央电台新闻联播节目,中午 11 点和晚上 5 点播放农场自办节目,节目时长为 30 分钟。

2002 年后,随着有线电视的大量兴起,广播节目停办。

二、电视

(一)设施建设与机构沿革

1973—1975 年,农场气象站、中小学校相继购进 1 台 17 英寸黑白电视机和唐山牌 14 英寸黑白电视机,个别职工家庭也看上了小屏幕的电视。1981—1982 年,农场商店 2000 多台电视机大部分售给场内职工,电视覆盖率逐年提高。1984 年,农场职工家庭电视普及率达 50% 以上。

1982 年,农场开始筹建电视差转台,并竖起了 80 多米高的 4 层蝙蝠翼发射天线电视塔。1984 年 11 月,新建 4 层电视台楼竣工,农场广播站和电视差转台搬进新址,并合署办公,统称"赵光农场广播电视站"。

1985—1992 年,农场广播电视站与宣传部合署办公,部门领导交叉任职。申请开通了第八频道，靠 1 台淳安产 50 瓦电视发射机、彩色和黑白信号发生器，差转北安、克东、德都电视节目，并自办电视新闻节目《赵光农场新闻》，主要接发中央 1 套电视节目，录制一些中央 2 套节目。

1992 年 4 月，农场广播电视局与农场宣传部分设独立办公，人员单设。广播电视局设有编辑部、新闻部、广告部、技术部、办公室，广播电视节目逐步走向了专业化。每周二、四、六新闻节目时长 40 分钟，农忙季节还增设专栏 10 个，向上、向外进行新闻报道主要靠邮寄或人员传送。

1994 年 3 月，农场投资 20 万元，建农场场区有线电视网络，5 月 1 日 500 余户居民看到了 12 套有线电视节目，12 月 26 日，农场场部地区 3200 多户接收到了有线电视节目。1996 年，农场投资 6 万元，安装了中央电视台四套加密频道解码器，转发节目增加到 21 套。2000 年，有线电视网络遍布整个农场，用户 7432 户，场部地区可以接收到 36 套卫星电视节目，有线电视入户率 97％。

2001 年，农场机关机构改革，电视台人员配置纳入农场机关编制，合署于农场政治工作部，政治工作部部长兼任宣传部部长、广播电视局局长。2003 年，广播电视局与宣传部分设，广播电视局实行自收自支，自主经营，超利分成（向农场上缴利润），纳入预算内管理。

2004 年，农场投资 39.5 万元，建立了农场场区有线电视独立网络。

2005 年初，农场广播电视局与宣传部再次合署办公，宣传部部长兼任广播电视局局长。农场投资 7 万余元购入 P43.0E/DDR512M/160G/17/美国 ET 视频解压卡硬盘播出系统一套及数字回传设备，实现了场内新闻播出自动化和对上传送新闻图像数字化。

2005 年 10 月，黑龙江省农垦总局成立北大荒广播影视集团，赵光农场广播电视局上划至农垦总局北大荒广播影视集团，人员、资产由农垦总局垂直管理。2008 年 10 月，广播电视局又划归回农场管理。

2010 年 7 月，农场广播电视局由原独立 4 楼旧址办公楼搬迁至新址。农场投资 300 多万元，对全场有线电视进行数字电视整体平移，模拟信号改为数字信号，可传输 92 套数字节目。

2015 年 1 月，农场广播电视局网络部分上划至黑龙江省龙江网络有限公司，改称"赵光运维管理站"，负责有线电视用户网络维修、收费，有用户 6300 户。

2017 年 8 月，农场实施中央广播电视节目无线数字化覆盖工程，地面数字电视正式开播。开通了 12 个中央电视节目，设有 3 台 1000 瓦数字发射机，发射距离为方圆 50 千米。农场居民只需要安装无线数字机顶盒，就能免费接收到高质量的无线数字电视节目信号。

2015—2020 年，农场广播电视局改称广播电视台，隶属农场管理，主要负责农场（公司）内部新闻制作、播出工作。新闻制作、播出都有相应的调整，内容更加集中，播出时间也相对固定。

（二）节目制作

1. 自采自播节目　《赵光农场新闻》1987 年开办，是农场广播电视局（2015 年后改称电视台）的自办节目，自采、自编。主要围绕农场的重大决策、重点工作、民生民事新闻，每年播放 120 期，播发新闻 700 余条。2010—2020 年，电视台在新闻节目中相继开设了《春播一线》《百姓身边事》《致富路上》《党员风采》等栏目 50 余个，制作播出新闻类、社教类、文艺类专题节目 70 余个。

2. 自采新闻在省台以上媒体播出　2011 年，农场广播电视局自采《玉米丰产丰收》等新闻节目 6 条在黑龙江省新闻联播中相继播发；《电信诈骗 千里追踪》在省电视台《新闻夜航》《法治在线》栏目中播发；专题片《谁提走了我的 9 万块》在黑龙江省电视台法制频道播发；7 月 28 日，《灾害频发 科技保秋收》在央视 7 套《新闻直播间》播发。

2012 年，农场广播电视局自采制作的《场县共建 昼夜抢播》《严把田间管理 促进作物生长》《金秋稻花香 备战秋收忙》等新闻 12 条，先后在省卫视频道《新闻联播》、公共频道《"三农"最前线》、经济频道《经济正前方》播发。

2013 年，农场广播电视局《牛粪变成香饽饽 循环养殖前景好》《秋粮存储有妙招》等 4 条新闻在中央电视台《整点新闻》《新闻直播间》中播发。

2015 年，黑龙江省电视台《新闻联播》、央视《新闻联播》相继播出了农场电视台自采制作的新闻《农场春耕减肥思维》。黑龙江省电视台都市频道《寻找龙江好人》栏目播出了《十大龙江好人》王静贤的事迹。

2018 年 1 月 17 日，黑龙江电视台公共频道《"三农"最前线》栏目中播出了农场电视台自采制作的新闻《新年新气象 结构调整忙》。

第四节　电影《老兵新传》拍摄地

电影《老兵新传》是新中国第一部彩色宽银幕立体声故事片。讲述了战场上浴血厮杀的老兵们脱下军装拿起锄头，来到黑龙江开发北大荒的故事。这部电影主场景拍摄地在赵光农场。1959年国庆节，《老兵新传》作为国庆十周年献礼片上映后引起轰动，并在莫斯科国际电影节上获得技术成就银质奖章。

1947年，时任东北局常委、副书记、东北人民政府副主席的李富春在东北行政委员会财经委员会会议上传达了党中央的指示："要在北满建一个粮食工厂"。根据这一指示，东北行政委员会经过充分调查研究，决定在通北县建设一个机械化农场，主要的任务是培养干部、生产粮食、积累经验、示范农民。11月，牡丹江省建设科科长周光亚受中共东北行政委员会委派，到达通北实地踏勘后，预测这里可以开垦的荒地达几万公顷，适宜办大型机械化农场。于是，周光亚等人决定在这里创建机械农场，初名为通北机械农场，这就是后来的赵光农场。

建场之初，条件极为艰苦，只有一栋旧草房、一个小木桌、几个泥盆、泥碗和1500元建场资金。周光亚带领干部群众克服重重困难，当年就开荒240公顷，生产粮食近150万千克。之后逐年扩大生产，1949年，开荒2.27万公顷，1950年又开荒0.4万公顷。1952年9月3日，朱德总司令来通北农场视察时说："我们国家今后要多办像你们这样的国营机械化农场，生产大量粮食，支援国家建设。"随之，也有大批国内及苏联、南斯拉夫、捷克等国参观团到农场参观。

1957年，当代著名作家李准采访了周光亚和其他创业者，并以他们为原型创作了电影剧本《老兵新传》，1959年，由上海海燕电影制片厂摄制完成。影片以赵光农场官兵们的真实历史事迹为素材，集中反映了中华人民共和国成立初期中国人民解放军官兵响应党的号召，艰苦创业，开发北大荒的故事。影片中的主人公战长河有着坚定的党性和对党、对人民高度的责任感。他豪情如火，激情奔放，对开发建设北大荒事业，有一种敢教日月换新天的心胸和气魄。

时任农垦部部长的王震将军曾在《大众电影》杂志上著文，对《老兵新传》给予高度评价："我非常喜欢这部宽银幕彩色故事片，《老兵新传》是从胜利的武装斗争走上生产战线上来的千千万万革命战士的光辉形象。影片中的老兵——战长河的形象是有普遍性的，但他又是集中的典型"。许多城市青年、退伍转业官兵和仁人志士受到电影《老兵新传》的感染和激励，纷纷来到赵光农场，加入了开垦北大荒行列。

历经70多年三代北大荒人开发建设，现在的赵光农场逐渐由北大荒变成了北大仓。耕地面积由建场初期的240公顷发展到4.9万公顷，人口由建场初期的15人发展到3.2万人，机械从建场初期的一台"万国"拖拉机发展到配套农机具1341台、农机总动力4.47万千瓦，田间综合机械化作业程度达到99%以上。2018年9月，习近平总书记在黑龙江考察时提到了电影《老兵新传》，感慨北大荒沧桑巨变的了不起，说当年这里是"棒打狍子瓢舀鱼，野鸡飞到饭锅里"。现在的赵光农场经济和社会事业全面发展，呈现出政治安定、社会稳定、社会进步、团结和谐、奋发向上的喜人景象。

2019 年 6 月，赵光农场有限公司挂牌成立，这是《老兵新传》故乡改革发展史上具有里程碑意义的重要时刻，开启了《老兵新传》新篇章。

中国农垦农场志

第八编

社　会

中国农垦农场志

第一章 人 口

赵光农场建场初期都是开放性人口，多不是当地人，人口组成为东北局的干部、转业官兵、城市产业工人、初中毕业的学生，总人口不是很多。以后，职工陆续安家，娶妻生子，人口的自生能力逐渐增强。20世纪50年代后期，农场大发展，人口大幅度增长，开始接收国家机关精简下放人员、转业官兵、山东支边青年和省内外的移民等。60年代后，城市知识青年陆续进场，人口急剧增长。至2020年，农场总人口30110人。其中，少数民族人口907人。

第一节 发展概况

1947—2020年人口变动情况统计见表8-1。

表8-1 1947—2020年人口变动情况统计

年度	总人口数/人	总户数/户	出生人数/人	死亡人数/人	迁入人数/人	迁出人数/人
1947	15	—	—	—	15	—
1948	219	8	—	—	—	—
1949	708	125	—	—	—	—
1950	1025	401	—	—	—	—
1951	2533	531	—	—	—	—
1952	3259	891	—	—	—	—
1953	5425	1530	—	—	—	—
1954	6080	1680	—	—	—	—
1955	6936	1680	—	—	—	—
1956	7603	1691	—	—	—	—
1957	7951	1681	—	—	—	—
1958	7088	1513	—	—	—	—
1959	9419	1471	—	—	—	—
1960	9949	1692	—	—	—	—
1961	10477	2033	—	—	—	—
1962	10722	2033	—	—	—	—

（续）

年度	总人口数/人	总户数/户	出生人数/人	死亡人数/人	迁入人数/人	迁出人数/人
1963	12134	1997	—	—	—	—
1964	11433	2074	—	—	—	—
1965	14309	2544	—	—	—	—
1966	13811	2576	—	—	—	—
1967	10463	2052	—	—	—	—
1968	16982	2939	—	—	—	—
1969	21428	3127	—	—	—	—
1970	20502	2918	—	—	—	—
1971	20888	2951	—	—	—	—
1972	22943	3563	—	—	—	—
1973	20768	3010	—	—	—	—
1974	20669	3106	—	—	—	—
1975	20886	3185	—	—	—	—
1976	21593	3410	—	—	—	—
1977	21591	3674	—	—	—	—
1978	20413	3671	—	—	—	—
1979	25058	4967	386	95	—	—
1980	25719	5130	330	123	2366	1912
1981	25682	5358	207	91	853	1439
1982	25249	5389	289	108	397	1011
1983	25398	5493	197	108	372	312
1984	25250	5655	136	115	581	750
1985	25043	5601	248	102	355	708
1986	27583	5710	294	134	2655	275
1987	27221	5721	288	87	324	887
1988	26536	5729	258	95	383	1231
1989	26419	5844	293	59	575	926
1990	26411	5841	262	101	404	572
1991	26369	5857	221	97	232	398
1992	26954	6414	243	161	932	429
1993	26861	6511	258	122	151	380
1994	27040	6523	259	96	342	323
1995	26861	6566	237	165	153	404
1996	26852	6570	227	80	97	253
1997	26877	6619	256	100	76	198
1998	23451	6672	231	100	96	653
1999	26636	6681	185	113	188	74
2000	29882	6604	173	93	3174	81

（续）

年度	总人口数/人	总户数/户	出生人数/人	死亡人数/人	迁入人数/人	迁出人数/人
2001	29865	7433	175	86	286	395
2002	29826	7443	147	95	134	225
2003	29682	7740	142	100	175	361
2004	29244	7572	118	106	209	659
2005	28971	10757	122	103	153	445
2006	26331	9065	130	118	266	2918
2007	25330	8734	81	125	1698	2655
2008	26926	9347	74	173	2815	1130
2009	26630	10294	54	109	3139	3380
2010	26589	10274	65	106	1115	1115
2011	30049	12352	81	132	3600	89
2012	30065	12339	73	115	251	193
2013	30078	11875	75	126	311	247
2014	30096	11727	76	137	243	164
2015	30100	12700	78	145	2142	2071
2016	30100	12708	86	136	222	172
2017	30100	12734	86	136	88	38
2018	30105	12516	86	141	681	621
2019	30105	13491	82	139	504	442
2020	30110	17151	54	181	866	734

1947 年，通北机械农场建场时，全场只有 15 人，多数是中共中央东北局分配来的干部、首长警卫人员、部队转业军人。

1948 年初，农场分别从齐齐哈尔市招来 10 多名技术工人，从双城、呼兰两地招来 40 名青年学生，进入机务队伍。

1948 年底，全场职工达到 219 人，居民 8 户。

新中国成立后，全国有多所著名的农科院校毕业的青年知识分子"以农相许"，加入农场开发建设行列。20 世纪 50 年代前，进场的大学生有 30 多人。北京、上海、无锡、哈尔滨等一些大中城市的有志青年，跨千山涉万水，慕名来到赵光农场。全国（第一届）青年社会主义建设积极分子刘瑛，就是在通北机械农场成长起来的我国第一代女收割机手，被称为"云雀姑娘"，她和林革都是从北京来到农场的。

1950 年，全场人口达到 1025 人。

1957 年，全场居民 1681 户，人口增至 7951 人。

1958 年，接收广州军区军官及其家属来场 1000 余人。

1959 年，北安县人口普查，全场人口 9419 人。其中，转业军官 400 多人。

1962 年，居民增至 2033 户，人口 10722 人。

1968 年，北京、上海、天津、哈尔滨四大城市的知识青年陆续进场，人口急剧增长。1969 年统计，七团居民 3127 户，人口达 2.1 万多人，人口发展步入高峰期。

1970 年，一师七团重新划分为 3 个团，分团后，七团居民不到 3000 户，人口减少。

1978 年开始，知识青年因上学、病退、困退、家变等多种原因相继返城，人口明显下降。1979 年底，福安农场并入，全场居民住户 4967 户，人口 2.5 万人。

截至 2020 年，赵光农场总人口 30110 人。其中，男性居民 15990 人，女性居民 14120 人，男女比例为 1.13∶1。少数民族人口 907 人。人口密度为每平方千米 65.95 人，平均每人占有土地 1.52 公顷（包括耕地、园地、林地、牧草地、居民点及工矿用地、交通用地、水域、未利用土地等），人均占有耕地 1.13 公顷。

1979—2020 年人口出生、死亡、自然增长情况见表 8-2。

表 8-2　1979—2020 年人口出生、死亡、自然增长情况

年度	出生		死亡		自然增长	
	人数/人	出生率/‰	人数/人	死亡率/‰	人数/人	增长率/‰
1979	386	1.7	95	0.42	291	1.28
1980	330	1.3	123	0.48	207	0.82
1981	207	0.81	91	0.35	116	0.45
1982	289	1.13	108	0.42	181	0.71
1983	197	0.78	108	0.43	89	0.35
1984	136	0.515	115	0.435	21	0.078
1985	248	0.95	102	0.391	146	0.56
1986	294	1.163	134	0.53	160	0.633
1987	288	1.156	87	0.346	201	0.8
1988	258	1.023	95	0.375	164	0.648
1989	293	1.159	59	0.233	234	6
1990	262	1	101	0.407	151	0.6
1991	221	0.94	97	0.4	124	0.53
1992	243	1.038	161	0.68	82	0.358
1993	258	1.14	122	0.54	136	0.6
1994	259	1.18	96	0.43	163	0.74
1995	237	1.09	165	0.48	132	0.61
1996	227	1.066	80	0.38	147	0.69
1997	256	1.21	100	0.47	156	0.73
1998	231	1.09	100	0.47	131	0.62
1999	185	0.91	113	0.56	72	0.36

（续）

年度	出生		死亡		自然增长	
	人数/人	出生率/%	人数/人	死亡率/%	人数/人	增长率/%
2000	173	0.82	93	0.44	80	0.392
2001	175	0.85	86	0.42	89	0.436
2002	147	0.68	95	0.44	52	0.243
2003	142	0.63	100	0.45	42	0.189
2004	118	0.53	106	0.47	12	0.05
2005	122	0.53	103	0.45	19	0.083
2006	130	0.493	118	0.448	112	0.308
2007	81	0.32	125	0.493	−44	−0.174
2008	74	0.275	173	0.643	−99	−0.368
2009	54	0.203	109	0.409	−55	−0.204
2010	65	0.244	106	0.399	−41	−0.154
2011	81	0.27	132	0.439	−51	−0.17
2012	73	0.243	115	0.383	−42	−0.14
2013	75	0.249	126	0.419	−51	−0.17
2014	76	0.253	137	0.455	−61	−0.203
2015	78	0.259	145	0.482	−67	−0.223
2016	86	0.286	136	0.452	−50	−0.166
2017	86	0.286	136	0.452	−50	−0.166
2018	86	0.286	141	0.468	−55	−0.183
2019	82	0.272	139	0.462	−57	−0.19
2020	54	0.179	181	0.601	−127	−0.422

　　人口来源特点：建场初期至 1979 年，农场人口再生产类型一直属于高出生率、低死亡率、高自然增长率。1980 年，计划生育工作开展后，人口自然增长率得到控制，出生率 1.3%，死亡率 0.48%，自然增长率为 0.82%。1984 年，出生率 0.515%，死亡率 0.435%，自然增长率降低为 0.078%。这一年是农场控制人口增长最有成效的一年，人口再生产类型开始向低出生率、低死亡率、低自然增长率过渡。在育龄妇女处于高峰期，采取各种节育措施，严格控制出生率，坚决杜绝计划外生育，使 1984 年计划生育率达 100%，综合节育率由 1979 年的 72.2%，上升到 95.1%。至 2007 年，人口出生率、人口自然增长率向低速增长趋势发展，尤其是人口自然增长率转为负增长。从人口出生率、死亡率和自然增长率变化状况看，人口自然增长率主要是随着出生率的升高而升高，随着出生率的下降而下降。

　　1984 年赵光农场人口分布情况见表 8-3。

表 8-3   1984 年赵光农场人口分布情况

单位	总户数/户	总人口/人		
		合计	男	女
一分场	1231	5748	2981	2767
二分场	886	4166	2155	2011
三分场	1052	4164	3162	2002
四分场	1167	4939	2601	2338
场直属机关	1939	6277	3120	3157
局直属机关	1159	5935	3028	2907
总计	7437	31229	16047	15182

建场初期，人口都集中在场部居住。1953 年，生产队建立后，逐渐分散下移，但场部人口一直占有较大比重。1982 年，场直属机关人口 6113 人，占总人口的 24.2%；一分场人口较多，5349 人，占总人口的 23.2%；三分场人口较少，4086 人，占总人口的 16.2%。1984 年，场直属机关人口 6277 人，占总人口的 20.1%；一分场人口仍较多，5748 人，占总人口的 18.4%；三分场人口仍较少，4164 人，占总人口的 33.3%。2003 年，农场实行撤队建区，场直属机关人口所占比重逐年增大，管理区人口越来越少。

2005 年赵光农场人口分布情况见表 8-4。

表 8-4   2005 年赵光农场人口分布情况

单位	总户数/户	总人口/人		
		合计	男	女
第一管理区	281	462	230	232
第二管理区	261	416	207	209
第三管理区	274	680	341	339
第四管理区	216	469	234	235
第五管理区	184	443	220	223
第六管理区	461	869	431	438
第七管理区	218	588	299	289
第八管理区	155	302	153	149
第九管理区	214	330	168	162
第十管理区	276	768	390	378
第十一管理区	231	490	242	248
场直属机关	7986	23154	11725	11429
总计	10757	28971	14640	14331

2020 年赵光农场人口分布情况见表 8-5。

表 8-5　2020 年赵光农场人口分布情况

单位：人

项目	合计	一区	二区	三区	四区	五区	六区	七区	八区	九区	场直
男	15990	30	43	82	129	12	41	60	91	51	15451
女	14120	18	39	53	98	9	21	60	67	29	13726
总计	30110	48	82	135	227	21	62	120	158	80	29177

第二节　人口结构

据赵光农场有限公司财务管理部、人力资源部统计，截至 2020 年，赵光农场总人口 30110 人。其中，在册职工人数为 7326 人（含原糖厂 643 人，原机械厂 471 人，以及农场并轨、登报除名、自愿解除、退场等人员 1108 人）。

2020 年，公司管理人员有 242 人（机关 105 人、场直 52 人、管理区 85 人）。管理人员中，公司高层领导干部 5 人，中层领导干部 42 人，副中层领导干部 36 人，一般干部 159 人。具有各类专业技术职称人员 139 人。其中，高级职称人员 10 人，副高级职称人员 57 人，中级职称人员 31 人，初级职称人员 41 人。

人口年龄结构：0～6 岁 1024 人，占总人口的 3.4%；7～15 岁 2214 人，占总人口的 7.4%；16～54 岁 21216 人，占总人口的 70.4%；55～59 岁 1808 人，占总人口的 6%；60～64 岁 2582 人，占总人口的 8.6%；65 岁以上 1266 人，占总人口的 4.2%。

女性人口总数 14120 人，占总人口的 46.9%。

2020 年，农场享受最低生活保障对象为 838 户，1045 人，低保人口占总人口的 3.5%。农场共有残疾人家庭 680 户，781 人，残疾人口占总人口的 2.3%。其中，肢体残疾 488 人，占残疾人口总数的 62.5%；精神残疾 59 人，占残疾人口总数的 7.6%；视力残疾 72 人，占残疾人口总数的 9.2%；听力残疾 62 人，占残疾人口总数的 7.9%；言语残疾 5 人，占残疾人口总数的 0.6%；智力残疾 61 人，占残疾人口总数的 7.8%；多重残疾 34 人，占残疾人口总数的 4.4%。

2020 年，农场总人口中有满族、蒙古族、回族、朝鲜族、达斡尔族、壮族、苗族、水族、土家族、锡伯族、布依族、俄罗斯族等 12 个少数民族（表 8-6），907 人，占总人口的 3%。

表 8-6　2020 年农场少数民族人口分布情况统计

单位：人

民族	一区	二区	三区	四区	五区	六区	七区	八区	九区	场直	总计
满族	14	16	—	—	10	—	14	—	49	329	432

（续）

民族	一区	二区	三区	四区	五区	六区	七区	八区	九区	场直	总计
蒙古族	—	3	—	—	—	—	—	—	17	138	158
回族	4	8	—	—	—	—	5	—	2	173	192
朝鲜族	—	5	—	—	1	—	3	—	—	77	86
达斡尔族	—	—	—	—	—	—	—	—	—	14	14
壮族	—	—	—	—	—	—	—	—	—	5	5
苗族	—	—	—	—	—	—	—	—	—	2	2
水族	—	—	—	—	5	—	—	—	—	5	10
土家族	—	—	—	—	—	—	—	—	—	2	2
锡伯族	—	—	—	—	—	—	—	—	—	2	2
布依族	—	—	—	—	—	—	—	2	—	—	2
俄罗斯族	—	—	—	—	—	—	—	—	—	2	2
合计	18	32	—	—	16	—	22	2	68	749	907

第二章　居　　民

农场经过 70 多年发展，职工收入与消费水平呈增长趋势，人均总收入与人均总支出变化趋势一致，增长幅度较大，工资总额和人均生活消费支出增长幅度较大，平均工资和人均纯收入变化趋势一致。农场人口与工资总额、平均工资、人均总收入、人均纯收入、人均总支出、人均生活消费支出都呈显著的正相关关系。

第一节　生活水平

1948 年，农场实行供给及薪津补贴工资制度。场长以下 72 名干部、战士、学员、勤务为供给制；老工人、技术人员、技工、勤杂等 44 名为薪津补贴制。工薪高的技术人员月薪 8 万元（东北流通券），最低勤杂人员为 1 万元（东北流通券）。

1949 年 4 月，农场执行 1948 年 10 月 19 日东北农业部有关通知标准，实行工薪分制，以粮、油、布、盐等物资为工薪。当时职工工薪等级是：技术人员、实习生、中级职员、普通职员、技术工人、农工工人、杂役工人分甲、乙、丙 3 等，每等又分 3 级。

1953 年，个别调薪，全场 750 人上调 66 名，全场人均月工薪 201.02 工分，提高 1%。

1954 年，考工评级个别晋级 110 人，人均增加 20 工分。

1955 年，在原工资基础上实行计件工资，工人收入提高 9.03%。

1955 年前，是我国工资制度发展的初级阶段，农场工资虽然基数低，但在籍人口少，职工多，抚养指数不高，全场人口平均年收入 200 元。

1956 年，进行工资改革，实行等级货币工资制度。

1965 年，职工年人均工资近 600 元，由于人口增长快，抚养指数大幅度提高，全场人口平均收入不足 200 元。

1966—1975 年，职工队伍增加快，抚养指数虽有下降趋势，但因 10 年只低调一次工资，且一师七团时执行月工资制，取消奖金，职工年人均工资不足 500 元，全场人口年平均 100 多元，是职工工资发展的波谷阶段。

1976—1984 年，前 5 年，进行过 3 次调资，调资范围超过 100%。全场实行工资分配制度改革，执行自负盈亏、超盈奖励的经济责任制、包干及基本工资加奖励等办法，职工年平均工资达620元，职工工资开始回升。由于抚养指数高，全场人口平均不足200元。后4年，进行了3次工资调整，并推行多种形式经济责任制，浮动工资、联产联利分成、家庭农场大包干等多种分配形式，使职工工资最高年段的1981—1984年人均达811元，工资发展进入上升期。由于职工抚养指数较高，全场人口平均收入不超过300元。

1978—1984年，恢复职工奖励制度，职工全员年平均奖金68元，1980年，职工人均奖金125元。

1980—1981年，生产单位典型调查，较高的27生产队职工人均年收入960～1200元，户均年收入1500～1900元，人均年收入300～400元；较差的生产队职工人均年收入770～860元，户均年收入1300～1500元，人均年收入280元；最差的场直工副业队职工人均年收入540多元，户均年收入1100余元，人均年收入230多元。1981—1983年抽样调查，场直管理部门机关干部职工人均年工资收入较高，达800多元；其次是文教卫生部门，职工人均近800元；最低是工业部门，人均700余元。

1985—2020年农场职工家庭收入、消费支出统计见表8-7。

表8-7 1985—2020年农场职工家庭收入、消费支出统计

单位：元

年度	人均收入	人均支出	食品	衣着	设备	医疗保健	交通	教育	居住	其他
1985	453	327	187.4	46	27	—	—	27.7	—	32.8
1986	507	366	190.5	62	38	—	—	35	—	40
1987	655	465	243	65	37	5	—	13	40	11
1988	789	553	281	75	41			50	51	55
1989	938	675	347	91	79			17	78	63
1990	1217	814	381	115	129	20	20	42	52	57
1991	1574	826	358	110	153	—	—	60	55	70
1992	1260	929	390	115	128			61	127	73
1993	1770	892	415	104	117	—	—	71	52	125
1994	2526	1156	598	134	138	28.5	16.6	72.4	54	113
1995	3064	1657	842.7	212	108	46.3	101	153	159	33
1996	3122	2598	1389	335	113	99.9	104	214	279	289
1997	3703	2460	1062	361	129	123.2	133	265	296	88
1998	3313	2186	847	290	157	161.1	161	302	170	96
1999	2830	1920	823.4	240	115	115.4	116	240	176	92
2000	2863	1762	752.6	228	100	131.4	92.3	231	175	71
2001	3082	1837	778.3	245	108	127.1	118	203	166	90
2002	3815	1861	752	261	129	100.1	119	233	154	110

（续）

年度	人均收入	人均支出	食品	衣着	设备	医疗保健	交通	教育	居住	其他
2003	4212	1987	789.3	252	150	83.5	187	262	157	104
2004	5160	2232	864.5	235	64	187.8	341	401	165	28
2005	5680	2343	897	237	220	120	174	231	281	86
2006	6580	3575	1318	680	297	192	290	424	773	102
2007	8106	3929	1443	630	393	195	315	353	397	199
2008	9603	4280	1558	670	444	199	321	343	547	217
2009	11196	4662	1736	694	459	243	332	384	600	213
2010	13266	7745	2820	1150	769	430	580	645	997	354
2011	15955	9479	3109	890	611	649	1191	1310	1518	701
2012	19266	—	—	—	—	—	—	—	—	—
2013	22536	—	—	—	—	—	—	—	—	—
2014	26000	—	—	—	—	—	—	—	—	—
2015	26901	—	—	—	—	—	—	—	—	—
2016	28500	—	—	—	—	—	—	—	—	—
2017	30000	—	—	—	—	—	—	—	—	—
2018	36000	—	—	—	—	—	—	—	—	—
2019	28000	—	—	—	—	—	—	—	—	—
2020	33600	—	—	—	—	—	—	—	—	—

1985 年，农场干部、职工生活的主要来源是固定的工资收入。农业生产队虽然开始试办家庭农场，但因遭受严重的自然灾害，加之缺乏兴办家庭农场的管理经验，导致 85％的家庭农场亏损挂账。农场职工人均年纯收入 453 元。由于商品价格低，物资供应不全，人均消费水平也比较低，经抽样调查，有两个成人、一个孩子的三口之家，年人均支出 327 元。

1990 年，企业改革逐步深化，农业单位的职工工资与农业效益挂钩，全场农业工人的平均年收入达到 900～1000 元；机务工人承包后，机务工人的工资比农业工人的工资增加了 15％～20％，达到了 1300 元左右；工商运建服企业打破了固定的工资制度，年平均收入在 1100 元左右；事业单位及机关干部年均收入 1350 元左右。全年农场职工年均纯收入 1217 元，比 1985 年提高了 169％；居民年人均储蓄 859 元，比 1985 年提高了 170％。人均支出 814 元。

1995 年，农场农业效益显著提高，经调查，承包 200 公顷以上土地的家庭农场场长年收入达 14 万元以上，承包 100 公顷土地的小户年收入也在 3 万～4 万元，养车的职工年收入 1.5 万～2 万元，靠外出打工生活的职工年均收入 3000～4000 元。工商运建服企业职工由于档案工资的提高和奖金的增加，每人年收入一般在 4500～5000 元。机关事业单位干部职工年平均工资加奖金收入达到 6000 元左右。畜牧业的奶牛养殖户每头奶牛收入 4000 元左右。全场职工人均收入 3064 元，比 1990 年增加 151.8%。1995 年各类商品价格上调，居民消费支出有所上升，面粉达到 2 元/千克，豆油 5.6 元/千克，猪肉 10 元/千克。菜类、取暖、煤、油、水价格上涨，与 1985 年相比，商品价格翻了近 2 倍，一个三口之家的年消费支出 4972 元，是 1985 年的 7.2 倍，生活必需品消费比 1985 年增加了 4.5 倍，文化教育支出比 1985 年增加了 6.9 倍。

2000 年，200 公顷以上规模的家庭农场年收入 8 万～12 万元，100 公顷的小家庭农场年收入 1.5 万～2 万元。农用机车每台年收入 4 万～7 万元。工商运建服企业职工年收入 5000～8000 元，机关事业单位职工年收入 0.8 万～1.3 万元。全场职工人均收入 2863 元，比 1995 年减少 7%，人均储蓄 1831 元，比 1995 年增加 32%，人均支出 1762 元。

2005 年，全场职工人均收入 5680 元，比 2000 年增加了 2817 元；全场居民储蓄总额 9037 万元，人均储蓄 3447 元，比 2000 年增加 88.3%。2020 年，全场人均可支配收入 33600 元，比 2005 年增加了 27920 元；2005 年，各类商品价格大幅度上扬，家庭年消费支出大幅度提升，至 2011 年，农场一个三口之家，年消费支出 9479 元，比 2005 年增加了 4.05 倍。居民消费支出上升的原因：一是消费商品价格上涨，米、面、油、肉、蛋、鱼都比 2005 年价格提高 1～2 倍。二是人们的膳食结构发生变化，副食和菜类，尤其是细菜类的购买量大大增加，而粮食的购买量比过去减少了一半。三是居民子女上学和社交费用增加，2005 年家庭培养一个在外地读书的高中生年费用不过 5000 元左右，而 2020 年同样培养一个在外地读书的高中生，年费用达到 8000～10000 元，大学生的费用就更多了。另外，招待亲友、参加婚礼等社交费用都比过去高出 3～4 倍。四是随着社会的发展，人们对服饰、服装的需求档次也在提高，对居住条件和家具、家电也有了更高的要求。

第二节　衣食住行

一、服饰

建场初期，职工的服饰受部队影响与当地农民截然不同，由农场的成衣室统一制作工作服发放给职工。沈阳解放后，拨给农场一些如羽绒被等战利品。而家属、老人则常穿便服衣裤。冬季棉衣一般不加罩衣，职工头戴狗皮帽，脚蹬棉布鞋、大头鞋；野外作业身着棉大衣、皮衣、棉皮手套，脚穿皮乌拉，汽车司机穿长毡窝。服饰颜色以青、蓝、灰为主色调，夏季以白色为主。面料都是花旗布、士林布、斜纹布等棉织料，礼服呢、条绒衣料少见。这个时期，人们的着装朴实，讲究实用。

20 世纪 60 年代，服装款式变化较大。便服衣裤很少见，家家户户陆续购进了缝纫机，大人、小孩的衣服多数都自己做，到商店购买比较讲究的服装。学校学生兴起做校服，是立领三兜的制服。工人仍由农场发给统一样式的作业服。服装颜色仍很单调。这一时期的衣服面料，斜纹棉布及灯芯绒布多起来，穿解放鞋和球鞋的较多，穿皮鞋还不普遍。

20 世纪 70 年代，以穿军衣、戴军帽、挎军用兜为荣，以黄绿色军服为时髦，工人们的服装仍以蓝灰劳动布工作服为主。大批城市知识青年进场后，农场的服装逐渐城市化，样式和质地开始讲究，不仅兴起罩衣外套、夹克衫，短大衣也开始流行。化纤料开始进入农场。

进入 20 世纪 80 年代，人们的服饰有了新变化，不再是那么土气。化纤布料尼龙、的确良、绦卡、涤纶及毛呢料等日渐增多，时装的款式和颜色绚丽多彩。青年人开始穿喇叭裤、牛仔裤、筒裤，毛料服装也开始时兴。套服普及，西装也多起来。光面皮鞋大量地被人们所接受。有些青年妇女穿起半高跟、高跟皮鞋，梳起披肩发；青年男子也穿上了半高跟皮鞋，留新发式。夏日里姑娘们头戴纱巾，脚穿凉鞋，身着短裙或连衣裙，显得格外别致。儿童服装更是各色各样，美不胜收。劳动服装的颜色、样式、质地也一反常规。人们在春秋不仅穿绒衣，而且大多数穿上了毛衣毛裤。有些妙龄女子，开始穿上冷暖相间的多彩针织外套，这种外套构思新颖，合身得体。青年人的衣着由过去的宽松式向紧缩式发展，突出人体线条美，颇有点"西化""港化"苗头。而中老年人还是喜欢制服裤褂和中山服装。

1995 年，农场人民的生活水平发生很大变化。夏季男士服装以各种不同的 T 恤为主，女士以长短裙为主。冬季男士大多流行皮夹克、汗獭帽，女士流行羊绒大衣、呢大衣等较高档次的服装。

2005 年后，学生的校服档次、样式不断翻新、提升，工人的工作服也逐渐改为迷彩服。

2020 年，夏季流行高档 T 恤衫，短袖衬衣。春秋季流行高档毛料套装，冬季流行风帽式的长短羽绒服、棉服、夹克服、貂皮大衣，男女中高档次的皮鞋很普遍。

二、饮食

建场最初两年吃稷子米、莜麦面。

农场职工家属的粮油长期以来都由农场统一供应，自产自食为主，调剂为辅，形成了与众不同的饮食风格。

农场职工家属主食一直以小麦面食为主，食油是大豆榨的豆油，马铃薯、白菜是家常菜。20世纪60—70年代，粉条、大豆腐、干豆腐、冻豆腐成为农场职工餐桌上的代表菜肴。

面食虽然单一，但经过多年实践，家家都会做。主要品种馒头、面饼、花卷、糖包、面条等，偶尔有人做点面汤和煎饼食用。馒头是农场职工的家常便饭。到了年节花样翻新，包饺子是传统，也做馅饼和肉包，麻花、油条、酥饼等油食也越来越常见。困难时期的"低标准、瓜菜代"情景一去不复返了。建场最初两年吃稷子米，农垦局时期，为调剂主食，曾一时种玉米，自己加工玉米糙吃。后来，附近农民到农场用粗粮换白面，农场各单位有时出车到绥化、秦家、五常、庆安等盛产稻谷的地方换大米。种植结构政策调整以后，农村人不再用粗粮到农场换白面，粮食部门用原粮或白面向外地兑换大米、高粱米、小米、玉米糙等粮食，调剂供应比例。逢年过节，职工家庭也蒸上点黄米面豆包食用。

副食以蔬菜为主，还有鸡、鱼、肉、蛋。20世纪50年代初，农场陆续建起专业畜牧队、养禽队，水库进行人工养鱼，每个生产队都有菜队，职工家庭也养禽养猪，家家有自留地。生猪、禽、蛋除上交国家外，自食有余。蔬菜除自给外，为解决市民吃菜难，也成批地运往城市。

建场初期至20世纪60年代，生产队和场直单位有菜园子，不仅有秋菜，还有韭菜、菠菜、小白菜、大葱等春菜，更有茄子、大小青椒、大蒜、黄瓜、豆角、番茄、芹菜、西葫芦等夏菜。小青菜类如香菜、生菜等量虽不多，但用来方便，既可生吃又可熟做。当春季到来的时候，人们习惯采食婆婆丁（蒲公英）、苣荬菜等野菜蘸酱吃。更有较名贵的黄花菜，它也是本地美味。每临秋季，大雨过后，人们常到林边草地采蘑菇，晾干或腌咸后保存起来用来待客。农场的打猎队还常猎犴食肉，狍子、野猪、野鸡、水鸭、野兔等野味都不少见。咸菜，是职工家庭常备小菜，常见的有黄瓜咸菜、茄子咸菜、芹菜咸菜、辣椒咸菜等。不少家庭做糖蒜和朝鲜咸菜吃。大白菜用缸腌制发酵后便成为本地的特产——酸菜，它是冬季的适口菜肴。秋后，人们把鲜菜晾干储存起来，留作冬春食用。

市场开放以后，南产北运的蔬菜常见的有洋葱、蒜薹、菜花等，填补了本地淡季蔬菜市场。瓜果食品，除本地大秋、黄太平、海棠、李子外，外进以苹果、白梨、西瓜为大宗，还有橘子、桃子、柿子。进入20世纪80年代，葡萄、香蕉也进入市场。各类罐头食品都来自外地。

开放搞活讲生意，兴起请客吃喝风。一桌酒宴常常是十几个菜，虽不是那么名气，但鸡、鱼、肉、蛋俱全，山珍、海味也偶尔在餐桌上出现。职工家庭中，不时也摆上一桌两桌。如今烹饪技术已不单是煎、炒、炖，流行的倒是焖、浇、熏、炝等多种做菜技术。除此之外，用火锅待客也越来越常见。这和建场初期喝白菜汤吃大豆腐的大锅饭，俨然是两个天地。

宴席酒常用的是赵光家乡自产的粮食酒和省内的玉泉酒、宾州酒、花园酒。21世纪后，比较名贵的国产白酒、红酒和高档进口名酒相继进入农场，摆上宴席餐桌，还有各种果汁和啤酒。酒后喝茶也为人们所习惯，常用茶待客。花茶、红茶较多。

1985—1990年，农场人均月消费主食18～20千克；1990—2005年，人均月消费主食10～12千克，而副食和菜类大量增加。

1995年后，粮食市场开放，粮食品种多种多样，主食基本上是2/3面粉、1/3大米和部分杂粮。

2020年，农场人均消费基本达到肉类44千克、水产品8.1千克、蛋类9.2千克、奶制品1.2千克。膳食结构的改变，标志着人民生活水平的明显提高。

三、居住

1948年，农场利用草马架，做职工宿舍。工人家属搬来一屋住几家，头顶锅台，下地都困难。

1949年开始，陆续建起大草房、拉合辫土房和少许砖瓦房，多数为一户住两家。

20世纪60年代后，成批兴建砖瓦结构的住房，不少机关干部搬进了新居。一师七团时期，成批兴建兵团战士房和职工家属房。

20世纪70年代末，开始从根本上改善居住条件，兴建宽敞明亮的砖瓦房。比较讲究的是场级房、老干部和科技人员住房。知识青年返城后，兵团战士房改为职工家属房，集体宿舍陆续撤掉，居民住房又得到进一步改善。2户、4户、5户房较少，6户房较多，还有极少的12户房。跨度小的5米，大的6米、7米或8米。2户和4户房都是场领导住房，小4户和5户房基本都是科级或科技人员住房，6户房则是人口较少的青年房。科级以上人员和科技人员住房都建有门斗和仓房。户均建筑面积少则20平方米，多则80多平方米。职工住房单元结构也发生变化，一屋一厨、两屋一厨、三屋一厨不等。场级房还设有客厅。三世、四世同堂的现象已经少见了。房子向阳，油漆的门窗，地面多数为砖地和水泥地，少数为油漆地板。粉刷的墙壁，宽阔的玻璃窗，光洁明亮。室内养花也成了习惯，一年四季都可看到花美，闻到花香。

住房冬季取暖，不同于南方，又有别于本地农村。生火炉、烧火墙、睡火炕已经成为很普遍的防寒措施。

20世纪60年代中期，局中学教学楼就烧上暖气，到20世纪80年代，不仅场部、分场和个别生产队暖气化，而且场级房、科技房也安上了土暖气。普通住房紧跟形势，自筹设备装暖气。尽管这样，当冬季到来的时候，还赶修门窗，糊窗缝，扒炕抹墙修烟囱。20世纪90年代初，兴起用塑料薄膜钉窗户，防寒又挡风。有些年轻人一改旧习，拆除火炕搭床铺，睡电褥子，用暖气维持室温。多数人家，屋外是冰天雪地，室内却温暖如春。

20世纪80年代，农场居民主要居住在砖瓦房，一部分还居住在茅草屋里。

1990年以后，由于经济收入的增加，居民建房、装修形成了热潮，一般收入在中等以上水平的家庭都对房屋进行了结构性改造和装修，使居住条件得到了改善。

1995年，农场基建公司员工集资169万元建设了农场第一栋6层2860平方米住宅楼（农场1号楼），农场商品住宅楼建设开始起步。

1995—2005年，农场相继建造了12栋住宅楼，总面积5.95万平方米，有850户居民购买入住，占农场总户数的8%左右，全场人均住房面积也由1985年的12平方米增加到2005年的20平方米。

2007—2018年，农场先后引资5亿多元，通过经济适用住宅、危房改造及开发等形式建设住宅楼155栋。其中祥和（和谐家园）小区6栋、祥景（繁荣）小区62栋、祥瑞小区6栋、祥苑小区4栋、天河小区19栋、新型住宅小区33栋及单体楼25栋。竣工总建筑面积45.26万平方米，总户数为6511户。其中住宅4574户、商服353户、车库1580户。

2020年底，农场职工住宅70.87万平方米，其中楼房58.10万平方米。人均住宅面积32.84平方米，住宅楼房化率达81.99%。

四、交通

建场初期，机动车很少，多用于生产，没有专设交通车，办事或传递信件常常是步行。以后，通信人员跑上跑下骑自行车。那时生产生活运输主要靠畜力木架胶轮车，农场专门成立大车队进行短途或长途运输。冬季上山，常用履带拖拉机牵引原木制成的大爬犁，运木材修桥建房。

20世纪60年代以后，机动车便成了运输的主要工具，承担场内外主要运输任务。畜力车主要用于短途运输，给职工群众拉煤，拉烧柴等。通向分场生产队的大客车或代客车，往来频繁，外出办事不再搭乘货车。农场领导干部早期的交通工具主要是摩托车，下去检查工作一天能跑好多生产队。效率高，很方便。20世纪50年代末才有了一台美式吉普，有的领导还是习惯有车不坐步行下生产队，察看农情，了解生产和工作情况。职工家属有病用车急，领导积极派车护送病号。1985 年，不仅场部有吉普车、小客车，分场也有了吉普车，就是生产队和机关部门也有不少摩托车，指导检查工作十分方便。职工群众上下班或出外办事常用的还是脚踏自行车，以永久、飞鸽、红旗、孔雀、凤凰牌最多。运输用的小四轮拖拉机也一天天多起来。

1985 年以前，人们出行，短途乘坐胶轮拖拉机或骑自行车，长途乘坐汽车或火车。

1985 年以后，随着社会发展，居民生活水平提高，骑摩托车出行较为普遍。

1989 年，农场和北安分局交通局共同建造了赵光客运站，1991 年正式竣工并投入试运行，客运站大楼 450 平方米。2005 年，场内营运客车 5 台，有 119 个座位。其中每个分场各 1 台，四分场 20 队 1 台，营运线路覆盖农场各生产队。

2009 年，农场开辟一条公交线路，共有个体公交车辆 4 台进行客运服务。运行线路起讫点为九三油脂厂至第三高中，全程票价 2 元。2017 年 9 月，这条公交运行线停止运行。

2020 年，农场内有出租车近百台，很多农场职工自己购买了小汽车，滨北铁路、绥北高速（绥化—北安）公路并行穿场而过，赵光至哈尔滨的客车朝发夕返，火车直通哈尔滨、大连、北京、齐齐哈尔、北安、黑河，为人们的出行带来了更多的便利，人们出行越来越方便快捷。

五、家具、家电及日用器具

建场初期，一般家庭的家具是小炕桌、硬板凳，有对木箱就算不错了。

20 世纪 50 年代后期，兴起木制的小座柜。60 年代，添置新家具三大件，即小立柜、靠边站（立式可折合饭桌）和写字台。70 年代，城市家具引入，既有大立柜、五斗橱、高低柜，又有书柜、茶几、小沙发，开始形成配套的家具热。自行车、手表、缝纫机、收音机已经普及。80 年代后，家具开始高档化，三开大衣柜、梳妆台、酒柜、电视柜、大沙发、沙发床，配套家具向大型组合化方向发展。有些讲究装饰的家庭，室内字画条幅、盆景、雕刻、门匾等美术工艺品布置一新。电视机、收音机、摩托车、洗衣机、电饭锅逐步普及。

炊具、食具、酒具和茶具也不是从前那样简陋、低级和粗糙。除了过去铁制炊具外，铝制品逐渐增多。

20 世纪 70 年代，铝制焖罐、铝饭勺、铝水壶已经普及。不少人家使上了煤油炉，吹风机代替了手摇风车吹火做饭。80 年代以来，电烤炉、电饭锅、不锈钢器具开始增多，塑料容器也进入市场。少数人家的成套酒具、茶具典雅别致，用来吃酒喝茶，陈列观赏。

白炽灯具越来越多，讲究的家庭不仅有台灯、壁灯、地灯，还装上了大吊灯。2008 年，LED 灯照明开始慢慢进入农场。2020 年，白炽灯具在农场基本被淘汰。

六、文化生活

建场初期，职工和家属除参加农场和单位组织的文娱、体育活动外，家庭里的文化生活比较单调。有线广播只能定时收听节目，有收音机的家庭不多。平时娱乐主要是打扑克、下象棋。电影事业发展起来以后，看电影便成为人们文化生活的主题。俱乐部上映电影场场必满，好电影昼夜公演，观众满座。生产队人员有时坐车到场部看电影。

20 世纪 60 年代，农场宣传队排演的大型话剧占领舞台，一演就是十天半月，吸引了广大职工家属和青少年学生。70 年代，"样板戏"风行时，不仅七团宣传队组织公演，职工家庭里也学唱样板戏选段，不时在文娱晚会上演出。80 年代，电视进入家庭，看电视便成为人们文化生活的主要方式。仅仅 3～4 年时间，电视普及到一半以上住户。曾有一时期俱乐部公演电影，票卖不出去多少，不得不停机退票。就是那些进口片、武打片，除了青少年外，其他观众也不多。电视传播信息的独特功能，在文化生活中产生了强烈的吸引力和凝聚力。人们都很关心电视节目预报，好节目全家人围坐电视旁，没有要紧的事去办是不忍离开的。

1984 年，全场上下各单位都建起了图书馆、文化室，增购图书画册和增设其他文化活动的设施。场部建起青少年公园和综合体育场。这些设施的兴建，扩展了活动面，男女老幼可以根据个人兴趣爱好选择活动项目。此外，组织职工群众特别是广大青少年开展读好书活动，组织演讲会及知识竞赛活动，组织广大书法绘画爱好者进行书画展活动等。众多的活动形式使人感到新颖，丰富的活动内容使人感到充实。

进入 20 世纪 90 年代以后，居民时兴跳健身操，参与者多为中老年人。居民自发地以健身为目的，在居民区找一块较大的空地，到了晚上，聚集在一起跳健身操。

到了 2005 年，农场投资兴建文化广场后，广场舞开始悄然走进农场，原来的健身操改跳广场舞。广场舞元素多种多样，包括民族舞、现代舞、街舞、拉丁舞、水兵舞等，逐渐成为农场文化建设不可缺少的内容。

扭秧歌。东北秧歌形式诙谐，风格独特，广袤的黑土地赋予它纯朴而豪放的灵性和风情，融泼辣、幽默、文静、稳重于一体，将东北人民热情质朴、刚柔并济的性格特征挥洒得淋漓尽致。

第三节　社区居民委

2002年7月，赵光农场成立社区居民委，当时称作赵光农场街道办事处，由景顺任街道办事处主任兼党委书记。2003年8月，改为第一社区居民委、第二社区居民委、第三社区居民委。2005年，原北安分局赵光机械厂社区归属赵光农场，为第四社区居民委。4个社区居民委配置主任、副主任和党支部书记、副书记18名，12名工作人员。

2006年，赵光农场成立社区管理委员会，主任由农场党委书记兼任。

2006—2020年，赵光农场加大了居民委的管理服务力度，本着"人房关联、以房管人，既管所属又管所在"的原则，积极推行社区居民委、管理区双重管理机制。建立了社区居民委→社区工作站→社区网格自治组织的三级管理体系，实现了社区居民自治和管理全覆盖。做到了"网中有格，人在格上，事在网中"，取得了社区事务"小事不出格，大事不出站，所有事情不出网"的管理效果，增强了社区管理活力，提升了小城镇建设管理与发展水平。

赵光农场结合4个居民委的不同特点，先后开展了"文化型、服务型、维稳型、帮扶型"等"四型"特色社区创建活动。第一居民委为"文化型"社区，第二居民委为"服务型"社区，第三居民委为"维稳型"社区，第四居民委为"帮扶型"社区。

2020年4月15日，依据黑龙江省有关文件要求，赵光农场社区移交给北安市赵光镇政府。北安市副市长晋文颖、北安分公司副总经理寇晓明、北安分公司公共管理办公室主任张志泉、北安市民政局局长韩殿双、通北林业局党委副书记陈锋以及各农场、乡镇、街道代表参加了签约仪式。会上，赵光农场有限公司董事长、赵光农场场长时厥祥与北安市民政局局长韩殿双签署了社区移交协议。2020年农场对社区居民委仍进行现状管理。

第三章 民 政

赵光农场民政局是农场的职能部门，主要职能是进行救灾救济工作、优抚工作、退伍军人安置工作、社会救助工作、社会事务工作、社会福利工作、老龄工作、殡葬管理、社区管理、婚姻法律法规政策宣传等。

第一节 管理机构

1958年下半年，全国实行人民公社化，农场和赵光镇实行场社合一，成立赵光人民公社，行政设民政科。

1959年，场社分家，机构重新调整，撤销民政科。

1960年，经中共北安市委员会批准成立农场民政科。

1962年2月，根据东北地区国营农场工作会议精神，改变农场政企合一状况，实行政企分开，北安市在农场建立国光乡人民委员会，列入国家正式编制，负责辖区内的民政管理、结婚登记、社会救济、文教卫生、妇幼保健、抚恤和拥军优属工作，以及组织护林防火、抢险救灾、护秋保收等社会性工作和政权工作。

1993年前，赵光农场民政局与司法科合署办公，1994年后，民政局与司法科分离，成为农场一个独立科室。

2011年，农场民政局增设残疾人专职委员公益岗位。

2019年，农场深化企业改革，原民政局行政职能划归北安市人民政府管理，赵光农场民政局撤销。

2020年初，赵光农场有限公司成立社区管理服务中心，负责社区、助残等社会事务管理工作。

2020年4月，赵光农场有限公司原民政局负责的婚姻档案（结婚档案、离婚档案）上交给农垦北安分公司后移交给北安市政府。

第二节 优抚安置管理

农场民政部门负责拥军优属工作，管理各类优抚对象的优待、抚恤、补助和国家机关工作人员伤残、死亡、抚恤工作，以及烈军属及老复员军人各项优抚政策的落实工作和指导，做好烈士褒扬工作。

复员、转业、退伍军人安置工作建场之初就开始了。

1953年，场内转业干部登记时计有40多名转业军人。大量安置工作是20世纪50年代末开始的。凡从农场入伍的退伍军人，全部予以安置。对投亲靠友的退伍军人，上级规定只给落户口和粮食关系，但根据情况也适当做了安置。

1958年4月，接收广州军区转业官兵800多人，经劳动锻炼后，大部分担任领导和基层干部职务。

1962—1967年，国光乡人民委员会期间，民政部门每逢春节、八一建军节组织军烈属、复转退伍军人座谈会，向军烈属送光荣匾和慰问信。

1963—1965年，农场连续3年，从北安县安置办公室接收外地入伍的退伍军人，安置在局、场的武装、司法等部门和卫生系统。

1968年，组建七团后，乡人民委员会撤销，民政管理、优抚及结婚登记等工作改由组织部门兼管。

1969年，安置"六六三"（1966年3月）集体转业军人200人，他们多数担任连职干部，个别是副营职干部。

1985年以后，农场每年都有退伍义务兵5~10名，民政、劳资、武装负责安置工作，并定期走访慰问军烈属，为他们解决实际困难。义务兵在部队立功受奖的，农场宣传他们的事迹，并对其父母给予奖励。

从1997年开始，对义务兵实行优待政策，义务兵参军后按服役年限，在退伍后给予一定的优待金。当年，农场下发《关于印发义务兵优待条件及奖惩措施的通知》，按照每年每户8元标准征集义务兵优待金；待业青年入伍的每人每月160元优待金，合同制工人入伍的每人每月200元优待金，退伍后一次性给予及时发放。1997—2005年，农场共发放优待金45万余元。

1994年以前，退伍兵安置比较容易，根据他们的文化程度、能力、特长，基本都安置在场直工业单位。1994年以后，在场办工业单位转制、事业单位和服务企业面临减员的情况下，农场民政、武装、劳资等各部门共同研究为退伍兵安置创造条件，使退伍兵安置率始终保持100%。有些复转军人还走上了农场场级、科级领导岗位。绝大多数退伍兵安置工作后，在工作岗位上发扬解放军的优良作风，保持部队光荣传统，为农场的经济建设发挥了重要作用。

元旦、春节及建军节期间，农场领导带领民政、武装部门到农场邻近的前进弹药库慰问，通过座谈、联欢等多种形式，增强军民相互支援、共同发展的军民鱼水关系。通过慰问伤残军人、军烈属家庭活动，使现役军人安心于部队本职岗位，更好地投身于国防建设，为保卫祖国做贡献。

2001年，为了调动适龄青年应征入伍的积极性，农场加大对义务兵优待力度，重新下发了义务兵优待及奖惩措施的文件，将优待金标准调整到每人每月300元。

2006—2020年，农场（公司）对义务兵发放优待金政策进行多次调整。其标准为：2006—2008年，每人每年4000元；2009—2010年，每人每年6000元；2011年，每人每年1.2万元；2012年，每人每年1.3万元。2013年以后，义务兵优待、安置按照《黑龙江省人民政府关于退役士兵安置改革工作的实施意见》执行。同时，义务兵入伍时，农场（公司）给予每人2000元奖励。

2020年7月，依据黑龙江省退役军人安置有关规定，公司为原农场14名社保断缴的退役士兵申报了退役士兵社保接续，并为他们补缴了养老保险。11月，农场公司为11名在2019年以后补缴养老保险的退役士兵，申报了退役士兵养老保险代缴补助。

据统计，仅1985年至2020年，农场共接收退伍军人223人。

截至2020年，全场共有优抚对象37人，其中重点优抚对象2人、革命伤残人员3人、军烈属7人。

第三节　残　联

1994年，按照北安管理局残疾人联合会要求，农场设立了赵光农场残疾人联合会，以及精神残疾亲友会、智力残疾亲友会、盲人协会、聋人协会、肢体残疾协会等组织，形成了残疾人服务体系网络。

1994年，对全场的残疾人进行了全面的调查和统计，并办理了残疾证369个，1997年换发了全国统一的残疾证。残疾人联合会在每年5月中旬法定助残日都开展主题不同、形式多样的助残活动，旨在鼓励、帮助残疾人积极参与社会活动，自强、自立。

2009年7月，赵光农场残联送视力残疾人李伟免费去总局残联举办的盲人按摩技术培训班，学习专业的按摩技术。学成回场后，农场扶持他开办了阳光盲人按摩馆，使残疾人李伟的生活质量得到提升。

2010年起，赵光农场残联建立了残疾人人口基础数据库、残疾人基本服务状况与需求专项调查动态更新系统、残疾人康复服务系统，残疾人工作逐步规范化。

2011年6月，农场设置残疾人专职委员公益岗位，工作人员1名，与农场民政局合署办公。专职委员主要开展残疾人普查工作，办理残疾证。

2012年，赵光农场残联送刘瑞华、屈丽克、刘喜福、孙攀、赵振范、霍凤友、卢立新、唐秋妹等8名残疾人，参加北安管理局举办的北安管理局残疾人实用技术培训班。参训学员分别学习了手工制作、修鞋技术、计算机技术等实用技术，为残疾人自谋职业、自主创业提供了必要条件和优惠政策。

2013年，农垦总局残联召开第四次代表大会，赵光农场残联被评为垦区残疾人之家。

2013年6月，残疾人李伟被评为垦区自强模范，并当选为垦区残疾人联合会盲人协会副主席。

2020年9月，社区管理服务中心开展了残疾人基本服务状况和需求动态更新信息核查及系统录入工作，进一步了解残疾人需求和基本状况，更好地为残疾人服务。

截至2020年，赵光农场共有残疾人680户，781人。其中：肢体残疾488人，精神残疾59人，视力残疾72人，听力残疾62人，言语残疾5人，智力残疾61人，多重残疾34人。

第四节　赈　　灾

农场民政局经常开展社会调查，了解灾情，掌握各基层单位的贫困户现状，特别是残疾人中的贫困情况。积极开展赈灾救助活动，每年开展一至两次扶贫济困送温暖捐助活动，组织各基层单位及全场干部职工向贫困户、受灾户、丧失劳动能力的残疾人捐款捐物。

1986—2005年，捐款捐物折合人民币200余万元。

1998—2000年，农场农业生产连年受灾，民政局对各项灾情做了详细调查，并深入受灾家庭走访慰问，将符合条件的及时纳入了低保范围，保证了他们的基本生活。

1998年8—9月，嫩江、松花江流域发生特大洪水灾害，赵光农场也是受灾地区。全场干部职工在抗灾自救的同时，紧急动员开展支援灾区人民抗洪自救捐款活动。民政局组织4次捐款捐物活动，共捐编织袋3.1万条，捐物6109件，人民币101.6万元。款物折合人民币121.7万元。其中，吕青春捐款1000元，个体工商户肖继通捐助衣物30件。

2002年，农场及民政部门发动全场干部职工为身患骨髓增生综合征的14岁女孩刘东奇捐款近2万元，使她得到了及时治疗。

2005年，农场开展了助老、助学、助孤、助残等"四助"活动，全场共有80人受到救助，发放救助金2万余元。

2008年5月18日，为四川省汶川地震灾区捐款154588.7元。

2009年6月2日，为五大连池原种场火灾受灾群众捐款60034元。

2010年4月27日，为青海省玉树地震灾区捐款91210元。

2013年10月31日，北安管理局在赵光农场设立救灾物资储备库。储备物资有毛毯、棉被褥、折叠床、救生衣、雨靴、棉衣裤等1103件（套）。

至2020年，赵光农场慈善捐款累计达433.37万元。

第五节 殡 葬

赵光农场在每年的改革方案中，对殡葬工作都做了明确的规定和要求。民政局具体负责殡葬的指导和殡葬事业单位日常管理工作。

2018年，农场开展了文明瞻仰、殡葬、祭奠宣传活动，积极倡导火化，对遗体火化居民给予500元奖励政策。对现行土葬也给予了划定区域限制，不占耕地，杜绝乱埋乱葬现象发生。

2020年4月13日，依据黑龙江省人民政府办公厅关于印发黑龙江省农垦政府职能移交及办社会职能改革实施方案要求，赵光农场有限公司民政局负责管理的一家殡葬机构（赵光农场临时停尸间）移交给北安市政府管理。

第四章　社会保障

建场初期至1978年，农场职工劳保福利待遇是比照国家工业企业的办法执行。1986年10月开始，农场按上级要求开办了社会保险事业，当时没有建立专门机构，由劳资科代管。1986年10月至1994年，社会保险工作仍处于探索阶段。1995年后是农场社会保险工作改革完善发展阶段。特别是1997年以后，社会保险工作进入了一个快速发展时期。

1999年，养老、失业、医疗、生育、工伤五项保险全部启动运行，将农场不同经济和用工形式的劳动者纳入社会保险，实行了统一政策、统一管理、统一标准、统一调剂使用，并实行了微机管理，社会保险工作已经成为五保合一的社会保障体系。至2020年，历年基金收缴率、离退休费发放率均达100%。

建场70多年来，农场持续健全以社会保险为主体，包括社会救助、社会福利、社会养老服务等制度在内、功能完备的社会保障体系，全场社会保障制度覆盖范围持续扩大，待遇水平稳步提高，保障能力明显提升。

第一节　基本保险

1978—1985年，根据国家和黑龙江省有关文件精神，农场职工享受免费医疗，职工家属享受半费医疗，职工病休享受病假工资待遇；职工享有退休退职待遇；职工死亡享有抚恤、救济待遇；职工享有探亲假待遇。有关单位（工种）享有劳动保护待遇；女职工享有卫生费待遇。

1986年10月开始，农场按上级要求开办了社会保险事业，当时没有建立专门机构，由劳资科代管。根据上级精神，凡1986年参加工作的劳动合同制工人当年开始缴纳养老保险。

1989年，农场根据黑龙江省农垦总局、北安分局的要求，成立了社会保险分公司，分公司设在劳资科。

1991年，农场成立社会保险委员会，场长张忠庭任主任，负责对农场社保事业的领导。

1996 年，原社会保险分公司改名为黑龙江省农垦北安分局社会保险管理局赵光分局。

2001 年 4 月，黑龙江省农垦总局编委印发《关于调整理顺垦区社会保险系统机构编制等有关事宜的通知》，明确各农场社会保险机构为科级事业单位，业务上隶属北安分局保险事业管理局领导。根据此文件精神，农场社保局与劳资科正式分开独立办公。

2001 年 10 月，根据黑龙江省农垦总局《垦区社会保险机构系统垂直管理实施方案》的通知精神，社保局行政管理上划，由黑龙江省农垦社会保险事业管理局实行垂直管理，更名为黑龙江省农垦北安社会保险事业管理局赵光分局。

一、养老保险

1986 年，农场根据黑龙江省政府有关文件规定，凡招收劳动合同制工人，均收缴职工养老保险基金，收缴比例为职工本人基本工资的 2%。企业按基本工资的 15% 提取企业应承担的部分，两项合计共 17%，上缴给管局社会保险公司。当时劳动合同制工人的基本工资较低，每月只有 50 元左右，所以劳动合同制工人年缴纳的养老保险不超过 20 元。1986 年以前参加工作的固定职工还没开始缴养老保险。年末将个人缴纳部分和企业提交部分一并交到农垦北安分局社会保险公司。

1986—1989 年，企业招收劳动合同制工人，月工资标准分为企业、事业两部分核定，企业工资分别设有 36 元、39 元、51 元 3 个档次，事业工资分 46 元、58 元两个档次。

1986—1987 年，离退休人员工资全部由企业负担。

1989 年，垦区养老保险实行统筹，农场建立养老保险基金统筹账户，记录统筹基金收缴、上缴、发放情况。统筹基金由两部分组成。一是 1986 年以后参加工作的劳动合同工，个人缴纳本人基本工资的 2%，农场按劳动合同制工人基本工资平均数提取 15%，共计 17% 进入统筹账户。二是固定工（职工）计提部分，农业单位职工按每亩 1 元提取，工商运建服及事业单位按基本工资（包括工资性津贴）的 17% 提取进入统筹账户。职工个人还没开始缴纳养老保险，只交失业保险，这两部分养老基金进入统筹账户后，上交北安分局社会保险公司。发放离退休人员的工资基金由北安分局社会保险公司支付，计算方法是上一年度退休金总额 60%＋（上年度全部固定职工标准工资＋工资性补贴）9% 之和等于本期应发退休金总金额。当年实际发放的退休金如果超出这个数字，由北安分局社会保险公司拨补，如果有剩余的全部上交给社会保险公司。

统筹基金账户设在农场的财务部门。财务部门每月 10 日前按北安分局社会保险公司核定的统筹基金金额拨到农场的分公司在银行开设的统筹基金专户，退休金由分公司发放。

1990 年，农场学习宝泉岭分局的个人账户管理方法，社会保险分局将劳动合同制工人缴纳的养老保险情况建立了大卡片，内容除自然简历外，注有当年缴纳养老保险数额和累计数额，实行卡片和大表双重管理。

1992 年，农场开始建立和使用小卡片，社会保险分局在一年的时间里，完成了小卡片的填写，并建立了职工养老保险档案。

1994 年，根据《国务院关于企业职工养老保险制度改革的决定》和黑龙江农垦总局、北安管理局文件精神，农场制订了《赵光农场养老保险改革方案》。从 1994 年起农场职工实行全员劳动合同制，固定工（职工）个人开始缴纳养老保险，比例为全年工资总额的 2%，企业按工资总额的 15% 提取企业缴纳部分。农场社会保险管理机构建立基本养老保险账户，专户核算。个人缴纳的养老保险按人名建立个人账户、花名册和卡片。

1995 年，根据黑龙江省和总局关于劳动保险制度改革精神，农场全面实行社会统筹和个人账户相结合的养老保险制度，将个人缴纳比例提高到工资总额的 3%，并在以后每两年增加一个百分点，最终达到 8% 为止。企业提取养老保险费进入个人账户的比例相应减少，最终达到 3%。职工个人账户包括个人缴纳的 3%，企业提取的按工资总额的 8%，共计 11% 进入个人账户，其余企业提取的 5% 进入统筹账户。保险公司向职工发放全国统一的《劳动保险手册》，记录职工个人账户养老保险累计和缴纳情况。1996 年 9 月，社会保险业务实现微机系统软件管理。

1997 年，养老保险个人部分提高一个百分点，由原来的 3% 提高到 4%，同年社保分局在调资后完成"四大基数"（职工人数、职工工资总额、退休人数、退休金总额）的测算工作，将职工养老保险个人缴纳部分和企业提的统筹部分全部进行了认真核对，将 1994 年以来的缴费情况、个人账户全部核对、打印。

1998 年，将核对完的《职工养老保险手册》全部发到职工所在单位。《职工养老保险手册》内容除姓名等自然状况外，每年有一页养老保险个人账户对账单，记录个人账户情况。

自 2000 年起，北安分局养老保险工作结束了基本养老保险统筹差额收缴、差额拨付的历史，实现了全额收缴、全额拨付。

2002 年起，赵光社保分局通过银行对离退休人员养老金全部实现社会化发放。赵光社保分局与农垦北安分局、农垦总局社保局实现计算机联网，养老保险业务开始计算机网络化管理。

2009 年 7 月，根据黑龙江省人力资源和社会保障厅《关于将"五七工""家属工"等人员纳入基本养老保险统筹范围的通知》精神，赵光社保分局共办理"五七工""家属工"

参加基本养老保险统筹 2213 人，解决了老有所养问题。

2020 年，赵光农场有限公司养老保险参保职工为 4369 人，个体灵活就业人员参保 2392 人。

截至 2020 年，赵光社保分局有企事业离退休人员 8094 人，养老金通过银行按月足额发放，2020 年实际支付养老金 2.47 亿元。

二、医疗保险

1997 年，农场根据黑龙江农垦总局关于《黑龙江省垦区职工医疗保险制度改革方案》和农垦北安分局《北安垦区职工医疗保险改革试行方案》文件精神，结合本场实际，制定了赵光农场职工医疗保险改革试行方案。基本原则：一是适应社会主义市场经济的需要，使全场职工都获得基本的医疗保障，合理减轻农场的社会负担，为建立现代企业制度打好基础。二是建立职工医疗保险制度，其基本医疗保险的水平和方式，要与农场的经济承受力相适应，医疗费用由用人单位和个人共同承担。三是坚持公平与效益相结合，职工享受医疗保险待遇要与个人对社会贡献适当挂钩，以利于调动职工劳动积极性。四是建立对医患双方的制约机制，要因病施治，合理检查，合理用药，合理收费，最大限度减少浪费，以保证职工的医疗。五是加强对医疗保险基金的行政监督和社会监督，确保基金的收缴和使用。为保障医疗保险制度改革工作的开展，农场成立医疗保险管理委员会。主任张忠庭、刘本田，副主任李石民、巩继辉、谢吉成、唐道元。委员会下设办公室，办公室设在农场社会劳动保险分局。此外，在医院设立医疗保险基金管理办公室，负责医疗保险基金的管理。

医疗保险基金分个人账户和统筹基金两部分。个人账户是由职工个人缴纳部分和企业按比例划入个人账户部分组成。职工按本人基本工资的 3% 缴纳医疗保险金，全部计入个人账户。企业提取的医疗保险金，按比例计入职工个人账户后，剩余部分作为统筹基金。统筹基金来源，根据各单位的经济承受能力，用人单位均按上年末在职职工年工资总额和离退休费总额的 10% 提取医疗保险基金，用人单位为职工缴纳的医疗保险费用，除部分计入个人账户外，剩余部分进入社会统筹医疗基金，构成统筹基金。

职工医疗费按规定比例报销，医疗保险金统归社保分局管理，再由社保分局核给医疗保险基金管理办公室（医院）。医疗费报销由医院办理。

1998 年，通过总结 1997 年农场医疗保险试行工作开展情况，农场制定了《继续扩大医疗保险试行范围实施意见》，进一步扩大农场医疗保险试点工作的范围，覆盖面有所增加。

2002年底，农场转发《关于印发北安分局职工基本医疗保险制度改革实施方案及企业职工工伤和生育保险两个试行办法的通知》，为2003年全面开展职工基本医疗保险和工伤、生育保险工作奠定了基础。

2003年初，根据北安分局文件精神，结合农场的实际情况，农场制定了赵光农场2003年职工基本医疗保险实施细则，至此，职工基本医疗保险工作全面开展，覆盖面达到每个签订劳动合同的职工和退休人员（不包括异地居住的退休人员）。到2005年职工基本医疗保险工作进展顺利，运行正常，参保人员每年药费均可达到报销率100%，没有拖欠，减轻了职工的经济负担。做到了基本医疗保险费由单位和职工双方共同承担，并实行了社会统筹和个人账户相结合。

2008年1月，北安分局下发《黑龙江省农垦总局北安分局关于印发医疗保险统筹实施细则的通知》，4月起，赵光社保分局开始使用新的医疗保险管理程序，规定：缴费比例单位6%、职工个人2%、灵活就业人员8%、退休人员个人不缴费；大额医疗保险单位和个人每年度各缴30元；统筹金起付标准为500元，年度内只有一次；统筹金报销比例最低75%，最高90%；门诊慢性病统筹金支付限额2000元。

2009年9月，根据《黑龙江省农垦总局关于下发黑龙江垦区居民基本医疗保险暂行规定的通知》精神，赵光社保分局开展了城镇居民医疗保险，居民参保人员共分三大类，即成年居民、未成年居民、高校学生。具有垦区户口或统筹区所在地（市、县）户口的垦区居民，未参加职工基本医疗保险的人员均可参加居民基本医疗保险。在垦区长期打工、居住的居民及在垦区中小学校就读的学生虽不符合以上参保户籍要求，但可为其办理参保。赵光农场首次参保人数为9617人，区域内医疗保险实现了居住人口全覆盖。

2020年，赵光农场有限公司职工基本医疗保险参保人员为4369人，个体灵活就业人员参加城镇职工基本医疗保险1867人，退休人员参加城镇职工基本医疗保险5789人，城镇居民参加基本医疗保险7221人。

三、失业保险

1986年，农场新招收的合同工和固定工开始缴纳职工失业保险金，金额是每人每月缴纳1元。企业失业保险基金由两部分组成，一部分是个人每月缴纳的1元，另一部分是企业按工资总额1%提取。每年提取后入失业保险基金账户，其中部分上缴分局，部分留用。

1994年，农场原有的固定职工开始缴纳失业保险金。失业保险金总额的10%上交分局保险公司，90%留作农场支付失业保险金。

失业保险金的发放程序：一是本人申请，社保部门严格按照失业保险条例规定审批；二是与企业终止、解除劳动关系，证明本人有求职意愿和劳动部门的求职证明材料，并在规定的办理时间内方可领取失业保险金。

自 2001 年起，失业保险金全额上缴分局社保局，由分局统一管理、统一使用。到 2005 年底，失业保险金收缴总额 85.88 万元，其中企业缴纳 44 万元，职工个人缴纳 41.88 万元。

1999 年 10 月 1 日，黑龙江省《失业保险条例》实施，黑龙江省农垦总局于 2000 年下发《黑龙江省农垦总局关于实施黑龙江省〈失业保险条例〉有关问题的通知》，通知规定：黑龙江省《失业保险条例》自 1999 年 10 月 1 日起在垦区实行。自 2000 年 1 月起，赵光农场在职职工全部参加职工失业保险。

2020 年，赵光农场失业保险参保职工为 4369 人。

四、工伤保险

2002 年，北安分局印发《黑龙江省农垦总局北安分局关于印发北安分局职工基本医疗保险制度改革实施方案及企业职工工伤和生育保险两个试行办法的通知》，按通知要求：自 2003 年 1 月起，赵光农场在职职工全部参加职工工伤保险。

2004 年 1 月 1 日，国务院《工伤保险条例》开始实施，农垦北安社保局决定，将 2004 年 1 月 1 日以后发生的所有工伤人员纳入管理范围并负责发放供养亲属抚恤金及报销旧伤复发医疗费。

2020 年，赵光农场有限公司工伤保险参保职工为 4369 人。

五、生育保险

1997 年以前，农场按《中华人民共和国劳动保险条例》的规定落实女职工生育期间的各项待遇。

1997 年 12 月，《黑龙江省企业职工生育保险暂行办法》下发，农场开始逐步按此文件落实女职工生育待遇。

2002 年，北安分局印发《黑龙江省农垦总局北安分局关于印发北安分局职工基本医疗保险制度改革实施方案及企业职工工伤和生育保险两个试行办法的通知》，按通知要求：自 2003 年 1 月起，赵光农场在职职工全部参加职工生育保险。

2020 年，赵光农场有限公司生育保险参保职工为 4369 人，参保率 100％。

第二节　社会救助

一、最低生活保障

1998 年 2 月，根据《北安分局居民最低生活保障制度实施方案》精神，在农场实行了最低生活保障制度。对于农场居民家庭人均收入低于最低生活保障标准的，给予保障性补助。资金来源由上级拨付。在实施过程中，农场民政局会同有关部门、基层单位领导及居委会，向居民宣传低保各项政策，并对申请户逐户进行调查登记，摸清情况，严格准确地落实低保申请、审核、发放程序。农场从 1998 年的 29 户、50 人发展到 2005 年的 935户、1851 人享受低保待遇，全年发放低保金达 122 万元，基本解决了贫困家庭的温饱问题。

2018 年，城镇最低生活保障实现动态管理下的应保尽保，充分发挥最后一道安全网的兜底作用。低保对象管理，实现了黑龙江省低保家庭经济状况核对信息系统联网。

2020 年 10 月 1 日，赵光农场所有低保户低保金全部提标，从 2020 年 1 月起，每人每月增加 4 元，并为低保户补发了 2020 年 1—10 月的提标差额，让低保户得到了更好的生活保障。

截至 2020 年，全场共有最低生活保障对象 838 户，1045 人。农场根据国家的有关规定，按时、按标准足额发放低保金。

二、临时救助

2009 年以来，农场严格贯彻落实黑龙江省、总局、管理局临时救助相关文件规定，按照支出型临时救助和应急型临时救助两类实施救助。支出型临时救助金额按照〔月低保标准［（家庭月人均可支配收入—家庭月人均刚性支出）×家庭人口×救助时限（6 个月之内）〕计算；应急型临时救助金额按照［低保标准×家庭人口×救助时限（三个月之内）〕计算。农场结合临时救助资金实际情况，原则上每人每年限额 2000 元，解决了社会救助对象的临时性困难。

三、特困人员供养

2017 年 1 月，农场开始实行特困供养政策。2020 年有特困供养对象 5 户，5 人。其中集中供养 2 户，2 人；分散供养 3 户，3 人。集中供养标准每人每月 1210 元，分散供养标准为每人每月 847 元。农场实行特困供养政策，使特困人员的生活得到有效保障。

四、医疗救助

2008 年，农场开始实施医疗救助政策。医疗救助范围是低保人员、低收入 60 周岁以上的老年人、重度残疾人员。低保家庭以住院与门诊救助相结合的形式进行救助，重度残疾人、低收入 60 周岁以上老年人以住院形式救助。救助标准：三无对象，政策范围内个人自付医疗费救助比例 100%；低保对象，政策范围内个人自付医疗费救助比例 95%，全年累计救助金额不超过 2 万元，门诊救助按照文件规定的病种，结合票据金额给予适当救助；重度残疾人、低收入 60 周岁以上老年人，政策范围内个人自付医疗费救助比例 50%，全年累计救助金额不超过 1 万元。农场实施医疗救助政策，确保了社会救助对象有病可医。

2018 年，农场通过多途径减轻困难群众看病负担，全额资助 713 名低保、重残、60 周岁以上低收入老年人等困难群体参加居民基本医疗保险，资助金额 14.973 万元。

截至 2020 年，农场累计为患大病人员实施医疗救助发放医疗救助金达 78.9 万元。

五、教育救助

赵光农场工会从 2008 年起建立困难职工帮扶中心，帮扶中心成立以来，建立和完善了困难职工档案，在教育保障方面，把推进精准扶贫工作作为重要任务，保障贫困家庭学生享受公平优质教育资源。到 2020 年，学前三年教育毛入园率达到 85% 以上，义务教育巩固率达到 98% 以上，高中阶段教育毛入学率达到 95% 以上，所有学校基础设施、技术装备、教育信息化建设达到国家规定标准。着力构建覆盖所有学校贫困学生帮扶机制，实现所有贫困家庭学生应助尽助，不让一个贫困家庭学生因贫失学。构建覆盖所有家庭的扶智脱贫工作机制，让有接受职业教育培训需求的贫困家庭都能获得职业教育培训，促进贫困家庭稳步脱贫。在义务教育阶段，对义务教育建档立卡的家庭寄宿学生给予生活补助，小学生每人每年 1000 元，初中每生每年 1250 元，免除学杂费。在普通高中教育阶段，对就读普通高中的建档立卡贫困家庭学生资助每生每年 2000 元。在中等职业教育阶段，对管理局就读中等职业学校的建档立卡贫困家庭学生免除学费，资助每生每年 2000 元。

六、就业救助

2006 年开始，农场对就业困难人员通过各项促进就业扶持政策实现再就业，达到增加家庭劳动收入、摆脱贫困的目的。

（一）就业帮扶

农场大力开发公益性岗位，在管理区、居委会和物业公司为有劳动能力的贫困户寻找一些工作机会，例如：为孙玉智、赵先英、刘凤春在管理区提供打扫卫生、打更的工作；帮助鄂秀峰的妻子王淑华、赵秉林的妻子刘凤伟、刘玲玲在物业公司找到环卫工作；帮助宋善军、钮跃良、李凤和、张福和、张生义、刘显光外出务工、打零工增加家庭收入。

（二）技能培训帮扶

农场结合贫困户自身贫困原因为贫困户组织一些特色种植、养殖的技能培训，在产业扶持方面提供技术支持。农场组织相关技术人才为蒋宝才送去了大棚种植的相关技术和书籍；为林帅帅送去了生猪养殖技术书籍和相关技术指导；农场工会先后组织贫困家庭成员开展了五次家政类的岗位技能培训。刘显光、刘玲玲等参加技术培训后都找到了合适的就业岗位。

（三）产业帮扶

农场以产业扶贫为突破口，为建档立卡贫困户谋划致富产业，积极采取"合作社＋基地＋农户"的模式，鼓励贫困户流转土地挣租金，加入农业合作社参与经营挣股金，空闲时就地打工挣薪金，发展花卉大棚种植、生猪养殖、大鹅养殖，增加家庭收入。例如：管理区、居委会帮助徐源河、赵国光、苏国忠、刘凤春、殷福生、唐军君、张福和加入农业合作社参与经营分股金；管理区、居委会帮助屈克来、赵成利、赵秉林加入大鹅养殖合作社，帮助钮跃良加入生猪养殖合作社，赚红利；居委会帮助林帅帅家技术指导生猪养殖，增加收入；居民委、物业公司帮助蒋宝才家搭建大棚，种植花卉幼苗挣现金等。

七、专项救助工作

2010年7月，农场实施高龄津贴政策。80～89周岁低收入老年人及90周岁以上的老年人高龄津贴每人每月100元，至2018年，农场共为62名老年人办理高龄津贴待遇（2019年起该项政策移交地方办理）。

2016—2020年，农场实施困难残疾人生活补贴及重残护理补贴政策，共有269人享受待遇。

第三节　养老服务

2000年，在农场和民政部门的组织下，将原九队的敬老院同场职工医院的康复中心合并，既改善了老人们的居住环境，又节省了支出费用。农场每年为康复中心投入7万元资金，使 16 名五保（吃、穿、住、医、葬）老人得到集中供养，另有 9 位五保老人分散供养。

2009 年 11 月，北安管理局养老中心在赵光农场建成运营。同年，民办颐养园老年公寓投入使用，解决了赵光地区老有所养问题。

为了提高敬老院老人的生活水平和巩固老年公寓建设，规范老年公寓管理，从 2014 年起，赵光农场民政局认真贯彻北安管理局民政局下发的《关于申报养老机构许可证的指导意见》通知精神，为两所养老机构办理了行政许可，提高了在院老人的生活水平和养老院的管理水平。

2014 年，两所养老机构加入黑龙江省养老服务行业协会成为会员。养老机构通过几年来的运营，各项工作已步入了规范化、制度化、标准化的运行轨道，有效解决了赵光地区及北安管理局孤寡老人、三无老人和重点优抚对象实行集中供养的问题。

截至 2019 年，赵光农场两所老年机构共有床位 260 张，在院养老人员 160 人。

2020 年 4 月 13 日，依据黑龙江省关于农垦政府职能移交及办社会职能改革实施有关文件要求，赵光农场民政局负责管理的北安分公司养老中心和颐养园老年公寓等两家养老机构移交给了北安市政府管理。

第五章 公共管理

2018年4月1日起，黑龙江农垦总局正式开启集团化改革，按照改革方案，农场承担的办社会职能，因地制宜，采取整体移交、分步分项移交和内部分开、管办分离相结合等多种方式，将社会管理和公共服务职能逐步纳入地方政府统一管理。2020年1月，农场企业化改革后，对尚未完全移交的公共服务职能部分，按照内部分开、管办分离原则，成立公共管理办公室统一管理。

第一节 机 构

2020年1月，赵光农场有限公司成立公共管理办公室，负责公共事务管理工作。

公共管理办公室编制4人，实配2人，1名主任，1名职员。

主任负责全面工作。职员负责环保宣传、文明生产等环保相关工作；协助主任管理医院（卫生科）、幼儿园等社会职能相关工作等。

负责联系协调尚未移交公共服务职能的工作。

落实生态环境保护的企业主体责任，按照"党政同责、一岗双责"的要求，对本单位生态文明建设和生态环境保护负总责；按照"三个必须"要求，对行业内生态文明建设和生态环境保护工作负监管责任；积极与属地政府和行业执法部门协调对接，协助对辖区内生态环境保护工作进行督导检查，对反馈的问题按主体责任落实整改。

保护公司生产和生活环境，防治污染和生态破坏。保障企业依法决策、依法经营管理、依法维护企业的合法权益，建立健全环境保护管理制度，规范公司的环境保护工作。

协调医院（卫生科）开展公共医疗相关工作。坚持预防为主，深入开展爱国卫生运动，倡导文明健康绿色环保生活方式。强化基层公共卫生体系建设，健全公共卫生应急处置和物资保障体系，建立稳定的公共卫生事业投入机制。全面加强医疗机构和养老机构协作能力，做好医疗机构和养老机构的有效衔接。推进社区卫生服务机构的标准化建设，加强乡村医生队伍建设，完善公共卫生医疗服务保障体系，提升公共医疗服务能力。

负责幼儿园开展日常管理，落实分公司和属地相关部门工作。

第二节　公共管理工作

一、推广应用龙江健康码

2020 年，按照农场防疫指挥部的要求，公共管理办公室负责龙江健康码的推广和申领应用工作，在申领过程中，首先开展了机关企事业单位及家属的申领和注册。按照分级分行业管理的方式，以行业管行业，单位管职工，社区管居民的原则进行推广。针对社区、管理区采取网格化管理的方式推进，各网格长通过微信的方式向大家说明龙江健康码如何申领，基本实现了现住居民健康码申领全覆盖。截至 2020 年 12 月，已推进全场 22237 人健康码申领工作，其中现住人口 19586 人，流出人口 2651 人。全场各卡口和公共场所累计扫码 11 万多人次，入场各卡口实行健康码查验应用，入场人员凭绿码通行。建立赵光农场健康码管理群一个，通过线上培训的方式，对 40 名管理员和 128 名查验员进行业务培训。制作操作视频 2 个，利用大美赵光、微信群、朋友圈等方式对龙江健康码的重要意义、如何注册和使用等进行全方位的宣传推广，解答各单位疑问 300 多个。龙江健康码已经成为疫情防控期间群众出行、交通管制、复工复产以及复学、健康管控的基础。

二、疫情防控

2020 年，按照细、实、严、准"四字"的标准，坚持人、车、物、环境"四同防"，强化"三个体系"建设，把好"三关"，抓好"三个重点"，确保公司职工群众身体健康、生命安全。

克服麻痹思想，牢固树立常态化防控意识，加大疫情常态化防控的宣传力度，利用各种媒体，实行全方位、全时段、全覆盖式的宣传，做好群众思想工作，增强共克时艰的精神力量。

强化三个体系建设：强化指挥体系建设，保证公司指挥体系运转畅通高效，做到应急状态和常态化防控随时转换；强化网格化包保体系建设，建立横向到边、纵向到底的包保体系，实现包保到户、到人；强化应急体系建设，完善救护设备、隔离场所等软硬件建设，完善各类应急预案并进行实战演练，健全快速反应机制，提升应急处置能力，确保一旦发生疫情第一时间精准有效处置。

把好三关：把好入口关，及时按照最新的管控要求和风险地区变化，动态调整管控措施，进行合理、规范、高效查验；把好排查关，及时准确全面排查管控重点人群；把好督查整改关,对所有排查出的问题建立整改台账,落实责任人、整改措施和整改时限,限期整改。

关注三个重点:关注重点人群,坚持人、车、物、环境同防和闭环管理,加强对来自中高风险地区的人、车、物的排查管理,做到不漏一人、一车、一物;关注重点场所,通过建立负面清单和常态化督导检查机制,加强对医疗卫生机构、公共场所、办公场所及其他人员聚集场所环境的消杀,守住不发生院感的底线;关注重点环节,做到"人有人管、事有人包、责任有人负",从检、接、管、放实现闭环管理,不落一点、不漏一环。

抓好疫情防控责任落实,将疫情防控所有环节、所有部位、所有工作责任落实到人,加强督导检查,确保人员到位、措施到位、责任到位,对出现问题的责任人及相关领导进行严肃问责。

三、环境保护

做好环保督察整改工作。2020年,根据《中央环保督察"回头看"反馈意见整改情况2020年督查工作方案》的要求,赵光农场犇鑫奶牛养殖专业合作社没有污染防治措施,公共管理办公室督促合作社于5月10上报了整改方案,9月完成污染防治整改工作。

健全生态环境监测设施。2020年,根据黑河市环保部门反馈,公共管理办公室指导公司行政区划内的12家企业进行网上排污登记。按照黑河市生态环境局《关于完善黑龙江省赵光农场污水处理厂在线监控设施的通知》和督察要求,污水处理厂于5月8日上报企业污染物在线监控设施安装计划。排查出20蒸吨每小时及以上非电锅炉一个,整改除尘、脱硫、脱硝、污染防治设施建设情况和在线监控设备安装情况。

按照2020年环境建设工作的总体要求,进一步加强办公区、工作区、生活区、畜禽养殖区等四区的卫生工作;将各条道路、街道清扫干净,对路边沟进行清理,做到排水畅通;对于田间喷药后用的农药瓶、农药箱进行妥善回收处理;将辖区公路两侧的白色垃圾清理干净。

四、履行公共职能

2020年,按要求完成了北安分公司所需的社区属地化移交相关报表、中小学教职工情况统计表、幼儿园相关统计表和医院相关统计报表等。

2020年,协调农场国土资源所、公司工程建设部等部门落实2017年度补充耕地项目的整改意见和2019年度补充耕地项目的初验工作。

第六章　社会主义精神文明建设

1985 年，农场党委将精神文明建设列入农场建设总体规划之中，成立了精神文明建设指导委员会，党委书记任主任，下设办公室。宣传部部长任文明办主任，52 个基层党支部相继成立了领导小组。

1986 年 9 月，中共中央《关于社会主义精神文明建设指导方针的决议》发表以后，精神文明建设工作有了更明确的方向和具体操作内容，农场按照中共中央精神，在抓好经济工作的同时，全面开展精神文明建设工作。

第一节　精神文明创建活动

一、培育企业精神

1985 年 1 月，为了培养农场职工的企业意识，农场党委决定，在全场范围内广泛开展"什么是赵光农场企业精神"大讨论。

全场干部职工，通过回顾多年来的奋斗历程，从当时国情、场情的实际出发，开展大讨论。经过征集，农场集中群众的智慧，酝酿、概括出"自力更生、艰苦奋斗、开拓进取、务实奉献"16 个字为赵光农场企业精神，这是全场职工在生产实践过程中形成的共同思想认识、价值观念和行为准则，也是赵光农场企业文化建设的核心，体现了广大干部职工在改革中求发展的心声。这一企业精神，在 1986 年 3 月三届二次职工代表大会上获得全票通过。

1986 后，农场每年利用冬闲时节，组织基层单位排演自编自演为主的文艺节目，进行文艺演出，使人们在说农场、唱农场中思想得到启迪，情操受到陶冶，并将企业精神贯穿于场歌、队歌、校歌、班歌和各种群众性的文化活动之中，广为宣传。

为弘扬企业不甘人后的精神，农场党委先后提出"提前翻两番，率先奔小康""全方位发展，各业创一流""再造一个赵光"等有针对性的目标和口号，激励人们去拼搏奋斗，并开展了群众性的各种达标竞赛活动。每年都以"做文明职工、建文明家庭、创文明单位、争文明班组"活动为主线，激发职工群众的进取意识。如麦油收期间组织劳动竞赛、安全生产竞赛、青工比武等活动，增强了全场职工的主人翁责任感，振奋了职工精神，显示出了企业的勃勃生机与活力。

1990—2018年，为使全场职工群众对企业精神的内涵有一个明确的了解，农场有针对性地开展了建场门、种场花、修场路、塑场雕、唱场歌等活动。以环境建设为突破口，美化了场区、管理区（队区）环境。要求职工自家门前做到"三包"，即包修门前路、包植门前树、包种门前花。职工做到"一会、一讲"，即会唱场歌、能讲场史。通过潜移默化的影响和教育，让企业精神融入职工脑海中，镌刻在职工的心里。坚持每年树一批体现企业精神的先进人物和典型单位，进行广泛宣传，至2020年，农场（公司）党委通过企业精神教育，先后涌现出先进典型758人。他们的事迹通过报刊、广播电视、网络媒体进行宣传，在全场上下形成了学先进、赶先进的热潮，特别是焦裕禄式的好干部佘和运的事迹通过宣传后，佘和运成为垦区干部职工争先学习的楷模。

二、征集场歌

2007年初，在赵光农场即将迎来建场60周年之际，农场党委决定筹备庆典活动以资纪念极其不平凡的垦荒历程。当时，全国企业文化建设热潮正方兴未艾，农场领导认为应该创作一首反映新中国第一个机械化农场人坚守北大荒、万众一心、发奋图强、建设新赵光的场歌，用来鼓舞士气、提振精神，激励《老兵新传》故乡人民再创辉煌。于是，农场党委决定面向全场开展征集场歌活动。2月初，农场成立场歌征集组委会，由农场党委宣传部牵头，下发通知，在全场开始征集场歌。至7月，共征集场歌35首，经组委会筛选，对所征集的歌词进行综合后，转由集体改编创作，最后确定场歌歌名为《和谐赵光》，歌词为：我们迎接灿烂的阳光，我们放飞美好的理想，洒过烈士鲜血的神圣土地，谱写了老兵新传的乐章。我们歌唱和谐的阳光，我们放飞美好的希望，留下将军足迹的神奇土地，建起了共和国第一个机械农场。啊，美丽田野，碧波荡漾，秀美家园，鸟语花香，勤劳的人民放声歌唱，和谐的赵光，繁荣向上。张开飞翔的翅膀，迎接灿烂的阳光，我们万众一心，发奋图强，建设民富场强的新赵光。这首场歌由赵光农场初中教师黄德新谱曲，最初由黄德新和朱春玲两位老师演唱，很快在赵光农场广大干部职工和中小学生中传唱开来。

三、文明单位创建

1985年开始，农场党委每年都制订下发农场文明建设方案，主要是围绕农场的中心工作开展文明场、文明单位创建活动，每年都赋予新的内容。

2000年，农场精神文明建设工作实施六项工程：①实施理论武装工程。提高干部职工政治素质、理论水平。②实施精神塑造工程。以评选先进典型、宣传先进典型作为培养干部、职工成为"四有"新人的标杆。③实施文明窗口工程。通过公仆杯评选、文明窗口评选、承诺制等一系列活动，树立机关、服务部门的良好形象。④实施创建活动工程。⑤实施环境建设工程。建设一个优美的工作环境、舒适的生活环境和良好的生态环境。⑥实施优化细胞工程。加强文明家庭建设和十星级文明户建设，优化家庭这一社会细胞。

2007年，农场开展"三优"文明创建活动。在社区、管理区和场直单位中积极开展综合整治活动，抓好硬化、绿化、净化、美化、亮化工程。积极开展"三讲一树"（讲文明、讲卫生、讲科学、树新风）和"文明生活进万家"主题系列活动。着力推进学生文明行动，以"讲礼仪、讲卫生、讲秩序、讲爱心"为主要内容，大力开展"学习礼仪知识，争做文明居民""人人是形象，师生做表率""文明礼仪伴我成长"等主题教育活动，进一步提高广大青少年学生的文明素质。开展文明机关创建活动，结合党的群众路线教育实践活动抓好公共服务平台和社会公共服务窗口建设，创暖心服务，树满意品牌。通过开展多种形式的群众性精神文明创建活动，引导广大居民养成遵守秩序、爱惜公物、维护公共环境等良好习惯，在全场上下形成积极向上的精神追求和健康文明的生活方式。

35年间，农场文明创建成果丰硕，第九管理区被评为全国文明村镇，第六管理区为省农村思想政治工作示范点。全场进入省级文明单位的有4个，进入总局级文明单位标兵行列的有12个，总局级文明单位的有10个，总局级文明管理区有6个，管理局级文明单位标兵有13个，管理局级文明先进单位有26个。

四、小康队建设

1994年，根据黑龙江农垦总局党委要求，农场下发了《关于小康队建设的实施方案》，具体标准为：人均纯收入2000元；人均家庭纯财产4000元；人均砖瓦住宅面积15平方米；高中教育普及率95%；自来水入户率95%；三室两场（图书室、活动室、会议室、排球场、篮球场）设施齐全；队容队貌整齐清洁。

1994年以来，农场通过不断理顺内部关系，积极推进各项改革，逐步在各生产队实施小康队建设。

2003年，农场借鉴地方工作的先进经验和做法，提出了每年安排1～3个生产单位实施小康队建设，利用3～5年的时间改善基层单位的生活环境和居住条件，加快各基层单位的主干道有绿化带设置的水泥路建设，并逐步辐射到各个居住点。同时，农场对职工住房逐步进行改造，树立企业的良好形象和职工健康向上的精神风貌，为全面建成小康社会奠定坚实的基础。

在实施小康队建设中，农场首先投入 18 万元资金，在条件较好、管理到位、职工积极性高的 2 队和 3 队实施道路建设和绿化，由生产队与农场签订责任书，全面负责实施和管理。为落实责任，生产队采取多种措施，较好地完成了建设任务。

在住户改造中，农场结合实际，量力而行，采取一场多策的办法，多方筹措资金，清除危房，重建新房，不仅解决了住房困难户的安全问题，而且让他们一次性住进了安全、舒适、功能齐全的新居，真正解决了职工的后顾之忧。

至 2010 年，达到小康队标准的单位逐年增加，全场共有 9 个管理区、28 个生产队（居民组）进入小康队行列，占生产一线单位总数的 91.7％。

五、场（队）规民约

1985 年以来，农场在精神文明建设中建立了一系列的规章制度和作为行为规范的各类规定，促进了农场职工整体素质逐年上升。在制定类似的规章制度上，各单位结合自己的实际，都很有特点。

（一）民约

1999 年，26 队制定队规民约：

（1）家属区内家畜家禽无散放、牲畜严禁拴在绿化树上，奶牛榨乳按指定路线行走。

（2）管理区周边无散堆垃圾，公路两侧不得设垃圾场和粪堆，垃圾场堆放整齐，处理及时。

（3）办公区、生活区、生产区干净、整洁、无垃圾。

（4）住户要执行门前"四包"，即包清洁卫生，包管护绿化树和栽花，包排污水，包冬季扫雪。

（5）居民区内无障碍物，无乱堆乱放现象。

（6）居民房前屋后的院子按照土地科办证的面积布置栅栏，栅栏整齐、规矩。

（7）宅基地以外的荒地不许布置栅栏。

（8）柴草垛要放在专门规划存放区，按照消防工作的要求远离房屋 30 米外。

（9）邻里团结，家庭和睦，尊老爱幼，文明处事。

（10）自觉维护公共利益，爱护公共财产。

（二）文化广场、公园管理制度

2005 年，农场投资兴建文化广场，为农场和赵光镇居民提供休闲娱乐健身活动场所，为使大家能够健康舒心地在广场上休闲活动，农场特制定以下管理规定：

（1）禁止机动车辆、自行车进入文化广场。

（2）禁止践踏草坪，禁止踩踏画廊内及篮球场上的椅子。

（3）禁止携带宠物狗等进入广场。

（4）禁止损坏花草、树木，禁止翻越栅栏。

（5）禁止损坏广场上的健身设备、体育器材等公共设施。

（6）商家不得进入文化广场摆设摊位。

（7）不得在广场乱扔果皮、烟头、食品袋等杂物。

（8）不得在广场随地吐痰。

（9）不许在广场各处张贴各种通知、海报、宣传单等。

（10）不许在广场搞各种非法集会和宣传不健康的危害社会的活动。

2020 年，农场公司修订完善水上公园管理制度：

一是讲文明、有礼貌，支持公园管理人员工作。遵守公园安全规定和秩序，保护卫生环境。

二是严禁在园区内垂钓、摘花折树、践踏花草、攀爬树木和采挖植物等。

三是爱惜公共设施，严禁在公园建筑物、设备、树木涂写、刻划、钉钉、拴绳晾物。不得搬动、侵犯、破坏、偷窃果皮箱、路灯音响及其他公共设备。凡损坏公园绿化和公共设备的，均需按件赔偿。

四是勿随地吐痰、便溺或乱扔果皮果核、烟头、口香糖、食物残渣等物品。

五是为了游客的安全，各种机动车、三轮车和自行车，一律不准入园。

六是请游客珍惜生命，不得下水或游泳，以防不测；严禁携带危险品入园；禁止动用明火及任意攀登。

七是严禁在园内非法经营、兜销物件和赌博；园内禁止发放、张贴任何形式的广告、宣传品；不得在园内搞封建迷信活动。

八是请游客保护好自身安全，幼儿及少儿入园需有成人陪伴，并做好安全监护工作。

（三）环境建设考核规定

2005 年，农场制定环境建设考核细则：

（1）办公区、园区卫生干净、整洁无垃圾。此项 1 分，每发现一处扣 0.1 分。

（2）办公室室内卫生干净，物品摆放整齐，无灰网，无乱扔烟头。此项 1 分，每差一项扣 0.1 分。

（3）办公区合理种植花草、绿化树，每个办公室至少有 2 盆花。此项 1 分，每差一项扣 0.1 分。

（4）责任区管护绿化树完好无损。此项 1 分，每发现损坏或死亡一株扣 0.2 分。

六、星级文明户

1990 年，为了进一步推进全场的两个文明建设，提高职工的整体素质，农场实施了以讲文明、树新风，大力倡导以尊老爱幼、男女平等、夫妻和睦、勤俭持家、邻里团结的家庭美德为主要内容的"细胞工程"。

1993 年，农场开始开展"十星户"（爱国星、致富星、守法星、计生星、教育星、科技星、和睦星、文体星、新风星、卫生星）评选活动。星级文明户评选，严格按照自评申报、邻里互评、综合认定等程序进行。"十星户"实行动态管理，一年一评选。

1993 年，全场有 2400 户职工家庭被评为 1～10 星级文明户，900 多名（次）职工被评为各级劳模、先进生产（工作）者和系统先进。

1996 年，农场命名表彰刘世坤等 15 户为四星级文明户，命名表彰陈刚等 239 户为三星级文明户。

2000 年，农场授予于道弟等 9 个家庭为十星级文明户标兵、吕文宝等 33 个家庭为十星级文明户。

2004 年，李桂梅等 37 个家庭被评为十星级文明户，张丽华等 58 人被评为三八红旗手。

2005 年，全场有 912 户家庭被评为各级"星级"文明户，3457 个家庭被评为五好家庭。

七、小城镇建设

2002 年，赵光农场作为北安管理局新农村建设的实验点，拉开了赵光农场小城镇建设的序幕。

2007—2018 年，农场先后引资 5 亿多元，通过经济适用住宅、危房改造及开发等形式建设住宅楼 155 栋。竣工总建筑面积 45.26 万平方米，总户数为 6511 户。其中住宅 4574 户、商服 353 户、车库 1580 户。

2006 年，农场职工住宅 45 万平方米，其中楼房 10.87 万平方米，到 2018 年底，住宅 70.87 万平方米，其中楼房 58.1 万平方米。人均住宅面积由 2005 年的 14.54 平方米增长到 32.84 平方米，住宅楼房化率达 81.99％。

以全面建成小康社会为目标，实施小城镇带动战略，不断加快农场乡村城市化、城乡一体化建设的步伐，改善农场职工群众生活环境和条件，同时带动相关产业的发展，推动农场经济的快速发展。

2010 年，赵光农场被评为黑龙江垦区新农村建设先进农场。2019 年末，农场通过黑龙江省"美丽乡村"建设工作验收。

第二节　精神文明共建活动

赵光农场实施场地共建活动始于 20 世纪 50 年代。1951 年，农场在机务队伍严重缺额的情况下，全场职工一人顶几个人，披荆斩棘，夜以继日，出现了以耿德为代表的一批又一批劳动模范。在机械化作业中，不仅吸引了附近的乡县领导和广大农民争先恐后前来参观，而且几年时间里，为农民培养了 200 多名拖拉机手，代耕 7000 多公顷耕地。1954 年 5 月，农场为北安县赵光镇北乐村农民代耕作业后，这个村赠给农场一面锦旗，上面写着"继续搞好工农联盟，为实现社会主义打下有利基础"，表示对农场为农民代耕的感激之情。

2006 年，黑龙江省政府专门出台了《关于发挥垦区示范带动作用，促进全省新农村建设的意见》。确立了以场县共建为载体，发挥垦区优势，不断扩大合作领域，进一步提高合作共建水平的指导思想，推动了农机代耕服务迈向更大范围和更深领域。

赵光农场与赵光镇唇齿相依，南北呼应。其中，赵光农场原三分场与赵光村交界，原 18 连与北乐村接壤，原 13 连与福安村相邻，原 5 连与前进村挨着，原 11 连与北河村相接，共同的风俗习惯、相通的优良传统和优越的地理区位条件，为农场与赵光镇开展场镇共建创造了完美的条件。

一、小城共建

赵光农场和赵光镇街道相通。为加强小城镇建设，2005 年，双方共同研究设计方案，做到规划一张图、建设一盘棋，对场容镇貌实施硬化、绿化、亮化、美化。

2005—2016 年，农场先后投资兴建了农垦天河商贸城大市场和占地 1.8 万平方米的文化广场以及占地 95 万平方米的水上公园。

2018 年，农场城镇化率已达到 81.99％，楼房占地总面积 58.1 万平方米，人均住房面积 32.84 平方米，主干路面硬化率 100％。

二、资源共享

2000 年起，场镇学校互派教师开展教学教研活动，农场每年为赵光镇中心小学培训教师 100 余人次，教育合作促进了赵光镇教育质量的提高。农场教育软硬件设施的改善，使得赵光镇的学生纷纷到农场学校就读，方便了孩子就近入学，减轻了农民的负担，至2018年，累计培养初中毕业生1200多人，小学毕业生900多人。2019年，农场学校在校就读的地方初中生862人，小学生598人。

2005年，农场投资1000余万元建成医疗中心，使周边乡镇和农场职工7.5万人的医疗保健有了保障，并被北安市确定为医疗保险"绿色通道"定点医疗单位，方便了群众就医。

2009年11月，农垦北安管理局养老中心在赵光农场建成运营，解决了赵光地区老有所养问题，成为场、镇老年人的精神和生活家园。

三、发展双赢

农场有人口3万人，耕地3.4万公顷；赵光镇有人口3万人，耕地1.23万公顷，双方都存在人多地少的矛盾。为解决这一问题，让老百姓的思维跳出"一亩三分地"，务工经商，发展多种经营，双方本着"场镇共建、资源共享、优势互补、互惠互利"的原则，达成了以实施小城镇建设带动个体私营经济发展的战略共识，做活了个体私营经济这篇大文章。

2006年，赵光农场与赵光镇场镇共建领导小组协商建立了农机合作社、农机服务协会，突破一家一户的耕作模式，实行"整村推进、连片种植"，统一作业标准、统一整地、统一供种、统一拌种、统一播种、统一技术标准。2007年，农场托管了赵光镇东风村二屯的85.33公顷土地，从土地中解放出来的农户有30户从事奶牛养殖，另有70人外出打工，加快了劳动力转移步伐，户均收益达2万元。

2010年，赵光农场第一管理区整体租种了东风村的206.67公顷土地，租期5年。经过农场大马力机车最初两年的深耕浅翻和保护性耕作，土层松软了，药害也没了，低产田变成了高产田。

2012年5月初，赵光农场派出10台高速精量播种机和6台210马力拖拉机，为周边乡镇播种、施肥、镇压、喷药1.33万作业公顷。

以大农机为媒介，赵光农场已与周边相邻的北安市赵光镇等结成了紧密的共建伙伴，每年"三代"作业面积达到8.33万公顷。

农场大型农机具跨区作业，打开了场地共建的大门，其他领域的合作也随之而来。2019年，赵光镇仅商服个体业户就已发展到235户，从业人员1630人，年利润1000多万元，人均收入3711元，非公有制经济产值达1.1亿元。2020年，农场公司非公有制经济产值达5.48亿元。

第三节　精神文明教育工作

一、"三爱"教育

1997 年，在香港回归之际，《农垦报》发起了香港回归知识竞赛，农场精神文明建设办公室紧紧抓住这一契机，组织全场各单位干部职工积极参加知识竞赛活动，共收回答卷 831 份。在庆"七一"迎回归活动中，农场还举办了建场以来规模最大的书法绘画展，收到来自农场各界人士的书法、绘画作品 138 件，先后有 2 千多人参观，参赛作品的作者大的有 60 多岁，最小的只有 8 岁。

1997 年 7 月，农场精神文明办编写有关精神文明建设试题 500 题，下发各单位进行宣传学习。中旬，经过选拔，在机关会议室组织了有 6 个优胜单位参加的知识竞赛。医院、机关、26 队代表队分获一、二、三名，机关代表队代表农场到分局参加竞赛。

1998—2000 年，农场精神文明建设办公室围绕澳门回归、"三五"普法和中共中央以德治国战略的提出，共组织 12 场演讲、演出活动，创建了节日文化、校园文化、广场文化、社区文化等精神文明建设载体。

1999 年，农场举办了"祖国在我心中"歌曲演唱会、"十一"祖国颂故事会、书法绘画比赛、元宵节灯展、篮排球赛等系列活动，庆祝中华人民共和国成立 50 周年。

2017 年，为庆祝赵光农场开发建设七十周年，农场关工委在青少年中开展了"我为家乡献一策"活动，关工委与学校共同举办了"描绘我的美丽家乡"主题书画作品展和征文活动，共展出作品 730 余幅。利用春节之机，举行老少同乐写春联送"福"活动，义务为贫困居民书写对联 1000 余副，送"福"字 800 多份，引导老同志和青少年用书法、绘画作品弘扬传统文化，展现美丽幸福赵光，抒发爱党爱国爱家乡的情怀。

二、"三德"教育

赵光农场从 1994 年开始，启动"三德"（社会公德、职业道德、家庭美德）建设工程，为规范和完善"三德"教育的内容，建立一整套"三德"教育体系，农场先后出台了《场（队）规民约》《居民道德规范》《居民行为规范》《"三德"教育读本》等一系列道德建设规范，同时要求全场各生产队、居民委以及各行业制定具有各自特点的规范措施，初步形成了具有赵光农场特色的道德规范体系。至 2000 年，通过坚持不懈的努力，居民精神面貌发生了明显变化。从 2001 年起，在农场全面开展社会公德、职业道德、家庭美德教育中，把依法治场和以德治场结合起来，提出了创新求实、诚信高效的企业精神。

三、社会主义荣辱观教育

2006 年，农场在全场党员居民中开展了"以热爱祖国为荣、以危害祖国为耻，以服务人民为荣、以背离人民为耻，以崇尚科学为荣、以愚昧无知为耻，以辛勤劳动为荣、以好逸恶劳为耻，以团结互助为荣、以损人利己为耻，以诚实守信为荣、以见利忘义为耻，以遵纪守法为荣、以违法乱纪为耻，以艰苦奋斗为荣、以骄奢淫逸为耻"为内容的社会主义荣辱观教育活动。

四、社会主义核心价值观教育

2014 年，农场根据北安管理局党委统一部署，在全场广泛深入开展了社会主义核心价值观宣传教育活动，抓好以"社会主义核心价值观""北大荒精神"为主体的思想道德建设。深入推进"社会主义核心价值观"进机关、进企业、进社区、进校园、进家庭教育实践活动，农场先后制作大型宣传牌 66 个，各管理区、单位制作宣传标语牌 130 个，把培育和践行社会主义核心价值观融入全场人民教育全过程，落实到经济发展实践和社会治理中。

第四节　倡导文明新风

建场 70 多年来，农场始终把树新风活动作为转变社会风气、搞好社会主义精神文明建设的有效措施来抓，通过开展形式多样的活动，农场的社会风气始终保持了文明、和谐、健康发展态势，为农场的改革和发展创造了一个良好的社会环境。

2001—2003 年，农场党委围绕中央提出的《公民道德实施纲要》，先后制定下发了《赵光农场机关职业道德规范》《赵光农场社会公德规范》。

1. **《赵光农场机关职业道德规范》**

（1）爱岗敬业，工作积极，坚持原则，实事求是。

（2）统筹全局，熟悉业务，作风踏实，务求实效。

（3）健全制度，检查指导，发现问题，及时解决。

（4）加强领导，科学管理，深入基层，调查研究。

（5）本职业务，努力钻研，执行公务，不凭臆断。

（6）着装整洁，仪表端庄，举止谨慎，语言文明。

（7）忠于职守，不搞特权，不受贿赂，为政清廉。

（8）学习理论，贯彻方针，热爱本职，改进方法。

（9）严于律己，率先垂范，公道正派，秉公办事。

（10）加强团结，创新工作，遵纪守法，甘当公仆。

2.《赵光农场社会公德规范》

（1）热爱祖国，热爱人民，热爱垦区，热爱农场。

（2）勤俭持家，科学致富，学习文化，提高素质。

（3）遵纪守法，廉洁自律，抑制歪风，弘扬正气。

（4）珍爱家庭，为人师表，教子有方，富有爱心。

（5）破除迷信，崇尚科学，计划生育，男女平等。

（6）尊老爱幼，夫妻恩爱，家庭和睦，邻里团结。

（7）环境优美，窗明几净，整洁有序，文明健康。

（8）响应号召，思想进步，文体活跃，生活多彩。

（9）艰苦朴素，着装整洁，举止文明，情趣健康。

（10）扶贫帮困，助人为乐，见义勇为，勇于奉献。

2012 年，赵光农场工会实施职工"共富"行动，号召农场干部与低收入职工、贫困户结成"一帮一"对子，使低收入职工、贫困户全部实现了脱贫致富。

为帮助困难职工尽快脱贫，赵光农场投资了 130 万元，建设了 350 个果蔬大棚，并出台了对低收入职工、贫困户承包大棚免费供给使用的优惠政策。该农场还启动了"共富"互助会活动，为贫困户提供无偿救济致富资金。在这些措施的扶持下，农场已有 49 户贫困户实现人均年收入 6560 元，7 户低收入职工家庭人均年收入 1.16 万元。

2018 年 11 月，农场工会组织开展"当好主人翁，建功新时代"劳动竞赛活动，共有来自全场的 20 多个场直单位参加了此项活动。旨在全面提升职工队伍的技能素质，最大限度激发职工群众的劳动热情和创造力，营造"比学习、比业绩、你追我赶"的良好工作氛围，为农场经济社会发展提供强有力的劳动保障。

2020 年 3 月，赵光农场学校小学部开展了"文明伴我成长"主题教育系列活动。新学期开学后，在全校 21 个班级开展为期一周的文明礼仪展示活动，从上、下课问候礼、走廊和操场问候礼、家庭日常待客礼仪、基本社交礼仪以及队礼、队歌等多个方面进行了集中学习和展示，全校掀起了争做文明礼仪小使者的热潮，师生的精神风貌也得到了进一步的改观。

第九编

人　物

中国农垦农场志

第一章　人物传略

周光亚

周光亚（1915.12—1989.5.30），汉族，1915 年 12 月出生于辽宁省开原县一个佃农家庭。1931 年，参加东北抗日义勇军。1938 年，加入晋察冀军区游击队。1940 年，进入抗日军政大学第二分校学习，并参加延安大生产运动和延安整风运动。1945 年 8 月，加入中国共产党。1945 年 10 月，到东北四平，先后任辽北军区司令部第五科科长和辽北省梨东县县长、政委。1946 年 2 月后，先后任辽北专署秘书、辽北省政府建设科科长、牡丹江省建设科科长等职。

1947 年，东北行政委员会主席林枫根据党中央指示，部署在北满创建一个大型机械农场，选派周光亚负责具体的筹建工作。当年，周光亚在考察黑龙江附近三河地区苏军接收的机械化小农场后，于 11 月经过亲自踏查，制订规划，选在通北县通北车站（现赵光车站）一带的大片荒原上建场。12 月 6 日，通北机械农场正式挂牌，首任场长周光亚。从此，拉开了开垦北大荒建设的序幕。

他在通北机械农场工作期间，全身心地投入到农垦开发建设事业中，同职工群众结下了鱼水深情。他为人正直，光明磊落，作风正派，意志坚强，坚持真理。一贯坚持抓生产，发展农业技术，尊重科学。经过 3 年的实践，他带领职工一起总结出比较全面、系统的建设大型机械化农场的经验，为 1950 年冬在北京举办的全国国营农场场长训练班提供了宝贵的教学资料。周光亚是中华人民共和国农垦事业的开路先锋。他卓有成效地完成了党中央和东北行政委员会提出的关于"要在北满创办一个粮食工厂""培养干部，积累经验，创造典型，示范农民"的任务。1950 年 8 月 11 日《人民日报》发表了特派记者田流写的通讯"草原上的拖拉机"，历史性地记载了通北机械农场开发建设的历史。20 世纪 50 年代，以周光亚为原型拍摄的大型彩色故事影片《老兵新传》也曾轰动了全国。

1952 年 5 月，周光亚离开通北机械农场，任东北人民政府国营农场管理局农业处长。10 月，调任二龙山农场场长。1954 年 11 月，任友谊农场第四分场场长。1957 年 5 月，任农垦部直属盘锦农垦局副局长。1958 年 1 月，任查哈阳地区国营农场办事处主任。1958 年 11 月后，先后任嫩江地区农业科学研究所所长、黑龙江省国营农场管理局局长。1960

年 10 月，调任黑龙江省农业科学院副院长。1983 年离休。1989 年 5 月 30 日，在哈尔滨逝世，享年 74 岁。

王荫坡

王荫坡（1922.9—2017.4.23），汉族，1922 年 9 月出生于辽宁省营口市。1945 年前，参加革命工作，任西满贸易总公司运输科长兼嫩江运输公司主任。1947 年 11 月，参加筹建通北机械农场工作。1948 年，加入中国共产党。通北机械农场建立后，任作业股股长、科长。1950 年 1 月后，先后任东北人民政府国营农场管理局机务处副处长、松江拖拉机厂第一副厂长。1953 年，任通北机械农场副场长。1954 年起，先后任东北人民政府国营农场管理局机务处副处长兼计划处副处长，友谊农场副总工程师，农垦部机务处副处长、处长，农业部畜牧总局副局长等职。

在通北机械农场工作期间，他积极钻研和传播科学技术，制定规章制度，总结机械化生产经验，成绩显著。1948 年，从苏联进口斯特兹拖拉机，他带领工人按说明书将机器组装起来，调试成功。在没有现成的农机管理资料情况下，参考铁路和公路的规章制度，起草了一整套农业机械的使用和管理制度。其中最主要的有《机务人员责任制》《拖拉机和农机具使用保养制度》《田间作业和管理制度》《安全作业制度》等。这些是中国最早的农机管理制度。他在任通北机械农场副场长期间，起草了《机务作业定额和经济核算制度》，制定了一套田间作业和消耗差别系数表，受到东北人民政府的肯定和表扬，并被收入大学教材。他与同事们一起总结出的国营机械农场机械使用、管理和维修经验，对东北地区及全国国营农场的建设发挥了重要作用。1984 年离休。2017 年 4 月 23 日，在北京逝世，享年 95 岁。

廉亨泰

廉亨泰（1904—1953.2.5），汉族，1904 年出生于山西省运城县。1936 年，加入中国共产党并担任太原至延安的交通员。1937 年，在陕北参加中国工农红军。抗日战争时期，在河北兴遵游击队任队长，率部队在喜峰口一带打击侵略者。

他在革命战争中，作战勇敢，多次负伤。1947 年 12 月，受东北行政委员会委派，到通北参加筹建机械农场工作。1948 年，任通北机械农场总务股长。1950—1951 年，调任齐齐哈尔五福马、长春等地国营农场任油库主任，1952 年，调回通北机械农场任油库主任。在农场工作期间，认真负责，兢兢业业，不居功，不自傲，始终保持艰苦朴素和谦虚谨慎的工作作风。1953 年 2 月 5 日，因多年征战和辛勤工作，积劳成疾而病逝，享年 49 岁。

张泽民

张泽民（1913—1974.7.23），汉族，1913年出生于辽西省北镇县。1937年前，在东北军工兵团、河南开封骑兵10师、国民党29军军事教导团，先后任传令兵、学员、支队副官。1937年7月，参加八路军，1938年8月加入中国共产党。先后在晋察冀一分区任连长、团作战参谋、副营长和易满徐水武工队队长、副支队长。1939年，在中国抗日军政大学学习。1945年来东北，先后任内蒙古骑兵团政治委员、辽吉军区县大队长、警卫团团长，辽北军区政治部解放二团团长兼政委。1952年3月，调任通北机械农场场长，为赵光农场的开发建设做出了突出的贡献。1953年4月调往长春市。1974年7月23日，因病在北京逝世，享年61岁。

袁安泰

袁安泰（1912.9—1965.1.27），汉族，1912年9月生于四川省苍溪县。1938年12月，加入中国共产党。1939年，经西安八路军办事处介绍去陕北。1945年10月，随长江大队到东北，历任冀热辽贸易公司、热东贸易公司、热西贸易公司会计股长，齐齐哈尔西满财经办事处仓库副主任、主任，五福马油库副主任、主任，东北行政委员会物资局昂昂溪办事处管理处副主任、副处长，国家物资储备局东北区分局财务科长、办公室主任、管理处长，黑龙江省国家物资储备局第一副局长兼昂昂溪储备处长，省财经委员会物资储备局副局长、省物资局党组副书记，松花江行署计委副主任兼物资局长、专署经委副主任等职。1962年8月后，任赵光农场管理局、中国共产党赵光农垦局委员会书记。

他在工作中，一贯埋头苦干，从不计较个人得失。刻苦钻研农业生产技术和农场管理经验。作风正派，廉洁奉公，联系群众。工作呕心沥血，为农垦事业的发展做出了突出贡献。1965年1月27日，因病在北京逝世，享年53岁。骨灰安放在八宝山革命公墓。

赵振卯

赵振卯（1920.3—1969.5.16），汉族，1920年3月，出生于河北省定县，1938年，加入中国共产党。1939年后，历任晋察北区教育处科员、晋察冀第二专员公署民政科长、阳曲县政务秘书。1946年，历任中国共产党泰康县区委员会书记、杜尔伯特旗旗长、讷河县县长、建筑工程部东北五公司副经理、一公司工会主席，后任兰州总公司工会副主席、西北第三工程局工会主席等职。1963年9月，任赵光农垦局局长。

他在赵光农垦局工作期间，生活节俭，衣着朴素，联系群众。经常步行到生产队检查指导工作，同职工一起吃大食堂，不搞特殊化。工作有胆识、有魄力，重视农场资源开发，关心多种经营生产。根据中央精神和农场职工家属的愿望，亲自组织家属参加工农业生产劳动，增加职工家庭收入，解决职工生活困难。工作中，注意发挥基层干部的作用，注意发挥知识分子的特长。关心教育，积极创办农垦局耕读中学。政策观念强，敢于抵制错误倾向。胸怀坦荡，任人唯贤。终年 49 岁。

张树兴

张树兴（1914—1969），汉族，1914 年生于山东省掖县。1948 年 2 月，来通北机械农场工作。先后任修理所工人、车间主任、修理厂工会主席等职。

建场初期，农场农机具不配套，零件奇缺，创业艰难，他知难而上，忘我地工作，被大家称为"万能"钳工、电焊工。1948 年，他和杨寿东一起，用木炭加温风焊焊接机体成功，修复机器，使拖拉机投入正常作业。当时，发电缺少动力，他用手工做出了木炭发生炉。他经常进行技术革新，制造新产品。他工作任劳任怨，从不计较个人得失，几十年如一日。对人谦虚诚恳，和蔼可亲，在群众中享有很高的威信。1949—1957 年，他连续 8 年先后被评为农场劳动模范、农场管理局劳动模范和黑龙江省劳动模范。1969 年因病逝世，享年 55 岁。

郭清琪

郭清琪（1914—1984.4），汉族，1914 年生于河南省任丘县。1931 年，考入山东军阀韩复榘部军区训练所，先后当学员、中尉、看护长，后任中校军医主任、中校院长。1945 年起义后，参加中国人民解放军，历任第二野战军军政大学医生、中南和西南军区后方第二医院医政科员、第 66 陆军医院主治军医、157 医院内科主任。1958 年，来赵光农场工作，当过农工、医生、内科主任。1965 年、1980 年分别当选为北安市第五、第六届政协委员。1980 年，当选为北安县第八届人民代表大会代表。

他医风严谨，任劳任怨。在治疗克山病、出血热、中毒性消化不良、中毒性痢疾等疑难病症和流行病方面积累了丰富而有效的临床经验，得到哈尔滨医科大学的肯定。离休后，他余热不减，还依然坚持防疫治病，经常为上门的患者排忧解难，深受农场职工群众尊敬和信赖。1984 年 4 月因病去世，享年 70 岁。

关永祥

关永祥（1910.10—1977.2.18），满族，1910 年 10 月生于齐齐哈尔市。1948 年，来通北进行农场工作，1951 年 2 月加入中国共产党。曾任医务所医生、所长、职工医院副院长。

他是赵光农场卫生事业最早创始人，为农垦医疗事业贡献了一生。建场初期，条件艰苦，缺医少药。他一面进行预防疾病的宣传教育，一面不辞辛苦地穿行家属住宅区，送医送药到田间地头，夜间经常送医往诊，抢救急病患者。1950 年的一个夜晚，修理厂宿舍20 余名工人瓦斯中毒，经他抢救全部脱险。他生活俭朴，严于律己，患病从不让食堂给做病号饭；宽以待人，对住院困难患者，常常慷慨解囊予以资助。当他年迈的时候，好心人劝他回条件好的齐齐哈尔市第一医院工作，他说："我哪儿也不去，农场就是我的家！"。他始终矢志不渝，兢兢业业地在农场工作到最后一息。1977年2月18日，因患癌症逝世，享年67岁。

朱龙飞

朱龙飞（1921.7—2002.9），汉族，1921年7月，出生于河北省遵化县。1947年，东北大学历史系毕业后被分配到通北机械农场工作，先后任管理员、作业股副股长、生产室（科）副科长。1958年起，先后在农场做农业技术员、技师工作。1981年，任农场科技科科长。1983年，加入中国共产党，同年被评为高级农艺师。

在农场工作期间，他努力学习和研究总结农业生产技术经验。1952年春涝，创造性地应用大豆茬耙茬种小麦获得成功，后被国营农场管理局马尔采夫耕作组认定是行之有效的耕作措施。他在组建良种培育试验区、繁育优良品种、建立种子管理制度和20世纪70年代组织农业科研网络中都做了大量工作。在农业进行深浅翻、深松和耙茬耕作少耕法的研究及耕作制度的改革中花费了很多的心血，做出了突出的贡献，尽到了科技人员的职责，为赵光农场经济建设的发展做出了突出的贡献。1987年7月离休，2002年9月因病去世，享年81岁。

杨寿东

杨寿东（1916—1991.1.30），汉族，1916年生于山东省牟平县。机械工程师。1948年，任通北机械农场修理所主任。1950年加入中国共产党。随着农场体制变革和经营规模的扩大，修理所先后扩建改称通北农场修理厂、农场办事处中心修配厂、赵光农场修配厂、赵光农垦局中心修配厂、"兵团"一师和北安农管局赵光机械厂，时任厂长的杨寿东始终没有离开他亲手创建的这个工厂。

在建厂创业的艰难时期，他率领全厂职工坚持艰苦奋斗，勤俭办厂，修旧利废，边干边学，勇于革新。他带领全厂职工从实际出发，生产出的各种农机零配件和研制的生产急需的机器，除了满足农场内部农机修配的需要外，还销往外地，使工厂从经济困境中逐步摆脱起来。他生活艰苦朴素，作风正派，廉洁自律；工作不务虚名，讲求实效；知人善用，科技人员都能发挥技术专长和创造力，得到上级领导的信任和广大职工群众的拥护。他1984年离休，1991年1月30日，因病逝世，享年75岁。

王维新

王维新（1925.9—2005.6），汉族，1925年9月生于黑龙江省呼兰县。1946年1月，加入中国共产党。1945年11月，参加工作，历任呼兰县公安队战士、警卫员，黑龙江省委党校会计股长、科长，绥化镇镇长、绥化化工厂主任，嫩江农场副场长、代场长、支队长。1969—1971 年，任尾山农场生产组长，期间曾在柳河"五七"干校学习。1972 年 4 月起，先后任山河农场党委副书记、农场革委会副主任，华山农场党委副书记、革委会副主任。1979 年，任龙镇农场党委书记。1981 年 8 月，任赵光农场党委书记。1986 年 3 月离休。经黑龙江省委组织部批准，享受省副厅级待遇。2005 年 6 月因病逝世，享年 80 岁。

谭玉田

谭玉田（1926.3.29—2008.6.1），汉族，1926 年 3 月 29 日出生，山东省黄县人，中共党员，大专学历，高级农艺师。1948 年 12 月参加工作，任沈阳市中级人民法院书记员。1951—1953 年，相继在北安良种场、福安农场、赵光农场工作。

1954—1969 年，他在北安垦区良种队工作，先后育成北良 1-11 号和北呼豆等 14 个大豆新品种，并在全省推广应用。1979 年后，他在赵光农场任农艺师，先后解决了土壤、植保、农机、育种、耕作等方面的难题几十项。在改翻麦茬种小麦上，总结出"三耙一松少耕法"，并得到推广。他主持的麦油豆的三区轮作为国家攻关课题，在北部高寒区种植油菜获得成功。退休后撰写《对赵光农场作物产量不稳定因由的分析与探讨》论文，并起草了《赵光农场低产田改造方案》。

他一生执着追求，无私奉献。先后 24 次荣获农场、管局、总局、省级劳动模范、科技标兵、优秀共产党员等光荣称号。1990 年 7 月 27 日，作为北安垦区的代表，受到王震副主席的接见。2008 年 6 月 1 日，因病逝世，享年 82 岁。

冯玉琴

冯玉琴（1940.12.5—2003.10.14），女，生于 1940 年 12 月 5 日。中共党员。1963 年毕业于齐齐哈尔师范专科学校数学系，到赵光农场高中工作，先后担任数学教师、班主任、教务主任、副校长、校长。1992 年 5 月因病离职。

1963 年，她响应党的号召，放弃了在城市里工作的机会，来到赵光农场农业中学（后来的赵光农场高中）任教。从教 30 年如一日，在数学教师、班主任和校长的工作岗位上兢兢业业，勤勤恳恳。严谨治学，教学方法新颖独特，深受学生的喜欢；爱生如子，循循善诱；科学管理，依法治校；为赵光农场的教育事业做出了突出的贡献。她先后多次被评为农场、分局、总局级、省级优秀班主任、优秀教师和先进教育工作者，被黑龙江省农垦总局授予北大荒开发建设功勋奖章。2003 年 10 月 14 日，因病去世，享年 63 岁。

第二章 人物简历

第一节 农场主要领导

李英贤

李英贤，汉族，1925年9月出生于辽宁省。1945年8月，参加革命工作，1945年12月，加入中国共产党，初中文化。历任解放军战士、班长、排长、青年队长、股长、兵站站长、县大队大队长、公安局局长、省政府处长、办公室主任。1948年3月，任黑龙江省省营赵光机械农场场长，1964年，调离赵光农场。

苑 凭

苑凭，汉族，1917年10月生于河北省安平县。小学文化。1938年3月，加入中国共产党，1938年9月在冀中民运干部学校学习。参加革命后，历任安平县区青救会主任、县青救会青委副书记、区武委会主任、县联社秘书等职。1945年8月起，先后任辽宁康平县财粮科长，吉林省镇赉县区委书记，县委宣传部部长、组织部部长、县长、县委书记等职。1951年，任通北县党委书记。1953年1月—1955年3月，任通北机械农场场长。1956年3月，调离赵光农场。

万敬浩

万敬浩，汉族，1926年11月生于山东省广饶县。高小文化。1944年参加革命工作，并加入中国共产党。抗日战争期间，先后任村民兵队长、民兵联防大队长、区委组织部干事、区中队副政治指导员。1947年参军，先后任副政治指导员、政治教导员、团组织股股长。1955年转业，任二九一农场分场副场长、总场副场长。1956年11月起，先后任通北农场总支部副书记、书记和赵光农场党委副书记、书记。1958年场社合一，任中国共产党赵光人民公社委员会书记。1959—1961年，任赵光农场党委书记。1962年起，任赵光管理局、农垦局党委副书记。1970—1976年，先后任"兵团"七团、六十八团副政委。

韩 有

韩有，汉族，1925年8月生于黑龙江省明水县。初中文化。中共党员。1945年11月参加革命，历任明水县警卫团粮食股股长、省建设厅农林厅会计股长。1951年6月至

1957 年，先后任红星农场副场长、赵光农场场长。1958 年，任赵光人民公社社长（镇长）。1959—1961 年，任赵光农场副场长。1962 年 3 月至 1968 年，任赵光管理局、农垦局副局长。1969 年 11 月起，先后任"兵团"七团六营营长，六团副团长和团长，一师副师长，北安国营农场管理局党委副书记、副局长。1980 年后，任省国营农场总局副局长、农机总工程师。

刘俊海

刘俊海，汉族，1917 年生于河北省武强县，中共党员。1946 年 7 月参加革命工作，先后任佳木斯市第四区政府工作员、市总工会筹委会武装委员、市总工会副主席、松江省总工会劳保部长、黑龙江省第一工人疗养院院长。1958—1961 年，任黑龙江省农场管理厅赵光地区办事处工会主任、赵光农场党委副书记兼场长。1961 年 7 月，调离赵光农场。

王志远

王志远，汉族，1927 年 12 月生于黑龙江省双城县。初中文化。1947 年 7 月参加革命工作，任农会书记员，1947 年 11 月任南满武工队队员。1948 年 8 月，加入中国共产党。先后任双城县县委调查局调查员、区组织委员、区委书记。1952 年起，先后任松江省农委研究员、黑龙江省副处级巡视员、省农工部农场处副处长。1965 年，任赵光农垦局党委代理书记。1970 年，调离赵光农场。

张福岚

张福岚，汉族，1922 年 7 月生于河北省安国县。初中文化。1939 年 2 月参加八路军，1940 年 2 月加入中国共产党。参军后，历任战士、班长、排长、指导员、教导员、政治处主任、团政委。在中国人民解放军一三八师、大连外长山要塞区海上运输大队工作中，荣立 2 次三等功。先后任黑龙江生产建设兵团一师七团政委兼团党委书记、一师政治处副主任。1976 年，调离赵光农场。

张洪志

张洪志，汉族，1925 年 11 月生于黑龙江龙江县。1947 年参加中国人民解放军，1948 年加入中国共产党。参军后，历任营教导员、团宣传股副股长、师宣传科副科长、政治处副主任。1970 年后，先后任黑龙江生产建设兵团一师六十四团政委、七团政委兼党委书记。1976 年，调离赵光农场。

赵 福

赵福，汉族，1925 年生于吉林省农安县。1945 年 8 月参加抗联，在五军当战士、警卫员。1946 年，在军政干校学习毕业后，到农安县参加土改工作。1947 年加入中国共产党。1948 年 8 月，任依安县依安区委书记。1950 年起，先后任黑龙江省政策研究办公室政策研究员、查哈阳农场副场长、海林农场场长、红色边疆农场场长。1973 年，任黑龙江生产建设兵团一师七团副团长。1978 年，任赵光农场党委书记、革委会主任。1981 年，调离赵光农场。

郑德林

郑德林，汉族，1930 年 4 月生于辽宁省锦西县。初中文化。1949 年，参加工作，1959 年，加入中国共产党。1950 年 8 月，来通北机械农场，先后任拖拉机学员、助手、副驾驶员、驾驶员。1955—1969 年，先后任生产队机务副队长、生产队长，农场机务科副科长。1970—1978 年，先后任"兵团"一师七团生产股副股长、副参谋长、副团长。1977—1982 年，先后任赵光农场副场长、革委会副主任、场长。1983 年 3 月，调离赵光农场。

马学利

马学利，汉族，1940 年 1 月出生于黑龙江省牡丹江市。1965 年 8 月于东北农学院农机系毕业后，分配到黑河农垦局北方农场工作，历任北方农场修配厂技术员、调度、副连长。1971 年 6 月，加入中国共产党。1978 年 9 月，先后任锦河农场修造厂党支部书记，锦河农场农机科科长。1981 年 5 月，任引龙河农场副场长。1983 年 4 月，任赵光农场党委书记。1986 年 3 月，调离赵光农场。

姜远才

姜远才，汉族，1935 年 12 月生于辽宁省宽甸县。1955 年 9 月，参加工作，1979 年，加入中国共产党。1961 年 3 月，任赵光农场东方红分场农业技术员。"兵团"时期，先后任连队指导员、团生产股参谋。1976 年后，先后任赵光农场生产科技术员、农艺师、科长。1981 年起，先后任农场副场长、场长。1986 年，调离赵光农场。

毕文杰

毕文杰，汉族，1950 年 8 月生于哈尔滨市。大专文化。1968 年 5 月作为哈尔滨知青由哈尔滨下乡到黑龙江生产建设兵团一师三团，成为一名兵团战士。1970 年，加入中国共产党。1968 年起，历任"兵团"一师三团排长、政治处干事、兵团中国共产主义青年团工委书记。1976 年起，先后任北安国营农场管理局群工处干事，管理局团委干事、副科长、科长、团委副书记。1983 年 4 月起，任赵光农场党委副书记、书记。1988 年 10 月，调离赵光农场。

赵永才

赵永才，汉族，1943 年 3 月 5 日出生，吉林省镇赉县人。中共党员，大学本科学历。1967 年 10 月，在黑龙江省八一农大农学系任职员。1968 年 12 月起，先后任黑龙江省生产建设兵团一师七团直属营干事、四营参谋、三营 36 连技术员、二营参谋。1980 年 8 月，任赵光农场职业高中副校长。1981 年 4 月，任赵光农场生产科副科长。1983 年 3 月，任龙镇农场总农艺师。1984 年 3 月，任北安国营农场管理局农业处处长。1984 年 11 月，先后任赵光农场副场长、场长。1991 年 12 月，调离赵光农场。

刘本田

刘本田，汉族，1946 年 4 月 22 日出生，山东省梁山县人。中共党员，大学本科学历。1968 年 7 月参加工作，任教师。1970 年 3 月起，先后任黑龙江生产建设兵团一师七团二营 15 连副指导员，团干部股干事，一营组织干事。1978 年 7 月，任赵光农场组织干事。1981 年 3 月，先后任赵光农场教育科副科长、农场组织部部长。1986 年 6 月，任赵光农场工会主席。1988 年 1 月起，先后任赵光农场党委副书记、书记。2004 年，离职休养。

张忠庭

张忠庭，汉族，1949 年 3 月 26 日出生，山东省曲阜市人。中共党员，大学本科学历。1969 年 4 月参加工作，任黑龙江省生产建设兵团一师七团一营 6 连技术员、统计。1971 年 2 月，任黑龙江省赵光农场一分场司机、青年干事。1978 年，任赵光农场一分场 2 队副队长。1981 年 12 月，任赵光农场一分场党委副书记。1985 年 7 月，任赵光农场三分场场长。1988 年 1 月起，先后任赵光农场副场长、场长。1999 年 1 月，调离赵光农场。

孙福山

孙福山，汉族，1950 年 9 月 20 日出生。中共党员，本科学历。1966 年 1 月参加工作，历任红星农场 36 队机务工人、教师、校长。1982 年 4 月，任红星农场二分场党委副书记。1983 年 3 月，任红星农场公安分局副局长、法庭庭长。1988 年 8 月，任襄河农场副场长、场长。1995 年 1 月，任龙镇农场场长。1998 年 12 月，先后任赵光农场场长、农场党委书记。2003 年，调离赵光农场。

吕贵山

吕贵山，汉族，1961 年 4 月 28 日出生，黑龙江省明水县人。中共党员，本科学历。1981 年 7 月参加工作，任黑龙江省龙门农场 2 队技术员、生产科技术员。1987 年 1 月，先后任龙门农场 7 队队长、1 队队长。1986 年 1 月，先后任龙门农场副场长、党委书记、场长。2003 年 12 月，任赵光农场场长。2006 年 1 月，调离赵光农场。

于永久

于永久，汉族，1956 年 2 月 23 日出生，黑龙江省五常人。中共党员，专科学历。1974 年 8 月参加工作，先后任黑龙江省龙镇农场基建科测量员、统计员、水利队统计、队长。1985 年 9 月，任龙镇农场劳改支队副大队长。1985 年 9 月，在黑龙江省政法干部管理学院学习。1987 年 7 月，任龙镇农场基建公司经理。1992 年 3 月，任农垦北安分局建筑公司副总经理。1997 年 1 月，任龙镇农场副场长。2002 年 12 月，任赵光农场党委书记。2004 年 8 月，调离赵光农场。

苍　云

苍云，满族，1968 年 10 月 14 日出生，黑龙江省北安市人。中共党员，大学本科学历。1986 年参加工作，任红星农场公安局民警。1989 年 8 月，任共青团红星农场委员会干事、副书记。1992 年 4 月，任北安国营农场管理局团委干事、副书记、书记。2001 年 9 月，任长水河农场党委副书记、纪委书记。2005 年 7 月，任赵光农场党委书记。2007 年，调离赵光农场。

吕殿富

吕殿富，汉族，1962 年 1 月 13 日出生，黑龙江省讷河市人。中共党员，大学本科学历，高级农艺师。北安市第十一届人大代表。1981 年参加工作，先后任二龙山农场生产科技术员，农场办公室秘书、体改办主任，二龙山农场四分场党委书记、场长。1997 年 1 月起，任二龙山农场党委书记。2001 年 9 月起，任锦河农场场长。2006 年 6 月，任赵光农场场长。2009 年 9 月，调离赵光农场。

刘增元

刘增元，汉族，1962 年 12 月 19 日出生，黑龙江省北安市人。中共党员，研究生学历，会计师。北安市第十四届政协委员，北安市第十七届人大代表。1983 年 5 月参加工作，历任建设农场生产科统计、计财科统计、会计、主管会计，1991 年 1 月，任建设农场计财科副科长、科长。1997 年 12 月，任建设农场副场长。2008 年 8 月，任赵光农场党委书记。2018 年 6 月，任赵光农场有限公司党委副书记、总经理。

王宏忠

王宏忠，汉族，1968 年 7 月出生，黑龙江省讷河市人，中共党员，研究生学历，高级农艺师。北安市第十二届人大代表。1987 年参加工作，先后任尾山农场试验站技工、农业技术员。1989 年 3 月，先后任尾山农场 3 队农业技术员、机务统计，3 队机务副队长，8 队队长。2000 年 3 月，在农垦党校青干班学习。2001 年 1 月，任尾山农场种子公司经理。2001 年 12 月，任襄河农场副场长。2008 年 8 月，任五大连池原种场场长。2009 年 9 月，任赵光农场场长。2018 年 6 月，任赵光农场有限公司党委书记、董事长、场长、社会事务部主任。2019 年 2 月，调离赵光农场。

时厥祥

时厥祥，汉族，1971年5月出生，江苏连云港市人。中共党员，研究生学历，高级经济师，教授级高级政工师。2009—2016年五大连池市人大代表。2017—2019年孙吴县人大代表。1990年12月参加工作，先后任引龙河农场服务公司会计，农场计财科会计、计财科副科长。1997年8月—1999年12月，在中央党校经济管理专业本科班学习。2000年12月，任引龙河农场计财科科长。2003年1月，任二龙山农场副场长。2005年3月—2008年1月，在黑龙江省委党校经济管理专业研究生班学习。2006年9月—2007年6月，在垦区第十一期北大班学习。2008年10月，任龙镇农场党委书记。2014年2月，任引龙河农场场长。2016年12月，任红色边疆农场场长。2018年1月，任红色边疆农场有限公司党委书记、董事长、农场场长。2018年6月，任红色边疆农场有限公司党委书记、董事长、农场场长。2019年5月，任赵光农场有限公司党委书记、董事长、农场场长。2020年5月，调离赵光农场。

吴宝忠

吴宝忠，汉族，1977年9月出生，黑龙江省安达市人。中共党员，研究生学历，高级政工师。五大连池市人大代表。2001年1月—2009年1月，先后任黑龙江省襄河农场生产队队长、管理区主任。2009年1月—2015年10月，任建设农场副场长。2015年10月—2018年6月，任尾山农场场长。2018年6月—2020年7月，任尾山农场有限公司党委书记、董事长、农场场长。2020年7月，任赵光农场有限公司党委书记、董事长、农场场长。

第二节 农场副场级领导

冯继芳

冯继芳，女，汉族，1946年10月生于黑龙江省海伦县。1963年6月初中毕业，下乡到赵光农垦局东方红农场2队当饲养员。1965年8月，加入中国共产党。1970年起，先后任黑龙江生产建设兵团一师七团三营29连副连长、副指导员。1973年，被选为黑龙江省妇联、团省委委员，并出席中国共产党的第十次全国代表大会。1974年7月，任一师党委常委、七团副政委，1976年3月，调离赵光农场。

王喜云

王喜云，汉族，1940年11月生于吉林省永吉县。1959年，参加中国人民解放军，先后任战士、班长、副排长、排长、连长、营长、团参谋长。1961年5月加入中国共产党。

1978 年 10 月，转业到福安农场任革委会副主任。1979—1999 年，任赵光农场常务副场长。2000 年，退休。

刘万臣

刘万臣，男，汉族，1936 年 7 月生于吉林省农安县。1958 年于佳林斯农业经济学校中专毕业，分配到黎明农场工作。1974 年 7 月加入中国共产党。参加工作后，历任生产队会计、副队长、队长。1982 年，任赵光农场二分场场长，1984—1988 年，任赵光农场副场长。1996 年，退休。

纪振利

纪振利，达斡尔族，1944 年生于黑龙江省黑河市。1966 年 6 月毕业于齐齐哈尔师专，参加工作。1976 年加入中国共产党。历任赵光农业机械化学校教师，"兵团"一师七团一营中心校教师，七团高中教师、高中校长，赵光农场宣传部副部长、部长，纪委副书记、书记。1987 年，调离赵光农场。

汪文明

汪文明，满族，1940 年 10 月生于黑龙江省阿城县。1962 年 8 月结业于黑龙江省建设学院，分配到赵光农垦局东方红农场工作。1965 年 7 月，加入中国共产党。参加工作后，历任赵光农场计财科核算员、档案员、政治部秘书。1983 年 12 月，任赵光农场一分场组织干事。1984 年起，任赵光农场纪委副书记、书记。1987—1995 年，任赵光农场工会主席。2000 年，退休。

巩继辉

巩继辉，汉族，1956 年 8 月 10 日出生，河北省海星县人。中共党员，大学本科学历。1976 年 3 月，在北京 52959 部队独立安装营服役，任战士、文书、统计。1981 年 1 月，任黑龙江省赵光农场二分场农建队统计。1982 年 1 月，任赵光农场 19 队党支部副书记。1983 年 9 月起，先后任赵光农场组织部干事、纪委办公室主任、组织部部长兼二分场党委书记。1991 年 12 月，任赵光农场党委副书记、纪委书记。1998 年 12 月，调离赵光农场。

李石民

李石民，汉族，1945 年 3 月 21 日出生，黑龙江省宾县人。中共党员，中专学历。1964 年 8 月参加工作，任福安农场修造厂技术员、生产科技术员。1979 年 11 月，任赵光农场农机科技术员、助理工程师、副科长、科长。1988 年 1 月，任赵光农场副场长。1999 年，离岗休养。

王永涛

王永涛，汉族，1949年4月出生，黑龙江省肇州县人。中共党员，大学本科学历。1968年7月，参加工作，任福安农场一分场技术员。1973年1月，任福安农场一中队政工干事，党支部书记。1978年，任黑龙江省赵光农场修造厂技术员、助理工程师。1984年9月，任农场物资科副科长。1986年7月，任赵光农场副场长。1996年1月，任赵光农场调研员。1998年1月，调离赵光农场。

高　义

高义，汉族，1947年10月27日出生，黑龙江省克东县人。中共党员，大学本科学历。1963年3月参加工作，任黑龙江省克东县第一良种场机耕队工人。1968年3月，在中国人民解放军1453部队服役。1971年6月，任黑龙江省福安农场6队指导员。1979年11月，任赵光农场23队党支部书记。1983年，任农场四分场场长。1987年8月，任赵光农场体改办主任。1988年1月，任赵光农场工会主席、副场长。1989年12月，调离赵光农场。

谢吉成

谢吉成，汉族，1949年7月7日出生，河南省南阴县人。中共党员，大学本科学历。1966年4月参加工作，任福安农场二分场电工、水利队会计。1985年1月，任赵光农场四分场党委书记、场长。1993年2月，任赵光农场副场长、工会主席。2002年，离岗休养。

李宝岭

李宝岭，汉族，1954年12月18日出生，山东省平原县人。中共党员，中专学历。1973年8月参加工作，任赵光农场26队防疫员、畜牧技术员。1983年4月，任赵光农场三分场良种队副队长、三分场27队队长。1988年1月，任赵光农场水利科渔业公司副经理、畜牧科科长。1989年2月，任赵光农场乳品厂厂长。1992年3月，任赵光农场副场长。1999年3月，调离赵光农场。

唐守胜

唐守胜，汉族，1950年1月1日出生，山东省梁山县人。中共党员，大学本科学历。1968年4月参加工作，先后任赵光农场29队工人、37队机务队长、38队队长、38队党支部书记。1990年12月，任赵光农场一分场党委副书记、书记。1993年12月，任龙镇农场副场长。1999年12月，任赵光农场副场长。2002年1月，离岗休养。

唐道远

唐道远，汉族，1949年4月16日出生，山东省梁山县人，中共党员，大学本科学历。1969年4月参加工作，先后任赵光农场三分场29队工人、统计、会计、指导员、党支部书记，赵光农场二分场16队党支部书记。1981年12月，任赵光农场三分场组织干事。1983年12月，任赵光农场党委组织部干事、组织委员。1986年4月，任赵光农场办公室副主任、主任。1996年1月，任赵光农场纪委书记。1999年12月，任赵光农场公安分局教导员。2002年，离岗休养。

张文州

张文州，汉族，1946年6月24日出生，山东省日照市人。中共党员，大学专科学历。1960年5月参加工作，任二龙山农场科研所技术员。1960年12月，先后在辽宁省金县3097、3108部队服役。1969年3月，在黑龙江省生产建设兵团一师六团造纸厂任文书、统计、副指导员。1970年8月，任二龙山农场造纸厂指导员，党支部书记。1979年8月，任二龙山农场纪委委员。1983年5月，任造纸厂副书记、书记。1983年5月，任北安国营农场管理局纪委副科长，审理室副主任、主任。1990年2月，任赵光农场党委副书记兼纪委书记。1992年，调离赵光农场。

李万常

李万常，汉族，1944年11月23日出生，辽宁省黑山县人。中共党员，中专学历。1961年3月参加工作，先后任黑龙江省赵光农垦局通北农场3队工人、副指导员。1976年1月起，先后任赵光农场二分场21队副队长、15队副队长、14队副队长。1984年4月，任赵光农场二分场副场长。1985年11月，任赵光农场二分场党委书记。1990年4月，任赵光农场副场长。1999年12月，任赵光农场调研员。

于建华

于建华，汉族，1958年6月13日出生，黑龙江省北安市人。中共党员，大学本科学历。1975年参加工作，任赵光农场5队机务工人、砖厂机务工人。1981年，任赵光农场水利科技术员。1982年12月，在黑龙江省水利专科学校学习。1985年1月起，先后任黑龙江省农垦建筑总公司第二工程处党支部书记、经理。1992年5月，任赵光农场水利科科长。2000年1月，任赵光农场副场长。2004年1月，调离赵光农场。

李 臣

李臣，汉族，1953年4月18日出生，吉林省德惠县人。中共党员，大学专科学历。1992年12月在81562部队服役。1978年5月，任赵光农场电业局工人。1979年10月，任赵光农场公安分局中心派出所指导员。1989年6月，任赵光农场公安分局副教导员、局长。2000年，任赵光农场党委副书记兼公安分局局长。2005年，任农场公安分局局长。2013年，退休。

薛德祥

薛德祥，汉族，1954年7月16日出生，山东省沂南县人。中共党员，大学专科学历。1970年参加工作，红星农场21机务工人、机务队长。1991年，任赵光农场修造厂厂长、党支部书记。1998年3月，任赵光农场粮油加工厂厂长、党支部书记。2000年1月，任赵光农场副场长。2007年，离岗休养。

黄大强

黄大强，汉族，1947年7月11日出生，黑龙江省北安市人。中共党员，大学本科学历。1975年参加工作，赵光农场水利队驾驶员，工业公司干事。1985年1月，任赵光农场场直党委干事、农场工会干事、人事监察科副科长、劳动人事科副科长。1990年4月，任赵光农场党委组织部副部长、部长。1992年1月，任农场工会主席。2003年1月，调离赵光农场。

刘方华

刘方华，汉族，1965年1月12日出生，黑龙江省宝清县人。中共党员，大学本科学历。1987年9月参加工作，任黑龙江省八五二农场造纸厂副科长。1991年9月，任黑龙江省农垦总局计委、体委科员。1999年1月，任赵光农场副场长。2003年1月，调离赵光农场。

张道芝

张道芝，汉族，1962年9月25日出生，山东省青州市人。中共党员，大学学历。1987年7月参加工作，任北安国营农场管理局农业处科员、种子公司科员、副科长。1995年2月，任赵光农场副场长。2000年1月，调离赵光农场。

冷友斌

冷友斌，1965年12月5日出生，黑龙江省北安市人。中共党员，大学本科学历。1984年9月参加工作，任赵光农场劳动服务公司工人、农场机关通信员。1987年9月在上海轻工学院学习。1989年9月任赵光农场乳品厂副厂长、飞鹤乳业有限公司总经理。1999年3月，任赵光农场场长助理。2000年1月，任农场副场长。2002年，调离赵光农场。

周东升

周东升，汉族，1968年1月16日出生，黑龙江省北安市人。中共党员，大学专科学历。1989年4月参加工作，先后任赵光农场水利科技术员、技术室主任、副科长。2001年2月，任赵光农场建设科科长、水务局局长。2001年12月，任赵光农场副场长。2007年8月，调离赵光农场。

高云龙

高云龙，汉族，1962年5月25日出生，黑龙江省巴彦县人。中共党员，大学本科学历。1981年8月参加工作，先后任尾山农场实验站技术员、农业公司经理、5队队长。1995年3月，在黑龙江省农垦总局党校青年干部班学习。1995年，任尾山农场公安分局教导员、局长。1998年12月，任尾山农场副场长。2003年1月，任赵光农场副场长。2009年9月，调离赵光农场。

刘晓东

刘晓东，汉族，1964年1月25日出生，黑龙江省北安市人。中共党员，大学本科学历。1983年10月，在长春81103部队服役。1987年5月，任黑龙江省赵光机械厂四车间工人、政工科宣传干事。1988年9月，在黑龙江省赵光党校学习。1989年11月，任赵光机械厂团委副书记。1993年11月，任北安国营农场管理局党校教务科副科长、办公室副主任、政工科科长、工会主席。1999年12月，任赵光农场工会副主席。2005年，任赵光农场人民武装部部长。2004年4月，任赵光农场党委副书记、纪委书记。2009年1月，调离赵光农场。

马书良

马书良，汉族，1959年12月6日出生，辽宁省开原县人。中共党员，大学本科学历。1975年7月参加工作，任黑龙江省赵光糖厂浸油车间工人。1985年起，先后任赵光糖厂车间化晶组组长、制糖车间管理组组长、车间副主任、党支部书记、主任。1992年7月在东北农业大学学习。1995年7月，先后任赵光糖厂生产调度室副主任，糖厂厂长助理、副厂长。2001年，任赵光农场副场长。2003年，任赵光农场工会主席。2016年9月，离职休养。

胡晓元

胡晓元，汉族，1959年1月7日出生，山东省即墨县人。中共党员，本科学历，高级政工师。1976年11月参加工作，任赵光农场37队工人，统计。1983年3月，在黑龙江省农垦赵光党校参加培训。1984年2月，任赵光农场团委干事、副书记。1991年，任赵光农场党委组织部科级组织员。1994年1月，任赵光农场党委组织部部长、老干部科长。2005年12月，任赵光农场党委委员、人民武装部部长。2016年9月，离职休养。

李文刚

李文刚，汉族，1965年4月23日出生，黑龙江省北安市人。中共党员，大学本科学历。1983年12月参加工作，先后任黑龙江省赵光机械厂五车间工人、团支部书记、生产调度、党支部副书记，车间主任。1992年10月，任赵光机械厂配件厂副厂长、锻压分厂厂长。1998年2月，任赵光机械厂厂长助理、厂长。2005年7月，任赵光农场副场长。2009年12月，调离赵光农场。

王维新

王维新，汉族，1967年1月8日出生，山东省莒县人。中共党员，大学本科学历。1985年8月参加工作，任赵光农场3队工人、会计。1991年9月，任赵光农场三分场28队会计、26队会计。1996年2月，先后任赵光农场经营办会计、电算中心主任、计财科科长。2005年12月，任赵光农场副场长。2010年5月，调离赵光农场。

李加旺

李加旺，汉族，1958年10月出生，辽宁省绥中县人，中共党员，大学本科学历，高级农艺师。1976年参加工作，先后任赵光农场二分场工人、林业技术员、林业助理。1992年，任赵光农场二分场副场长。1997年，任赵光农场生产科科长、自营经济办主任。2000年，任农垦北安管理局北方药材公司副总经理。2006年1月，任赵光农场场长助理。2016年10月1日，内退离职。

李友民

李友民，汉族，1962年10月4日出生，黑龙江省嫩江县人。中共党员，本科学历，高级经济师。1978年8月参加工作，任格球山农场1队通信员。1979年4月，在农垦北安管理局党校财会班学习毕业。1982年7月起，先后任格球山农场计财科主管会计、副科长、科长。2001年12月，任格球山农场副场长。2007年7月，任赵光农场副场长。2009年12月，调离赵光农场。

袁云福

袁云福，汉族，1962年4月18日出生，山东省阳谷县人。中共党员，大学本科学历，农艺师。1981年8月参加工作，任锦河农场农业技术员。1985年12月起，先后任锦河农场农业科副科长、科长，场长助理。1994年12月，任锦河农场副场长。2008年12月，任赵光农场党委副书记、纪委书记、政法委书记、社区管理委员会副主任。2010年5月，调离赵光农场。

苏兴俊

苏兴俊，汉族，1963年5月24日出生，山东省梁山县人。中共党员，大学本科学历，高级工程师。1983年8月参加工作，任赵光农场原种场技术员。1984年4月，任赵光农场修造厂技术员、农机科科员。1992年4月，任种子加工厂厂长。1993年5月，任赵光农场农机科科长。2005年10月，挂职到明水县任县长助理。2008年1月，任赵光农场副场长。2017年1月24日，内退离职。

全世红

全世红，汉族，1964年4月出生，辽宁省辽阳人。中共党员，大学本科学历，工程师。1985年8月参加工作，在赵光农场职业高中任教师。1987年8月起，先后任赵光农场工业科科员、农机科科员。1997年1月起，先后任赵光农场一分场2队、二分场16队党支部书记。1999年1月，先后任赵光农场农机科安全监理所所长、粮食科科长、工业科科长、商务科科长、技术监督科科长。2006年8月，任中服北安农垦麻业有限责任公司副总经理。2009年9月，任赵光农场副场长。2016年10月，任赵光农场纪委书记、工会主席，2018年4月，内退离职。

李　成

李成，汉族，1966年1月出生，吉林省梨树县人，中共党员，大学本科学历，助理农艺师。1983年12月参加工作，任赵光农场26队机务工人。1985年8月，在农垦北安管理局党校党政企业管理班学习。1990年2月，先后任赵光农场26队党支部书记、29队队长、1队队长。2004年1月，先后任赵光农场第四管理区、第九管理区主任。2009年12月，任赵光农场副场长。2018年6月，任赵光农场有限公司副总经理。2019年8月，调离赵光农场。

崔万军

崔万军，汉族，1965年10月1日出生，吉林省扶余县人，中共党员，大学本科学历，助理兽医师。1985年12月参加工作，在建设农场办哈尔滨市洗涤厂任工人。1986年12月起，先后任建设农场水利科统计、基建公司材料员。1991年9月，在"八一农大"畜牧兽医专业学习。1992年12月起，先后任建设农场19队畜牧防疫员、9队防疫员、工会主席、建设农场20队党支部书记、畜牧科科长。2009年1月，任建设农场第四管理区主任。2009年12月，任赵光农场副场长。2016年8月，因病离职。

何忠新

何忠新，汉族，1971年2月3日出生，黑龙江省双城市人，中共党员，大学本科学历，高级工程师。1993年3月，在赵光机械化学校任教师。1994年1月，任二龙山农场10队农机技术员、农机科科员、安全办主任。2002年1月，先后任二龙山农场7队队长、11队队长、第三管理区4组组长、第一管理区主任、农场体改办主任、第二管理区主任。2010年5月，任赵光农场副场长。2018年6月，任赵光农场有限公司副总经理。2020年12月12日，调离赵光农场。

李　峰

李峰，汉族，1971年9月25日出生，黑龙江省拜泉县人，中共党员，大学本科学历。1992年参加工作，任二龙山农场自营经济办科员、工会干事，共青团团委副书记。2000年9月，任二龙山农场17队、16队党支部书记，第三管理区党支部书记。2006年8月，任农垦北安管理局自营经济办公室副主任。2010年5月，任赵光农场党委副书记、纪委书记、政法委书记、社区管理委员会副主任。2012年6月，因交通事故离世。

王 璐

王璐，女，汉族，1974年7月10日出生，黑龙江省肇源县人，中共党员，大学本科学历，高级政工师。1995年7月参加工作，任引龙河农场党委宣传部干事，宣传部副部长、部长。2010年1月，先后任引龙河农场党委组织部部长、宣传部部长。2012年8月，任赵光农场党委副书记、纪委书记、政法委书记、社区管理委员会副主任。2016年11月，调离赵光农场。

关淑玲

关淑玲，女，锡伯族，1972年4月出生，辽宁省沈阳市人，中共党员，硕士研究生，教授级政工师。中共黑河市第四届党代会代表。1991年参加工作，在引龙河农场小学任少先大队辅导员。1993年12月，在黑龙江省教育学院汉语言文学专业大专班学习，1997年12月毕业。2005年3月，在黑龙江省委党校经济管理专业在职研究生班学习，2008年1月毕业。2007年7月，先后任引龙河农场党委组织部部长、人事科科长。2009年12月，任红星农场党委副书记、纪委书记、政法委书记、社区副主任。2016年11月，任赵光农场党委副书记、政法委书记、武装部部长。2018年6月，任赵光农场有限公司党委副书记、纪委书记、工会主席、监事会主席、农场社会事务部副主任（2019年8月后任社会事务部主任）。

殷文科

殷文科，汉族，1966年6月出生，山东省胶南县人。中共党员，研究生学历，轻工工程师，政工师。2007年密山市人大代表、2014年五大连池市人大代表。1982年7月参加工作，在兴凯湖农场8队任工人。1994年9月，先后任兴凯湖造纸厂厂办管理员、供应科副科长、科长、副厂长。1999年3月，任兴凯湖兴丹米业总公司副经理。2000年11月，任兴凯湖造纸厂副厂长。2003年3月，先后任北大荒纸业有限责任公司副经理、经理、董事长。2011年1月，任北大荒股份有限公司856农场分公司副经理。2014年2月，任二龙山农场党委副书记、副场长（主持农场工作）。2017年3月，任赵光农场副场长。2018年6月，任赵光农场有限公司副总经理。

刘卫国

刘卫国，汉族，1973年12月出生，山东省安丘县人。中共党员，大学本科学历，高级农艺师。1989 年 12 月参加工作，在二龙山农场 30 队当工人。1990 年 9 月在北安农校农学专业中专班学习。1993 年 12 月起，先后任二龙山农场 25 队技术员、农业副队长、33 队队长。2003 年 12 月起，先后任二龙山农场第六区副主任、第二管理区主任。2009 年 7 月，任二龙山农场农业科科长。2017 年 5 月，任赵光农场副场长。2018 年 6 月，任赵光农场社会事务部副主任。2019 年 8 月，任赵光农场有限公司副总经理。

第三节　典型人物

耿　德

耿德，1929 年生于松江省呼兰县。1947 年在松江省立第一中学毕业，1947 年底，在牙布洛尼（现亚布力）拖拉机手训练班学习。1948 年 1 月，来通北机械农场当拖拉机学员，同年 12 月加入中国共产党。1950 年，任拖拉机队的副队长。1948—1950 年，先后被评为农场劳动模范、省劳动模范，1950 年被评为全国劳动模范，并出席了在北京召开的全国第一届工农兵劳动模范、战斗英雄代表大会，1951 年，出席东北机械农场首届劳模会。1952 年，出席了黑龙江省团代会，被选为团省委候补委员。1952 年，调离赵光农场。

刘　瑛

刘瑛，女，1935 年 8 月 5 日生于辽宁省沈阳市。1949 年 9 月就读于北京女子第三中学，新民主主义青年团员。1950 年 3 月，时年 15 岁。受中国第一代女拖拉机手梁军事迹的感染，积极主动报名参加北大荒的开发建设，来到通北机械农场当拖拉机学员，成为赵光农场第一代，也是年龄最小的女收割机手，与周光亚等老一代垦荒战士一起参加了赵光农场的开发建设，为赵光农场的建设和经济发展付出青春和热血，做出了突出的贡献。1954 年 3 月，调离赵光农场，到友谊农场参加开发建设。

蒋迪飞

蒋迪飞，1928 年 11 月 26 日出生，浙江诸暨人。中共党员，本科学历，高级农艺师。1957 年，任通北农场 1 队副队长、农业技术员。1964 年，任赵光农场原种场良种队队长。1977 年，任赵光农场农业技术员、农艺师。1980 年，先后任赵光农场一分场副场长、场长。1986 年，先后任赵光农场科技科科长、体改办主任。

他在赵光农场工作的 30 多年时间里，以一个农业科技工作者的身份，为农场的良种繁育、农艺流程改造、农业产业结构调整做出了突出的贡献。1988 年退休。退休后，他还继续发挥余热，担任赵光农场农业顾问。

王守权

王守权，1941 年出生，黑龙江省海伦县人，中共党员。1960 年 3 月参军，在沈阳军区炮师 31 团一营 3 连服役。1966 年 3 月，转业到黑龙江省生产建设兵团一师一团当拖拉机手。1969 年 3 月至 1971 年，先后任一师七团一营 3 连指导员、二营 15 连连长、农建连连长。1979 年起，先后任赵光农场二分场 19 队、15 队队长，16 队书记。1986 年，任赵光农场三分场场长。

他在工作中勤勤恳恳，任劳任怨。特别是在走上领导岗位后，他所领导的生产队或分场在农业生产、经济建设和各项管理上都名列赵光农场或北安垦区的前茅，受到职工群众的拥戴和上级领导的好评，多次被评为农场、管理局级劳动模范。1996 年，内退离职。

单永江

单永江，1943 年 7 月 11 日出生，黑龙江省泰来县人。中共党员，大专学历，高级教师。1964 年参加工作，先后历任中学语文教师、赵光农场一分场中心校校长、赵光农场场直初中校长。1985 年 9 月，任赵光农场教育科科长，1994 年任赵光农场教委副主任、教育科科长，2000 年 2 月，任赵光农场教育科督导室主任。

他在赵光农场工作了近 40 年，也为农场的教育事业贡献了 40 年。他为人正直，作风正派，领导有方，锐意改革。自他担任农场的教育科长后，先后主持开展"小学语文注·提""中华传统美德""中学数学青浦"等十多项科研课题的研究，有效地促进了教育教学质量的提高，使赵光农场的教育事业发生了巨大的变化，在教育改革、科研课题研究、教育教学质量上都堪称北安垦区的龙头，在黑龙江垦区也享有极高的声誉。他先后多次被评为管局、总局、黑龙江省优秀教育工作者、模范教师。2003 年 7 月，退休离职。

邹万福

邹万福，1953 年出生，黑龙江省依安县人。中共党员，大学学历，高级教师。黑龙江省骨干教师、教育专家。1972 年 12 月，高中毕业，在兴林村卫生所做调剂工作。1975 年 8 月，在克山萌芽学校读中专，1977 年 8 月毕业，回到兴林村学校任校长。1979 年 6 月，调到赵光农场一分场中心校，先后担任教导主任、校长。1991 年 8 月，任赵光农场初中校长。2000 年 1 月，任赵光农场教育科科长。2003 年 1 月，任教育科督导室主任。

他在赵光农场教育工作 30 多年，勤勤恳恳，任劳任怨，作风正派，管理有方，深受教师和学生家长们的拥戴和尊敬。他三十年如一日，潜心教育教学的研究，先后主持开展"数学青浦实验""校本培训""英语愉快教学"等十多项科研课题的研究，并取得了良好的效果，促进了教育教学质量的提高。1991—2000 年，他担任校长的农场初中在教育教学改革、学校管理方面，名列北安垦区前茅，在黑龙江省初中升高中统一考试的成绩始终名列北安垦区第一，也在黑龙江垦区享有一定的盛誉，先后多次被评为管局、总局、黑龙江省级优秀教师、模范教师。2013 年，退休离职。

陈允红

陈允红，女，1969 年 1 月出生，山东历城人。中共党员，本科学历，高级教师，特级教师。1988 年 8 月参加工作，在赵光农场二分场中学任教师。1989 年 8 月，任赵光农场初中数学教师、班主任。2002 年 8 月，任赵光农场初中教研主任。2004 年 9 月，任赵光农场初中副校长。2008 年，被评为全国"特级教师"，享受政府特殊津贴。2013 年，任赵光农场初中党支部书记兼副校长。

她在赵光农场教育工作三十年如一日，热爱教育事业，爱生如子，深受学生和家长们的信任和拥戴。无论是教育教学、管理班级，还是学校管理，她都能把工作做得最好，教育教学质量在北安垦区名列前茅。先后多次被评为管局、总局、黑龙江省、国家级优秀教师、模范教师。

蔡志刚

蔡志刚，蒙古族，1960 年 10 月出生，内蒙古敖汉旗人。大专学历，主任医师。1977 年 11 月参加工作，在福安农场职工医院中医科任药剂员。1984 年 4 月起，在赵光农场职工医院中医科先后任初级中医、中医士、中医师、主治医师、副主任医师、主任医师。

他在职工作 30 多年，身残志不残，克服重重困难，努力工作。刻苦钻研业务，医疗技术水平不断提高。无论在哪个工作岗位上，他都干一行爱一行，尽职尽责，兢兢业业。热情接待就诊病人，认真诊断病情，对症下药，从来不给患者增加额外负担，深受病患者的尊重和喜爱。他先后被授予黑龙江省优秀残疾人、黑龙江垦区残疾人自强模范标兵、垦区建设青年突击手、最佳医务人员。2016 年，荣获黑龙江垦区"感动北大荒人物"提名奖、黑龙江省首届"健康龙江"杯最美医生奖。

刘志民

刘志民，1955 年出生，黑龙江省依安人。1972 年参加工作，先后任联合收割机驾驶员，农场 23 队机务副队长、23 队队长，1994 年入党。1997 年，他响应农场的号召，办起赵光农场第一个大型家庭农场，承租耕地 320 公顷。他坚持科学种、管、收，提高工作效率和作业质量，注重应用先进的农业科学技术，增加抗灾设施的投入。1998—2008 年，先后投资 200 多万元，购进 32 台（套）农机配套设备，走上了一条依靠自有机械、种、管、收全过程机械化的现代家庭农场之路，平均每年纯收入都在 40 万元以上。2004 年，他投资 30 多万元购买了 14 头奶牛，建成了占地 200 多平方米的养殖区，从而创立了家庭农场、家庭牧场、家庭农具场三位一体的发展模式，固定资产超过 200 万元。2002 年，他被评为总局特等劳动模范、黑龙江省劳动模范。2003 年，被农业部授予全国种粮大户。2009 年 4 月，被授予全国五一劳动奖章。

王静贤

王静贤，女，1949 年 12 月 23 日出生，黑龙江省海伦县人。1966 年 9 月参加工作，在黑龙江省建设农场 2 队做工人。1970 年 7 月，在赵光机械厂幼儿园做保育员。1999 年 12 月退休。1995 年，她老伴万德新停薪留职办起了一个木制地板厂。2000 年 3 月 28 日，一场无情的大火烧垮了厂房、库房，也烧毁了设备和他们刚刚苦心置办的一切。不久，老伴因胃癌去世。她独自扛起了那笔 18 万元欠款的重担，孤身一人走上了夫债妻还的艰辛坎坷之路。她说："说话就得算数，欠账不能打折，讲诚实、守信用不能打折"。12 年的还债历程，她用实际行动兑现了自己的诺言，也感动了所有知情的人。2011—2018 年，她先后被评为首届"感动赵光"优秀人物、农垦北安管理局道德模范、黑龙江垦区第二届"感动北大荒"人物，入选"中国好人榜"，并被评为"龙江十大好人""黑龙江省第五届十佳道德模范"，荣登"黑龙江好人榜"。

第三章　人物名录

第一节　建场先驱

一、第一批进点建场人员

周光亚　廉亨泰　王荫坡　王静民　窦元胜　冷百仁　张万仁　董作才　于　才
王福生　朱龙飞　今野誉人（日本）　张树堂　李方甫　张本尧

他们是赵光农场垦荒的开路先锋，进军荒原的尖兵，为赵光农场的开发建设做出了突出的贡献，在农场的发展史上留下了重重的一笔。除农场领导外，他们多数是后来的业务管理干部和技术人员。

二、第一批技术人员

杨寿东　孙洪波　孙洪勋　孙洪贵　李克成　张德奎　钟喜文　李中华　朱绍洪
关永祯　苏玉春　张树兴

农场第一批技术人员，是从齐齐哈尔市招聘的技术工人。他们是农场的技术骨干，进场不久，多数提升为拖拉机队队长或修理工厂主任。

三、第一批拖拉机学员

于　森　丁阳新　王　文　王　明　张　凯　刘　文　刘俊英　宋忠实　佟明泽
李　伟　李兴环　李　微　李亚明　柴永生　郭易林　程雪儒　赵　贵　杨　刚
耿　德　焦德祥　关海涛　赵青山　王国栋　薛宝山　程广珍　李德臣　赵广永
陈景川　苏传忠

农场第一批拖拉机学员是从呼兰省立第一中学和双城兆麟中学招收的中学生，他们经过亚布力拖拉机手训练班培训后回场当了拖拉机学员，共 40 人。上述是《赵光农场志（1947—1984）》中记录下来的 29 人，其他 11 人没有记录资料。这 40 名学员后来有部分人提升为拖拉机小队、中队正副队长，有的提升为作业区主任、作业科长。到 1984 年，他们已经全部离开了赵光农场。

四、第一批转业战士

范　华　周喜财　李国志　闫振东　陶玉葛　王振海　刘景林　蔡　信　鞠俊山
单义范　舒德春　潘　祥　李　祥　张宝全　李连清　沈　宝　陆太中　柯景财

这些是 1948 年农场人员登记表中摘录下来的参加农场建设的第一批转业战士。

五、中国人民志愿军战士

刘　福　王　华　陈金山　杨玉山　张青林　景庆林　刘玉新　韩忠旗　徐安清
郭义方　姜润山　王金德　胡增成　刘德荫　王忠敏　王炳昌　薛宝山　孙会令
富国明　陈英杰　翟林福　徐德芳　张鹏飞　魏廷真　罗福禄

1950 年，抗美援朝战争爆发后，全场青年纷纷报名参军，《赵光农场志（1947—1984）》记载这 25 人经组织批准参加了中国人民志愿军。

第二节　1949—1983 年劳动模范

一、全国劳动模范

（一）1950 年全国工农兵劳动模范、战斗英雄代表大会劳动模范

耿　德　　　　　　　通北机械农场拖拉机手

（二）1979 年全国农垦系统先进生产者

郑　发　　　　　　　赵光农场 29 队晒场主任

孙兰平　　　　　　　赵光农场三分场场长

二、省劳动模范

1949 年

耿　德　　　　　　　通北农场拖拉机手

张树兴　　　　　　　通北农场修理所工人

1950 年

耿　德　　　　　　　通北农场拖拉机手

张树兴　　　　　　　通北农场修理所工人

刘　文　　　　　　　通北农场拖拉机手

1951 年

耿　德　　　　　　　通北农场拖拉机队副队长

张树兴　　　　　　　　通北农场修理所工人

杨寿东　　　　　　　　通北农场修理所主任

刘　文　　　　　　　　通北农场拖拉机队队长

荆永孝　　　　　　　　赵光农场

刘玉昆　　　　　　　　赵光农场

孙　英　　　　　　　　赵光农场

齐长富　　　　　　　　赵光农场

1952 年

张树兴　　　　　　　　通北农场修理所工人

齐长富　　　　　　　　赵光农场

1953 年

张树兴　　　　　　　　通北农场修理所工人

李德江（女）　　　　　通北农场拖拉机手

杨友林　　　　　　　　通北农场拖拉机手

郑桂兰（女）　　　　　通北农场修理所职工家属

1954—1957 年

张树兴　　　　　　　　通北农场修配厂工人

郑桂兰（女）　　　　　通北农场修配厂职工家属

1958 年

秦万友　　　　　　　　通北农场第八生产队拖拉机驾驶员

孙天才　　　　　　　　通北农场汽车队驾驶员

王淑兰（女）　　　　　通北农场畜牧队饲养员

1959 年

李克成　　　　　　　　赵光农场中心修配厂汽车修理工人

1972 年

冯继芳（女）　　　　　黑龙江生产建设兵团一师七团三营 29 连副指导员

三、东北公营农场管理局劳动模范

1949 年

刘　福　　　　　　　　通北农场拖拉机手

1951 年

耿　德	通北农场拖拉机队副队长
王　文	通北农场拖拉机手
钟喜文	通北农场拖拉机队队长
关永祥	通北农场卫生所医生
丁长森	通北农场饲养员
韩行阳	通北农场大车老板
李德洪	通北农场大车队长
李亚明	通北农场拖拉机手
刘　文	通北农场拖拉机队队长
董作才	通北农场拖拉机队队长
宋忠实	通北农场拖拉机队队长
张宝琴（女）	通北农场拖拉机手
孙　英	赵光农场
荆永孝	赵光农场
刘玉昆	赵光农场
齐长富	赵光农场

1953 年

王　文	通北农场拖拉机手
丁长森	通北农场饲养员
韩行阳	通北农场大车老板
李德洪	通北农场大车队长
刘　文	通北农场拖拉机队队长
董作才	通北农场拖拉机队队长
李德江（女）	通北农场拖拉机手
杨友林	通北农场拖拉机手
张树兴	通北农场修理厂工人

四、省国营农场总局劳动模范

1979 年

郑　发	赵光农场 29 队晒场主任

孙兰平	赵光农场 26 队队长

1980 年

张创新（女）	赵光农场场直小学教师
关敬芬（女）	赵光农场二分场学校教师
关惠芝（女）	赵光农场场直小学校长

1981 年

王振英（女）	赵光农场场直家属 2 队队长
张忠庭	赵光农场 2 队党支部书记
彭其绪	赵光农场四分场学校教师

1982 年

关敬芬（女）	赵光农场二分场学校教师
关惠芝（女）	赵光农场场直小学校长

1983 年

王振英（女）	赵光农场场直家属二队队长
姜远才	赵光农场场长
刘万臣	赵光农场二分场场长
谭玉田	赵光农场二分场农艺师
崔学仁	赵光农场一分场 5 队工人

第三节　1986—2013 年劳动模范

一、全国劳动模范

2008 年被评为特级教师

陈允红（女）	赵光农场初中教师

2009 年被授予全国五·一劳动奖章

刘志民	赵光农场家庭农场场长

二、黑龙江省劳动模范

1986 年

谭玉田	赵光农场高级农艺师

1990 年

| 赵永才 | 赵光农场场长 |

1996 年

| 任东兴 | 赵光农场 27 队队长 |

2002 年

| 刘志民 | 赵光农场 23 队队长 |

2012 年

| 韩喜玲（女） | 赵光农场初中教师 |

2013 年

| 于国元 | 赵光农场水利建设科科长 |

三、黑龙江省农垦总局劳动模范

1988 年

刘本田	赵光农场党委书记
李万常	赵光农场二分场场长
王洪生	赵光农场 2 队队长
屈克俭	赵光农场 19 队队长
胡　泉	赵光农场乳品厂厂长
肖　德	赵光农场三分场学校教师

1993 年

刘本田	赵光农场党委书记
冯　祥	赵光农场 2 队队长
陈万友	赵光农场 2 队麦场主任
杨淑芹（女）	赵光农场砖厂车间主任

1995 年

张忠庭	赵光农场场长
刘忠余	赵光农场 17 队麦场主任
王瑞军	赵光农场 26 队工人

1999 年

单永江	赵光农场教育科长
孙忠财	赵光农场 3 队工人
耿淑琴（女）	赵光农场个体工商户（特等劳动模范）

2002 年

雷兴忠	赵光农场第十一管理区主任
汤连山	赵光农场养牛专业户

2005 年

马国亮	赵光农场第六管理区工人

2007 年

高春奇	赵光农场第四管理区主任
唐道元	赵光农场第六管理区主任

2011 年

马　杰（女）	赵光农场初中教师

第四节　1985—2020 年系统先进

一、国家级系统先进

（一）被农业部授予全国粮食生产大户

2003 年

刘志民	赵光农场家庭农场场长

2009 年

刘志民	赵光农场家庭农场场长

2010 年

刘志民	赵光农场家庭农场场长

（二）1989 年被教育部授予优秀教育工作者

单永江	赵光农场教育科科长

（三）全国优秀教师

2010 年

于佳荣（女）	赵光农场小学教师

2013 年

付婷婷（女）	赵光农场小学教师

（四）2012 年被评为全国粮食生产先进工作者

黄继明	赵光农场生产科科长

（五）2018 年被评为全国农业普查工作先进个人

张　峰	赵光农场计财科统计

二、黑龙江省系统先进个人

1985 年

王新春	优秀教师（赵光农场初中教师）

1987 年

刘本田	优秀工会主席（赵光农场工会主席）
王殿军	疫情管理先进个人（赵光农场卫生防疫站职员）

1988 年

陶　青	先进工作者（赵光农场土地科科长）
张令信	防治大骨节病先进个人（赵光农场卫生防疫站职员）
王殿军	疫情管理先进个人（赵光农场卫生防疫站职员）

1989 年

王殿军	疫情管理先进个人（赵光农场卫生防疫站职员）

1990 年

陶　青	先进工作者（赵光农场土地科科长）
王艳玲（女）	文化市场管理先进个人（赵光农场宣传部部长）
王殿军	卫生防疫管理先进个人（赵光农场卫生防疫站职员）

1996 年

高亚丽（女）	荣获星星火炬奖章（赵光农场小学教师）
罗媛媛（女）	荣获星星火炬奖章（赵光农场小学学生）

1997 年

佘和运	优秀共产党员（赵光农场 11 队党支部书记）

1998 年

张文林	公路局地方养路先进稽查员（赵光农场交通科科长）

1999 年

李庆久	优秀教练员（赵光农场武装部部长）

2000 年

王　山	先进工作者（赵光农场老干部科科长）

2001 年

周东升	生态建设先进个人（赵光农场水利建设科科长）

2002 年

王维新　　　　　　　　先进工作者（赵光农场计财科科长）

张令信　　　　　　　　卫生监督先进工作者（赵光农场卫生防疫站职员）

2006 年

杨隆轩　　　　　　　　卫生系统先进工作者（赵光农场医院院长）

黄臣海　　　　　　　　县域农村优秀卫生人才（赵光农场医院副院长）

陆云凤（女）　　　　　教学能手（赵光农场小学教师）

范　辉（女）　　　　　课程改革先进个人（赵光农场初中教师）

单志强　　　　　　　　优秀干警（赵光农场公安分局干警）

2007 年

杨隆轩　　　　　　　　先进工作者（赵光农场医院院长）

曲聪聪（女）　　　　　优质课教学展示特等奖（赵光农场小学教师）

2008 年

翟玉东　　　　　　　　县域农村优秀卫生人才（赵光农场医院医生）

谢军华　　　　　　　　优秀干警（赵光农场公安分局干警）

2009 年

魏　红（女）　　　　　县域农村优秀卫生人才（赵光农场医院医生）

2010 年

贾艳伟（女）　　　　　优秀教师（赵光农场小学教师）

2011 年

王宏忠　　　　　　　　省惠家工程爱心使者（赵光农场场长）

郭丽华（女）　　　　　第六次全国人口普查先进个人（农场职介所职员）

韩喜玲（女）　　　　　师德建设先进个人（赵光农场初中教师）

2012 年

黄继明　　　　　　　　先进科技工作者（赵光农场生产科科长）

杨隆轩　　　　　　　　公共卫生服务先进工作者（赵光农场医院院长）

2013 年

任　红（女）　　　　　优秀通讯员（赵光农场宣传部部长）

汤仲勉　　　　　　　　动物疫病防控工作先进个人（赵光农场畜牧科科长）

2014 年

杨隆轩　　　　　　　　公共卫生服务先进工作者（赵光农场医院院长）

| 张玉斌 | 禁毒工作先进个人（赵光农场公安分局干警） |

2015 年

| 姬良波 | 先进工作者（赵光农场组织部部长） |
| 任　红（女） | 先进工作者（赵光农场宣传部部长） |

2016 年

刘兆春	优秀志愿者铜奖（赵光农场物业公司党支部书记）
李艳华（女）	优秀共产党员（赵光农场医院党支部书记）
蔡志刚	首届"健康龙江杯"最美医生（赵光农场医院医生）

2017 年

曲　艺	优秀志愿者银奖（赵光农场物业公司经理）
刘兆春	优秀志愿者金奖（赵光农场物业公司党支部书记）
黄　薇（女）	教学能手（赵光农场小学教师）

2018 年

| 李志国 | 优秀消防员（赵光农场消防队消防员） |

2020 年

| 张　群（女） | 岗位学雷锋标兵（赵光农场第三居民委主任） |

三、黑龙江省农垦总局系统先进

1985—2020 年黑龙江省农垦总局系统先进统计见表 9-1。

表 9-1　1985—2020 年黑龙江省农垦总局系统先进统计

授予时间	系统先进	人员姓名
1985 年	优秀教师 三八红旗手	张波 孟繁敏（女）
1985 年	先进工作者	王宗权、高淑珍（女）、焦化平
1987 年	先进个人	李忠堂、徐丰惠
1988 年	先进工作者	李万常
1989 年	先进个人 优秀少先队大队辅导员	马云飞、刘清岩 高亚丽（女）
1990 年	先进工作者 优秀工会干部	胡奎 王艳玲（女）
1991 年	先进工作者	张文林、谭日新
1992 年	先进工作者 优秀护士 优秀监察干部	王艳玲（女）、陈丽（女）、张令信、付宝华、谭日新 刘富华（女） 徐青山

（续）

授予时间	系统先进	人员姓名
1993 年	先进工作者 优秀少先队大队辅导员	李石民、李忠国、王艳玲（女）、谭日新、付宝华、赵振平、李宝才 高亚丽（女）
1994 年	先进工作者 个人三等功	谭日新、古力（女） 李宝才
1995 年	优秀共产党员 先进工作者 优秀专武干部	佘和运 李万常、蒋迪飞、谭日新、张令信、王艳玲（女） 巩金才
1997 年	先进工作者 优秀教师	赵运璞、谭日新、周良军、王艳玲（女） 李晶辉（女）
1998 年	优秀教师 优秀工会干部 先进工作者	邱广学 霍云辉（女） 王　山、赵运璞、谭日新、王艳玲（女）、陈丽（女）、周良军、孟繁敏（女）
1999 年	人民满意监察干警 先进工作者 优秀教师 个人三等功	孙长华 赵运璞、张天红、周良军、王艳玲（女）、谭日新 刘桂文（女）、崔万敏 李宝才
2000 年	优秀干警 先进科技工作者 先进工作者	孙长华 蒋迪飞、王淑华（女） 王艳玲（女）、谭日新、刘凤春
2001 年	优秀共产党员 先进个人 人民满意监察干警 优秀教师 三八红旗手	周东升 杨忠兴、王贵成、张文林、王洪彬、关树斌、刘凤春 孙长华 张玉莲（女） 解冬梅（女）
2002 年	优秀工会主席 先进个人 优秀专武干部	黄大强 张文林、李志嘉、杨忠兴、于佳荣（女）、张淼（女）付长发、张冬梅（女）、解冬梅（女）、陆云凤（女） 李庆久
2003 年	先进工作者 优秀教师	张伟、王贵成、杨隆轩、祝铁民、李锐（女） 解冬梅（女） 董英姿（女）、周伟（女）、于佳荣（女）
2004 年	先进工作者	解冬梅（女）、李志嘉
2005 年	优秀女工工作者 优秀广播电视局局长	索丽英（女） 姜玉玲（女）
2006 年	先进工作者 教学能手 优秀教师 个人三等功	吕殿富、王洪彬、杨隆轩、孙相成、李艳华（女） 吕艳坤（女） 高亚丽（女） 邵惠敏（女） 吴均
2007 年	先进工作者 脱贫致富标兵	吕殿富、孙相成、王贵成、解德海、崔克发 崔月林、华方武
2008 年	先进工作者 先进个人 优秀公务员 三八红旗手	吕殿富、于国元、孙相成、姬良波 魏志鹏、才雪丽（女）、司佳虹（女） 单志强 薛锐（女）

（续）

授予时间	系统先进	人员姓名
2009 年	先进工作者 县域优秀人才 个人三等功	王宏忠、由景顺 韩喜玲（女）、王晓燕（女） 张玉斌
2010 年	先进工作者 优秀共青团干部 个人三等功 优秀人民警察	王宏忠、刘增元、张峰、杨文革、李庆久 王长旭 韩龙文、吴均 单志强
2011 年	垦区第六届十佳公仆 优秀党委书记 先进个人 优秀共产党员 优秀护士 优秀教师 个人三等功	王宏忠 刘增元 刘微微（女）、任红（女）、冯艳芳（女） 朱坤芝 魏红（女） 任晓辉（女） 郝明、邵前珠、崔学智、尹恒、汤仲双、谢军华、单志强、刘宏伟
2012 年	优秀宣传干部 先进个人 优秀共青团干部 个人三等功	任红（女） 卢绪营、黄继明、刘永波、曲艺、别宗望、朱坤芝、王淑华（女）、张群（女）、吕艳坤（女） 邵飞飞（女）、张海玲（女） 李慧（女） 郝明、刘宏伟
2013 年	先进个人 优秀共青团干部 优秀农业科技人员 科技进步二等奖 新长征突击手 个人三等功	刘兆春、李庆久、全秀岭、张亚梅（女）、李海成 别宗望、张群（女） 李慧（女） 黄继明、赵作鹏、郝凤霞（女）、侯国权、陶一成 岳延华（女） 唐道光 刘宏伟、巩晓东、于阳、王云伟、唐道祥、谢军华、张玉斌、赵艳华（女）、孟凡红（女）、孙亚平
2014 年	优秀共青团干部 先进个人 优秀专武干部 三八红旗手 个人三等功	王兆宇、李慧（女）、王长旭、张立媛（女）、任红（女）、刘兆春、全秀岭、刘永波 李庆久 习瑞云（女） 刘宏伟
2015 年	先进工作者 个人三等功	姬良波、刘兆春、岳延华（女）、王淑华（女） 刘宏伟
2016 年	先进个人 个人三等功	任红（女）、唐守栋、李庆久、陈乃雪（女） 刘宏伟
2017 年	先进个人 优秀共青团干部 通令嘉奖	黄继明、陈乃雪（女） 全秀岭 周海东
2018 年	优秀党务工作者 先进个人 个人三等功 优秀辅警	姬良波 任红（女）、李京莹（女）、陈乃雪（女）、李刚 林峰 赵作鹏
2019 年	通令嘉奖	林峰

（续）

授予时间	系统先进	人员姓名
2020 年	先进个人 优秀共青团员 个人三等功 2 次 通令嘉奖 优秀辅警	任红（女）、唐守稳、刘雨（女） 冯天琦（女） 单志强 颜庆峰 姜磊

第五节　代表会代表　政协委员

一、中国共产党代表大会代表

（一）中国共产党全国代表大会代表

冯继芳（女）　黑龙江生产建设兵团一师七团 29 连副指导员，1973 年 8 月，出席中国共产党第十次全国代表大会。

（二）中国共产党黑龙江省代表大会代表

万敬浩　赵光农场党委书记，1960 年出席中国共产党黑龙江省第二次代表大会。

孙兰平　赵光农场 26 队队长，1978 年出席中国共产党黑龙江省第四次代表大会。

（三）中国共产党地区、县（市）代表大会代表

韩武臣　通北农场党委副书记，1956 年出席中国共产党北安县第一次党代会，被选为县委委员。

万敬浩　赵光农场党委书记，1959 年出席北安县第二次党代会。

袁安泰　赵光农垦局党委书记，1964 年出席北安市变县后的首次党代会。

杨德俊　黑龙江生产建设兵团一师七团政治处副主任，1972 年出席北安县第二次党代会，被选为县委委员。

刘志民　赵光农场家庭农场场长，2011 年当选中国共产党黑河市第五次代表大会代表，并出席会议。

二、人民代表大会代表

（一）黑龙江省人民代表大会代表

周光亚　通北机械农场场长，1950 年出席黑龙江省第一届人民代表大会，1951 年出席黑龙江省第一届第二次人民代表大会，1952 年出席黑龙江省第二届人民代表大会。

郑发　赵光农场 29 队晒场主任，1977 年出席黑龙江省第五届人民代表大会。

（二）县（市）人民代表大会代表

苑凭　通北农场场长、中国共产党通北县委员会书记，1955年出席通北县首届人民代表大会第五次会议。

郑桂兰（女）　通北机械农场修理厂职工，1957年出席北安县人民代表大会。

王守廷　赵光农垦局农业技师，1963年出席北安市第五届人民代表大会。

郭清琪　赵光农场职工医院主任医师，1980年出席北安县第八届人民代表大会第一次会议。

孙兰平　赵光农场三分场场长，1980年出席北安县第八届一次人民代表大会。

郑德林　中国共产党赵光农场委员会副书记、场长，1980年出席北安县第八届一次人民代表大会。

马学利　赵光农场党委书记，1984年出席北安市第九届二次人民代表大会。

李本荣（女）　赵光农场总农艺师，1984年出席北安市第九届二次人民代表大会。

赵永才、陈万友、郜淑媛　1990年出席北安市第十一届人民代表大会。赵永才，时任赵光农场场长。陈万友，时任农场2队晒场主任。郜淑媛，时任农场26队晒场主任。

刘本田　赵光农场党委书记，1993年、1997年分别出席北安市第十二届、第十三届人民代表大会。

李石民、杨淑琴（女）　1993年出席北安市第十二届人民代表大会。李石民，时任农场副场长。杨淑琴，时任农场砖厂车间主任。

黄大强　赵光农场工会主席，2002年出席北安市第十四届人民代表大会。

吕殿富　赵光农场场长，2007年出席北安市第十五届人民代表大会。

王宏忠　赵光农场场长，2010年出席北安市第十六届人民代表大会。

刘增元　赵光农场党委书记，2016年出席北安市第十七届人民代表大会。

三、工人代表大会代表

张树兴　通北机械农场修理厂工人，1953年出席中国工会第七次全国代表大会。

四、中国共产主义青年团代表大会代表

（一）黑龙江省代表大会代表

姜永生　共青团通北农场团支部副书记，1956年出席共产主义青年团黑龙江省第一届代表大会。

胡晓元　共青团赵光农场37队团支部书记，1982年出席共产主义青年团黑龙江省第

七次代表大会。

（二）县（市）代表大会代表

白秉英　共青团赵光农垦局团支部副书记，1963年出席中国共产主义青年团北安县第一届代表大会。

马杰（女）、于兰兰（女）、乔靖男、李佳瑶（女）　2004年出席共青团黑龙江省北安市代表大会。马杰时任农场初中教师、团支部书记。于兰兰时任初中教师。乔靖男、李佳瑶时为农场初中四年级学生。

五、中国妇女代表大会代表

（一）全国代表大会代表

王淑兰（女）　通北农场畜牧队饲养员，1957年出席中国妇女第三次全国代表大会。

（二）黑龙江省代表大会代表

冯继芳（女）　黑龙江生产建设兵团一师七团29连副指导员，1973年出席黑龙江省妇女代表大会。

（三）县代表大会代表

杜立（女）　通北农场妇女干事，1956年出席北安县首届妇女代表大会。

六、县（市）政协委员

郭清琪　赵光农场职工医院主任医师，1965年、1980年分别当选政协委员，并出席黑龙江省北安县第五、第六届政协会议。

李任安　赵光农场高中教导主任，1980年、1983年分别当选政协委员，并出席黑龙江省北安县（市）第六、第七届政协会议。

杨森　赵光农场初中办公室主任，2002年当选政协委员，并出席北安市第十一届政协会议。

陈允红（女）　赵光农场初中副校长，2004年当选政协委员，并出席北安市第十二届政协会议。

李文刚　赵光农场副场长，2009年当选政协委员，并出席北安市第十三届政协会议。

刘增元　赵光农场党委书记，2015年当选政协委员，并出席北安市第十四届政协会议。

第六节　科技人员

赵光农场建场 70 多年，参加开发建设农场的科技人员数以百计，他们为农场机械化兴起和发展做出了突出的贡献。早期进场的科技人员陆续离开了农场，后来者又源源不断地充实到科技队伍中。1980 年起，农场根据国家的有关规定，对全场科技人员进行了套改、晋级和职称评定工作。

一、建场初中期在农场工作过的部分科技人员

王荫坡	丁振乡	陈世富	毛健群	孙仕利	聂蕙兰	汪福林	毛炳富	史占三
赵世俭	杨士奇	牛永年	李一萍	王锡五	李景仪	王德祥	周绍钧	蔡传枢
洪瑶楹	赵群英	王文心	高艳茹	王本宜	周全根	杨忠玲	林学良	钟喜文
杨寿东	史宏族	龚真瑜	刘明昌	宋克俭	于 森	樊悦珩	吴显生	巴云起
高 翼	李玉璋	张 羽	李敬秋	陈广昌	于振甫	於家锦	王德安	薛贵林
施维刚	费治浩	徐全荣	刘叶青	田 信	窦占忠	牟国臣	王福伦	雷炳发
辛景武	姜礼厚	李大本	李光时	周元龙	武安民	吴颖平	张静华	巩桐林
梁慧茹	张永岩	周凡五	高鹤玲	张汝才	赵 耿	赵振华	赵忠福	徐维祯
李瑞平	李永斌	么允公	邢守礼	邓俊煊				

二、1984 年前已评定专业技术职称科技人员

朱龙飞	谭玉田	邹龙瑞	邹天庆	蒋迪飞	姜远才	李本荣	孟繁忠	赵永才
徐洪志	李 微	赵福义	陈 信	王树春	郝贵发	金国忠	马学利	白凤仪
可殿祯	王家荣	苏兆年	王子芳	周岐忠	梁蕴江	刘敬修	李荆祯	张焕生
刘显忠	胡 奎	姜绍良	李国清	李道械	杨庆瑞	杨文轩	任 富	时淑清
吴 彤	李任安	陆喜云	崔宝维	付成山	全景有	马秀贤	亢玉林	冯玉琴
张守忠	董宝生	赵海珠	张广才	杨忠莹	赵 军	朱振国	王玉珍	赵连春
李玉德	段玉明	刘桂清	杜秀芹	关敬芬	徐亚茹	孟繁金	王文生	赵玉兰
肖 富	李汉林	李延恒						

三、1985—2005 年高级职称专业技术人员

冯玉琴	马秀贤	梁蕴江	张 荣	王永涛	赵永才	苏兆年	可殿贞	梁运江

赵福义	李荆真	任　富	时淑清	谭玉田	邹龙瑞	蒋迪飞	王庆义	王禄荣
颜宪章	单永江	于兴国	陈兴权	曲兆文	滕守金	周导农	张颖坤	张革龙
温发启	邱淑清	邱广学	王学峰	郭益民	盛桂兰	陈淑香	关海晨	刘国栋
赵运璞	于桂芳	邹丙文	董志杰	宁秋茹	葛连江	高法庭	邹万福	肖　德
王雅玲	李政凡	李万常	谭超英	曾　明	杨淑琴	黄乾丽	王久江	曲志国
苏兴俊	李加旺	郭景惠	徐振华	石冬田	李相玲	魏金平	宫兆义	朱宝萍
常桂芳	肖　斌	仇立志	蒋伟明	朱迎秋	张景范	邹凤琴	古　力	邹艳玲
吴兆启	张尚华	高长贤	张万里	张文华	蒋可维	端木宪发	崔万敏	刘丽萍
刘桂文	于建华	孙福山	王贵成	姜　文	孔繁萍	韩凤霞	于伟田	周树林
关　艳	张晓艳	王显红	车玉波	李淑君	邵惠敏	唐伟红	赵承宇	都亚杰
郑洪月	王殿军	高文革	范子龙	王淑华	解德海	房洪利	陈允红	陈淑霞
刘亚梅	董英姿	蒋淑云	王桂荣	姜传武	石宝琴	张　发	张淑华	邹本文
陈淑兰								

四、2006—2020 年高级职称专业技术人员

2006—2020 年高级职称专业技术人员统计见表 9-2。

表 9-2　2006—2020 年高级专业技术人员统计

晋职时间	姓名	任职资格
2006 年	曹立新	副主任医师
	于国元	高级工程师
	孙淑霞	高级会计师
	宋继娇	高级教师
2007 年	卢广平、吕艳坤、李兰慧、高亚丽、刘丽娟	高级教师
	蔡志刚	副主任医师
	薛　锐	高级畜牧师
2008 年	李艳华、魏 红	副主任护师
	王宝荣、王长伟	副主任药师
	陈文升	副主任医师
	吴国华	高级教师
	张欣鑫	高级工程师
2009 年	翟玉东、孙景奎	副主任医师
2010 年	刘晓东、王瑞民、王海英、侯永才	副主任医师
	曲丽萍、秦淑清、华方贤	副主任护师
2011 年	刘富华	副主任护师
	焦化平	副主任技师
	黄继明、马建华	高级农艺师
	陈彦霞、李胜华	高级兽医师
	别红茹、席瑞云	高级会计师

（续）

晋职时间	姓名	任职资格
2012 年	姬良波	高级政工师
	赵宏印	高级农艺师
	张　峰	高级统计师
	屈淑克	高级会计师
2013 年	王长伟	主任医师
	陈桂荣	副主任护师
	马　杰、任晓辉	高级教师
	王淑华	高级工程师
	窦丽娟	副研究馆员
2014 年	王宝荣	主任药师
	冯厚玲	副主任护师
	刘凤春	高级政工师
	张海玲、孙华国、刘秀杰、徐菊兰、于佳荣	高级教师
	杨　明	高级经济师
2015 年	何忠新	高级工程师
	由景顺	高级政工师
	徐宝珍、于艳红、李　丽、杨春英、冯艳梅	高级教师
	徐树波	高级农机工程师
2016 年	车桂兰、魏　红、司佳虹	主任护师
	杨　民、张春杨	副主任医师
	赵　云、刘兰英	副主任护师
	杨　宇、刘晓波、曲聪聪、付婷婷	高级教师
	李旭光	高级农艺师
	王艳红	高级兽医师
	刘永波	高级工程师
2017 年	李艳华	主任医师
	林　义、韩　平、才雪丽	副主任医师
	刘宇红	副主任护师
	耿　静、王长旭、黄德新、田贵阳	高级教师
	张　峰	高级会计师
	王璐璠、雒江枫	高级兽医师
2018 年	关淑玲	高级经济师
	黄臣海、蔡志刚、杨隆轩	主任医师
	赵永丽	副主任技师
	宋立文	副主任护师
	张　杨、陈艳梅	副主任医师
	许治涛	副主任药师
	何艳秋、王淑华、孙喜霞、林彬、武　军、韩　颖	高级教师
	赵国民、洪登明、张尔春、艾国军	高级教师
	侯国权、马克胜、王相文、赵宏宇	高级农艺师
	孙小亮	高级工程师
	周立军、王胜友、于周滨	高级兽医师
	李艳华	主任护师
	刘微微、纪延东、宋建国、高金辉	高级畜牧师
	杨慧玲	高级会计师
2019 年	李　杰	副主任技师
	王晓燕、王剑峰	高级教师
	赵作鹏、马人杰	高级农艺师
	张　群	高级政工师
2020 年	冯厚玲	主任医师

附　　录

文献特载

通北机械农场建场三年总结
——1950 年 12 月 6 日在建场三周年庆祝会上的报告

场长　周光亚

一、三年来的基本情况

通北农场建场三年来，员工们刻苦努力，经过曲折的道路和复杂环境的考验，真是从无到有，从小到大发展起来了。从建场踏查的 4 个人发展到 460 多人；从没有 1 公顷地的地方，到成为有 1 万公顷地的农场；从没有 1 间房子，到现在已拥有 600 多间房子，其中较大的建筑物——俱乐部、工厂厂房、家属宿舍，都是不小的工程；拖拉机从没有 1 台，到今天已有 52 台；技术人员从十几名开汽车的老同志起家，到今天已拥有 150 名熟练的拖拉机手，并且计划经过今年的冬学，可以增加到 180 名；马从没有 1 匹，到今天已有 100 多匹；大车从没有 1 辆，到今天已有 27 辆。现在计算农场的总资本已达 1000 亿元。这些说明：我们的农场今天已初具规模，打下了一个比较巩固的基础了，未来的光明远景在等待着我们！

二、三年来的体会

通北农场是一点一点地走向正轨的。由于我个人是军人出身，拿枪杆子是内行，用拖拉机办农场可以说是没有把握。过去偶尔从报纸看到关于拖拉机的介绍，再就是道听途说，因此对办农场工作是一个十足的外行人。在决定建场以前，我曾到苏联边境一个老农场参观学习过，有了一些感性认识，回来以后就组织通北农场。由于外行，在建场时碰到的问题很多，今天回想起来有以下几点，提出来供参考。

（一）场址问题

筹建农场时曾有很多争议。有人提出在克山或镜泊，有人说在铁力，最后还是决定在通北了。三年来的实践表明，通北还是最合适的。主要原因在于：

1. **交通条件较好** 靠铁路沿线，交通方便，这是农场发展有利条件之一。为证实这个问题，我们看一看松江农场（牙不洛尼）和兴凯农场的惨重教训就知道了。但是也许有人说，交通方便的地方哪儿有那么多？我说目前整个国家已耕地只占可耕未垦地的 1/10，因此起码在最近几年我们还有条件挑选较合适地方的，为什么要费力气找交通不便的地方呢！我看交通便利这个问题是农场建设发展最有利的条件，至少目前是应当这样肯定的。

2. **土地肥沃** 三年来的实践可以充分地说明，我们的耕地土壤是相当好的。土地是否肥沃，是建场时应注意的问题之一。

3. **可耕未垦地多而集中** 我们开伏荒时，亲眼看到农场附近可耕未垦地相当广阔而且集中，现在已开成 1 万公顷，据调查还可能开 1 万公顷。这样的土地条件，对奠定大农场的发展是很合适的。

（二）几点收获

1. **巩固团结老技术人员，积极培养新技术人员** 这一点很重要。建场当时只有 14 名开汽车的工人，我们诚心实意地团结他们，把他们看成是老师傅、老宝贝。正因为如此，所以他们很稳定。有了这样一个良好开端，今天我们已经培养了 150 名熟练的拖拉机手，老师傅成了技师或队长，第一批培养的双城、呼兰两地的学员，不仅学会开拖拉机，而且不少人已成为拖拉机队的小队长或中队长了。由于这一工作的实实在在，拖拉机驾驶技术1948 年的学员 2 年学成，1949 年的学员 1 年学成，今年的大部分学员只半年就差不多了。事实上，老师傅带好了新师傅，新师傅又教会了大徒弟，大徒弟帮助了小徒弟。在这种以老带新师徒共进的情况下，学习情绪高涨，促成了技术上的早熟。

2. **关心员工生活，稳定职工情绪** 建场一开始，我们就注意了这个问题。例如在建场后两个月就开始发电，点上了电灯。宿舍在可能情况下争取弄得暖和些，伙食争取既经济又实惠。作业站没设以前先解决水井问题。因此，我们的职工在开荒生产困难面前动摇和不安定的很少。今天我们的工人宿舍相当温暖和清洁了。我们的职工宿舍，在农村说来已经够得上一等房了。我们有澡堂，也有理发馆。有俱乐部，也有合作社。我们的生活就要提高到小城市的水准了。由于我们的努力工作，职工的情绪稳定了，职工长期工作的信心树立了。今天说来，这是我们的一点收获。

3. **搞好必要的基本建设** 首先要提出的是修理工厂。一座烘炉起家的简易修理所，由于设备的增加，现在不但能旋气顶、做螺丝，还能搞联结器、镇压器，并能随时熔接农具。家属住宅的修建也是很要紧的。现在把 8 号的家属住宅计算在内，总共能住下 150 户家属。解决这个问题，是稳定职工情绪的必要措施，粮食仓库、机械库、备品仓库也一定要赶上形势。但是方针只是一个：建设一定要服从生产的需要，不能本末倒置。

（三）几点管理经验

机械农场的管理工作是有些特殊性的，因为它不同于机关，也不同于工厂。三年来摸索到的有以下几点：

1. **统一领导很重要** 通北农场建场以来，就很注意这个问题。农场党、政、工、青四位一体，紧密配合不脱节，上下一致，贯彻执行场长负责制。这样就保证了农场的稳步发展。

2. **严密组织，明确分工** 只有加强组织才有力量。1948 年春，农场在 40 多名职工中只有 4 名党员就建立了党支部。1948 年 7 月，省、县尚没有工会组织，我们在党支部的领导下便成立了职工会。由于工会的成立，小组起作用，因此我们的基层工作踏实，生产任务完成得好。行政组织由组改为股，到现在的科，随着形势的发展组织系统逐步巩固和完善。目前说来，除了中层领导尚弱一些以外，上下是没有问题的了。另外，共青团也很起作用，以团支部书记耿德同志为首的团员同志们，积极响应党和政府的号召，在一切艰苦的工作中起带头作用。这些都说明我们的组织是比较严密和协调的。1948 年个别职工有时讲讲怪话，现在看来，那已成为历史了。这说明组织严密，正气可以压倒邪气。

3. **政治教育的作用** 1948—1949 年冬季的整训非常奏效，所有员工的政治觉悟空前提高，并且员工的工作步调一致。现在以农场文化程度最低的大车队来说，在抗美援朝保家卫国的运动中，有的农工也要求到朝鲜去，其他单位更不用说了。所以能如此，是与党、政、工、青不放松政治教育有直接关系。志愿军都是在争着去、抢着去的情况下去的，个别没被批准的，还向组织苦求，哭着要去的事哪次都有。这说明我们的全体职工的政治水准提高了，今后我们要继续提高。

调整产业结构，实现"七五"规划，加快翻两番步伐

——赵光农场"七五"规划

农场现有耕地 2.53 万公顷，林地 0.39 万公顷，草原 0.15 万公顷。总人口 2.5 万人，职工 9280 人。下属 4 个分场、1 个林场、8 个公司、7 个工副业单位。

农场创建于 1947 年，在党的正确领导下，经过 37 年的开发建设，为社会主义建设做出了一定贡献。但是，长期以来，由于受"以粮为纲"的影响，加上苏联模式的束缚，多种经营的口号在农场虽然喊了多年，实际还是单一经营粮豆，林牧副渔工业发展缓慢，经济作物比重很小，而且没有形成商品生产。1970 年以来，15 年各业平均总产值的比例是：种植业占 81%、畜牧业占 4.8%、林业占 0.3%、副业占 2.8%、渔业占 0.1%、工业占 11%。林、牧、副、渔、工五业占比之和不足 20%。由于单一经营，成果大起大落。建场 37 年有 15 年盈利，22 年亏损。盈利最高的是 1980 年（盈利 602 万元），亏损最多的是 1973 年（亏损 630 万元）。由于受"左"的束缚，总产值和人均收入水平提高幅度不大。据总局 1983 年职工生活水平调查，国营农场人均收入只有 405 元，其中人均家庭副业收入只有 60 元。如果这种状况不改变，到 20 世纪末实现翻番是不可能的。我们要从以粮为纲的教训看调整产业结构的必要性，从实践翻番的宏伟目标看调整产业结构的重要性，从职工勤劳致富的愿望看调整产业结构的迫切性，把调整产业结构作为"七五"规划的战略措施，重点下决心抓好。

根据党的十二届三中全会的精神，农场"七五"规划的指导思想是：推进全面改革，改变经济结构，开展多种经营，发展商品生产，增强企业活力，提高经济效益，实现"33 制""4 个 1"，5 年产值翻一番，10 年翻两番。

"33 制"是：到 1990 年全场工农业产值达到 9500 万元。其中种植业 3000 万元，占总产值 31.6%；工业 3300 万元，占总产值 34.7%；林牧副渔多种经营、基建交通运输、商饮服务业 3200 万元，占总产值 33.7%。通过改革，从根本上改变现在的农业经济结构，建设起高效能的社会主义农业。到 1990 年，各业产值占工农业总产值的比重改变为：种植业由 1984 年的 77.4% 降低到 31.6%，林业由 1984 年的 1.2% 提高到 2.5%，畜牧业由 1984 年的 8.8% 提高到 21%，其他多种经营第三产业产值由 1984 年的 2.5% 提高到 10%。全场盈利 800 万元，产值利润翻一番。"4 个 1"是：到 1990 年，全场实现粮豆总产 1 亿斤，工农业总产值达到 1 亿元，盈利 1000 万元，全场人均收入 3000 元，相当于 1000 美元。总产值提前 5 年翻两番。

实现这个目标，农场经济将进入振兴时期，使企业积累能力和经济实力大大强增。全场人均收入比目前增长 3 倍，人民生活水平将有较大幅度提高。实现这个目标，也有客观的依据，我们有很多有利条件：有党的十二届三中全会精神指引，有党的正确政策保证；场内有得天独厚的资源优势，有比较雄厚的物质基础；广大干部群众有改革致富的强烈愿望。现在大干快上的条件已经具备，只要我们有改革的胆略、科学的态度和求实的精神，扎扎实实做好工作，就能够实现农场经济的新突破。具体规划措施是：

一、改变传统的种植结构，扩大经济作物比例，逐步实行"三元"种植

（一）突破"以粮为纲"的束缚，扩大经济作物种植面积

扩大经济作物种植面积可以在同样的面积上得到较高的经济收入。播种 1 公顷白菜可以收入 4500 元，播种 1 公顷洋葱可以收入 7500 多元，播种 1 公顷党参可以收入 6000 多元。我们树立新的种植观念，扩大经济作物种植面积，增加产值。1984 年，播种经济作物面积 0.25 万公顷，1985 年扩大到 0.39 万公顷，其中甜菜 0.33 万公顷、蔬菜 333.33 公顷、药材 3.33 公顷、瓜类 20 公顷、油菜 200 公顷。1990 年，经济作物面积发展到 0.39 万公顷，其中甜菜 0.33 万公顷、蔬菜 466.67 公顷、药材 20 公顷、瓜类 46.67 公顷、油菜 40 公顷。1995 年经济作物面积达到 0.44 万公顷，其中甜菜 0.33 万公顷、蔬菜 533 公顷、药材 33.34 公顷、瓜类 66.67 公顷、油菜 500 公顷。

（二）改变粮豆内部种植结构，扩大大豆种植面积

大豆是重要的出口物资，其价值高于小麦而且易销。我场大豆有很大的增产潜力，要发挥优势，增产增收。1985 年，大豆比例要由现在的 31% 扩大到 33% 以上，1990 年达到 35%。通过调整使全场的作物比例由目前的二元结构（小麦、大豆）在 1990 年改为三元结构（小麦 35%、大豆 35%、经济作物和饲料 30%）。

（三）扩大高产新品种种植比例，实行科学种植，提高粮豆单产，增加总产

一是扩大大豆优良品种比例。重点繁育推广黑河 4 号、北丰 3 号、北丰 5 号等 3 个优良品种，更换现有品种。1985 年优良品种面积达到播种面积的 30%，1990 年达到 50%。二是扩大小麦优良品种面积。大面积推广克旱 9 号、龙 79B-1165、79-372 等 3 个高产新品种，取代种性退化的克旱 8 号、克丰 2 号品种。1985 年小麦高产新品种面积达到播种面积的 50%，1990 达到播种面积的 80% 以上。三是合理搭配品种比例。做到因地制宜科学种植，实现均衡增产，高产增收。1985 年全场小麦计划公顷产 2625 千克，大豆公顷产 1500 千克，粮豆总产 3886.5 万千克；1990 年小麦公顷产达到 3000 千克、大豆亩产 1875 千克，粮豆总产实现 0.5 亿千克。

（四）充分利用不宜种植粮食的低洼地发展林业、牧业和养殖业

本着宜林则林、宜牧则牧的原则，鼓励职工兴办开发性的林、牧、渔场和其他副业生产，提高低洼地的经济效益。

通过改变种植业内部结构，逐步建立起一个经济合理的土地利用新格局，扬长避短，提高农业产值水平。1984 年全场种植业产值 2411 万元，1985 年 2570 万元，1990 年 3000 万元，1995 年达到 3300 万元。

二、改变农牧结构，大力发展以奶牛为重点的畜牧业

大力发展畜牧业，改变产业结构，促进粮食转化，建设有机农业具有十分重要的意义，是安排劳动就业、加快致富步伐的重要措施。粮食的增加和农场加工业的发展需要，为振兴畜牧业提供了极为有利的条件。我们要抓紧时机，全场上下一齐动，用最快的速度，以养牛为主，把畜牧业生产搞上去。

（一）加快发展奶牛业

我场有 1.47 万公顷天然草原，有大量农副产品，有饲养奶牛的经验，有年加工鲜奶 7200 吨的奶粉厂，发展奶牛前景十分广阔。目前养牛热正在全场兴起，我们要积极扶持，加快发展。1984 年奶牛存栏 710 头，1985 年达到 1500 头，1990 年达到 3500 头。1985 年产奶 2240 吨，1990 年达到 5500 吨。为奶粉厂日加工 40 吨鲜奶设备生产创造条件。

（二）大力发展养禽业，与二龙山联合

肉鸡 56 天成熟，肉料比 2.5：1，是比较优良的肉用品种。康贝尔鸭年产蛋 200 多个，冬夏常年产蛋。要发动千家万户，大上养禽业。1985 年养禽 21 万只，产蛋 300 吨，出售肉鸡 10 万只。1990 年饲养 110 万只，产蛋 2000 吨，出售肉鸡 80 万只。

（三）积极发展养羊业

1985 年存栏 5252 只，产毛 8.7 吨。1990 年达到 1 万只，产毛 20 吨。1995 年达到 2 万只，产毛 60 吨。为建设毛纺厂提供原料。

（四）巩固发展养猪业

国家调整猪肉价格后，要把养猪业重新振兴起来。1984 年猪存栏 5500 头，出栏肥猪 3000 头。1985 年存栏增加到 7000 头，出栏肥猪 4000 头。1990 年存栏达到 1 万头，出栏肥猪 6000 头。

（五）积极创造条件，大上肉牛

肉牛曾远销香港，一等肉牛毛重每千克 3.5 角多钱，出口 1 头肉牛相当于种 0.67 公顷粮食收入。明年国家开始对苏联贸易，出口肉牛大有可为。边远地区有草原或退耕还牧生产队，要大量繁殖黄牛，集中饲养奶牛，发展肉牛。1985 年养肉牛 700 头，出口 32 头。1990 年存栏达到 3000 头，出口 600 头。畜牧业总产值：1984 年 271 万元；1985 年提高到 406 万元；1990 年达到 2000 万元，占总产值 21%；1995 年达到 2500 万元，占总产值 25%。

为此，要进一步放宽政策。一是扶持建舍政策：职工修建畜舍，农场可以借给砖瓦等主要建筑材料，用户两年还清材料费。二是贷款政策：购买牲畜确有困难的职工，给

予低息贷款扶持，按合同逐年偿还。三是实行包保优惠政策：凡兴办家庭牧场或从事养殖业的技术人员，两年内保基本工资的 60%。四是饲料地政策：对不承包土地的养畜专业户，因地制宜，要妥善安排好饲料地。五是技术服务政策：畜牧公司下设配种站，兽医院负责种畜引进、专业培训、技术服务。六是鼓励职工兴办家庭牧场：协助家庭农场职工安排好发展规划，鼓励扶持家庭农场兼营牧业。1985 年每个家庭农场要养肉鸡 2000 只、蛋鸡 200 只，10 公顷地出栏 1 头肥猪。1990 年养肉鸡 500 只，蛋鸡 400 只，6.67 公顷地出栏 1 头肥猪。做到丰年大发财、平年不少收、灾年不挂账。家庭农牧场要与畜牧公司签订销售合同，畜牧公司负责搞好产品经销、饲料供应和产前、产中、产后服务工作。

三、改变以农为主的传统结构，大力发展农场工业

大力发展农场工业，坚持农工商并举，是实现农场致富之路。要突破以农为主的传统观念束缚，广开门路，实行全民、集体、个体一齐办，大中小项目一齐上，加快工业发展速度。奋斗目标是：1985 年工业总产值 335 万元，比 1984 年增长 20.9%；1990 年达到 3300 万元，占工农业总产值的 34.7%，比 1984 年增长 11 倍；1995 年工业总产值达到 4000 万元，占工农业总产值的 40%。

（一）抓骨干厂建设，形成拳头产品

1. **集中全力把奶粉厂搞上去** 1986 年 8 月奶粉厂正式投产，年生产奶粉 110 吨，产值 60 万元。1986—1987 年产品质量达到国家银质奖标准，形成拳头产品。1990 年生产奶粉 1200 吨，1995 年达到 2000 吨。以奶粉厂为依托，1987 年建设冰激凌厂，1988 年建设麦乳精厂，形成以奶粉厂为中心的乳食品生产基地。奶粉厂工业总产值 1990 年达到 700 万元，1995 年达到 1000 万元。

2. **牛肉罐头厂** 牛肉脂肪量低，在国际市场上具有稳定的竞争能力，国内销售也很受欢迎。要利用黄牛资源，积极开展食品加工。1987 年建设年产 50 万盒牛肉罐头厂 1 座，相继建立皮革厂。1988 年生产牛肉罐头 30 万盒，1990 年达到 50 万盒。产值 1988 年 60 万元，1990 年达到 100 万元。

3. **黑加仑酒厂** 黑豆果含有多种维生素，有很高的营养价值。黑加仑果酒，国际畅销；黑加仑软糖，远销国内外。根据黑豆果生产情况，1988 年争取合资建设年产 4000 吨的黑加仑果酒厂一座。1989 年产黑加仑果酒 500 吨，1990 年达到 4000 吨。以黑加仑酒厂为主体，建设年产 1000 吨的黑豆果糖厂一座。1989 年产黑加仑软糖 250 吨，1990 年达到 500 吨，1995 年达到 1000 吨。产值 1989 年 500 万元，1990 年达到 2000 万元，1995 年

达到 4000 万元。

（二）以资代劳

采取农场、集体、个人投资相结合，全民、集体、个体一齐办，大中小项目一齐上。多方筹集资金，大力兴办工业，各分场生产队都要拿出自己的拳头产品。

1. **啤酒厂** 1985 年农场采取集资的办法自筹建设资金 20 万元，建设 1 座年产 4000 吨的啤酒厂。1986 年生产啤酒 1000 吨，产值 40 万元。1990 年达到 4000 吨，产值 160 万元。

2. **豆乳粉厂** 1985 年利用原红光奶粉厂设备改型生产豆乳粉，1986 年生产 50 吨，产值 40 万元。1990 年达到 500 吨，产值 100 万元。

3. **黑豆果浆厂** 根据黑豆果发展情况，1985—1988 年建设黑豆果浆厂 4 座。1985 年 1 座（二分场），1987 年 1 座（总场），1988 年 2 座（三、四分场）。1985 年产果浆 15 吨，产值 4 万元，1990 年 3000 吨，产值 600 万元。

4. **醋厂** 一分场米醋远近闻名，要扩大规模，装瓶上市，大量销售。1985 年生产 100 吨，产值 5 万元，1990 年 500 吨，产值 25 万元。

5. **饲料加工厂** 1985 年二分场饲料加工厂正式投产，生产全价配合饲料 1000 吨，产值 60 万元，1990 年达到 6000 吨，产值 180 万元。要研究营养比价，制定科学配方，除供应本场需要外，产品打入市场。

6. **制瓦厂** 1985 年制瓦厂安装投产，生产红瓦 50 万片，产值 7 万元。1990 年生产 250 万片，产值 34 万元。除满足本场自用外，积极组织外销。

四、改变传统产业结构，积极发展民用建筑业、交通运输业、商业、饮食服务业，大力发展第三产业

1984 年，农场有基建队 4 个，其中全民 3 个、集体 1 个；有商业网点 80 个，其中全民 14 个，集体 1 个，个体 65 个；饮食服务业单位 39 个，其中全民 2 个，集体 1 个，个体 36 个；有从事交通运输业个体 15 个。总产值 90 万元，占工农业总产值的 2.5%。要在政策上鼓励千家万户兴办民用建筑业、交通运输业、商业、饮食业、日用修理和生活服务业，大力发展各种非农业生产经营专业户，重点扶持一大批投资少、见效快、效益高的行业。要采取多种集资渠道，把更多的资金投到第三产业上，从根本上改变投资结构和产业结构。1985 年第三产业产值达到 200 万元，占总产值的 5.5%；1990 年达到 900 万元，占总产值的 10%。1995 年达到 1500 万元，占总产值的 15%。

五、改变单一经营结构，努力发展林果业、副渔业

（一）以黑豆果为重点， 发展林果业

一是大力发展黑豆果，扩大种植面积，提高产量，为果浆厂提供原料。1985 年新增 166.67 公顷，1986 年新增 266.67 公顷，1987 年新增 266.67 公顷。1985 年产果 50 吨，1986 年 100 吨，1989 年 3000 吨，1990 年 5000 吨。二是栽好果树。1985 年以后每年栽果树 6.67 公顷，1990 年达到 80 公顷；1985 年产果 15 吨，1990 年达到 100 吨。三是利用闲田地大力营造用材林、薪炭林，管好农防林。要充分发挥家庭林场和林业专业户的作用，加快发展林业。1985 年全场造林面积达到 0.27 万公顷，森林覆盖率 7.8%；1990 年全场造林面积达到 0.54 万公顷，森林覆盖率达到 10%。1985 年林业产值 52 万元，1990 年达到 554 万元。

（二）利用自然水面，发展集体个体养鱼

1985 年养鱼 240 公顷，产鱼 35 吨；1990 年养鱼 366.4 公顷，产鱼 150 吨。1985 年副渔业产值 54 万元，1990 年达到 60 万元。

（三）积极开展采集山货

山货包括山蕨菜、榛子、蘑菇、山药材等。开展种药材、割苕条、打苫房草、编土篮、打草苫子等副业生产，增加收入。

通过改变产业结构，促进经济良性循环。到 1989 年全部解决青年就业问题，1990 年将 50% 商品粮转化为畜牧、工业产品。

六、改变传统经营方式，坚持开放搞活，疏通商业流通渠道

（一）以商业公司和各专业公司为主体，把场部办成商业活动中心

采取定期举办商品展销会、物资交流会和农场集市贸易等多种形式办商业洽谈买卖；加强横向经济联系，建设开放式的多渠道、少环节的商业网络，切实解决买难卖难的问题。

（二）扩大商品销售网点，建立产销信息窗口，提高企业应变能力

1985 年在北京、青岛开辟两处销售网点，1990 年前争取本省和全国各大城市都有农场的产品。通过信息预测，每年都要有 1～2 种新产品打入外地市场。

（三）内销外联，加快商品推销

一是加强场经销公司建设，设专人常年推销产品。二是各专业公司积极开展自产自销，联产联销。三是鼓励职工从事长途或短途贩运，逐步建立一支强大的商品经销队伍，实现多产快销。

七、改变领导方法，努力实现规划指标

实现"七五"规划，加快翻番步伐，是改革新形势的需要，是加速建设现代化企业的必由之路，任务光荣而艰巨。各级领导要适应新形势，增强责任感，反映改革的新观念，制定切合本单位实际的近期和长远规划，落实措施，组织实施，带领广大群众创造性地做好工作，为全面实现规划目标而奋斗。

赵光农场科技兴场方案
（1998 年）

在农场党委的正确领导下，经过全场广大职工奋力拼搏，战胜了历史罕见的秋涝、早霜，夺取了连续第 9 个丰收年。面对当前疲软的小麦市场及居高不下的成本费用，1998年应以高产高效为目的，进一步调整种植结构，扩大经济作物，增加科技含量，努力提高单产水平，降低单位成本。为了更好地贯彻这一指导方针，特制定此方案。

一、指导思想

以彻底实现全面积、全作物、全过程标准化为突破口，坚持推广"两膜三移""大垄高台双行""水稻钵育摆栽"等新技术，增加种植业的科技含量，综合组装农业生产的新技术、新措施，进一步提高农业生产力水平。强化农业生产规模化管理，根据市场和栽培规律确定合理的作物布局，稳定完善农业政策，坚决落实常年抗旱夺丰收的具体措施。加强管理，努力降低单位成本，为作物产量和效益再创新纪录奠定坚实的基础。

二、工作任务和目标

任务：1998 年全场计划播种 2.83 万公顷。其中小麦 0.8 万公顷，大豆 1.09 万公顷，甜菜 0.2 万公顷，其他 0.1 万公顷。粮豆作物平均公顷产力争实现的目标：小麦 4500 千克、大豆 3000 千克、玉米 9000 千克、水稻 7500 千克，确保粮豆总产突破 8 万吨大关。甜菜平均公顷产确保 37.5 吨，力争 45 吨。油菜平均公顷产确保 1950 千克，力争 2250 千克。

三、科技兴场的具体措施和要求

（一）完善"六制"配套农艺流程，是夺取农作物高产、稳产的关键

（1）强化轮作制。1998 年种植业结构调整要严防打乱"六区"轮作体系，在遵循市

场规律的基础上，协调好农作物的种植比例，坚决禁止大豆重茬，减少迎茬面积，甜菜实行 6 年以上轮作方式。

（2）坚持耕作改制。从农场种植业历史来看，种植业每次跨越式前进都是以耕作制度的改革为基础而实现的，耕作方式的改革势在必行。1998 年耕作改制的重点任务是在实行深松耙茬少耕法的基础上，扩大豆茬原垄卡种玉米、小麦和油菜，玉米茬原垄卡种大豆等免耕法的示范和推广工作。

（3）完善种子产业化建设，全面推广良种制。继续加强小麦、大豆等作物的三级良种繁育体系，理顺种子产业各环节关系，进一步规范种子产业化建设。加强种子管理，严格控制乱繁和越区种植，有计划、有目的地引进少、好、新品系，搞好试验示范，奠定推广基础，突出抓好各主栽作物品种的提纯复壮工作。1998 年各作物品种搭配如下：

小麦：以"新克旱 9 号"为主栽，占小麦种植面积 70％，其余搭配"龙 91-1178""北 93-204""大 4 号"等优质高产品种。大豆：根据各单位的积温情况，分别以北 87-9、黑交 92-1544 为主栽。搭配使用北丰 9 号、北丰 10 号、北 92-28、北 93-95、北垦 94-11、黑交 92-1526 等品种。油菜：以垦油杂交种和秦油 14 为主栽。玉米：以覆膜的绥育 6 号为主栽。甜菜：直播以甜研 303 为主栽，育苗品种由种子公司统一供种。水稻：以龙选 948、龙花 83-146、合江 19、黑粳 7 号为主栽。

（4）坚持合理施肥。①充分利用有机肥，增加秸秆还田量，改良土壤肥力。②合理"六因"施用化肥。一是因作物确定施肥量。小麦 N9P9K2、大豆 N8P10K2、油菜 N8P6、玉米 N15P13、甜菜 N20P17K3、纸筒育苗增施有机肥 3 吨以上，水稻 N7P7K3、白瓜子每公顷 60～75 千克二铵穴施。二是因测土结果定施肥量。三是因不同前茬确定施肥量，甜菜茬种大豆增施 22～30 千克纯量。四是因土质、土势确定施肥量。黄土岗地增施氮肥，洼地增施磷肥，但肥量不能突破。五是因品种不同确定施肥量。六是合理施用钾肥。钾肥施用量不宜过大，一般控制在 2～2.2 个吨量，最好配合生物钾施用。③根据作物需肥规律改进施肥方法，提高肥力利用率。各作物采用深施肥，种肥和追肥相结合的方法，强化叶面追肥，确保高产高效。各作物叶面追肥的时间：小麦分蘖期、抽穗扬花期；大豆初花之前，盛花鼓粒期；油菜叶丛繁茂期；水稻抽穗前后。应用肥料：尿素、KH_2PO_4、米醋、稀土或活力素、增产菌或云大 120 等。甜菜、玉米在 10～12 叶机械公顷追尿素 75 千克。④种子育肥，甜菜、油菜公顷活力素 1125 千克＋增产菌 225 毫升拌种。玉米、水稻用 0.8％的稀土溶液浸种后催芽播种。

（5）坚持预防为主、综合防治的植保方针，有效控制病、虫、害。①防病方面。小麦、大豆用种衣剂包衣，对根腐病有明显防效。小麦在抽穗扬花期用多菌灵胶悬剂防赤霉病，大豆盛花期喷多菌灵胶悬剂防灰斑病和菌核病。油菜用多复合剂拌种防根腐病，盛花期用多菌灵或甲托防菌核病。甜菜用土菌消拌种防立枯病、根腐病。叶丛繁茂期喷多菌灵或甲托防褐斑病。水稻用多菌灵防稻瘟病和胡麻斑病。②防虫方面。小麦用敌杀死防黏虫，大豆用种衣剂包衣防潜根蝇，花荚期用敌杀死防治食心虫。水稻插秧用乐果防治负泥虫和潜叶蝇。③除草方面。小麦应用甲黄隆和绿黄隆，大豆田用速收、广灭灵、塞克津，油菜田用油黄隆有效防除繁镂、鬼针鸭拓草。此外，要继续坚持复方土壤处理，广大杀虫普，更好地控制草荒。大豆、油菜、玉米等中耕作物的除草要合理配方，达到一次用药就能控制草荒的目的。

（6）坚持以低产田改造为主的农田基本建设。进一步完善山、水、林、田、路的综合治理工作。一要继续挖沟排水，修筑暗洞，明沟暗洞结合，达到改造低产田的目的。二要充分利用水源，走以稻治涝、以稻致富之路。

（二） 重点实验推广的新技术

一是中耕作物精量点播技术。二是航化灭虫、防腐、增产技术。三是扩大有机肥示范面积技术。四是水稻钵育摆栽技术。五是水稻旱育稀植浅、湿、干节水罐面积100％技术。六是甜菜大垄高台双行栽培技术。七是玉米覆膜技术。八是甜菜机械追肥防褐斑病技术。九是水稻促早熟技术。十是大豆（白瓜子）与玉米间种技术。

（三） 增加农业投入，增强抗灾自救能力

继续增加农业基础设施，改善农业生产条件，重点投入方向：一是农田基本建设。二是农机设施，更新履带拖拉机20台，脱谷机10台，气喷播种机20台，累计投入604万元。三是化肥，农药，农膜。四是增加技术投入。五是增加劳动力向土地的投入。六是增加对农业抗灾意识的投入。

（四） 严把质量关，坚决把好标准化作业关，抓好6个突破

一是晒场作业标准化。二是农机具作业前合格率100％。三是整地、起垄、施肥、播种标准化。四是覆膜、育、移栽标准化。五是中耕、喷药、施肥、防治病虫草标准化。六是收获作业标准化。

四、强化领导，精心组织，科学安排，确保丰产丰收

一是要学习贯彻"十五大"精神，形成强有力的战斗集体。二是强化对农业生产的领导与监督。三是办好"两高一优"学习班和科技兴农研讨会。四是优选科技兴农各项措施，综合组装，形成新的高产模式，创一流高产示范场。五是搞好攻关技术储备，提高单位面积效益：小麦400千克、大豆300千克、玉米1000千克、水稻700千克、甜菜5吨、油菜 200 千克。六是做好 1998 年生产计划，迅速掀起备耕生产高潮，为实现农业生产目标而努力奋斗。

赵光农场"十五" 计划和
2015 年远景目标规划

一、"九五"的回顾及"十五"计划和 2015 年远景目标编制依据

（一）"九五"期间经济发展的回顾

"九五"期间累计完成国内生产总值 6.77 亿元，比"八五"期间增加 3.28 亿元，年均增长速度 14%。其中：第一产业累计增加值 4.24 亿元，比"八五"期间增加 1765 万元，年均增长速度为 11%；第二产业累计增加值为 9704 万元，比"八五"期间增加 5213 万元，年均增长速度为 17%；第三产业累计增加值为 15621 万元，比"八五"期间增加 9853 万元，年均增长速度为 22%。"九五"期间累计粮食总产 34.8 吨，比"八五"期间增加 4.6 万吨，年均增长速度为 3%。累计现价社会总产值 13.59 亿元，比"八五"期间增加 5.7 亿元，年均增长 11%。人均收入 3048 元，比"八五"期间增加 1104 元，年均增长速度为 9%。从以上的主要经济指标来看，经济发展水平还是比较可观的，但从不变价的角度看，经济发展速度还是比较缓慢的，尤其是从"九五"的后 4 年开始，粮食市场价格持续走低，使农业的可比效益下降，职工的总体生活消费水平呈下降趋势。在农业基础设施及小城镇建设上，先后投入了近 1 亿元的资金，提高了农业的抗灾能力和生产力水平。小城镇建设也有了一个飞跃的发展。新建职工住宅楼 4 座 2.2 万平方米；新修白色路面 2.2 万平方米；新建综合服务楼 3458 平方米；通信线路增加至 118 杆千米，电话机安装达 2750 部，有线电视安装 4100 户，入户率达 80%；人均住房面积 12 平方米；科技队伍建设已有明显提高，现已有各类技术人员 1100 人，其中高级职称 38 人，中级职称 350 人，初级职称 705 人；本科毕业生 60 人，大专毕业生 243 人，中专毕业生 478 人；教育事业飞速发展，教学质量稳步提高。小学、初中入学率 100%，小学巩固率 100%，初中巩固率 98% 以上，年考入重点高中 60 人以上，占重点高中招生人数的 1/3；医疗卫生事业发展迅速，农场职工医院经过 40 年的发展建设，现已成为有 26 个科系，集医疗、预防保健、教学、科研为一体的综合性国家二级乙等医院。现有 140 名工作人员，具有大专以上学历的占 48%，其中副主任医师 10 名，主任医（药、护、技）师 49 名。医院拥有各类检测、治疗设备 60 台（件），其中有美国产 CT 机一套，匈牙利产 500MA 大型 X 线机，

日本产心腹两用超声诊断仪，心脏频谱诊断仪，日本产心肌监护仪，胎儿监护仪等高科技设备。与黑龙江省农垦总局医院、黑龙江省第二肿瘤医院、山西省太原市类风湿医院协作医院。成立了社区卫生服务站，开通了 120 急救系统，形成院前急救与院内急救一条龙服务；社会保障事业日趋完善。参加养老保险 5541 人。1990 年起，在场直事业、机关等 5 个单位进行医疗保险试点，1998 年吸纳场直各单位全部参加，并选 3 个生产队参加试点，总计参加医疗保险人数 2020 人。

（二）"十五"计划和 2015 年远景目标的编制依据

当前国际、国内经济形势十分严峻。从国际形势看，知识经济正在兴起，全球经济一体化已成为现实，对国内经济构成很大的威胁，同时也带来了良好的机遇；从国内经济形势看，全国农业和农村经济发展出现重要的阶段性变化，突出表现：一是粮食的销售价格持续走低，卖粮难的矛盾突出；二是农业在"九五"的后 3 年，遭受严重的自然灾害，职工收入水平下降，种地积极性不高；三是随着全球经济一体化的发展，粮食的进口已不可逆转，给国内的粮食生产构成巨大威胁；四是由于北方大豆、春小麦品质问题，国家已经明确退出保护价收购。在垦区经济发展的重要转折时期，我们面临严峻的挑战和良好的机遇，这就要求我们必须认清形势，研究新问题，制定新办法、新策略，谋划好今后 5 年经济的发展战略。我们必须在农业产业结构上做相应的调整。过去以生产商品粮为主的发展思路已不能适应新的经济形势。农产品将面临着再次降价的局面，而与之相比的畜产品所受的冲击相对较小些，我们下一步产业结构调整的重点是加大畜牧业的发展力度，以及与之相配套的畜产品加工业。农场有丰富的草原资源，有肥沃的土地，具备发展以奶牛、肉牛为主的牧业生产条件。今后的 5 年立足于向畜牧业和农业基础设施建设上投资。以乳品厂和粮油加工厂为龙头企业，带动其他各业的发展，科学安排，合理布局。

二、"十五"计划及 2015 年远景目标编制的指导思想和基本内容

（一）"十五"计划及 2015 年远景目标编制的指导思想

以上级党委指示精神为指导，继续发扬北大荒人的艰苦创业精神，建立种、养、加一条龙，产、供、销一体化经济结构，坚持多层次、多形式的技术横向联合，推进科技进步，强化经营管理，保护和发展生产力，振奋精神，抓住机遇，抢占市场，艰苦奋斗闯难关，同心协力求发展，为实现富民强场的宏伟目标奋斗。

（二）"十五"计划及 2015 年远景目标的基本内容

（1）经济发展主要指标："十五"末期，即 2005 年，实现现价社会总产值 4.6 亿元，与 2000 年相比，年均增长速度为 9.7%，国内生产总值现价为 2.1 亿元，年均增长速度为

10%；粮食总产量 7.29 万吨，比 2000 年增加 1.41 吨；人均纯收入 4840 元，2000 年增加 1840 元，年均增长速度 10%；国内生产总值 10174 元，比 2000 年增加 3818 元，年均增长 10%。

2015 年远景目标：实现现价社会总产值 11.6 亿元，比 2005 年增加 7 亿元，年增长 9.7%；现价国内生产总值为 5.2 亿元，比 2005 年增加 3.1 亿元，年均增长 9.5%；粮食总产量 8.31 万吨，比 2005 年增加 1.02 万吨；人均纯收入 9500 元，比 2005 年增加 4660 元，年均增长 7%；人均国内生产总值 2.54 万元，比 2005 年增加 1.52 万元，年均增长 9.6%。

（2）农业发展情况：加大农业产业结构的调整力度，压麦、增豆、增油，使小麦的面积占 20%，大豆面积占 45%，油菜面积占 20%，青贮等经济作物占 15%。优化品种结构，小麦以龙 94-4083、新克草九号等为主栽品种。大豆以黑 92-1544、北疆 94-395、北垦 94-11 为主栽品种。利用 0.27 万～0.34 万公顷的黄土岗地或地力比较贫瘠的地块，试种无公害的小粮豆，使之打入绿色食品的行列，这种产品深受韩国、日本、美国的欢迎，出口价格在 5 元/千克左右，力求农业产值在稳定的基础上有所增长。

（3）工业发展情况："十五"期间，把乳粉生产扩大至日加工鲜奶 160 吨的乳粉生产线，上一套保鲜奶加工生产线，年处理保鲜奶 8000 吨，到"十五"末期达到年产乳品 3000 吨，产保鲜奶 1.03 万吨。对粮油加工业进行更新改造，上一套年加工小麦 6 万吨的小麦粉生产线，设备生产线采用意大利设备。对畜产品加工上，拟上年屠宰万头肉牛的屠宰冷冻厂 1 座，上 1 个小型的豆制品加工厂和厩肥加工厂，以带动农业、牧业的发展。

（4）畜业生产情况："十五"期间，立足于发展以奶牛、肉牛为支柱产业的畜牧业生产及后续加工，在今后的五年拟建一万头商品肉牛生产基地和千头奶牛示范小区，两大百牧项目，以促进畜牧业的发展。至 2005 年使奶牛存栏达 8000 头，肉牛存栏达 6000 头，使之成为农场的半壁江山。除此以外还相应地要建立 100 万只大鹅生产基地和以养猪、养鸡为辅助的畜牧业生产。

（5）交通、运输发展迅速。2005 年实现沙石公路总里程 235 千米，货物运输量 18 万吨，完成货物周转量 1170 万吨千米，旅客运送量达 3.4 万人，完成旅客周转量 179 万人千米。

（6）建筑业及小城镇建设长足发展。2005 年房屋竣工面积 5500 立方米，工程验收后优产品率 97%，人均住房面积 18 平方米，人均绿化面积 29 平方米，住户燃气率 55%，集中供热面积达 6.3 平方米。

（7）扩大外贸出口，积极引进外资。"十五"期间积极寻求与外商合作，争取将生产的优质牛肉打入国际市场 5000 吨，拟利用外资 5225 万元，搞鲜奶加工和农机具建设。

（8）继续开展科技攻关，新技术推广应用。"十五"期间继续搞好原垄卡播作物示范推广，大豆 30 毫米平播密植高产栽培技术研究、高产多抗优质小麦品种的引进示范推广，大豆高蛋白、高脂肪品种的引进推广，油菜双低高含油量多抗品种的引进推广等科技项目；搞好大豆大面积高产综合配套技术研究开发与示范、超高产攻关试验，建立特色农业试验基地，测土施肥提高肥料利用率等攻关项目的研究。

（9）加强林业建设，加快农场生态林业建设步伐，切实加强森林资源的培育，完成造林 0.32 万公顷，其中纯增面积 0.1 万公顷，完成森林抚育采伐面积 400 公顷，生产木材 5000 立方米，增加绿化大苗培育，发展温室花卉和新、奇、特产品，积极推广应用容器育苗，提高造林绿化质量。

（10）医疗卫生事业蓬勃发展。卫生工作以提高全场人民健康水平和生活质量为核心，保全场人民基本卫生服务，逐步满足人民群众多样化卫生服务需要。重点抓好基层卫生所建设、预防保健和人才培养 3 项工作。21 世纪全场人均期望寿命 78 岁，婴儿死亡率 5% 以下，孕产妇死亡率控制在 0；地方病得到全面控制和基本消除，巩固初级卫生保健达标场成果；全场居民安全卫生饮用水安全卫生率达到 95% 以上；甲级卫生所达到 90% 以上，卫生厕所普及率达到 70% 以上。

改革医院体制，实行一院多制。把医院后勤分离出来，成为独立经营实体。放活第三产业，突出抓好护老康复科为龙头的卫生产业支柱建设，解决下岗职工再就业问题。医院要突出以病人为中心，强化质量意识和服务意识，扩大服务功能，走出医院建立家庭病房。大力发展社区卫生服务，充分利用农场所处地缘优势，开拓医疗市场，全方位实施周边服务和医疗战略，在北安垦区农场医院阵容内部抢先成为区域卫生发展龙头。夯实卫生所基础建设，确保广大基层职工群众及时得到最基本的卫生保健服务。场医院在保证基本医疗、急诊急救前提下，努力实现二级甲等医院工作质量标准。经过短时间努力，实现系统化、专业化发展格局。着重发展脑外科、肛肠外科、普外科、骨外科、风湿科等相关小科系建设，形成自己的特色。加大卫生行政执法力度，加强计划生育、卫生防疫、妇幼保健工作。要依法加强婚前保健工作，加强孕产史和儿童保健系统管理，加强计划生育技术指导和服务，搞好优生优育工作。

（11）教育教学质量逐年提高。教育为垦区经济建设服务，为垦区输送科技人才，培养德、智、体、美、劳全面发展的接班人和建设者。"十五"期间继续推进集中办学，将原有的 4 个分校合并入场直小学，由原来的 7 所学校变为 3 所学校，即高中、初中、小学。九年义务教育覆盖率 98% 以上，初中毕业生合格率 95% 以上，高中毕业生合格率达

90％以上。高中考入大学率达 50％以上。初中考重点率达 50％以上，小学升入初中率达
100％。推广电化教学，普及率达 100％。

（12）通信、信息网业规划。通信线路达到 190 杆千米，通信光缆达 110 千米，覆盖
全场各地。电话机安装 2900 部，电话普及率达 3％，计算机上网 65 台。

（13）广播电视事业规划。农场有线广播站点达 32 个，广播人口覆盖率达 100％。调
频广播站 1 个，覆盖率达 100％。电视转播台 1 个，有线电视台站发展到 27 个，接收电视
节目 30 套，有线电视覆盖率 100％，卫星地面站 10 个。

（14）农场政法事业得到巩固和加强。公安部门认真贯彻打防结合、预防为主的方针，
积极推进打防控一体化建设，确保一方平安。加大治安管理力度，尽最大努力控制恶性案
件的发生，破案率在 90％以上。加大检察机关的查案力度，加强农垦法院的审判调解
工作。

（15）加快档案管理现代化和办公自动化的进程。"十五"期间继续贯彻实施《档案
法》，进一步加强档案的制度、队伍、基础设施建设，逐步改善档案装备和设备。增加购
买密集柜 5 列，吸湿机 1 台。实现档案管理现代化，开发档案信息系统，进入微机网络管
理，计划 2001 年前档案管理进入国家行列。

（16）劳动就业和社会保障事业规划。处理好劳动就业关系是保证社会稳定、促进经
济发展和提高人民生活水平的根本途径。随着企业减负增效，一部分人要从原岗位上分离
出来，每年还要新增加部分社会劳动力，因此，实现充分就业的任务十分艰巨，采取多种
途径和措施解决就业问题是今后十分重要的工作。

大力发展和兴办第三产业，坚持企业集体、个人一起上的方针，采取优惠政策鼓励下
岗职工发展服务业。办好劳务市场，2000 年开始启动，2005 年达到规范化。2000—2010
年，社会劳动力和新增社会劳动力一律送入劳动力市场，实行用工双向选择。单位招工、
用工到市场，鼓励职工从事种植业、养殖业，把没有实现再就业的下岗职工 100％分流安
置到种植业、养殖业上来，对新劳动力每年按 30％安排到生产队搞种植业。发展用工密
集型产业，引导人们实现再就业，例如：种植药材、经济作物等。在"十五"期间计划安
置下岗职工 472 人。

加工社会保险工作以扩大保险覆盖面，提高职工参保意识，以扩大保险范围为重点，
逐步实现社会保险工作的制度化、规范化。从 2000 年起，国有企业、股份制企业职工养
老保险、失业保险参保率达 100％。个体劳动者养老保险参保率达 50％，每年递增 5％，
到 2010 年达 100％。在全场签订劳动合同职工中开办医疗保险业务，2005 年达到 25％，
2006—2010 年达到 50％，2010—2015 年达 100％。从 2005 年起，开展工伤保险工作试

点。2010 年在全场企业中，开办工伤保险业务；开展生育保险工作试点，2010 年在全场企业中开办生育保险业务，加快全场医疗保险的推进速度，在 2005 年末全部实现职工医疗保险。

立足新优势　踏上新征程
奋力谱写新时代《老兵新传》 故乡新篇章
——在赵光农场十六届三次职工代表大会上的工作报告
刘增元

各位代表：

现在，我代表农场党委、农场，向大会报告工作，请各位代表审议。

一、2018 年工作回顾

过去的一年，在集团（总局）、管理局党委的正确领导下，农场党委、农场团结依靠全场 3.2 万名职工群众，深入贯彻中共党的十九大精神和习近平新时代中国特色社会主义思想，以稳农壮牧增三产、富民强场促和谐为目标，全面落实高质量发展理念，加快农场企业化改革步伐，经济社会和谐稳定发展，较好地完成了上届职代会确定的各项目标任务。

2018 年，实现生产总值 12.7 亿元，同比增长 6.6%。其中第一产业增加值 4 亿元（畜牧业增加值 0.75 亿元），第二产业增加值 0.76 亿元（工业增加值 0.51 亿元），第三产业增加值 7.94 亿元。实现全口径利润 7388 万元，其中家庭农场利润 6762 万元，企业利润 626 万元。资产负债率 84.8%，同比下降 3 个百分点。居民人均可支配收入 3 万元。

（一）现代化大农业提质增效

落实习近平总书记"中国粮食、中国饭碗""给农业现代化插上科技的翅膀"的殷切嘱托，深入推进藏粮于地、藏粮于技战略，农业综合实力稳中有升。一是种植结构再优化。总播种面积 3.4 万公顷，其中大豆 1.69 万公顷、玉米及青贮 1.53 万公顷、马铃薯 0.08 万公顷、高粱和水稻等其他作物 0.09 万公顷，种植比例分别占 50%、45%、2.3%、2.7%。作为轮作试点单位，高标准、高质量完成了既定目标。二是基础设施再完善。投资 1004 万元完成高标准农田建设项目（含晒场、田间路、排水沟、涵洞修建等）；投资 436 万元完成 2017 年胜利水库除险加固收尾工程；投资 71 万元完成节水增粮项目，新建库房 1 座、配套喷灌设备；各管理区使用计划审批资金 45 万元，改造低产田 173.33 公顷、维修农田路 18.55 千米、整修涵洞 88 座、治理水蚀沟 2.7 万延长米。三是农业产出再创新。虽受旱涝急转、霜冻提前 7～10 天和粮价走低等不利因素影响，农场未雨绸缪，积极谋划，应用抗旱播种、抗涝防病、促早熟以及钼酸铵技术应用等 17 项科技兴农措施，各作物实现丰产丰收，实现粮豆总产 2.25 亿千克，种植业总效益 1.26 亿元。其中大豆平均公顷产 2850 千克，公顷效益 6000 元；玉米平均公顷产 10800 千克、公顷效益 1500 元。四是订单农业再扩大。大豆种子繁育面积超过 80%，涉及 9 家种子公司，全部订单回收。其他商品粮通过精选分级方式，划分大、中、小 3 个品级，按照市场需求按大粒豆、芽豆等产品出售，两种模式销售价格均高于市场价 0.02 元/千克，为职工增收近 500 万元。玉米烘干企业与种植户主动对接，有效解决了职工卖粮难问题。五是金融助力再升级。全面积参加阳光农业相互保险，理赔总额 1161.5 万元，有效降低了种植风险。积极落实中央文件精神，与大连商品交易所、南华期货公司、阳光保险公司、九三油脂集团合作，试验推广"收入险"和"基差采购"项目，职工获得赔付 66 万元，提高了职工收入保障水平，为金融手段服务"三农"积累了宝贵经验。六是线上线下再合作。鼓励家庭农场线上加盟大农网，及时汇集采购和销售信息。线下加入祥润合作联社，在农资供应、生产标准、产品销售等方面实现联合经营，完成了农业产业链条的衔接。2018 年，联社采购种子、化肥、农药等物资 1.42 万吨，为职工节约生产成本近 200 万元。七是绿色发展再加力。严格落实省委省政府秸秆禁烧政策，通过广泛宣传、制度约束和机械更新等手段，全年实现零火点。投资 1100 万元更新收获机聚拢割台、进口秸秆还田机、国产翻转犁、4.4 米秸秆还田机、圆辊整形器等农机具 110 台（件），秸秆全部实现粉碎还田。10 月 20 日，耕地 100% 完成黑色越冬和秋起垄。

（二）林牧总量再提高

完成荒山造林补植 66.67 公顷，栽植杨树、云杉等苗木 6.1 万株，验收成活率达 90%。重点发展山产品采摘、食用菌栽培、特色种植、特色养殖、苗木繁育等林下经济，出圃各类绿化苗木、花卉 70 余万株，生态养殖狐、貉、白鹅、溜达鸡等 15 万只，采摘野菜、榛蘑等山产品 300 吨，全年创产值 2350 万元。积极完善现代化牧场和散养户养殖点建设，推广养殖应用技术，加强防疫检疫工作管理，尤其是非洲猪瘟疫情的部署和防控，层层落实、网格化管理，全场无疫情发生。犇鑫牧场委托经营模式运行有序，鑫旺牧场经营管理进一步加强。截至 2018 年年末，全场奶牛存栏 3020 头，肉牛存栏 253 头，生猪存栏 2062 头，羊存栏 511 头，禽出栏 4.3 万只，累计销售鲜奶 1.23 万吨。

（三）城镇承载能力显著增强

使用 2017 年度一事一议审减资金 86.5 万元，维修改造祥景 1 路供热管网 300 延长米，更换供水中心二次泵站管网 50 延长米，场区安装逆水阀门和阀门井 24 处，原糖厂机械厂家属区维修改造室外公厕 4 所，场区见缝插绿植树绿化 3.1 万株；投资 299 万元完成供热中心 1 号锅炉和管线改造工程；投资 232 万元完成原糖厂社区 1～7 号住宅楼基础设施改造工程，包括铺设步道板和更换给排水管线；投资 170 万元完成天河市场地面改造工程，包括硬化和排水；投资 190 万元完成天河小区 16～19 号楼配套工程，包括铺设荷兰砖和雨排等；投资 21 万元完成水上公园维修工程，包括地砖、侧石、栏杆等；投资 969 万元完成局直老年公寓工程；投资 520 万元完成其他 60 余项民生领域维修类工程。物业公司、供水中心、供热中心协同开展城镇维修管护和便民服务活动，全年开展各类维修 6000 余件（次），职工日常生活更加便捷，城镇化基础得到夯实，城镇整体形象得到提升。

（四）各项社会事业协调发展

一是教育教学有了新提高。113 人考入管理局重点高中，中考升学率位居管理局第一名。二是卫生计生迈上新台阶。发放 280 万元用于独生子女父母奖励及退休一次性奖励、计生特扶金、独生子女费等多项补贴，1500 余人得到实惠。为职工群众建立健康档案 1.8 万份，公共卫生服务水平和职工就诊满意率显著提高。成功举办省级"社区卫生协会培训基地"首届培训班，垦区西部局第五期社区卫生服务工作实践技能培训班。三是民生保障实现新提升。按照人口向场区集中、配套功能向场区倾斜的原则，"四型"社区与"党员中心联带户"活动充分结合，管理水平不断提高，自治能力不断增强，服务职能、服务意识、服务方式更加全面细致。医疗保险城乡统筹一体化工作有序推进，累计报销医疗费 612 万元、930 人（次）；为 1038 名灵活就业人员、475 名"30 年工龄"人员发放社会保险补贴 338 万元。办理漏保 316 人、断保 1221 人。四是精准扶贫抵达新阵地。扎实开展扶贫帮困行动，发放困难救助、大病救助、低保救助金 55 万元，879 名鳏寡孤独人员得到帮助，按照脱贫攻坚工作"回头看"要求，通过技术帮扶、岗位帮扶、产业帮扶、低保兜底等方式，全场 31 户 70 人全部脱贫。五是文体事业有了新进展。结合改革开放 40 周年、10 万复转官兵开发建设北大荒 60 周年、下乡知青开发建设北大荒 50 周年以及习近平总书记在垦区考察时，对电影《老兵新传》的赞誉，组织开展骑行赛、读书会、球类比赛、文艺演出以及弘扬北大荒精神的文化活动 60 余场次，激发了党员干部"不忘初心、砥砺前行"的热情，增强了赵光农场人的自豪感和使命感。六是社会稳定取得新成绩。按照相关政策要求，完成 730 名退伍军人登记工作，为 52 名符合条件的大中专毕业生办理养老金补缴手续。深入实施"七五"普法，法治农场建设全面推进。严格落实安全生产责任制，安全生产形势总体平稳。坚持依法信访，矛盾纠纷多元化解运行机制逐步完善，信访形势稳中有降。进一步完善防控体系，社会治安和综合治理工作好中向优，人民生活和谐安定。

（五）企业化改革遵章推进

2018 年 12 月 16 日，黑龙江北大荒农垦集团总公司挂牌成立，出资主体为财政部，标志着垦区实现了体制机制转型，成为国家重要央企，改革已经取得实质性进展。按照垦区的战略部署，农场在推进企业化改革过程中，遵循生产经营和办社会职能机构、人员、资产、负债、财务核算"五分开"要求，登记注册了赵光农场有限公司，下设社会事务部，按照"不裁员，不降薪"的基本要求，完成了机构和人员的重组和任命，以及财务核算的彻底分开，各项现代企业管理制度正在建立和完善。行政职能和社会职能改革方面，检察室、法庭、派出所完成重组、移交、揭牌，中小学成建制移交工作全面推进，已与北安市政府签订移交框架协议。过渡期内，农场现行"三重一大"、财务预决算、内部审计、政务公开、绩效考核等管理制度，得到全面贯彻和有效落实，经营管理和改革发展环境保持高效稳定。

（六）党的建设全面加强

全面贯彻中共十九大、习近平总书记到三江讲话精神以及集团（总局）、管理局党委重要指示精神，坚持党要管党、全面从严治党，重点推进"两学一做"学习教育，围绕"北大荒堡垒工程"，创新"三抓三联"工作机制，丰富"党员中心联带户"活动载体功能，基层党组织的凝聚力和战斗力得到提升，集团（总局）党建工作现场会在农场成功召开。围绕解放思想促进高质量发展大讨论，培育和践行社会主义核心价值观，深入推进思想政治工作六个结合，通过强宣传、提素质、重载体、树典型行动，做大做强志愿者服务品牌。目前，已在黑龙江省志愿者服务平台注册服务组织 20 支，注册志愿者人数 700 余人，全年开展志愿活动 200 余次，参与人数超过 5000 人次。在省志愿服务"5 个 100"评选活动中，宣传部、物业公司、第三居委会被授予殊荣。坚持党委集体领导，全面落实公开、监督工作，进一步健全和完善"三重一大"制度，加大一岗双责责任追究力度，充分运用监督执纪，扎紧"制度笼子"，以上率下、层层传导压力，倒逼"两个责任"有效落实，党风政风行风得到明显增强，为农场经济社会发展奠定了坚实的政治基础。

武装、统战、女工、老干部、关工委、广播电视等部门积极发挥作用；交通、工商、土地、通信、电力等单位为农场发展提供支持，全场上下凝心聚力，呈现出政通人和的喜人局面。

各位代表，看到成绩的同时，我们也清醒地认识到，农场经济社会发展还存在一些不容忽视的问题。主要表现：一是经济高质量发展依然任重道远。一二三产业尚未有效融合发展，延伸农业产业链条困难重重，缺少龙头企业的带动、示范和引领。二是农场收入单一。新的经济增长点有待进一步挖掘和培育，公共服务和社会性支出占比超过农场收入的50％，企业办社会压力较大。三是城镇管理和居民生活环境还需进一步改善。基础设施还有短板，公共服务还有待提高，生态环境质量还不能完全满足职工群众的需求。四是个别部门和干部工作主动性、创造性不足。业务能力和服务意识还需进一步加强。

二、2019年重点工作

各位代表，2019年是中华人民共和国成立70周年，是北大荒建设全国农业领域航母的奠基年，更是赵光农场全面推进企业化改革的关键年。既有难得的机遇，也有诸多困难。我们必须坚定信心，振奋精神，抢抓机遇，自我加压，牢记总书记嘱托，自觉投身到垦区转型发展大潮，全力推动全场经济社会更好更快发展。

总体要求：按照集团（总局）、管理局党委会议决策部署，以习近平新时代中国特色社会主义思想为指导，深入贯彻中共十九大和十九届二中、三中全会精神，尤其是习近平总书记到垦区视察重要指示精神，坚持稳中求进工作总基调，坚持新发展理念，坚持以人民为中心，落实高质量发展要求，以全面加强党的建设为统领，以推进农场企业化改革为依托，以农业供给侧结构性改革为重点，以提升职工群众幸福指数为目标，全面做好降成本、稳增长、调结构、惠民生、防风险、促改革等各项工作，立足新优势，踏上新征程，为全面推进赵光农场经济社会和谐发展而不懈努力，奋力谱写新时代《老兵新传》故乡新篇章！

奋斗目标：生产总值13.5亿元，同比增长6.5％；企业利润1382万元，同比增长120.8％；居民人均可支配收入3.1万元，同比增长3.3％；粮豆总产稳定在4.5亿斤以上。

（一）以高质量发展为目标，深入推进农业供给侧结构性改革

1. 优化农业种植结构 严格落实国家耕地轮作补贴和生产者补贴政策，认真贯彻落实国家强农惠农政策，稳定玉米和大豆种植比例，适度扩大大粒豆、高粱等特色作物种植面积，构建科学合理的轮作制度。加大培肥地力，提高土地产出效益，增加职工收入。稳步扩大作物订单种植面积，甄别种子公司经营资质和综合实力，完善订单回收协议，降低市场风险。2019年，播种面积为4.2万公顷，其中播种大豆1.86万公顷、玉米及青贮1.36万公顷、马铃薯0.9万公顷、其他作物0.08万公顷，占比分别为44.3％、32.4％、21.4％、1.9％。预计实现粮豆总产2.3亿千克，种植业总产值4.2亿元。

2. 落实土地承包政策 明确农场与农村土地的四大区别。一是权属不同（农场土地

为国有，使用权归国有农场；农村土地为集体所有，经营权归农民）。二是合同性质不同（农场拥有土地使用权，职工承包土地属于债权范畴，农村农民获得的土地经营权证是物权范畴）。三是合同内容不同（农场土地经营管理依据《中华人民共和国合同法》，遵循权利、义务、责任一致的原则。农村土地经营管理依据《中华人民共和国农村土地承包法》）。四是权利性质不同（农场职工承包农场土地，具有相对请求权，只在合同期限和范围内生效；农村农民土地属于用益物权，承包期限内具有对世权）。根据上级有关精神要求，落实农场土地承包政策，明确收费依据和方式。2019年，农场土地承包继续实行"两田"制，管理区、居委会和职介所要重点对身份不符合人员进行审核清查。此外，管理区新增土地分配人员，必须经农场党委审核批准。

3. **科技支撑降本增效** 落实习近平总书记"给农业插上科技的翅膀"等重要指示精神，深入实施藏粮于地、藏粮于技战略，积极争取项目资金，打造农业数字化信息化平台，安装布局农机指挥调度系统、机车作业质量监测系统、机车作业费核算系统、田间环境监测系统等，大力发展数字农业、精准农业。以农业科技示范带和高产创建示范田为突破口，加强农技推广体系建设。高标准落实农业"三减"，进一步改善土壤结构，增加有机质含量，促进农业可持续发展。通过合理密植等技术手段，有效降低农业生产成本。科技园区以技术探索创新为重点，搞好课题研究，做好对比试验，总结玉米应用锌肥和大豆应用钼肥等成功经验，加快科技成果转化。积极申报绿色有机认证面积，抓好优质高产良种、测土配方施肥、农业信息化等技术应用。

4. **夯实农业基础设施** 争取国家高标准农田和千亿斤粮食生产等项目，投资1210万元完成第一管理区高标准农田建设项目（含晒场、田间路、排水沟、涵洞修建等）；投资1500万元完成第四管理区千亿斤粮食生产项目；投资1350万元完成第二管理区粮食生产项目；投资1000万元完成产粮大县制种基地建设；投资130万元完成乌裕尔河堤坝维修工程；投资25万元完成生命防护工程（含标志牌、路边沟等维修）；加强沟、渠、林、田、路综合治理，各管理区根据地理实际情况，利用0.5%管理费开展田间路、鱼眼泡、水蚀沟等小型水土治理项目，不断完善农业基础设施。

5. **打造农业服务平台** 按照集团（总局）"双控一服务"战略规划，农业未来服务模式将转变为"呼叫式"服务。2019年，农场已被集团（总局）确定为农业生产投入品统一供应新模式的试点，现已预订肥料7000吨，我们应该以此为契机，积极对接政策，搭建好服务平台，逐步完善农业服务平台建设。通过"互联网＋"模式，发展棚菜围城经济和土地众筹项目，为都市家乡人和生态健康消费者搭建起与《老兵新传》故乡心念不忘的桥梁。积极争取农作物"保险＋期货"投保面积，为垦区、为全国总结经验，做出示范。

6. 补齐林牧产业链条 调优畜牧业和林业经济在第一产业中所占比例，念好"山水经"、唱好"林草戏"、打好"果蔬牌"。以"两牛—猪—禽"为重点，坚持标准化、规模化、品牌化、产业化同步推进，提高鑫旺牧场标准化饲养管理水平，做好犇鑫牧场租赁监管，加强非洲猪瘟防控工作，积极打造10吨奶工程，实现奶牛存栏4000头，年产鲜奶1.5万吨；肉牛饲养量500头；羊饲养量1000只；生猪饲养量2500头；禽饲养量10万羽，实现畜牧渔业增加值7000万元。加强资源管理，综合开发林菌、林木、林果、林禽主导产业，促进林下经济向规模化、集约化、品牌化发展，全年实现林下经济总产值1735万元。

（二）以做强实体经济为依托，加快项目建设和三大产业融合

1. 打造优良营商环境 集团（总局）正在整体布局大基地、大企业、大产业，目的是打造农业领域航母，使现代化大农业的触角得以延伸，最后实现反哺农业。我们要借力改革东风，用好大平台、扩大朋友圈、营造好环境，坚定推进"龙头＋基地"模式，主动走出去，全领域、多层次开展亲情招商、资源招商、以商引商，为投资者制定切实可行的优惠政策，在项目考察、审批、建设等各个环节实行一站式管理、一条龙服务。

2. 扎实推进项目建设 加快在建项目竣工投产；积极促进现有中小企业达产达效，支持富雪粮油公司、砖瓦制造公司完成产品转型升级，提高产品附加值。鼓励支持小微企业围绕特色农产品、绿色有机食品等，开发设计适合电商销售的产品和包装，逐步发展成为互联网创新企业。实现工业销售收入2亿元，工业增加值5500万元，利润总额1500万元，招商引资额1亿元。

3. 扶持非公有制经济发展 坚持抓大不放小、抓公不放私的原则，紧紧依托小城镇发展和人口聚集优势，加快发展餐饮、服务、交通、物流等第三产业。要从政策上引导，管理上规范，服务上优化，资金上扶持，人才上支撑，使非公经济呈现出蓬勃发展的强劲势头。宣传引导扶持商家加入互联网线上服务，把"快递小哥""外卖小哥"等新兴的小事业做出大成绩。继续发挥特色种植和养殖协会作用，持续发展狐、貉、白鹅等特色养殖项目，通过建立合作社、信息网等形式，搭建销售平台。2019年，实现非公有制经济产值3.9亿元，利润2.2亿元。

（三）以保障和改善民生为抓手，让改革红利惠及广大职工群众

改革过渡期内，办社会职能移交以前，农场将继续坚持可用财力向民生投入，持续加大城镇管理和环境治理力度，着力保障职工群众生产生活，着力解决公共服务和民生领域短板问题，让改革成果更多惠及职工群众。

1. 提高城镇建管水平 打造生态宜居城镇，加大环境保护和环境建设力度，以新建楼区绿化美化为主，场区绿化补植为辅，植树绿化 40 公顷，栽植苗木 3 万株；以民生工程为重点，投资 61 万元完成老年公寓绿化硬化工程和相关设备采购；投资 258 万元完成原糖厂基础设施建设；投资 38 万元改造供热中心箱式变压器和除渣机；投资 22 万元增设供水中心远程控制设备和水井房改建；投资 14 万元购置老年公寓所需设备。进一步提高城镇管理水平，健全物业公司、供水中心、供热中心各项管理制度，提高管理能力、协调能力和服务意识，各类报修和审批要严格履行程序，费用收缴做到应收尽收，逐年减少农场补贴。

2. **巩固脱贫攻坚成果**　坚持把脱贫攻坚与发展第三产业衔接融合，完善长效机制，强化政策支持。坚持对已脱贫对象开展回头看、回头查、回头帮。扶贫项目要长效跟踪，并适时调整方向。注重单一扶贫和志智双扶相结合，激发贫困户自我发展的内生动力。力争实现"贫困户"转型为"发展户"，逐步升级"致富户"，推动贫困户由稳定脱贫向逐步致富转变。

3. **加大社会保障力度**　深入实施全民参保计划，加大宣传工作力度，最大限度地实现职工群众应参尽参、应补早补、应保尽保，重点做好灵活就业人员参保工作，努力实现社会双保全覆盖。全面提高社会养老保险、医疗保险参保缴费率，落实好国家低保管理救助政策，坚持原则和规定，做好最低生活保障和贫困、重大疾病家庭救助工作。建立和完善社会、民政、工会、基层单位多元化救助帮扶机制，确保救助和社会保障工作阳光运行。

4. **社会事业统筹推进**　一是创新"四型"社区职能。随着新时代发展变化，居委会要重点围绕服务升级开展工作，通过党建引领、文化支撑和产业拉动，把网格化管理、"党员中心联带户"和创业创新活动紧密结合起来，维护社会和谐稳定，实现居民物质文明和精神文明建设双提高。二是做好卫生计生工作。持续推进"健康龙江行动"，保障基本医疗和基本公共卫生服务水平，完善疾病防控、医疗救治和卫生执法监督体系建设。加强社区卫生服务工作，加强医德医风建设，提高职工群众健康水平。三是做好教育移交对接。根据省委省政府、集团（总局）、管局党委和北安市政府关于教育系统移交工作的统一安排和部署，按照步骤、限时等相关要求，做好下步工作。

5. **促进社会和谐稳定**　垦区改革期间，稳定和发展是第一要务，是不可触碰的红线和底线。要以社会稳定为核心，以源头治理为重点，加大社会治安和综合治理力度，加大"七五"普法宣传教育力度，加大不稳定因素排查调处工作力度，严格落实信访责任制，将司法和信访工作紧密结合，加强法制农场建设。严格落实安全生产责任制，坚决遏制防范重特大事故发生，全面完善各类应急预案，强化演练演习，提高预防和处置突发事件的能力，营造和谐稳定的社会环境。

6. 切实抓好精神文明建设 重点加强意识形态领域工作，进一步培育和践行社会主义核心价值观，弘扬北大荒精神，挖掘北大荒精神新内涵，深化群众性精神文明创建活动，弘扬中华优秀传统文化和家庭传统美德，传扬好家风、汇聚正能量。围绕推动高质量发展，深入开展解放思想大讨论活动，引导党员干部用高质量发展视角来谋划工作、解决问题，切实把思想和行动统一到找差距、谋发展上来，推动农场全面振兴、全方位振兴。结合垦区战略新形势，加强企业文化建设，做好统战和宗教工作。围绕中华人民共和国成立 70 周年组织开展系列纪念活动，促进公共文化资源均等化、普惠化。

（四） 以农场企业化改革为契机，逐步健全现代化企业管理制度

按照集团（农垦总局）改革规划，逐步建立和完善现代企业制度，不断加强农场风险管控体系建设，巩固完善用制度管人、管事、管权的长效机制，切实提升经济运行质量和企业管理水平，为对接集团总公司做好准备工作。

1. 全面深化农场改革 按照集团（总局）、北安分公司统筹安排和部署，做好现阶段的企业内部"五分开"工作。按照行政职能和公共服务职能的移交步骤和时限，完善与地方政府的对接程序和手续，涉及移交所需的各类数据信息、合同档案等资料，必须严格履行相关程序，包括政府公函、介绍信等，相关业务单位必须逐级报请，获得农场和分公司批准后，方可履行移交手续。在改革和移交过渡期内，农场逐步完善公司化改制，对应总公司新体制，逐步健全市场化经营机制，遵照上级时序安排和部署，确保各项改革平稳有序推进。

2. 全面加强财务管理 建立规范透明、标准科学、约束有力的预算制度。坚持预算就是决算，压缩、控制支出，超预算支出一律不批，合理运用财务管理手段，降低企业运行成本。管好用好财政项目资金，按计划和程序实施，做到不挤占、不挪用，不扩大支出范围和标准。强化国有资产监管，严格资产处置程序，依法做好资产评估、划转、出资、转让等程序。加大清欠力度，做好控债化债工作，建立债务化解长效机制和激励约束机制，从源头上控制新债产生。2019 年，企业运行成本同比降低 6％，"五费"支出同比降低 7％，资产负债率降至 79.6％。

3. 全面强化审计监督 落实审计监督机制常态化，做到应审尽审、凡审必严。加大年度审计、经营者离任审计、经营过程中的审计、专项资金审计和项目审计的力度。加强对国家专项资金、资金流通单位的监管，加大对大额资金使用和重点项目审计力度，为农场经济发展服务护航。2019 年，重点审计场办公益事业单位经营运行情况以及管理区土地承包和机务核算等内容。

4. **全面保障资金安全** 土地承包费和各阶段预交生产费，必须由种植户本人实名转账上交指定账户，实际种植人、合同签订人、银行交款人、补贴发放人必须一致。不允许以合作社、联户家庭农场等经营组织形式，与农场签订土地承包合同。管理区计划列支的0.5％资金、农机建设基金、机务共同生产费，这三项资金全部纳入账内管理。

5. **全面完善合同管理** 农场对外签订的所有合同，各单位财务报销需要的入账合同，必须经体改部门审核签字方可履行。涉及农场行为的担保贷款，由计财科牵头负责实施，其他单位或个人坚决不允许以单位或行政职务名义，为个人或他人提供贷款担保，发生相关行为，农场视为无效，并从严从重追究责任人责任。

（五）以凝聚改革发展动力为核心，全面提高党的建设科学化、系统化水平

1. **加强思想政治建设** 围绕学习贯彻习近平新时代中国特色社会主义思想和中共十九大、十九届二中全会、三中全会精神，特别是习近平总书记在垦区考察时重要指示精神，抓好党员干部政治教育和党性教育，强化党员干部理论学习和培训，组织开展好不忘初心、牢记使命主题教育，继承弘扬北大荒精神，激发全场干部职工群众以更加饱满的热情和昂扬的斗志，把农场企业化改革推向深入。

2. **加强基层党组织建设** 扎实开展"北大荒堡垒工程"，创新基层党建工作，以"党员中心联带户"活动为载体，创新实施"三抓三联"工作机制。按照项目化管理方式，进一步完善党员联系群众、民情走访等工作制度，以主题党日活动为切入点，抓好各项组织生活制度落实，严肃党内政治生活，加强党员教育管理以及老党员、困难党员帮扶慰问工作。完善基层党组织议事制度，确保各项决策部署的科学性和合理性，切实提升党组织的凝聚力和战斗力。

3. **加强干部队伍建设** 为适应改革发展需要，要重点培养市场营销人才、专业技能人才、经营管理人才，树立正确用人导向，坚决整治庸政、懒政、怠政行为。严格绩效考核制度，加大督办检查问责力度，提升各级管理人员专业素养和能力，打造高素质干部队伍。落实容错纠错机制，让有为者有为，为担当者担当，进一步激发干部队伍和党员干部干事创业的热情和动力。

4. **加强党风廉政建设** 严格落实全面从严治党党委主体责任、纪委监督责任和一岗双责，坚持一案双查。准确把握和运用监督执纪四种形态，持之以恒抓好中央八项规定、省委和集团（总局）党委九项规定精神落实。规范权力运行，强化用权监督，形成不敢腐、不能腐、不想腐的高压态势，营造干部清正、政治清明的良好政治生态。

代表们，大道至简，实干为要。2019年蓝图已定、目标已清、任务已明，核心要义就是加快发展、助力改革。让我们在集团（总局）、管理局党委的坚强领导下，立足新优势，踏上新征程，奋力谱写新时代《老兵新传》故乡的崭新篇章！用实际行动向中华人民共和国成立 70 周年献礼！

名词注释：

（1）"四个意识"：政治意识、大局意识、核心意识、看齐意识。

（2）"四个自信"：中国特色社会主义道路自信、理论自信、制度自信、文化自信。

（3）"两个维护"：坚决维护习近平总书记党中央的核心、全党的核心地位，坚决维护党中央权威和集中统一领导。

（4）"三大一航母"：大基地、大企业、大产业、农业领域航母。

（5）"两化一改革"：垦区集团化、农场企业化、办社会职能改革。

（6）"五分开"：机构、人员、资产、债务、财务核算分开。

（7）双控一服务：一方面控制生产前端，通过采取农业投入品的统供统购，提供优质价廉投入品。一方面控制后端，通过农产品的统一营销，推进保底加分红的产品销售。

（8）三库一中心：建设产地供应库、城市分销库、中心物流库统一收储原粮，形成规模化外溢效应。构建物流系统，降低物流成本，加强品牌建设，增强市场营销能力，争夺市场定价权和议价权。

（9）一体两翼：用科技和金融为农业产业赋能。一体是以食品和农副产品加工业为主体。两翼是科技、金融。

（刘增元时任中共赵光农场有限公司委员会副书记、赵光农场有限公司总经理）

文　　征

周光亚和通北机械农场

1947 年夏季，东北行政委员会主席林枫决定在东北行政委会办一个机械农场。周亚光就被指令负责机械农场的筹建工作。他接受了任务，立即到西满三河地区，了解到那里有个白俄用机器种地的情况，接着来到通肯河畔察看撂荒地和整个荒原。他骑马来到荒原，望着无边无际的大甸子，产生了一位老兵来到前沿阵地的感觉。阳光下，整个荒原像似起伏的大海，汹涌翻滚，显示了震撼人心的气魄！小通信员问道："首长，咱们的农场有多大?"周光亚笑道:"荒原有多大,农场就有多大!"

筹建农场时,周光亚唯一到手的是上级拨给的150万元(伪满绵羊票)。他带领人马来到通北,大地已经是白雪茫茫。他们暂时住在学校遗址。残破的房框,没有房盖,他们割了几捆小叶樟塞在窗框里,顶棚搭上些树枝,铺上枯草,就算安家了。室内冷风飕飕,寒气逼人,四处透风,他们风趣地称为"五风楼"。夜间他们没敢脱衣服睡觉,都穿棉鞋戴棉帽,缩成一团。周光亚从废墟上捡些砖头回来,用火烧热,并排铺在地上,像睡热炕一样。一天晚上,小通讯员从老乡家抱了只小羊羔回来搂着睡。有的人也去老乡家借小羊羔了。这一觉睡得暖和,可是,小羊羔在怀里不时"咩咩"地叫唤,有的还拉了屎蛋。

这年12月6日,东北政委会又派来老红军战士廉亨泰等十多人,还带来由林枫签署的委任状。周光亚就打发通讯员到老乡家找了一块木板,用他那一手好毛笔字,工工整整地写下了"东北政委会通北机械农场"几个字。在人们热烈的掌声中,把场牌挂在"五风楼"破房框的门口。翌年开春,又传来一个喜讯:轱辘河桥下有一台旧时的"火犁"!周光亚亲自赶了一挂马车,拉上人马,去接收"战利品"了。到了那里一看,傻了眼。原来这台"火犁"底座被冻在河床里,纹丝不动。周光亚说:"节气不等人。说啥也要把这个铁疙瘩请出来!""老兵"带头,小伙子们一个个脱掉棉衣,下桥围着"火犁"刨起冻土来。春寒料峭,河床土层上化下冻。站在泥水里,刨土使不上劲,又不能碰坏这娇贵的铁疙瘩。小伙子们一个个刨得满身大汗,下身又瑟瑟发抖。"老兵"事先带来了白酒,在桥边拢上火堆,每人轮流喝上一口,同志们刨上一气就上来暖暖身子。日头偏西,总算把这台"火犁"请上了岸。接着又用大车拽着铁疙瘩,利用雪道的滑力,又拽又拉地将它拉回了场部。这就是当年通北机械农场的第一台拖拉机。后来,周光亚又派人四处侦察,在荒地、废墟里搜集了四台"火犁"。它们的洋名使"老兵"听了非常别扭:福特、法尔毛、小松、卡特比诺。周光亚说:"什么小松,大松,费劲巴拉的!干脆,咱们就叫它们'万国牌'!"后来,农场从苏联进口12台纳齐牌拖拉机。没经验,订货时光订机车,没订农机具。只好组织人力搜集日伪丢弃的农机具和零件,支起小烘炉,自己铸造。这年,通北机械农场迎来了第一个金色的秋天,全场干部、职工在荒原上实现了当年开荒当年播种当年见效益的奇迹。

1948年5月,林枫到北满视察工作,特意在通北停留两天。周光亚见了林枫说:"农场还没建好,你就来了?"林枫握着"老兵"的手:"中国有句古话,穷在闹市无人问,富在深山有远亲。我们共产党人就得把它改一改:穷在深山有远亲啊!"林枫饶有兴致地看了各种拖拉机、农具,以及工人们的宿舍、食堂,非常满意。接着,他要周光亚摆摆困难。周光亚支支吾吾。林枫说:"你也婆婆妈妈起来了。"周光亚冒了一句:"你没听,小伙子一下班就嚷嚷：北大荒，真荒凉，鹅冠草，小叶樟，又有兔子又有狼，就是缺少大姑娘！"林枫大笑起来，说："这意见好啊，小伙子来开荒建场，不能叫人家打光棍嘛！这事我支持，用政委会和农场的名义到地方上去招女工！"

那年春耕结束，趁大伙的兴头，周光亚决定开一个庆祝晚会。廉亨泰特别"大方"，花钱买了一面鼓、一面锣、一把南胡。周光亚还贡献出来一把随身带来的小提琴。小伙子们自编自演，晚会节目居然演了两个多小时。在大伙的热烈要求下，周光亚也上了台，来了个"京剧清唱"，从《打鱼杀家》到《四郎探母》，一连唱了好几段，差点下不了台。

这是荒原上第一场文娱晚会，开得火爆，痛快！遗憾的是没有女的，遇上《兄妹开荒》《杨勇立功》《放下你的鞭子》这样的节目，尽是小伙子上台演出。男角是男的，女角也是男的，只是头戴花巾，身穿花袄，脸上抹点红而已。周光亚高兴之余，不觉皱紧双眉，对廉亨泰说："真没劲！老是男扮女装，林枫主席叫我们招女工的事得赶紧办！我亲自出马！"

周光亚去哈尔滨市好几趟，在东北政委会协调下，到双城县招工，姑娘占了大半，整整 40 名。从此，通北荒原上的欢笑声更多了，农场的业余文艺队也办起来。

如今看来，当年这些创建农场的行动，未免稚嫩可笑，甚至不正规。但是，了解到那是战争年代，而创建者刚刚从战场上转下来，又没有现成的办机械化农场的经验可借鉴，几乎是赤手空拳，平地起家，那么就不仅不会挑剔、责怪，而且会从内心肃然起敬！

（此文转自《农垦北安分局志 2001—2010》，编者有改动）

草原上的拖拉机

人民日报特派记者　田　流

北满草原究竟有多大？我还不知道。反正从沈阳乘火车北行，经四平入黑龙江省过齐齐哈尔一直到北安；或过四平后向东北行，驰过吉林全省人松江省，跨过牡丹江直到佳木斯，火车总在漫漫的大草原上奔驰。有时，一个钟头也不见人烟。

1950 年 7 月，我乘坐哈尔滨—北安线火车向北驰行，列车员为使乘客们在无际的草原上安适愉快的旅行，不时地播送着各种悦耳的唱片和歌曲：《东方红》《兄妹开荒》和苏联的《祖国进行曲》。那嘹亮的"我们祖国多么辽阔广大，她有无数田野和森林"的歌声，更使人胸怀开朗，心情愉快，向往着草原的明天：到处生长着肥硕的谷物，无数的牛羊奔跑，兴建起新的城镇与乡村。

经过一夜的奔驰，第二天清晨火车过通北县车站后，忽然眼前呈现一片金黄。旅客们都拥挤到窗前，望着那麦的海洋，欢告着：快到赵光车站了！看农场的小麦，多么丰茂的小麦啊！夏风轻轻吹过，才看得见正在麦田中拔除异株工作的人群。在麦田遥远的那边，拖拉机正在草原上隆隆前进。奔驰着的火车停在通北机械农场一排排乳白色的、米黄色的房舍旁边的赵光车站上。众多的旅客们蜂拥下车，他们都是铁路沿线的农民，是到农场临时参加夏锄工作的。这种景象表明：草原在建设中，草原已变成了良田，新的田庄开始在草原上出现了。

伪满时代，敌人曾企图开垦这周围的肥沃草原。因为都是从各地抓来的"劳工"，谁都用各种办法抗拒着，拖延着，怠工和破坏着，没干出什么名堂来。"八·一五"东北全部光复后，又接连经过了两年解放战争。到1947年冬天，人民政府派周光亚同志来建立农场时，这个地方早被破坏得要啥没啥了：房子只剩下光秃秃的几堵墙，没有屋顶，也没有门窗。到处白茫茫，冰雪过膝，连个住的地方也没有。过年时，周光亚等3名同志蹲在马棚的粪土上吃了一顿饺子，送走了1947年的除夕，迎来了1948年。他们3个人可谁也没有被困难吓倒，首先在齐齐哈尔市招聘了10多名汽车司机，作为开拖拉机的"技术人员"，又在松江省呼兰、双城两个中学里招了40多名青年学生，来农场学开拖拉机。那时候拖拉机还没有运到，这里只有白雪、寒风、颓垣断壁。他们到老远的地方去割茅草，盖起"风进雪不入"的屋顶，又在深雪里寻找着敌人丢下的破农具，常常费了九牛二虎之力扒开深雪、冰冻，才能找到一张犁、一片铧，就是这些也都是"缺手没脚"，安不到一起，不能用。但是他们仍然坚持着、修建着、寻找着……1948年4月，大地回春，雪慢慢地开始融化，快要开始春耕的时候，从苏联购买的拖拉机运来了。多么漂亮的拖拉机啊！可是新的困难又来了，40多名青年学生刚放下书本，哪里会开拖拉机？10多名老汽车司机要是在城市里笔直的柏油马路上开着汽车奔驰，右旋左转，简直是得心应手，操纵自如，但在草原上驾起拖拉机开荒，却"隔着一路"。场长——这位拿着枪在华北战场上同日本侵略者周旋了整整10年的老战士，要叫他组织千百人进攻，保险狡猾的敌人一个也跑不了，现在这么五六十个人的"草原建设者"，却使他手忙脚乱了。困难很多，需要一个个去克服，3年来，他们也真的一个个克服了。现在通北农场已经是一个规模宏大的机械化农场了。

1950年通北农场的播种面积已达到0.2万公顷，那繁茂的733.33公顷麦子已经高过胸际；1000多公顷大豆，像育得极好的孩子，棵棵苗壮成长；近266.67公顷的其他谷物也长得很好。现在通北农场除场部外，已建立起13个作业站和1个分场、1个33.34公顷的作物试验区。全场已经拥有斯大林号拖拉机32台，共1700马力；福特、法尔毛等拖拉机16台，康拜因（联合收割机）20台，24行播种机20台，其他如圆盘耙、收割机、脱谷机等农具 300 多台，还建立了自己的农机具修理工厂。3 年中已经培养出 200 多名新的拖拉机手，其中有 40 名优秀的驾驶员已经能够掌握驾驶和修理的全部知识和技术，近百名已经成了熟练的驾驶员，1950 年春天招收的 60 多名新学员，也能单独开车、摇犁了。

周场长领我们到 10 千米以外的作业所参观。那里有 3 个拖拉机中队正在开伏荒，他们要利用春耕到麦收的空闲时间开 0.47 万公顷荒地，从 6 月 1 日到 7 月 10 日已完成 0.42 万公顷，再过三四天就要全部完成任务了。路上，周场长告诉我：1950 年春天招收的 60 多名学员中有 16 名女学员，她们和男学员一样，也分配到拖拉机上实际学习，在春耕夏锄的短短四五个月里都学会驾驶了。现在，她们正和男学员一起开拓着夏日的草原。

远远的草原上，搭起一排排帐篷，这是拖拉机队员的临时住所。在开荒期间，为了节省往返的时间和燃料，拖拉机队都带着帐篷住在草原上。我去参观的时候，许多人正在睡觉，为在麦收前完成 0.47 万公顷的开荒任务，他们分日夜两班连续工作，现在正是夜班休息的时候。只有一个女同志躺在一个小帐篷里看书。她看见了我们，就笑着嚷起来："场长，你看医生多不好啊，硬不叫人家下地。"她正在出水痘，手臂上还有不少斑痕。场长告诉我，她叫刘瑛，今年才 16 岁，是北京第三女中的学生，因为被新中国第一女拖拉机手梁军的英雄事迹所鼓舞，1950 年春天她和一个女同学来农场学开拖拉机。简直看不出她是一个女学生了。虽然她正在生病，那红黑健康的脸孔，那赤裸着的双足和一对矫健浑圆的小腿，完全是一个朴素健康的农村姑娘。我问她这里的生活比学校里怎样？她笑起来，脸红得像一朵花："学校好，这里更好。"她年纪小，爱说爱笑爱唱歌，人们都叫她小刘。她高兴地说："你看，我们屋子里都长着各种各样的花草，门口前边就是无边的大草原。我们一走过去，草原立刻就变成良田……"。

草原上 20 多台拖拉机正在隆隆前进。女拖拉机手和男拖拉机手一样，有的驾驶着"钢铁的马"向前驰行，有的熟练地摇着耕犁。翠绿的草原像波浪似地滚滚翻转，那褐色的沃土第一次见到阳光，散发着新鲜泥土的香味。

两年前，当拖拉机第一次出现在这辽阔的原野上时，轰动了整个草原，农民们从很远的地方前来，以便看看这"火犁"。他们抚摸着拖拉机，欢呼着跟着拖拉机跑，计算着 1 天能耕多少地。有的还蹲下来用手量着它耕的深度，向驾驶员们问各种问题。"钢铁的马"用自己的行动来回答老乡们的全部问题：两个农民用 6 匹马拉着木犁 1 天能开多少荒呢？大约是 0.8 公顷，但带着五铧犁的斯大林 3 号拖拉机 1 天能开 6～8 公顷。这就是说，拖拉机开荒比两个人力 6 匹马力快 7～10 倍。播种时三四个农民用 3 匹马 1 天只能种 1 公顷，拖拉机 1 天能播种 26.67 公顷以上，有的竟达到 46.67 公顷，比人力播种快了 30～40 倍。收割的时候怎样呢？四五个农民弯腰曲背 1 天只能割 0.67 公顷地的庄稼，而后要用

2 匹马拉到打谷场，再用 3 匹马力两个人工才能够打完场；农场用康拜因连割带打，扬风装袋，1 天能够打 12 公顷。现在通北农场全体职工共有 360 多人。今年的收益——除种子、油料消耗、机器修理、折旧和职工薪资等一切开支外，可获东北币 100 亿元。平均每个职工生产纯利 2700 万元。用旧式农具耕作的农民，一年能向土地要多少纯利呢？今年又开荒 0.47 万亩，明年播种面积将达 0.67 万公顷，人员只要增加 150 个人就够了。那收益将增加多少倍呢？难怪废除了封建剥削的土地制度，实现了土地改革以后，东北农民对于机器耕作的期望是那样的迫切！1949 年黑龙江省两个农村的全体农民，曾经联名上书东北人民政府机械农场管理局，要求购买拖拉机。虽然现在条件不具备，农民还是分散地经营着小块小块的土地，还不能使用现代化的机器耕作，但是他们希望着、期待着，坚信那一天总会到来。当 1950 年改良农具和新式畜力农具——洋犁、锄草机、收割机等出现的时候，农民们很快地就买了 600 多台。如今东北已有不少农民开始和牛马分离，也可以坐在洋犁上扬鞭前进了。

现在，通北农场有了自己的俱乐部、图书馆、医疗所、澡堂、理发馆和合作社，有自己的发电厂，一到晚上全场的电灯都亮起来了；大的果园在栽培着果树。临别时，场长热情地邀请我："3 年后来吃苹果啊！"

现在，全东北已经有 12 个这样的农场。解放了的农民，从这些农场亲眼看到了自己幸福的将来。

（本文原载自 1950 年 8 月 11 日《人民日报》2 版）

祖国年轻的女拖拉机手们

——记国营通北农场第二生产队的成长

当祖国开始了大规模有计划经济建设的时候，在肥沃的北大荒草原上，继梁军女拖机队之后又出现了全国第二个女拖拉机队——国营通北农场第二生产队。

这个生产队是由林革同志领导的，全队担负 914 公顷地的生产工作，有德特-54 拖拉机 4 台，联合收割机 4 台，有 21 名来自工厂、农村、学校的年轻姑娘们。1953 年农场领导交给她们的任务是：在 914 公顷地生产出 1784 吨粮食。她们在第一个战斗——春耕生产中就获得了辉煌的战果，提前 3 天完成了麦播任务，降低成本 5830 万元（东北币），还支援二直属队及一生产队翻地和播大麦。在生产中涌现出了张宝琴、李德江等模范人物。

通北农场的女生产队是在党几年来的亲切关怀和培养下，逐渐成长起来的。当通北农场一开始建立的时候，年轻的姑娘们怀着向往农业机械化远景的热情，先后不断地来到了农场。党组织为了给妇女们在农业生产上开辟出一条广阔的道路，更进一步地发挥她们的力量，帮助年轻的姑娘们克服种种困难，使她们学会了拖拉机的驾驶技术。1953 年农场领导为了使女拖拉机手们更好地锻炼和发挥独立战斗的能力，将她们集中起来成立一个女生产队。在成立大会上，场长热情细致地向她们交代了工作方法，谆谆教导她们要以努力学习、克服困难、加强团结的精神来对待工作，增加了她们对工作的信心。女拖拉机队的技术水平，本来都不高，德特拖拉机对她们来说又是生疏的。这时农场领导又调她们参加机车检修工作，挑选技术好的男同志，帮助她们进行试运转，使 4 台德特拖拉机在短短的一个月时间里即被她们掌握了。场长在春耕中又经常下队来帮助她们解决工作上的困难问题。4 月中旬，苏联专家和中央农业部国营农场管理总局刘局长来检查她们的工作时，对她们说："你们是全国第二个女生产队，要特别努力干啊！"苏联专家在看到梳小辫的女同志时，关心地说："在机车上不戴帽子作业是危险的。"在领导不断的关心和帮助下，女生产队的工作热情更加提高了。

年轻姑娘们始终团结互助，克服困难，顽强地劳动着。备耕工作开始，正值严寒的初春，刺人骨髓的寒风带来了阵阵的雪花，手伸出来，不一会就冻得失去了知觉。但是年轻的女拖拉机手们认真仔细地检修着每一台农机具，对任何一个螺丝和小件也从不放松。在种子消毒时，4 个人摇着又高又沉的消毒机，从一天 1000 千克的工作量，提到 4500 千克。4 月土地开始解冻以后，她们立刻投入紧张的春耕热潮中，生龙活虎地驾驶着"钢马"奔驰在大地上。林革队长工作热情很高，整天不辞辛苦地在地里跑，帮助女拖拉机手们进行工作。在她的领导下，451 机车组在安装 24 行苏式播种机加宽播种器时，进行复检复修，终于安装成功了。在播种的时候，把 60 千克重的麻袋种子加到种子箱里去，这对她们来说，又是一个考验，但是她们并未因为体力不够而被吓倒，只两三天，她们便锻炼得能够在机车一出地头，就飞快地跳上播种机。在播种时，如果一台播种机出了毛病，大家都集中帮助修理，缩短了故障时间。春翻地作业由于土地解冻不够，拖延了时间，于是女英雄们又不分昼夜地进行工作。为了不断地提高技术水平，她们在紧张作业的余暇，还坚持了每晚的技术学习，讨论当天的作业和故障原因，随时改进工作。年轻的姑娘们就这样在春耕中站立起来了。当初建队的时候，许多同志都对妇女独立进行机械生产表示无信心。一直属队的男同志说："非和她们挑战不可，扛袋子一个也要顶她们两个，我们争取提前完成任务，准备力量支援她们吧！"但结果被支援的不是她们，相反的是他们自己。

女生产队充溢着和谐的气氛，每晚当她们工作完毕踏着薄暮的霞光回来的时候，便可以听到她们唱着愉快热情的歌声：

田野上刮过了温暖的微风，

拖拉机发出震耳的吼声，

你看那年轻的女英雄，

开动着铁牛在草地里劳动。

嘿！嘿！开吧，你尽情地开吧！

为了国家、为了自己、为了今天、为了前程，

给我们年轻的祖国开辟出光明的远景！

（本文原载自 1953 年《机农通报》）

依靠科技进步振兴农场经济（节选）

赵永才

1990 年，既是赵光农场认真贯彻执行总局、分局垦区工作战略重点实现"两稳两兴一良化"的一年，又是科技兴场、管理兴工的起步年。一年来，在局场两级党委和科委的领导下，经过全场职工、干部、科技人员的团结奋斗，依靠科学技术，战胜了低温、冰雹等自然灾害，农业生产夺取了超历史的大丰收，各行各业也都取得可喜的发展。全场广大干部、职工深受鼓舞，对完成"八五"计划增强了信心。我们要认真贯彻、执行党中央经济建设依靠科学技术，科学工作要面向经济建设的方针，为完成百亿斤商品粮基地建设而努力奋斗。

一、依靠科学技术发展生产的回顾与总结

赵光农场是全国第一个机械化国营农场，至今已有 43 年的历史。回顾 40 多年的发展，主要经历了 6 个阶段。

建场初，耕地面积只有 0.33 万公顷，处于开荒阶段。尽管粮豆公顷产 301.5 千克，却标志着老一辈拓荒者和科技人员唤醒了沉睡千年的黑土地的创业精神。

1949—1958 年，农场土地面积增加到 1.86 万公顷，总产翻了三番。其主要原因如下有两个：一是各种机械设备增加，提高了生产力水平。二是引进优良品种，改进栽培方法，发挥了科学技术的作用。

1959—1969 年，尽管国际、国内环境发生了变化，但农业科学技术仍有新发展，在推广优良品种的基础上，进一步改进播种方法和栽培技术，粮豆总产量比前 10 年公顷产提高 393 千克，再次证明了科学技术的重要作用。

1970—1978 年，一批老干部和科技人员承受着精神和身体上的压力和创伤，怀着一

颗爱国之心，为了农业的发展，为了国家和人民而忘我地工作着、研究着，更新优良品种，改进栽培技术，使豆麦产量年平均公顷提高 40.5 千克。

1979—1984 年，中共十一届三中全会召开，工作重心的转移，给农业生产注入了活力。国家调整了粮价，并平反冤假错案，广大知识分子政治地位得到提高，迎来了科技的春天。调整生产关系，加大科技研究。6 年间，粮豆年平均公顷产实现了 2007.75 千克，比 9 年前平均公顷产提高 502.5 千克。这更加显示出依靠科技进步的巨大作用。

1985—1990 年，是深入改革的 6 年。农场从实际出发，实事求是，实行"户为基础，统分结合，农业生产协作体"的农业改革模式，兴办家庭农场，正确处理经济基础与上层建筑的关系，改革管理体制，精简机构，提高工作效率，企业管理科学系统，不断引进现代农业新科技，更新换代优良品种，进一步改进农业栽培技术，改进和引进大型农机具，进行农机作业标准化、示范化，科学施用化肥、农药，加大农业科技含量，提高增产潜力，增加抗灾能力，降低生产成本，农业生产出现了前所未有的丰收。1990 年，粮豆公顷产达到 3768 千克。

这些年来，畜牧养殖、林业、工业、文教卫生等行业依靠科技进步，健康发展，取得的成绩有目共睹。回顾历史和总结现实，我们可以清楚地认识到科学技术对发展产生的巨大作用。正如邓小平指出的"科学技术就是生产力""科学技术是第一生产力""科学是了不起的事情，要重视科学，农业问题最终可能要靠科学技术解决问题"。实践证明科学技术不会自然而然地成为生产力。

二、基本经验和体会

（一）科技人员是科学技术知识活的载体，充分发挥科技人员的作用，是科技发展和经济振兴的关键

建场初，农场只有 4 名科技人员，20 世纪 60 年代发展到近百名，特别是中共十一届三中全会后，中共中央十分关心科学技术，认真落实知识分子政策，进行职称评定，调整科技人员工资。1984 年，全场有科技人员 551 人，占职工人数的 5.93%。1986 年，农场投资培训中青年职工、干部，到 1989 年，全场科技人员达到 1204 人，比 1984 年增加了 119%，其中高级职称增加到 29 名，中级职称 140 名，初级职称 501 名。农场不仅在工作上给予他们大力支持，而且在政治上和生活上也尽可能给予关怀。10 年来，先后批准吸收发展知识分子为中国共产党党员 95 名。这支科技队伍在各条战线上为发展生产艰苦奋斗，忘我工作，做出了自己的贡献。

（二）　科学技术必须经过推广应用，才能转化成生产力

在历史上，农场通过引进技术成果或进行试验，所用农作物品种是经过原种场鉴定、繁殖的原种，其他行业依靠引进技术成果并总结经验，在当地试验之后再依靠生产指挥部门推广到生产中去，对发展生产起到促进作用。1985 年，经济体制改革以来，农场在保持原有生产力水平的前提下，坚持统一使用机械、统一技术措施，使科学技术不断转化为生产力。1984—1990 年，农场累计取得场级以上的科技成果 78 项，发表优秀论文 132 篇。这些成果大幅度地提高了农场生产力。

（三）　农场积极培训科技人员，提高科技人员素质

中共十一届三中全会以来，农场通过各种渠道送大专院校进修 524 人，职教经费累计 80 万元。

总局、分局已经确定垦区工作的战略重点是实现"两稳两兴一良化"。即在经济稳定中求进，在改革稳定中求深；科技兴农，管理兴工；良化垦区小气候。为此，农场制定了科技兴农、管理兴场、粮兴赵光的方针。1990 年的实践证明该方针是符合实际的，取得了农业大丰收和各行各业的新发展，为执行"八五计划"奠定了良好的基础。要坚持下去，并不断深入和完善。科技工作要根据中共中央提出的"经济建设依靠科学技术，科技工作要面向经济建设"的战略方针，紧紧围绕发展农场生产工作，突出重点，深入研究，加快新技术的推广和应用。

（赵永才，时任赵光农场场长）

浅谈农业产业化建设

孙福山

发展农业产业化，既可以解决农产品的卖难问题，又可通过深加工增值，提高农业的附加值和综合效益，还可以通过企业实行保护价收购或返还一部分利润等二次分配方式，给职工直接带来一些实惠。

一、抓好品种和品质结构调整，增强农产品市场竞争力

调整品种和品质结构，关键是要加快推广应用一批优良品种和先进生产技术。要积极培育、引进、推广科技含量高、市场潜力大、经济效益好的优良品种，特别是要加快先进适用栽培技术、病虫害综合防治和农产品包装、保鲜、储藏、加工等技术的推广，重点建设一批良种繁育基地和优质种苗基地。

首先，要防止片面大幅度调减粮食种植面积的倾向，在稳定粮食生产的基础上，适应市场需求，积极搞好粮食品种和品质结构调整，提高优质专用粮食的标准化、规模化生产水平，搞好粮食加工转化，努力提高粮食生产的效益。

其次，根据市场供求状况，合理确定粮食作物和经济作物的种植比例。为了适应优质化、专用化和多样化的市场需求，要大力发展适销对路的优质、专用农产品生产。按照口粮、加工专用粮、饲料粮对粮食品质的不同要求，扩大专用小麦、专用玉米、青贮玉米、优质大豆和优质小杂粮生产。抓住市场发展经济作物，在确定市场、拿到订单的情况下种植亚麻、马铃薯、月见草及中草药材。

第三，要增强市场意识、竞争意识和开放意识，利用自有资源和国内市场，优化配置资源，主动参与竞争。对资源密集型、比较优势不强的大宗农产品，要立足国内市场，重点在降低成本、提高品质上下功夫。研究和推广一批与优良品种相配套的省工节本、优质高效种植技术，以及加工、贮藏、保鲜、包装等新技术。努力提高农业科技含量和生产效益，在市场竞争中实现人无我有，人有我优，人优我廉的战略措施。

第四，要加强市场信息、科技信息和生产信息的分析预测，规范运作程序，提高准确性和权威性。通过信息发布，为基层、职工提供及时、准确、系统的政策、市场、技术等信息服务，引导职工按照国家产业政策和市场需求调整农业结构。对于短平快的项目要抓住时机，坚持长短结合，以短养长发展战略。

第五，加快农业标准化建设，制定一批具有农场地方特色品牌的农产品标准和农业技术规程，适应农产品质量升级和进入市场的需要。要全面推广应用绿色食品 A 级所要求的各项措施。申请大豆注册商标。

二、优化区域布局，形成规模，培育支柱产业

要抓住重点，突出区域特色，搞活机制，资金扶持，科技拉动，因地制宜地发展具有明显特色优势的农产品，逐步形成有市场竞争力的产业带和产业群体。把发展特色农业作为优化区域布局的重点来抓，形成规模，创出品牌。

优化农业区域布局，既要靠市场引导，也要搞好宏观指导。要在认真研究分析农场资源特点和区域优势的基础上，制定出农业发展总体规划和分行业、分品种的区域布局规划。根据农场的地理情况划分为粮豆主产区、经济作物主产区、饲草饲料主产区、农业科技示范区、棚菜生产区等五个区域。土地条件好、粮豆产量稳定的生产队，应划为粮豆主产区，总面积应不超过全场耕地面积的 60%。耕地面积较小、职工人数较多的生产队，应划为经济作物主产区。职工养牛积极性高、畜牧业发展快的生产队，应划为饲草饲料主

产区。要恢复原种繁育场的农业科研、良种培育、科技示范的本来面目，加强资金的投入，完善科研管理体系。场区周边的生产队，要引导职工发展棚菜生产。随着小城镇的发展，人口的不断增加，棚菜生产是一项利益可观的产业。通过几年的努力，逐步实现按照布局区域化、生产专业化的要求，因地制宜地建立加工、贮藏、运输、销售一体化的综合性试验示范区，带动优势产业的发展。

在优化区域布局的同时，积极探索与产业化相适应的经营模式。有条件的生产队要在稳定家庭承包经营制度不变的前提下，根据职工的意愿，积极推进土地流转，通过有偿转包、反租倒包、土地入股、富队兼并穷队等各种形式，促进土地向种养大户集中，发展规模生产，提高规模效益。

三、加快发展畜牧业，促进农产品转化增值

加强对畜牧业发展的规划和指导。要加快发展适度规模的家庭养殖和专业小区养殖，加快粮食转化增值。同时，重视饲料饲草作物生产，充分利用作物秸秆，积极发展草食性牲畜饲养，促进粮食作物、经济作物二元结构向粮食作物、经济作物和饲料作物三元结构转变，实行农牧结合，提高农业综合效益。

实施科技兴牧战略，加大畜牧业实用配套技术的推广力度，提高科技入户率。一是保证奶牛优良冻精配种率达到100％。二是推广青贮玉米和饲草的种、贮技术。随着奶牛数量的增加，扩大青贮种植面积。三是奶牛饲喂混合精饲料达到100％。四是推广低奶量育犊技术。

立草为业，搞好种草轮牧试验。加大饲草、青贮种植专业户的培育，加快专业化生产、产业化服务的速度。退耕还草，建立永久性的青贮设施。

加快畜禽良种繁育体系建设，搞好牲畜品种改良和结构调整。提高良种牛比重，加快优质杂交商品猪和肉牛的品种改良，增加猪、牛等畜产品产量。

四、加强农业基础设施建设

加强农业基础设施建设是保证农业可持续发展、实现农业现代化的主要措施之一。要利用农业综合开发项目投资和农场自筹资金进行低产田改造、农机更新和仓储、晒场等建设。

五、加大生态农业建设力度

认真实施"黑龙江省农业生态环境保护条例"，全面推广生物肥、秸秆禁烧、畜禽粪

便资源化利用等生态农业技术，控制农业面源污染，保护农业生态环境。全面推广叶面高效施肥技术，氮肥用量在 2000 年基础上再减少 5％，肥料利用率提高 2％。全面推广病虫草综合防治技术，全面禁用剧毒农药，积极示范应用生态农药。加快绿色食品和无公害农产品基地建设，提高农产品质量。

六、积极实施人才培养工程

积极引进各类专业技术人才，带动农业技术更新和农业产业化。在用人机制、分配制度、投资机制上打破"大锅饭"，推动科技人员走向市场，提高农技人员参与农业产业化经营的积极性。加强职业教育和技术培训，提高职工的科技文化素质，增强职工自主调整农业生产结构的能力。建立多层次、多形式的职工技术培训体系，做好全场科技普及工作。

七、攀亲结贵，为大型农畜产品加工企业建立原料基地

大力发展农产品加工业，提高农产品附加值，促进当前农业产业化发展。要立足于内引外联，挂靠大型农产品加工企业，借船出海，主动为他们建立原料基地。抓住"国家大豆振兴计划"的机遇，大力发展高油、高产大豆生产。积极与完达山乳业集团密切配合，大力发展以奶牛业为主的畜牧业，通过推广高蛋白饲料、饲草的种植使种植业结构趋于合理。依靠豆、乳强大的加工业，带动整个农业产业的健康发展。

（孙福山，时任赵光农场场长）

全国农垦农机标准化示范农场
创建活动总结

赵光农场农机科

农业机械化是农业现代化的重要标志。为进一步提升农垦农机化水平，增强农机标准化的示范带动作用，加快推进率先实现农垦农业现代化，更好发挥示范带动作用，2013年，农场积极组织申报"全国农垦农机标准化示范农场"创建活动，现把一年来的创建总结如下：

一、农场基本情况

赵光农场始建于 1947 年，位于黑龙江省北安市境内，是我国第一个国营机械农场。

辖区土地面积 4.55 万公顷，耕地面积 3.37 万公顷。

赵光农场是以种植业为主的中大型农场。多年来，农业生产采取"五统一"、农机生产"六统一"和"七加强"的管理措施，确保了全场全面积、全作物达到无公害和 A 级绿色农产品生产要求。农机总动力已达到 4.08 万千瓦，农机资产已达 2.67 亿元。已经实现 200 马力以上动力机械、播种机械，以及喷药、收获机械全部进口化，进口大型机械占保有量的 60%，大中型机械配套农具 850 台（件），田间综合作业机械化率达到 99%。2004 年，赵光农场被农垦总局列为首批 53 个现代农机装备示范区。

通过与地方合作，现已建成两处场县共建合作的库房，2000—2008 年，农场累计投资 4000 万元购买进口农机设备，农场被农业部评为 2010—2012 年全国农机专业合作社示范点。

二、创建的目标

通过创建进一步完善示范区农机管理运行机制，发展农机生产标准化、专业化、服务社会化，创新示范区创建机制；完善考核指标体系，实行动态管理，以点带面，点面结合，梯级推进；坚持农机农艺融合技术、生产生态协调发展，达到了管理制度健全、运行机制规范、标准体系完善、示范带动作用明显，促进劳动过程机械化、生产经营信息化，构建出适应高产、优质、高效、生态、安全的农机发展要求的现代农业产业体系，完善了农机生产经营规模化、专业化、标准化、机械化、集约化、信息化和产业化的目的。

三、创建的内容

（一）完善服务体系和队伍建设

农场制定相应的农机发展规划，完善服务管理机构，建立适应现代农机管理的机制，确定制度等相关管理手段，提升农机发展形象。充分利用农垦大机械化作业优势，进行场县共建、自建多种农机合作社发展，构建专业合作社、有机户、基地农机格局，推动农机新型经营模式的建设。坚持细、全、高、新、严、实精细化管理原则，全力打造农机标准化管理，提高现代管理观念，创新管理方式。充分发挥农业协会作用，规范供应渠道，加快建设优良的农机社会化服务体系。

加强人员培训，采取现场培训、室内培训、多媒体培训，统一规范着装，持证上岗。队伍建设实现了准军事化管理，实现了规章制度标准化、人员行为规范化、着装礼仪统一化、物品摆放整齐化、工作环境整洁化。

（二） 完善农机装备、基础设施建设

为推广先进适用农机装备，优先使用先进实用农机技术。农机农艺信息紧密融合，实现了产前、产中、产后生产作业机械化，农场建设了1座具有现代农机农业数字系统管理模式的服务中心。通过计算机和网络技术，结合精准农业技术，实现农业生产的数字化管理，实现农业结构的合理优化和节本增效。现全场机械入库率达到100％，完好率达到98％以上。长期停放场已达到绿化、美化、香化、净化要求。

（三） 完善农机标准体系

为了进一步完善农机标准体系，农场建立了农机标准化管理技术模式，整理、梳理完善现有的农机技术标准、管理标准、工作标准。明确7项重点建设的标准，完善5项管理制度。

7项重点建设的标准：①农机购置标准。②基础设施标准。③操作技术措施标准。④田间作业质量标准。⑤机械技术状态标准。⑥机具管理维护标准。⑦制度化管理标准。

5项管理制度：①农机服务管理制度。②技术指导和推广制度。③科技培训制度。④安全检验制度。⑤信息及档案管理制度。

（四） 大力建设现有的农场信息技术平台

利用农场的信息港开办农机标准化专栏、讲座，大力宣传"创建"的目的、意义，提高农垦机械示范带动作用，扩大示范效应，提高标准化水平。在农闲期间，开展专题培训活动，使农机专业技术人员普遍掌握项目的技术要领。在实施区域，以管理区为单位，逐步对项目区干部、农机大户、种植户进行培训。在关键环节召开现场演示会，演示机具性能、培训操作手。农场结合农时季节和生产情况，举办各层次的培训班，为农场培训基层干部、技术人员、协会理事、农户多达五期以上，提高了各层次人员的农机生产标准化意识和自觉实施标准化的自觉性。印发"机具操作规程""作业质量要求"等资料，扩大影响，营造舆论氛围。

四、保障措施

（一） 组织保障

农场成立创建现代示范农场工作领导小组，由农场场长任组长。下设以农机科为主要成员的实施工作小组，全面负责示范农场创建规划及实施，做到职责明确、分工负责、统一协调，确保创建工作有序开展。

（二） 措施保障

农场利用政策支持，开展宣传指导、技术培训等工作。一是实施统一管理。从选型、

购置、使用、维护、田间作业、收获等各个环节全部实行统一管理，保障创建工作具有依据性。二是分期分批对项目管理人员、技术人员及有农机具的家庭进行实用技术培训，保证创建工作的顺利实施。

（三） 加强监督检查、 强化制度管理

为了把示范场工作落实到实处，建立健全各项管理机制，制定管理办法。建立监督机制，实施合同管理、层层负责、目标考核、上下联动的监督检查运行机制，领导小组落实各项技术管理措施。明确标准，同时组织项目验收工作。及时发现典型，及时总结经验。

（四） 建立农机发展基金与新技术应用补贴制度

农场成立农机标准化创建补贴资金管理委员会，并在计划财务部设立账号，提取农机发展基金，对创建购置机具给予扶持。

通过一年的创建工作，农场理顺了各项工作机制，完善了管理目标，梳理了多年来农机农业管理当中形成的各项标准。严格对照验收标准进行了自查，形成了相关的材料，并装订成册，总结经验。针对不足，制定了改进完善措施。

"全国农垦农机标准化示范农场"创建活动，工作责任重大，示范带动效应具有深远的意义。农场予以了高度重视，强化工作责任，针对农场的发展，结合创建要求，农场制定了未来农机发展目标，不断优化农机构成的结构，使农机管理工作走上了现代化大农机发展的轨道。

大豆"大垄密"栽培技术

赵光农场生产科

大豆"大垄密"栽培技术是在"深窄密"的基础上发展起来的一项垄平结合、宽窄结合、旱涝综防的大豆栽培技术。其优点是既保留了平作密植栽培的植株合理分布，绿色面积大，群体光合效率高，又具有垄作抗旱抗涝、增加地温、便于管理的优点。其特点：一是变常规垄距为105～140厘米。二是在垄上实行多行种植，一般4～6行。三是密度增加，比常规栽培密度增加30％左右，一般在45万～48万株/公顷。2007年，赵光农场共种植大豆"大垄密"0.6万公顷，大豆"大垄密"栽培比三垄栽培有明显的高产、稳产优势，适宜大面积种植。

一、整地

精细整地。前茬收获后，用深松浅翻犁整地，深松深度35厘米以上，然后重耙1遍、轻耙 2 遍，全田一致，达到平、细、暄、全。

二、播种

播期一般为 5 月 1 日—5 月 10 日。赵光农场大豆品种以黑河 98-1271、北 01-8296 为主栽，搭配使用黑河 27 号及垦鉴豆 25、26、28 号等品种。播种前进行种子精选药剂拌种，纯度 99％以上，净度 98％以上，芽率 95％以上。选用精量点播机进行播种。播后及时镇压，严禁湿压，播深为压后 3.5 厘米，深施肥为种下 4～8 厘米，种植密度为 45～50 万株/公顷。

三、施肥

施肥比例为 N：P：K＝8：9：3，种肥分层施于种下 5～7 厘米和 8～12 厘米处。因密度增加，加之植株分布合理，叶面积系数增大，施肥量也必须加大，适当增加钾肥，合理采用立体施肥。

四、化学灭草

以播前土壤处理和播后苗前土壤处理为主，可选用速收、乙草胺或金都尔混用。密植后由于群体加大，要在初花期控制大豆徒长，防止后期倒伏。田间后期处于封闭状态，有些病害也有加重的趋势，因此要做好病虫害防治工作，进行飞机航化作业。

五、适时收获

当大豆叶片全部脱落、茎干草枯、籽粒归圆呈品种色泽、含水量低于 18％时（一般在 9 月中下旬），用带有挠性割台的联合收割机进行收获。

大豆"大垄密"植株群体密度增加，植株分布合理，叶面积系数增大，促进了干物质积累，从而提高了大豆产量。

扬帆远航正当时

——赵光农场发展现代化大农业纪实

任 红

经过 70 多年的开发建设，赵光农场现如今已拥有总面积 4.55 万公顷土地，其中耕地 3.37 万公顷。全场总人口 3.2 万人。农场下辖 9 个农业管理区、4 个社区居委会、17 个场直单位，拥有 3 个标准化奶牛养殖小区、1 个农用飞机场、1 所二级乙等医院、1 所小学、1 所初中学校。九三油脂北安分公司、种子公司、北安管理局第二高中、第三高中和黑龙江农垦技校坐落在赵光农场辖区。

一、建设大农业，推进生产与生态和谐发展

赵光农场环境优美，资源丰富，土质肥沃，地力均衡，自然环境十分适宜现代农业生产，素以盛产玉米、大豆、马铃薯等优质农产品而远近闻名，是国家重要的商品粮生产基地。农场利用得天独厚的农业生产条件，以建设现代化大农业为目标，不断提高农业综合生产能力和职工收入，加快建设优质安全高效农业，促进农业可持续发展，全面建设国家现代农业示范区，推动传统农业向现代农业转变，形成以规模化生产、产业化经营为主导的现代农业产业体系，建成国家安全粮食生产基地，走上生产与生态平衡、人与自然和谐统一的发展道路。

二、进行种植业结构调整，向科学管理要效益

坚持以"转方式、调结构、稳增长、促改革、惠民生"为方针，深入推进现代化大农业的体制机制改革创新，以稳产能、调结构、提品质、增效益为目标，做好"粮头食尾"大文章。不断加快农业产业结构调整步伐，大力发展绿色生态农业，扩种有机、特色、高效经济作物，努力培育新的经济增长点。坚持高产、优质、高效的原则，加大品种结构调整力度，实现优良品种覆盖率 100%。玉米、大豆、马铃薯及其他作物科学规划和合理轮作。大力发展无公害农产品、绿色食品和有机农产品，促进绿色有机农业发展，应用农产品质量追溯系统，实现农产品生产、加工、销售全程监控，全面提升绿色有机食品产业发展质量和水平。农场现已完成欧盟有机绿色食品认证面积 3.1 万公顷，占耕地面积的 95%。

三、推广应用先进的科学技术，减负增效

为了提高粮食产能，降低各种病虫害的发生，农场不断加大新技术推广应用力度，提高种植业科技水平。全面积推广玉米、大豆"大垄密"栽培技术和玉米、马铃薯机械化栽培技术，种植、管理、收获全部实现机械化；积极推广玉米种子分级播种与叶龄诊断技术、化控矮化及催芽播种技术；坚持飞机航化防病虫、喷施叶面肥，每年航化作业面积在 2.67 万公顷以上；应用推广 GPS（卫星导航）整地、播种技术、收获机测产系统和变量施肥技术，应用 GIS（地理信息系统）管理农业信息，应用 RS（卫星遥感）技术了解和

掌握全场作物长势，提高标准化作业水平，测土配方施肥建设逐步完善，配方肥项目得到全面推广，确保作物高产稳产、丰产丰收。

四、推进生态农业，促进农业生产可持续性发展

逐步转变农业发展方式，实施农业生产可持续发展战略。2011年农场被农业部确定为保护性耕作示范场，2012年被确定为农业部保护性耕作续建示范场，以秸秆还田覆盖、免耕播种、土壤深松等技术措施为主，探索出一套适合本场的农业保护性耕作技术模式。通过免耕、少耕，机械化复式作业，简化生产工序，降低作业成本，提高农业生产效益。实施保护性耕作技术的地块平均公顷节省投入754.8元，全年共节省投入483万元。保护性耕作可减少风蚀、水蚀及土壤水蚀率，培肥地力，抑制扬尘，实现秸秆覆盖率30%～50%，使综合环境指标改善80%以上。实施保护性耕作，可使玉米平均公顷增效2165.4元，大豆平均亩增效1795元，全年农业增效1740万元。

以经济建设为中心，转变发展方式，以创新驱动助力走上全面振兴的新路，以产业发展促进农场增效、职工增收，准确把握"十三五"发展机遇，开拓创新，精心谋划，以全新思路推动农场经济社会健康、可持续发展。

五、创新经营主体，积极推进农业种植专业合作社

2016年，农场成立了黑龙江省北安农垦祥润旱田农作物种植专业合作社联社，联社覆盖全场9个管理区，目前有45个种植专业合作社加入联社，注册资金2000万元，社员6500余人，承包耕地2.67万公顷。通过规模化、集约化经营，充分发挥了大机械优势，增强农产品市场竞争能力和社员抵御市场风险能力，变原来的职工抱小团闯市场为现在的种植专业合作社联社抱大团闯市场，联社社员互补、互帮、互助，实现了利益最大化。

加大农业生产基础设施投入，提升农机作业标准化水平。生产作业只需10天完成垄前施肥、10天完成播种、10天完成播后喷药、10天完成机械中耕管理、10天完成收获。从田间到场院，从地面到天上，全方位、立体化、机械化作业，现代化大农机使农场实现了生产力的大解放。

六、稳农壮牧增三产，富民强场促和谐

"十二五"时期，赵光农场经济社会有了长足发展和进步，现代化大农业建设初具规模。以玉米、大豆种植结构调整和奶牛标准化饲养为主的现代化大农业捷报频传，打造现代化示范牧场，奶牛养殖业向规模化、集约化和高科技水平发展；以粮食加工和特色产业

为重要组成部分的工业园区辐射带动作用与日俱进，招商引资步伐稳健坚实；以食用菌、生态养殖、山产品采集、苗木产业为主的林下经济发展迅猛，年创产值 1800 多万元。

赵光农场经过了 70 多年的开发建设，各业发生了翻天覆地的巨变，农场职工群众的福祉得到了很大的提升，得到了社会上级领导的认可和好评。农场先后获得全国"农垦农机标准化示范场"、"农产品质量追溯系统项目建设创建单位"、"保护性耕作推广示范场"、"国家级生态乡镇"、黑龙江省"粮食生产先进单位"、农垦总局"农业标准化提升活动标兵农场"、"第三积温带以下玉米高产创建第一名"、"十二五农机管理标准化工作达标农场"、"农机跨区作业工作先进农场"、"科技工作先进集体"、"农业标准化标兵单位"、"农机管理标准化标兵单位"、"抗灾抢收工作先进单位"、"劳动模范农场"等多项荣誉称号。一个经济发展、社会和谐、居民幸福指数不断攀升的现代化农垦新城正在悄然嬗变，向人们昭示着巨大的发展潜力和美好的发展前景。

疾风知劲草，扬帆正当时。发展无止境，追求无极限。站在新的历史起点上，勇立潮头的赵光农场正以百倍的努力，抢抓"十三五"这一大有作为的重要战略机遇期，以攻坚克难的锐气和务实拼搏的精神，在率先全面建成小康社会的道路上砥砺前行，再创辉煌！

（任红，时任赵光农场党委宣传部部长）

老兵新传故乡党旗风卷如画

——中共赵光农场委员会先进基层党组织活动纪实

姬良波

中共中央十七届五中全会以来，赵光农场党委从实际出发，坚持以科学发展观为统领，以"党员中心联带户"活动为载体，围绕发展经济这一中心，充分发挥党组织的战斗堡垒和党员先锋模范作用，扎实抓好党的建设工作。

抓好基层　坚实的足迹向远方延伸

农场党委建立了领导干部联系点制度。分工建立了联系点 28 个，领导干部每月深入联系点调查、指导工作，累计为职工群众解决关心的各类问题 320 件（次）。同时，农场党委每年年初组织召开一次综合性党建工作会议，每半年召开一次基层党支部书记专项述职会议，每季度召开一次党建工作推进会，有效推进了基层党建工作目标的顺利实施；为了保证基层党组织建设工作健康开展，建立了基层党建工作资金投入制度，把党建活动教育经费列入财务预算，专款专用。仅 2010 年，农场党委为基层党组织建设和党员教育投入经费 40 余万元，逐步完善基层党组织活动设施，为基层党组织工作顺利开展提供了必要条件。

星火燎原　万点萤光照亮创新路

2006 年初，农场党委在第八管理区反复调研后，创造性地开展了"党员中心联带户"活动。活动是在党支部的统一领导下，以党员为骨干，职工群众为主体，以"六项权利""十项义务"为内容的社会性群众组织。活动以管理区、社区居委会为单位，把居民按栋房划分若干个住户区，每个户区由党支部指定或职工群众自发推举一户思想觉悟高、有威信的党员作为"中心户"，每个"党员中心户"再负责若干个"联带户"，带领辖区居民参与活动。根据管理区和社区居委会管理形式的不同，分别建立了管理区和社区居委会"五型中心户"，并赋予"中心户"六项权利和十项义务，通过"两联、三带、四贴近"的桥梁纽带作用，解决基层党组织工作中的盲点，使"党员中心户"成为职工群众的贴心人。2010 年以来，共建立党员中心户 315 户，联系党员 1021 名，联带群众 7681 户。创建总局级党建示范单位 1 个、管局级党建示范单位 4 个、农场级党建示范点 8 个。

头雁振翅　党群联带奏响共富曲

在"创先争优"活动中，农场党委围绕"打基础、强素质、谋发展、创先进、争第一"十五字党建工作方针，开展了系列活动，党员发布《公开承诺书》1458 份，设立党员先锋岗 130 个，党员责任区 658 个，党员示范窗口、示范岗 43 个，成立党员志愿者服务队 28 个，为群众解决实际问题 131 件，涌现出了第六管理区等 9 个先进基层党组织和刘志民、常秀玲等 58 名优秀共产党员。第六管理区党支部以"兴一项产业、活一域经济、富一方百姓"为目标，选准定位，突出特色，创建了"五型"党员中心联带户品牌。"党员中心户"杨顺田带动联带户种植玉米 0.11 万公顷，使管理区玉米面积比 2009 年增长 5 倍，仅此一项为联带户增收 187 万元。第三管理区"党员中心户"，全国种粮大户、五一劳动奖章获得者刘志民为"联带户"无偿出动机车作业 40 余小时，为贫困职工捐款 3 万余元，衣物 30 余件，先后带领 11 名联带户脱贫致富。

风清气正　廉洁曲在党员中经久传唱

为提高广大党员干部拒腐防变能力，不断加强反腐倡廉工作力度，有效遏制腐败现象发生，2010 年，农场党委举办了"廉政准则"专题学习班和廉政名言书法比赛，组织副科级以上党员干部参加"廉政准则"知识笔试和网上测试活动，进行廉政教育 10 余次，签订"党风廉政建设责任状"140份。严格贯彻落实"三重一大"制度，建立规范的领导干部权力运行机制。深入推进"纠风护民工程"，开展了工程建设领域和排查损害群众利益突出问题的专项治理活动，查处环境违法案件3起，对15个单位进行了审计，为农场挽回经济损失18万元，全年查办信访案件4起，构建起了廉政教育、廉政保障、廉政监督三大体系。

2008—2010年，农场先后被国家、黑龙江省、农垦总局授予全国农机专业合作社示范点、中国信用共建年度推荐榜黑龙江省重信用企业、农机管理标准化标兵农场、农机跨区作业先进单位、安全生产先进单位等荣誉称号。

（姬良波，时任赵光农场党委组织部部长）

回　忆　录

林枫与通北农场

韩乐风

林枫，原籍黑龙江省望奎县，对东北农村情况十分熟悉。早在东北解放战争还在激烈进行的时候，在他头脑中就已开始绘制东北农业发展前景的蓝图。1947年夏，中央建议在北满创办国营农场，他满怀热情地贯彻执行，批示东北行政委员会农林处积极筹办国营通北机械农场。1947年寒冬，通北农场第一任场长周光亚同志率领首批创业者，来到通北这块冰封雪飘的荒原。他们不畏艰险，在几间徒有四壁、荒草丛生的废墟上，支起小马架，刨冰扒雪，开始了艰苦的建场工作。1948年5月，林枫去北满各地视察工作时，特意在赵光车站停车两天，详细听取了周光亚同志的汇报，并到现场观看了农场的规模和机具操作情况。在离开农场时，他深情地对周光亚同志说：办机械农场是一项新的事业，困难一定很多，可是一定要办好啊！他回到哈尔滨，专门找东北农林部的负责人魏震五同志谈了他的观感，并嘱咐魏震五同志要多关心通北农场，让它在提高产量和提高技术方面真正能向广大农民起示范作用。同年11月，在东北行政委员会召开的农业工作会议上，他又讲道：机械农场，大家要把它看重，各省一定要搞，要学习，为将来的农业机械化准备经验。为了切实贯彻林枫办好机械农场的指示，东北农林部于 1949 年春，设立了东北公营农场管理处，直接经营通北、永安、鹤山、盘山、马三家、北陵等 6 个农场，并与各省营农场建立了业务统一领导关系。

1950 年秋，美帝国主义扩大在朝鲜的侵略战争，战火蔓延到我国边境的鸭绿江边，英勇的中国人民志愿军开赴朝鲜，进行伟大的抗美援朝战争。这时，东北人民政府所在地的沈阳，成了支援战争最前沿的后方基地，林枫也担负了相当繁重的一部分后勤工作。由于工作任务紧张，林枫和他周围的工作人员，白天黑夜连轴转，很难得到正常的休息。他和大家一样，身体熬瘦了，眼睛熬红了。然而就在这样紧张的时候，在 12 月中旬，东北公营农场管理处的同志写信请林枫为《机农通报》题词。当时，我挤了个休息时间向他提起这件事，林枫听后毫不犹豫，欣然提笔写了"积累经验，培养干部，为农业机械化准备有利条件而奋斗"。这件事已经过去 30 多年，在我的记忆中也已经渐渐模糊起来了。但当不久前，我从农场总局史志办那里看到这一题词的复印件时，顿觉感慨万分。林枫逝世已经 6 年多。如今遍布在北满草原上的国营农场欣欣向荣、蓬勃发展的局面，他再也看不到了。但是，他的苍劲有力的题词，作为他关心国营农场事业的有力见证，在人们的心目中留下了深刻的印象。

林枫关心国营农场，希望把国营农场办好。创办机械农场，在我们国家毕竟还是一项新的事业。初创时期，由于缺乏经营管理经验、技术水平低，以及农机具不配套、进口油料价格高等多种原因，曾经出现一些问题，比如成本高，产量低，损失多，浪费大等。为了研究如何解决这些问题，1952 年 1 月，林枫命我和东北人民政府农业部的有关人员到通北农场了解情况。当时，正值"三反"运动高潮。我们到农场不久，农业部又委托我们代行工作组的职权，指导农场的"三反"运动。开始，由于我们对农场实际情况了解不够，较多地听取了一些人的意见，把农场的浪费问题看得过重。1 月底，我从通北回到沈阳，向林枫汇报情况。他听完汇报后当即提醒我，面对一大堆复杂情况，一定要冷静，不要头脑发热。并说，办好一个机械农场，不是容易的事。创办初期出现一些问题，是多种原因造成的。对具体问题要做具体分析，不要事事都拔高。林枫这些中肯的指示，对于我们的确是一副非常及时的清凉剂。尽管他已做了这样明确的指示，但他还是不放心。就在我们返场不久，当北满大地还冰封雪盖的时候，他冒着零下 40 多度的严寒，再次到通北农场视察并做具体指导。他这次在农场干部会上开始讲的几句话，至今仍清晰地留在我的记忆之中。他说，中国有句古话，叫作"穷居闹市无人问，富在深山有远亲。"今天，我要反其意而用之。你们战斗在人烟稀少的北大荒，生活很艰苦，也可以说是很穷，可是有人关心我们，这次我们就是特意来看望你们的，这也可以叫作"穷在深山有远亲吧！"这些话，让人听起来真觉得热乎乎的，特别是出自一个东北局常委、东北人民政府副主席口中，就更加重了它的分量。它像隆冬季节飘来的和煦春风那样沁人肺腑，暖人心田，给在农场工作的广大职工以极大的鼓舞。

林枫这次到通北，是为了深入第一线了解情况，为即将召开的东北局国营农场工作会议做准备。他在农场听了汇报，召开了座谈会，并对如何实事求是地总结经验教训，如何进一步办好农场，特别是如何做到运动、生产两不误，认真搞好当年的春耕生产等问题都做了明确指示。回到沈阳以后，他又和东北农业部的领导共同商量，决定对东北地区的国营农场做较大调整，把东北区的几个解放团农场和几个较大的国营农场合并（如把解放二团的香兰农场和通北农场合并），加强了领导骨干，充实了技术力量，使东北国营农场走上更加健康发展的道路。

1952年5月，我离开通北返回沈阳，把几个月来了解的情况向林枫做了详细汇报，他听了后觉得对问题摸得不透，他除了请东北局农委和东北人民政府农业部的工作人员继续进行调查研究外，6月初又找我谈，他说，前一段存在问题较多，对如何办好农场研究不够。他提出应该到关内办得较好的一些农场去看一看。遵照林枫的指示，我到北京通过中央农业部国营农场管理局张省三局长的安排，到通县的双桥农场、南苑的五里店农场和冀东的芦台农场参观学习了一个多月，并听取了张省三等人关于如何办好国营农场的意见。回沈阳后，我把所见所闻向林枫做了详细汇报，他听得很认真，很仔细。

1952年9月，在经过半年多的调查研究，做了比较充分的准备之后，由林枫主持召开了东北局国营农场工作会议。这次会议充分发扬了民主，发挥了批评与自我批评精神，使到会人员进一步提高了对国营农场的性质与任务，以及存在的严重缺点的认识，增强办好国营农场的信心。林枫在总结报告中，肯定了国营农场创办5年来的成绩，分析了产生缺点的原因，针对农场实际情况和工作中存在的问题，就国营农场的任务，加强经营管理，提高技术，改进政治工作和领导作风等问题，都做了重要阐述。最后，他鼓励大家要勇于自我批评，勇于改正缺点，不断地把国营农场事业推向前进。在这次会后，东北局专门发了"关于加强国营农场工作的决定"，东北人民政府为了加强对国营农场工作的领导，决定由副部长魏震五兼任东北国营农场管理局局长，长驻哈尔滨，具体指导工作。魏震五为了整顿和办好东北地区的国营农场，日夜操劳，费了不少心血，做出了重大贡献。

从1952年到现在，30多年过去了，东北国营农场的规模和经营管理水平，已远远不是那个样子了。林枫亲自关怀的国营通北农场（现名赵光农场）也已成为全国农垦系统中历史悠久、规模较大、机械化程度较高的农场之一。但是，作为一段历史来总结，在国营农场发展的初级阶段，东北局的这次会议，确实具有重要意义。而林枫对国营农场事业的关怀，也像创业初期在北大荒探艰踏险的农垦战士们所建立的功绩不可磨灭一样，在中国农业发展的历史上写下光辉的一页。

> 注：
>
> （1）林枫（1906—1977），黑龙江省望奎县人。从青年时代起，就在天津、北平、河北、山西一带长期从事革命活动。曾任中共天津、北平市委书记，中共中央北方局组织部部长，中共晋西区党委书记，中共中央晋绥分局副书记、代书记。1945年10月回东北，先后担任东北局组织部部长，东北行政委员会主席，东北人民政府副主席，中共中央东北局副书记、代书记。林枫于1977年9月29日病逝。逝世前任中共中央高级党校校长兼校党委书记。
>
> （2）本文作者韩乐风，1947—1952年任林枫秘书，1952—1954年曾任东北国营农场管理局副局长，现已离休。离休前是中央纪委驻教育部纪检组副组长。

朱德副主席来到通北农场

周 镇

1952年9月3日，农场紧张的麦收即将结束。上午10点多钟，几位首长在场长张泽民等人的陪同下来到第一作业区第四作业站晒场。当时，我和麻长江、李语娇正在C-6-007号联合收获机旁，进行作业后的清理和检修保养工作。听到谈话声，我急忙从第二清洁室里探出头来，猛然间看见一位身材魁梧的人正含笑地朝我们这面望着。我觉得这个人很面熟，可一时又想不起是谁。当我正凝神注目的时候，首长向我一面招手，一面高声说："小鬼，辛苦了！"我立刻从清洁室爬出来，跨过油箱，走到操纵台上，呆在那里，一时不知说什么好。

首长凑近机器问："这是什么机器？"

我心里很紧张，慌忙说："这是康拜因。"

"康拜因？"他温和而又亲切地看着我，重复着。

这时，我的心平静了许多，我说："是康拜因，就是联合作业的收获机，是能把小麦从收割、脱粒到清粮几项作业一次完成的机器。"

"噢，联合作业，好！好！好！"他点了点头又问："一天能收多少？"

张场长回答说："天气好，一天能收八九垧。"

"八九垧？"首长又重复着说。

一位随行人员说："就是八九公顷。"我接着补充一句"就是一百二三十亩。"

他接着问："能代替多少劳动力？"

张场长说："光割就能顶一百来个劳动力。"

一位随行人员问："收完小麦还做什么？"

"下步改装。"我说，"准备收大豆。"

他又点头说："噢，还能收大豆。"

在他和张场长对话时，我从收割台梯子一边往上走，一边从兜里掏出半截烟卷，点上火吸了一口。他回头看见了，关切地对我说："噢，会吸烟？这么点岁数就会吸烟！"我当时才22岁，听了他的批评，赶忙把烟头捻灭丢掉了。他走近收割台，一只手扶在木翻轮压板上又问我，"大豆怎么收？"

我说："机器需要改装一下，木翻轮和分离、清粮等部位都要改。"

他回头对张场长和同志们说："还是机械化好，要大力发展，要多办国营农场。"接着又看了晒场上的粮堆，看了晒场南边和西边望不到边的大片黑土地。

他走后，听张场长说，这位首长就是中央人民政府副主席朱德。我们当时也想到这位首长很像照片上的朱德，可是怎么也不敢相信站在我们面前的就是威震天下的朱总司令。后来听人说，朱德副主席还到了修理所和食堂，同职工们亲切会面，并问候大家说："你们辛苦了！"

朱德副主席听取了场领导的工作汇报后，肯定了农场取得的成绩，赞扬了开路先锋的示范作用，积累了经验，培养了人才。同时指示，一定要继续办好农场，为国家多生产粮食，做到不亏损。朱德副主席还问到农场种人参没有，指示要多种些作物。朱德对农场生产成本高不满意，说他到东北局要反映一下，想办法解决这些问题。

周光亚二三事

朱龙飞

周光亚中等身材，身体结实健壮，性格开朗刚毅，红脸膛，两道浓眉下一对明亮的大眼睛露出一股英俊气息，一看便是个精明强干的人。他不但对人诚恳热忱，而且能书会画，还能唱一口好京戏。

1947年12月，我从东北大学毕业后，被分配到通北农场工作。我和周场长在一起工作了四年，结下了深厚的友谊。

场长检讨

1948 年，为了保证职工的生活，周场长让我协助廉亨泰做食堂管理员工作。当时除个别聘请的技术员，全都实行供给制。按照伙食标准规定，每星期吃一餐肉菜。这年春播结束了，老廉打算庆祝一番，多加几个菜，把两次"改善生活"费集中到一次用。周场长听说后很生气，把我找去狠狠训了一顿。我当然满怀委屈。也许是廉亨泰向场长承担责任了，场长才明白了事情的原委。于是召开了一次干部会并特地通知我参加。会上，周场长向大家说明这次改善生活的全过程，并当众做了自我检讨，错怪了我。场长公开检讨，像一把钥匙，启开了我的心扉，我打心里敬重起了他！

老妈妈也要做贡献

建场初期，人员大都是招工来的，周光亚的家也搬来了，还有一位年过花甲的老妈妈。按当时供给制规定，老妈妈属于公费赡养之例。但周光亚却说："老年人也应做贡献，我妈身体好，还可做些力所能及的活。"于是，他动员妈妈帮助晒干菜、腌咸菜，无偿供给食堂，并且喂了三四十只小鸡。鸡产的蛋，老妈妈自己舍不得吃，都供给了食堂改善伙食。职工家属生孩子了，她就将鸡蛋积存起来，专门送去"喜蛋"作庆贺。这位慈祥的场长老妈妈，成了全场职工公认的好妈妈。

为职工的婚事操心

农场初期，男青年居多，全场几百号人，只有 5 个女青年。她们成了佼佼者，眼光挺高，对一般小伙子都看不上。于是青年们编了顺口溜："北大荒，好地方，又有兔子又有狼，办起农场能打粮，就是缺少大姑娘。"周光亚也觉得是个大问题，女大当嫁男大当婚，思考如何让光棍汉扎根。

1948 年，他到双城县去招工。招工时特地多要些女青年，并有计划地把她们安排到各个岗位上。通过一段时间，在共同生产和工作中，这些年轻姑娘都和男青年结了对子。1950 年 10 月 1 日，周光亚亲自主持了一场"荒原婚礼"。婚礼上，开水一桶，瓜子一堆。参加婚礼的人嗑着瓜子，喝着开水，互相鼓励争当劳动模范。既欢快，又节约，而且富有意义。

我和周光亚共同在通北农场度过了最艰苦的岁月。他对工作严肃认真、一丝不苟、高度负责、平易近人、密切联系群众的作风，处处体现了一位老八路的光荣传统。他是我的良师益友，我永远不能忘怀！

我和周光亚

刘　瑛

初识周光亚

1950年3月，我和小胖子林革同学从北京到北大荒找梁军。因梁军被请到沈阳拍电影去了，我们被人领到了东北农场管理局。在这儿待了几天，从人们的谈话中我们了解到全国最早的农场是通北农场，第一任场长是周光亚。那里建场早，机械化程度高，我真想去这个场开"铁牛"。可听说场长周光亚是个脾气大、爱骂人的老兵，又打起怵来。这天吃晚饭时，在我们对面桌子座位上有两位穿着褪了色军装的人，为开荒的事"吵"了起来。我好奇地打量着，两个人都像老兵，只是一个高挑，一个矮巴巴的。高个的是荣军农场场长丰年，矮个的就是通北农场场长周光亚。我被周光亚豪迈的气魄和他讲的道理所吸引了，胆怯地问他："我想上您那儿开拖拉机。"他回头打量着我并问道："你这个小不点，比桌子高不了多少，倒挺精灵的。你是从哪儿来的？几岁了？"我看到这位满脸红光的中年人很和气，就大着胆子说："我是从北京女三中来的，今年虚岁16了，是大人，不是小不点儿，我是来开拖拉机的……""哈哈……"又是一阵笑声过后，周场长严肃起来："噢，是北京来的。好！有点志气，明天就跟我去通北。"又诙谐地说："冻掉了鼻子可不包赔啊！"第二天我们就跟着老场长上路了。这就是我最初认识的周光亚。

填"沟"

通北农场建场初期，因为女同志少，还没来得及盖女宿舍。我们到了农场，住在一个矮小的地棚子里。黑洞洞的，只有一扇小窗，只好大白天在屋中央点了一盏小油灯取亮。中队长耿德把我们领进屋子墙角处的空位子上，炕上坐着几个姑娘。一个比我大不了多少的姑娘用篦子正在从头往下刮虱子，她对我说："哎，你们就挨着我睡吧！"小胖子林革赶快把行李放在靠墙边的地方，我只得挨着刮虱子的女伴。我吓得叫了起来："哎呀可别咬我啊！"小胖子怕那女孩见怪，悄悄地拽了我一把，挺大方地说："没关系，没关系，我们是来受考验的。"然后把我的褥子和那个女伴之间隔了一个大缝，算是解决爬虱子的问题。

第二天起床洗脸，一个女伴拿走了我的脸盆，我尖声叫了起来："哎呀，谁拿了我的脸盆？讲卫生嘛，用自己的，不要乱动！"女伴指了指别人正在用的一个瓦盆说："哎，就这么一个。"真泄气，来了不到两天惹了这么多气。这儿又没有炮火连天，有什么值得考验的，真想回北京了。我的心绪不好，话也没了。吃饭时端着一个苞米楂子碗，光瞧着不往嘴里吃……回到小屋，我一头躺下。这时周场长来了，一进门就亮着嗓子喊："我的小不点呢？"我一下就坐了起来。场长坐到我旁边，左看右看大笑起来："哈哈……我们的小不点尿炕啊！"我红着脸争辩说："我才不尿炕哪！"场长说："那为什么要留这么大的流水沟呢？来，我们把这个沟填平。"说着就叫我旁边的女伴把我的褥子铺开，又对我说："不要紧，让革命虫咬咬你就结实了。"

"让她们在开荒中摔打"

大开荒开始了。周场长决定把我们女同志都分配到拖拉机上去，用他的话来说，就是"让她们在开荒中摔打。"北大荒的春天，夜里还是寒冷的。我们住的帐篷是单层的。早晨，每人的被子上都是一层厚厚的白霜。夏日来临以后，帐篷又被太阳烤得像个蒸笼，大草原的蚊子、小咬黑压压的一片，我被咬得满身都是大包，病倒了，躺在帐篷里。周场长来了问我："小不点，苦不苦啊？能坚持吗？"我坦白地说："真苦啊！水喝不上，晚上蚊子咬得睡不着觉，白天热得像烤箱，咱们若是有浴池给我们洗澡该多好啊。"周场长笑着说："小不点啊，咱们今天这么苦就是为了把这亘古草原耕翻过来，将来在这块黑油油的土地上，不但要建浴池，还要盖大工厂，盖俱乐部，修铁路，建学校，有电灯，还要把这儿建成大粮仓、农业城哪！……哎！小不点，你爱不爱这里的黑油油的大荒原啊？"我说："爱呀！"说着，我就给周场长念起了自己编的顺口溜："嘿，开起我的大铁牛，耕起土地黑油油，为了建设新中国，艰苦困难一边丢。秋后打上万吨粮，大红捷报北京邮。"周场长听着又朗声大笑起来说："我还以为小不点让蚊子给咬倒了，要打退堂鼓了，没想到小不点要给毛主席送捷报哪！"

几天以后，《人民日报》记者田流到通北农场采访，还把我写到访问记里呢。在开荒的日子里，我就是靠着"为了新中国"，把北大荒变成"北大仓"这个伟大理想战胜了重重困难的。尽管我在草原上的日日夜夜，身上长满了虱子，可我已不把它当成一回事了。伟大的理想鼓舞我，丰收的小麦使我对未来充满了信心。

一辈子战斗在北大荒

1950年，朝鲜战争爆发。身强力壮的年轻人大部分到朝鲜前线去抗美援朝了，场里只剩下一些体弱、年长的男人和我们女伙伴。中秋节，下了一场大雪。我们白天抢收大豆，夜里住帐篷常常被冻醒。有人经受不了这严峻的考验，偷偷地当了逃兵。为了把大豆抢收回来，场部召开了誓师大会，会上周场长说："我们年轻的新中国需要粮食，抗美援朝需要粮食，我们有没有决心战胜困难，坚守岗位，把粮食收回来呀？"说到这儿他把期待的目光转向了我们女拖拉机手。我跳上了讲台说："为了新中国，为了支援朝鲜兄弟，把北大荒建成北大仓，我16岁在北大荒，我26、36、46、56……86，只要不死就一直战斗在北大荒，一定要坚守岗位打下粮食！"周场长高兴极了，快步走过来，对着到会的同志们说："小不点向你们挑战了，有没有勇气应战啊？"口号声、欢呼声，响成一片。大会结束后，我们日夜奋战在大豆地里，在上大冻前把大豆全部抢收了回来。

30多年过去了。随着时间的流逝，我已由一个十几岁的小姑娘长成壮年。周光亚等老一辈拓荒者的形象，总是在鼓舞我去战胜困难，勇往直前。

（刘瑛，是赵光农场第一代女拖拉机手，1954年调到友谊农场）

通北农场建场初期的畜牧业

吴显生

1950年2月，我由东北人民政府农业部国营农场管理处调到通北农场，接替樊悦珩在作业科担任畜牧兽医技术员工作。到农场后，周光亚场长正式确定，农场除种地外，从今年开始发展畜牧业。在作业科成立了畜牧生产组，建立1个兽医所和4种畜禽饲料班。我担任作业科畜牧技术员、畜牧生产组组长、兽医所兽医。当时养马班长是丁长森，养猪班长是平野太郎，养羊的是清水健一，养鸡的是周场长的老母亲，病马饲养员兼兽医助手是富田稔二。

1950年5月，农场开始建畜舍。其中1个1200平方米的养猪场，有3栋猪舍、1栋调料室；1栋马舍400平方米，1栋羊舍300平方米，1栋鸡舍300平方米。畜舍全是拉哈辫加大泥的结构。10月畜舍建成后，猪、羊、鸡迁入新舍。

为了扩大养猪，从当地老乡手里购买12头带仔母猪和70头育肥猪，品种都是当地民猪。还从哈尔滨东北农学院试验农场购进1头约克夏公猪，从铁岭种畜场购入3头巴克夏种猪。饲料的品种主要是稷子和豆瓣子，用大锅煮熟喂。猪调料室有3口大锅，里屋有一铺炕，平野和隋喜住在这里，晚上打水、煮料，白天喂猪，夏天还得抽时间放猪，两人养120头猪。猪群扩大了，仔猪死亡很突出，特别是冬产仔冻死许多。为解决这个问题，平野做了个棉被兜，把产下来的仔猪装在兜内，拿到炕头上，等毛干后再送回吃奶。这个办法虽然解决点问题，但在严冬零下30多度的简易猪舍内，产后的仔猪还是不免一死。紧接着我们研究了建造母猪产房，把简易猪舍一端隔出两间，在屋里架起大锅，用开水和泥抹冻墙，把四壁抹得严严实实，屋内烧上火炉子。母猪产仔前平野住在这里值班，一直到产后 20 天才离开,效果很好。产后冻死仔猪的问题解决了,保证了冬产仔猪成活。1950 年末,猪存栏数达到 260 头,包括成年母猪 45 头,大小肥猪 100 多头,满足了场内猪肉自给,为通北农场养猪业打下了基础。

建场初期,农场主要运输力是马车。为了扩大养马,满足农场运输力的需要,1950 年,我先后两次由五福马牧场接运回第四野战军退役军马 98 匹,当年养马达到 210 匹。当时养马最大的难题是趴窝病,尤其是繁殖母马产后趴窝死亡严重。1949 年,通北农场产驹母马 18 匹,产后母马趴窝,母、仔死亡 16 匹。我来农场后,周光亚场长对我说:"母马一下驹,就趴下不起来,马驹没得着,还把大马搭上了,你想办法把它治好。"当时我感到十分为难,每天围着马转,和大车老板、饲养员研究解决办法。在没有好办法的情况下,大家提出一条措施,控制母马配种,去势公马,不让母马产驹。这个办法虽然暂时解决了母马趴窝死亡问题,但母马不繁殖,马群不能扩大也不行。我到各地找老师求教,到通北、克山、拜泉等县找老兽医、老养马户访问,肯定一个问题是由于饲料成分缺钙,造成母马趴窝病。另一个诱因是农场养马喂精料过多,青饲料太少,常年不放牧,不喂青草。基于这个调查所得,从 1952 年开始,减少马的精料量,冬季加喂含钙量较高的豆皮子,夏季加喂青草,役马实行夜放。用这个办法,1954 年通北农场 8 号母马繁殖群 14 匹母马全产全活,杜绝了趴窝,从此母马开始正常繁殖了。

1950 年,通北农场还养了 120 多只绵羊,90 多只本地鸡,2 头朝鲜牛。

建场初期由于对马匹饲养使役不合理,发病率很高,经常深夜发生马疝痛病,连夜抢治。为了有效治疗病马,在兽医所内设一个病马厩,住院病马常年在 10 匹左右。病马饲养员兼兽医助手富田稔二,除饲养和运动病马外,协助我打针投药。趴窝病马因为骨质疏松和骨质变形,愈后多不良。1954 年以后马匹饲养、使役得到改善,发病率降低,以后随着养猪大发展,农场兽医工作重点转向猪病方面的防疫和治疗上来。

回首三十五年磨砺　更增我思乡爱土情

刘本田

赵光农场是无数先辈用汗水在亘古荒野上开垦出来的中国第一个机械化农场,是电影《老兵新传》的故乡。

我 1970 年来到赵光农场工作,一干就是三十多年。赵光农场这片神奇的土地培养教育了我,使我从一个普通的教师成长为一名农场党委书记。我感谢赵光农场这片黑土地和勤劳善良的赵光农场人民!忆往昔,峥嵘岁月,引起我许许多多的幸福回忆。

1970 年 3 月起，我在黑龙江生产建设兵团一师七团，任二营十五连副指导员、七团干部股干事、一营组织干事。1978 年 7 月以后，先后担任赵光农场党委组织干事、三分场党委副书记。1981 年，我被提任农场的教育科长。1984 年以后，我担任农场组织部部长。在此期间，我在农场党委的领导下，积极开展工作，建立系统的组织队伍和严格的组织活动程序。在发展使用领导干部上，我深入基层，进行认真调查，严格考核。一方面，大胆启用那些懂技术、会管理、能够打开工作局面的优秀人才到农场的重要岗位上担任领导工作。另一方面，敢于冲破干扰，积极向农场党委推荐大批的优秀知识分子充实到领导岗位和科研队伍中，为农场的可持续发展奠定了良好的基础。1986 年至 1988 年 1 月，我担任农场的工会主席工作。工会在农场党委的领导下，围绕农场经济建设这个中心，积极参政议政，维护职工的合法权利。实实在在抓好"双体经济"，引导职工走上致富的道路，为职工办实事。我在工会两年多的工作得到了农场党委、分局党委、总局党委的认可，并受到了很高的评价。我为此感到十分的欣慰。

1988—2002 年，我先后担任赵光农场党委副书记、书记工作。在这十多年的时间里，我充分发挥党委在企业中的政治核心作用，推动农场各项工作稳定、持续发展。一是围绕经济建设这个中心积极开展工作，认真抓好"双体经济"，特别是奶牛养殖生产工作，各基层生产队的书记都要成为"牛书记"，做好基层生产队的奶牛业的发展。二是严格党的组织生活制度，坚持"积极培养，严格发展"的组织原则，做好党员发展工作。充分发挥党支部的战斗堡垒作用和党员先锋模范作用，带领职工群众发展经济，走共同致富的道路。三是围绕中心，搞好政治理论学习，不断提高党员干部队伍和职工群众思想政治素质。四是加强领导班子的廉政建设，不断提高党委一班人的思想政治素质，增强领导班子的战斗力和凝聚力。

在回忆时任农场党委书记工作 13 年的同时，我也常常想起那些与我朝夕相处、并肩战斗的同仁。他们不仅给予了我工作上的支持和帮助，而且也给予了我生活上的关怀和关心，我由衷地感谢他们！

2002 年 10 月，我退休离岗了，也离开了赵光农场，但我始终怀念和我的同事们一起拼搏战斗的那些日日夜夜，十分想念和热爱赵光农场这片黑土地。看到农场有今天日新月异的发展变化，我感到由衷的欣慰。在赵光农场 35 年的工作经历和北大荒人艰苦创业、勇于拼搏的精神，是我一生难得的宝贵财富，我将永远铭刻在心。

（刘本田，退休前曾任赵光农场党委书记）

投身教育终不悔　锐意改革创新路

邹万福

光阴荏苒，岁月如梭，转眼间，我已到了花甲之年。回首往事，我在教育工作的40多年里，有努力拼搏工作的不悔，更有看到取得成绩的欣慰！

1972年12月，我高中毕业，在兴林村卫生所工作。1975年7月加入中国共产党。1979年6月，调到赵光农场一分场中心校工作，先后担任化学教师、班主任工作。工作中，我克服了爱人有病、家庭负担重的重重困难，一心扑在教育教学和研究上，兢兢业业，勤勤恳恳。1982年，我担任教导处主任工作，为提高教学质量想了很多的办法，采取了一些得当的措施。在同仁们的积极配合和学校领导的大力支持下，经过三年的努力，学校的教学质量有了很大幅度的提高，在黑龙江省初中升学会考中，7个学科综合成绩和升入重点高中人数连续三年位居赵光农场五所初中的榜首。1989年7月，我担任一分场中心校的校长工作。这两年多，在分场党委和教育科领导的热情关怀和指导下，主要完成了两件事：一是学校建起了铁栅栏，植树、种花，建立校园文化，实现了学校的封闭式管理。二是完成了分场集中办一所小学的工作。

1991年8月，赵光农场实施初中集中办学，我被调到新成立的赵光农场初中，担任校长工作。此期间，1991年8月，原场直初中和二、三、四分场初中合并，这是我们集中办学最为艰辛的时期。一方面，学校的办学设施和办学条件非常差；另一方面，学校办学规模突然增大，来自4个分场的学生和教职员工的条件和素质参差不齐，思想也不稳定。面对这样的现实，我主要做了这样几件事：一是整理和创建新的校园文化，购置理化实验仪器，建立起新型的理化实验室。二是重新调整了学校中层领导班子。三是从学校长远发展的角度出发，借鉴国内很多名校的先进经验，在校内成立教研部，从教育教学研究入手，辅导青年教师教学，进行教育教学研究，培养一批青年教师骨干，促进他们快速成长，为学校的快速发展和可持续发展奠定了坚实的基础。四是从1993年起，借鉴外地学校的经验，逐步建立制定了一系列学校管理的规章制度，形成"学校管理规章制度汇编"。在此基础上，为了充分发挥规范管理效益的最大化，还在学校建立起一个网络管理系统。经过两年多的不断探索、总结和完善，基本形成了校长负责，书记监督保证，中层领导民主参与，三位一体，学校上下齐抓共管的新格局。这一举措的实施，有力地促进了学校整体教育教学质量的提高。1993年，在黑龙江省初三会考中，学校取得了升入重点高中人数位居农垦北安分局全局第一名的可喜成绩。五是1993—1994年，我在认真总结过去几年经验的基础上，又提出了"打好基础，减轻负担，发展特长，提高质量"的新的办学理念，确定了"创垦区一流，省内知名；学校设施标准化，队伍优质化；教学过程现代化，教学质量优良化"的办学目标。为此，我进行了如下工作：①制定、编辑了"教师、班主任工作目标管理，量化考核方案"，使学校的管理工作进一步规范化、科学化。②为了提高语文、数学、英语教师的业务水平和科研能力，分别引进了"上海青浦数学教改实验""全国快速作文实验""英语愉快学习教学实验"等科研课题。经过几年的努力，教师的业务能力和教学水平有了大幅度的提高，数学、语文、英语等学科有多名教师被评为省级"教育科研优秀教师"，学校也被评为黑龙江省"青浦教改实验先进校""全国语文快速作文实验校"。③采取了"走出去，请进来"办法，把教师培训工作抓好、做实。1996年，我聘请了省教育学院的张志茂教授来学校对教师教育教学进行现场培训、指导的"三期培训工程"。这不仅促进了教师的业务能力和理论水平的大幅度的提高，进一步巩固了学校的教育教学质量在农垦北安分局独占鳌头的地位，也引来了八方学子来我校就读，为赵光地区营造了良好社会氛围和高效的经济效益，而且开创了黑龙江垦区教师业务科学培训的先河。

我多年的校长工作虽然付出了很多，但也获得了学生、学生家长、老师和上级领导的肯定和好评。黑龙江省教委中教处处长敖国儒评价说：赵光农场初中教职工的工作作风实，办学理念新，改革有新突破，素质教育有举措；教职工的工作热情高，教师的教学水平高，教学质量高。农垦北安分局副局长王玉兰说：赵光农场初中是北安分局基础教育的一面旗帜。

我于2013年退休。回顾在农场教育系统工作的35年，我由一名普通的教师逐步成长为一名教育工作的管理者。农场党委和上级业务部门给予了我很多的荣誉，先后被管理局级和农垦总局评为优秀教师、先进工作者、先进教育科研工作者，黑龙江省优秀教师、教学能手、先进教育工作者，农垦总局教育专家。我深深感谢赵光农场这块培养我的热土！感谢农场党委和领导对我的关怀、爱护和大力的支持！感谢我的同仁们所给予我的帮助、支持和关心配合！

我爱赵光农场这片热土，更爱我终生从事的教育事业！

登高俯瞰天地间，滔滔江水去不还。

投身教育四十载，岁月蹉跎无怨言。

朝日青丝暮成雪，既过往事弹指间。

但愿晚霞红似火，厚德载物养天年。

（邹万福，退休前曾任赵光农场场直初中校长、教育科科长）

史　话

通北史话

孙庆海

赵光农场原名通北机械农场，因地处通北县而得名。据《通北设治局通志》记载，通北县城基最早建于小兴安岭西南脚下的轱辘滚河西岸鲜为人知的周家地房子。县署搬迁后，人们称这儿是"老街基"。流传至今，广为人知。

通北，原属海伦府，放荒时名"北字段"。1911 年，议设治于通肯河北，定名"通北"。1912 年，设立通北稽垦局。1915 年，设立通北设治局。1917 年，始建通北县。通北县曾一度兴旺发达，各路军阀权贵、地主豪绅及自由民，马队驮银，携家带小，蜂拥而至。他们不但在县城内抢购地基、修宅建院，车马客店、烧锅、油坊、戏班、商号相继开业，而且搭棚盖窝、跑马占荒、抢垦土地。通北县城居民猛增到 500 余户，全县最大区域面积曾达 3 万平方千米：东部山地 2.7 万平方千米，西部荒地 0.8 万平方千米，全境分 3 区，下属 5 镇 43 屯。

轱辘滚河以东的密林深处，土匪如毛，再加上风水为害，瘟疫流行，妇孺朝病夕死，不出几年，荒丘遍地。一度繁荣的通北县虽几经苛政，但浩劫、病患连绵不断，民不聊生。1919 年，通北县城遭到大规模土匪血洗，成百上千的土匪涌出巢穴，攻占县城，狂杀乱抢，无恶不作。县知事等官员腐败无能，县城内，兵匪混战，硝烟弥漫，战尸遍地。以后，10 多年，无人敢到此地居住。

1921 年，旧政府为避匪害，请来了许多"风水先生"，看风水选宝地，把通北县城向西北内地迁移到 9 千米远的原通北设治局治地四甲八井（现赵光镇前进村），可是又两次被土匪荡平。此后七八年，县城始终没能复兴。

1928 年，张伯龙出任通北县长，抢垦抢修、建县放街，特邀海伦县 4 个大地主镇居四方城基，立足经商、协助建县。这 4 个大地主有钱、有势、有枪、有人，当时黑龙江流传这样一句话：坐着吴大帅（署理黑龙江督军并暂代黑龙江省省长吴俊升），站着梁景哉

（通北县城的大地主）。由此可见，旧政府当时镇匪复县，用心之良苦。为扩建城池，广招移民，张伯龙派人去各地张贴告示：为抢垦抢修，凡来此建县垦荒者，一般不问户口；如有能力在城内沿街盖5间房者，立即开放契照，并划出宽10丈（相当于33米）、长50丈土地，归属本人；本县境内荒地，谁开属谁，免征两年税款。由此，移民络绎不绝，人兵渐多，通北县再度恢复生气，土匪骚乱也略有平息。

1929年，通北县城初具规模。县城东西8道街，宽2.2千米，南北8道街，长3.3千米。四方设有城门，兵岗把守，内有巡逻的"跑马道"。东北的各大军阀、地主，对盛产粮食、木材、大烟（鸦片）的通北县垂涎三尺，纷纷来县，抢荒霸地，先后在县城东部建立了东、西"火犁"（现红星农场境内）和"五福堂"（现赵光镇生产队）。这些地主有靠山、养炮手，独立墙院，自霸一方。有的还勾结土匪，欺压百姓。而当时的旧政府乱下重税、兵差，各军阀乱印钞票，钱币贬值。农民一年辛苦所得，都随着捐、税、兵差付诸东流。

1931年，"九一八"事变，"江桥抗战"爆发后，黑龙江省代理省主席马占山宣布抗日，并派800多名辎重营官兵，几十辆马车装载几万枪支和弹药，从齐齐哈尔来通北，在南门里烧锅处（现一分场场部附近）修建3个大型木板军火仓库，准备撤退到小兴安岭密林深处的应急军需。1932年末，日本侵略军向北安和通北进犯，守卫在通北军火库的辎重营孟营长立即下令召集全县各村长开会，号召全县百姓分散藏枪，待日后再举。可是，还没等枪支弹药运出多少，南门外突然几声枪响，日本马队尖兵已冲到县城城边。守护南门的只有1名副连长率10余名站岗士兵，他们拼命抵抗。为使军火库的枪支弹药不被日军所获，孟营长下令烧毁军火库后撤退。据传，军火库燃烧三天三夜。

日本为了加紧掠夺东北资源和军事上的需要，先后征集几万民工，由日本人监工，分别从海伦往北、克东往东，经北安修筑海克线铁路。12月于李家站附近接轨，年末全部竣工通车，并在通北县城西南4千米处，建立了通北车站（现赵光车站）。不久，日本侵略者为了战争需要急于增加粮食生产和长期占领东北的目的，从日本本土的北海道、大板、新渴等地以移民形式向通北县境内迁入日本人及其家小，分别按日本出生地集居一起，编成团，统一管理。除垦拓部分荒地外，日本人还大量强占农民的良田熟地，迫使许多中国的穷苦百姓流离失所。

1937年春，在中国共产党的领导下，东北抗联三军军长赵尚志率本部500多人向通北一带远征，在冰趟子（现通北林业局冰趟子林场）附近，打了一个漂亮的伏击战。歼敌300余名，其中包括日军7名军官。日伪围剿抗联不利，通北县先后撤换了朴士英、张仁安等10几名伪县长。其中有个姓马的县长因打了日本人，竟被日本宪兵用皮鞭活活抽死。

抗日战争胜利后，1945 年 10 月，中共黑龙江省委在通北县建立人民政权，成立通北县民主政府。平息"通北叛队"后，政府机关迁到现在的通北镇。为了纪念与叛匪搏斗壮烈牺牲的县政务秘书赵光，县委县政府决定，将县府所在地改名赵光区，通北车站改名赵光车站，东北行政委员会在这里创建的通北机械农场也于 20 世纪 50 年代改名赵光农场。

（本文转载自《赵光农场志（1947—1984）》，编者有改动）

截击列车

1938 年末，一天傍晚，抗联三军八团几十名战士在团长姜福荣率领下，奉命赶到滨北线腰孙（六井子工区）车站。8 点多钟，黑河开来的旅客列车还没进站，战士们趁着天黑，迅速地拆掉了一段道轨，埋伏在路旁，做好截击列车的一切准备。不一会儿，列车像往常一样向车站缓缓驶来。刚要进站，列车忽然脱轨，车厢受到强烈震动，停止了前进。押车的日伪军警，摸不着头脑，乱成一团。埋伏在路旁的抗联战士立即举枪射击，打死日寇黑龙（外号）等数人，其余仓皇逃窜。抗联战士随即上车搜寻，并对旅客说：中国人别害怕，我们是抗联战士。搜查后，战士们经王治国屯安全地撤回到山里营地。

这次行动，缴获了大批军需贵重物资和巨额银圆，沉重地打击了日寇的嚣张气焰，并为生活在这里的老百姓解了心头之恨。

冰趟子战斗

冰趟子位于小兴安岭西沿，黑龙江省红星农场 21 生产队东侧，现在是通北林业局的一个林业经营所。这里是通北县城通往东山里的必经之地，原是一座木营，有几家店铺，过往行人和车辆都在这里歇脚。木营北靠近小河边是一片沼泽洼塘，冬季凝成冰甸子，"冰趟子"由此而得名。这里南有岗岭起伏的小山丛林，岗高林密，地势险要，是一个很好的掩蔽部队打伏击的战场。

1936 年冬，为反击敌人大"讨伐"，第三军主力部队西征，到小兴安岭脚下打木营、缴局所，粉碎敌人"坚壁清野，匪民分离"的毒辣政策，开辟哈北新游击区。1937 年 3 月 7 日，三军一部共 500 余人宿营在冰趟子木营时，接到情报，有大批北安日伪军企图越过冰趟子进山"讨伐"，军长赵尚志决定以逸待劳，在冰趟子打一场伏击战。

赵军长召开干部会议，进行了周密部署。进山路口，有冰甸子和小山环抱，山上的木营和炭窑是埋伏部队的好地方。指挥部设在东北角的小山上，可以俯视整个进山道路，能掌握敌情，便于指挥作战。山道南北两侧山腰及东面山上都按计划部署了兵力，全部埋伏线约有1千米长，从东、南、北三面向敌人张开了口袋。六师师长张光迪带领20多名战士隐蔽在南山前沿，作前哨诱敌深入。

日军北黑联队竹田部队及通北警察队1000余人，乘坐马车和马爬犁，分两批由西沿路进山。先头部队约100人，架着机枪，向我伏击阵地狂奔。待敌人进入我前哨射程，张师长命令部队开火，子弹向敌队飞去，讨伐队滚下爬犁，趴在地上拼命抵抗。后见我兵力不多，便仗着人多势大向我阵地压来。张师长指挥战士，利用有利地势边打边撤，把敌人引进埋伏圈。军长赵尚志立即命令部队集中4挺机枪等轻重火力向敌人猛烈射击，打得日伪"讨伐"的先头部队惊慌失措，受惊的马狂奔乱窜，不到两小时，死伤日伪军30多人。

晚上8时许，日伪军800多人的后续部队分南北两翼向我军发起攻击，火力密集。我军主力凭借木营的房屋墙壁和院套的矮墙顽强阻击，两面埋伏部队一齐开火，又有小股部队隐蔽道北河沟，拦腰射击敌左翼，敌军兵力完全被压制在山下的开阔地上，几次组织进攻都被我军打退。后半夜，气温降到零下40多摄氏度，趴在冰甸子上的敌军不进不退。赵尚志一面组织小部队轮流袭击敌阵地，打破敌军企图等待援兵天亮再举进攻的阴谋，一面趁着黑夜组织大部队安全转移。

这次战斗歼敌300多人，日军守田大尉、津田准尉等7名指挥官被击毙，缴获了大批武器和弹药，取得了抗联三军与日军作战史上一次重大胜利，是东北抗日联军战斗历史的一个典型战例。

后来，赵尚志军长继续率领部队行进在林海雪原上。一部分回师海伦、铁力等地坚持游击活动，一部分北上龙门远征。

除奸惩霸

1937年以后，抗联经常组织小分队神出鬼没地活跃在通北一带，除奸惩霸，打击劣绅。通北县的张富屯（现在前进村附近的屯落）有个外号叫"张哑巴"的叛徒，泄漏抗联机密，骗取两条枪向日伪请功领赏。不久，抗联骑兵小分队夜袭张富屯，处死了"张哑巴"。

通北县殷地房子有个恶霸地主叫周启祥，勾结他的弟弟伪森林警察署周经祥，勒索佃户，敲诈百姓，枪杀抗联战士，血债累累。后被抗联抓去处死，为当地百姓除了大害。

抗联的除奸惩霸行动，大涨了通北县人民的士气。在百姓中流传着这样的话：抗联的人，刀枪不入，都是红脸膛，骑白马，身高八尺挎大刀，来无影，去无踪，打枪咬肉，挥刀见血，无论是小日本还是土匪胡子都不敢招他们。一听抗联来了，这帮小子就像枪打的兔子，一会儿就跑没影了。

赵光遇难

赵光出生于河北省藁无县一个农民家庭，自幼学习勤奋。1937 年，他参加了革命，任过区农会宣传干事和县财政科员。1938 年加入中国共产党后，曾任县青救会主任、抗日救国会主任、党团书记等职。后来，他被送到延安抗日军政大学学习。1945 年抗日战争胜利后，他同干部大队一起来到黑龙江省开展革命工作。11 月 16 日，他和李仰南、郭德华等人被省工委派到通北县，从维持会手中接管县政权，组建通北县民主政府，赵光担任政务秘书。

赵光具有很高的政治觉悟和卓越的工作能力。他大胆、艰苦朴素、密切联系群众，深受人民群众的拥戴。但是，一小撮混进革命队伍里的伪警察、伪军官、国民党潜伏分子把他视为眼中钉、肉中刺，多次密谋寻机杀害他。

1945 年 12 月 19 日清晨，赵光去北安（当时是省工委所在地）向省工委、省军区汇报工作。在通讯员邢殿埠的护送下，赵光冒着凛冽的寒风，从县政府（现赵光机械化学校所在地）坐马爬犁来到通北站（现赵光车站）候车时，在候车室门口与辛荣久（混入革命队伍担任县大队中队长、国民党东北挺进军第三旅第三团团长）、宋振武、贾连山、徐洪荣等 10 多名武装叛匪遭遇。赵光同志与叛匪进行了英勇搏斗，因寡不敌众，壮烈牺牲。时年仅 23 岁。

1949 年 6 月 20 日，中共通北县委员会和县人民政府做出决定，号召全县共产党员和革命群众学习赵光的革命英雄事迹，继承赵光烈士的遗志，搞好革命和建设。决定将赵光生前县政府所在区改为赵光区，把赵光牺牲的通北车站改为赵光车站，并在赵光车站建立"赵光烈士纪念碑"。

赵光烈士纪念碑碑文

赵光同志，是中国共产党党员，原籍河北省人，生于 1922 年，贫农出身。15 岁参加革命，曾长期在敌后工作，后到延安抗大学习。"八·一五"来东北，被派通北县政府秘书，具有卓越的工作能力和良好的革命作风，（为）敌伪反动派所注意。竟于 1945 年 12

月 19 日在通北站（现在的赵光站）前，被叛匪的既定阴谋而枪杀。赵光同志：你的牺牲是为了人民，为了革命事业，你坚贞不屈的英雄行为激起了千百人民愤怒（的觉醒），誓为死者复仇！同志，让我们亲切地告诉你，通北的人民已经翻身做了主人，过去统治人民的统治者，都被打得粉碎，我们的军队打到江南去了！国民党反动统治已宣告灭亡，全中国最后解放就要到来。你安息吧！我们胜利了。为了永永远远地纪念你，把这个地区改为赵光区，这个车站改为赵光车站。你的英名，会与世同流。

通北县人民全体敬立

1949 年 6 月 20 日

有关农场简介

省营赵光机械农场

1947 年，黑龙江军区为了支援解放战争，组织部队生产自给。当年 3 月，军区供给部部长张觉派警卫部队到李家车站附近开荒种菜，又派干部战士 100 多人到距通北县赵光火车站 45 千米处的柳毛青（现红星农场二分场），收拾残留下的破烂农具开荒种药材，以供军需。

1948 年 3 月 10 日，军区警卫部队调赴战勤由省人民政府农林部派人接管了军区供给部警卫部队耕地，创建了赵光机械农场。初设场部于后五福堂，后迁到通北县人民政府所在地，即现在的赵光机械化学校院内，场长李英贤。

接办农场后，开始大量招收青年农民参加农场建设。当年开荒 0.12 万公顷，播种稷子等作物。1949 年在永治屯（现赵光农场 1 队附近）和五福堂东南高家窝棚附近新建作业站，开荒 0.16 万余公顷。又于西火犁（现红星农场 2 队）开荒 0.02 万公顷，后因距场部过远无力经营而放弃。至此共开荒 0.34 万公顷。建场大量开荒，技术力量非常薄弱。1948 年时，全场只有王兴运一名技工修理农机具。1949 年统计，平均每台机具还不足一个驾驶员。这年 9 月，农场开办了第一批拖拉机训练班，招收 108 名学员（其中女学员 25 名），1950 年 2 月结业分配。后来，人称"一百单八将"的拖拉机手都成为农垦机务事业的骨干力量。不过一年，女学员王瑞华被命名为"三八"包车组组长，班次作业创翻地 7 公顷的高效纪录，并向新中国第一名拖拉机手梁军提出友谊竞赛，《黑龙江日报》记者为此做了报道。1951 年 3 月，东北公营农场管理局召开首届劳模大会，驾驶员刘玉昆、荆永孝、孙英、齐长富被选为劳模，出席了大会。

1950 年，农场建设初具规模。行管 43 人，技术人员 28 人，工人 235 人，全场共 306 人。农业机械有斯特兹、C-80、德特、万国、法尔毛、兰斯、波特兹等拖拉机和犁、耙等农机具 164 台（件）。耕地 0.42 万公顷，播种 0.36 公顷，以种植小麦、大豆为主，还有玉米、谷子等作物。小麦总产和大豆总产都接近 80 万千克，总收入达 170 多亿元（东北币）。

1952 年 12 月，东北国营农场场长会议决定，赵光机械农场同国营红星农场合并。1958 年，赵光地区农场群已经形成，省委决定在赵光成立农场办事处，统管 8 个农场。并入红星农场的赵光机械农场又成为独立场。1959 年，体制调整变为赵光分场，后改称前进分场，1963 年 7 月，并入通北机械农场。

省营赵光机械农场 1948—1952 年历届主要领导人：1948 年，场长李英贤，指导员杨荣臣。1949 年，场长李仰南，指导员齐鹤。1950 年，场长王宣才、周文、张绪志，指导员赵永良。1951—1952 年，场长姚岚、张绪志、韩有。

福安农场

一、地理建置

福安农场原是赵光农场的近邻，位于赵光农场西部的克东县东、北安市的西南部。地理坐标东经 126°26′—126°41′53″，北纬 47°55′35″—48°26′。北靠乌裕尔河，西同克东县玉岗、新农等乡接壤，南与赵光农场二分场为邻。另有 2 个生产队分布在李家火车站附近的北安市界内。场部设在福安火车站西南 4 千米处。全场有耕地 0.73 万多公顷，人口 9000 多，居民 1600 多户，职工 4000 多人，11 个农业生产队和农建队，粮米加工厂、修配厂、维修队、学校、卫生院、变电所等共 19 个会计核算单位。场部机关机构设置：党委政治处下设组织科、宣传科，行政设生产科、计财科、畜牧科、文教科、机务科、工交科、劳资科、水利科，并设有公安分局、法庭和武装部。兽医院同畜牧科合署办公，托儿所、招待所等单位由办公室领导。

二、重要发展时期

福安农场 1979 年并入赵光农场前 24 年中，经历 3 个重要发展时期：

（一）劳改农场时期（1955—1957 年）

1955 年 9 月，经黑龙江省公安厅劳改局批准，由原福安、新建两个劳改大队合并，建立福安劳改农场，内称黑龙江省第四十劳动改造管教队，外称黑龙江省地方国营福安农场。执行"改造第一，生产第二"的办场方针，肩负着政治上改造罪犯成为新人，经济上生产粮食支援国家建设的双重任务。农场的性质，既是专政机关，又是生产单位。农场（内称支队）下设分场（内称大队）分场下设中队，实行三级管理两级（支队、大队）核算。

这一时期，职工来源于公安司法部门干部、战士，还有支援劳改农场的地方干部及招聘的工人。改造对象是国民党官兵、劳改犯人及司法部门收容的"未决犯"（没有判刑的犯人），基本上都是有刑期的罪犯。对他们根据犯罪性质，分管分押，区别对待。每个大队都配有专职的管教干事，贯彻劳改政策。在教育上，采取惩罚管理与思想改造相结合，劳动生产与政治教育相结合的劳改方针。在生活上，按国家规定标准每个中队设有专职伙食管理员；对体弱多病犯人给予治疗，重者住院治疗；犯人每月有 10% 的假定工资提成（每月 4～6 元），记入往来账目作为犯人存款，以备购置生活用品，调动时余额随人带走。同时，实行奖惩制度。据 1957 年记载：仅一年内，量刑过重而改判的 56 名、无罪释放的 51 名、奖励改造表现好的 300 多名、减刑的 33 名、加刑的 4 名。这一时期，改造释放的罪犯达几千人。

（二）劳动教养农场时期（1958—1967 年）

1958 年 1 月，黑龙江省公安厅根据国务院关于实行劳动教养的决定，将福安劳改农场改为教养农场。当年收容劳动教养人员 3000 多人，其中女性 150 多人。这些人错误性质不同，在管理上与罪犯不同，平时不加武装警戒。他们中，机关企业送来的带工资，社会收容的农场付给工资。允许家属接见，夫妻又可同居，家庭生活困难可以来场落户；表现好的有当地政府的证明可以给探亲假。他们中绝大多数都能守纪律听管教。据统计，1968 年初，受奖的 543 人，拘留反省的 68 人，依法逮捕的 59 人，记过 142 人，警告 108 人。

1961 年，黑龙江省公安厅政治工作组到福安调查整顿劳教工作，清理一批冤假错案，解除一批劳动教养人员，规定一批教养期限。同时，配齐农场政工领导干部，对管教干部广泛进行法制观念和劳动政策教育，贯彻政治上区别对待，经济上同工同酬，生活上一视同仁。1963 年，收容教养人员 380 多人。有定期、不定期人员，有没摘帽"右派分子"，还有刑满就业人员。

1962 年开始，逐步解除劳教 3000 多人，到 1967 年秋，累计教养人员达 7000 多人。

这些人通过劳动改造锻炼了劳动技能，提高了文化，多数已成为守法的公民，留场后有的成为生产骨干或劳动模范，有的被提拔为干部。

（三）国营农场时期（1968—1978年）

1968年8月，黑龙江省革命委员会决定，福安农场下放到克东县，为县属国营农业企业。同年10月，县革命委员会将刑满就业和劳教解除人员大部分疏散到县属公社生产队，从此农场结束了劳教任务，变成了国营农场。1972年，划归嫩江地区农场管理局领导。1976年，划归北安农场管理局领导。1979年2月，并入赵光农场。

三、并入赵光农场前基本状况

福安农场地处小兴安岭西南丘陵漫岗地带，土地肥沃，气候温和，农业生产一直以种植小麦、大豆为主。

农场初建时，条件非常艰苦。生产第一线人员住草棚，睡凉炕，吃玉米面。上班太阳出，下班太阳落，劳动没钟点。1955年时，种地弯钩犁，除草弯钩锄，农业技术落后，产量很低。1957年后，农业机械开始调入，机械化程度不断提高，农业有了大发展。1958年，大豆高产，荣获国务院嘉奖。1978年，田间机械作业达95％。在一业为主，多种经营方针指导下，农场24年共生产粮豆1.86亿千克，上交商品粮0.62亿千克；工副业发展也形成一定规模。1978年，养猪1273头，大牲畜牛马1555头，鹿、绵羊500多只，还养不少家禽和蜜蜂；自办粮食加工厂，年产成品粮2000余吨，满足自给；农机具修理做到不出场。1958年，开始办学校，1978年在校中小学生1946名，教师57名；建场时只有2名医务人员的卫生所，1958年成立了医院，并设有住院处，分场设卫生所。1978年，全场有10个卫生所，场医院设有制剂室，全场医护人员55人，一般病都可在场内就医治疗；和人民生活联系密切的商业网点基本形成；全场房屋建筑面积9.88万平方米，基本上实现了砖瓦化。

由于劳改农场特殊性，生产基础很薄弱，机械化水平不高，农田建设工程不配套，抗御自然灾害能力低，农牧业生产不稳定，产业结构不合理，商品生产很不发达。24个生产周期，只有3年盈利，其余年份全都是亏损。

中国农垦农场志

黑龙江赵光农场志
HEILONGJIANG ZHAOGUANG NONGCHANG ZHI

后记

　　我们在历史的机缘，难得的幸运中跨进了编史修志的大门。在赵光农场有限公司党委、赵光农场有限公司的领导下，历经艰辛，不懈努力，《黑龙江赵光农场志》终于问世了。

　　赵光农场的历史是赵光人民创造的。70多年风雨沧桑，70多年峥嵘岁月，赵光农场历经几代农垦人辛勤耕耘，奋斗不息，锐意改革，从无到有，从小到大，从弱到强，为中国农垦事业的发展走出了一条光彩照人的道路。当我们编修这部志书的时候，三代拓荒、开发、建设者鞠躬尽瘁、勇于探索，百折不挠、负重前行，锐意改革、勇攀高峰的事迹和精神时时震撼、激荡着我们的胸怀！他们有的现在已经告老离休，有的还在兢兢业业、尽心竭力地站好最后一班岗。现代化建设时期，继承和发扬北大荒精神，艰苦奋斗、勇于开拓的改革者，正在成长，为有牺牲多壮志，敢教日月换新天的进取精神正在发扬。老一代拓荒者、新一代建设者的业绩当入史册，名垂青史。

　　2021年，根据农业农村部农垦局和北大荒农垦集团有限公司部署、北安分公司的具体安排，赵光农场有限公司被确定为中国农垦农场志第二批编修单位，这是上级领导对我们的信任，也是我们的光荣，更是我们的责任。中共赵光农场有限公司委员会、赵光农场有限公司接到任务后，公司副总经理殷文科立即组织召开有关会议，研究成立《黑龙江赵光农场志》编纂委员会和编审委员会，确定由史志办曾明、申吉成、姬良波具体负责志书的编修工作。接受任务后，于同年9月，我们（曾明、申吉成）到成都参加了农业农村部农垦局组织的培训班学习。10月，我们在北安分公司和北大荒农垦集团有限公司有关专家的指导下，完成了本志篇目的修订，随即开始了本志的修编工作。

赵光农场始建于1947年，至2020年已有73年的发展历史。期间，农场几经变革，人员几经流动，历史资料纷繁复杂，这给本志的编修工作增添了极大的困难。另外，基于上级对本志的篇幅有着严格限制的要求，我们在农场73年的基础历史资料中筛查、甄别、整理，去粗取细，在遵循历史的前提下，对基础资料进行了压缩和精选。3人分编修撰，分工合作。曾明担任主编，主要负责第一、二、三、四、七、九编和附录的编修；申吉成担任副主编，主要负责第五、第六、第八编和本志部分图片的编修；姬良波担任副主编，主要负责本志部分图片的编修。经过努力，终于在2022年末完成了本志草稿。经过公司农场志编审委审定后，报由北安分公司和集团史志专家审改后定稿。

在本志的修编工作中，农场有限公司领导给予了我们热情的关怀和大力的支持。公司党委书记、董事长岳远林、总经理刘增元和主管副总经理关卫滨、殷文科多次过问、指导，为我们解决了办公设备、人员配置等很多的困难问题；北安分公司史志专家付维秋、北大荒集团史志专家郭思宝对本志篇目的确定、本志的编修进行了审改，确保了质量；有限公司各部门也给予了我们大力的协助。这部志书可谓是集体智慧的结晶。在此，我们一并表示由衷的感谢！

由于我们的能力和水平有限，又囿于历史的久远和资料缺乏，挂一漏万在所难免。希望各级领导和广大读者批评指正！

编　者

2022 年 12 月